BECK'SCHE TEXTAUSGABEN
Allgemeine Versicherungsbedingungen

Allgemeine Versicherungsbedingungen

TEXTAUSGABE

mit einer Einführung und
einem ausführlichen Sachregister

Herausgegeben von
Dr. Heinrich Dörner
Professor an der Universität Düsseldorf

2., völlig neubearbeitete Auflage

Stand: 1. 12. 1995

Verlag C. H. Beck München 1996

Die Deutsche Bibliothek – CIP-Einheitsaufnahme

Allgemeine Versicherungsbedingungen : Textausgabe / mit
einer Einf. und einem ausführlichen Sachreg. von Heinrich
Dörner. – 2., völlig neubearb. Aufl. – München : Beck, 1996
  (Beck'sche Textausgaben)
  ISBN 3 406 38717 9
NE: Dörner, Heinrich [Hrsg.]

ISBN 3 406 38717 9

© 1996 C. H. Beck'sche Verlagsbuchhandlung
(Oscar Beck), München
Satz und Druck: C. H. Beck'sche Buchdruckerei, Nördlingen
Gedruckt auf säurefreiem, alterungsbeständigem Papier
(hergestellt aus chlorfrei gebleichtem Zellstoff)

Inhaltsverzeichnis

Abkürzungsverzeichnis VII

Einleitung von Prof. Dr. Heinrich Dörner 1

Musterbedingungen des Verbands der Lebensversicherungsunternehmen e. V.

1. Allgemeine Bedingungen für die kapitalbildende Lebensversicherung (KLV) 15
2. Allgemeine Bedingungen für die Risikoversicherung (ALB) 33
3. Allgemeine Bedingungen für die Berufsunfähigkeits-Versicherung (BUV) 50
4. Allgemeine Bedingungen für die Rentenversicherung (RV) 68
5. Allgemeine Bedingungen für die Pflegerentenversicherung (PflRV) 86
6. Bedingungen für die Unfall-Zusatzversicherung (UZV) 108

Musterbedingungen des Verbands der Privaten Krankenversicherung e. V.

7. Musterbedingungen 1994 für die Krankheitskosten- und Krankenhaustagegeldversicherung (MB/KK 94) 115
8. Musterbedingungen 1994 für die Krankentagegeldversicherung (MB/KT 94) 131
9. Musterbedingungen 1994 für die Pflegekrankenversicherung (MB/PV 94) 146
10. Allgemeine Versicherungsbedingungen für die private Pflegepflichtversicherung (MB/PPV 1995) . . . 159

Musterbedingungen des Verbands der Haftpflichtversicherer, Unfallversicherer, Autoversicherer und Rechtsschutzversicherer (HUK-Verband) e. V.

11. Allgemeine Versicherungsbedingungen für die Haftpflichtversicherung (AHB 1994) 183

Inhalt

12.	Allgemeine Unfallversicherungsbedingungen (AUB 94)	203
13.	Allgemeine Bedingungen für die Kraftfahrtversicherung (AKB 95)	218
14.	Allgemeine Bedingungen für die Rechtsschutzversicherung (ARB 94)	245

Musterbedingungen des Verbandes der Sachversicherer e. V.

15.	Allgemeine Hausratversicherungsbedingungen (VHB 92/Fassung 1994)	277
16.	Allgemeine Bedingungen für die Feuerversicherung (AFB 87/Fassung 1994)	298
17.	Allgemeine Bedingungen für die Einbruchdiebstahl- und Raubversicherung (AERB 87/Fassung 1994)	320
18.	Allgemeine Bedingungen für die Leitungswasserversicherung (AWB 87/Fassung 1994)	345
19.	Allgemeine Bedingungen für die Sturmversicherung (AStB 87/Fassung 1994)	368
20.	Allgemeine Bedingungen für die Glasversicherung (AGlB 94)	390
21.	Allgemeine Wohngebäude-Versicherungsbedingungen (VGB 88/Fassung 1994)	401
22.	Allgemeine Hagelversicherungs-Bedingungen (AHagB 94)	421
23.	Allgemeine Maschinen-Versicherungsbedingungen (AMB 91/Fassung 1994)	436
24.	Allgemeine Bedingungen für die Elektronik-Versicherung (ABE)	453

Musterbedingungen des Deutschen Transport-Versicherungsverbandes e. V.

25.	Allgemeine Bedingungen für die Reise-Rücktrittskosten-Versicherung (ABRV 94)	469
26.	Allgemeine Bedingungen für die Versicherung von Reisegepäck (AVB Reisegepäck 92/Fassung 1995)	476
27.	Allgemeine Bedingungen für die Versicherung von Juwelen, Schmuck- und Pelzsachen im Privatbesitz (AVB Schmuck und Pelze 1985/Fassung 1994)	487

Sachregister 499

Abkürzungsverzeichnis

ABE	Allgemeine Bedingungen für die Elektronik-Versicherung
ABRV	Allgemeine Bedingungen für die Reise-Rücktrittskosten-Versicherung
AERB	Allgemeine Bedingungen für die Einbruchdiebstahl- und Raubversicherung
AFB	Allgemeine Bedingungen für die Feuerversicherung
AGlB	Allgemeine Bedingungen für die Glasversicherung
AHagB	Allgemeine Hagelversicherungs-Bedingungen
AHB	Allgemeine Versicherungsbedingungen für die Haftpflichtversicherung
AKB	Allgemeine Bedingungen für die Kraftfahrtversicherung
ALB	Allgemeine Bedingungen für die Risikoversicherung
AMB	Allgemeine Maschinen-Versicherungsbedingungen
ARB	Allgemeine Bedingungen für die Rechtsschutzversicherung
AStB	Allgemeine Bedingungen für die Sturmversicherung
AUB	Allgemeine Unfallversicherungsbedingungen
AVBR	Allgemeine Bedingungen für die Versicherung von Reisegepäck
AVBSP	Allgemeine Bedingungen für die Versicherung von Juwelen, Schmuck- und Pelzsachen im Privatbesitz
AWB	Allgemeine Bedingungen für die Leitungswasserversicherung
BUV	Allgemeine Bedingungen für die Berufsunfähigkeits-Versicherung

Abkürzungen

KLV	Allgemeine Bedingungen für die kapitalbildende Lebensversicherung
MB/KK	Musterbedingungen für die Krankheitskosten- und Krankenhaustagegeldversicherung
MB/KT	Musterbedingungen für die Krankentagegeldversicherung
MB/PPV	Allgemeine Versicherungsbedingungen für die private Pflegepflichtversicherung
MB/PV	Musterbedingungen für die Pflegekrankenversicherung
PflRV	Allgemeine Bedingungen für die Pflegerentenversicherung
RV	Allgemeine Bedingungen für die Rentenversicherung
UZV	Bedingungen für die Unfall-Zusatzversicherung
VGB	Allgemeine Wohngebäude-Versicherungsbedingungen
VHB	Allgemeine Hausratversicherungsbedingungen

Einführung

von Professor Dr. Heinrich Dörner, Düsseldorf

I. Allgemeine Versicherungsbedingungen im Wandel

Allgemeine Versicherungsbedingungen (AVB) sind die Allgemeinen Geschäftsbedingungen (AGB) der Versicherungsunternehmen; jede Versicherungssparte hat ihre eigenen AVB. Sie beschreiben und präzisieren die vertraglichen Pflichten von Versicherer und Versicherungsnehmer, legen also einerseits fest, unter welchen Voraussetzungen der Versicherer eine Leistung zu erbringen hat (Versicherungsfall), und regeln andererseits die Fälligkeit der vom Versicherungsnehmer zu entrichtenden Prämien, etwaige Prämienanpassungen und -rückerstattungen sowie die Folgen nicht rechtzeitiger Prämienzahlung. Darüber hinaus enthalten AVB typischerweise Bestimmungen über Beginn und Umfang des Versicherungsschutzes, über die Rechtspflichten (Obliegenheiten), welche den Versicherungsnehmer vor oder nach Eintritt des Versicherungsfalles treffen, über die Dauer und die Beendigung des Versicherungsvertrages sowie über das Verfahren im Streitfall, über Gerichtsstand und Klagefristen.

In den rechtlichen Grundlagen der AVB hat sich seit dem Erscheinen der 1. Auflage dieser Textsammlung (1992) eine tiefgreifende Veränderung vollzogen. Bis zum Inkrafttreten des Dritten Gesetzes zur Durchführung versicherungsrechtlicher Richtlinien des Rats der Europäischen Gemeinschaften am 29. 7. 1994 mußten AVB grundsätzlich vor einer Verwendung vom Bundesaufsichtsamt für das Versicherungswesen (BAV) in Berlin genehmigt werden. Die Aufsichtsbehörde überprüfte die Rechtmäßigkeit der einzelnen Klauseln, achtete auf die Einhaltung bestimmter formaler Kriterien (logische Gliederung, übersichtliche Darstellung, klare Formulierungen) und sorgte durch ihre Genehmigungspraxis insbesondere dafür, daß von den Unternehmen im wesentlichen nur brancheneinheitliche AVB zugrunde gelegt wurden. Dies führte zu einer Markttransparenz jedenfalls im Bereich der Massensparten: Das weitgehend stan-

Einführung

dardisierte Angebot ersparte dem Versicherungskunden einen Vergleich der jeweiligen Vertragsbedingungen und setzte ihn gleichzeitig instand, seine Wahl zwischen mehreren Anbietern auf der Grundlage eines Prämienvergleichs zu treffen. Es fand insoweit also kein Produkt-, sondern nur ein Preiswettbewerb statt.

Mit dem Inkrafttreten des Dritten Durchführungsgesetzes/ EWG wurde die generelle aufsichtsbehördliche **Präventivkontrolle** von AVB nahezu vollständig **abgeschafft**; der Aufsichtsbehörde bleibt lediglich die Möglichkeit, zu einem späteren Zeitpunkt die bereits in Gebrauch befindlichen Bedingungen – etwa nach Eingang einer Anfrage oder Beschwerde aus dem Kreis der Versicherungsnehmer – anzufordern und dann einer Rechtmäßigkeitskontrolle zu unterziehen. Selbst eine systematische Vorabmitteilung der AVB kann das BAV gemäß § 5 Abs. 5 Nr. 1 des Gesetzes über die Beaufsichtigung der Versicherungsunternehmen (VAG) lediglich bei der Erteilung der Erlaubnis im Bereich der Pflichtversicherung (etwa: Kfz-Haftpflichtversicherung) sowie in der sozial bedeutsamen privaten Krankenversicherung verlangen. Allerdings werden die Versicherer verpflichtet, einem Interessenten vor Vertragsschluß alle wichtigen Informationen über die nähere Ausgestaltung des Versicherungsverhältnisses zu verschaffen und ihn dabei insbesondere über die dafür maßgebenden AVB zu unterrichten (§ 10a Abs. 1 Satz 1 iVm Anlage D Abschnitt I Nr. 1b VAG). Diese „Verbraucherinformationen" – und damit auch die in ihr enthaltenen AVB – müssen „eindeutig formuliert, übersichtlich gegliedert und verständlich ... abgefaßt" sein (§ 10a Abs. 2 VAG).

Die vorstehend skizzierten einschneidenden Änderungen im System der deutschen Versicherungsaufsicht setzen die „Dritten Richtlinien" des Rats der Europäischen Gemeinschaften zur Schadens- und Lebensversicherung in deutsches Recht um; die neue Regelung zielt auf eine Deregulierung des Versicherungswesens, d. h. auf eine Zurückdrängung staatlicher Einflüsse, von der man sich insbesondere im Hinblick auf den bevorstehenden EG-Binnenmarkt eine erhöhte Bereitschaft zur Einführung neuer und differenzierterer Produkte, eine Verstärkung des Wettbewerbs und dadurch letztlich eine Senkung der Prämien verspricht. Da die inhaltliche Ausgestaltung der AVB somit im Ergebnis den einzelnen Versicherungs-

Einführung

unternehmen überlassen bleibt, könnte die Rücknahme der Staatsaufsicht auf breiter Front zu einem Ende der brancheneinheitlichen Ausgestaltung von AVB führen mit der Folge, daß sich Umfang und Konditionen des angebotenen Versicherungsschutzes demnächst von Versicherer zu Versicherer unterscheiden.

Allerdings ist gleichzeitig auch eine gegenläufige Entwicklung zu verzeichnen. Vom Rat der Europäischen Gemeinschaften ermächtigt hat nämlich die EG-Kommission durch eine am 1. 4. 1993 in Kraft getretene Verordnung solche „Gruppen von Vereinbarungen von Unternehmen, Beschlüssen von Unternehmensvereinigungen und aufeinander abgestimmte Verhaltensweisen im Bereich der Versicherungswirtschaft" vom **Kartellverbot** des Art. 85 Abs. 1 EG-Vertrag **freigestellt**, die eine Zusammenarbeit u. a. „bei der Erstellung von Mustern für Allgemeine Versicherungsbedingungen" zum Gegenstand haben („Gruppenfreistellungsverordnung"). Den Versicherungsverbänden wird damit Gelegenheit gegeben, Muster-Bedingungswerke zu entwickeln und ihren Mitgliedsunternehmen zur Verwendung zu empfehlen. Dahinter steht die erklärte Überlegung der Kommission, daß Musterbedingungen im Interesse des Verbrauchers einen Vergleich des Leistungsumfangs erleichtern können. Mittlerweile haben die deutschen Versicherungsverbände für nahezu alle wichtigen Sparten Musterbedingungen erstellt (vgl. näher unter VII.).

Der europäische Gesetzgeber hat die Entwicklung der AVB damit bewußt in ein Spannungsfeld gestellt, das einerseits durch den Wunsch nach vermehrter Produktvielfalt und andererseits – gleichzeitig – durch das Streben nach fortbestehender Produkttransparenz charakterisiert wird. Ob die Versicherungsunternehmen vor dem Hintergrund dieser letztlich unvereinbaren Zielvorstellungen von den ihnen eingeräumten Innovationsmöglichkeiten ausgiebig Gebrauch machen und die bislang einheitlichen Bedingungswerke damit mittelfristig zerfallen, oder ob und in welchem Maße die Unternehmen ihre Angebote an den von ihren Verbänden empfohlenen, bewährten und in der rechtlichen Tragweite kalkulierbaren Bedingungen orientieren werden, läßt sich derzeit nicht vorhersehen. Sicher ist aber, daß der durchschnittliche Versicherungskunde kaum in der Lage sein dürfte, durch einen selbständig vorgenommenen Bedingungsvergleich unter einer Vielfalt von Ver-

Einführung

sicherungen die kostengünstigste und für seine Bedürfnisse zutreffende zu ermitteln. Es ist daher anzunehmen, daß sich mit fortschreitender Diversifizierung die von Verbraucherseite erhobene Forderung nach standardisierten Angeboten weiter verstärken wird.

II. Funktionen der AVB

Ebenso wie in allen anderen Branchen bringt der Einsatz von AGB auch für die Versicherungswirtschaft zunächst **Rationalisierungsvorteile** mit sich. Die Verwendung einheitlicher und vorab fixierter Vertragsbestimmungen erspart dem Versicherer ein zeit- und kostenintensives Aushandeln der Konditionen in jedem Einzelfall und erlaubt es ihm, die zur Betreuung der Versicherungsverhältnisse erforderlichen Bearbeitungsvorgänge – von der Ersterfassung und Prämienerhebung über die Bestandspflege bis hin zur Schadensregulierung – insbesondere auch durch Spezialisierung des Mitarbeiterstabes im voraus rationell zu organisieren.

Darüber hinaus ist der Versicherer als AGB-Verwender in der Lage, potentielle Interessenkonflikte vorausschauend zu seinen Gunsten zu lösen, indem er seinen eigenen Pflichtumfang reduziert bzw. seine Rechte ausweitet und/oder den Pflichtenbestand des Vertragspartners ausdehnt bzw. dessen Vertragsrechte zurückdrängt. Rechtliche Zweifelsfragen werden schon im Vertragstext geklärt, etwaige Streitpunkte entschärft und das Prozeßrisiko dadurch verringert. AVB ermöglichen also – wie alle anderen AGB auch – eine planmäßige **Minimierung und Überwälzung von Vertragsrisiken**.

Über diese beiden Aspekte hinaus kommt aber speziell den AVB noch eine besondere Bedeutung zu. Anders als der Gegenstand von Verträgen über Waren oder „manifeste" Dienstleistungen existiert der Gegenstand des Versicherungsvertrages nicht unabhängig von seinen rechtlichen Grundlagen. Die Leistung des Versicherers wird insbesondere durch die im Versicherungsvertrag getroffenen Absprachen konstituiert, weil sich der Umfang des gewährten Versicherungsschutzes – gegen welche Gefahren? Zugunsten welchen versicherten Interesses oder welcher Person? Bis zur welcher Höhe? Innerhalb welchen Zeitraums? – notwendigerweise letztlich erst anhand der ver-

Einführung

traglichen Vereinbarungen bestimmen läßt. AVB haben damit zusätzlich **produktfestlegenden Charakter**.

Technisch erfolgt die Produktbeschreibung in AVB in der Weise, daß der Versicherer zunächst mittels einer „primären Risikoabgrenzung" das von ihm übernommene Risiko möglichst genau abstrakt bestimmt. Ist diese Abgrenzung der versicherten Gefahr punktuell zu weit geraten, wird sie ggf. durch „sekundäre Risikoausschlüsse" partiell zurückgenommen; soweit sie zu offensichtlichen Lücken im Versicherungsschutz führt, kann der Umfang der versicherten Gefahr durch „sekundäre Risikoausweitungen" wieder ausgedehnt werden. Ein geläufiges Beispiel für diese Formulierungstechnik liefern die §§ 1 und 2 der Allgemeinen Unfallversicherungs-Bedingungen (AUB, vgl. hier Nr. **12**). Danach gewährt der Versicherer prinzipiell Versicherungsschutz bei einem „Unfall", der definiert wird als ein „plötzlich von außen" auf den Körper wirkendes Ereignis, durch welches der Versicherte „unfreiwillig eine Gesundheitsbeschädigung erleidet" (§ 1 Abs. 4 AUB). Die so umrissene „primäre Risikoabgrenzung" wird sowohl erweitert als auch eingeschränkt: Einerseits „gilt" als Unfall auch, wenn durch eine erhöhte Kraftanstrengung an Gliedmaßen und Wirbelsäule ... ein Gelenk verrenkt" oder „Muskeln, Sehnen, Bänder oder Kapseln gezerrt oder zerrissen werden" (§ 1 Abs. 4 AUB); hier handelt es sich in Ermangelung eines „von außen" wirkenden Ereignisses nicht um einen Unfall i. S. der vorangestellten Definition. Andererseits sind von der Versicherung z. B. solche Unfälle ausgeschlossen, die durch Kriegseinwirkungen verursacht werden oder die der Versicherte infolge einer vorsätzlichen Ausführung einer Straftat erleidet (§ 2 Abs. I (2) und (3) AUB).

Einheitliche AVB fassen schließlich – im Bereich der Massenversicherung – die Versicherungsnehmer zu **überschaubaren Risikokollektiven** zusammen. Sie erleichtern damit eine statistisch abgesicherte Prognose der Schadensentwicklung und schaffen dadurch die Voraussetzungen für eine rationale Prämienkalkulation.

Einführung

III. Vereinbarung von AVB

Da AVB bereits vor Abschluß des konkreten Vertrages ausformuliert und im Regelfall unveränderbar bereitliegen und vom Versicherer für eine Vielzahl von Verträgen verwendet werden, finden auf sie die Vorschriften des Gesetzes zur Regelung des Rechts der Allgemeinen Geschäftsbedingungen Anwendung (vgl. § 1 Abs. 1 Satz 1 AGBG). Auch ergänzende „Klauseln", „Sonderbedingungen" oder „Zusatzbedingungen" sind trotz ihrer etwas mißverständlichen Bezeichnung AGB, weil auch sie ohne Rücksicht auf das konkret zu versichernde Risiko als fertige Vertragsmuster in die einzelnen Versicherungsverträge einbezogen werden. Keine AGB liegen dagegen dann vor, wenn einzelne Versicherungsverträge oder bestimmte Klauseln tatsächlich individuell ausgehandelt worden sind (vgl. §§ 1 Abs. 2, 4 AGBG).

Als AGB werden AVB gemäß § 2 Abs. 1 AGBG grundsätzlich nur dann **Vertragsbestandteil**, wenn der Versicherer den Versicherungsnehmer bei Vertragsschluß ausdrücklich auf sie hinweist, ihm in zumutbarer Weise die Möglichkeit verschafft, von ihrem Inhalt Kenntnis zu nehmen, und der Versicherungsnehmer mit ihrer Geltung einverstanden ist. In der Praxis werden diese Voraussetzungen häufig nicht eingehalten, da Versicherungsverträge in der Weise zustande kommen, daß der Versicherungskunde einen (ihn bereits bindenden) Vertragsantrag stellt und der Versicherer die AVB bei Vertragsannahme zusammen mit der Police – also erst **nach** dem von § 2 Abs. 1 AGBG vorausgesetzten Zeitpunkt – übersendet. Zwar erleichtert § 23 Abs. 3 AGBG die Einbeziehung von AVB insofern, als die vom BAV genehmigten Geschäftsbedingungen eines Versicherungsunternehmens auch dann maßgeblich sein sollen, wenn die in § 2 Abs. 1 AGBG genannten Einbeziehungsvoraussetzungen im Einzelfall nicht beachtet wurden; diese Sonderregelung wurde mit dem Hinweis darauf begründet, daß das Schutzbedürfnis des Versicherungsnehmers angesichts der behördlichen Vorkontrolle geringer sei. Nachdem die Vorabgenehmigung von AVB aber weitgehend entfallen ist (vgl. unter I.), hat auch § 23 Abs. 3 AGBG seine Bedeutung verloren. Statt dessen sieht nunmehr ein neugeschaffener § 5a Abs. 1 Satz 1 Versicherungsvertragsgesetz (VVG) vor, daß AVB, die einem

Einführung

Versicherungskunden bei Antragstellung nicht übergeben worden sind, dennoch Vertragsgrundlage werden, wenn der Versicherer sie später übersendet und der Versicherungsnehmer nicht innerhalb von 14 Tagen ihrer Geltung widerspricht; Voraussetzung für den Fristlauf ist wiederum, daß dem Versicherungsnehmer die AVB und alle übrigen Verbraucherinformationen (§ 10a VAG, vgl. oben I.) vollständig vorliegen und er bei Aushändigung des Versicherungsscheins schriftlich und in drucktechnisch deutlicher Form auf sein Widerspruchsrecht sowie Fristbeginn und -dauer hingewiesen worden ist (§ 5a Abs. 2 Satz 1 VVG). Sachlich läßt sich diese Sonderbehandlung der Versicherungsbedingungen gegenüber den AGB aller anderen Branchen kaum rechtfertigen; ob die Bestimmung daher einer verfassungsrechtlichen Überprüfung im Hinblick auf das in Art. 3 Abs. 2 des Grundgesetzes enthaltene Gleichheitgebot standhalten würde, erscheint äußerst zweifelhaft.

Ungeachtet des § 5a VVG werden „überraschende Klauseln" i. S. des § 3 AGBG keinesfalls Vertragsinhalt. „Überraschend" sind solche Bestimmungen in AVB, die nach den Umständen des jeweiligen Vertrages so ungewöhnlich sind, daß der Versicherungsnehmer mit ihnen nicht zu rechnen brauchte. Auch branchenübliche Klauseln können in diesem Sinne „ungewöhnlich" sein. Die Rechtsprechung hat z. B. im Hinblick auf § 3 AGBG einer Klausel aus der Hausratsversicherung (Fassung 1974) die Wirksamkeit versagt, nach der sich im Schadensfall die Versicherungssumme für die laufende Versicherungsperiode im Hinblick auf **sämtliche** versicherten Risiken um den Betrag der vom Versicherer gezahlten Entschädigungsleistung verringern sollte. Das hatte zur Folge, daß der Versicherungsnehmer insoweit seinen vollen Versicherungsschutz verlor (BGH NJW 1985, 971). Als nicht überraschend ist dagegen etwa § 5 der Allgemeinen Reisegepäckversicherung (vgl. Nr. **26**) angesehen worden, der einen Versicherungsschutz für Sachen ausschließt, die über Nacht in einem unbewacht abgestellten Pkw verbleiben (LG Hamburg VersR 1984, 930).

Sollen die AVB nach Abschluß des Versicherungsvertrages modifiziert werden, muß der Versicherungsnehmer zustimmen. Eine einseitige Änderung laufender Verträge durch den Versicherer ist also nicht möglich.

Einführung

IV. Kontrolle der AVB

Nach dem Wegfall der aufsichtsbehördlichen Vorabkontrolle (vgl. I.) wird – bei einer vermutlich zunehmenden Anzahl versicherungsrechtlicher Streitigkeiten – die nachträgliche Überprüfung von AVB durch die **Zivilgerichte** an Bedeutung gewinnen. Sie kann auf zweifache Weise erfolgen. Gemäß § 13 AGBG können zum einen z. B. Verbraucherverbände einen Versicherer auf Unterlassung verklagen, wenn dieser AGB verwendet, die nach den Maßstäben des AGBG unwirksam sind oder gegen gesetzliche Verbote (§ 134 BGB) oder die guten Sitten (§ 138 BGB) verstoßen. Dieses „abstrakte Kontrollverfahren" in Gestalt einer Verbandsklage ermöglicht eine umfassende und über das konkrete Vertragsverhältnis hinausreichende Überprüfung von Bedingungswerken, deren Ergebnis auf ein erhöhtes Interesse der Öffentlichkeit rechnen darf und daher de facto für die gesamte Branche Bedeutung gewinnt. So geht beispielsweise die jüngste Entscheidung des Bundesgerichtshofs zur Unwirksamkeit von zehnjährigen Laufzeiten in der Unfallversicherung (BGHZ 127, 35) auf eine solche Verbandsklage zurück.

Zum andern erfolgt eine zivilgerichtliche Kontrolle von AVB im Individualprozeß zwischen einem Versicherungsnehmer und seinem Versicherer – typischerweise dann, wenn jener das Unternehmen auf Zahlung der Versicherungssumme in Anspruch nimmt und dieser sich zur Begründung seiner Leistungsfreiheit auf eine bestimmte Vertragsklausel beruft. Erklärt ein Gericht eine bestimmte Klausel für unwirksam, so gilt diese Feststellung freilich nur für das konkrete Versicherungsverhältnis; es ist auch nicht gewährleistet, daß andere Gerichte diesen Rechtsstandpunkt teilen werden.

In welchem Ausmaß AVB einer inhaltlichen Überprüfung nach den Maßstäben des AGBG unterliegen, ist im übrigen umstritten und letztlich noch nicht hinreichend geklärt. Nach § 8 AGBG findet eine Inhaltskontrolle von AGB nämlich nur insoweit statt, als diese Rechtsnormen ergänzen oder davon abweichen. Preisabsprachen und den Vertragsgegenstand fixierende Leistungsbeschreibungen bleiben dagegen nach allgemeiner Auffassung kontrollfrei, weil die Angemessenheit von Leistung und Gegenleistung in einem marktwirtschaftlichen System weder an Rechtsvorschriften noch an vertragsimmanenten

Einführung

Gerechtigkeitsmaßstäben gemessen werden kann und der Gesetzgeber mit dem AGB-Gesetz keine gerichtliche Kontrolle des Preis-Leistungsverhältnisses einführen wollte. Da nun AVB nicht nur die Modalitäten der Leistung konkretisieren, sondern aufgrund ihres produktbeschreibenden Charakters (vgl. oben II.) notwendig auch Leistungsbeschreibungen enthalten, können sie in einem wie auch immer zu präzisierenden Kernbereich – nach herrschender Meinung im Hinblick auf die allgemeinste Beschreibung des versicherten Objekts und des versicherten Risikos – keiner Inhaltskontrolle unterworfen sein.

Abgesehen von einem Verstoß gegen die Klauselverbote der §§ 10 und 11 AGBG sind in AVB enthaltene Abreden unwirksam, wenn sie den Versicherungsnehmer entgegen Treu und Glauben unangemessen benachteiligen: Das ist der Fall, wenn sie mit den wesentlichen Grundgedanken der abbedungenen Gesetzesvorschrift nicht zu vereinbaren sind oder wenn sie sich aus der Rechtsnatur eines Vertrages ergebenden Rechte oder Pflichten in einer vertragszweckgefährdenden Weise einschränken (§ 9 Abs. 1, Abs. 2 AGBG). Als unangemessene Benachteiligung des Versicherungsnehmers im Sinne von § 9 Abs. 2 Satz 2 AGBG hat der Bundesgerichtshof etwa eine Klausel aus der Krankheitskostenversicherung (vgl. unten Nr. **7**) gewertet, wonach keine Leistungspflicht des Versicherers für wissenschaftlich nicht allgemein anerkannte Untersuchungs- und Behandlungsmethoden besteht: Eine solche Klausel schließe z. B. die Kostenerstattung für Behandlungsmethoden aus, die bei unheilbaren Krankheiten zur Linderung oder Erprobung eines Heilerfolges eingesetzt würden und von der Schuldmedizin nicht anerkannt seien. Sie sei vom Interesse des Versicherers, durch eine nähere Abgrenzung seiner Leistungspflicht die Kosten kalkulierbar zu halten, nicht mehr gedeckt (BGHZ 123, 83). Ein anderes Beispiel aus der neueren BGH-Rechtsprechung (BGHZ 111, 278): Als unwirksam wegen Verstoßes gegen § 9 Abs. 2 Nr. 2 AGBG wurde eine Bestimmung aus den Allgemeinen Hausratsbedingungen (Fassung 1984) angesehen, die den Versicherungsnehmer verpflichtete, „... solange sich in der Wohnung niemand aufhält, Türen, Fenster und alle sonstigen Öffnungen der Wohnung ordnungsgemäß verschlossen zu halten sowie alle bei Antragstellung vorhandenen und zusätzlich vereinbarten Sicherungen ... zu betätigen ..." Um dieser Sicherungsobliegenheit nachzukommen, so das Gericht, müsse

Einführung

der Versicherungsnehmer bei jeder noch so kurzen Abwesenheit sämtliche vorhandenen Sicherungs- und Warnanlagen betätigen. Das sei unsinnig und unvertretbar. Eine Hausratsversicherung werde entwertet, wenn der Versicherungsnehmer schon bei einer leicht fahrlässigen Pflichtverletzung seinen Versicherungsschutz verliere.

Ist eine AVB-Klausel nichtig, bleibt der Versicherungsvertrag im übrigen wirksam (§ 6 Abs. 1 AGBG). Die entstandene Lücke ist ggf. durch eine ergänzende Vertragsauslegung wieder zu schließen. Dabei sind der Vertragszweck und die berechtigten Erwartungen des Versicherungsnehmers zu berücksichtigen.

V. Auslegung von AVB

AVB sind – wie AGB im allgemeinen – **objektiv** auszulegen. Das bedeutet: Es kommt nicht darauf an, welche Vorstellungen der konkrete Versicherungsnehmer vor dem Hintergrund der jeweiligen Umstände des Einzelfalles mit einer bestimmten Regelung verbindet. In Anbetracht der Tatsache, daß AVB für eine Vielzahl von Versicherungsverträgen Geltung besitzen, ist vielmehr entscheidend, wie eine Vereinbarung typischerweise von einem durchschnittlichen Versicherungsnehmer aufgefaßt wird. Maßgebend bei der Ausdeutung eines Begriffs ist der gewöhnliche Sprachgebrauch; juristische oder versicherungstechnische Vorkenntnisse des Versicherungskunden werden nicht vorausgesetzt. Feste Begriffe aus der juristischen Fachterminologie sind allerdings in ihrem üblichen Sinn zu verstehen. Bleibt die Bedeutung einer AVB-Klausel trotz aller Auslegungsbemühungen zweifelhaft, geht diese Unklarheit zu Lasten des Versicherers (§ 5 AGBG). Er hätte bei der Formulierung seiner Geschäftsbedingungen ja für eine klare und verständliche Regelung sorgen können. Soll z. B. eine Obliegenheitsverletzung zum Verlust des Versicherungsanspruchs führen, müssen die sich aus der Obliegenheit ergebenden Einzelpflichten deutlich erkennbar sein.

Im übrigen praktiziert die Rechtsprechung eine Reihe von Auslegungsgrundsätzen, die freilich im wesentlichen nur allgemein anerkannte Prinzipien juristischer Interpretation für den Bereich der AVB konkretisieren. So müssen etwa AVB, die

Einführung

inhaltlich oder wörtlich den Bestimmungen des VVG entsprechen, ebenso wie das Gesetz ausgelegt werden. Bei der Interpretation können auch Umstände außerhalb der Bedingungen wie z. B. der Versicherungsantrag oder ein Werbeprospekt Berücksichtigung finden. Besondere Bedingungen gehen den allgemeinen vor. Regeln die AVB eine Frage erschöpfend, finden die dispositiven Vorschriften des VVG daneben keine Anwendung mehr.

Die Auslegung von AVB kann (in entsprechender Anwendung von § 549 Abs. 1 der Zivilprozeßordnung) vom BGH als Revisionsgericht nachgeprüft werden, sofern die Bedingungen über den Zuständigkeitsbereich eines Oberlandesgerichts hinaus Geltung besitzen. Damit wird verhindert, daß die Gerichte ein und dieselbe Klausel abweichend interpretieren.

VI. AVB und VVG

Bis zum Inkrafttreten des VVG im Jahre 1910 wurden die Rechtsbeziehungen zwischen den Parteien eines Versicherungsvertrages im wesentlichen durch die in dieser Branche schon früh entwickelten und bereits damals weit verbreiteten AVB bestimmt, auf deren Regelungsmuster der Gesetzgeber bei der inhaltlichen Ausgestaltung der gesetzlichen Bestimmungen zurückgegriffen hat. Das VVG enthält daher weniger eine umfassende und konzeptionell eigenständige Ordnung des Versicherungsvertrages und der sich aus seiner Abwicklung ergebenden Interessenkonflikte, sondern liefert eher das gesetzliche Rahmenwerk für eine vom Gesetzgeber vorausgesetzte Vertragspraxis. Das zeigt sich in zweifacher Hinsicht.

Die Bestimmungen des VVG **beschränken** die Privatautonomie der Vertragspartner und beschneiden damit in erster Linie die Freiheit der Versicherer bei der Ausgestaltung von AVB. Im Vordergrund steht hier der Schutz des Versicherungsnehmers. Dabei sind **zwingende** Gesetzesvorschriften schlechthin unveränderbar. Entgegenstehende AVB-Klauseln sind nichtig. So kann beispielsweise in AVB nicht wirksam vereinbart werden, daß sich ein nicht rechtzeitig gekündigter Versicherungsvertrag für die Dauer von mehr als einem Jahr stillschweigend verlängert (§ 8 Abs. 1 VVG). Oder: Nichtig ist eine Klausel, die dem Versicherungsnehmer nach Durchfüh-

Einführung

rung eines Sachverständigenverfahrens das Recht nimmt, nach Erstattung eines „offenbar von der wirklichen Sachlage erheblich" abweichenden Gutachtens die ordentlichen Gerichte anzurufen (§ 64 Abs. 1, Abs. 3 VVG). Sogenannte „**halbzwingende**" Vorschriften legen dagegen nur einen Mindeststandard zugunsten des Versicherungsnehmers fest. Abweichende Vereinbarungen sind insoweit wirksam, als sich der Versicherungsnehmer – sofern ihm dies vorteilhaft erscheint – auf sie berufen mag. Demgegenüber ist es dem **Versicherer** verwehrt, aus einer zum Nachteil des Versicherungsnehmers abweichenden AVB-Klausel Rechte herzuleiten. Halbzwingend in diesem Sinne sind etwa § 8 Abs. 2 VVG, der eine Kündigung nur zum Schluß einer laufenden Versicherungsperiode zuläßt und eine für beide Teile gleiche Kündigungsfrist von mindestens einem und maximal drei Monaten vorschreibt, oder § 12 Abs. 1 VVG, der Ansprüche aus einem Versicherungsvertrag in zwei, bei der Lebensversicherung in fünf Jahren verjähren läßt. Soweit das VVG allerdings **dispositive Vorschriften** enthält, werden sie durch abweichende AVB überlagert und ausgeschaltet.

Eine Reihe von VVG-Vorschriften sind auf eine **Ergänzung** durch AVB angelegt. So verpflichtet das Gesetz zwar den Versicherungsnehmer, dem Versicherer z. B. nach Eintritt des Versicherungsfalles unverzüglich Anzeige zu machen (§ 33 VVG), Auskünfte zu erteilen und Belege beizubringen (§ 34 VVG) oder dem Versicherer vom Abschluß eines weiteren Versicherungsvertrages über dasselbe Interesse Mitteilung zu machen (§ 58 VVG). Sanktionen für den Fall einer Verletzung dieser Obliegenheiten enthält das Gesetz aber nicht; sie bleiben den jeweiligen AVB überlassen. Allerdings wird die Möglichkeit, als Folge einer Obliegenheitsverletzung die Leistungsfreiheit des Versicherers zu vereinbaren, durch § 6 VVG wieder deutlich eingeschränkt.

Soweit das VVG einzelne Versicherungsverträge nicht regelt, bleibt eine nähere Ausgestaltung – im Rahmen der für sämtliche Versicherungszweige (§§ 1–48 VVG) bzw. ggf. der für alle Bereiche der Schadenversicherung maßgeblichen Bestimmungen (§§ 49–80 VVG) vollständig den AVB überlassen. So sind beispielsweise Vorschriften für den Rechtsschutz- (§§ 158l–158o VVG) oder zur Krankenversicherung (§§ 178a–178o VVG) erst in jüngerer Zeit in das VVG aufgenommen worden. Die technischen Versicherungen (zur Maschinenversicherung vgl. Nr. **23**,

Einführung

zur Elektronikversicherung vgl. Nr. **24**) oder die Reiseversicherungen (vgl. Nr. **25** und **26**) sind bis heute noch nicht erfaßt. Auch insoweit kommt den AVB daher ein lückenfüllenden Charakter zu.

VII. Zu dieser Textausgabe

Von der durch die Gruppenfreistellungsverordnung gewährten Möglichkeit, Musterbedingungen aufzustellen und den Mitgliedsunternehmen zur Verwendung zu empfehlen (vgl. unter I.), haben die deutschen Versicherungsverbände in großem Umfang Gebrauch gemacht. So sind Muster-AVB aufgestellt worden vom Verband der Lebensversicherungs-Unternehmen (Bonn), vom Verband der Krankenversicherung e. V. (Köln), vom Verband der Sachversicherer (Köln), vom HUK-Verband (Hamburg) sowie vom Deutschen Transport-Versicherungs-Verband (Hamburg); die drei letztgenannten haben sich inzwischen zum Verband der Schadenversicherer e. V. zusammengeschlossen. Eine Auswahl der wichtigsten Musterbedingungen, die von den beteiligten Verbänden freundlicherweise zur Verfügung gestellt worden sind, werden in der vorliegenden Textausgabe abgedruckt.

Die Aufstellung von Muster-AVB ist allerdings an enge Voraussetzungen geknüpft. Zunächst enthält die Gruppenfreistellungsverordnung eine „Schwarze Liste" verbraucherfeindlicher Klauseln, die von den Verbänden nicht empfohlen werden dürfen. Beispielsweise wäre es unzulässig, die Vereinbarung einer Laufzeit von mehr als drei Jahren (Ausnahme: Lebensversicherungsverträge), ein Recht des Versicherers zur einseitigen Vertragsänderung oder eine Verpflichtung des Versicherungsnehmers zur Deckung unterschiedlicher Risiken bei ein und demselben Unternehmen in die Musterbedingungen aufzunehmen. Darüber hinaus gestattet die Gruppenfreistellungsverordnung den Verbänden eine Bekanntgabe von Musterbedingungen nur unter der Voraussetzung, daß diese unverbindlichen Charakter tragen; die empfohlenen Bedingungen dürfen darüber hinaus keine systematischen Risikoausschlüsse enthalten ohne einen gleichzeitigen ausdrücklichen Hinweis darauf, daß die betreffenden Risiken von dem einzelnen Versicherer durch abweichende Vereinbarung in die Deckung einbezogen werden kön-

Einführung

nen. Die Verbände haben diesen Forderungen durch entsprechende Unverbindlichkeitshinweise bei Übersendung der Bedingungen an ihre Mitgliedsunternehmen oder in den Musterbedingungen selbst sowie dadurch Rechnung getragen, daß Risikoausschlüsse in den vorgeschlagenen AVB-Texten mit einem entsprechenden Vorbehalt versehen worden sind („soweit nicht etwas anderes vereinbart ist"). Ob und in welchem Umfang die Verbandsbedingungen übernommen werden, entscheidet folglich jedes Versicherungsunternehmen selbst. Die vom einzelnen Versicherer gegenüber seinen Kunden verwandten AVB müssen also mit den hier abgedruckten Bedingungen keineswegs identisch sein!

Um nicht einer unerwünschten Standardisierung Vorschub zu leisten, dürfen die Verbandsbedingungen außerdem keine Angaben über Versicherungssummen oder Selbstbehaltsbeträge vorsehen. Daraus erklärt es sich, daß einzelne Bedingungswerke – so z.B. die Allgemeinen Bedingungen für die Unfallversicherung (Nr. **12**) oder die AVB Schmuck und Pelze (Nr. **27**) – an entsprechender Stelle präzisierungsbedürftige Lücken aufweisen.

Die Gruppenfreistellungsverordnung schreibt schließlich vor, daß Musterbedingungen frei zugänglich sein müssen. Sie sind daher von den Verbänden jeder interessierten Person auf einfache Anfrage hin zu übermitteln.

Musterbedingungen des Verbands der Lebensversicherungsunternehmen e.V.

1. Allgemeine Bedingungen für die kapitalbildende Lebensversicherung

(Diese Bedingungen sind unverbindlich. Es besteht die Möglichkeit, abweichende Klauseln zu verwenden.)

Übersicht[1]

	§§
Was ist versichert?	1
Wann beginnt Ihr Versicherungsschutz?	2
Können Sie vom Versicherungsvertrag zurücktreten?	3
Was haben Sie bei der Beitragszahlung zu beachten?	4
Was geschieht, wenn Sie einen Beitrag nicht rechtzeitig zahlen?	5
Wann können Sie Ihre Versicherung kündigen oder beitragsfrei stellen?	6
Was bedeutet die vorvertragliche Anzeigepflicht?	7
Was gilt bei Wehrdienst, Unruhen oder Krieg?	8
Was gilt bei Selbsttötung des Versicherten?	9
Was ist bei Fälligkeit der Versicherungsleistung zu beachten?	10
Wo sind die vertraglichen Verpflichtungen zu erfüllen?	11
Welche Bedeutung hat der Versicherungsschein?	12
Was gilt für Mitteilungen, die sich auf das Versicherungsverhältnis beziehen?	13
Wer erhält die Versicherungsleistung?	14
Wie werden die Abschlußkosten erhoben und ausgeglichen?	15
Welche Kosten stellen wir Ihnen gesondert in Rechnung?	16
Wie sind Sie an den Überschüssen beteiligt?	17
Welches Recht findet auf Ihren Vertrag Anwendung?	18
Wo ist der Gerichtsstand?	19

---

[1] Die Inhaltsübersicht wurde vom Herausgeber eingefügt.

1 KLV § 1 LebensVers (kapitalbild.)

Sehr geehrter Kunde!

Als Versicherungsnehmer sind Sie unser Vertragspartner; für unser Vertragsverhältnis gelten die nachfolgenden Bedingungen.

§ 1 Was ist versichert? Wir zahlen die vereinbarte Versicherungssumme, wenn der Versicherte den im Versicherungsschein genannten Ablauftermin erlebt oder wenn er vor diesem Termin stirbt.

Bemerkung:

§ 1 ist bei anderer Leistungsbeschreibung entsprechend zu ändern, z. B. wie folgt:

Kapitalversicherung auf den Todes- und Erlebensfall mit Teilauszahlung

Wir erbringen die vereinbarten Teilauszahlungen, wenn der Versicherte die im Versicherungsschein genannten Auszahlungstermine erlebt. Bei Tod des Versicherten vor dem letzten Auszahlungstermin zahlen wir die vereinbarte Versicherungssumme.

Kapitalversicherung auf den Todes- und Erlebensfall von zwei Personen

Wir zahlen die vereinbarte Versicherungssumme, wenn beide Versicherten den im Versicherungsschein genannten Ablauftermin erleben oder wenn einer der Versicherten vor diesem Termin stirbt. Auch bei gleichzeitigem Tod beider Versicherten wird die vereinbarte Versicherungssumme nur einmal fällig.

Kapitalversicherung mit festem Auszahlungszeitpunkt (Termfixversicherung)

Wir zahlen die vereinbarte Versicherungssumme zu dem im Versicherungsschein genannten Ablauftermin, unabhängig davon, ob der Versicherte diesen Zeitpunkt erlebt. Die Beitragszahlung endet bei Tod des Versicherten, spätestens mit Ablauf der vereinbarten Versicherungsdauer.

LebensVers (kapitalbild.) § 2 **KLV 1**

Familienversorgungstarif

Wir zahlen die vereinbarte Versicherungssumme zu dem im Versicherungsschein genannten Ablauftermin, unabhängig davon, ob der Versicherte diesen Zeitpunkt erlebt. Stirbt der Versicherte vor diesem Zeitpunkt, zahlen wir ein Sterbegeld von ... der vereinbarten Versicherungssumme und zusätzlich eine monatliche Rente von ... der Versicherungssumme von dem auf den Tod folgenden Monatsersten an bis zum Ablauf der vereinbarten Versicherungsdauer. Die Beitragszahlung endet bei Tod des Versicherten, spätestens mit Ablauf der vereinbarten Versicherungsdauer.

Kapitalversicherung auf den Heiratsfall, Aussteuerversicherung

Versichert sind der Versorger und das zu versorgende Kind. Wir zahlen die vereinbarte Versicherungssumme bei Heirat des zu versorgenden Kindes, spätestens zu dem im Versicherungsschein genannten Ablauftermin.
Die Beitragszahlung endet bei Tod eines der Versicherten, bei Heirat des zu versorgenden Kindes, spätestens mit Ablauf der vereinbarten Versicherungsdauer.
Stirbt das zu versorgende Kind vor Fälligkeit der Versicherungssumme, so erstatten wir die gezahlten Beiträge höchstens bis zum Betrag der Versicherungssumme. War die Versicherung durch den Tod des Versorgers oder durch vorzeitige Einstellung der Beitragszahlung beitragsfrei gestellt, so zahlen wir den Zeitwert der Versicherung (§ 6 Abs. 3).

Kapitalversicherung auf den Todesfall

Wir zahlen die vereinbarte Versicherungssumme bei Tod des Versicherten.

§ 2 Wann beginnt Ihr Versicherungsschutz? Ihr Versicherungsschutz beginnt, wenn Sie den ersten oder einmaligen Beitrag (Einlösungsbeitrag) gezahlt und wir die Annahme Ihres Antrages schriftlich oder durch Aushändigung des Versicherungsscheins erklärt haben. Vor dem im Versicherungsschein angegebenen Beginn der Versicherung besteht jedoch noch kein Versicherungsschutz.

1 KLV §§ 3, 4 LebensVers (kapitalbild.)

§ 3 Können Sie vom Versicherungsvertrag zurücktreten? Sie können innerhalb einer Frist von 14 Tagen nach Abschluß vom Versicherungsvertrag zurücktreten. Zur Wahrung der Frist genügt die rechtzeitige Absendung der Rücktrittserklärung. Die Frist beginnt erst zu laufen, wenn wir Sie über Ihr Rücktrittsrecht belehrt und Sie dies mit Ihrer Unterschrift bestätigt haben. Wenn wir die Belehrung unterlassen haben, erlischt Ihr Rücktrittsrecht einen Monat nach Zahlung des ersten oder einmaligen Beitrags.

§ 4 Was haben Sie bei der Beitragszahlung zu beachten?
(1) Die Beiträge zu Ihrer Lebensversicherung können Sie je nach Vereinbarung in einem einzigen Betrag (Einmalbeitrag) oder durch jährliche Beitragszahlungen (Jahresbeiträge) entrichten. Die Jahresbeiträge werden zu Beginn eines jeden Versicherungsjahres fällig.

(2) Nach Vereinbarung können Sie Jahresbeiträge auch in halbjährlichen oder monatlichen Raten zahlen; hierfür werden Ratenzuschläge erhoben.

(3) Bei Fälligkeit einer Versicherungsleistung werden wir alle noch nicht gezahlten Raten des laufenden Versicherungsjahres und etwaige Beitragsrückstände verrechnen.

(4) Der erste oder einmalige Beitrag wird sofort nach Abschluß des Versicherungsvertrages fällig. Alle weiteren Beiträge (Folgebeiträge) sind jeweils zum vereinbarten Fälligkeitstag an uns zu zahlen. Die Zahlung kann auch an unseren Vertreter erfolgen, sofern dieser Ihnen eine von uns ausgestellte Beitragsrechnung vorlegt.

(5) Für eine Stundung der Beiträge ist eine schriftliche Vereinbarung mit uns erforderlich.

Bemerkungen:
1. Wenn die Beiträge tariflich nur bis zum Ende des am Todestag laufenden Beitragszahlungsabschnitts zu zahlen sind, lautet Abs. 3 wie folgt:
   „Bei Fälligkeit einer Versicherungsleistung werden wir etwaige Beitragsrückstände verrechnen."
2. Bei Tarifen, bei denen die Versicherungsperiode mit dem Beitragszahlungsabschnitt übereinstimmt, lautet § 4 wie folgt:

LebensVers (kapitalbild.) **§ 5 KLV 1**

„**Was haben Sie bei der Beitragszahlung zu beachten?**
(1) Die Beiträge zu Ihrer Lebensversicherung können Sie je nach Vereinbarung in einem einzigen Betrag (Einmalbeitrag) oder durch laufende Beiträge für jede Versicherungsperiode entrichten. Versicherungsperiode kann je nach Vereinbarung ein Monat, ein Vierteljahr, ein halbes oder ein Jahr sein. Die laufenden Beiträge werden zu Beginn der vereinbarten Versicherungsperiode fällig.
(2) Bei Fälligkeit einer Versicherungsleistung werden wir etwaige Beitragsrückstände verrechnen.
(3) Der erste oder einmalige Beitrag wird sofort nach Abschluß des Versicherungsvertrages fällig. Alle weiteren Beiträge (Folgebeiträge) sind jeweils zum vereinbarten Fälligkeitstag an uns zu zahlen. Die Zahlung kann auch an unseren Vertreter erfolgen, sofern dieser Ihnen eine von uns ausgestellte Beitragsrechnung vorlegt.
(4) Für eine Stundung der Beiträge ist eine schriftliche Vereinbarung mit uns erforderlich."

§ 5 Was geschieht, wenn Sie einen Beitrag nicht rechtzeitig zahlen?

Einlösungsbeitrag

(1) Wenn Sie den Einlösungsbeitrag nicht rechtzeitig zahlen, so können wir die Beiträge des ersten Versicherungsjahres auch bei Vereinbarung von Ratenzahlungen sofort verlangen. Statt dessen können wir – solange die Zahlung nicht bewirkt ist – auch vom Versicherungsvertrag zurücktreten. Es gilt als Rücktritt, wenn wir unseren Anspruch auf den Einlösungsbeitrag nicht innerhalb von drei Monaten vom Fälligkeitstag an gerichtlich geltend machen. *(Auf dieses Rücktrittsrecht kann verzichtet werden.)* Bei einem Rücktritt können wir von Ihnen neben den Kosten einer ärztlichen Untersuchung eine besondere Gebühr für die Bearbeitung ihres Vertrages verlangen. Diese Gebühr, die unserem durchschnittlichen Aufwand entspricht, beträgt...

1 KLV § 5   LebensVers (kapitalbild.)

Folgebeitrag

(2) Wenn Sie einen Folgebeitrag oder einen sonstigen Betrag, den Sie aus dem Versicherungsverhältnis schulden, nicht rechtzeitig zahlen, so erhalten Sie von uns auf Ihre Kosten eine schriftliche Mahnung. Darin setzen wir Ihnen eine Zahlungsfrist von mindestens zwei Wochen. Begleichen Sie den Rückstand nicht innerhalb der gesetzten Frist, so entfällt oder vermindert sich Ihr Versicherungsschutz. *(Der Versicherer kann hierauf verzichten.)* Auf diese Rechtsfolgen werden wir Sie in der Mahnung ausdrücklich hinweisen.

(3) Zahlen Sie schon im ersten Versicherungsjahr einen Folgebeitrag nicht rechtzeitig, so werden außerdem die noch ausstehenden Raten des ersten Jahresbeitrags sofort fällig.

Bemerkung:

Bei Tarifen, bei denen die Versicherungsperiode mit dem Beitragszahlungsabschnitt übereinstimmt, lautet § 5 wie folgt:

„Was geschieht, wenn Sie einen Beitrag nicht rechtzeitig zahlen?

Einlösungsbeitrag

(1) Wenn Sie den Einlösungsbeitrag nicht rechtzeitig zahlen, so können wir – solange die Zahlung nicht bewirkt ist – vom Vertrag zurücktreten. Es gilt als Rücktritt, wenn wir unseren Anspruch auf den Einlösungsbeitrag nicht innerhalb von drei Monaten vom Fälligkeitstag an gerichtlich geltend machen. *(Auf dieses Rücktrittsrecht kann verzichtet werden.)* Bei einem Rücktritt können wir von Ihnen neben den Kosten einer ärztlichen Untersuchung eine besondere Gebühr für die Bearbeitung Ihres Vertrages verlangen. Diese Gebühr, die unserem durchschnittlichen Aufwand entspricht, beträgt . . .

Folgebeitrag

(2) Wenn Sie einen Folgebeitrag oder einen sonstigen Betrag, den Sie aus dem Versicherungsverhältnis schulden, nicht rechtzeitig zahlen, so erhalten Sie von uns auf Ihre Kosten eine schriftliche Mahnung. Darin setzen wir Ihnen eine Zahlungsfrist von mindestens zwei Wochen. Begleichen Sie den Rückstand nicht innerhalb der gesetzten Frist, so entfällt oder vermindert sich Ihr Versicherungsschutz. *(Der Versicherer*

LebensVers (kapitalbild.) § 6 **KLV 1**

kann hierauf verzichten.) Auf diese Rechtsfolgen werden wir Sie in der Mahnung ausdrücklich hinweisen.

§ 6 Wann können Sie Ihre Versicherung kündigen oder beitragsfrei stellen?

Kündigung und Auszahlung des Rückkaufswertes

(1) Sie können Ihre Versicherung ganz oder teilweise schriftlich kündigen
– jederzeit zum Schluß des laufenden Versicherungsjahres
– bei Vereinbarung von Ratenzahlungen auch innerhalb des Versicherungsjahres mit Frist von einem Monat zum Schluß eines jeden Ratenzahlungsabschnitts, frühestens jedoch zum Schluß des ersten Versicherungsjahres.

(2) Kündigen Sie Ihre Versicherung nur teilweise, so ist diese Kündigung unwirksam, wenn die verbleibende beitragspflichtige Versicherungssumme unter einen Mindestbetrag von ... DM sinkt. Wenn Sie in diesem Falle Ihre Versicherung beenden wollen, müssen Sie also ganz kündigen.

(3) Nach § 176 VVG haben wir nach Kündigung – soweit bereits entstanden – den Rückkaufswert zu erstatten. Er wird nach den anerkannten Regeln der Versicherungsmathematik für den Schluß der laufenden Versicherungsperiode als Zeitwert Ihrer Versicherung errechnet, wobei ein als angemessen angesehener Abzug in Höhe von ... erfolgt. Beitragsrückstände werden von dem Rückkaufswert abgesetzt.

> **Bemerkung:**
> Bei Tarifen, bei denen Garantiewerte für den Rückkaufswert vorgesehen sind, kann § 6 Abs. 3 wie folgt ergänzt werden:
> „Der Rückkaufswert erreicht jedoch mindestens einen bei Vertragsschluß vereinbarten Garantiebetrag, dessen Höhe vom Zeitpunkt der Beendigung des Vertrages abhängt. Vgl. die auf dem Versicherungsschein abgedruckte Übersicht der garantierten Rückkaufswerte."

Umwandlung in eine beitragsfreie Versicherung

(4) Anstelle einer Kündigung nach Absatz 1 können Sie unter Beachtung der dort genannten Termine und Fristen schriftlich verlangen, ganz oder teilweise von der Beitragszahlungspflicht befreit zu werden. In diesem Fall setzen wir die Versicherungs-

1 KLV § 6 LebensVers (kapitalbild.)

summe ganz oder teilweise auf eine beitragsfreie Summe herab, die nach den anerkannten Regeln der Versicherungsmathematik für den Schluß der laufenden Versicherungsperiode errechnet wird. Der aus Ihrer Versicherung für die Bildung der beitragsfreien Summe zur Verfügung stehende Betrag mindert sich um einen als angemessen angesehenen Abzug in Höhe von ... sowie um rückständige Beiträge.

Bemerkung:
Bei Tarifen, bei denen eine beitragsfreie Versicherungssumme garantiert wird, die über die gesetzlich vorgesehene beitragsfreie Versicherungssumme hinausgeht, können § 6 Abs. 4 Satz 2 und 3 wie folgt gefaßt werden:
„In diesem Fall setzen wir die Versicherungssumme auf eine beitragsfreie Summe herab, die nach den anerkannten Regeln der Versicherungsmathematik für den Schluß der laufenden Versicherungsperiode errechnet wird, mindestens aber eine bei Vertragsschluß vereinbarte Garantiesumme erreicht (vgl. die auf dem Versicherungsschein abgedruckte Übersicht der garantierten beitragsfreien Versicherungssummen). Der aus Ihrer Versicherung für die Bildung der beitragsfreien Summe zur Verfügung stehende Betrag mindert sich um rückständige Beiträge."

(5) Haben Sie die vollständige Befreiung von der Beitragszahlungspflicht beantragt und erreicht die nach Absatz 4 zu berechnende beitragsfreie Versicherungssumme den Mindestbetrag von ... DM nicht, so erhalten Sie den Rückkaufswert (§ 6 Abs. 3). Haben Sie nur eine teilweise Befreiung von der Beitragszahlungspflicht beantragt, so ist der Antrag nur wirksam, wenn die beitragsfreie Versicherungssumme einen Mindestbetrag von ... DM und die beitragspflichtige Versicherungssumme einen Mindestbetrag von ... DM erreicht. Anderenfalls können Sie die vollständige Befreiung von der Beitragszahlungspflicht beantragen. Dieser Antrag führt zur beitragsfreien Fortsetzung der Versicherung, wenn die nach Absatz 4 zu berechnende beitragsfreie Versicherungssumme den Mindestbetrag von ... DM erreicht. Ist das nicht der Fall, so erhalten Sie den Rückkaufswert.

LebensVers (kapitalbild.) § 6 **KLV 1**

Beitragsrückzahlung

(6) Die Rückzahlung der Beiträge können Sie nicht verlangen.

Bemerkung:

Bei Tarifen, bei denen die Versicherungsperiode mit dem Beitragszahlungsabschnitt übereinstimmt, lautet § 6 wie folgt.

„Wann können Sie Ihre Versicherung kündigen oder beitragsfrei stellen?

Kündigung und Auszahlung des Rückkaufswertes

(1) Sie können Ihre Versicherung jederzeit zum Schluß der Versicherungsperiode ganz oder teilweise schriftlich kündigen.

(2) Kündigen Sie Ihre Versicherung nur teilweise, so ist die Kündigung unwirksam, wenn die verbleibende beitragspflichtige Versicherungssumme unter einen Mindestbetrag von ... DM sinkt. Wenn Sie in diesem Falle Ihre Versicherung beenden wollen, müssen Sie also ganz kündigen.

(3) Nach § 176 VVG haben wir – soweit bereits entstanden – den Rückkaufswert zu erstatten. Er wird nach den anerkannten Regeln der Versicherungsmathematik für den Schluß der laufenden Versicherungsperiode als Zeitwert Ihrer Versicherung berechnet, wobei ein als angemessen angesehener Abzug von ... erfolgt. Beitragsrückstände werden von dem Rückkaufswert abgesetzt.

Bemerkung:

Bei Tarifen, bei denen Garantiewerte für den Rückkaufswert vorgesehen sind, kann § 6 Abs. 3 wie folgt ergänzt werden: „Der Rückkaufswert erreicht jedoch mindestens einen bei Vertragsschluß vereinbarten Garantiebetrag, dessen Höhe vom Zeitpunkt der Beendigung des Vertrags abhängt. Vgl. die auf dem Versicherungsschein abgedruckte Übersicht der garantierten Rückkaufswerte."

Umwandlung in eine beitragsfreie Versicherung

(4) Anstelle einer Kündigung nach Absatz 1 können Sie zu dem dort genannten Termin schriftlich verlangen, ganz oder teilweise von der Beitragszahlungspflicht befreit zu werden.

1 KLV § 6 LebensVers (kapitalbild.)

In diesem Fall setzen wir die Versicherungssumme auf eine beitragsfreie Summe herab, die nach den anerkannten Regeln der Versicherungsmathematik für den Schluß der laufenden Versicherungsperiode errechnet wird. Der aus Ihrer Versicherung für die Bildung der beitragsfreien Summe zur Verfügung stehende Betrag mindert sich um einen als angemessen angesehenen Abzug in Höhe von ... sowie um rückständige Beiträge.

Bemerkung:

Bei Tarifen, bei denen eine beitragsfreie Versicherungssumme garantiert wird, die über die gesetzlich vorgesehene beitragsfreie Versicherungssumme hinausgeht, können § 6 Abs. 4 Satz 2 und 3 wie folgt gefaßt werden:

„In diesem Fall setzen wir die Versicherungssumme auf eine beitragsfreie Summe herab, die nach den anerkannten Regeln der Versicherungsmathematik für den Schluß der laufenden Versicherungsperiode errechnet wird, mindestens aber eine bei Vertragsschluß vereinbarte Garantiesumme erreicht (vgl. die auf dem Versicherungsschein abgedruckte Übersicht der garantierten beitragsfreien Versicherungssummen). Der aus Ihrer Versicherung für die Bildung der beitragsfreien Summe zur Verfügung stehende Betrag mindert sich um rückständige Beiträge."

(5) Haben Sie die vollständige Befreiung von der Beitragszahlungspflicht beantragt und erreicht die nach Absatz 4 zu berechnende beitragsfreie Versicherungssumme den Mindestbetrag von ... DM nicht, so erhalten Sie den Rückkaufswert (§ 6 Abs. 3). Haben Sie nur eine teilweise Befreiung von der Beitragszahlungspflicht beantragt, so ist der Antrag nur wirksam, wenn die beitragsfreie Versicherungssumme einen Mindestbetrag von ... DM und die beitragspflichtige Versicherungssumme einen Mindestbetrag von ... DM erreicht. Anderenfalls können Sie die vollständige Befreiung von der Beitragszahlungspflicht beantragen. Dieser Antrag führt zur beitragsfreien Fortsetzung der Versicherung, wenn die nach Absatz 4 zu berechnende beitragsfreie Versicherungssumme den Mindestbetrag von ... DM erreicht. Ist das nicht der Fall, so erhalten Sie den Rückkaufswert.

LebensVers (kapitalbild.) §7 KLV 1

Beitragsrückzahlung
(6) Die Rückzahlung der Beiträge können Sie nicht verlangen.

§ 7 Was bedeutet die vorvertragliche Anzeigepflicht?

(1) Wir übernehmen den Versicherungsschutz im Vertrauen darauf, daß Sie alle in Verbindung mit dem Versicherungsantrag gestellten Fragen wahrheitsgemäß und vollständig beantwortet haben (vorvertragliche Anzeigepflicht). Das gilt insbesondere für die Fragen nach gegenwärtigen oder früheren Erkrankungen, gesundheitlichen Störungen und Beschwerden.

(2) Soll das Leben einer anderen Person versichert werden, ist auch diese – neben Ihnen – für die wahrheitsgemäße und vollständige Beantwortung der Fragen verantwortlich.

(3) Wenn Umstände, die für die Übernahme des Versicherungsschutzes Bedeutung haben, von Ihnen oder der versicherten Person (vgl. Abs. 2) nicht oder nicht richtig angegeben worden sind, können wir binnen drei Jahren seit Vertragsabschluß vom Vertrag zurücktreten. Den Rücktritt können wir aber nur innerhalb eines Monats erklären, nachdem wir von der Verletzung der Anzeigepflicht Kenntnis erhalten haben. Die Kenntnis eines Vermittlers steht unserer Kenntnis nicht gleich. Wenn uns nachgewiesen wird, daß die falschen oder unvollständigen Angaben nicht schuldhaft gemacht worden sind, wird unser Rücktritt gegenstandslos. Haben wir den Rücktritt nach Eintritt des Versicherungsfalles erklärt, bleibt unsere Leistungspflicht bestehen, wenn Sie nachweisen, daß die nicht oder nicht richtig angegebenen Umstände keinen Einfluß auf den Eintritt des Versicherungsfalles oder den Umfang unserer Leistung gehabt haben.

(4) Wir können den Versicherungsvertrag auch anfechten, falls durch unrichtige oder unvollständige Angaben bewußt und gewollt auf unsere Annahmeentscheidung Einfluß genommen worden ist. Handelt es sich um Angaben der versicherten Person, so können wir Ihnen gegenüber die Anfechtung erklären, auch wenn Sie von der Verletzung der vorvertraglichen Anzeigepflicht keine Kenntnis hatten.

(5) Die Absätze 1 bis 4 gelten bei einer Änderung oder Wiederherstellung der Versicherung entsprechend. Die Dreijahres-

frist beginnt mit der Änderung oder Wiederherstellung der Versicherung bezüglich des geänderten oder wiederhergestellten Teils neu zu laufen.

(6) Wenn die Versicherung durch Rücktritt oder Anfechtung aufgehoben wird, zahlen wir den Rückkaufswert; § 6 Abs. 3 gilt entsprechend. Die Rückzahlung der Beiträge können Sie nicht verlangen.

(7) Sofern Sie uns keine andere Person als Bevollmächtigten benannt haben, gilt nach Ihrem Ableben ein Bezugsberechtigter als bevollmächtigt, eine Rücktritts- oder Anfechtungserklärung entgegenzunehmen. Ist auch ein Bezugsberechtigter nicht vorhanden oder kann sein Aufenthalt nicht ermittelt werden, so können wir den Inhaber des Versicherungsscheins zur Entgegennahme der Erklärung als bevollmächtigt ansehen.

§ 8 Was gilt bei Wehrdienst, Unruhen oder Krieg?

(1) Grundsätzlich besteht unsere Leistungspflicht unabhängig davon, auf welcher Ursache der Versicherungsfall beruht. Wir gewähren Versicherungsschutz insbesondere auch dann, wenn der Versicherte in Ausübung des Wehr- oder Polizeidienstes oder bei inneren Unruhen den Tod gefunden hat.

(2) Bei Ableben des Versicherten in unmittelbarem oder mittelbarem Zusammenhang mit kriegerischen Ereignissen beschränkt sich unsere Leistungspflicht allerdings auf die Auszahlung des für den Todestag berechneten Zeitwertes der Versicherung (§ 176 Abs. 3 VVG). *(Der Versicherer kann auf diese Einschränkung verzichten.)* Diese Einschränkung unserer Leistungspflicht entfällt, wenn der Versicherte in unmittelbarem oder mittelbarem Zusammenhang mit kriegerischen Ereignissen stirbt, denen er während eines Aufenthaltes außerhalb der Bundesrepublik Deutschland ausgesetzt und an denen er nicht aktiv beteiligt war.

§ 9 Was gilt bei Selbsttötung des Versicherten?

(1) Bei Selbsttötung vor Ablauf von drei Jahren seit Zahlung des Einlösungsbeitrags oder seit Wiederherstellung der Versicherung besteht Versicherungsschutz nur dann, wenn uns nachgewiesen wird, daß die Tat in einem die freie Willensbestimmung ausschließenden Zustand krankhafter Störung der Geistestätigkeit begangen worden ist. Anderenfalls zahlen wir den für den To-

LebensVers (kapitalbild.) §§ 10, 11 **KLV 1**

destag berechneten Zeitwert Ihrer Versicherung (§ 176 Abs. 3 VVG). *(Der Versicherer kann auf diese Einschränkung des Versicherungsschutzes verzichten.)*

(2) Bei Selbsttötung nach Ablauf der Dreijahresfrist bleiben wir zur Leistung verpflichtet.

§ 10 Was ist bei Fälligkeit der Versicherungsleistung zu beachten? (1) Leistungen aus dem Versicherungsvertrag erbringen wir gegen Vorlage des Versicherungsscheins. Zusätzlich können wir auch den Nachweis der letzten Beitragszahlung verlangen.

(2) Der Tod des Versicherten ist uns unverzüglich anzuzeigen. Außer den in Absatz 1 genannten Unterlagen sind uns einzureichen
– eine amtliche, Alter und Geburtsort enthaltende Sterbeurkunde,
– ein ausführliches ärztliches oder amtliches Zeugnis über die Todesursache sowie über Beginn und Verlauf der Krankheit, die zum Tode des Versicherten geführt hat.

(3) Zur Klärung unserer Leistungspflicht können wir notwendige weitere Nachweise verlangen und erforderliche Erhebungen selbst anstellen.

(Der Versicherer kann auf die obigen Voraussetzungen verzichten.)

(4) Die mit den Nachweisen verbundenen Kosten trägt derjenige, der die Versicherungsleistung beansprucht.

§ 11 Wo sind die vertraglichen Verpflichtungen zu erfüllen? (1) Unsere Leistungen überweisen wir dem Empfangsberechtigten auf seine Kosten. Bei Überweisungen in das Ausland trägt der Empfangsberechtigte auch die damit verbundene Gefahr.

(2) Die Übermittlung Ihrer Beiträge erfolgt auf Ihre Gefahr und Ihre Kosten. Für die Rechtzeitigkeit der Beitragszahlung genügt es, wenn sie fristgerecht (vgl. §§ 4 Abs. 4 und 5 Abs. 2) alles getan haben, damit der Beitrag bei uns eingeht.

Bemerkung:
Bei Tarifen, bei denen die Versicherungsperiode mit dem Beitragszahlungsabschnitt übereinstimmt, ist in Abs. 2 Satz 2 auf §§ 4 Abs. 3 und 5 Abs. 2 zu verweisen.

§ 12 Welche Bedeutung hat der Versicherungsschein?
(1) Den Inhaber des Versicherungsscheins können wir als berechtigt ansehen, über die Rechte aus dem Versicherungsvertrag zu verfügen, insbesondere Leistungen in Empfang zu nehmen. Wir können aber verlangen, daß uns der Inhaber des Versicherungsscheins seine Berechtigung nachweist.

(2) In den Fällen des § 14 Abs. 4 brauchen wir den Nachweis der Berechtigung nur dann anzuerkennen, wenn uns die schriftliche Anzeige des bisherigen Berechtigten vorliegt.

§ 13 Was gilt für Mitteilungen, die sich auf das Versicherungsverhältnis beziehen? (1) Mitteilungen, die das Versicherungsverhältnis betreffen, müssen stets schriftlich erfolgen. Für uns bestimmte Mitteilungen werden wirksam, sobald sie uns zugegangen sind. Versicherungsvertreter sind zu ihrer Entgegennahme nicht bevollmächtigt.

(2) Eine Änderung ihrer Postanschrift müssen Sie uns unverzüglich mitteilen. Anderenfalls können für Sie Nachteile entstehen, da eine für Sie zu richtende Willenserklärung mit eingeschriebenem Brief an Ihre uns zuletzt bekannte Wohnung abgesandt werden kann; unsere Erklärung wird in dem Zeitpunkt wirksam, in welchem sie Ihnen ohne die Wohnungsänderung bei regelmäßiger Beförderung zugegangen sein würde. Dies gilt auch, wenn Sie die Versicherung in Ihrem Gewerbebetrieb genommen und ihre gewerbliche Niederlassung verlegt haben.

(3) Bei Änderung Ihres Namens gilt Absatz 2 entsprechend.

(4) Wenn Sie sich für längere Zeit außerhalb der Bundesrepublik Deutschland aufhalten, sollten Sie uns auch in Ihrem Interesse eine im Inland ansässige Person benennen, die bevollmächtigt ist, unsere Mitteilungen für Sie entgegenzunehmen (Zustellungsbevollmächtigter).

§ 14 Wer erhält die Versicherungsleistung? (1) Die Leistung aus dem Versicherungsvertrag erbringen wir an Sie als unseren Versicherungsnehmer oder an ihre Erben, falls Sie uns keine andere Person benannt haben, die bei Eintritt des Versicherungsfalls die Ansprüche aus dem Versicherungsvertrag erwerben soll (Bezugsberechtigter). Bis zum Eintritt des Versicherungsfalls können Sie das Bezugsrecht jederzeit widerrufen.

LebensVers (kapitalbild.) §§ 15, 16 KLV 1

(2) Sie können ausdrücklich bestimmen, daß der Bezugsberechtigte sofort und unwiderruflich die Ansprüche aus dem Versicherungsvertrag erwerben soll. Sobald wir Ihre Erklärung erhalten haben, kann dieses Bezugsrecht nur noch mit Zustimmung des von Ihnen Benannten aufgehoben werden.

(3) Sie können Ihre Rechte aus dem Versicherungsvertrag auch abtreten oder verpfänden.

(4) Die Einräumung und der Widerruf eines widerruflichen Bezugsrechts (vgl. Abs. 1) sowie eine Abtretung oder Verpfändung von Ansprüchen aus dem Versicherungsvertrag sind uns gegenüber nur und erst dann wirksam, wenn sie uns vom bisherigen Berechtigten schriftlich angezeigt worden sind. Der bisherige Berechtigte sind im Regelfall Sie; es können aber auch andere Personen sein, sofern Sie bereits vorher Verfügungen vorgenommen haben.

§ 15 Wie werden die Abschlußkosten erhoben und ausgeglichen? Die mit dem Abschluß Ihrer Versicherung verbundenen und auf Sie entfallenden Kosten, etwa die Kosten für Beratung, Anforderung von Gesundheitsauskünften und Ausstellung des Versicherungsscheines, werden Ihnen nicht gesondert in Rechnung gestellt. Auf den Teil dieser Kosten, der bei der Berechnung der Deckungsrückstellung[1] angesetzt wird, verrechnen wir nach einem aufsichtsrechtlich geregelten Verfahren Ihre ab Versicherungsbeginn eingehenden Beiträge, soweit diese nicht für Versicherungsleistungen und Verwaltungskosten vorgesehen sind.

§ 16 Welche Kosten stellen wir Ihnen gesondert in Rechnung? Falls aus besonderen, von Ihnen veranlaßten Gründen ein zusätzlicher Verwaltungsaufwand verursacht wird, können wir – *soweit nichts anderes vereinbart ist* – die in solchen Fällen durchschnittlich entstehenden Kosten als pauschalen Abgeltungsbetrag gesondert in Rechnung stellen. Dies gilt beispielsweise bei

---

[1] Eine Deckungsrückstellung müssen wir für jeden Versicherungsvertrag bilden, um zu jedem Zeitpunkt den Versicherungsschutz gewährleisten zu können. Deren Berechnung wird nach § 65 des Versicherungsaufsichtsgesetzes (VAG) und §§ 341e, 341ea [wohl: 341f, Anm. d. Hrsg.] des Handelsgesetzbuches (HGB) sowie den dazu erlassenen Rechtsverordnungen geregelt.

1 KLV § 17　　　　　　　　　　LebensVers (kapitalbild.)

- Erteilung einer Ersatzurkunde für den Versicherungsschein
- schriftliche Fristsetzung bei Nichtzahlung von Folgebeiträgen
- Verzug mit Beiträgen
- Rückläufern im Lastschriftverfahren
- Durchführung von Vertragsänderungen
- Bearbeitung von Abtretungen und Verpfändungen.

§ 17 Wie sind Sie an den Überschüssen beteiligt?

Überschußermittlung

(1) Um zu jedem Zeitpunkt der Versicherungsdauer den vereinbarten Versicherungsschutz zu gewährleisten, bilden wir Rückstellungen. Die zur Bedeckung dieser Rückstellungen erforderlichen Mittel werden angelegt und erbringen Kapitalerträge. Aus diesen Kapitalerträgen, den Beiträgen und den angelegten Mitteln werden die zugesagten Versicherungsleistungen erbracht, sowie die Kosten von Abschluß und Verwaltung des Vertrages gedeckt. Je größer die Erträge aus den Kapitalanlagen sind, je weniger vorzeitige Versicherungsfälle eintreten und je kostengünstiger wir arbeiten, um so größer sind dann entstehende Überschüsse, an denen wir Sie und die anderen Versicherungsnehmer beteiligen. Die Überschußermittlung erfolgt nach den Vorschriften des Versicherungsaufsichtsgesetzes und des Handelsgesetzbuches und den dazu erlassenen Rechtsverordnungen.

Überschußbeteiligung

(2) Die Überschußbeteiligung nehmen wir nach Grundsätzen vor, die § 81c VAG und der dazu erlassenen Rechtsverordnung entsprechen und deren Einhaltung die Aufsichtsbehörde überwacht.

Nach diesen Grundsätzen haben wir gleichartige Versicherungen in Bestandsgruppen zusammengefaßt und teilweise nach engeren Gleichartigkeitskriterien innerhalb der Bestandsgruppen Untergruppen gebildet; diese werden Gewinnverbände genannt. Von den Kapitalerträgen kommt den Versicherungsnehmern als Überschußbeteiligung mindestens der in der Rechtsverordnung zu § 81c VAG jeweils festgelegte Anteil zugute, abzüglich der Beträge, die für die zugesagten Versicherungsleistungen benötigt werden. Bei günstiger Sterblichkeits-

LebensVers (kapitalbild.) § 18 **KLV 1**

entwicklung und Kostensituation können weitere Überschüsse hinzukommen. Den so ermittelten Überschuß für die Versicherungsnehmer ordnen wir den einzelnen Bestandsgruppen zu und stellen ihn – soweit er den Verträgen nicht direkt gutgeschrieben wird – in die Rückstellung für Beitragsrückerstattung (RfB) ein. Die in die RfB eingestellten Mittel dürfen wir grundsätzlich nur für die Überschußbeteiligung der Versicherungsnehmer verwenden. Mit Zustimmung der Aufsichtsbehörde können wir die RfB ausnahmsweise zur Abwendung eines Notstandes (z. B. Verlustabdeckung) heranziehen (§ 56 a VAG) oder bei sehr ungünstigem Risikoverlauf bzw. bei einem eventuellen Solvabilitätsbedarf den in Satz 3 dieses Absatzes genannten Anteil unterschreiten (Rechtsverordnung zu § 81 c VAG).

Ihre Versicherung gehört zum Gewinnverband XX in der Bestandsgruppe YY. Jede einzelne Versicherung innerhalb dieses Gewinnverbandes erhält Anteile an den Überschüssen der Bestandsgruppe YY. Die Höhe dieser Anteile wird vom Vorstand unseres Unternehmens auf Vorschlag des Verantwortlichen Aktuars unter Beachtung der maßgebenden aufsichtsrechtlichen Bestimmungen jährlich festgelegt und im Geschäftsbericht veröffentlicht. Die Mittel für diese Überschußanteile werden den Überschüssen des Geschäftsjahres oder der Rückstellung für Beitragsrückerstattung entnommen. In einzelnen Versicherungsjahren, insbesondere etwa im ersten Versicherungsjahr, kann eine Zuteilung von Überschüssen entfallen, sofern dies sachlich gerechtfertigt ist.

Bemerkung:
§ 17 Absatz 2 ist durch folgende unternehmensindividuelle Angaben zu ergänzen:
a) Voraussetzung für die Fälligkeit der Überschußanteile (Wartezeit, Stichtag für die Zuteilung u. ä.)
b) Form und Verwendung der Überschußanteile (laufende Überschußanteile, Schlußüberschußanteile, Bonus, Ansammlung, Verrechnung, Barauszahlung u. ä.)

§ 18 Welches Recht findet auf Ihren Vertrag Anwendung? Auf Ihren Vertrag findet das Recht der Bundesrepublik Deutschland Anwendung.

1 KLV § 19 LebensVers (kapitalbild.)

§ 19 Wo ist der Gerichtsstand? Ansprüche aus Ihrem Versicherungsvertrag können gegen uns bei dem für unseren Geschäftssitz oder für unsere Niederlassung örtlich zuständigen Gericht geltend gemacht werden. Ist Ihre Versicherung durch Vermittlung eines Versicherungsvertreters zustande gekommen, kann auch das Gericht des Ortes angerufen werden, an dem der Vertreter zur Zeit der Vermittlung seine gewerbliche Niederlassung oder, wenn er eine solche nicht unterhielt, seinen Wohnsitz hatte.

Wir können Ansprüche aus dem Versicherungsvertrag an dem für Ihren Wohnsitz zuständigen Gericht geltend machen. Weitere gesetzliche Gerichtsstände können sich an dem für den Sitz oder die Niederlassung Ihres Geschäfts- oder Gewerbebetriebs örtlich zuständigen Gericht ergeben.

Bemerkung:
Die Versicherungsunternehmen können die AVB um Bedingungsänderungs- und salvatorische Klauseln ergänzen.

2. Allgemeine Bedingungen für die Risikoversicherung

(Diese Bedingungen sind unverbindlich. Es besteht die Möglichkeit, abweichende Klauseln zu verwenden.)

Übersicht[1]

	§§
Was ist versichert?	1
Wann beginnt Ihr Versicherungsschutz?	2
Können Sie vom Versicherungsvertrag zurücktreten?	3
Was haben Sie bei der Beitragszahlung zu beachten?	4
Was geschieht, wenn Sie einen Beitrag nicht rechtzeitig zahlen?	5
Wann können Sie die Versicherung kündigen, oder beitragsfrei stellen?	6
Unter welchen Voraussetzungen kann eine Risikoversicherung in eine kapitalbildende Versicherung umgetauscht werden?	7
Was bedeutet die vorvertragliche Anzeigepflicht?	8
Was gilt bei Wehrdient, Unruhen oder Krieg?	9
Was gilt bei Selbsttötung des Versicherten?	10
Was ist bei Fälligkeit der Versicherungsleistung zu beachten?	11
Wo sind die vertraglichen Verpflichtungen zu erfüllen?	12
Was gilt für Mitteilungen, die sich auf das Versicherungs-Verhältnis beziehen?	14
Wer erhält die Versicherungsleistung?	15
Wie werden die Abschlußkosten erhoben und ausgeglichen?	16
Welche Kosten stellen wir Ihnen gesondert in Rechnung?	17
Wie sind Sie an den Überschüssen beteiligt?	18
Welches Recht findet auf Ihren Vertrag Anwendung?	19
Wo ist der Gerichtsstand?	20

Sehr geehrter Kunde!

Als Versicherungsnehmer sind Sie unser Vertragspartner; für unser Vertragsverhältnis gelten die nachfolgenden Bedingungen:

---

[1] Die Inhaltsübersicht wurde vom Herausgeber eingefügt.

2 ALB (RisikoV) §§ 1–4   LebensVers (Risiko)

§ 1 Was ist versichert? Wir zahlen die vereinbarte Versicherungssumme bei Tod des Versicherten während der Versicherungsdauer.

Bemerkung:

§ 1 ist wie folgt zu ändern bei Risikoversicherungen mit fallender Versicherungsleistung:
Die vereinbarte Anfangsversicherungssumme fällt jährlich (halbjährlich, ...) erstmalig nach einem Jahr (halben Jahr ...) gleichmäßig um einen konstanten Betrag, so daß mit Ablauf der Versicherungsdauer die versicherte Summe Null ist.
Wir zahlen die jeweils versicherte Summe bei Tod des Versicherten während der Versicherungsdauer.

§ 2 Wann beginnt der Versicherungsschutz? Ihr Versicherungsschutz beginnt, wenn Sie den ersten oder einmaligen Beitrag (Einlösungsbeitrag) gezahlt und wir die Annahme Ihres Antrages schriftlich oder durch Aushändigung des Versicherungsscheines erklärt haben. Vor dem im Versicherungsschein angegebenen Beginn der Versicherung besteht jedoch noch kein Versicherungsschutz.

§ 3 Können Sie vom Versicherungsvertrag zurücktreten? Sie können innerhalb einer Frist von 14 Tagen nach Abschluß vom Versicherungsvertrag zurücktreten. Zur Wahrung der Frist genügt die rechtzeitige Absendung der Rücktrittserklärung. Die Frist beginnt erst zu laufen, wenn wir Sie über Ihr Rücktrittsrecht belehrt und Sie dies mit ihrer Unterschrift bestätigt haben. Wenn wir die Belehrung unterlassen, erlischt Ihr Rücktrittsrecht einen Monat nach Zahlung des ersten oder einmaligen Beitrags.

§ 4 Was haben Sie bei der Beitragszahlung zu beachten?
(1) Die Beiträge zu Ihrer Lebensversicherung können Sie je nach Vereinbarung in einem einzigen Betrag (Einmalbetrag)[1] oder durch jährliche Beitragszahlungen (Jahresbeiträge) entrichten. Die Jahresbeiträge werden zu Beginn eines jeden Versicherungsjahres fällig.
(2) Nach Vereinbarung können Sie Jahresbeiträge auch in

---

[1] Anm. des Hrsg.: Richtig wohl „Einmalbeitrag".

LebensVers (Risiko) § 4 **ALB (RisikoV) 2**

halbjährlichen, vierteljährlichen oder monatlichen Raten zahlen; hierfür werden Ratenzuschläge erhoben.

(3) Bei Fälligkeit der Versicherungsleistung werden wir die noch nicht gezahlten Raten des laufenden Versicherungsjahres und etwaige Beitragsrückstände verrechnen.

(4) Der erste oder einmalige Beitrag wird sofort nach Abschluß des Versicherungsvertrages fällig. Alle weiteren Beiträge (Folgebeiträge) sind jeweils zum vereinbarten Fälligkeitstag an uns zu zahlen. Die Zahlung kann auch an unseren Vertreter erfolgen, sofern dieser Ihnen eine von uns ausgestellte Beitragsrechnung vorlegt.

(5) Für eine Stundung der Beiträge ist eine schriftliche Vereinbarung mit uns erforderlich.

Bemerkung:

(1) Wenn die Beiträge tariflich nur bis zum Ende des am Todestag laufenden Beitragszahlungsabschnitts zu zahlen sind, lautet Absatz 3 wie folgt:
„Bei Fälligkeit der Versicherungsleistung werden wir etwaige Beitragsrückstände verrechnen."

(2) Bei Tarifen, bei denen die Versicherungsperiode mit dem Beitragszahlungsabschnitt übereinstimmt, lautet § 4 wie folgt:

„Was haben Sie bei der Beitragszahlung zu beachten?

(1) Die Beiträge zu Ihrer Lebensversicherung können Sie je nach Vereinbarung in einem einzigen Betrag (Einmalbeitrag) oder durch laufende Beiträge für jede Versicherungsperiode entrichten. Versicherungsperiode kann je nach Vereinbarung ein Monat, ein Vierteljahr, ein halbes Jahr oder ein Jahr sein. Die laufenden Beiträge werden zu Beginn der vereinbarten Versicherungsperiode fällig.

(2) Bei Fälligkeit der Versicherungsleistung werden wir etwaige Beitragsrückstände verrechnen.

(3) Der erste oder einmalige Beitrag wird sofort nach Abschluß des Versicherungsvertrages fällig. Alle weiteren Beiträge (Folgebeiträge) sind jeweils zum vereinbarten Fälligkeitstag an uns zu zahlen. Die Zahlung kann auch an unseren Vertreter erfolgen, sofern dieser Ihnen eine von uns ausgestellte Beitragsrechnung vorlegt.

(4) Für eine Stundung der Beiträge ist eine schriftliche Vereinbarung mit uns erforderlich."

§ 5 Was geschieht, wenn Sie einen Beitrag nicht rechtzeitig zahlen?

Einlösungsbeitrag

(1) Wenn Sie den Einlösungsbeitrag nicht rechtzeitig zahlen, so können wir die Beiträge des ersten Versicherungsjahres auch bei Vereinbarung von Ratenzahlung sofort verlangen. Statt dessen können wir – solange die Zahlung nicht bewirkt ist – auch vom Vertrag zurücktreten. Es gilt als Rücktritt, wenn wir unseren Anspruch auf den Einlösungsbeitrag nicht innerhalb von drei Monaten vom Fälligkeitstag an gerichtlich geltend machen. *(Auf dieses Rücktrittsrecht kann verzichtet werden.)* Bei einem Rücktritt können wir von Ihnen neben den Kosten einer ärztlichen Untersuchung eine besondere Gebühr für die Bearbeitung Ihres Vertrages verlangen. Diese Gebühr, die unserem durchschnittlichen Aufwand entspricht, beträgt . . . .

Folgebeitrag

(2) Wenn Sie einen Folgebeitrag oder einen sonstigen Betrag, den Sie aus dem Versicherungsverhältnis schulden, nicht rechtzeitig zahlen, so erhalten Sie von uns auf Ihre Kosten eine schriftliche Mahnung. Darin setzen wir Ihnen eine Zahlungsfrist von mindestens zwei Wochen. Begleichen Sie den Rückstand nicht innerhalb der in der Mahnung gesetzten Frist, so entfällt oder vermindert sich Ihr Versicherungsschutz. *(Der Versicherer kann hierauf verzichten.)* Auf diese Rechtsfolgen werden wir sie in der Mahnung ausdrücklich hinweisen.

(3) Zahlen Sie schon im ersten Versicherungsjahr einen Folgebeitrag nicht rechtzeitig, so werden außerdem die noch ausstehenden Raten des ersten Jahresbeitrags sofort fällig.

Bemerkungen:

(1) Bei Tarifen, bei denen die Versicherungsperiode mit dem Beitragszahlungsabschnitt übereinstimmt, lautet § 5 wie folgt:

LebensVers (Risiko) § 6 **ALB (RisikoV) 2**

„Was geschieht, wenn Sie einen Beitrag nicht rechtzeitig zahlten?

Einlösungsbeitrag

(1) Wenn Sie den Einlösungsbeitrag nicht rechtzeitig zahlen, so können wir – solange die Zahlung nicht bewirkt ist – vom Vertrag zurücktreten. Es gilt als Rücktritt, wenn wir unseren Anspruch auf den Einlösungsbeitrag nicht innerhalb von drei Monaten vom Fälligkeitstag an gerichtlich geltend machen. *(Auf dieses Rücktrittsrecht kann verzichtet werden.)* Bei einem Rücktritt können wir von Ihnen neben den Kosten einer ärztlichen Untersuchung eine besondere Gebühr für die Bearbeitung Ihres Vertrages verlangen. Diese Gebühr, die unserem durchschnittlichen Aufwand entspricht, beträgt . . . .

Folgebeitrag

(2) Wenn Sie einen Folgebeitrag oder einen sonstigen Betrag, den Sie aus dem Versicherungsverhältnis schulden, nicht rechtzeitig zahlen, so erhalten Sie von uns auf Ihre Kosten eine schriftliche Mahnung. Darin setzen wir Ihnen eine Zahlungsfrist von mindestens zwei Wochen. Begleichen Sie den Rückstand nicht innerhalb der in der Mahnung gesetzten Frist, so entfällt oder vermindert sich Ihr Versicherungsschutz. *(Der Versicherer kann hierauf verzichten.)* Auf diese Rechtsfolgen werden wir Sie in der Mahnung ausdrücklich hinweisen.

(3) Ist die Bildung einer beitragsfreien Versicherung bei Kündigung nicht vorgesehen, so entfallen in Absatz 2 die Worte „oder vermindert sich".

§ 6 Wann können Sie die Versicherung kündigen oder beitragsfrei stellen?

Kündigung und Auszahlung des Rückkaufswertes

(1) Sie können Ihre Versicherung ganz oder teilweise schriftlich kündigen.
– jederzeit zum Schluß des laufenden Versicherungsjahres
– bei Vereinbarung von Ratenzahlung auch innerhalb des Versicherungsjahres mit Frist von einem Monat zum Schluß eines jeden Ratenzahlungsabschnitts, frühestens jedoch zum Schluß des ersten Versicherungsjahres.

2 ALB (RisikoV) § 6 — LebensVers (Risiko)

(2) Kündigen Sie Ihre Versicherung nur teilweise, so ist die Kündigung unwirksam, wenn die verbleibende beitragspflichtige Versicherungssumme unter einen Mindestbetrag von DM ... sinkt. Wenn Sie in diesem Falle Ihre Versicherung beenden wollen, müssen Sie also ganz kündigen.

(3) Nach § 176 VVG haben wir nach Kündigung – soweit bereits entstanden – den Rückkaufswert zu erstatten. Er wird nach den anerkannten Regeln der Versicherungsmathematik für den Schluß der laufenden Versicherungsperiode als Zeitwert der Versicherung berechnet, wobei ein als angemessen angesehener Abzug in Höhe von ... erfolgt. Beitragsrückstände werden vom dem Rückkaufswert abgesetzt. Bei Versicherungen mit einer Versicherungsdauer bis ... fällt kein Rückkaufswert an.

Bemerkung:

Bei Tarifen, bei denen Garantiewerte für den Rückkaufswert vorgesehen sind, kann § 6 Abs. 3 wie folgt ergänzt werden:
„Der Rückkaufswert erreicht jedoch mindestens einen bei Vertragsabschluß vereinbarten Garantiebetrag, dessen Höhe vom Zeitpunkt der Beendigung des Vertrages abhängt. Vergleiche die auf dem Versicherungsschein abgedruckte Übersicht der garantierten Rückkaufswerte."

Umwandlung in eine beitragsfreie Versicherung

(4) Anstelle einer Kündigung nach Absatz 1 können Sie unter Beachtung der dort genannten Termine und Fristen schriftlich verlangen, ganz oder teilweise von der Beitragspflicht befreit zu werden. In diesem Fall setzen wir die Versicherungssumme ganz oder teilweise auf eine beitragsfreie Summe herab, die nach den anerkannten Regeln der Versicherungsmathematik für den Schluß der laufenden Versicherungsperiode errechnet wird. Der aus Ihrer Versicherung für die Bildung der beitragsfreien Summe zur Verfügung stehende Betrag mindert sich um einen als angemessen angesehenen Abzug in Höhe von ... sowie um rückständige Beiträge.

(5) Haben Sie die vollständige Befreiung von der Beitragszahlungspflicht beantragt und erreicht die nach Absatz 4 zu berechnende beitragsfreie Versicherungssumme den Mindestbetrag von ... DM nicht, so erhalten Sie den Rückkaufswert (§ 6 Abs. 3). Haben Sie nur eine teilweise Befreiung von der Bei-

LebensVers (Risiko) § 6 ALB (RisikoV) 2

tragszahlungspflicht beantragt, so ist der Antrag nur wirksam, wenn die beitragsfreie Versicherungssumme einen Mindestbetrag von ... DM und die beitragspflichtige Versicherungssumme einen Mindestbetrag von ... DM erreicht. Anderenfalls können sie die vollständige Befreiung von der Beitragszahlungspflicht beantragen. Dieser Antrag führt zur beitragsfreien Fortsetzung der Versicherung, wenn die nach Absatz 4 zu berechnende beitragsfreie Versicherungssumme den Mindestbetrag von ... DM erreicht. Ist das nicht der Fall, so erhalten Sie den Rückkaufswert.

(6) Die Rückzahlung der Beiträge können Sie nicht verlangen.

Bemerkungen:

Bei Tarifen, bei denen kein Rückkaufwert, aber die Bildung einer beitragsfreien Versicherung vorgesehen ist, lautet § 6 wie folgt:

„Wann können Sie die Versicherung kündigen oder beitragsfrei stellen?

Kündigung

(1) Sie können Ihre Versicherung ganz oder teilweise schriftlich kündigen
– jederzeit zum Schluß des laufenden Versicherungsjahres
– bei Vereinbarung von Ratenzahlungen auch innerhalb des Versicherungsjahres mit Frist von einem Monat zum Schluß eines jeden Ratenzahlungsabschnitts, frühestens jedoch zum Schluß des ersten Versicherungsjahres.

(2) Kündigen Sie Ihre Versicherung nur teilweise, so ist diese Kündigung unwirksam, wenn die verbleibende beitragspflichtige Versicherungssumme unter einen Mindestbetrag von ... DM sinkt. Wenn Sie in diesem Falle Ihre Versicherung beenden wollen, müssen Sie also ganz kündigen.

Umwandlung in eine beitragsfreie Versicherung bei Kündigung

(3) Aus der gekündigten Versicherung oder – bei Teilkündigung – aus dem gekündigten Teil der Versicherung fällt kein Rückkaufswert an. Jedoch wandelt sich die Versicherung bei Voll- oder bei Teilkündigung ganz bzw. teilweise in eine beitragsfreie Versicherung mit herabgesetzter Versicherungs-

2 ALB (RisikoV) §7 LebensVers (Risiko)

summe um, wenn diese mindestens eine Höhe von ... DM erreicht. Für die Berechnung der beitragsfreien Versicherungssumme gelten die Regelungen in Absatz 4 Sätze 2 und 3. Wird die genannte Mindesthöhe von ... DM nicht erreicht, so erlischt die Versicherung bzw. der gekündigte Teil der Versicherung.

Umwandlung in eine beitragsfreie Versicherung anstelle einer Kündigung

(4) Anstelle einer Kündigung nach Absatz 1 können Sie unter Beachtung der dort genannten Termine und Fristen schriftlich verlangen, ganz oder teilweise von der Beitragspflicht befreit zu werden. In diesem Fall setzen wir die Versicherungssumme ganz oder teilweise auf eine beitragsfreie Summe herab, die nach den anerkannten Regeln der Versicherungsmathematik für den Schluß der laufenden Versicherungsperiode errechnet wird. Der aus Ihrer Versicherung für die Bildung der beitragsfreien Summe zur Verfügung stehende Betrag mindert sich um einen als angemessen angesehener Abzug in Höhe von ... sowie um rückständige Beiträge.

(5) Haben Sie die vollständige Befreiung von der Beitragszahlungspflicht beantragt und erreicht die nach Absatz 4 zu berechnende beitragsfreie Versicherungssumme den Mindestbetrag von ... DM nicht, so erlischt die Versicherung. Haben Sie nur eine teilweise Befreiung von der Beitragszahlungspflicht beantragt, so ist der Antrag nur wirksam, wenn die beitragsfreie Versicherungssumme einen Mindestbetrag von ... DM und die beitragspflichtige Versicherungssumme einen Mindestbetrag von ... DM erreicht. Anderenfalls können Sie die vollständige Befreiung von der Beitragszahlungspflicht beantragen. Dieser Antrag führt zur beitragsfreien Fortsetzung der Versicherung, wenn die nach Absatz 4 zu berechnende beitragsfreie Versicherungssumme den Mindestbetrag von ... DM erreicht. Ist das nicht der Fall, so erlischt die Versicherung.

(6) Die Rückzahlung der Beiträge können Sie nicht verlangen."

§7 Unter welchen Voraussetzungen kann eine Risikoversicherung in eine kapitalbildende Versicherung umgetauscht werden?

Eine Risikoversicherung mit gleichbleiben-

LebensVers (Risiko) § 8 ALB (RisikoV) 2

der Versicherungssumme können Sie jederzeit, spätestens jedoch zum Ende des ... Versicherungsjahres, ohne erneute Gesundheitsprüfung in eine kapitalbildende Lebensversicherung mit gleicher oder geringerer Versicherungssumme umtauschen.

Bei Versicherungsdauern bis zu ... Jahren müssen Sie Ihr Umtauschrecht spätestens ... Monate vor Ablauf der Risikoversicherung ausüben.

§ 8 Was bedeutet die vorvertragliche Anzeigepflicht?

(1) Wir übernehmen den Versicherungsschutz im Vertrauen darauf, daß Sie alle in Verbindung mit dem Versicherungsantrag gestellten Fragen wahrheitsgemäß und vollständig beantwortet haben (vorvertragliche Anzeigepflicht). Das gilt insbesondere für die Fragen nach gegenwärtigen oder früheren Erkrankungen, gesundheitlichen Störungen und Beschwerden.

(2) Soll das Leben einer anderen Person versichert werden, ist auch diese – neben Ihnen – für die wahrheitsgemäße und vollständige Beantwortung der Fragen verantwortlich.

(3) Wenn Umstände, die für die Übernahme des Versicherungsschutzes Bedeutung haben, von Ihnen oder der versicherten Person (vgl. Absatz 2) nicht oder nicht richtig angegeben worden sind, können wir binnen drei Jahren seit Vertragsabschluß vom Vertrag zurücktreten. Den Rücktritt können wir aber nur innerhalb eines Monats erklären, nachdem wir von der Verletzung der Anzeigepflicht Kenntnis erhalten haben. Die Kenntnis eines Vermittlers steht unserer Kenntnis nicht gleich. Wenn uns nachgewiesen wird, daß die falschen oder unvollständigen Angaben nicht schuldhaft gemacht worden sind, wird unser Rücktritt gegenstandslos. Haben wir den Rücktritt nach Eintritt des Versicherungsfalles erklärt, bleibt unsere Leistungspflicht bestehen, wenn Sie nachweisen, daß die nicht oder nicht richtig angegebenen Umstände keinen Einfluß auf den Eintritt des Versicherungsfalles oder den Umfang unserer Leistung gehabt haben.

(4) Wir können den Versicherungsvertrag auch anfechten, falls durch unrichtige oder unvollständige Angaben bewußt und gewollt auf unsere Annahmeentscheidung Einfluß genommen worden ist. Handelt es sich um Angaben der versicherten Person, so können wir Ihnen gegenüber die Anfechtung erklä-

2 ALB (RisikoV) §9 LebensVers (Risiko)

ren, auch wenn Sie von der Verletzung der Anzeigepflicht keine Kenntnis hatten.

(5) Die Absätze 1 bis 4 gelten bei einer Änderung oder Wiederherstellung der Versicherung entsprechend. Die Dreijahresfrist beginnt mit der Änderung oder Wiederherstellung der Versicherung bezüglich des geänderten oder wiederhergestellten Teils neu zu laufen.

(6) Wenn die Versicherung durch Rücktritt oder Anfechtung aufgehoben wird, zahlen wir den Rückkaufswert, soweit ein solcher bereits entstanden ist; § 6 Abs. 3 gilt entsprechend. Die Rückzahlung der Beiträge können Sie nicht verlangen.

(7) Sofern Sie uns keine andere Person als Bevollmächtigten benannt haben, gilt nach Ihrem Ableben ein Bezugsberechtigter als bevollmächtigt, eine Rücktritts- oder Anfechtungserklärung entgegenzunehmen. Ist auch ein Bezugsberechtigter nicht vorhanden oder kann sein Aufenthalt nicht ermittelt werden, so können wir den Inhaber des Versicherungsscheines zur Entgegennahme der Erklärung als bevollmächtigt ansehen.

Bemerkung:
Ist bei Kündigung der Versicherung kein Rückkaufswert vorgesehen, lautet Absatz 6 wie folgt:
Die Rückzahlung der Beiträge können Sie nicht verlangen.
Absatz 6 wird Absatz 7.

§9 Was gilt bei Wehrdienst, Unruhen oder Krieg?

(1) Grundsätzlich besteht unsere Leistungspflicht unabhängig davon, auf welcher Ursache der Versicherungsfall beruht. Wir gewähren Versicherungsschutz insbesondere auch dann, wenn der Versicherte in Ausübung des Wehr- oder Polizeidienstes oder bei inneren Unruhen den Tod gefunden hat.

(2) Bei Ableben des Versicherten in unmittelbarem oder mittelbarem Zusammenhang mit kriegerischen Ereignissen beschränkt sich unsere Leistungspflicht allerdings auf die Auszahlung des für den Todestag berechneten Zeitwertes Ihrer Versicherung (§ 176 VVG entsprechend). *(Der Versicherer kann auf diese Einschränkung verzichten.)* Diese Einschränkung unserer Leistungspflicht entfällt, wenn der Versicherte in unmittelbarem oder mittelbarem Zusammenhang mit kriegerischen Ereignissen stirbt, denen er während eines Aufenthaltes außerhalb

LebensVers (Risiko) § 10 ALB (RisikoV) 2

der Bundesrepublik Deutschland ausgesetzt und an denen er nicht aktiv beteiligt war.

Bemerkung:

Ist die Auszahlung eines Rückkaufwertes nicht vorgesehen, so lautet Absatz 2 wie folgt:

„(2) Bei Ableben des Versicherten in unmittelbarem oder mittelbarem Zusammenhang mit kriegerischen Ereignissen sind wir allerdings von der Verpflichtung zur Leistung frei. Nach Ablauf des ersten Versicherungsjahres entfällt diese Einschränkung unserer Leistungspflicht, wenn der Versicherte in unmittelbarem oder mittelbarem Zusammenhang mit kriegerischen Ereignissen stirbt, denen er während eines Aufenthaltes außerhalb der Bundesrepublik Deutschland ausgesetzt und an denen er nicht aktiv beteiligt war."

§ 10 Was gilt bei Selbsttötung des Versicherten? (1) Bei Selbsttötung vor Ablauf von drei Jahren seit Zahlung des Einlösungsbeitrags oder seit Wiederherstellung der Versicherung besteht Versicherungsschutz nur dann, wenn uns nachgewiesen wird, daß die Tat in einem die freie Willensbestimmung ausschließenden Zustand krankhafter Störung der Geistestätigkeit begangen worden ist. Anderenfalls zahlen wir den für den Todestag berechneten Zeitwert Ihrer Versicherung (§ 176 VVG entsprechend). *(Der Versicherer kann auf diese Einschränkung des Versicherungsschutzes verzichten.)*

Bemerkung:

Ist die Auszahlung eines Rückkaufwertes nicht vorgesehen, so lautet Absatz (1) wie folgt:

(1) Bei Selbsttötung vor Ablauf von drei Jahren seit Zahlung des Einlösungsbeitrages oder seit Wiederherstellung der Versicherung besteht Versicherungsschutz nur dann, wenn uns nachgewiesen wird, daß die Tat in einem die freie Willensbestimmung ausschließenden Zustand krankhafter Störung der Geistestätigkeit begangen worden ist. Anderenfalls sind wir von der Leistung frei.

(2) Bei Selbsttötung nach Ablauf der Dreijahresfrist bleiben wir zur Leistung verpflichtet.

2 ALB (RisikoV) §§ 11–13   LebensVers (Risiko)

§ 11 Was ist bei Fälligkeit der Versicherungsleistung zu beachten? (1) Leistungen aus dem Versicherungsvertrag erbringen wir gegen Vorlage des Versicherungsscheins. Zusätzlich können wir auch den Nachweis der letzten Beitragszahlung verlangen.

(2) Der Tod des Versicherten ist uns unverzüglich anzuzeigen. Außer den in Absatz 1 genannten Unterlagen sind uns einzureichen
– eine amtliche, Alter und Geburtsort enthaltende Sterbeurkunde
– ein ausführliches ärztliches oder amtliches Zeugnis über die Todesursache sowie über Beginn und Verlauf der Krankheit, die zum Tode des Versicherten geführt hat.

(3) Zur Klärung unserer Leistungspflicht können wir notwendige weitere Nachweise verlangen und erforderliche Erhebungen selbst anstellen.

(Der Versicherer kann auf die obigen Voraussetzungen verzichten.)

(4) Die mit den Nachweisen verbundenen Kosten trägt derjenige, der die Versicherungsleistung beansprucht.

§ 12 Wo sind die vertraglichen Verpflichtungen zu erfüllen? (1) Unsere Leistungen überweisen wir dem Empfangsberechtigten auf seine Kosten. Bei Überweisungen in das Ausland trägt der Empfangsberechtigte auch die damit verbundene Gefahr.

(2) Die Übermittlung Ihrer Beiträge erfolgt auf Ihre Gefahr und Ihre Kosten. Für die Rechtzeitigkeit der Beitragszahlung genügt es, wenn Sie fristgerecht (vgl. § 4 Absatz 4 und § 5 Absatz 2) alles getan haben, damit der Betrag bei uns eingeht.

Bemerkung:
Bei Tarifen, bei denen die Versicherungsperiode mit dem Beitragszahlungsabschnitt übereinstimmt, ist in Absatz 2 auf § 4 Abs. 3 und § 5 Abs. 2 zu verweisen.

§ 13 Welche Bedeutung hat der Versicherungsschein?
(1) Den Inhaber des Versicherungsscheins können wir als berechtigt ansehen, über die Rechte aus dem Versicherungsvertrag zu verfügen, insbesondere die Leistungen in Empfang

Lebens Vers (Risiko) §§ 14, 15 **ALB (RisikoV) 2**

zu nehmen. Wir können aber verlangen, daß uns der Inhaber des Versicherungsscheins seine Berechtigung nachweist.

(2) In den Fällen des § 15 Abs. 4 brauchen wir den Nachweis der Berechtigung nur dann anzuerkennen, wenn uns die schriftliche Anzeige des bisherigen Berechtigten vorliegt.

§ 14 Was gilt für Mitteilungen, die sich auf das Versicherungs-Verhältnis beziehen? (1) Mitteilungen, die das Versicherungsverhältnis betreffen, müssen stets schriftlich erfolgen. Für uns bestimmte Mitteilungen werden wirksam, sobald sie uns zugegangen sind. Versicherungsvertreter sind zu ihrer Entgegennahme nicht bevollmächtigt.

(2) Eine Änderung Ihrer Postanschrift müssen Sie uns unverzüglich mitteilen. Anderenfalls können für Sie Nachteile entstehen, da eine an Sie zu richtende Willenserklärung mit eingeschriebenem Brief an Ihre uns zuletzt bekannte Wohnung abgesandt werden kann; unsere Erklärung wird in dem Zeitpunkt wirksam, in welchem sie Ihnen ohne die Wohnungsänderung bei regelmäßiger Beförderung zugegangen sein würde. Dies gilt auch, wenn Sie die Versicherung in Ihrem Gewerbebetrieb genommen und Ihre gewerbliche Niederlassung verlegt haben.

(3) Bei Änderung Ihres Namens gilt Absatz 2 entsprechend.

(4) Wenn Sie sich für längere Zeit außerhalb der Bundesrepublik Deutschland aufhalten, sollten Sie uns, auch in Ihrem Interesse, eine im Inland ansässige Person benennen, die bevollmächtigt ist, unsere Mitteilung für sie entgegenzunehmen (Zustellungsbevollmächtigter).

§ 15 Wer erhält die Versicherungsleistung? (1) Die Leistungen aus dem Versicherungsvertrag erbringen wir an Sie als unseren Versicherungsnehmer oder an Ihre Erben, falls Sie uns keine andere Person benannt haben, die bei Eintritt des Versicherungsfalles die Ansprüche aus dem Versicherungsvertrag erwerben soll (Bezugsberechtigter). Bis zum Eintritt des Versicherungsfalles können Sie das Bezugsrecht jederzeit widerrufen.

(2) Sie können ausdrücklich bestimmen, daß der Bezugsberechtigte sofort und unwiderruflich die Ansprüche aus dem Versicherungsvertrag erwerben soll. Sobald wir Ihre Erklärung

2 ALB (RisikoV) §§ 16, 17   LebensVers (Risiko)

erhalten haben, kann dieses Bezugsrecht nur noch mit Zustimmung des von Ihnen Benannten aufgehoben werden.

(3) Sie können Ihre Rechte aus dem Versicherungsvertrag auch abtreten oder verpfänden.

(4) Die Einräumung und der Widerruf eines widerruflichen Bezugsrechts (vgl. Absatz 1) sowie eine Abtretung oder Verpfändung von Ansprüchen aus dem Versicherungsvertrag sind uns gegenüber nur und erst dann wirksam, wenn sie uns vom bisherigen Berechtigten schriftlich angezeigt worden sind. Der bisherige Berechtigte sind im Regelfall Sie: Es können aber auch andere Personen sein, sofern Sie bereits vorher Verfügungen vorgenommen haben.

§ 16 Wie werden die Abschlußkosten erhoben und ausgeglichen?
Die mit dem Abschluß Ihrer Versicherung verbundenen und auf Sie entfallenden Kosten, etwa die Kosten für Beratung, Anforderung von Gesundheitsauskünften und Ausstellung des Versicherungsscheines, werden Ihnen nicht gesondert in Rechnung gestellt. Auf den Teil dieser Kosten, der bei der Berechnung der Deckungsrückstellung[1] angesetzt wird verrechnen wir nach einem aufsichtsrechtlichen geregelten Verfahren Ihre ab Versicherungsbeginn eingehenden Beiträge, soweit diese nicht für Versicherungsleistungen und Verwaltungskosten vorgesehen sind.

Bemerkung:
Bei ungezillmerten Tarifen entfällt § 16.

§ 17 Welche Kosten stellen wir Ihnen gesondert in Rechnung?
Falls aus besonderen, von Ihnen veranlaßten Gründen ein zusätzlicher Verwaltungsaufwand verursacht wird, können wir – *soweit nichts anderes vereinbart ist* – die in solchen Fällen durchschnittlich entstehenden Kosten als pauschalen Abgeltungsbetrag gesondert in Rechnung stellen. Dies gilt beispielsweise bei

---

[1] Eine Deckungsrückstellung müssen wir für jeden Versicherungsvertrag bilden, um zu jedem Zeitpunkt den Versicherungsschutz für den mit Ihnen vereinbarten Beitrag gewährleisten zu können. Deren Berechnung wird nach § 65 des Versicherungsaufsichtsgesetzes (VAG) und §§ 341e, 341ea [wohl: 341f, Anm. d. Hrsg.] des Handelsgesetzbuches (HGB) sowie den dazu erlassenen Rechtsverordnungen geregelt.

LebensVers (Risiko) **§ 18 ALB (RisikoV) 2**

- Erteilung einer Ersatzurkunde für den Versicherungsschein
- schriftlicher Fristsetzung bei Nichtzahlung von Folgebeiträgen
- Verzug mit Beiträgen
- Rückläufen im Lastschriftverfahren
- Durchführung von Vertragsänderungen
- Bearbeitung [von] Abtretungen und Verpfändungen.

§ 18 Wie sind Sie an den Überschüssen beteiligt?

Überschußermittlung

(1) Um zu jedem Zeitpunkt der Versicherungsdauer einen gleichbleibenden Beitrag zu gewährleisten, bilden wir Rückstellungen. Die zur Bedeckung dieser Rückstellungen erforderlichen Mittel werden angelegt und erbringen Kapitalerträge. Aus diesen Kapitalerträgen, den Beiträgen und den angelegten Mitteln werden die zugesagten Versicherungsleistungen erbracht sowie die Kosten von Abschluß und Verwaltung des Vertrages gedeckt. Je weniger Versicherungsfälle eintreten, je kostengünstiger wir arbeiten, je größer die Erträge aus den Kapitalanlagen sind, um so größer sind dann entstehende Überschüsse, an denen wir Sie und die anderen Versicherungsnehmer beteiligen. Die Überschußermittlung erfolgt nach den Vorschriften des Versicherungsaufsichtsgesetzes und des Handelsgesetzbuches und den dazu erlassenen Rechtsverordnungen.

Überschußbeteiligung

Die Überschußbeteiligung nehmen wir nach Grundsätzen vor, die § 81 c VAG und der dazu erlassenen Rechtsverordnung entsprechen und deren Einhaltung die Aufsichtsbehörde überwacht.

Nach diesen Grundsätzen haben wir gleichartige Versicherungen in Bestandsgruppen zusammengefaßt und teilweise nach engeren Gleichartigkeitskriterien innerhalb der Bestandsgruppen Untergruppen gebildet; diese werden Gewinnverbände genannt. Den bei günstiger Sterblichkeitsentwicklung und Kostensituation auf die Versicherungsnehmer entfallenden Überschuß ordnen wir den einzelnen Bestandsgruppen zu und stellen ihn in die Rückstellung für Beitragsrückerstattung (RfB) ein. Das gleiche gilt für die auf die Versicherungsnehmer entfallenden Überschüsse aus den Kapitalanlagen. Teile des Über-

2 ALB (RisikoV) §§ 19, 20   LebensVers (Risiko)

schusses können den Verträgen auch direkt gutgeschrieben werden. Die in die RfB eingestellten Mittel dürfen wir grundsätzlich nur für die Überschußbeteiligung der Versicherungsnehmer verwenden. Mit Zustimmung der Aufsichtsbehörde können wir die RfB ausnahmsweise zur Abwendung eines Notstandes (z. B. Verlustabdeckung) heranziehen (§ 56a VAG).

Ihre Versicherung gehört zum Gewinnverband XX in der Bestandsgruppe YY. Jede einzelne Versicherung innerhalb dieses Gewinnverbandes erhält Anteile an den Überschüssen der Bestandsgruppe YY. Die Höhe der Anteile wird vom Vorstand unseres Unternehmens auf Vorschlag des Verantwortlichen Aktuars unter Beachtung der maßgebenden aufsichtsrechtlichen Bestimmungen jährlich festgelegt und im Geschäftsbericht veröffentlicht. Die Mittel für diese Überschußanteile werden den Überschüssen des Geschäftsjahres oder der Rückstellung für Beitragsrückerstattung entnommen. In einzelnen Versicherungsjahren, insbesondere etwa im ersten Versicherungsjahr, kann eine Zuteilung von Überschüssen entfallen, sofern dies sachlich gerechtfertigt ist.

Bemerkung:

§ 18 Absatz 2 ist durch folgende unternehmensindividuelle Angaben zu ergänzen:

a) Voraussetzung für die Fälligkeit der Überschußanteile (Wartezeit, Stichtag für die Zuteilung u. ä.)
b) Form und Verwendung der Überschußanteile (laufende Überschußanteile, Schlußüberschußanteile, Bonus, Verrechnung u. ä.).

§ 19 Welches Recht findet auf Ihren Vertrag Anwendung? Auf Ihren Vertrag findet das Recht der Bundesrepublik Deutschland Anwendung.

§ 20 Wo ist der Gerichtsstand? Ansprüche aus Ihrem Versicherungsvertrag können gegen uns bei dem für unseren Geschäftssitz oder für unsere Niederlassung örtlich zuständigen Gericht geltend gemacht werden. Ist Ihre Versicherung durch Vermittlung eines Versicherungsvertreters zustande gekommen, kann auch das Gericht des Ortes angerufen werden, an dem der Vertreter zur Zeit der Vermittlung seine gewerbliche

Niederlassung oder, wenn er eine solche nicht unterhielt, seinen Wohnsitz hatte.

Wir können Ansprüche aus dem Versicherungsvertrag an dem für Ihren Wohnsitz zuständigen Gericht geltend machen. Weitere gesetzliche Gerichtsstände können sich an dem für den Sitz oder die Niederlassung Ihres Geschäfts- oder Gewerbebetriebs örtlich zuständigen Gericht ergeben.

Bemerkung:
Die Versicherungsunternehmen können die AVB um Bedingungsänderungs- und salvatorische Klauseln ergänzen.

3. Allgemeine Bedingungen für die Berufsunfähigkeits-Versicherung

(Diese Bedingungen sind unverbindlich. Es besteht die Möglichkeit, abweichende Klauseln zu verwenden.)

Übersicht[1]

	§§
Was ist versichert?	1
Was ist Berufsunfähigkeit im Sinne dieser Bedingungen?	2
In welchen Fällen ist der Versicherungsschutz ausgeschlossen?	3
Wann beginnt Ihr Versicherungsschutz?	4
Können sie vom Versicherungsvertrag zurücktreten?	5
Was haben Sie bei der Beitragszahlung zu beachten?	6
Was geschieht, wenn sie einen Beitrag nicht rechtzeitig zahlen?	7
Können Sie die Versicherung kündigen oder beitragsfrei stellen?	8
Was bedeutet die vorvertragliche Anzeigepflicht?	9
Welche Mitwirkungspflichten sind zu beachten, wenn Leistungen wegen Berufsunfähigkeit verlangt werden?	10
Wann geben wir eine Erklärung über unsere Leistungspflicht ab?	11
Bis wann können bei Meinungsverschiedenheiten Rechte geltend gemacht werden und wer entscheidet in diesen Fällen?	12
Was gilt für die Nachprüfung der Berufsunfähigkeit?	13
Was gilt bei einer Verletzung der Mitwirkungspflichten nach Eintritt der Berufsunfähigkeit?	14
Wo sind die vertraglichen Verpflichtungen zu erfüllen?	15
Welche Bedeutung hat der Versicherungsschein?	16
Was gilt für Mitteilungen, die sich auf das Versicherungsverhältnis beziehen?	17
Wer erhält die Versicherungsleistung?	18
Wie werden die Abschlußkosten erhoben und ausgeglichen?	19
Welche Kosten stellen wir Ihnen gesondert in Rechnung?	20
Wie sind Sie an den Überschüssen beteiligt?	21
Welches Recht findet auf Ihren Vertrag Anwendung?	22
Wo ist der Gerichtsstand?	23

---

[1] Die Inhaltsübersicht wurde vom Herausgeber eingefügt.

BerufsunfVers §1 **BUV 3**

Sehr geehrter Kunde!

Als Versicherungsnehmer sind Sie unser Vertragspartner; für unser Vertragsverhältnis gelten die nachfolgenden Bedingungen.

§ 1 Was ist versichert? (1) Wird der Versicherte während der Dauer dieser Versicherung zu mindestens ... Prozent berufsunfähig, so erbringen wir folgende Versicherungsleistungen:
a) Zahlung der versicherten Berufsunfähigkeitsrente;
b) volle Befreiung von der Beitragszahlungspflicht.

Bei einem geringen Grad der Berufsunfähigkeit besteht kein Anspruch auf diese Versicherungsleistungen.

(2) Die Rente zahlen wir entsprechend der vereinbarten Rentenzahlungsweise im voraus, erstmals anteilig zum Ende der laufenden Rentenzahlungsperiode.

(3) Wird der Versicherte während der Dauer dieser Versicherung infolge Pflegebedüftigkeit (vgl. § 2 Abs. 5) berunfsunfähig und liegt der Grad der Berufsunfähigkeit unter ... %, so erbringen wir dennoch folgende Leistungen:
a) Volle Befreiung von der Beitragszahlungspflicht
b) Zahlung einer Berufsunfähigkeitsrente
  – in Höhe von ... % bei Pflegestufe III
  – in Höhe von ... % bei Pflegestufe II
  – in Höhe von ... % bei Pflegestufe I
Für die Zahlungsmodalitäten gilt Absatz 2 entsprechend.

(4) Der Anspruch auf Rente und Beitragsbefreiung entsteht mit Ablauf des Monats, in dem die Berufsunfähigkeit eingetreten ist. Wird uns die Berufsunfähigkeit später als drei Monate nach ihrem Eintritt schriftlich mitgeteilt, so entsteht der Anspruch auf die Versicherungsleistungen erst mit Beginn des Monats der Mitteilung, *soweit nichts anderes vereinbart ist*. Der Anspruch auf eine Erhöhung der Berufsunfähigkeitsrente wegen einer höheren Pflegestufe entsteht ebenfalls frühestens mit Beginn des Monats, in dem die Erhöhung der Pflegestufe mitgeteilt wird (vgl. § 10), *soweit nichts anderes vereinbart ist*.

(5) Der Anspruch auf Beitragsbefreiung und Rente erlischt, wenn der Grad der Berufsunfähigkeit unter ... % sinkt, bei Berufsunfähigkeit infolge Pflegebedürftigkeit spätestens, wenn die Pflegebedürftigkeit unter das Ausmaß der Pflegestufe I

sinkt, wenn der Vesicherte stirbt oder bei Ablauf der vertraglichen Leistungsdauer.

(6) Bis zur Entscheidung über die Leistungspflicht müssen Sie die Beiträge in voller Höhe weiter entrichten; wir werden diese jedoch bei Anerkennung der Leistungspflicht zurückzahlen.

§ 2 Was ist Berufsunfähigkeit im Sinne dieser Bedingungen?

(1) Vollständige Berufsunfähigkeit liegt vor, wenn der Versicherte infolge Krankheit, Körperverletzung oder Kräfteverfalls, die ärztlich nachzuweisen sind, voraussichtlich dauernd außerstande ist, seinen Beruf oder eine andere Tätigkeit auszuüben, die aufgrund seiner Kenntnisse und Fähigkeiten ausgeübt werden kann und seiner bisherigen Lebensstellung entspricht.

(2) Teilweise Berufsunfähigkeit liegt vor, wenn die in Absatz 1 genannten Voraussetzungen nur in einem bestimmten Grad voraussichtlich dauernd erfüllt sind.

(3) Ist der Versicherte sechs Monate ununterbrochen infolge Krankheit, Körperverletzung oder Kräfteverfalls, die ärztlich nachzuweisen sind, vollständig oder teilweise außerstande gewesen, seinen Beruf oder eine andere Tätigkeit auszuüben, die aufgrund seiner Kenntnisse und Fähigkeiten ausgeübt werden kann und seiner bisherigen Lebensstellung entspricht, so gilt die Fortdauer dieses Zustands als vollständige oder teilweise Berufsunfähigkeit.

Bemerkung:

Wenn abweichend von Abs. 3 rückwirkend von einem früheren Zeitpunkt an geleistet werden soll, sind die Bedingungen entsprechend zu ändern bzw. zu ergänzen.

(4) Scheidet der Versicherte aus dem Berufsleben aus und werden später Leistungen wegen Berufsunfähigkeit beantragt, so kommt es bei der Anwendung der Absätze 1 bis 3 darauf an, daß der Versicherte außerstande ist, eine Tätigkeit auszuüben, die aufgrund seiner Kenntnisse und Fähigkeiten ausgeübt werden kann und seiner bisherigen Lebensstellung entspricht.

(5) Ist der Versicherte sechs Monate ununterbrochen pflegebedürftig mindestens im Rahmen der Pflegestufe I gewesen und

deswegen täglich gepflegt worden, so gilt die Fortdauer dieses Zustandes als vollständige oder teilweise Berufsunfähigkeit.

(6) Pflegebedürftigkeit liegt vor, wenn der Versicherte infolge Krankheit, Körperverletzung oder Kräfteverfalls so hilflos ist, daß er für die in Absatz 7 genannten gewöhnlichen und regelmäßig wiederkehrenden Verrichtungen im Ablauf des täglichen Lebens in erheblichem Umfang täglich der Hilfe einer anderen Person bedarf. Die Pflegebedürftigkeit ist ärztlich nachzuweisen.

(7) Bewertungsmaßstab für die Einstufung des Pflegefalls ist die Art und der Umfang der erforderlichen tägliche Hilfe durch eine andere Person. Bei der Bewertung wird die nachstehende Punktetabelle zugrundegelegt:

Der Versicherte benötigt Hilfe beim

Fortbewegen im Zimmer 1 Punkt
Hilfebedarf liegt vor, wenn der Versicherte – auch bei Inanspruchnahme einer Gehhilfe oder eines Rollstuhls – die Unterstützung einer anderen Person für die Fortbewegung benötigt.

Aufstehen und Zubettgehen 1 Punkt
Hilfebedarf liegt vor, wenn der Versicherte nur mit Hilfe einer anderen Person das Bett verlassen oder in das Bett gelangen kann.

An- und Auskleiden 1 Punkt
Hilfebedarf liegt vor, wenn der Versicherte – auch bei Benutzung krankengerechter Kleidung – sich nicht ohne Hilfe einer anderen Person an- oder auskleiden kann.

Einnehmen von Mahlzeiten und Getränken 1 Punkt
Hilfebedarf liegt vor, wenn der Versicherte – auch bei Benutzung krankengerechter Eßbestecke und Trinkgefäße – nicht ohne Hilfe einer anderen Person essen oder trinken kann.

Waschen, Kämmen oder Rasieren 1 Punkt
Hilfebedarf liegt vor, wenn der Versicherte von einer anderen Person gewaschen, gekämmt oder rasiert werden muß, da er selbst nicht mehr fähig ist, die dafür erforderlichen Körperbewegungen auszuführen.

Verrichten der Notdurft 1 Punkt
Hilfebedarf liegt vor, wenn der Versicherte die Unterstützung einer anderen Person benötigt, weil er
– sich nach dem Stuhlgang nicht allein säubern kann,

- seine Notdurft nur unter Zuhilfenahme einer Bettschüssel verrichten kann oder weil
- der Darm bzw. die Blase nur mit fremder Hilfe entleert werden kann.

Besteht allein eine Inkontinenz des Darms bzw. der Blase, die durch die Verwendung von Windeln oder speziellen Einlagen ausgeglichen werden kann, liegt hinsichtlich der Verrichtung der Notdurft keine Pflegebedürftigkeit vor.

(8) Der Pflegefall wird nach der Anzahl der Punkte eingestuft. Wir leisten

aus der Pflegestufe I: bei 3 Punkten
aus der Pflegestufe II: bei 4 und 5 Punkten

Unabhängig von der Bewertung aufgrund der Punktetabelle liegt die Pflegestufe II vor, wenn der Versicherte wegen einer seelischen Erkrankung oder geistigen Behinderung sich oder andere gefährdet und deshalb täglicher Beaufsichtigung bedarf.

aus der Pflegestufe III: bei 6 Punkten

Unabhängig von der Bewertung aufgrund der Punktetabelle liegt die Pflegestufe III vor, wenn der Versicherte dauernd bettlägrig ist und nicht ohne Hilfe einer anderen Person aufstehen kann oder wenn der Versicherte der Bewahrung bedarf.

Bewahrung liegt vor, wenn der Versicherte wegen einer seelischen Erkrankung oder geistigen Behinderung sich oder andere in hohem Maße gefährdet und deshalb nicht ohne ständige Beaufsichtigung bei Tag und Nacht versorgt werden kann.

(9) Vorübergehende akute Erkrankungen führen zu keiner höheren Einstufung. Vorübergehende Besserungen bleiben ebenfalls unberücksichtigt. Eine Erkrankung oder Besserung gilt dann nicht als vorübergehend, wenn sie nach drei Monaten noch anhält.

§ 3 In welchen Fällen ist der Versicherungsschutz ausgeschlossen?

(1) Grundsätzlich besteht unsere Leistungspflicht unabhängig davon, wie es zu der Berufsunfähigkeit gekommen ist.

(2) *Soweit nicht etwas anderes vereinbart ist,* leisten wir jedoch nicht, wenn die Berufsunfähigkeit verursacht ist:

a) Unmittelbar oder mittelbar durch Kriegsereignisse oder innere Unruhen, sofern der Versicherte auf seiten der Unruhestifter teilgenommen hat;

b) durch vorsätzliche Ausführung oder den strafbaren Versuch eines Verbrechens oder Vergehens durch den Versicherten;
c) durch absichtliche Herbeiführung von Krankheit oder Kräfteverfall, absichtliche Selbstverletzung oder versuchte Selbsttötung. Wenn uns jedoch nachgewiesen wird, daß diese Handlungen in einem die freie Willensbestimmung ausschließenden Zustand krankhafter Störung der Geistestätigkeit begangen worden sind, werden wir leisten;
d) durch eine widerrechtliche Handlung, mit der Sie als Versicherungsnehmer vorsätzlich die Berufsunfähigkeit des Versicherten herbeigeführt haben;
e) durch Beteiligung an Fahrtveranstaltungen mit Kraftfahrzeugen, bei denen es auf die Erzielung einer Höchstgeschwindigkeit ankommt, und den dazugehörigen Übungsfahrten;
f) durch energiereiche Strahlen mit einer Härte von mindesten 100 Elektronen-Volt, durch Neutronen jeder Energie, durch Laser- oder Maser-Strahlen und durch künstlich erzeugte ultraviolette Strahlen. Soweit die versicherte Person als Arzt oder medizinisches Hilfspersonal diesem Risiko ausgesetzt ist, oder wenn eine Bestrahlung für Heilzwecke durch einen Arzt oder unter ärztlicher Aufsicht erfolgt, werden wir leisten.

(3) Bei Luftfahrten leisten wir, *soweit nicht etwas anderes vereinbart ist,* nur, wenn die Berufsunfähigkeit bei Reise- oder Rundflügen des Versicherten als Fluggast in einem Propeller- oder Strahlflugzeug oder in einem Hubschrauber verursacht wird. Fluggäste sind, mit Ausnahme der Besatzungsmitglieder, die Insassen, denen das Luftfahrzeug ausschließlich zur Beförderung dient.

(4) Lebt unsere aus irgendeinem Grunde erloschene Leistungspflicht wieder auf, so können Ansprüche nicht aufgrund solcher Ursachen (Krankheit, Körperverletzung oder Kräfteverfall) geltend gemacht werden, die während der Unterbrechung des vollen Versicherungsschutzes eingetreten sind.

§ 4 Wann beginnt Ihr Versicherungsschutz? Ihr Versicherungsschutz beginnt, wenn Sie den ersten Beitrag (Einlösungsbeitrag) gezahlt und wir die Annahme Ihres Antrags schriftlich oder durch Aushändigung des Versicherungsscheines erklärt haben. Vor dem im Versicherungsschein angegebenen Beginn der Versicherung besteht jedoch noch kein Versicherungsschutz.

§ 5 Können Sie vom Versicherungsvertrag zurücktreten?
Sie können innerhalb einer Frist von 14 Tagen nach Abschluß vom Versicherungsvertrag zurücktreten. Zur Wahrung der Frist genügt die rechtzeitige Absendung der Rücktrittserklärung. Die Frist beginnt erst zu laufen, wenn wir Sie über Ihr Rücktrittsrecht belehrt und Sie dies mit Ihrer Unterschrift bestätigt haben. Wenn wir die Belehrung unterlassen haben, erlischt Ihr Rücktrittsrecht einen Monat nach Zahlung des ersten oder einmaligen Beitrags.

§ 6 Was haben Sie bei der Beitragszahlung zu beachten?
(1) Sie zahlen Jahresbeiträge, die jeweils zu Beginn eines Versicherungsjahres fällig werden. Nach Vereinbarung können Sie die Jahresbeiträge auch in halbjährlichen, vierteljährlichen oder monatlichen Raten zahlen; hierfür werden Ratenzuschläge erhoben.

(2) Der Einlösungsbeitrag wird sofort nach Abschluß des Versicherungsvertrages fällig. Alle weiteren Beiträge (Folgebeiträge) sind jeweils zum vereinbarten Fälligkeitstag an uns zu zahlen. Die Zahlung kann auch an unseren Vertreter erfolgen, sofern dieser Ihnen eine von uns ausgestellte Beitragsrechnung vorlegt. Bei Fälligkeit der Versicherungsleistung werden wir etwaige Beitragsrückstände verrechnen.

Bemerkung:
Bei Tarifen, bei denen die Versicherungsperiode mit dem Beitragszahlungsabschnitt übereinstimmt, lautet Absatz 1 wie folgt:
„Sie zahlen für jede Versicherungsperiode einen laufenden Beitrag. Versicherungsperiode kann je nach Vereinbarung ein Monat, ein Vierteljahr, ein halbes Jahr oder ein Jahr sein. Die laufenden Beiträge werden zu Beginn der vereinbarten Versicherungsperiode fällig."
In Absatz 2 Satz 2 treten an die Stelle der Worte „bei monatlicher Zahlungsweise" die Worte „bei monatlicher Versicherungsperiode".

(3) Für eine Stundung der Beiträge ist eine schriftliche Vereinbarung mit uns erforderlich.

BerufsunfVers § 7 **BUV 3**

Bemerkung:
Die Versicherungsunternehmen können hier eine Prämienanpassungsklausel aufnehmen (vgl. § 172 VVG).

§ 7 Was geschieht, wenn Sie einen Beitrag nicht rechtzeitig zahlen?

Einlösungsbeitrag

(1) Wenn Sie den Einlösungsbeitrag nicht rechtzeitig zahlen, so können wir die Beiträge des ersten Versicherungsjahres auch bei Vereinbarung von Ratenzahlungen sofort verlangen. Stattdessen können wir – solange die Zahlung nicht bewirkt ist – auch vom Versicherungsvertrag zurücktreten. Es gilt als Rücktritt, wenn wir unseren Anspruch auf den Einlösungsbeitrag nicht innerhalb von drei Monaten vom Fälligkeitstag an gerichtlich geltend machen. *(Auf dieses Rücktrittsrecht kann verzichtet werden.)* Bei einem Rücktritt können wir von Ihnen neben den Kosten einer ärztlichen Untersuchung eine besondere Gebühr für die Bearbeitung Ihres Vertrages verlangen. Diese Gebühr, die unserem durchschnittlichen Aufwand entspricht, beträgt ...

Folgebeitrag

(2) Wenn Sie einen Folgebeitrag oder einen sonstigen Betrag, den Sie aus dem Versicherungsverhältnis schulden, nicht rechtzeitig zahlen, so erhalten Sie von uns auf Ihre Kosten eine schriftliche Mahnung. Darin setzen wir Ihnen eine Zahlungsfrist von mindestens zwei Wochen. Begleichen Sie den Rückstand nicht innerhalb der gesetzten Frist, so entfällt Ihr Versicherungsschutz. *(Der Versicherer kann hierauf verzichten).* Auf diese Rechtsfolge werden wir sie in der Mahnung ausdrücklich hinweisen.

(3) Zahlen Sie schon im ersten Versicherungsjahr einen Folgebeitrag nicht rechtzeitig, so werden außerdem die noch ausstehenden Raten des ersten Jahresbeitrags sofort fällig.

Bemerkung:
Bei Tarifen, bei denen die Versicherungsperiode mit dem Beitragszahlungsabschnitt übereinstimmt, lautet § 7 wie folgt:

3 BUV § 8

"Was geschieht, wenn Sie einen Beitrag nicht rechtzeitig zahlen?

Einlösungsbeitrag

(1) Wenn Sie den Einlösungsbeitrag nicht rechtzeitig zahlen, so können wir – solange die Zahlung nicht bewirkt ist – vom Vertrag zurücktreten. Es gilt als Rücktritt, wenn wir unseren Anspruch auf den Einlösungsbeitrag nicht innerhalb von drei Monaten vom Fälligkeitstag an gerichtlich geltend machen. *(Auf dieses Rücktrittsrecht kann verzichtet werden).* Bei einem Rücktritt können wir von Ihnen neben den Kosten einer ärztlichen Untersuchung eine besondere Gebühr für die Bearbeitung Ihres Vertrages verlangen. Diese Gebühr, die unserem durchschnittlichen Aufwand entspricht, beträgt ...

Folgebeitrag

(2) Wenn Sie einen Folgebeitrag oder einen sonstigen Betrag, den Sie aus dem Versicherungsverhältnis schulden, nicht rechtzeitig zahlen, so erhalten Sie von uns auf Ihre Kosten eine schriftliche Mahnung. Darin setzen wir Ihnen eine Zahlungsfrist von mindestens zwei Wochen. Begleichen Sie den Rückstand nicht innerhalb der gesetzten Frist, so entfällt Ihr Versicherungsschutz. *(Der Versicherer kann hierauf verzichten).* Auf diese Rechtsfolge werden wir Sie in der Mahnung ausdrücklich hinweisen."

§ 8 Können Sie die Versicherung kündigen oder beitragsfrei stellen? (1) Sie können Ihre Versicherung ganz oder teilweise schriftlich kündigen
– jederzeit zum Schluß des laufenden Versicherungsjahres
– bei Vereinbarung von Ratenzahlungen auch innerhalb des Versicherungsjahres mit Frist von einem Monat zum Schluß jeden Ratenzahlungsabschnitts, frühestens jedoch zum Schluß des ersten Versicherungsjahres.

(2) Kündigen Sie Ihre Versicherung nur teilweise, so darf die verbleibende beitragspflichtige versicherte Rente nicht unter einen Mindestbetrag von ... DM sinken.

(3) Mit Kündigung erlischt die Versicherung, ohne daß ein Rückkaufswert fällig wird. Auch eine Umwandlung in eine beitragsfreie Versicherung oder eine Rückzahlung der Beiträge ist ausgeschlossen.

Bemerkung:
Bei Tarifen, bei denen die Versicherungsperiode mit dem Beitragszahlungsabschnitt übereinstimmt, lautet Absatz 1 wie folgt:
„Sie können Ihre Versicherung jederzeit zum Schluß der Versicherungsperiode ganz oder teilweise schriftlich kündigen."

§ 9 Was bedeutet die vorvertragliche Anzeigepflicht?

(1) Wir übernehmen den Versicherungsschutz im Vertrauen darauf, daß Sie alle in Verbindung mit dem Versicherungsantrag gestellten Fragen wahrheitsgemäß und vollständig beantwortet haben (vorvertragliche Anzeigepflicht). Das gilt insbesondere für die Fragen nach gegenwärtigen oder früheren Erkrankungen, gesundheitlichen Störungen und Beschwerden.

(2) Soll eine andere Person versichert werden, ist auch diese – neben Ihnen – für die wahrheitsgemäße und vollständige Beantwortung der Fragen verantwortlich.

(3) Wenn Umstände, die für die Übernahme des Versicherungsschutzes Bedeutung haben, von Ihnen oder der versicherten Person (vgl. Abs. 2) nicht oder nicht richtig angegeben worden sind, können wir binnen zehn Jahren seit Vertragsabschluß vom Vertrag zurücktreten. Den Rücktritt können wir aber nur innerhalb eines Monats erklären, nachdem wir von der Verletzung der Anzeigepflicht Kenntnis erhalten haben. Die Kenntnis eines Vermittlers steht unserer Kenntnis nicht gleich. Wenn uns nachgewiesen wird, daß die falschen oder unvollständigen Angaben nicht schuldhaft gemacht worden sind, wird unser Rücktritt gegenstandslos. Haben wir den Rücktritt nach Eintritt des Versicherungsfalls erklärt, bleibt unsere Leistungspflicht bestehen, wenn Sie nachweisen, daß die nicht oder nicht richtig angegebenen Umstände keinen Einfluß auf den Eintritt des Versicherungsfalls oder den Umfang unserer Leistung gehabt haben.

(4) Wir können den Versicherungsvertrag auch anfechten, falls durch unrichtige oder unvollständige Angaben bewußt und gewollt auf unsere Annahmeentscheidung Einfluß genommen worden ist. Handelt es sich um Angaben der versicherten Person, so können wir Ihnen gegenüber die Anfechtung erklären, auch wenn Sie von der Verletzung der vorvertraglichen Anzeigepflicht keine Kenntnis hatten.

(5) Die Absätze 1 bis 4 gelten bei einer Änderung oder Wiederherstellung der Versicherung entsprechend. Die Zehnjahresfrist beginnt mit der Änderung oder Wiederherstellung der Versicherung bezüglich des geänderten oder wiederhergestellten Teils neu zu laufen.

(6) Auf den Rücktritt oder die Anfechtung des Versicherungsvertrages können wir uns auch dritten Berechtigten gegenüber berufen.

(7) Wenn die Versicherung durch Rücktritt oder Anfechtung aufgehoben wird, haben Sie weder Anspruch auf einen Rückkaufswert noch auf eine Rückzahlung der Beiträge.

§ 10 Welche Mitwirkungspflichten sind zu beachten, wenn Leistungen wegen Berufsunfähigkeit verlangt werden? (1) Zum Nachweis des Versicherungsfalls sind uns unverzüglich auf Kosten des Ansprucherhebenden folgende Unterlagen einzureichen:
a) der Versicherungsschein und der Nachweis der letzten Beitragszahlung;
b) ein amtliches Zeugnis über den Tag der Geburt des Versicherten;
c) eine Darstellung der Ursache für den Eintritt der Berufsunfähigkeit;
d) ausführliche Berichte der Ärzte, die den Versicherten gegenwärtig behandeln bzw. behandelt oder untersucht haben, über Ursache, Beginn, Art, Verlauf und voraussichtliche Dauer des Leidens sowie über den Grad der Berufsunfähigkeit oder über die Pflegestufe;
e) Unterlagen über den Beruf des Versicherten, dessen Stellung und Tätigkeit im Zeitpunkt des Eintritts der Berufsunfähigkeit sowie über die eingetretenen Veränderungen.
f) Bei Berufsunfähigkeit infolge Pflegebedürftigkeit zusätzlich eine Bescheinigung der Person oder der Einrichtung, die mit der Pflege betraut ist, über Art und Umfang der Pflege.
Die hierdurch entstehenden Kosten hat der Ansprucherhebende zu tragen.

(2) Wir können außerdem – dann allerdings auf unsere Kosten – weitere ärztliche Untersuchungen durch von uns beauftragte Ärzte sowie notwendige Nachweise – auch über die wirtschaftlichen Verhältnisse und ihre Veränderungen – verlangen,

insbesondere zusätzliche Auskünfte und Aufklärungen. Der Versicherte hat Ärzte, Krankenhäuser und sonstige Krankenanstalten sowie Pflegeheime, bei denen er in Behandlung oder Pflege war oder sein wird, sowie Pflegepersonen, andere Personenversicherer und Behörden zu ermächtigen, uns auf Verlangen Auskunft zu erteilen.

(3) Wird eine Erhöhung der Berufsunfähigkeitsrente wegen einer höheren Pflegestufe verlangt, so gelten die Absätze 1 und 2 sinngemäß.

(Der Versicherer kann auf die obigen Voraussetzungen verzichten.)

(4) Anordnungen, die der untersuchende oder behandelnde Arzt nach gewissenhaftem Ermessen trifft, um die Heilung zu fördern oder die Berufsunfähigkeit zu mindern, sind zu befolgen. Die Anordnungen müssen sich jedoch im Rahmen des Zumutbaren halten.

§ 11 Wann geben wir eine Erklärung über unsere Leistungspflicht ab? (1) Nach Prüfung der uns eingereichten sowie der von uns beigezogenen Unterlagen erklären wir, ob und für welchen Zeitraum wir eine Leistungspflicht anerkennen.

(2) Wir können ein zeitlich begrenztes Anerkenntnis unter einstweiliger Zurückstellung der Frage aussprechen, ob die versicherte Person eine andere Tätigkeit im Sinne von § 2 ausüben kann.

§ 12 Bis wann können bei Meinungsverschiedenheiten Rechte geltend gemacht werden und wer entscheidet in diesen Fällen? (1) Wenn derjenige, der den Anspruch auf die Versicherungsleistung geltend macht, mit unserer Leistungsentscheidung (§ 11) nicht einverstanden ist, kann er innerhalb von sechs Monaten nach Zugang unserer Entscheidung Klage erheben.

(2) Läßt der Anspruchserhebende die Sechsmonatsfrist verstreichen, ohne daß er Klage erhebt, so sind weitergehende Ansprüche, als wir sie anerkannt haben, ausgeschlossen. Auf diese Rechtsfolge werden wir in unserer Erklärung nach § 11 besonders hinweisen.

§ 13 Was gilt für die Nachprüfung der Berufsunfähigkeit? (1) Nach Anerkennung oder Feststellung unserer Leistungspflicht sind wir berechtigt, das Fortbestehen der Berufsunfähigkeit und ihren Grad oder die Pflegestufe und das Fortleben des Versicherten nachzuprüfen; dies gilt auch für zeitlich begrenzte Anerkenntnisse nach § 11. Dabei können wir erneut prüfen, ob die versicherte Person eine andere Tätigkeit im Sinne von § 2 ausüben kann, wobei neu erworbene berufliche Fähigkeiten zu berücksichtigen sind.

(2) Zur Nachprüfung können wir auf unsere Kosten jederzeit sachdienliche Auskünfte und einmal jährlich umfassende Untersuchungen des Versicherten durch von uns zu beauftragende Ärzte verlangen. Die Bestimmungen des § 10 Absätze 2 bis 4 gelten entsprechend.

(3) Eine Minderung der Berufsunfähigkeit oder der Pflegebedürftigkeit und die Wiederaufnahme bzw. Änderung der beruflichen Tätigkeit müssen Sie uns unverzüglich mitteilen.

(4) Ist die Berufsunfähigkeit weggefallen oder hat sich ihr Grad auf weniger als ... Prozent vermindert, stellen wir unsere Leistungen ein. Die Einstellung teilen wir dem Anspruchsberechtigten unter Hinweis auf seine Rechte aus § 12 mit; sie wird nicht vor Ablauf eines Monats nach Absenden dieser Mitteilung wirksam, frühestens jedoch zu Beginn der darauffolgenden Rentenzahlungsperiode. Zu diesem Zeitpunkt muß auch die Beitragszahlung wieder aufgenommen werden.

(5) Liegt Berufsunfähigkeit infolge Pflegebedürftigkeit vor und hat sich die Art des Pflegefalls geändert oder sein Umfang gemindert, setzen wir unsere Leistungen herab oder stellen sie ein. Absatz 4 Satz 2 und 3 gelten entsprechend.
(Der Versicherer kann auf die obigen Voraussetzungen verzichten).

§ 14 Was gilt bei einer Verletzung der Mitwirkungspflichten nach Eintritt der Berufsunfähigkeit? Solange eine Mitwirkungspflicht nach § 10 oder § 13 von Ihnen, dem Versicherten oder dem Anspruchserhebenden vorsätzlich oder grob fahrlässig nicht erfüllt wird, sind wir von der Verpflichtung zur Leistung frei. *(Der Versicherer kann auf diese Einschränkung verzichten.)* Bei grob fahrlässiger Verletzung einer Mitwirkungspflicht bleiben die Ansprüche aus der Versicherung jedoch insoweit bestehen, als die Verletzung ohne Einfluß auf die Feststellung oder den Umfang unserer Leistungspflicht ist. Wenn die Mitwirkungspflicht später erfüllt wird, sind wir ab Beginn des laufenden Monats nach Maßgabe dieser Bedingungen zu Leistungen verpflichtet.

§ 15 Wo sind die vertraglichen Verpflichtungen zu erfüllen? (1) Unsere Leistungen überweisen wir dem Empfangsberechtigten auf seine Kosten. Bei Überweisungen in das Ausland trägt der Empfangsberechtigte auch die damit verbundene Gefahr.

(2) Die Übermittlung Ihrer Beiträge erfolgt auf Ihre Gefahr und Ihre Kosten. Für die Rechtzeitigkeit der Beitragszahlung genügt es, wenn Sie fristgerecht (vgl. § 6 Abs. 2 und § 7 Abs. 2) alles getan haben, damit der Beitrag bei uns eingeht.

§ 16 Welche Bedeutung hat der Versicherungsschein? (1) Den Inhaber des Versicherungsscheins können wir als berechtigt ansehen, über die Rechte aus dem Versicherungsvertrag zu verfügen, insbesondere Leistungen in Empfang zu nehmen. Wir können aber verlangen, daß uns der Inhaber des Versicherungsscheins seine Berechtigung nachweist.

(2) In den Fällen des § 18 Abs. 3 brauchen wir den Nachweis der Berechtigung nur dann anzuerkennen, wenn uns die schriftliche Anzeige des bisherigen Berechtigten vorliegt.

§ 17 Was gilt für Mitteilungen, die sich auf das Vesicherungsverhältnis beziehen? (1) Mitteilungen, die das Versicherungsverhältnis betreffen, müssen stets schriftlich erfolgen. Für uns bestimmte Mitteilungen werden wirksam, sobald sie uns zugegangen sind. Versicherungsvertreter sind zu ihrer Entgegennahme nicht bevollmächtigt.

(2) Eine Änderung Ihrer Postanschrift müssen Sie uns unverzüglich mitteilen. Anderenfalls können für Sie Nachteile entstehen, da eine an Sie zu richtende Willenserklärung mit eingeschriebenem Brief an Ihre uns zuletzt bekannte Wohnung abgesandt werden kann; unsere Erklärung wird in dem Zeitpunkt wirksam, in welchem sie Ihnen ohne die Wohnungsänderung bei regelmäßiger Beförderung zugegangen sein würde. Dies gilt auch, wenn Sie die Versicherung in Ihrem Gewerbebetrieb genommen und Ihre gewerbliche Niederlassung verlegt haben.

(3) Bei Änderung Ihres Namens gilt Absatz 2 entsprechend.

3 BUV §§ 18, 19

(4) Wenn Sie sich für längere Zeit außerhalb der Bundesrepublik Deutschland aufhalten, sollten Sie uns, auch in Ihrem Interesse, eine im Inland ansässige Person benennen, die bevollmächtigt ist, unsere Mitteilungen für Sie entgegenzunehmen (Zustellungsbevollmächtigter).

§ 18 Wer erhält die Versicherungsleistung? (1) Die Leistung aus dem Versicherungsvertrag erbringen wir an Sie als unseren Versicherungsnehmer oder an Ihre Erben, falls Sie uns keine andere Person benannt haben, die bei Fälligkeit die Ansprüche aus dem Versicherungsvertrag erwerben soll (Bezugsberechtigter). Bis zur jeweiligen Fälligkeit können Sie das Bezugsrecht jederzeit widerrufen.

(2) Sie können ausdrücklich bestimmen, daß der Bezugsberechtigte sofort und unwiderruflich die Ansprüche aus dem Versicherungsvertrag erwerben soll. Sobald wir Ihre Erklärung erhalten haben, kann dieses Bezugsrecht nur noch mit Zustimmung des von Ihnen Benannten aufgehoben werden.

(3) Die Einräumung und der Widerruf eines widerruflichen Bezugsrechts sind uns gegenüber nur und erst dann wirksam, wenn sie schriftlich angezeigt worden sind. Das gleiche gilt für die Abtretung und Verpfändung von Ansprüchen aus dem Versicherungsvertrag; soweit derartige Verfügungen überhaupt rechtlich möglich sind.

§ 19 Wie werden die Abschlußkosten erhoben und ausgeglichen? Die mit dem Abschluß Ihrer Versicherung verbundenen und auf Sie entfallenden Kosten, etwa die Kosten für Beratung, Anforderung von Gesundheitsauskünften und Ausstellung des Versicherungsscheines, werden Ihnen nicht gesondert in Rechnung gestellt. Auf den Teil dieser Kosten, der bei der Berechnung der Deckungsrückstellung[1]) angesetzt wird, verrechnen wir nach einem aufsichtsrechtlich geregelten Verfahren Ihre ab Versicherungsbeginn eingehenden Beiträge, soweit diese nicht für Versicherungsleistungen und Verwaltungskosten vorgesehen sind.

---

[1]) Eine Deckungsrückstellung müssen wir für jeden Versicherungsvertrag bilden, um zu jedem Zeitpunkt den Versicherungsschutz gewährleisten zu können. Deren Berechnung wird nach § 65 des Versicherungsaufsichtsgesetzes (VAG) und §§ 341e, 341ea [wohl: 341f, Anm. d. Hrsg.] des Handelsgesetzbuches (HGB) sowie den dazu erlassenen Rechtsverordnungen geregelt.

§ 20 Welche Kosten stellen wir Ihnen gesondert in Rechnung? Falls aus besonderen, von Ihnen veranlaßten Gründen ein zusätzlicher Verwaltungsaufwand verursacht wird, können wir – *soweit nichts anderes vereinbart ist* – die in solchen Fällen durchschnittlich entstehenden Kosten als pauschalen Abgeltungsbetrag gesondert in Rechnung stellen. Dies gilt beispielsweise bei
– Erteilung einer Ersatzurkunde für den Versicherungsschein
– schriftlicher Fristsetzung bei Nichtzahlung von Folgebeiträgen
– Verzug mit Beiträgen
– Rückläufern in Lastschriftverfahren
– Durchführung von Vertragsänderungen
– Bearbeitung von Abtretungen und Verpfändungen.

§ 21 Wie sind Sie an den Überschüssen beteiligt?
Überschußermittlung

(1) Um zu jedem Zeitpunkt der Versicherungsdauer den vereinbarten Versicherungsschutz zu gewährleisten, bilden wir Rückstellungen. Die zur Bedeckung dieser Rückstellungen erforderlichen Mittel werden angelegt und erbringen Kapitalerträge. Aus diesen Kapitalerträgen, den Beiträgen und den angelegten Mitteln werden die zugesagten Versicherungsleistungen erbracht, sowie die Kosten von Abschluß und Verwaltung des Vertrages gedeckt. Je größer die Erträge aus den Kapitalanlagen sind, je weniger Versicherungsfälle eintreten und je kostengünstiger wir arbeiten, um so größer sind dann entstehende Überschüsse, an denen wir Sie und die anderen Versicherungsnehmer beteiligen. Die Überschußermittlung erfolgt nach den Vorschriften des Versicherungsaufsichtsgesetzes und des Handelsgesetzbuches und den dazu erlassenen Rechtsverordnungen.

Überschußbeteiligung

(2) Die Überschußbeteiligung nehmen wir nach Grundsätzen vor, die § 81c VAG und der dazu erlassenen Rechtsverordnung entsprechen und deren Einhaltung die Aufsichtsbehörde überwacht.
Nach diesen Grundsätzen haben wir gleichartige Versicherungen in Bestandsgruppen zusammengefaßt und teilweise nach engeren Gleichartigkeitskriterien innerhalb der Bestandsgruppen Untergruppen gebildet; diese werden Gewinnverbän-

de genannt. Von den Kapitalerträgen kommt den Versicherungsnehmern als Überschußbeteiligung mindestens der in der Rechtsverordnung zu § 81 c VAG jeweils festgelegte Anteil zugute, abzüglich der Beträge, die für die zugesagten Versicherungsleistungen benötigt werden. Bei günstiger Risikoentwicklung und Kostensituation können weitere Überschüsse hinzukommen. Den so ermittelten Überschuß für die Versicherungsnehmer ordnen wir den einzelnen Bestandsgruppen zu und stellen ihn – soweit er den Verträgen nicht direkt gutgeschrieben wird – in die Rückstellung für Beitragsrückerstattung (RfB) ein. Die in die RfB eingestellten Mittel dürfen wir grundsätzlich nur für die Überschußbeteiligung der Versicherungsnehmer verwenden. Mit Zustimmung der Aufsichtsbehörde können wir die RfB ausnahmsweise zur Abwendung eines Notstandes (z. B. Verlustabdeckung) heranziehen (§ 56 a VAG) oder bei sehr ungünstigem Risikoverlauf bzw. bei einem eventuellen Solvabilitätsbedarf den in Satz 3 dieses Absatzes genannten Anteil unterschreiten (Rechtsverordnung zu § 81 c VAG).

Ihre Versicherung gehört zum Gewinnverband XX in der Bestandsgruppe YY. Jede einzelne Versicherung innerhalb dieses Gewinnverbandes erhält Anteile an den Überschüssen der Bestandsgruppe YY. Die Höhe dieser Anteile wird vom Vorstand unseres Unternehmens auf Vorschlag des Verantwortlichen Aktuars unter Beachtung der maßgebenden aufsichtsrechtlichen Bestimmungen jährlich festgelegt und im Geschäftsbericht veröffentlicht. Die Mittel für diese Überschußanteile werden den Überschüssen des Geschäftsjahres oder der Rückstellung für Beitragsrückerstattung entnommen. In einzelnen Versicherungsjahren, insbesondere etwa im ersten Versicherungsjahr, kann eine Zuteilung von Überschüssen entfallen, sofern dies sachlich gerechtfertigt ist.

Bemerkung:

§ 21 Absatz 2 ist durch folgende unternehmensindividuelle Angaben zu ergänzen:
a) Voraussetzung für die Fälligkeit der Überschußanteile (Wartezeit, Stichtag für die Zuteilung u. ä.)
b) Form und Verwendung der Überschußanteile (laufende Überschußanteile, Schlußüberschußanteile, Bonus, Ansammlung, Verrechnung, Barauszahlung u. ä.)

§ 22 Welches Recht findet auf Ihren Vertrag Anwendung? Auf Ihren Vertrag findet das Recht der Bundesrepublik Deutschland Anwendung.

§ 23 Wo ist der Gerichtsstand? Ansprüche aus Ihrem Versicherungsvertrag können gegen uns bei dem für unseren Geschäftssitz oder für unsere Niederlassung örtlich zuständigen Gericht geltend gemacht werden. Ist Ihre Versicherung durch Vermittlung eines Versicherungsvertreters zustande gekommen, kann auch das Gericht des Ortes angerufen werden, an dem der Vertreter zur Zeit der Vermittlung seine gewerbliche Niederlassung oder, wenn er eine solche nicht unterhielt, seinen Wohnsitz hatte.

Wir können Ansprüche aus dem Versicherungsvertrag an dem für Ihren Wohnsitz zuständigen Gericht geltend machen. Weitere gesetzliche Gerichtsstände können sich an dem für den Sitz oder die Niederlassung Ihres Geschäfts- oder Gewerbebetriebs örtlich zuständigen Gericht ergeben.

Bemerkung:
Die Versicherungsunternehmen können die AVB um Bedingungsänderungs- und salvatorische Klauseln ergänzen.

4. Allgemeine Bedingungen für die Rentenversicherung

(Diese Bedingungen sind unverbindlich. Es besteht die Möglichkeit, abweichende Klauseln zu verwenden.)

Übersicht[1]

	§§
Was ist versichert?	1
Wann beginnt Ihr Versicherungsschutz?	2
Können Sie vom Versicherungsvertrag zurücktreten?	3
Was haben Sie bei der Beitragszahlung zu beachten?	4
Was geschieht, wenn Sie einen Beitrag nicht rechtzeitig zahlen?	5
Wann können Sie die Versicherung kündigen oder beitragsfrei stellen?	6
Was bedeutet die vorvertragliche Anzeigepflicht?	7
Was gilt bei Wehrdienst, Unruhen oder Krieg?	8
Was gilt bei Selbsttötung des Versicherten?	9
Was ist zu beachten, wenn eine Versicherungsleistung verlangt wird?	10
Wo sind die vertraglichen Verpflichtungen zu erfüllen?	11
Welche Bedeutung hat der Versicherungsschein?	12
Was gilt Mitteilungen, die sich auf das Versicherungsverhältnis beziehen?	13
Wer erhält die Versicherungsleistungen?	14
Wie werden die Abschlußkosten erhoben und ausgeglichen?	15
Welche Kosten stellen wir Ihnen gesondert in Rechnung?	16
Wie sind Sie an den Überschüssen beteiligt?	17
Welches Recht findet auf Ihren Vertrag Anwendung?	18
Wo ist der Gerichtsstand?	19

Sehr geehrter Kunde!

Als Versicherungsnehmer sind Sie unter Vertragspartner; für unser Vertragsverhältnis gelten die nachfolgenden Bedingungen.

---

[1] Die Inhaltsübersicht wurde vom Herausgeber eingefügt.

RentenVers §§ 1–4 RV 4

§ 1 Was ist Versichert? (1) Erlebt der Versicherte den vereinbarten Rentenzahlungsbeginn, zahlen wir die versicherte Rente lebenslänglich je nach vereinbarter Rentenzahlungsweise jährlich, halbjährlich, vierteljährlich oder monatlich an den vereinbarten Fälligkeitsdaten.

(2) Erlebt der Versicherte den vereinbarten Rentenzahlungsbeginn und ist eine Rentengarantiezeit vereinbart, zahlen wir die vereinbarte Rente mindestens bis zum Ablauf der Rentengarantiezeit, unabhängig davon, ob der Versicherte diesen Termin erlebt.

(3) Anstelle der Rentenzahlungen leisten wir zum Fälligkeitstag der ersten Rente eine Kapitalabfindung, wenn der Versicherte diesen Termin erlebt und uns der Antrag auf Kapitalabfindung spätestens ... Jahre (oder Monate) vor dem Fälligkeitstag der ersten Rente zugegangen ist.

(4) Ist für den Todesfall eine Leistung vereinbart, so wird diese bei Tod des Versicherten fällig.

§ 2 Wann beginnt Ihr Versicherungsschutz? Ihr Versicherungsschutz beginnt, wenn Sie den ersten oder einmaligen Betrag (Einlösungsbetrag) gezahlt und wir die Annahme ihres Antrags schriftlich oder durch Aushändigung des Versicherungsscheins erklärt haben. Vor dem im Versicherungsschein angegebenen Beginn der Versicherung besteht jedoch noch kein Versicherungsschutz.

§ 3 Können Sie vom Versicherungsvertrag zurücktreten? Sie können innerhalb einer Frist von 14 Tagen nach Abschluß vom Versicherungsvertrag zurücktreten. Zur Wahrung der Frist genügt die rechtzeitige Absendung der Rücktrittserklärung. Die Frist beginnt erst zu laufen, wenn wir Sie über Ihr Rücktrittsrecht belehrt und Sie dies mit Ihrer Unterschrift bestätigt haben. Wenn wir die Belehrung unterlassen haben, erlischt Ihr Rücktrittsrecht einen Monat nach Zahlung des ersten oder einmaligen Beitrags.

§ 4 Was haben Sie bei der Beitragszahlung zu beachten?
(1) Die Beiträge zu Ihrer Rentenversicherung können Sie je nach Vereinbarung in einem einzigen Beitrag (Einmalbeitrag) oder durch jährliche Beitragszahlungen (Jahresbeiträge) entrich-

ten. Die Jahresbeiträge werden zu Beginn eines jeden Versicherungsjahres fällig.

(2) Nach Vereinbarung können Sie Jahresbeiträge auch in halbjährlichen, vierteljährlichen oder monatlichen Raten zahlen; hierfür werden Ratenzuschläge erhoben.

(3) Bei Fälligkeit der Versicherungsleistung werden wir etwaige Beitragsrückstände verrechnen.

(4) Der erste oder einmalige Beitrag wird sofort nach Abschluß des Versicherungsvertrages fällig. Alle weiteren Beiträge (Folgebeiträge) sind jeweils zum vereinbarten Fälligkeitstag an uns zu zahlen. Die Zahlung kann auch an unseren Vertreter erfolgen, sofern dieser Ihnen eine von uns ausgestellte Beitragsrechnung vorlegt.

(5) Für eine Stundung der Beiträge ist eine schriftliche Vereinbarung mit uns erforderlich.

Bemerkung:

Bei Tarifen, bei denen die Versicherungsperiode mit dem Beitragszahlungsabschnitt übereinstimmt, lautet § 4 wie folgt:

„Was haben Sie bei der Beitragszahlung zu beachten?"

(1) Die Beiträge zu Ihrer Rentenversicherung können Sie je nach Vereinbarung in einem einzigen Betrag (Einmalbetrag) oder durch laufende Beiträge für jede Versicherungsperiode entrichten. Versicherungsperiode kann je nach Vereinbarung ein Monat, ein Vierteljahr, ein halbes Jahr oder ein Jahr sein. Die laufenden Beiträge werden zu Beginn der vereinbarten Versicherungsperiode fällig.

(2) Bei Fälligkeit der Versicherungsleistung werden wir etwaige Beitragsrückstände verrechnen.

(3) Der erste oder einmalige Beitrag wird sofort nach Abschluß des Versicherungsvertrages fällig. Alle weiteren Beiträge (Folgebeiträge) sind jeweils zum vereinbarten Fälligkeitstag an uns zu zahlen. Die Zahlung kann auch an unseren Vertreter erfolgen, sofern dieser Ihnen eine von uns ausgestellte Beitragsrechnung vorlegt.

(4) Für eine Stundung der Beiträge ist eine schriftliche Vereinbarung mit uns erforderlich."

RentenVers § 5 RV **4**

§ 5 Was geschieht, wenn Sie einen Beitrag nicht rechtzeitig zahlen?

Einlösungsbeitrag

(1) Wenn Sie den Einlösungebeitrag nicht rechtzeitig zahlen, so können wir die Beiträge des ersten Versicherungsjahres auch bei Vereinbarung von Ratenzahlungen sofort verlangen. Statt dessen können wir – solange die Zahlung nicht bewirkt ist – auch vom Versicherungsvertrag zurücktreten. Es gilt als Rücktritt, wenn wir unseren Anspruch auf den Einlösungsbeitrag nicht innerhalb von drei Monaten vom Fälligkeitstag an gerichtlich geltend machen. *(Auf dieses Rücktrittsrecht kann verzichtet werden.)* Bei einem Rücktritt können wir von Ihnen neben den Kosten einer ärztlichen Untersuchung eine besondere Gebühr für die Bearbeitung Ihres Vertrages verlangen. Diese Gebühr, die unserem durchschnittlichen Aufwand entspricht, beträgt ...

Folgebeitrag

(2) Wenn sie einen Folgebeitrag oder einen sonstigen Betrag, den Sie aus dem Versicherungsverhältnis schulden, nicht rechtzeitig zahlen, so erhalten Sie von uns auf Ihre Kosten eine schriftliche Mahnung. Darin setzen wir Ihnen eine Zahlungsfrist von mindestens zwei Wochen. Begleichen Sie den Rückstand nicht innerhalb der gestzten Frist, so entfällt oder vermindert sich Ihr Versicherungsschutz. *(Der Versicherer kann hierauf verzichten.)* Auf diese Rechtsfolgen werden wir Sie in der Mahnung ausdrücklich hinweisen.

(3) Zahlen Sie schon im ersten Versicherungsjahr einen Folgebeitrag nicht rechtzeitig, so werden außerdem die noch ausstehenden Raten des ersten Jahresbeitrags sofort fällig.

Bemerkung:

Bei Tarifen, bei denen die Vesicherungsperiode mit dem Beitragszahlungsabschnitt übereinstimmt, lautet § 5 wie folgt:

„Was geschieht, wenn Sie einen Beitrag nicht rechtzeitig zahlen?

Einlösungsbeitrag

(1) Wenn Sie den Einlösungsbeitrag nicht rechtzeitig zahlen, so können wir – solange die Zahlung nicht bewirkt ist – vom

Vertrag zurücktreten. Es gilt als Rücktritt, wenn wir unseren Anspruch auf den Einlösungsbeitrag nicht innerhalb von drei Monaten vom Fälligkeitstag an gerichtlich geltend machen. *(Auf dieses Rücktrittsrecht kann verzichtet werden.)* Bei einem Rücktritt können wir von Ihnen neben den Kosten einer ärztlichen Untersuchung eine besondere Gebühr für die Bearbeitung Ihres Vertrages verlangen. Diese Gebühr, die unserem durchschnittlichen Aufwand entspricht, beträgt...

Folgebeitrag

(2) Wenn Sie einen Folgebeitrag oder einen sonstigen Beitrag, den Sie aus dem Versicherungsverhältnis schulden, nicht rechtzeitig zahlen, so erhalten Sie von uns auf Ihre Kosten eine schriftliche Mahnung. Darin setzen wir Ihnen eine Zahlungsfrist von mindestens zwei Wochen. Begleichen Sie den Rückstand nicht innerhalb der gesetzten Frist, so entfällt oder vermindert sich Ihr Versicherungsschutz. *(Der Versicherer kann hierauf verzichten.)* Auf diese Rechtsfolgen werden wir Sie in der Mahnung ausdrücklich hinweisen."

§ 6 Wann können Sie die Versicherung kündigen oder beitragsfrei stellen?

Kündigung

(1) Sie können Ihre Versicherung – jedoch nur vor dem vereinbarten Rentenbeginn – ganz oder teilweise schriftlich kündigen
– jederzeit zum Schluß des laufenden Versicherungsjahres
– bei Vereinbarung von Ratenzahlungen auch innerhalb des Versicherungsjahres mit Frist von einem Monat zum Schluß jeden Ratenzahlungsabschnitts, frühestens jedoch zum Schluß des ersten Versicherungsjahres.

(2) Kündigen Sie Ihre Versicherung nur teilweise, so ist diese Kündigung unwirksam, wenn die verbleibende beitragspflichtige Rente unter einen Mindestbetrag von... DM sinkt. Wenn Sie in diesem Falle Ihre Versicherung beenden wollen, müssen Sie also ganz kündigen.

Bemerkung:

Die jeweilig vereinbarte Rentenzahlungsperiode muß bei Absatz 2 berücksichtigt werden.

Auszahlung eines Rückkaufswertes bei Kündigung

(3) Ist für den Todesfall eine Leistung vereinbart, so haben wir nach § 176 VVG – soweit bereits entstanden – den Rückkaufswert zu erstatten. Er wird nach den anerkannten Regeln der Versicherungsmathematik für den Schluß der laufenden Versicherungsperiode als Zeitwert der Versicherung berechnet, wobei ein als angemessen angesehener Abzug in Höhe von ... erfolgt. Höchstens wird jedoch die bei Tod fällig werdende Leistung ausgezahlt. Beitragsrückstände werden von dem Rückkaufswert abgesetzt.

Bemerkung

Bei Tarifen, bei denen Garantiewerte für den Rückkaufswert vorgesehen sind, kann Absatz 3 wir folgt ergänzt werden:
„Der Rückkaufswert erreicht jedoch mindestens einen bei Vertragsschluß vereinbarten Garantiebetrag, dessen Höhe vom Zeitpunkt der Beendigung des Vertrages abhängt. Vgl. die auf dem Versicherungsschein abgedruckte Übersicht der garantierten Rückkaufswerte."

Umwandlung in eine beitragsfreie Versicherung anstelle einer Kündigung

(4) Anstelle einer Kündigung nach Absatz 1 können Sie unter Beachtung der dort genannten Termine und Fristen schriftlich verlangen, ganz oder teilweise von der Beitragspflicht befreit zu werden. In diesem Fall setzen wir die versicherte Rente ganz oder teilweise auf eine beitragsfreie Rente herab, die nach den anerkannten Regeln der Versicherungsmathematik für den Schluß der laufenden Versicherungsperiode errechnet wird. Der aus Ihrer Versicherung für die Bildung der beitragsfreien Rente zur Verfügung stehende Betrag mindert sich um einen als angemessen angesehenen Abzug in Höhe von ... sowie um rückständige Beiträge.

Bemerkung:

Bei Tarifen, bei denen eine beitragsfreie Rente garantiert wird, lautet Absatz 4 wie folgt:
„(4) Anstelle einer Kündigung nach Absatz 1 können Sie unter Beachtung der dort genannten Termine und Fristen schriftlich verlangen, ganz oder teilweise von der Beitragspflicht befreit zu werden. In diesem Fall setzen wir die versi-

cherte Rente ganz oder teilweise auf eine beitragsfreie Rente herab, die nach den anerkannten Regeln der Versicherungsmathematik für den Schluß der laufenden Versicherungsperiode errechnet wird, mindestens aber die bei Vertragsabschluß vereinbarte Garantierente erreicht (vgl. die auf dem Versicherungsschein abgedruckte Übersicht der garantierten beitragsfreien Renten). Der aus Ihrer Versicherung für die Bildung der beitragsfreien Rente zur Verfügung stehende Betrag mindert sich um einen als angemessen angesehenen Abzug in Höhe von ... sowie um rückständige Beiträge."

(5) Haben Sie vollständige Befreiung von der Beitragszahlungspflicht beantragt und erreicht die nach Absatz 4 zu berechnende beitragsfreie Rente den Mindestbetrag von ... DM nicht, so erhalten Sie den Rückkaufswert (§ 6 Abs. 3). Haben Sie nur eine teilweise Befreiung von der Beitragspflicht beantragt, so ist der Antrag nur wirksam, wenn die beitragsfreie Rente einen Mindestbetrag von ... DM und die beitragspflichtige Rente einen Mindestbetrag von ... DM erreicht. Anderenfalls können Sie die vollständige Befreiung von der Beitragszahlungspflicht beantragen. Dieser Antrag führt zur beitragsfreien Fortsetzung der Versicherung, wenn die nach Absatz 4 zu berechnende beitragsfreie Rente den Mindestbetrag von ... DM erreicht. Ist dies nicht der Fall, so erhalten Sie den Rückkaufswert.

Umwandlung in eine beitragsfreie Versicherung bei Kündigung

(6) Ist für den Todesfall keine Leistung vereinbart (vgl. Abs. 3), so wandelt sich die Versicherung bei Kündigung (Voll- oder Teilkündigung gemäß Absatz 1) ganz oder teilweise in eine beitragsfreie Versicherung mit herabgesetzter Rente um, wenn diese und ggf. die verbleibende beitragspflichtige Rente die in Absatz 5 genannten Mindestbeträge erreichen. Für die Bemessung der herabgesetzten beitragsfreien Rente gilt Absatz 4 Satz 2 und 3. Bei Nichterreichen des Rentenmindestbetrages bzw. der Mindestbeträge erlischt die Versicherung, ohne daß ein Rückkaufswert entfällt.

RentenVers　　　　　　　　　　§ 6 **RV 4**

Beitragsrückzahlung
(7) Die Rückzahlung der Beiträge können Sie nicht verlangen.

Bemerkung:
Bei Tarifen, bei denen die Versicherungsperiode mit dem Beitragszahlungsabschnitt übereinstimmt, lautet § 6 wie folgt:

„**Wann können Sie Ihre Versicherung kündigen oder beitragsfrei stellen?**
Kündigung
(1) Sie können Ihre Versicherung – jedoch nur vor dem vereinbarten Rentenbeginn – jederzeit zum Schluß der Versicherungsperiode ganz oder teilweise schriftlich kündigen.
(2) Kündigen Sie Ihre Versicherung nur teilweise, so ist diese Kündigung unwirksam, wenn die Jahresrente aus dem nicht gekündigten Teil der Versicherung unter einen Mindestbetrag von ... DM sinkt. Wenn Sie in diesem Falle Ihre Versicherung beenden wollen, müssen Sie also ganz kündigen.

Auszahlung eines Rückkaufswertes bei Kündigung
(3) Ist für den Todesfall eine Leistung vereinbart, so haben wir nach § 176 VVG – soweit bereits entstanden – den Rückkaufswert zu erstatten. Er wird nach den anerkannten Regeln der Versicherungsmathematik für den Schluß der laufenden Versicherungsperiode als Zeitwert der Versicherung berechnet, wobei ein als angemessen angesehener Abzug in Höhe von ... erfolgt. Höchstens wird jedoch die bei Tod fällig werdende Leistung ausgezahlt. Beitragsrückstände werden von dem Rückkaufswert abgesetzt.

Bemerkung:
Bei Tarifen, bei denen Garantiewerte für den Rückkaufswert vorgesehen sind, kann Absatz 3 wie folgt ergänzt werden:
„Der Rückkaufswert erreicht jedoch mindestens einen bei Vertragsschluß vereinbarten Garantiebetrag, dessen Höhe vom Zeitpunkt der Beendigung des Vertrages abhängt. Vgl. die auf dem Versicherungsschein abgedruckte Übersicht der garantierten Rückkaufswerte."

Umwandlung in eine beitragsfreie Versicherung anstelle einer Kündigung

(4) Anstelle einer Kündigung nach Absatz 1 können Sie zu dem dort genannten Termin schriftlich verlangen, ganz oder teilweise von der Beitragspflicht befreit zu werden. In diesem Fall setzen wir die versicherte Rente ganz oder teilweise auf die beitragsfreie Rente herab, die nach den anerkannten Regeln der Versicherungsmathematik für den Schluß der laufenden Versicherungsperiode errechnet wird. Der aus Ihrer Versicherung für die Bildung der beitragsfreien Rente zur Verfügung stehende Betrag mindert sich um einen als angemessen angesehenen Abzug in Höhe von ... sowie um rückständige Beiträge.

Bemerkung:

Bei Tarifen, bei denen eine beitragsfreie Rente garantiert wird, lautet Absatz 4 wie folgt:

„Umwandlung in eine beitragsfreie Versicherung anstelle einer Kündigung

(4) Anstelle einer Kündigung nach Absatz 1 können Sie unter Beachtung der dort genannten Termine und Fristen schriftlich verlangen, ganz oder teilweise von der Beitragspflicht befreit zu werden. In diesem Fall setzen wir die versicherte Rente ganz oder teilweise auf eine beitragsfreie Rente herab, die nach den anerkannten Regeln der Versicherungsmathematik für den Schluß der laufenden Versicherungsperiode errechnet wird. Sie muß mindestens eine bei Vertragsabschluß vereinbarte Garantierente erreichen (vgl. die auf dem Versicherungsschein abgedruckte Übersicht der garantierten beitragsfreien Renten). Der aus Ihrer Versicherung für die Bildung der beitragsfreien Rente zur Verfügung stehende Betrag mindert sich um einen als angemessen angesehenen Abzug in Höhe von ... sowie um rückständige Beiträge."

(5) Haben Sie die vollständige Befreiung von der Beitragszahlungspflicht beantragt und erreicht die nach Absatz 4 zu berechnende beitragsfreie Rente den Mindestbetrag von ... DM nicht, so erhalten Sie den Rückkaufswert (§ 6 Abs. 3). Haben Sie nur eine teilweise Befreiung von der Beitragspflicht beantragt, so ist der Abzug nur wirksam, wenn die beitragsfreie Rente einen Mindestbetrag von ... DM und

die beitragspflichtige Rente einen Mindestbetrag von ... DM erreicht. Anderenfalls können Sie die vollständige Befreiung von der Beitragszahlungspflicht beantragen. Dieser Antrag führt zur beitragsfreien Fortsetzung der Versicherung, wenn die nach Absatz 4 zu berechnende beitragsfreie Rente den Mindestbetrag von ... DM erreicht. Ist dies nicht der Fall, so erhalten Sie den Rückkaufswert.

Umwandlung in eine beitragsfreie Versicherung bei Kündigung

(6) Ist für den Todesfall keine Leistung vereinbart (vgl. Absatz 3), so wandelt sich die Versicherung bei Kündigung (Voll- oder Teilkündigung gemäß Absatz 1) ganz oder teilweise in eine beitragsfreie Versicherung mit herabgesetzter Rente um, wenn diese und ggf. die verbleibende beitragspflichtige Rente die in Absatz 5 genannten Mindestbeträge erreichen. Für die Bemessung der herabgesetzten beitragsfreien Rente gilt Absatz 4 Satz 2 und 3. Bei Nichterreichung des Rentenmindestbetrages bzw. der Mindestbeträge erlischt die Versicherung, ohne daß ein Rückkaufswert anfällt.

Beitragsrückzahlung

(7) Die Rückzahlung der Beiträge können Sie nicht verlangen."

§ 7 Was bedeutet die vorvertragliche Anzeigepflicht?

(1) Wir übernehmen den Versicherungsschutz im Vertrauen darauf, daß Sie alle in Verbindung mit dem Versicherungsantrag gestellten Fragen wahrheitsgemäß und vollständig beantwortet haben (vorvertragliche Anzeigepflicht). Das gilt insbesondere für die Fragen nach gegenwärtigen oder früheren Erkrankungen, gesundheitlichen Störungen und Beschwerden.

(2) Soll eine andere Person versichert werden, ist auch diese – neben Ihnen – für die wahrheitsgemäße und vollständige Beantwortung der Fragen verantwortlich.

(3) Wenn Umstände, die für die Übernahme des Versicherungsschutzes Bedeutung haben, von Ihnen oder der versicherten Person (vgl. Absatz 2) nicht oder nicht richtig angegeben worden sind, können wir binnen drei Jahren seit Vertragsabschluß vom Vertrag zurücktreten. Den Rücktritt können wir aber nur innerhalb eines Monats erklären, nachdem wir von der

Verletzung der Anzeigepflicht Kenntnis erhalten haben. Die Kenntnis eines Vermittlers steht unserer Kenntnis nicht gleich. Wenn uns nachgewiesen wird, daß die falschen oder unvollständigen Angaben nicht schuldhaft gemacht worden sind, wird unser Rücktritt gegenstandslos. Haben wir den Rücktritt nach Eintritt des Versicherungsfalls erklärt, bleibt unsere Leistungspflicht bestehen, wenn Sie nachweisen, daß die nicht oder nicht richtig angegebenen Umstände keinen Einfluß auf den Eintritt des Versicherungsfalles oder den Umfang unserer Leistung gehabt haben.

(4) Wir können den Versicherungsvertrag auch anfechten, falls durch unrichtige oder unvollständige Angaben bewußt und gewollt auf unsere Annahmeentscheidung Einfluß genommen worden ist. Handelt es sich um Angaben der versicherten Person, so können wir Ihnen gegenüber die Anfechtung erklären, auch wenn Sie von der Verletzung der vorvertraglichen Anzeigepflicht keine Kenntnis hatten.

(5) Die Absätze 1 bis 4 gelten bei einer Änderung oder Wiederherstellung der Versicherung entsprechend. Die Dreijahresfrist beginnt mit der Änderung oder Wiederherstellung der Versicherung bezüglich des geänderten oder wiederhergestellten Teils neu zu laufen.

(6) Wenn die Versicherung durch Rücktritt oder Anfechtung aufgehoben wird, zahlen wir den Rückkaufswert (vgl. § 6 Abs. 3), soweit ein solcher anfällt. Die Rückzahlung der Beiträge können Sie nicht verlangen.

(7) Sofern Sie uns keine andere Person als Bevollmächtigten benannt haben, gilt nach Ihrem Ableben ein Bezugsberechtigter als bevollmächtigt, eine Rücktritts- oder Anfechtungserklärung entgegenzunehmen. Ist auch ein Bezugsberechtigter nicht vorhanden oder kann sein Aufenthalt nicht ermittelt werden, so können wir den Inhaber des Versicherungsscheins zur Entgegennahme der Erklärung als bevollmächtigt ansehen.

§ 8 Was gilt bei Wehrdienst, Unruhen oder Krieg?

(1) Grundsätzlich besteht unsere Leistungspflicht unabhängig davon, auf welcher Ursache der Versicherungsfall beruht. Wir gewähren Versicherungsschutz insbesondere auch dann, wenn der Versicherte in Ausübung des Wehr- oder Polizeidienstes oder bei inneren Unruhen den Tod gefunden hat.

RentenVers §§ 9, 10 **RV 4**

(2) Bei Ableben des Versicherten in unmittelbarem oder mittelbarem Zusammenhang mit kriegerischen Ereignissen beschränkt sich eine für den Todesfall vereinbarte Kapitalleistung auf die Auszahlung des für den Todestag berechneten Zeitwertes der Versicherung (§ 176 Abs. 3 VVG entsprechend). *(Der Versicherer kann auf diese Einschränkung verzichten.)* Für den Todesfall versicherte Rentenleistungen vermindern sich auf den Betrag, den wir aus dem für den Todestag berechneten Zeitwert erbringen können. Diese Einschränkung der Leistungspflicht entfällt, wenn der Versicherte in unmittelbarem oder mittelbarem Zusammenhang mit kriegerischen Ereignissen stirbt, denen er während eines Aufenthaltes außerhalb der Bundesrepublik Deutschland ausgesetzt und an denen er nicht aktiv beteiligt war.

§ 9 Was gilt bei Selbsttötung des Versicherten? (1) Bei Selbsttötung vor Ablauf von drei Jahren seit Zahlung des Einlösungsbeitrags oder seit Wiederherstellung der Versicherung besteht Versicherungsschutz nur dann, wenn uns nachgewiesen wird, daß die Tat in einem die freie Willensbestimmung ausschließenden Zustand krankhafter Störung der Geistestätigkeit begangen worden ist. Anderenfalls zahlen wir den für den Todestag berechneten Zeitwert der Versicherung (§ 176 Abs. 3 VVG ensprechend), jedoch nicht mehr als eine für den Todesfall vereinbarte Kapitalleistung. *(Der Versicherer auf kann diese Einschränkung des Versicherungsschutzes verzichten.)* Für den Todesfall versicherte Rentenleistungen vermindern sich auf den Betrag, den wir aus dem für den Todestag berechneten Zeitwert erbringen können.

(2) Bei Selbsttötung nach Ablauf der Dreijahresfrist bleiben wir zur Leistung verpflichtet.

§ 10 Was ist zu beachten, wenn eine Versicherungsleistung verlangt wird? (1) Leistungen aus dem Versicherungsvertrag erbringen wir gegen Vorlage des Versicherungsscheins und eines amtlichen Zeugnisses über den Tag der Geburt des Versicherten. Zusätzlich können wir auch den Nachweis der letzten Beitragszahlung verlangen.

(2) Wir können vor jeder Renten- oder Kapitalzahlung auf unsere Kosten ein amtliches Zeugnis darüber verlangen, daß der Versicherte noch lebt.

(3) Der Tod des Versicherten ist uns in jedem Fall unverzüglich anzuzeigen. Außer der in Absatz 1 genannten Unterlagen ist uns eine amtliche, Alter und Geburtsort enthaltende Sterbeurkunde einzureichen. Zu Unrecht empfangene Rentenzahlungen sind an uns zurückzuzahlen.

(4) Ist für den Todesfall eine Leistung vereinbart, so ist uns ferner ein ausführliches ärztliches oder amtliches Zeugnis über die Todesursache sowie über Beginn und Verlauf der Krankheit, die zum Tode des Versicherten geführt hat, vorzulegen. Zur Klärung unserer Leistungspflicht können wir notwendige weitere Nachweise verlangen und erforderliche Erhebungen selbst anstellen.

(Der Versicherer kann auf die obigen Voraussetzungen verzichten.)

(5) Die mit den Nachweisen verbundenen Kosten trägt derjenige, der die Versicherungsleistung beansprucht.

§ 11 Wo sind die vertraglichen Verpflichtungen zu erfüllen?

(1) Unsere Leistungen überweisen wir dem Empfangsberechtigten auf seine Kosten. Bei Überweisungen in das Ausland trägt der Empfangsberechtigte auch die damit verbundene Gefahr.

(2) Die Übermittlung Ihrer Beiträge erfolgt auf Ihre Gefahr und Ihre Kosten. Für die Rechtzeitigkeit der Beitragszahlung genügt es, wenn Sie fristgerecht (vgl. § 4 Absatz 4 und § 5 Absatz 2) alles getan haben, damit der Beitrag bei uns eingeht.

Bemerkung:
Bei Tarifen, in denen die Versicherungsperiode mit dem Beitragszahlungsabschnitt übereinstimmt, ist in Absatz 2 Satz 2 auf § 4 Absatz 3 und § 5 Absatz 2 zu verweisen.

§ 12 Welche Bedeutung hat der Versicherungsschein?

(1) Den Inhaber des Versicherungsscheins können wir als berechtigt ansehen, über die Rechte aus dem Versicherungsvertrag zu verfügen, insbesondere Leistungen in Empfang zu nehmen. Wir können aber verlangen, daß uns der Inhaber des Versicherungsscheins seine Berechtigung nachweist.

(2) In den Fällen des § 14 Absatz 4 brauchen wir den Nach-

weis der Berechtigung nur dann anzuerkennen, wenn uns die schriftliche Anzeige des bisherigen Berechtigten vorliegt.

§ 13 Was gilt für Mitteilungen, die sich auf das Versicherungsverhältnis beziehen? (1) Mitteilungen, die das Versicherungsverhältnis betreffen, müssen stets schriftlich erfolgen. Für uns bestimmte Mitteilungen werden wirksam, sobald sie uns zugegangen sind. Versicherungsvertreter sind zu ihrer Entgegennahme nicht bevollmächtigt.

(2) Eine Änderung Ihrer Postanschrift müssen Sie uns unverzüglich mitteilen. Anderenfalls können für Sie Nachteile entstehen, da eine an Sie zu richtende Willenserklärung mit eingeschriebenem Brief an Ihre uns zuletzt bekannte Wohnung abgesandt werden kann; unsere Erklärung wird in dem Zeitpunkt wirksam, in welchem sie Ihnen ohne die Wohnungsänderung bei regelmäßiger Beförderung zugegangen sein würde. Dies gilt auch, wenn Sie die Versicherung in Ihrem Gewerbebetrieb genommen und Ihre gewerbliche Niederlassung verlegt haben.

(3) Bei Änderung Ihres Namens gilt Absatz 2 entsprechend.

(4) Wenn Sie sich für längere Zeit außerhalb der Bundesrepublik Deutschland aufhalten, sollten Sie uns, auch in Ihrem Interesse, eine im Inland ansässige Person benennen, die bevollmächtigt ist, unsere Mitteilungen für Sie entgegenzunehmen (Zustellungsbevollmächtigter).

§ 14 Wer erhält die Versicherungsleistungen? (1) Die Leistungen aus dem Versicherungsvertrag erbringen wir an Sie als unseren Versicherungsnehmer oder an Ihre Erben, falls Sie uns keine andere Person benannt haben, die die Ansprüche aus dem Versicherungsvertrag bei deren Fälligkeit erwerben soll (Bezugsberechtigter). Bis zur jeweiligen Fälligkeit können Sie das Bezugsrecht jederzeit widerrufen. Nach Ihrem Tode kann das Bezugsrecht nicht mehr widerrufen werden.

(2) Sie können ausdrücklich bestimmen, daß der Bezugsberechtigte sofort und unwiderruflich die Ansprüche aus dem Versicherungsvertrag erwerben soll. Sobald wir Ihre Erklärung erhalten haben, kann dieses Bezugsrecht nur noch mit Zustimmung des von Ihnen Benannten aufgehoben werden.

(3) Die Einräumung und der Widerruf eines Bezugsrechts (vgl. Absatz 1 und 2) sind erst dann wirksam, wenn sie uns vom bisherigen Berechtigten schriftlich angezeigt worden sind.

Das gleiche gilt für die Abtretung und Verpfändung von Ansprüchen aus dem Versicherungsvertrag, soweit derartige Verfügungen überhaupt rechtlich möglich sind.

§ 15 Wie werden die Abschlußkosten erhoben und ausgeglichen?

Die mit dem Abschluß Ihrer Versicherung verbundenen und auf Sie entfallenden Kosten, etwa die Kosten für Beratung, Anforderung von Gesundheitsauskünften und Ausstellung des Versicherungsscheines, werden Ihnen nicht gesondert in Rechnung gestellt. Auf den Teil dieser Kosten, der bei der Berechnung der Deckungsrückstellung[1] angesetzt wird, verrechnen wir nach einem aufsichtsrechtlich geregelten Verfahren Ihre ab Versicherungsbeginn eingehenden Beiträge, soweit diese nicht für Versicherungsleistungen und Verwaltungskosten vorgesehen sind.

§ 16 Welche Kosten stellen wir Ihnen gesondert in Rechnung?

Falls aus besonderen, von Ihnen veranlaßten Gründen ein zusätzlicher Verwaltungsaufwand verursacht wird, können wir – *soweit nichts anderes vereinbart ist* – die in solchen Fällen durchschnittlich entstehenden Kosten als pauschalen Abgeltungsbetrag gesondert in Rechnung stellen. Dies gilt beispielsweise bei
– Erteilung einer Ersatzurkunde für den Versicherungsschein
– schriftlicher Fristsetzung bei Nichtzahlung von Folgebeiträgen
– Verzug mit Beiträgen
– Rückläufern im Lastschriftverfahren
– Durchführung von Vertragsänderungen
– Bearbeitung von Abtretungen und Verpfändungen.

---

[1] Eine Deckungsrückstellung müssen wir für jeden Versicherungsvertrag bilden, um zu jedem Zeitpunkt den Versicherungsschutz gewährleisten zu können. Deren Berechnung wird nach § 65 des Versicherungsaufsichtsgesetzes (VAG) und §§ 341e, 341ea [wohl: 341f, Anm. d. Hrsg.] des Handelsgesetzbuches (HGB) sowie den dazu erlassenen Rechtsverordnungen geregelt.

§ 17 Wie sind Sie an den Überschüssen beteiligt?

Überschußermittlung

(1) Um zu jedem Zeitpunkt der Versicherungsdauer den vereinbarten Versicherungsschutz zu gewährleisten, bilden wir Rückstellungen. Die zur Bedeckung dieser Rückstellungen erforderlichen Mittel werden angelegt und erbringen Kapitalerträge. Aus diesen Kapitalerträgen, den Beiträgen und den angelegten Mitteln werden die zugesagten Versicherungsleistungen erbracht, sowie die Kosten von Abschluß und Verwaltung des Vertrages gedeckt. Je größer die Erträge aus den Kapitalanlagen sind, je weniger Versicherungsfälle eintreten und je kostengünstiger wir arbeiten, um so größer sind dann entstehende Überschüsse, an denen wir Sie und die anderen Versicherungsnehmer beteiligen. Die Überschußermittlung erfolgt nach den Vorschriften des Versicherungsaufsichtsgesetzes und des Handelsgesetzbuches und den dazu erlassenen Rechtsverordnungen.

Überschußbeteiligung

(2) Die Überschußbeteiligung nehmen wir nach Grundsätzen vor, die § 81 c VAG und der dazu erlassenen Rechtsverordnung entsprechen und deren Einhaltung die Aufsichtsbehörde überwacht.

Nach diesen Grundsätzen haben wir gleichartige Versicherungen in Bestandsgruppen zusammengefaßt und teilweise nach engeren Gleichartigkeitskriterien innerhalb der Bestandsgruppen Untergruppen gebildet; diese werden Gewinnverbände genannt. Von den Kapitalerträgen kommt den Versicherungsnehmern als Überschußbeteiligung mindestens der in der Rechtsverordnung zu § 81 c VAG jeweils festgelegte Anteil zugute, abzüglich der Beträge, die für die zugesagten Versicherungsleistungen benötigt werden. Bei günstiger Risikoentwicklung und Kostensituation können weitere Überschüsse hinzukommen. Den so ermittelten Überschuß für die Versicherungsnehmer ordnen wir den einzelnen Bestandsgruppen zu und stellen ihn – soweit er den Verträgen nicht direkt gutgeschrieben wird – in die Rückstellung für Beitragsrückerstattung (RfB) ein. Die in die RfB eingestellten Mittel dürfen wir grundsätzlich nur für die Überschußbeteiligung der Versicherungsnehmer verwenden. Mit Zustimmung der Aufsichtsbehörde können wir die RfB ausnahmsweise zur Abwendung eines Notstandes

(z. B. Verlustabdeckung) heranziehen (§ 56a VAG) oder bei sehr ungünstigem Risikoverlauf bzw. bei einem eventuellen Solvabilitätsbedarf den in Satz 3 dieses Absatzes genannten Anteil unterschreiten (Rechtsverordnung zu § 81c VAG).

Ihre Versicherung gehört zum Gewinnverband XX in der Bestandsgruppe YY. Jede einzelne Versicherung innerhalb dieses Gewinnverbandes erhält Anteile an den Überschüssen der Bestandsgruppe YY. Die Höhe dieser Anteile wird vom Vorstand unseres Unternehmens auf Vorschlag des Verantwortlichen Aktuars unter Beachtung der maßgebenden aufsichtsrechtlichen Bestimmungen jährlich festgelegt und im Geschäftsbereich veröffentlicht. Die Mittel für diese Überschußanteile werden den Überschüssen des Geschäftsjahres oder der Rückstellung für Beitragsrückerstattung entnommen. In einzelnen Versicherungsjahren, insbesondere etwa im ersten Versicherungsjahr, kann eine Zuteilung von Überschüssen entfallen, sofern dies sachlich gerechtfertigt ist.

Bemerkung:
§ 17 Absatz 2 ist durch folgende unternehmensindividuelle Angaben zu ergänzen:
a) Voraussetzung für die Fälligkeit der Überschußanteile (Wartezeit, Stichtag für die Zuteilung u. ä.)
b) Form und Verwendung der Überschußanteile (laufende Überschußanteile, Schlußüberschußanteile, Bonus, Ansammlung, Verrechnung, Barauszahlung u. ä.)

§ 18 Welches Recht findet auf Ihren Vertrag Anwendung? Auf Ihren Vertrag findet das Recht der Bundesrepublik Deutschland Anwendung.

§ 19 Wo ist der Gerichtsstand? Ansprüche aus Ihrem Versicherungsvertrag können gegen uns bei dem für unseren Geschäftssitz oder für unsere Niederlassung örtlich zuständigen Gericht geltend gemacht werden. Ist Ihre Versicherung durch Vermittlung eines Versicherungsvertreters zustande gekommen, kann auch das Gericht des Ortes angerufen werden, an dem der Vertreter zur Zeit der Vermittlung seine gewerbliche Niederlassung oder, wenn er eine solche nicht unterhielt, seinen Wohnsitz hatte.

Wir können Ansprüche aus dem Versicherungsvertrag an

dem für Ihren Wohnsitz zuständigen Gericht geltend machen. Weitere gesetzliche Gerichtsstände können sich an dem für den Sitz oder die Niederlassung Ihres Geschäfts- oder Gewerbebetriebs örtlich zuständigen Gericht ergeben.

Bemerkung:
Die Versicherungsunternehmen können die AVB um Bedingungsänderungs- und salvatorische Klauseln ergänzen.

5. Allgemeine Bedingungen für die Pflegerentenversicherung

(Diese Bedingungen sind unverbindlich. Es besteht die Möglichkeit, abweichende Klauseln zu verwenden.)

Übersicht[1]

	§§
Was ist versichert?	1
Wann liegt Pflegebedürftigkeit vor und wie wird der Pflegefall eingestuft?	2
In welchen Fällen ist der Versicherungsschutz ausgeschlossen?	3
Wann beginnt Ihr Versicherungsschutz?	4
Können Sie vom Versicherungsvertrag zurücktreten?	5
Was haben Sie bei der Beitragszahlung zu beachten?	6
Was geschieht, wenn Sie einen Beitrag nicht rechtzeitig zahlen?	7
Wann können Sie die Versicherung kündigen oder beitragsfrei stellen?	8
Was bedeutet die vorvertragliche Anzeigepflicht?	9
Welche Mitwirkungspflichten sind zu beachten, wenn Leistungen verlangt werden?	10
Wann geben wir eine Erklärung über unsere Leistungspflicht ab?	11
Bis wann und wie können bei Meinungsverschiedenheiten Rechte geltend gemacht werden?	12
Was gilt für die Nachprüfung des Pflegefalls?	13
Was gilt bei einer Verletzung der Mitwirkungspflichten?	14
Wo sind die vertraglichen Verpflichtungen zu erfüllen?	15
Welche Bedeutung hat der Versicherungsschein?	16
Was gilt für Mitteilungen, die sich auf das Versicherungsverhältnis beziehen?	17
Wer erhält die Versicherungsleistungen?	18
Wie werden die Abschlußkosten erhoben und ausgeglichen?	19
Welche Kosten stellen wir Ihnen gesondert in Rechnung?	20
Wie sind Sie an den Überschüssen beteiligt?	21
Welches Recht findet auf Ihren Vertrag Anwendung?	22
Wo ist der Gerichtsstand?	23

---

[1] Die Inhaltsübersicht wurde vom Herausgeber eingefügt.

PflegerentenVers   § 1   PflRV 5

Sehr geehrter Kunde!
 Als Versicherungsnehmer sind Sie unser Vertragspartner; für unser Vertragsverhältnis gelten die nachfolgenden Bedingungen.

§ 1 Was ist versichert?
Pflegefall
 (1) Wird der Versicherte während der Dauer dieser Versicherung pflegebedürftig (vgl. § 2 Absatz 1) und deswegen täglich gepflegt (Pflegefall), so zahlen wir die versicherte Pflegerente
 – in Höhe von ... Prozent bei Pflegestufe III
 – in Höhe von ... Prozent bei Pflegestufe II
 – in Höhe von ... Prozent bei Pflegestufe I.
 Bei einem geringer eingestuften Pflegefall besteht kein Anspruch auf Pflegerente.
 Die Pflegerente zahlen wir entsprechend der vereinbarten Zahlungsweise im voraus, erstmals anteilig bis zum Ende der laufenden Rentenzahlungsperiode.
 (2) Der Anspruch auf Pflegerente entsteht mit Ablauf des sechsten vollen Kalendermonats nach dem Eintritt des Pflegefalls. Der Pflegefall muß während dieser Zeit ununterbrochen mindestens im Umfang der Pflegestufe I bestanden haben. Zeiten einer stationären Behandlung von mehr als einem vollen Kalendermonat zählen nicht mit (vgl. Absatz 3a). Der Anspruch auf die Pflegerente entsteht jedoch frühestens mit Beginn des Monats, in dem uns der Pflegefall mitgeteilt wird (vgl. § 10). Der Anspruch auf eine Erhöhung der Pflegerente wegen einer höheren Pflegestufe entsteht ebenfalls frühestens mit Beginn des Monats, in dem uns die Erhöhung der Pflegestufe mitgeteilt wird (vgl. § 10).
 (3) Der Anspruch auf Pflegerente ruht
 a) in den Kalendermonaten, in denen sich der Versicherte während des vollen Monats in stationärer Heilbehandlung befindet. Dies gilt nicht für einen teilstationären Aufenthalt. Als stationäre Heilbehandlung gelten stationärer Krankenhausaufenthalt, stationäre Rehabilitationsmaßnahmen, stationäre Kur- und Sanatoriumsbehandlung oder Verwahrung aufgrund richterlicher Anordnung;
 b) ferner in den Kalendermonaten, in denen der Versicherte während des vollen Monats außerhalb der Bundesrepublik Deutschland gepflegt wird. Dies gilt nicht, wenn der Aufenthalt im Ausland nicht länger als drei volle Kalendermona-

te andauert oder wir einer längeren Pflege im Ausland zugestimmt haben.

(4) Der Anspruch auf Pflegerente erlischt, wenn die Pflegebedürftigkeit unter das Ausmaß der Pflegestufe I sinkt, der Versicherte nicht mehr täglich gepflegt wird, die Altersrente beginnt oder wenn er stirbt.

(5) Sie brauchen keine Beiträge zu zahlen, solange ein Anspruch auf Pflegerente bei einer der drei Pflegestufen besteht oder ruht. Bis zur endgültigen Entscheidung über die Leistungspflicht müssen Sie die Beiträge in voller Höhe weiter entrichten; wir werden diese jedoch bei Anerkennung der Leistungspflicht zurückzahlen.

Altersrente

(6) Die Altersrente in Höhe der vollen Pflegerente zahlen wir von dem vereinbarten Zeitpunkt an ohne weitere Voraussetzungen bis zum Tode des Versicherten. Beiträge brauchen Sie dann nicht mehr zu zahlen.

Ableben des Versicherten

(7) Stirbt der Versicherte, so zahlen wir die vereinbarte Todesfalleistung abzüglich bereits erbrachter Rentenleistungen.

§ 2 Wann liegt Pflegebedürftigkeit vor und wie wird der Pflegefall eingestuft? (1) Pflegebedürftigkeit liegt vor, wenn der Versicherte infolge Krankheit, Körperverletzung oder Kräfteverfalls voraussichtlich auf Dauer so hilflos ist, daß er für die in Absatz 2 genannten Verrichtungen auch bei Einsatz technischer und medizinischer Hilfsmittel in erheblichem Umfang täglich der Hilfe einer anderen Person bedarf. Die Pflegebedürftigkeit ist ärztlich nachzuweisen.

(2) Bewertungsmaßstab für die Einstufung des Pflegefalles ist die Art und der Umfang der erforderlichen täglichen Hilfe durch eine andere Person. Bei der Bewertung wird die nachstehende Punktetabelle zugrunde gelegt:
Der Versicherte benötigt Hilfe beim

Fortbewegen im Zimmer   1 Punkt
Hilfebedarf liegt vor, wenn der Versicherte – auch bei Inanspruchnahme einer Gehhilfe oder eines Rollstuhls – die Unterstützung einer anderen Person für die Fortbewegung benötigt.

PflegerentenVers § 2 **PflRV 5**

Aufstehen und Zubettgehen 1 Punkt
Hilfebedarf liegt vor, wenn der Versicherte nur mit Hilfe einer anderen Person das Bett verlassen oder in das Bett gelangen kann.

An- und Auskleiden 1 Punkt
Hilfebedarf liegt vor, wenn der Versicherte – auch bei Benutzung krankengerechter Kleidung – sich nicht ohne Hilfe einer anderen Person an- oder auskleiden kann.

Einnehmen von Mahlzeiten und Getränken 1 Punkt
Hilfebedarf liegt vor, wenn der Versicherte – auch bei Benutzung krankengerechter Eßbestecke und Trinkgefäße – nicht ohne Hilfe einer anderen Person essen und trinken kann.

Waschen, Kämmen oder Rasieren 1 Punkt
Hilfebedarf liegt vor, wenn der Versicherte von einer anderen Person gewaschen, gekämmt oder rasiert werden muß, da er selbst nicht mehr fähig ist, die dafür erforderlichen Körperbewegungen auszuführen.

Verrichten der Notdurft 1 Punkt
Hilfebedarf liegt vor, wenn der Versicherte die Unterstützung einer anderen Person benötigt, weil er
– sich nach dem Stuhlgang nicht allein säubern kann,
– seine Notdurft nur unter Zuhilfenahme einer Bettschüssel verrichten kann oder weil
– der Darm bzw. die Blase nur mit fremder Hilfe entleert werden kann.
Besteht allein eine Inkontinenz des Darms bzw. der Blase, die durch die Verwendung von Windeln oder speziellen Einlagen ausgeglichen werden kann, liegt hinsichtlich der Verrichtung der Notdurft keine Pflegebedürftigkeit vor.

(3) Der Pflegefall wird nach Anzahl der Punkte eingestuft. Wir leisten

aus der Pflegestufe I: bei 3 Punkten
aus der Pflegestufe II: bei 4 und 5 Punkten
Unabhängig von der Bewertung aufgrund der Punktetabelle liegt die Pflegestufe II vor, wenn der Versicherte wegen einer seelischen Erkrankung oder geistigen Behinderung sich oder andere gefährdet und deshalb täglicher Beaufsichtigung bedarf.

aus der Pflegestufe III: bei 6 Punkten
Unabhängig von der Bewertung aufgrund der Punktetabelle

liegt die Pflegestufe III vor, wenn der Versicherte dauernd bettlägerig ist und nicht ohne Hilfe einer anderen Person aufstehen kann oder wenn der Versicherte der Bewahrung bedarf.

Bewahrung liegt vor, wenn der Versicherte wegen einer seelischen Erkrankung oder geistigen Behinderung sich oder andere in hohem Maße gefährdet und deshalb nicht ohne ständige Beaufsichtigung bei Tag und Nacht versorgt werden kann.

(4) Vorübergehende akute Erkrankungen führen zu keiner höheren Einstufung. Vorübergehende Besserungen bleiben ebenfalls unberücksichtigt. Eine Erkrankung oder Besserung gilt dann nicht als vorübergehend, wenn sie nach drei Monaten noch anhält.

§ 3 In welchen Fällen ist der Versicherungsschutz ausgeschlossen?

(1) Grundsätzlich besteht unsere Leistungspflicht unabhängig davon, wie es zu dem Leistungsfall gekommen ist.

Soweit nichts anderes vereinbart ist, bestehen Einschränkungen oder Ausschlüsse in folgenden Fällen:

Pflegefall

(2) *Soweit nichts anderes vereinbart ist,* leisten wir nicht, wenn der Pflegefall verursacht ist:
a) unmittelbar oder mittelbar durch Kriegsereignisse oder innere Unruhen, sofern der Versicherte auf seiten der Unruhestifter teilgenommen hat;
b) durch vorsätzliche Ausführung oder den strafbaren Versuch eines Verbrechens oder Vergehens durch den Versicherten;
c) durch absichtliche Herbeiführung von Krankheit oder Kräfteverfall, absichtliche Selbstverletzung oder versuchte Selbsttötung. Wenn uns jedoch nachgewiesen wird, daß diese Handlungen in einem die freie Willensbestimmung ausschließenden Zustand krankhafter Störung der Geistestätigkeit begangen worden sind, werden wir leisten;
d) durch eine widerrufliche[1]) Handlung, mit der Sie als Versicherungsnehmer vorsätzlich den Pflegefall des Versicherten herbeigeführt haben;
e) durch Beteiligung an Fahrtveranstaltungen mit Kraftfahrzeugen, bei denen es auf die Erzielung einer Höchstgeschwindigkeit ankommt, und den dazugehörigen Übungsfahrten;

---

[1]) Anm. des Hrsg.: Gemeint ist „widerrechtliche" Handlung.

f) durch energiereiche Strahlen mit einer Härte von mindestens 100 Elektronen-Volt, durch Neutronen jeder Energie, durch Laser- oder Maser-Strahlen und durch künstlich erzeugte ultraviolette Strahlen. Soweit die versicherte Person als Arzt oder medizinisches Hilfspersonal diesem Risiko ausgesetzt ist, oder wenn eine Bestrahlung für Heilzwecke durch einen Arzt oder unter ärztlicher Aufsicht erfolgt, werden wir leisten.

(3) Bei Luftfahrten leisten wir nur – *soweit nichts anderes vereinbart ist* – wenn der Pflegefall bei Reise- oder Rundflügen als Fluggast in einem Propeller- oder Strahlenflugzeug oder in einem Hubschrauber verursacht wird. Fluggäste sind, mit Ausnahme der Besatzungsmitglieder, die Insassen, denen das Luftfahrtzeug ausschließlich zur Beförderung dient.

(4) Lebt unsere aus irgendeinem Grunde erloschene Leistungspflicht wieder auf, so können im Pflegefall Ansprüche nicht aufgrund solcher Ursachen (Krankheit, Körperverletzung oder Kräfteverfall) geltend gemacht werden, die während der Unterbrechung des vollen Versicherungsschutzes eingetreten sind.

Ableben des Versicherten

(5) Bei Ableben des Versicherten in unmittelbarem oder mittelbarem Zusammenhang mit kriegerischen Ereignissen beschränkt sich unsere Leistungspflicht auf die Auszahlung des für den Todestag berechneten Zeitwerts der Versicherung (§ 176 Abs. 3 WG). *(Der Versicherer kann auf diese Einschränkung verzichten).* Nach Ablauf des ersten Versicherungsjahres entfällt diese Einschränkung unserer Leistungspflicht, wenn der Versicherte in unmittelbarem oder mittelbarem Zusammenhang mit kriegerischen Ereignissen stirbt, denen er während eines Aufenthalts außerhalb der Bundesrepublik Deutschland ausgesetzt und an denen er nicht aktiv beteiligt war.

(6) Bei Selbsttötung vor Ablauf von drei Jahren seit Zahlung des Einlösungsbeitrags oder seit Wiederherstellung der Versicherung besteht Versicherungsschutz nur dann, wenn uns nachgewiesen wird, daß die Tat in einem die freie Willensbestimmung ausschließenden Zustand krankhafter Störung der Geistestätigkeit begangen worden ist. Anderenfalls zahlen wir den für den Todestag berechneten Zeitwert Ihrer Versicherung

(§ 176 Abs. 3 VVG). *(Der Versicherer kann auf diese Einschränkung des Versicherungsschutzes verzichten.)*

§ 4 Wann beginnt Ihr Versicherungsschutz? Ihr Versicherungsschutz beginnt, wenn Sie den ersten oder einmaligen Beitrag (Einlösungsbeitrag) gezahlt und die Annahme Ihres Antrags schriftlich oder durch Aushändigung des Versicherungsscheines erklärt haben. Vor dem im Versicherungsschein angegebenen Beginn der Versicherung besteht jedoch kein Versicherungsschutz.

§ 5 Können Sie vom Versicherungsvertrag zurücktreten? Sie können innerhalb einer Frist von 14 Tagen nach Abschluß vom Versicherungsvertrag zurücktreten. Zur Wahrung der Frist genügt die rechtzeitige Absendung der Rücktrittserklärung. Die Frist beginnt erst zu laufen, wenn wir Sie über Ihr Rücktrittsrecht belehrt und Sie dies mit Ihrer Unterschrift bestätigt haben. Wenn wir die Belehrung unterlassen haben, erlischt Ihr Rücktrittsrecht einen Monat nach Zahlung des ersten oder einmaligen Beitrags.

§ 6 Was haben Sie bei der Beitragszahlung zu beachten?
(1) Die Beiträge zu Ihrer Versicherung können Sie je nach Vereinbarung in einem einzigen Beitrag (Einmalbeitrag) oder durch jährliche Beitragszahlungen (Jahresbeiträge) entrichten. Die Jahresbeiträge werden zu Beginn eines jeden Versicherungsjahres fällig.

(2) Nach Vereinbarung können Sie Jahresbeiträge auch in halbjährlichen, vierteljährlichen oder monatlichen Raten zahlen; hierfür werden Ratenzuschläge erhoben.

(3) Bei Fälligkeit der Versicherungsleistung werden wir etwaige Beitragsrückstände verrechnen.

(4) Der erste oder einmalige Beitrag wird sofort nach Abschluß des Versicherungsvertrages fällig. Alle weiteren Beiträge (Folgebeiträge) sind jeweils zum vereinbarten Fälligkeitstag an uns zu zahlen. Die Zahlung kann auch an unseren Vertreter erfolgen, sofern dieser Ihnen eine von uns ausgestellte Beitragsrechnung vorlegt.

(5) Für eine Stundung der Beiträge ist eine schriftliche Vereinbarung mit uns erforderlich.

Bemerkung:

(1) Die Versicherungsunternehmen können hier eine Prämienanpassungsklausel aufnehmen (vgl. § 172 VVG).

(2) Bei Tarifen, bei denen die Versicherungsperiode mit dem Beitragszahlungsabschnitt übereinstimmt, lautet § 6 wie folgt:

„Was haben Sie bei der Beitragszahlung zu beachten?

(1) Die Beiträge zu Ihrer Versicherung können Sie je nach Vereinbarung in einem einzigen Beitrag (Einmalbeitrag) oder durch laufende Beiträge für jede Versicherungsperiode entrichten. Versicherungsperiode kann je nach Vereinbarung ein Monat, ein Vierteljahr, ein halbes Jahr oder ein Jahr sein. Die laufenden Beiträge werden zu Beginn der vereinbarten Versicherungsperiode fällig.

(2) Bei Fälligkeit der Versicherungsleistung werden wir etwaige Beitragsrückstände verrechnen.

(3) Der erste oder einmalige Beitrag wird sofort nach Abschluß des Versicherungsvertrages fällig. Alle weiteren Beiträge (Folgebeiträge) sind jeweils zum vereinbarten Fälligkeitstag an uns zu zahlen. Die Zahlung kann auch an unseren Vertreter erfolgen, sofern dieser Ihnen eine von uns ausgestellte Beitragsrechnung vorlegt.

(4) Für eine Stundung der Beiträge ist eine schriftliche Vereinbarung mit uns erforderlich.

Bemerkung:

Die Versicherungsunternehmen können hier eine Prämienanpassungsklausel aufnehmen (vgl. § 172 VVG).

§ 7 Was geschieht, wenn Sie einen Beitrag nicht rechtzeitig zahlen?

Einlösungsbeitrag

(1) Wenn Sie den Einlösungsbeitrag nicht rechtzeitig zahlen, so können wir die Beiträge des ersten Versicherungsjahres auch bei Vereinbarung von Ratenzahlungen sofort verlangen. Statt dessen können – solange die Zahlung nicht bewirkt ist – wir auch vom Versicherungsvertrag zurücktreten. Es gilt als Rücktritt, wenn wir unseren Anspruch auf den Einlösungsbeitrag

nicht innerhalb von drei Monaten vom Fälligkeitstag an gerichtlich geltend machen. *(Auf dieses Rücktrittsrecht kann verzichtet werden.)* Bei einem Rücktritt können wir von Ihnen neben den Kosten einer ärztlichen Untersuchung eine besondere Gebühr für die Bearbeitung Ihres Vertrages verlangen. Diese Gebühr, die unserem durchschnittlichen Aufwand entspricht, beträgt . . . .

Folgebeitrag

(2) Wenn Sie einen Folgebeitrag oder einen sonstigen Betrag, den Sie aus dem Versicherungsverhältnis schulden, nicht rechtzeitig zahlen, so erhalten Sie von uns auf Ihre Kosten eine schriftliche Mahnung. Darin setzen wir Ihnen eine Zahlungsfrist von mindestens zwei Wochen. Begleichen Sie den Rückstand nicht innerhalb der gesetzten Frist, so entfällt oder vermindert sich Ihr Versicherungsschutz. *(Der Versicherer kann hierauf verzichten.)* Auf diese Rechtsfolgen werden wir Sie in der Mahnung ausdrücklich hinweisen.

(3) Zahlen Sie schon im ersten Versicherungsjahr einen Folgebeitrag nicht rechtzeitig, so werden außerdem die noch ausstehenden Raten des ersten Jahresbeitrags sofort fällig.

Bemerkung:

Bei Tarifen, bei denen die Versicherungsperiode mit dem Beitragszahlungsabschnitt übereinstimmt, lautet § 7 wie folgt:

„Was geschieht, wenn Sie einen Beitrag nicht rechtzeitig zahlen?"

Einlösungsbeitrag

(1) Wenn Sie den Einlösungsbeitrag nicht rechtzeitig zahlen, so können wir – solange die Zahlung nicht bewirkt ist – vom Vertrag zurücktreten. Es gilt als Rücktritt, wenn wir unseren Anspruch auf den Einlösungsbeitrag nicht innerhalb von drei Monaten vom Fälligkeitstag an gerichtlich geltend machen. *(Auf dieses Rücktrittsrecht kann verzichtet werden.)* Bei einem Rücktritt können wir von Ihnen neben den Kosten einer ärztlichen Untersuchung eine besondere Gebühr für die Bearbeitung Ihres Vertrages verlangen. Diese Gebühr, die unserem durchschnittlichen Aufwand entspricht, beträgt . . . .

Folgebeitrag

(2) Wenn Sie einen Folgebeitrag oder einen sonstigen Betrag, den Sie aus dem Versicherungsverhältnis schulden, nicht rechtzeitig zahlen, so erhalten Sie von uns auf Ihre Kosten eine schriftliche Mahnung. Darin setzen wir Ihnen eine Zahlungsfrist von mindestens zwei Wochen. Begleichen Sie den Rückstand nicht innerhalb der gesetzten Frist, so entfällt oder vermindert sich damit Ihr Versicherungsschutz. *(Der Versicherer kann hierauf verzichten.)* Auf diese Rechtsfolgen werden wir Sie in der Mahnung ausdrücklich hinweisen."

§ 8 Wann können Sie die Versicherung kündigen oder beitragsfrei stellen?

Kündigung und Auszahlung des Rückkaufswertes

(1) Sie können Ihre Versicherung – außer während des Rentenbezuges – ganz oder teilweise schriftlich kündigen
– jederzeit zum Schluß des laufenden Versicherungsjahres
– bei Vereinbarung von Ratenzahlungen auch innerhalb des Versicherungsjahres mit Frist von einem Monat zum Schluß eines jeden Ratenzahlungsabschnitts, frühestens jedoch zum Schluß des ersten Versicherungsjahres.

(2) Kündigen Sie Ihre Versicherung nur teilweise, so ist diese Kündigung unwirksam, wenn die verbleibende beitragspflichtige Rente aus dem nicht gekündigten Teil der Versicherung unter einen Mindestbetrag von ... DM sinkt. Wenn Sie in diesem Falle Ihre Versicherung beenden wollen, müssen Sie also ganz kündigen.

Auszahlung eines Rückkaufswertes bei Kündigung

(3) Ist für den Todesfall eine Leistung vereinbart, haben wir nach § 176 VVG – soweit bereits entstanden – den Rückkaufswert zu erstatten. Er wird nach den anerkannten Regeln der Versicherungsmathematik für den Schluß der laufenden Versicherungsperiode als Zeitwert der Versicherung berechnet, wobei ein als angemessen angesehener Abzug in Höhe von ... erfolgt. Höchstens wird jedoch die bei Tod fällig werdende Leistung ausgezahlt. Beitragsrückstände werden von dem Rückkaufswert abgesetzt.

5 PflRV § 8 — PflegerentenVers

Umwandlung in eine beitragsfreie Versicherung anstelle einer Kündigung

(4) Anstelle einer Kündigung nach Absatz 1 können Sie unter Beachtung der dort genannten Termine und Fristen schriftlich verlangen, ganz oder teilweise von der Beitragspflicht befreit zu werden. In diesem Fall setzen wir die versicherte Rente ganz oder teilweise auf eine beitragsfreie Rente herab, die nach den anerkannten Regeln der Versicherungsmathematik für den Schluß der laufenden Versicherungsperiode errechnet wird. Der aus Ihrer Versicherung für die Bildung der beitragsfreien Rente zur Verfügung stehende Betrag mindert sich um einen als angemessen angesehenen Abzug in Höhe von ... sowie um rückständige Beiträge.

(5) Haben Sie vollständige Befreiung von der Beitragszahlungspflicht beantragt und erreicht die nach Absatz 4 zu berechnende beitragsfreie Rente den Mindestbetrag von ... DM nicht, so erhalten Sie den Rückkaufswert (§ 8 Abs. 3). Haben Sie nur eine teilweise Befreiung von der Beitragspflicht beantragt, so ist der Antrag nur wirksam, wenn die beitragsfreie Rente einen Mindestbetrag von ... DM und die beitragspflichtige Rente einen Mindestbetrag von ... DM erreicht. Anderenfalls können Sie die vollständige Befreiung von der Beitragspflicht beantragen. Dieser Antrag führt zur beitragsfreien Fortsetzung der Versicherung, wenn die nach Absatz 4 zu berechnende beitragsfreie Versicherungssumme den Mindestbetrag von ... DM erreicht. Ist dies nicht der Fall, erhalten Sie den Rückkaufswert.

Umwandlung in eine beitragsfreie Versicherung bei Kündigung

(6) Ist für den Todesfall keine Leistung vereinbart (vgl. Absatz 3), so wandelt sich die Versicherung bei Kündigung (Voll- oder Teilkündigung gemäß Absatz 1) ganz oder teilweise in eine beitragsfreie Versicherung mit herabgesetzter Rente um, wenn diese und ggf. die verbleibende beitragspflichtige Rente die in Absatz 5 genannten Mindestbeträge erreichen. Für die Bemessung der herabgesetzten beitragsfreien Rente gilt Absatz 4 Satz 2 und 3. Bei Nichterreichen des Rentenmindestbetrages bzw. der Mindestbeträge erlischt die Versicherung, ohne daß ein Rückkaufswert anfällt.

Beitragsrückzahlung

(7) Die Rückzahlung der Beiträge können Sie nicht verlangen.

Bemerkung

Bei Tarifen, bei denen die Versicherungsperiode mit dem Beitragszahlungsabschnitt übereinstimmt, lautet § 8 wie folgt:

„Wann können Sie Ihre Versicherung kündigen oder beitragsfrei stellen?

Kündigung und Auszahlung des Rückkaufswertes

(1) Sie können Ihre Versicherung – außer während des Rentenbezuges – jederzeit zum Schluß der Versicherungsperiode ganz oder teilweise schriftlich kündigen.

(2) Kündigen Sie Ihre Versicherung nur teilweise, so ist diese Kündigung unwirksam, wenn die verbleibende beitragspflichtige Rente aus dem nicht gekündigten Teil der Versicherung nicht unter einen Mindestbetrag von ... DM sinkt. Wenn Sie in diesem Falle Ihre Versicherung beenden wollen, müssen Sie also ganz kündigen.

Auszahlung eines Rückkaufswertes bei Kündigung

(3) Ist für den Todesfall eine Leistung vereinbart, so haben wir nach § 176 VVG – soweit bereits entstanden – den Rückkaufswert zu erstatten. Er wird nach den anerkannten Regeln der Versicherungsmathematik für den Schluß der laufenden Versicherungsperiode als Zeitwert der Versicherung berechnet, wobei ein als angemessen angesehener Abzug in Höhe von ... erfolgt. Höchstens wird jedoch die bei Tod fällig werdende Leistung ausgezahlt. Beitragsrückstände werden von dem Rückkaufswert abgesetzt.

Umwandlung in eine beitragsfreie Versicherung anstelle einer Kündigung

(4) Anstelle einer Kündigung nach Absatz 1 können Sie zu dem dort genannten Termin schriftlich verlangen, ganz oder teilweise von der Beitragspflicht befreit zu werden. In diesem Fall setzen wir die versicherte Rente ganz oder teilweise auf die beitragsfreie Rente herab, die nach den anerkannten Regeln der Versicherungsmathematik für den Schluß der laufenden Versicherungsperiode errechnet wird. Der aus Ihrer

Versicherung für die Bildung der beitragsfreien Rente zur Verfügung stehende Betrag mindert sich um einen als angemessen angesehenen Abzug in Höhe von ... sowie um rückständige Beiträge.

(5) Haben Sie die vollständige Befreiung von der Beitragszahlungspflicht beantragt und erreicht die nach Absatz 4 zu berechnende beitragsfreie Rente den Mindestbetrag von ... DM nicht, so erhalten Sie den Rückkaufswert (§ 8 Abs. 3). Haben Sie nur eine teilweise Befreiung der Beitragspflicht beantragt, so ist der Antrag nur wirksam, wenn die beitragsfreie Rente einen Mindestbetrag von ... DM und die beitragspflichtige Rente einen Mindestbetrag von ... DM erreicht. Anderenfalls können Sie die vollständige Befreiung von der Beitragspflicht beantragen. Dieser Antrag führt zur beitragsfreien Fortsetzung der Versicherung, wenn die nach Absatz 4 zu berechnende beitragsfreie Versicherungssumme den Mindestbetrag von ... DM erreicht. Ist dies nicht der Fall, erhalten Sie den Rückkaufswert.

Umwandlung in eine beitragsfreie Versicherung bei Kündigung

(6) Ist für den Todesfall keine Leistung vereinbart (vgl. Absatz 3), so wandelt sich die Versicherung bei Kündigung (Voll- oder Teilkündigung gemäß Absatz 1) ganz oder teilweise in eine beitragsfreie Versicherung mit herabgesetzter Rente um, wenn diese und ggf. die verbleibende beitragspflichtige Rente die in Absatz 5 genannten Mindestbeträge erreichen. Für die Bemessung der herabgesetzten beitragsfreien Rente gilt Absatz 4 Satz 2 und 3. Bei Nichterreichung des Rentenmindestbetrages bzw. der Mindestbeträge erlischt die Versicherung, ohne daß ein Rückkaufswert anfällt.

Beitragsrückzahlung

(7) Die Rückzahlung der Beiträge können Sie nicht verlangen."

§ 9 Was bedeutet die vorvertragliche Anzeigepflicht?

(1) Wir übernehmen den Versicherungsschutz im Vertrauen darauf, daß Sie alle in Verbindung mit dem Versicherungsantrag gestellten Fragen wahrheitsgemäß und vollständig beantwortet haben (vorvertragliche Anzeigepflicht). Das gilt insbesondere

für die Fragen nach gegenwärtigen oder früheren Erkrankungen, gesundheitlichen Störungen und Beschwerden.

(2) Soll eine andere Person versichert werden, ist auch diese – neben Ihnen – für die wahrheitsgemäße und vollständige Beantwortung der Fragen verantwortlich.

(3) Wenn Umstände, die für die Übernahme des Versicherungsschutzes Bedeutung haben, von Ihnen oder der versicherten Person (vgl. Absatz 2) nicht oder nicht richtig angegeben worden sind, können wir binnen zehn Jahren seit Vertragsabschluß vom Vertrag zurücktreten. Den Rücktritt können wir aber nur innerhalb eines Monats erklären, nachdem wir von der Verletzung der Anzeigepflicht Kenntnis erhalten haben. Die Kenntnis eines Vermittlers steht unserer Kenntnis nicht gleich. Wenn uns nachgewiesen wird, daß die falschen oder unvollständigen Angaben nicht schuldhaft gemacht worden sind, wird unser Rücktritt gegenstandslos. Haben wir den Rücktritt nach Eintritt des Versicherungsfalls erklärt, bleibt unsere Leistungspflicht bestehen, wenn Sie nachweisen, daß die nicht oder nicht richtig angegebenen Umstände keinen Einfluß auf den Eintritt des Versicherungsfalles oder den Umfang unserer Leistung gehabt haben.

(4) Wir können den Versicherungsvertrag auch anfechten, falls durch unrichtige oder unvollständige Angaben bewußt und gewollt auf unsere Annahmeentscheidung Einfluß genommen worden ist. Handelt es sich um Angaben der versicherten Person, so können wir Ihnen gegenüber die Anfechtung erklären, auch wenn Sie von der Verletzung der vorvertraglichen Anzeigepflicht keine Kenntnis hatten.

(5) Die Absätze 1 bis 4 gelten bei einer Änderung oder Wiederherstellung der Versicherung entsprechend. Die Zehnjahresfrist beginnt entsprechend mit der Änderung oder Wiederherstellung der Versicherung bezüglich des geänderten oder wiederhergestellten Teils neu zu laufen.

(6) Wenn die Versicherung durch Rücktritt oder Anfechtung aufgehoben wird, zahlen wir – soweit bereits entstanden – den Rückkaufswert (vgl. § 8 Abs. 3). Die Rückzahlung der Beiträge können Sie nicht verlangen.

(7) Sofern Sie uns keine andere Person als Bevollmächtigten benannt haben, gilt nach Ihrem Ableben ein Bezugsberechtigter als bevollmächtigt, eine Rücktritts- oder Anfechtungserklärung

entgegenzunehmen. Ist auch ein Bezugsberechtigter nicht vorhanden oder kann sein Aufenthalt nicht ermittelt werden, so können wir den Inhaber des Versicherungsscheins zur Entgegennahme der Erklärung als bevollmächtigt ansehen.

§ 10 Welche Mitwirkungspflichten sind zu beachten, wenn Leistungen verlangt werden? (1) Leistungen aus dem Versicherungsvertrag erbringen wir gegen Vorlage des Versicherungsscheins und eines amtlichen Zeugnisses über den Tag der Geburt des Versicherten. Zusätzlich können wir auch den Nachweis der letzten Beitragszahlung verlangen.

(2) Zum Nachweis des Versicherungsfalls sind uns außer den in Absatz 1 genannten Unterlagen unverzüglich auf Kosten des Anspruchserhebenden einzureichen:

a) Im Pflegefall oder bei Erhöhung der Pflegestufe
 – eine Darstellung der Ursache für den Eintritt der Pflegebedürftigkeit;
 – ausführliche Berichte der Ärzte, die den Versicherten behandelt oder untersucht haben, über Ursache, Beginn, Art, Verlauf und voraussichtliche Dauer des Leidens sowie über Art und Umfang der Pflegebedürftigkeit;
 – eine Bescheinigung der Person oder der Einrichtung, die mit der Pflege betraut ist, über Art und Umfang der Pflege.

b) Im Todesfall
 – eine amtliche, Alter und Geburtsort enthaltende Sterbeurkunde;
 – ein ausführliches ärztliches oder amtliches Zeugnis über die Todesursache sowie über Beginn und Verlauf der Krankheit, die zum Tode des Versicherten geführt hat.

(3) Wir können – dann allerdings auf unsere Kosten – außerdem weitere notwendige Nachweise sowie ärztliche Untersuchungen durch von uns beauftragte Ärzte verlangen, insbesondere zusätzliche Auskünfte und Aufklärungen. Der Versicherte hat Ärzte, Krankenhäuser und sonstige Krankenanstalten sowie Alten- und Pflegeheime, bei denen er in Behandlung oder Pflege war oder sein wird, sowie Pflegepersonen, andere Personenversicherer und Behörden zu ermächtigen, uns auf Verlangen Auskunft zu erteilen.

(4) Anordnungen, die der untersuchende oder behandelnde Arzt nach gewissenhaftem Ermessen trifft, um die Heilung zu

fördern oder die Pflegebedürftigkeit zu mindern, sind zu befolgen. Die Anordnungen müssen sich jedoch im Rahmen des Zumutbaren halten.

(5) Wir können vor jeder Rentenzahlung ein Zeugnis darüber verlangen, daß der Versicherte noch lebt. Der Tod des Versicherten ist uns unverzüglich anzuzeigen.
(Der Versicherer kann auf die obigen Voraussetzungen verzichten.)

(6) Zu Unrecht empfangene Rentenzahlungen sind an uns zurückzuzahlen.

§ 11 Wann geben wir eine Erklärung über unsere Leistungspflicht ab? Nach Prüfung der uns eingereichten sowie der von uns beigezogenen Unterlagen erklären wir, ob, in welchem Umfang und für welchen Zeitraum wir eine Leistungspflicht anerkennen.

§ 12 Bis wann und wie können bei Meinungsverschiedenheiten Rechte geltend gemacht werden? (1) Wenn derjenige, der den Anspruch auf die Versicherungsleistung geltend macht, mit unserer Leistungsentscheidung (vgl. § 11) nicht einverstanden ist, kann er innerhalb von sechs Monaten nach Zugang unserer Entscheidung Klage erheben.

(2) Läßt der Anspruchserhebende die Sechsmonatsfrist verstreichen, ohne daß er Klage erhebt, so sind weitergehende Ansprüche, als wir sie anerkannt haben, ausgeschlossen. Auf diese Rechtsfolge werden wir in unserer Erklärung nach § 11 besonders hinweisen.

§ 13 Was gilt für die Nachprüfung des Pflegefalls?
(1) Nach Anerkennung oder Feststellung unserer Leistungspflicht sind wir berechtigt, bis zum Zeitpunkt einer Altersrente gemäß § 1 Abs. 6 Art und Umfang des Pflegefalls nachzuprüfen. Dies gilt auch für zeitlich begrenzte Anerkenntnisse.

(2) Zur Nachprüfung können wir auf unsere Kosten jederzeit sachdienliche Auskünfte und einmal jährlich eine Untersuchung des Versicherten durch einen von uns zu beauftragenden Arzt verlangen. Die Bestimmungen des § 10 Abs. 3, 4 und 6 gelten entsprechend.

(3) Sie sind verpflichtet, uns unverzüglich mitzuteilen:

a) eine Änderung der Art des Pflegefalls und eine Minderung seines Umfangs
b) eine stationäre Heilbehandlung (vgl. § 1 Abs. 3a),
c) einen Auslandsaufenthalt von mehr als drei vollen Kalendermonaten (vgl. § 1 Abs. 3b).

(4) Hat sich die Art des Pflegefalls geändert bzw. sein Umfang gemindert, können wir unsere Leistungen herabsetzen oder einstellen. Die Herabsetzung oder Einstellung teilen wir dem Anspruchsberechtigten unter Hinweis auf seine Rechte aus § 12 mit; sie wird mit dem Ablauf des auf die Mitteilung folgenden Monats wirksam.

(Der Versicherer kann auf die obigen Voraussetzungen verzichten.)

§ 14 Was gilt bei einer Verletzung der Mitwirkungspflichten?
Solange eine Mitwirkungspflicht nach § 10 oder § 13 von Ihnen, dem Versicherten oder dem Ansprucherhebenden vorsätzlich oder grob fahrlässig nicht erfüllt wird, sind wir von der Verpflichtung zur Leistung frei. *(Der Versicherer kann auf diese Einschränkung verzichten.)* Bei grob fahrlässiger Verletzung einer Mitwirkungspflicht bleiben die Ansprüche aus der Versicherung jedoch insoweit bestehen, als die Verletzung ohne Einfluß auf die Feststellung oder den Umfang unserer Leistungspflicht ist. Wenn die Mitwirkungspflicht später erfüllt wird, sind wir ab Beginn des laufenden Monats nach Maßgabe dieser Bedingungen zur Leistung verpflichtet.

§ 15 Wo sind die vertraglichen Verpflichtungen zu erfüllen?
(1) Unsere Leistungen überweisen wir dem Empfangsberechtigten auf seine Kosten. Bei Überweisungen in das Ausland trägt der Empfangsberechtigte auch die damit verbundene Gefahr.

(2) Die Übermittlung Ihrer Beiträge erfolgt auf Ihre Gefahr und Ihre Kosten. Für die Rechtzeitigkeit der Beitragszahlung genügt es, wenn Sie fristgerecht (vgl. § 6 Absatz 4 und § 7 Absatz 2) alles getan haben, damit der Beitrag bei uns eingeht.

Bemerkung:
Bei Tarifen, bei denen die Versicherungsperiode mit dem Beitragszahlungsabschnitt übereinstimmt, ist in Absatz 2 Satz 2 auf § 6 Absatz 3 und § 7 Absatz 2 zu verweisen.

§ 16 Welche Bedeutung hat der Versicherungsschein?
(1) Den Inhaber des Versicherungsscheins können wir als berechtigt ansehen, über die Rechte aus dem Versicherungsvertrag zu verfügen, insbesondere Leistungen in Empfang zu nehmen. Wir können aber verlangen, daß uns der Inhaber des Versicherungsscheins seine Berechtigung nachweist.

(2) In den Fällen des § 18 Absatz 3 brauchen wir den Nachweis der Berechtigung nur dann anzuerkennen, wenn uns die schriftliche Anzeige des bisherigen Berechtigten vorliegt.

§ 17 Was gilt für Mitteilungen, die sich auf das Versicherungsverhältnis beziehen? (1) Mitteilungen, die das Versicherungsverhältnis betreffen, müssen stets schriftlich erfolgen. Für uns bestimmte Mitteilungen werden wirksam, sobald sie uns zugegangen sind. Versicherungsvertreter sind zu ihrer Entgegennahme nicht bevollmächtigt.

(2) Eine Änderung Ihrer Postanschrift müssen Sie uns unverzüglich mitteilen. Anderenfalls können für Sie Nachteile entstehen, da eine an Sie zu richtende Willenserklärung mit eingeschriebenem Brief an Ihre uns zuletzt bekannte Wohnung abgesandt werden kann; unsere Erklärung wird in dem Zeitpunkt wirksam, in welchem sie Ihnen ohne die Wohnungsänderung bei regelmäßiger Beförderung zugegangen sein würde. Dies gilt auch, wenn Sie die Versicherung in Ihrem Gewerbebetrieb genommen und Ihre gewerbliche Niederlassung verlegt haben.

(3) Bei Änderung Ihres Namens gilt Absatz 2 entsprechend.

(4) Wenn Sie sich für längere Zeit außerhalb der Bundesrepublik Deutschland aufhalten, sollten Sie uns, auch in Ihrem Interesse, eine im Inland ansässige Person benennen, die bevollmächtigt ist, unsere Mitteilungen für Sie entgegenzunehmen (Zustellungsbevollmächtigter).

§ 18 Wer erhält die Versicherungsleistungen? (1) Die Leistungen aus dem Versicherungsvertrag erbringen wir an Sie als unseren Versicherungsnehmer oder an Ihre Erben, falls Sie uns keine andere Person benannt haben, die die Ansprüche aus dem Versicherungsvertrag bei deren Fälligkeit erwerben soll (Bezugsberechtigter). Bis zur jeweiligen Fälligkeit können Sie das Bezugsrecht jederzeit widerrufen. Nach Ihrem Tode kann das Bezugsrecht nicht mehr widerrufen werden.

(2) Sie können ausdrücklich bestimmen, daß der Bezugsberechtigte sofort und unwiderruflich die Ansprüche aus dem Versicherungsvertrag erwerben soll. Sobald wir Ihre Erklärung erhalten haben, kann dieses Bezugsrecht nur noch mit Zustimmung des von Ihnen Benannten aufgehoben werden.

(3) Die Einräumung und der Widerruf eines Bezugsrechts (vgl. Absatz 1 und 2) sind erst dann wirksam, wenn sie uns vom bisherigen Berechtigten schriftlich angezeigt worden sind.

Das gleiche gilt für die Abtretung und Verpfändung von Ansprüchen aus dem Versicherungsvertrag, soweit derartige Verfügungen überhaupt rechtlich möglich sind.

§ 19 Wie werden die Abschlußkosten erhoben und ausgeglichen? Die mit dem Abschluß Ihrer Versicherung verbundenen und auf Sie entfallenden Kosten, etwa die Kosten für Beratung, Anforderung von Gesundheitsauskünften und Ausstellung des Versicherungsscheines, werden Ihnen nicht gesondert in Rechnung gestellt. Auf den Teil dieser Kosten, der bei der Berechnung der Deckungsrückstellung[1]) angesetzt wird, verrechnen wir nach einem aufsichtsrechtlich geregelten Verfahren Ihre ab Versicherungsbeginn eingehenden Beiträge, soweit diese nicht für Versicherungsleistungen und Verwaltungskosten vorgesehen sind.

§ 20 Welche Kosten stellen wir Ihnen gesondert in Rechnung? Falls aus besonderen, von Ihnen veranlaßten Gründen ein zusätzlicher Verwaltungsaufwand verursacht wird, können wir – *soweit nichts anderes vereinbart ist* – die in solchen Fällen durchschnittlich entstehenden Kosten als pauschalen Abgeltungsbetrag gesondert in Rechnung stellen. Dies gilt beispielsweise bei
– Erteilung einer Ersatzurkunde für den Versicherungsschein
– schriftliche Fristsetzung bei Nichtzahlung von Folgebeiträgen
– Verzug mit Beiträgen
– Rückläufern im Lastschriftverfahren

---

[1]) Eine Deckungsrückstellung müssen wir für jeden Versicherungsvertrag bilden, um zu jedem Zeitpunkt den Versicherungsschutz gewährleisten zu können. Deren Berechnung wird nach § 65 des Versicherungsaufsichtsgesetzes (VAG) und §§ 341e, 341ea [wohl: 341f, Anm. d. Hrsg.] des Handelsgesetzbuches (HGB) sowie den dazu erlassenen Rechtsverordnungen geregelt.

PflegerentenVers § 21 **PflRV 5**

– Durchführung von Vertragsänderungen
– Bearbeitung von Abtretungen und Verpfändungen.

§ 21 Wie sind Sie an den Überschüssen beteiligt?

Überschußermittlung

(1) Um zu jedem Zeitpunkt der Versicherungsdauer den vereinbarten Versicherungsschutz zu gewährleisten, bilden wir Rückstellungen. Die zur Bedeckung dieser Rückstellungen erforderlichen Mittel werden angelegt und erbringen Kapitalerträge. Aus diesen Kapitalerträgen, den Beiträgen und den angelegten Mitteln werden die zugesagten Versicherungsleistungen erbracht, sowie die Kosten von Abschluß und Verwaltung des Vertrages gedeckt. Je weniger Versicherungsfälle eintreten, je größer die Erträge aus den Kapitalanlagen sind und je kostengünstiger wir arbeiten, um so größer sind dann entstehende Überschüsse, an denen wir Sie und die anderen Versicherungsnehmer beteiligen. Die Überschußermittlung erfolgt nach den Vorschriften des Versicherungsaufsichtsgesetzes und des Handelsgesetzbuches und den dazu erlassenen Rechtsverordnungen.

Überschußbeteiligung

(2) Die Überschußbeteiligung nehmen wir nach Grundsätzen vor, die § 82c VAG und der dazu erlassenen Rechtsverordnung entsprechen und deren Einhaltung die Aufsichtsbehörde überwacht.
Nach diesen Grundsätzen haben wir gleichartige Versicherungen in Bestandsgruppen zusammengefaßt und teilweise nach engeren Gleichartigkeitskriterien innerhalb der Bestandsgruppen Untergruppen gebildet; diese werden Gewinnverbände genannt. Von den Kapitalerträgen kommt den Versicherungsnehmern als Überschußbeteiligung mindestens der in der Rechtsverordnung zu § 81c VAG jeweils festgelegte Anteil zugute, abzüglich der Beträge, die für die zugesagten Versicherungsleistungen benötigt werden. Bei günstiger Risikoentwicklung und Kostensituation können weitere Überschüsse hinzukommen. Den so ermittelten Überschuß für die Versicherungsnehmer ordnen wir den einzelnen Bestandsgruppen zu und stellen ihn – soweit er den Verträgen nicht direkt gutgeschrieben wird – in die Rückstellung für Beitragsrückerstattung (RfB) ein. Die in die RfB eingestellten Mittel dürfen wir grundsätzlich

nur für die Überschußbeteiligung der Versicherungsnehmer verwenden. Mit Zustimmung der Aufsichtsbehörde können wir die RfB ausnahmsweise zur Abwendung eines Notstandes (z. B. Verlustabdeckung) heranziehen (§ 56a VAG) oder bei sehr ungünstigem Risikoverlauf bzw. bei einem eventuellen Solvabilitätsbedarf den in Satz 3 dieses Absatzes genannten Anteil unterschreiten (Rechtsverordnung zu § 81c VAG).

Ihre Versicherung gehört zum Gewinnverband XX in der Bestandsgruppe YY. Jede einzelne Versicherung innerhalb dieses Gewinnverbandes erhält Anteile an den Überschüssen der Bestandsgruppe YY. Die Höhe dieser Anteile wird vom Vorstand unseres Unternehmens auf Vorschlag des Verantwortlichen Aktuars unter Beachtung der maßgebenden aufsichtsrechtlichen Bestimmungen jährlich festgelegt und im Geschäftsbericht veröffentlicht. Die Mittel für diese Überschußanteile werden den Überschüssen des Geschäftsjahres oder der Rückstellung für Beitragsrückerstattung entnommen. In einzelnen Versicherungsjahren, insbesondere etwa im ersten Versicherungsjahr, kann eine Zuteilung von Überschüssen entfallen, sofern dies sachlich gerechtfertigt ist.

Bemerkung:

§ 21 Absatz 2 ist durch folgende unternehmensindividuelle Angaben zu ergänzen:
a) Voraussetzung für die Fälligkeit der Überschußanteile (Wartezeit, Stichtag für die Zuteilung u. ä.)
b) Form und Verwendung der Überschußanteile (laufende Überschußanteile, Schlußüberschußanteile, Bonus, Ansammlung, Verrechnung, Barauszahlung u. ä.)

§ 22 Welches Recht findet auf Ihren Vertrag Anwendung? Auf Ihren Vertrag findet das Recht der Bundesrepublik Deutschland Anwendung.

§ 23 Wo ist der Gerichtsstand? Ansprüche aus Ihrem Versicherungsvertrag können gegen uns bei dem für unseren Geschäftssitz oder für unsere Niederlassung örtlich zuständigen Gericht geltend gemacht werden. Ist Ihre Versicherung durch Vermittlung eines Versicherungsvertreters zustande gekommen, kann auch das Gericht des Ortes angerufen werden, an dem der Vertreter zur Zeit der Vermittlung seine gewerbliche

Niederlassung oder, wenn er eine solche nicht unterhielt, seinen Wohnsitz hatte.

Wir können Ansprüche aus dem Versicherungsvertrag an dem für Ihren Wohnsitz zuständigen Gericht geltend machen. Weitere gesetzliche Gerichtsstände können sich an dem für den Sitz oder die Niederlassung Ihres Geschäfts- oder Gewerbebetriebs örtlich zuständigen Gericht ergeben.

Bemerkung:
Die Versicherungsunternehmen können die AVB um Bedingungsänderungs- und salvatorische Klauseln ergänzen.

6. Bedingungen für die Unfall-Zusatzversicherung

(Diese Bedingungen sind unverbindlich. Es besteht die Möglichkeit, abweichende Klauseln zu verwenden.)

Übersicht[1]

	§§
Was ist versichert?	1
Was ist ein Unfall im Sinne dieser Bedingungen	2
In welchen Fällen ist der Versicherungsschutz ausgeschlossen?	3
Welche Rolle spielen Erkrankungen und Gebrechen des Versicherten?	4
Was ist zur Vermeidung von Rechtsnachteilen nach dem Unfalltod des Versicherten zu beachten?	5
Wann geben wir eine Erklärung über unsere Leistungspflicht ab?	6
Bis wann können bei Meinungsverschiedenheiten Rechte geltend gemacht werden und wer entscheidet in diesen Fällen?	7
Wie ist das Verhältnis zur Hauptversicherung?	8

Sehr geehrter Kunde!

Als Versicherungsnehmer sind Sie unser Vertragspartner; für unser Vertragsverhältnis gelten die nachfolgenden Bedingungen.

§ 1 Was ist versichert? (1) Stirbt der Versicherte an den Folgen eines Unfalls, so zahlen wir die vereinbarte Unfall-Zusatzversicherungssumme, wenn

a) der Unfall sich nach Inkrafttreten der Zusatzversicherung ereignet hat und
b) der Tod eingetreten ist
   – während der Dauer der Zusatzversicherung,
   – innerhalb eines Jahres nach dem Unfall und
   – vor dem Ende des Versicherungsjahres, in dem der Versicherte sein ... Lebensjahr vollendet hat; verstirbt der Ver-

---

[1] Die Inhaltsübersicht wurde vom Herausgeber eingefügt.

sicherte nach diesem Zeitpunkt, so leisten wir dennoch, wenn der Versicherte den Unfall bei Benutzung eines dem öffentlichen Personenverkehr dienenden Verkehrsmittels erlitten hat und das Verkehrsmittel dem Ereignis, das den Unfalltod des Versicherten verursacht hat, selbst ausgesetzt war.

Bemerkung:
Die Bestimmung nach dem Semikolon kommt nur in Betracht, wenn die Beiträge für die Unfall-Zusatzversicherung über das Alter ... hinaus weiter erhoben werden.

(2) Bei der Versicherung auf das Leben von zwei Personen wird die Unfall-Zusatzversicherungssumme für jeden Versicherten gezahlt, für den die Unfalltod-Zusatzversicherung eingeschlossen ist, wenn die Versicherten gleichzeitig durch denselben Unfall sterben.
Als gleichzeitig gilt auch, wenn die Versicherten innerhalb von 14 Tagen an den Folgen des Unfalls sterben und die sonstigen Voraussetzungen nach Abs. 1 erfüllt sind.

Bemerkung:
Lebensversicherungsunternehmen, die die Unfall-Zusatzversicherungssumme nur einmal zahlen wollen, können auf den bisherigen Text des § 1 Abs. 2 zurückgreifen. Dieser lautet wie folgt:
(2) Bei der Versicherung auf das Leben von zwei Personen wird auch die Zusatzversicherungssumme nur einmal ausgezahlt, selbst wenn die Versicherten gleichzeitig durch Unfall sterben.

§ 2 Was ist ein Unfall im Sinne dieser Bedingungen?
(1) Ein Unfall liegt vor, wenn der Versicherte durch ein plötzlich von außen auf seinen Körper wirkendes Ereignis (Unfallereignis) unfreiwillig eine Gesundheitsbeschädigung erleidet.

(2) Als Unfall gilt auch, wenn durch erhöhte Kraftanstrengung des Versicherten an Gliedmaßen oder Wirbelsäule
a) ein Gelenk verrenkt wird oder
b) Muskeln, Sehnen, Bänder oder Kapseln gezerrt oder zerrissen werden.

§ 3 In welchen Fällen ist der Versicherungsschutz ausgeschlossen? (1) Grundsätzlich besteht unsere Leistungspflicht unabhängig davon, wie es zu dem Unfall gekommen ist.

(2) *Soweit nichts anderes vereinbart ist,* fallen jedoch nicht unter den Versicherungsschutz:

a) Unfälle durch Geistes- oder Bewußtseinsstörungen, auch soweit diese auf Trunkenheit beruhen, sowie durch Schlaganfälle, epileptische Anfälle oder andere Krampfanfälle, die den ganzen Körper des Versicherten ergreifen.
 Wir werden jedoch leisten, wenn diese Störungen oder Anfälle durch ein unter diese Versicherung fallendes Unfallereignis verursacht waren.
b) Unfälle, die dem Versicherten dadurch zustoßen, daß er vorsätzlich eine Straftat ausführt oder versucht.
c) Unfälle, die unmittelbar oder mittelbar durch Kriegs- oder Bürgerkriegsereignisse verursacht sind; Unfälle durch innere Unruhen, wenn der Versicherte auf seiten der Unruhestifter teilgenommen hat.
d) Unfälle des Versicherten
 bei der Benutzung von Luftfahrzeugen (Fluggeräten) ohne Motor, Motorseglern, Ultraleichtflugzeugen und Raumfahrzeugen sowie beim Fallschirmspringen;
 als Luftfahrzeugführer oder als sonstiges Besatzungsmitglied eines Luftfahrzeuges;
 bei einer mit Hilfe eines Luftfahrzeuges auszuübenden beruflichen Tätigkeit.
e) Unfälle, die dem Versicherten dadurch zustoßen, daß er sich als Fahrer, Beifahrer oder Insasse eines Motorfahrzeuges an Fahrtveranstaltungen einschließlich der dazugehörigen Übungsfahrten beteiligt, bei denen es auf die Erzielung von Höchstgeschwindigkeiten ankommt.
f) Unfälle, die unmittelbar oder mittelbar durch Kernenergie verursacht sind.
g) Gesundheitsschädigungen durch Strahlen.
 Wir werden jedoch leisten, wenn es sich um Folgen eines unter die Versicherung fallenden Unfallereignisses handelt.
h) Gesundheitsschädigungen durch Heilmaßnahmen oder Eingriffe, die der Versicherte an seinem Körper vornimmt oder vornehmen läßt.
 Wir werden jedoch leisten, wenn die Eingriffe oder Heil-

Unfall-ZusatzVers §§ 4, 5 **UZV 6**

maßnahmen, auch strahlendiagnostische und -therapeutische, durch einen unter diese Versicherung fallenden Unfall veranlaßt waren.
i) Infektionen.
Wir werden jedoch leisten, wenn die Krankheitserreger durch eine unter diese Versicherung fallende Unfallverletzung in den Körper gelangt sind.
Nicht als Unfallverletzungen gelten dabei Haut- oder Schleimhautverletzungen, die als solche geringfügig sind und durch die Krankheitserreger sofort oder später in den Körper gelangen; für Tollwut und Wundstarrkrampf entfällt diese Einschränkung. Für Infektionen, die durch Heilmaßnahmen verursacht sind, gilt § 3h Satz 2 entsprechend.
j) Vergiftungen infolge Einnahme fester oder flüssiger Stoffe durch den Schlund.
Wir werden jedoch leisten, wenn es sich um Folgen eines unter die Versicherung fallenden Unfallereignisses handelt.
k) Unfälle infolge psychischer Reaktionen, gleichgültig, wodurch diese verursacht sind.
l) Selbsttötung, und zwar auch dann, wenn der Versicherte die Tat in einem die freie Willensbestimmung ausschließenden Zustand krankhafter Störung der Geistestätigkeit begangen hat. Versicherungsschutz besteht jedoch, wenn jener Zustand durch ein unter die Versicherung fallendes Unfallereignis hervorgerufen wurde.

§ 4 Welche Rolle spielen Erkrankungen und Gebrechen des Versicherten? Haben zur Herbeiführung des Todes neben dem Unfall Krankheiten oder Gebrechen zu mindestens ... Prozent mitgewirkt, so vermindert sich unsere Leistung entsprechend dem Anteil der Mitwirkung.

§ 5 Was ist zur Vermeidung von Rechtsnachteilen nach dem Unfalltod des Versicherten zu beachten? (1) Der Unfall des Versicherten ist uns unverzüglich – möglichst innerhalb von 48 Stunden – mitzuteilen.

(2) Wir sind berechtigt, die Leiche auf unsere Kosten durch einen von uns beauftragten Arzt besichtigen und öffnen zu lassen.

(3) Wird vorsätzlich oder grob fahrlässig entweder die Mitteilungspflicht (Absatz 1) verletzt oder die Zustimmung zur Besichtigung oder Öffnung der Leiche (Absatz 2) verweigert, so sind wir von unserer Leistungspflicht befreit. *(Der Versicherer kann auf diese Einschränkung verzichten.)* Bei grob fahrlässigem Verhalten bleiben wir zur Leistung insoweit verpflichtet, als dieses Verhalten ohne Einfluß auf die Feststellung oder den Umfang unserer Leistungspflicht ist.

§ 6 Wann geben wir eine Erklärung über unsere Leistungspflicht ab?
(1) Zur Feststellung unserer Leistungspflicht sind uns die erforderlichen Nachweise zu erbringen.

(2) Nach Prüfung der uns eingereichten und der von uns herangezogenen Unterlagen sind wir verpflichtet, innerhalb eines Monats gegenüber dem Ansprucherhebenden zu erklären, ob und in welchem Umfang wir eine Leistungspflicht anerkennen.

§ 7 Bis wann können bei Meinungsverschiedenheiten Rechte geltend gemacht werden und wer entscheidet in diesen Fällen?
(1) Wenn derjenige, der den Anspruch auf die Versicherungsleistung geltend macht, mit unserer Leistungsentscheidung (§ 6 Abs. 2) nicht einverstanden ist, kann er innerhalb von sechs Monaten nach Zugang unserer Entscheidung Klage erheben.

(2) Läßt der Ansprucherhebende die Sechsmonatsfrist verstreichen, ohne daß er vor dem Gericht Klage erhebt, so sind weitergehende Ansprüche, als wir sie anerkannt haben, ausgeschlossen. Auf diese Rechtsfolge werden wir in unserer Erklärung nach § 6 Abs. 2 besonders hinweisen.

§ 8 Wie ist das Verhältnis zur Hauptversicherung?
(1) Die Zusatzversicherung bildet mit der Versicherung, zu der sie abgeschlossen worden ist (Hauptversicherung), eine Einheit; sie kann ohne die Hauptversicherung nicht fortgesetzt werden. Wenn der Versicherungsschutz aus der Hauptversicherung endet, so erlischt auch die Zusatzversicherung. Bei Versicherungen mit Berufsunfähigkeits-Zusatzversicherung besteht die Unfall-Zusatzversicherung auch dann fort, wenn die Hauptversicherung wegen Berufsunfähigkeit des Versicherten ganz oder teilweise beitragsfrei wird.

(2) Wird die Leistung der Hauptversicherung herabgesetzt, so vermindert sich auch der Versicherungsschutz aus der Zusatzversicherung, und zwar auf den Betrag, der dem Teil der Hauptversicherung entspricht, für den der Beitrag weitergezahlt wird. Sollte sich dabei die Zusatzversicherungssumme stärker als die Leistung aus der Hauptversicherung vermindern, so können Sie innerhalb von drei Monaten verlangen, daß die Zusatzversicherungssumme gegen Zahlung eines Einmalbeitrages soweit erhöht wird, daß ihr bisheriges Verhältnis zur Leistung aus der Hauptversicherung wiederhergestellt wird.

(3) Wenn unsere Leistungspflicht aus der Hauptversicherung erloschen oder auf die beitragsfreie Leistung beschränkt war, danach aber zusammen mit der Zusatzversicherung ganz oder teilweise wieder auflebt, können aus dem wieder in Kraft getretenen Teil keine Ansprüche aufgrund solcher Unfälle geltend gemacht werden, die während der Unterbrechung des vollen Versicherungsschutzes eingetreten sind.

(4) Eine Zusatzversicherung mit laufender Beitragszahlung können Sie kündigen; eine Zusatzversicherung gegen Einmalbeitrag jedoch nur zusammen mit der Hauptversicherung.

(5) Wenn Sie die Zusatzversicherung kündigen, haben Sie weder Anspruch auf einen Rückkaufswert, noch auf eine beitragsfreie Leistung.

(6) Die Zusatzversicherung ist nicht überschußberechtigt.

(7) Soweit in diesen Bedingungen nichts anderes bestimmt ist, finden die Allgemeinen Bedingungen für die Hauptversicherung sinngemäß Anwendung.

Musterbedingungen des Verbandes der privaten Krankenversicherung e.V.

7. Musterbedingungen 1994 für die Krankheitskosten- und Krankenhaustagegeldversicherung (MB/KK 94)[1)]

Übersicht[2)]

	§§
I. Der Versicherungsschutz	1–7
Gegenstand, Umfang und Geltungsbereich des Versicherungsschutzes	1
Beginn des Versicherungsschutzes	2
Wartezeiten	3
Umfang der Leistungspflicht	4
Einschränkung der Leistungspflicht	5
Auszahlung der Versicherungsleistungen	6
Ende des Versicherungsschutzes	7
II. Pflichten des Versicherungsnehmers	8–12
Beitragszahlung	8
Beitragsberechnung	8a
Beitragsanpassung	8b
Obliegenheiten	9
Folgen von Obliegenheitsverletzungen	10
Ansprüche gegen Dritte	11
Aufrechnung	12
III. Ende der Versicherung	13–15
Kündigung durch den Versicherungsnehmer	13
Kündigung durch den Versicherer	14
Sonstige Beendigungsgründe	15
IV. Sonstige Bestimmungen	16–19
Willenserklärungen und Anzeigen	16
Klagefrist/Gerichtsstand	17

[1)] Unverbindliche Empfehlung des Verbands der privaten Krankenversicherer.
[2)] Die Inhaltsübersicht wurde vom Herausgeber eingefügt.

	§§
Änderungen der Allgemeinen Versicherungsbedingungen	18
Wechsel in den Standardtarif	19

I. Der Versicherungsschutz

§ 1 Gegenstand, Umfang und Geltungsbereich des Versicherungsschutzes. (1) Der Versicherer bietet Versicherungsschutz für Krankheiten, Unfälle und andere im Vertrag genannte Ereignisse. Er gewährt im Versicherungsfall

a) in der Krankheitskostenversicherung Ersatz von Aufwendungen für Heilbehandlung und sonst vereinbarte Leistungen,
b) in der Krankenhaustagegeldversicherung bei stationärer Heilbehandlung ein Krankenhaustagegeld.

(2) Versicherungsfall ist die medizinisch notwendige Heilbehandlung einer versicherten Person wegen Krankheit oder Unfallfolgen. Der Versicherungsfall beginnt mit der Heilbehandlung; er endet, wenn nach medizinischem Befund Behandlungsbedürftigkeit nicht mehr besteht. Muß die Heilbehandlung auf eine Krankheit oder Unfallfolge ausgedehnt werden, die mit der bisher behandelten nicht ursächlich zusammenhängt, so entsteht insoweit ein neuer Versicherungsfall. Als Versicherungsfall gelten auch

a) Untersuchung und medizinisch notwendige Behandlung wegen Schwangerschaft und die Entbindung,
b) ambulante Untersuchungen zur Früherkennung von Krankheiten nach gesetzlich eingeführten Programmen (gezielte Vorsorgeuntersuchungen),
c) Tod, soweit hierfür Leistungen vereinbart sind.

(3) Der Umfang des Versicherungsschutzes ergibt sich aus dem Versicherungsschein, späteren schriftlichen Vereinbarungen, den Allgemeinen Versicherungsbedingungen (Musterbedingungen mit Anhang, Tarif mit Tarifbedingungen) sowie den gesetzlichen Vorschriften. Das Versicherungsverhältnis unterliegt deutschem Recht.

(4) Der Versicherungsschutz erstreckt sich auf Heilbehandlung in Europa. Er kann durch Vereinbarung auf außereuropäische Länder ausgedehnt werden (vgl. aber § 15 Abs. 3). Wäh-

rend des ersten Monats eines vorübergehenden Aufenthaltes im außereuropäischen Ausland besteht auch ohne besondere Vereinbarung Versicherungsschutz. Muß der Aufenthalt wegen notwendiger Heilbehandlung über einen Monat hinaus ausgedehnt werden, besteht Versicherungsschutz, solange die versicherte Person die Rückreise nicht ohne Gefährdung ihrer Gesundheit antreten kann, längstens aber für weitere zwei Monate.

(5) Der Versicherungsnehmer kann die Umwandlung der Versicherung in einen gleichartigen Versicherungsschutz verlangen, sofern die versicherte Person die Voraussetzungen für die Versicherungsfähigkeit erfüllt. Der Versicherer ist zur Annahme eines solchen Antrags spätestens zu dem Zeitpunkt verpflichtet, zu dem der Versicherungsnehmer die Versicherung hätte kündigen können (§ 13)[1] Die erworbenen Rechte bleiben erhalten; die nach den technischen Berechnungsgrundlagen gebildete Rückstellung für das mit dem Alter der versicherten Person wachsende Wagnis (Alterungsrückstellung) wird nach Maßgabe dieser Berechnungsgrundlagen angerechnet. Soweit der neue Versicherungsschutz höher oder umfassender ist, kann insoweit ein Risikozuschlag (§ 8a Abs. 3 und 4) verlangt oder ein Leistungsausschluß vereinbart werden; ferner sind für den hinzukommenden Teil des Versicherungsschutzes Wartezeiten (§ 3 Abs. 6) einzuhalten. Der Umwandlungsanspruch besteht bei Anwartschafts- und Ruhensversicherungen nicht, solange der Anwartschaftsgrund bzw. der Ruhensgrund nicht entfallen ist, und nicht bei befristeten Versicherungsverhältnissen.[2]

§ 2 Beginn des Versicherungsschutzes. (1) Der Versicherungsschutz beginnt mit dem im Versicherungsschein bezeichneten Zeitpunkt (Versicherungsbeginn), jedoch nicht vor Ab-

---

[1] Das BAV vertritt die Auffassung, daß die vorgesehene Annahmefrist das Recht des VN nach § 178f VVG beschränke, den Tarif zu dem von ihm gewünschten Zeitpunkt zu wechseln, so daß ein Verstoß gegen § 178o VVG vorliege. Die Annahme des Antrags müsse entsprechend dem allgemeinen Vertragsrecht in einer angemessenen Frist erfolgen.
[2] Das BAV vertritt die Auffassung, daß der VN gemäß § 178f VVG einen Anspruch auf Umwandlung einer Anwartschafts- oder Ruhensversicherung bezüglich eines Tarifs in eine solche bezüglich eines anderen Tarifs mit gleichartigem Versicherungsschutz habe; die Regelung also gegen § 178o VVG verstoße.

schluß des Versicherungsvertrages (insbesondere Zugang des Versicherungsscheines oder einer schriftlichen Annahmeerklärung) und nicht vor Ablauf von Wartezeiten. Für Versicherungsfälle, die vor Beginn des Versicherungsschutzes eingetreten sind, wird nicht geleistet. Nach Abschluß des Versicherungsvertrages eingetretene Versicherungsfälle sind nur für den Teil von der Leistungspflicht ausgeschlossen, der in die Zeit vor Versicherungsbeginn oder in Wartezeiten fällt. Bei Vertragsänderungen gelten die Sätze 1 bis 3 für den hinzukommenden Teil des Versicherungsschutzes.

(2) Bei Neugeborenen beginnt der Versicherungsschutz ohne Wartezeiten unmittelbar nach der Geburt, wenn am Tage der Geburt ein Elternteil mindestens drei Monate beim Versicherer versichert ist und die Anmeldung zur Versicherung spätestens zwei Monate nach dem Tage der Geburt rückwirkend zum Ersten des Geburtsmonats erfolgt. Der Versicherungsschutz darf nicht höher oder umfassender als der eines versicherten Elternteils sein.

(3) Der Geburt eines Kindes steht die Adoption gleich, sofern das Kind im Zeitpunkt der Adoption noch minderjährig ist. Mit Rücksicht auf ein erhöhtes Risiko ist die Vereinbarung eines Risikozuschlages bis zur einfachen Beitragshöhe zulässig.

§ 3 Wartezeiten. (1) Die Wartezeiten rechnen vom Versicherungsbeginn an.

(2) Die allgemeine Wartezeit beträgt drei Monate.
Sie entfällt
a) bei Unfällen;
b) für den Ehegatten einer mindestens seit drei Monaten versicherten Person, sofern eine gleichartige Versicherung innerhalb zweier Monate nach der Eheschließung beantragt wird.

(3) Die besonderen Wartezeiten betragen für Entbindung, Psychotherapie, Zahnbehandlung, Zahnersatz und Kieferorthopädie acht Monate.

(4) Sofern der Tarif es vorsieht, können die Wartezeiten auf Grund besonderer Vereinbarung erlassen werden, wenn ein ärztliches Zeugnis über den Gesundheitszustand vorgelegt wird.

(5) Personen, die aus einer gesetzlichen Krankenversicherung

ausscheiden, wird die nachweislich dort ununterbrochen zurückgelegte Versicherungszeit auf die Wartezeiten angerechnet. Voraussetzung ist, daß die Versicherung spätestens zwei Monate nach Beendigung der Vorversicherung beantragt wurde und der Versicherungsschutz in Abweichung von § 2 Abs. 1 im unmittelbaren Anschluß beginnen soll. Entsprechendes gilt beim Ausscheiden aus einem öffentlichen Dienst mit Anspruch auf Heilfürsorge.

(6) Bei Vertragsänderungen gelten die Wartezeitregelungen für den hinzukommenden Teil des Versicherungsschutzes.

§ 4 Umfang der Leistungspflicht. (1) Art und Höhe der Versicherungsleistungen ergeben sich aus dem Tarif mit Tarifbedingungen.

(2) Der versicherten Person steht die Wahl unter den niedergelassenen approbierten Ärzten und Zahnärzten frei. Soweit die Tarifbedingungen nichts anderes bestimmen, dürfen Heilpraktiker im Sinne des deutschen Heilpraktikergesetzes in Anspruch genommen werden.

(3) Arznei-, Verbands-, Heil- und Hilfsmittel müssen von den in Abs. 2 genannten Behandlern verordnet, Arzneimittel außerdem aus der Apotheke bezogen werden.

(4) Bei medizinisch notwendiger stationärer Heilbehandlung hat die versicherte Person freie Wahl unter den öffentlichen und privaten Krankenhäusern, die unter ständiger ärztlicher Leitung stehen, über ausreichende diagnostische und therapeutische Möglichkeiten verfügen und Krankengeschichten führen.

(5) Für medizinisch notwendige stationäre Heilbehandlung in Krankenanstalten, die auch Kuren bzw. Sanatoriumsbehandlung durchführen oder Rekonvaleszenten aufnehmen, im übrigen aber die Voraussetzungen von Abs. 4 erfüllen, werden die tariflichen Leistungen nur dann gewährt, wenn der Versicherer diese vor Beginn der Behandlung schriftlich zugesagt hat. Bei Tbc-Erkrankungen wird in vertraglichem Umfange auch für die stationäre Behandlung in Tbc-Heilstätten und -Sanatorien geleistet.

(6) Der Versicherer leistet im vertraglichen Umfang für Untersuchungs- oder Behandlungsmethoden und Arzneimittel, die von der Schulmedizin überwiegend anerkannt sind.

Er leistet darüber hinaus für Methoden und Arzneimittel, die sich in der Praxis als ebenso erfolgversprechend bewährt haben oder die angewandt werden, weil keine schulmedizinischen Methoden oder Arzneimittel zur Verfügung stehen; der Versicherer kann jedoch seine Leistungen auf den Betrag herabsetzen, der bei der Anwendung vorhandener schulmedizinischer Methoden oder Arzneimittel angefallen wäre.

§ 5 Einschränkung der Leistungspflicht. (1) Keine Leistungspflicht besteht

a) für solche Krankheiten einschließlich ihrer Folgen sowie für Folgen von Unfällen und für Todesfälle, die durch Kriegsereignisse verursacht oder als Wehrdienstbeschädigung anerkannt und nicht ausdrücklich in den Versicherungsschutz eingeschlossen sind;

b) für auf Vorsatz beruhende Krankheiten und Unfälle einschließlich deren Folgen sowie für Entziehungsmaßnahmen einschließlich Entziehungskuren;

c) für Behandlung durch Ärzte, Zahnärzte, Heilpraktiker und in Krankenanstalten, deren Rechnungen der Versicherer aus wichtigem Grunde von der Erstattung ausgeschlossen hat, wenn der Versicherungsfall nach der Benachrichtigung des Versicherungsnehmers über den Leistungsausschluß eintritt. Sofern im Zeitpunkt der Benachrichtigung ein Versicherungsfall schwebt, besteht keine Leistungspflicht für die nach Ablauf von drei Monaten seit der Benachrichtigung entstandenen Aufwendungen;

d) für Kur- und Sanatoriumsbehandlung sowie für Rehabilitationsmaßnahmen der gesetzlichen Rehabilitationsträger, wenn der Tarif nichts anderes vorsieht;

e) für ambulante Heilbehandlung in einem Heilbad oder Kurort. Die Einschränkung entfällt, wenn die versicherte Person dort ihren ständigen Wohnsitz hat oder während eines vorübergehenden Aufenthaltes durch eine vom Aufenthaltszweck unabhängige Erkrankung oder einen dort eingetretenen Unfall Heilbehandlung notwendig wird;

f)[1]

---

[1] Anm. des Hrsg.: § 5 (1) f) lautete unsprünglich: „für wissenschaftlich nicht allgemein anerkannte Untersuchungs- oder Behandlungsmethoden und Arzneimittel". Nach BGHZ 123, 83 verstößt diese Klausel gegen § 9 AGBG und ist deshalb unwirksam.

g) für Behandlungen durch Ehegatten, Eltern oder Kinder. Nachgewiesene Sachkosten werden tarifgemäß erstattet.
h) für eine durch Pflegebedürftigkeit oder Verwahrung bedingte Unterbringung.

(2) Übersteigt eine Heilbehandlung oder sonstige Maßnahme, für die Leistungen vereinbart sind, das medizinisch notwendige Maß, so kann der Versicherer seine Leistungen auf einen angemessenen Betrag herabsetzen.

(3) Besteht auch Anspruch auf Leistungen aus der gesetzlichen Unfallversicherung oder der gesetzlichen Rentenversicherung, auf eine gesetzliche Heilfürsorge oder Unfallfürsorge, so ist der Versicherer, unbeschadet der Ansprüche des Versicherungsnehmers auf Krankenhaustagegeld, nur für die Aufwendungen leistungspflichtig, welche trotz der gesetzlichen Leistungen notwendig bleiben.

§ 6 Auszahlung der Versicherungsleistungen. (1) Der Versicherer ist zur Leistung nur verpflichtet, wenn die von ihm geforderten Nachweise erbracht sind; diese werden Eigentum des Versicherers.

(2) Im übrigen ergeben sich die Voraussetzungen für die Fälligkeit der Leistungen des Versicherers aus § 11 Abs. 1 bis 3 VVG (siehe Anhang).

(3) Der Versicherer ist berechtigt, an den Überbringer oder Übersender von ordnungsmäßigen Nachweisen zu leisten.

(4) Die in ausländischer Währung entstandenen Krankheitskosten werden zum Kurs des Tages, an dem die Belege beim Versicherer eingehen, in Deutsche Mark umgerechnet.

(5) Kosten für die Überweisung der Versicherungsleistungen und für Übersetzungen können von den Leistungen abgezogen werden.

(6) Ansprüche auf Versicherungsleistungen können weder abgetreten noch verpfändet werden.

§ 7 Ende des Versicherungsschutzes. Der Versicherungsschutz endet – auch für schwebende Versicherungsfälle – mit der Beendigung des Versicherungsverhältnisses.

II. Pflichten des Versicherungsnehmers

§ 8 Beitragszahlung. (1) Der Beitrag ist ein Jahresbeitrag und wird vom Versicherungsbeginn an berechnet. Er ist zu Beginn eines jeden Versicherungsjahres zu entrichten, kann aber auch in gleichen monatlichen Beitragsraten gezahlt werden, die jeweils bis zur Fälligkeit der Beitragsrate als gestundet gelten. Die Beitragsraten sind am Ersten eines jeden Monats fällig. Wird der Jahresbeitrag während des Versicherungsjahres neu festgesetzt, so ist der Unterschiedsbetrag vom Änderungszeitpunkt an bis zum Beginn des nächsten Versicherungsjahres nachzuzahlen bzw. zurückzuzahlen.

(2) Wird der Vertrag für eine bestimmte Zeit mit der Maßgabe geschlossen, daß sich das Versicherungsverhältnis nach Ablauf dieser bestimmten Zeit stillschweigend um jeweils ein Jahr verlängert, sofern der Versicherungsnehmer nicht fristgemäß gekündigt hat, so kann der Tarif anstelle von Jahresbeiträgen Monatsbeiträge vorsehen. Diese sind am Ersten eines jeden Monats fällig.

(3) Der erste Beitrag bzw. die erste Beitragsrate ist spätestens unverzüglich nach Aushändigung des Versicherungsscheines zu zahlen.

(4) Kommt der Versicherungsnehmer mit der Zahlung einer Beitragsrate in Verzug, so werden die gestundeten Beitragsraten des laufenden Versicherungsjahres fällig. Sie gelten jedoch erneut als gestundet, wenn der rückständige Beitragsteil einschließlich der Beitragsrate für den am Tage der Zahlung laufenden Monat und die Mahnkosten entrichtet sind.

(5) Nicht rechtzeitige Zahlung des Erstbeitrages oder eines Folgebeitrages kann unter den Voraussetzungen der §§ 38 Abs. 1, 39 VVG (siehe Anhang) zum Verlust des Versicherungsschutzes führen. Ist ein Beitrag bzw. eine Beitragsrate nicht rechtzeitig gezahlt und wird der Versicherungsnehmer schriftlich gemahnt, so ist er zur Zahlung der Mahnkosten verpflichtet, deren Höhe sich aus dem Tarif ergibt.

(6) Die Beiträge bzw. Beitragsraten sind bis zum Ablauf des Monats zu zahlen, in dem das Versicherungsverhältnis endet.

(7) Die Beiträge sind an die vom Versicherer zu bezeichnende Stelle zu entrichten.

§ 8a Beitragsberechnung. (1) Die Berechnung der Beiträge erfolgt nach Maßgabe der Vorschriften des Versicherungsaufsichtsgesetzes (VAG) und ist in den technischen Berechnungsgrundlagen des Versicherers festgelegt.

(2) Bei einer Änderung der Beiträge, auch durch Änderung des Versicherungsschutzes, wird das Geschlecht und das (die) bei Inkrafttreten der Änderung erreichte tarifliche Lebensalter (Lebensaltersgruppe) der versicherten Person berücksichtigt. Dabei wird dem Eintrittsalter der versicherten Person dadurch Rechnung getragen, daß eine Alterungsrückstellung gemäß den in den technischen Berechnungsgrundlagen festgelegten Grundsätzen angerechnet wird. Eine Erhöhung der Beiträge oder eine Minderung der Leistungen des Versicherers wegen des Älterwerdens der versicherten Person ist jedoch während der Dauer des Versicherungsverhältnisses ausgeschlossen, soweit eine Alterungsrückstellung zu bilden ist.

(3) Bei Beitragsänderungen kann der Versicherer auch besonders vereinbarte Beitragszuschläge entsprechend ändern.

(4) Liegt bei Vertragsänderungen ein erhöhtes Risiko vor, steht dem Versicherer für den hinzukommenden Teil des Versicherungsschutzes zusätzlich zum Beitrag ein angemessener Zuschlag zu. Dieser bemißt sich nach den für den Geschäftsbetrieb des Versicherers zum Ausgleich erhöhter Risiken maßgeblichen Grundsätzen.

§ 8b Beitragsanpassung. (1) Im Rahmen der vertraglichen Leistungszusage können sich die Leistungen des Versicherers z. B. wegen steigender Heilbehandlungskosten oder einer häufigeren Inanspruchnahme medizinischer Leistungen ändern. Dementsprechend vergleicht der Versicherer zumindest jährlich für jeden Tarif die erforderlichen mit den in den technischen Berechnungsgrundlagen kalkulierten Versicherungsleistungen. Ergibt diese Gegenüberstellung eine Abweichung von mehr als dem tariflich festgelegten Vomhundertsatz, werden alle Beiträge dieses Tarifs vom Versicherer überprüft und, soweit erforderlich, mit Zustimmung des Treuhänders angepaßt. Unter den gleichen Voraussetzungen kann auch eine betragsmäßig festgelegte Selbstbeteiligung angepaßt und ein vereinbarter Beitragszuschlag entsprechend geändert werden. Im Zuge einer Beitragsanpassung wird auch der für die Beitragsgarantie im

7 MB/KK §§ 9, 10 Krankheitskosten- und

Standardtarif erforderliche Zuschlag (§ 19 Satz 2) mit dem kalkulierten Zuschlag verglichen, und, soweit erforderlich, angepaßt.

(2) Von einer Beitragsanpassung kann abgesehen werden, wenn nach übereinstimmender Beurteilung durch den Versicherer und den Treuhänder die Veränderung der Versicherungsleistungen als vorübergehend anzusehen ist.

(3) Anpassungen nach Abs. 1 werden zu Beginn des zweiten Monats wirksam, der auf die Benachrichtigung der Versicherungsnehmer folgt, sofern nicht mit Zustimmung des Treuhänders ein anderer Zeitpunkt bestimmt wird.

§ 9 Obliegenheiten. (1) Jede Krankenhausbehandlung ist binnen 10 Tagen nach ihrem Beginn anzuzeigen.

(2) Der Versicherungsnehmer hat auf Verlangen des Versicherers jede Auskunft zu erteilen, die zur Feststellung des Versicherungsfalles oder der Leistungspflicht des Versicherers und ihres Umfanges erforderlich ist.

(3) Auf Verlangen des Versicherers ist die versicherte Person verpflichtet, sich durch einen vom Versicherer beauftragten Arzt untersuchen zu lassen.

(4) Die versicherte Person hat nach Möglichkeit für die Minderung des Schadens zu sorgen und alle Handlungen zu unterlassen, die der Genesung hinderlich sind.

(5) Wird für eine versicherte Person bei einem weiteren Versicherer ein Krankheitskostenversicherungsvertrag abgeschlossen oder macht eine versicherte Person von der Versicherungsberechtigung in der gesetzlichen Krankenversicherung Gebrauch, ist der Versicherungsnehmer verpflichtet, den Versicherer von der anderen Versicherung unverzüglich zu unterrichten.

(6) Eine weitere Krankenhaustagegeldversicherung darf nur mit Einwilligung des Versicherers abgeschlossen werden.

§ 10 Folgen von Obliegenheitsverletzungen. (1) Der Versicherer ist mit der in § 6 Abs. 3 VVG (siehe Anhang) vorgeschriebenen Einschränkung von der Verpflichtung zur Leistung frei, wenn eine der in § 9 Abs. 1 bis 4 genannten Obliegenheiten verletzt wird.

(2) Wird eine der in § 9 Abs. 5 und 6 genannten Obliegenheiten verletzt, so ist der Versicherer nach Maßgabe des § 6 Abs. 1 VVG (siehe Anhang) von der Verpflichtung zur Leistung frei, wenn er von seinem Kündigungsrecht innerhalb eines Monats nach dem Bekanntwerden Gebrauch macht.

(3) Die Kenntnis und das Verschulden der versicherten Person stehen der Kenntnis und dem Verschulden des Versicherungsnehmers gleich.

§ 11 Ansprüche gegen Dritte. Hat der Versicherungsnehmer oder eine versicherte Person Schadenersatzansprüche nichtversicherungsrechtlicher Art gegen Dritte, so besteht, unbeschadet des gesetzlichen Forderungsüberganges gemäß § 67 VVG (siehe Anhang), die Verpflichtung, diese Ansprüche bis zur Höhe, in der aus dem Versicherungsvertrag Kostenersatz geleistet wird, an den Versicherer schriftlich abzutreten. Gibt der Versicherungsnehmer oder eine versicherte Person einen solchen Anspruch oder ein zur Sicherung des Anspruchs dienendes Recht ohne Zustimmung des Versicherers auf, so wird dieser insoweit von der Verpflichtung zur Leistung frei, als er aus dem Anspruch oder dem Recht hätte Ersatz erlangen können.

§ 12 Aufrechnung. Der Versicherungsnehmer kann gegen Forderungen des Versicherers nur aufrechnen, soweit die Gegenforderung unbestritten oder rechtskräftig festgestellt ist. Gegen eine Forderung aus der Beitragspflicht kann jedoch ein Mitglied eines Versicherungsvereins nicht aufrechnen.

III. Ende der Versicherung

§ 13 Kündigung durch den Versicherungsnehmer. (1) Der Versicherungsnehmer kann das Versicherungsverhältnis zum Ende eines jeden Versicherungsjahres, frühestens aber zum Ablauf einer vereinbarten Vertragsdauer, mit einer Frist von drei Monaten kündigen.

(2) Die Kündigung kann auf einzelne versicherte Personen oder Tarife beschränkt werden.

(3) Wird eine versicherte Person kraft Gesetzes krankenversi-

cherungspflichtig, so kann der Versicherungsnehmer binnen zwei Monaten nach Eintritt der Versicherungspflicht insoweit eine Krankheitskostenversicherung rückwirkend zum Eintritt der Versicherungspflicht kündigen. Macht der Versicherungsnehmer von seinem Kündigungsrecht Gebrauch, steht dem Versicherer der Beitrag nur bis zu diesem Zeitpunkt zu. Später kann der Versicherungsnehmer das Versicherungsverhältnis insoweit nur zum Ende des Monats kündigen, in dem er den Eintritt der Versicherungspflicht nachweist. Der Versicherungspflicht steht gleich der gesetzliche Anspruch auf Familienversicherung oder der nicht nur vorübergehende Anspruch auf Heilfürsorge aus einem beamtenrechtlichen oder ähnlichen Dienstverhältnis.

(4) Hat eine Vereinbarung im Versicherungsvertrag zur Folge, daß bei Erreichen eines bestimmten Lebensalters oder bei Eintritt anderer dort genannter Voraussetzungen der Beitrag für ein anderes Lebensalter oder eine andere Altersgruppe gilt oder der Beitrag unter Berücksichtigung einer Alterungsrückstellung berechnet wird, kann der Versicherungsnehmer das Versicherungsverhältnis hinsichtlich der betroffenen versicherten Person binnen zwei Monaten nach der Änderung zum Zeitpunkt deren Inkrafttretens kündigen, wenn sich der Beitrag durch die Änderung erhöht.

(5) Erhöht der Versicherer die Beiträge aufgrund der Beitragsanpassungsklausel oder vermindert er seine Leistungen gemäß § 18 Abs. 1, so kann der Versicherungsnehmer das Versicherungsverhältnis hinsichtlich der betroffenen versicherten Person innerhalb eines Monats nach Zugang der Änderungsmitteilung zum Zeitpunkt des Wirksamwerdens der Änderung kündigen. Bei einer Beitragserhöhung kann der Versicherungsnehmer das Versicherungsverhältnis auch bis und zum Zeitpunkt des Wirksamwerdens der Erhöhung kündigen.

(6) Der Versicherungsnehmer kann, sofern der Versicherer die Anfechtung, den Rücktritt oder die Kündigung nur für einzelne versicherte Personen oder Tarife erklärt, innerhalb von zwei Wochen nach Zugang dieser Erklärung die Aufhebung des übrigen Teils der Versicherung zum Schlusse des Monats verlangen, in dem ihm die Erklärung des Versicherers zugegangen ist, bei Kündigung zu dem Zeitpunkt, in dem diese wirksam wird.

(7) Kündigt der Versicherungsnehmer das Versicherungsverhältnis insgesamt oder für einzelne versicherte Personen, haben die versicherten Personen das Recht, das Versicherungsverhältnis unter Benennung des künftigen Versicherungsnehmers fortzusetzen. Die Erklärung ist innerhalb zweier Monate nach der Kündigung abzugeben. Die Kündigung ist nur wirksam, wenn der Versicherungsnehmer nachweist, daß die betroffenen versicherten Personen von der Kündigungserklärung Kenntnis erlangt haben.

§ 14 Kündigung durch den Versicherer. (1) Der Versicherer verzichtet auf das ordentliche Kündigungsrecht in der Krankheitskostenversicherung, wenn die Versicherung ganz oder teilweise den im gesetzlichen Sozialversicherungssystem vorgesehenen Krankenversicherungsschutz ersetzen kann. Dies gilt auch für eine Krankenhaustagegeldversicherung, die neben einer Krankheitskostenvollversicherung besteht.

(2) Liegen bei einer Krankenhaustagegeldversicherung oder einer Krankheitskostenteilversicherung die Voraussetzungen nach Abs. 1 nicht vor, so kann der Versicherer das Versicherungsverhältnis nur innerhalb der ersten drei Versicherungsjahre mit einer Frist von drei Monaten zum Ende eines Versicherungsjahres kündigen.

(3) Die gesetzlichen Bestimmungen über das außerordentliche Kündigungsrecht bleiben unberührt.

(4) Die Kündigung kann auf einzelne versicherte Personen oder Tarife beschränkt werden.

§ 15 Sonstige Beendigungsgründe. (1) Das Versicherungsverhältnis endet mit dem Tod des Versicherungsnehmers. Die versicherten Personen haben jedoch das Recht, das Versicherungsverhältnis unter Benennung des künftigen Versicherungsnehmers fortzusetzen. Die Erklärung ist innerhalb zweier Monate nach dem Tode des Versicherungsnehmers abzugeben.

(2) Beim Tod einer versicherten Person endet insoweit das Versicherungsverhältnis.

(3) Das Versicherungsverhältnis endet mit dem Wegzug des Versicherungsnehmers aus dem Tätigkeitsgebiet des Versicherers, es sei denn, daß eine anderweitige Vereinbarung getroffen

wird. Bei Wegzug einer versicherten Person endet insoweit das Versicherungsverhältnis.

IV. Sonstige Bestimmungen

§ 16 Willenserklärungen und Anzeigen. Willenserklärungen und Anzeigen gegenüber dem Versicherer bedürfen der Schriftform. Zu ihrer Entgegennahme sind Versicherungsvermittler nicht bevollmächtigt.

§ 17 Klagefrist/Gerichtsstand. (1) Hat der Versicherer einen Anspruch auf Versicherungsleistungen dem Grunde oder der Höhe nach abgelehnt, so ist er insoweit von der Verpflichtung zur Leistung frei, wenn der Anspruch vom Versicherungsnehmer nicht innerhalb von sechs Monaten gerichtlich geltend gemacht wird. Die Frist beginnt erst, nachdem der Versicherer den Anspruch unter Angabe der mit dem Ablauf der Frist verbundenen Rechtsfolgen schriftlich abgelehnt hat.

(2) Klagen gegen den Versicherer können bei dem Gericht am Sitz des Versicherers oder bei dem Gericht des Ortes anhängig gemacht werden, wo der Vermittlungsagent zur Zeit der Vermittlung seine gewerbliche Niederlassung oder in Ermangelung einer solchen seinen Wohnsitz hatte.

(3) Für Klagen aus dem Versicherungsverhältnis gegen den Versicherungsnehmer ist das Gericht des Ortes zuständig, an dem der Versicherungsnehmer seinen Wohnsitz oder den Sitz oder die Niederlassung seines Geschäfts- oder Gewerbebetriebes hat.

§ 18 Änderungen der Allgemeinen Versicherungsbedingungen. (1) Die Allgemeinen Versicherungsbedingungen können unter hinreichender Wahrung der Belange der Versicherten vom Versicherer mit Zustimmung eines unabhängigen Treuhänders mit Wirkung für bestehende Versicherungsverhältnisse, auch für den noch nicht abgelaufenen Teil des Versicherungsjahres, geändert werden

a) bei einer nicht nur vorübergehenden Veränderung der Verhältnisse des Gesundheitswesens,
b) im Falle der Unwirksamkeit von Bedingungen,

c) bei Änderungen von Gesetzen, auf denen die Bestimmungen des Versicherungsvertrages beruhen,
d) bei unmittelbar den Versicherungsvertrag betreffenden Änderungen der höchstrichterlichen Rechtsprechung, der Verwaltungspraxis des Bundesaufsichtsamtes für das Versicherungswesen oder der Kartellbehörden.

Im Falle der Buchstaben c und d ist eine Änderung nur zulässig, soweit sie Bestimmungen über Versicherungsschutz, Pflichten des Versicherungsnehmers, Sonstige Beendigungsgründe, Willenserklärungen und Anzeigen sowie Gerichtsstand betrifft.

(2) Die neuen Bedingungen sollen den ersetzten rechtlich und wirtschaftlich weitestgehend entsprechen. Sie dürfen die Versicherten auch unter Berücksichtigung der bisherigen Auslegung in rechtlicher und wirtschaftlicher Hinsicht nicht unzumutbar benachteiligen.

(3) Änderungen nach Abs. 1 werden zu Beginn des zweiten Monats wirksam, der auf die Benachrichtigung der Versicherungsnehmer folgt, sofern nicht mit Zustimmung des Treuhänders ein anderer Zeitpunkt bestimmt wird.

(4) Zur Beseitigung von Auslegungszweifeln kann der Versicherer mit Zustimmung des Treuhänders den Wortlaut von Bedingungen ändern, wenn diese Anpassung vom bisherigen Bedingungstext gedeckt ist und den objektiven Willen sowie die Interessen beider Parteien berücksichtigt. Abs. 2 gilt entsprechend.

§ 19 Wechsel in den Standardtarif.
Der Versicherungsnehmer kann verlangen, daß versicherte Personen seines Vertrages, die das 65. Lebensjahr vollendet haben und seit mindestens zehn Jahren ununterbrochen über Versicherungsschutz in einer zum Arbeitgeberzuschuß gemäß § 257 Abs. 2 SGB V berechtigenden Krankheitskostenversicherung verfügen, in den Standardtarif mit Höchstbeitragsgarantie wechseln können. Zur Gewährleistung dieser Beitragsgarantie wird der in den technischen Berechnungsgrundlagen festgelegte Zuschlag erhoben. Neben dem Standardtarif darf gemäß Nr. 1 und Nr. 9 der Tarifbedingungen für den Standardtarif für eine versicherte Person keine weitere Krankheitskostenteil- oder -vollversicherung bestehen. Der Wechsel ist jederzeit nach Erfüllung der in Satz 1

genannten Voraussetzungen möglich; die Versicherung im Standardtarif beginnt zum Ersten des Monats, der auf den Antrag des Versicherungsnehmers auf Wechsel in den Standardtarif folgt.

8. Musterbedingungen 1994 für die Krankentagegeldversicherung (MB/KT 94)[1)]

Übersicht[2)]

	§§
I. Der Versicherungsschutz	1–7
Gegenstand, Umfang und Geltungsbereich des Versicherungsschutzes	1
Beginn des Versicherungsschutzes	2
Wartezeiten	3
Umfang der Leistungspflicht	4
Einschränkung der Leistungspflicht	5
Auszahlung der Versicherungsleistungen	6
Ende des Versicherungsschutzes	7
II. Pflichten des Versicherungsnehmers	8–12
Beitragszahlung	8
Beitragsberechnung	8a
Beitragsanpassung	8b
Obliegenheiten	9
Folgen von Obliegenheitsverletzungen	10
Anzeigepflicht bei Wegfall der Versicherungsfähigkeit	11
Aufrechnung	12
III. Ende der Versicherung	13–15
Kündigung durch den Versicherungsnehmer	13
Kündigung durch den Versicherer	14
Sonstige Beendigungsgründe	15
IV. Sonstige Bestimmungen	16–18
Willenserklärungen und Anzeigen	16
Klagefrist/Gerichtsstand	17
Änderungen der Allgemeinen Versicherungsbedingungen	18

[1)] Unverbindliche Empfehlung des Verbands der Krankenversicherer.
[2)] Die Inhaltsübersicht wurde vom Herausgeber eingefügt.

I. Der Versicherungsschutz

§ 1 Gegenstand, Umfang und Geltungsbereich des Versicherungsschutzes. (1) Der Versicherer bietet Versicherungsschutz gegen Verdienstausfall als Folge von Krankheiten oder Unfällen, soweit dadurch Arbeitsunfähigkeit verursacht wird. Er gewährt im Versicherungsfall für die Dauer einer Arbeitsunfähigkeit ein Krankentagegeld in vertraglichem Umfang.

(2) Versicherungsfall ist die medizinisch notwendige Heilbehandlung einer versicherten Person wegen Krankheit oder Unfallfolgen, in deren Verlauf Arbeitsunfähigkeit ärztlich festgestellt wird. Der Versicherungsfall beginnt mit der Heilbehandlung; er endet, wenn nach medizinischem Befund keine Arbeitsunfähigkeit und keine Behandlungsbedürftigkeit mehr bestehen. Eine während der Behandlung neu eingetretene und behandelte Krankheit oder Unfallfolge, in deren Verlauf Arbeitsunfähigkeit ärztlich festgestellt wird, begründet nur dann einen neuen Versicherungsfall, wenn sie mit der ersten Krankheit oder Unfallfolge in keinem ursächlichen Zusammenhang steht. Wird Arbeitsunfähigkeit gleichzeitig durch mehrere Krankheiten oder Unfallfolgen hervorgerufen, so wird das Krankentagegeld nur einmal gezahlt.

(3) Arbeitsunfähigkeit im Sinne dieser Bedingungen liegt vor, wenn die versicherte Person ihre berufliche Tätigkeit nach medizinischem Befund vorübergehend in keiner Weise ausüben kann, sie auch nicht ausübt und keiner anderweitigen Erwerbstätigkeit nachgeht.

(4) Der Umfang des Versicherungsschutzes ergibt sich aus dem Versicherungsschein, späteren schriftlichen Vereinbarungen, den Allgemeinen Versicherungsbedingungen (Musterbedingungen mit Anhang, Tarif mit Tarifbedingungen) sowie den gesetzlichen Vorschriften. Das Versicherungsverhältnis unterliegt deutschem Recht.

(5) Der Versicherungsnehmer kann die Umwandlung der Versicherung in einen gleichartigen Versicherungsschutz verlangen, sofern die versicherte Person die Voraussetzungen für die Versicherungsfähigkeit erfüllt. Der Versicherer ist zur Annahme eines solchen Antrags spätestens zu dem Zeitpunkt verpflichtet, zu dem der Versicherungsnehmer die Versicherung

hätte kündigen können (§ 13)[1]). Die erworbenen Rechte bleiben erhalten; die nach den technischen Berechnungsgrundlagen gebildete Rückstellung für das mit dem Alter der versicherten Person wachsende Wagnis (Alterungsrückstellung) wird nach Maßgabe dieser Berechnungsgrundlagen angerechnet. Soweit der neue Versicherungsschutz höher oder umfassender ist, kann insoweit ein Risikozuschlag (§ 8a Abs. 3 und 4) verlangt oder ein Leistungsausschluß vereinbart werden; ferner sind für den hinzukommenden Teil des Versicherungsschutzes Wartezeiten (§ 3 Abs. 6) einzuhalten. Der Umwandlungsanspruch besteht bei Anwartschafts- und Ruhensversicherungen nicht, solange der Anwartschaftsgrund bzw. der Ruhensgrund nicht entfallen ist, und nicht bei befristeten Versicherungsverhältnissen.[2])

(6) Der Versicherungsschutz erstreckt sich auf Deutschland. Bei Aufenthalt im europäischen Ausland wird für im Ausland akut eingetretene Krankheiten oder Unfälle das Krankentagegeld in vertraglichem Umfang für die Dauer einer medizinisch notwendigen stationären Heilbehandlung in einem öffentlichen Krankenhaus gezahlt; für Aufenthalt im außereuropäischen Ausland können besondere Vereinbarungen getroffen werden.

§ 2 Beginn des Versicherungsschutzes.

(1) Der Versicherungsschutz beginnt mit dem im Versicherungsschein bezeichneten Zeitpunkt (Versicherungsbeginn), jedoch nicht vor Abschluß des Versicherungsvertrages (insbesondere Zugang des Versicherungsscheines oder einer schriftlichen Annahmeerklärung) und nicht vor Ablauf von Wartezeiten. Für Versicherungsfälle, die vor Beginn des Versicherungsschutzes eingetreten sind, wird nicht geleistet. Nach Abschluß des Versicherungsvertrages eingetretene Versicherungsfälle sind nur für den Teil von der Leistungspflicht ausgeschlossen, der in die Zeit vor

---

[1]) Das BAV vertritt die Auffassung, daß die vorgesehene Annahmefrist das Recht des VN nach § 178f VVG beschränke, den Tarif zu dem von ihm gewünschten Zeitpunkt zu wechseln, so daß ein Verstoß gegen § 178o VVG vorliege. Die Annahme des Antrags müsse entsprechend dem allgemeinen Vertragsrecht in einer angemessenen Frist erfolgen.
[2]) Das BAV vertritt die Auffassung, daß der VN gemäß § 178f VVG einen Anspruch auf Umwandlung einer Anwartschafts- oder Ruhensversicherung bezüglich eines Tarifs in eine solche bezüglich eines anderen Tarifs mit gleichartigem Versicherungsschutz habe; die Regelung also gegen § 178o VVG verstoße.

§ MB/KT §§ 3, 4 KrankentagegeldVers

Versicherungsbeginn oder in Wartezeiten fällt. Bei Vertragsänderungen gelten die Sätze 1 bis 3 für den hinzukommenden Teil des Versicherungsschutzes.

§ 3 Wartezeiten. (1) Die Wartezeiten rechnen vom Versicherungsbeginn an.

(2) Die allgemeine Wartezeit beträgt drei Monate. Sie entfällt bei Unfällen.

(3) Die besonderen Wartezeiten betragen für Psychotherapie, Zahnbehandlung, Zahnersatz und Kieferorthopädie acht Monate.

(4) Sofern der Tarif es vorsieht, können die Wartezeiten aufgrund besonderer Vereinbarung erlassen werden, wenn ein ärztliches Zeugnis über den Gesundheitszustand vorgelegt wird.

(5) Personen, die aus einer gesetzlichen Krankenversicherung ausscheiden, wird bis zur Höhe des bisherigen Krankengeldanspruchs die nachweislich dort ununterbrochen zurückgelegte Versicherungszeit auf die Wartezeiten angerechnet. Voraussetzung ist, daß die Versicherung spätestens zwei Monate nach Beendigung der Vorversicherung zusammen mit einer Krankheitskostenversicherung beantragt wurde und der Versicherungsschutz in Abweichung von § 2 im unmittelbaren Anschluß beginnen soll. Entsprechendes gilt beim Ausscheiden aus einem öffentlichen Dienst mit Anspruch auf Heilfürsorge.

(6) Bei Vertragsänderungen gelten die Wartezeitenregelungen für den hinzukommenden Teil des Versicherungsschutzes.

§ 4 Umfang der Leistungspflicht. (1) Höhe und Dauer der Versicherungsleistungen ergeben sich aus dem Tarif mit Tarifbedingungen.

(2) Das Krankentagegeld darf zusammen mit sonstigen Krankentage- und Krankengeldern das auf den Kalendertag umgerechnete, aus der beruflichen Tätigkeit herrührende Nettoeinkommen nicht übersteigen. Maßgebend für die Berechnung des Nettoeinkommens ist der Durchschnittsverdienst der letzten 12 Monate vor Antragstellung bzw. vor Eintritt der Arbeitsunfähigkeit, sofern der Tarif keinen anderen Zeitraum vorsieht.

(3) Der Versicherungsnehmer ist verpflichtet, dem Versiche-

rer unverzüglich eine nicht nur vorübergehende Minderung des aus der Berufstätigkeit herrührenden Nettoeinkommens mitzuteilen.

(4) Erlangt der Versicherer davon Kenntnis, daß das Nettoeinkommen der versicherten Person unter die Höhe des dem Vertrage zugrunde gelegten Einkommens gesunken ist, so kann er ohne Unterschied, ob der Versicherungsfall bereits eingetreten ist oder nicht, das Krankentagegeld und den Beitrag mit Wirkung vom Beginn des zweiten Monats nach Kenntnis entsprechend dem geminderten Nettoeinkommen herabsetzen. Bis zum Zeitpunkt der Herabsetzung wird die Leistungspflicht im bisherigen Umfang für eine bereits eingetretene Arbeitsunfähigkeit nicht berührt.

(5) Die Zahlung von Krankentagegeld setzt voraus, daß die versicherte Person während der Dauer der Arbeitsunfähigkeit durch einen niedergelassenen approbierten Arzt oder Zahnarzt bzw. im Krankenhaus behandelt wird.

(6) Der versicherten Person steht die Wahl unter den niedergelassenen approbierten Ärzten und Zahnärzten frei.

(7) Eintritt und Dauer der Arbeitsunfähigkeit sind durch Bescheinigung des behandelnden Arztes oder Zahnarztes nachzuweisen. Etwaige Kosten derartiger Nachweise hat der Versicherungsnehmer zu tragen. Bescheinigungen von Ehegatten, Eltern oder Kindern reichen zum Nachweis der Arbeitsunfähigkeit nicht aus.

(8) Bei medizinisch notwendiger stationärer Heilbehandlung hat die versicherte Person freie Wahl unter den öffentlichen und privaten Krankenhäusern, die unter ständiger ärztlicher Leitung stehen, über ausreichende diagnostische und therapeutische Möglichkeiten verfügen und Krankengeschichten führen.

(9) Bei medizinisch notwendiger stationärer Heilbehandlung in Krankenanstalten, die auch Kuren bzw. Sanatoriumsbehandlung durchführen oder Rekonvaleszenten aufnehmen, im übrigen aber die Voraussetzungen von Abs. 8 erfüllen, werden die tariflichen Leistungen nur dann erbracht, wenn der Versicherer diese vor Beginn der Behandlung schriftlich zugesagt hat. Bei Tbc-Erkrankungen wird in vertraglichem Umfange auch bei stationärer Behandlung in Tbc-Heilstätten und Sanatorien geleistet.

§ 5 Einschränkung der Leistungspflicht. (1) Keine Leistungspflicht besteht bei Arbeitsunfähigkeit

a) wegen solcher Krankheiten einschließlich ihrer Folgen, sowie wegen Folgen von Unfällen, die durch Kriegsereignisse verursacht oder als Wehrdienstbeschädigungen anerkannt und nicht ausdrücklich in den Versicherungsschutz eingeschlossen sind;
b) wegen auf Vorsatz beruhender Krankheiten und Unfälle einschließlich deren Folgen sowie wegen Entziehungsmaßnahmen einschließlich Entziehungskuren;
c) wegen Krankheiten und Unfallfolgen, die auf eine durch Alkoholgenuß bedingte Bewußtseinsstörung zurückzuführen sind;
d) ausschließlich wegen Schwangerschaft, ferner wegen Schwangerschaftsabbruch, Fehlgeburt und Entbindung;
e) während der gesetzlichen Beschäftigungsverbote für werdende Mütter und Wöchnerinnen in einem Arbeitsverhältnis (Mutterschutz). Diese befristete Einschränkung der Leistungspflicht gilt sinngemäß auch für selbständig Tätige, es sei denn, daß die Arbeitsunfähigkeit in keinem Zusammenhang mit den unter d) genannten Ereignissen steht;
f) wenn sich die versicherte Person nicht an ihrem Wohnsitz in Deutschland aufhält, es sei denn, daß sie sich – unbeschadet des Absatzes 2 – in medizinisch notwendiger stationärer Heilbehandlung befindet (vgl. § 4 Abs. 8 und 9). Wird die versicherte Person in Deutschland außerhalb ihres Wohnsitzes arbeitsunfähig, so steht ihr das Krankentagegeld auch zu, solange die Erkrankung oder Unfallfolge nach medizinischem Befund eine Rückkehr ausschließt;
g) während Kur- und Sanatoriumsbehandlung sowie während Rehabilitationsmaßnahmen der gesetzlichen Rehabilitationsträger, wenn der Tarif nichts anderes vorsieht.

(2) Während des Aufenthaltes in einem Heilbad oder Kurort – auch bei einem Krankenhausaufenthalt – besteht keine Leistungspflicht. Die Einschränkung entfällt, wenn die versicherte Person dort ihren ständigen Wohnsitz hat oder während eines vorübergehenden Aufenthaltes durch eine vom Aufenthaltszweck unabhängige akute Erkrankung oder einen dort eingetretenen Unfall arbeitsunfähig wird, solange dadurch nach medizinischem Befund die Rückkehr ausgeschlossen ist.

§ 6 Auszahlung der Versicherungsleistungen. (1) Der Versicherer ist zur Leistung nur verpflichtet, wenn die von ihm geforderten Nachweise erbracht sind; diese werden Eigentum des Versicherers.

(2) Im übrigen ergeben sich die Voraussetzungen für die Fälligkeit der Leistungen des Versicherers aus § 11 Abs. 1 bis 3 VVG (siehe Anhang).

(3) Der Versicherer ist berechtigt, an den Überbringer oder Übersender von ordnungsmäßigen Nachweisen zu leisten.

(4) Kosten für die Überweisung der Versicherungsleistungen und für Übersetzung können von den Leistungen abgezogen werden.

(5) Ansprüche auf Versicherungsleistungen können weder abgetreten noch verpfändet werden.

§ 7 Ende des Versicherungsschutzes. Der Versicherungsschutz endet – auch für schwebende Versicherungsfälle – mit der Beendigung des Versicherungsverhältnisses (§§ 13 bis 15). Kündigt der Versicherer das Versicherungsverhältnis gemäß § 14 Abs. 1, so endet der Versicherungsschutz für schwebende Versicherungsfälle erst am dreißigsten Tage nach Beendigung des Versicherungsverhältnisses. Endet das Versicherungsverhältnis wegen Wegfalls einer der im Tarif bestimmten Voraussetzungen für die Versicherungsfähigkeit oder wegen Eintritts der Berufsunfähigkeit, so bestimmt sich die Leistungspflicht nach § 15 Buchstabe a oder b.

II. Pflichten des Versicherungsnehmers

§ 8 Beitragszahlung. (1) Der Beitrag ist ein Jahresbeitrag und wird vom Versicherungsbeginn an berechnet. Er ist zu Beginn eines jeden Versicherungsjahres zu entrichten, kann aber auch in gleichen monatlichen Beitragsraten gezahlt werden, die jeweils bis zur Fälligkeit der Beitragsrate als gestundet gelten. Die Beitragsraten sind am Ersten eines jeden Monats fällig. Wird der Jahresbeitrag während des Versicherungsjahres neu festgesetzt, so ist der Unterschiedsbetrag vom Änderungszeitpunkt an bis zum Beginn des nächsten Versicherungsjahres nachzuzahlen bzw. zurückzuzahlen.

8 MB/KT § 8a KrankentagegeldVers

(2) Wird der Vertrag für eine bestimmte Zeit mit der Maßgabe geschlossen, daß sich das Versicherungsverhältnis nach Ablauf dieser bestimmten Zeit stillschweigend um jeweils ein Jahr verlängert, sofern der Versicherungsnehmer nicht fristgemäß gekündigt hat, so kann der Tarif anstelle von Jahresbeiträgen Monatsbeiträge vorsehen. Diese sind am Ersten eines jeden Monats fällig.

(3) Der erste Beitrag bzw. die erste Beitragsrate ist spätestens unverzüglich nach Aushändigung des Versicherungsscheines zu zahlen.

(4) Kommt der Versicherungsnehmer mit der Zahlung einer Beitragsrate in Verzug, so werden die gestundeten Beitragsraten des laufenden Versicherungsjahres fällig. Sie gelten jedoch erneut als gestundet, wenn der rückständige Beitragsteil einschließlich der Beitragsrate für den am Tage der Zahlung laufenden Monat und die Mahnkosten entrichtet sind.

(5) Nicht rechtzeitige Zahlung des Erstbeitrages oder eines Folgebeitrages kann unter den Voraussetzungen der §§ 38 Abs. 1, 39 VVG (siehe Anhang) zum Verlust des Versicherungsschutzes führen. Ist ein Beitrag bzw. eine Beitragsrate nicht rechtzeitig gezahlt und wird der Versicherungsnehmer schriftlich gemahnt, so ist er zur Zahlung der Mahnkosten verpflichtet, deren Höhe sich aus dem Tarif ergibt.

(6) Die Beiträge bzw. Beitragsraten sind bis zum Ablauf des Monats zu zahlen, in dem das Versicherungsverhältnis endet.

(7) Die Beiträge sind an die vom Versicherer zu bezeichnende Stelle zu entrichten.

§ 8a Beitragsberechnung. (1) Die Berechnung der Beiträge erfolgt nach Maßgabe der Vorschriften des Versicherungsaufsichtsgesetzes (VAG) und ist in den technischen Berechnungsgrundlagen des Versicherers festgelegt.

(2) Bei einer Änderung der Beiträge, auch durch Änderung des Versicherungsschutzes, wird das Geschlecht und das (die) bei Inkrafttreten der Änderung erreichte tarifliche Lebensalter (Lebensaltersgruppe) der versicherten Person berücksichtigt. Dabei wird dem Eintrittsalter der versicherten Person dadurch Rechnung getragen, daß eine Alterungsrückstellung gemäß den in den technischen Berechnungsgrundlagen festgelegten

Grundsätzen angerechnet wird. Eine Erhöhung der Beiträge oder eine Minderung der Leistungen des Versicherers wegen des Älterwerdens der versicherten Person ist jedoch während der Dauer des Versicherungsverhältnisses ausgeschlossen, soweit eine Alterungsrückstellung zu bilden ist.

(3) Bei Beitragsänderungen kann der Versicherer auch besonders vereinbarte Beitragszuschläge entsprechend ändern.

(4) Liegt bei Vertragsänderungen ein erhöhtes Risiko vor, steht dem Versicherer für den hinzukommenden Teil des Versicherungsschutzes zusätzlich zum Beitrag ein angemessener Zuschlag zu. Dieser bemißt sich nach den für den Geschäftsbetrieb des Versicherers zum Ausgleich erhöhter Risiken maßgeblichen Grundsätzen.

§ 8 b Beitragsanpassung. (1) Im Rahmen der vertraglichen Leistungszusage können sich die Leistungen des Versicherers z. B. wegen häufigerer Arbeitsunfähigkeit der Versicherten oder wegen längerer Arbeitsunfähigkeitszeiten ändern. Dementsprechend vergleicht der Versicherer zumindest jährlich für jeden Tarif die erforderlichen mit den in den technischen Berechnungsgrundlagen kalkulierten Versicherungsleistungen. Ergibt diese Gegenüberstellung eine Abweichung von mehr als dem tariflich festgelegten Vomhundertsatz, werden alle Beiträge dieses Tarifs vom Versicherer überprüft und, soweit erforderlich, mit Zustimmung des Treuhänders angepaßt.

(2) Von einer Beitragsanpassung kann abgesehen werden, wenn nach übereinstimmender Beurteilung durch den Versicherer und den Treuhänder die Veränderung der Versicherungsleistungen als vorübergehend anzusehen ist.

(3) Anpassungen nach Absatz 1 werden zu Beginn des zweiten Monats wirksam, der auf die Benachrichtigung der Versicherungsnehmer folgt, sofern nicht mit Zustimmung des Treuhänders ein anderer Zeitpunkt bestimmt wird.

§ 9 Obliegenheiten. (1) Die ärztlich festgestellte Arbeitsunfähigkeit ist dem Versicherer unverzüglich, spätestens aber innerhalb der im Tarif festgesetzten Frist, durch Vorlage eines Nachweises (§ 4 Abs. 7) anzuzeigen. Bei verspätetem Zugang der Anzeige wird das Krankentagegeld erst vom Zugangstage an gezahlt, jedoch nicht vor dem im Tarif vorgesehenen Zeitpunkt. Fortdauernde Arbeitsunfähigkeit ist dem Versicherer innerhalb der im Tarif festgesetzten Frist nachzuweisen. Die Wiederherstellung der Arbeitsfähigkeit ist dem Versicherer binnen drei Tagen anzuzeigen.

(2) Der Versicherungsnehmer hat auf Verlangen des Versicherers jede Auskunft zu erteilen, die zur Feststellung des Versicherungsfalles oder der Leistungspflicht des Versicherers und ihres Umfanges erforderlich ist. Die geforderten Auskünfte sind auch einem Beauftragten des Versicherers zu erteilen.

(3) Auf Verlangen des Versicherers ist die versicherte Person verpflichtet, sich durch einen vom Versicherer beauftragten Arzt untersuchen zu lassen.

(4) Die versicherte Person hat für die Wiederherstellung der Arbeitsfähigkeit zu sorgen; sie hat insbesondere die Weisungen des Arztes gewissenhaft zu befolgen und alle Handlungen zu unterlassen, die der Genesung hinderlich sind.

(5) Jeder Berufswechsel der versicherten Person ist unverzüglich anzuzeigen.

(6) Der Neuabschluß einer weiteren oder die Erhöhung einer anderweitig bestehenden Versicherung mit Anspruch auf Krankentagegeld darf nur mit Einwilligung des Versicherers vorgenommen werden.

§ 10 Folgen von Obliegenheitsverletzungen. (1) Der Versicherer ist mit der in § 6 Abs. 3 VVG (siehe Anhang) vorgeschriebenen Einschränkung von der Verpflichtung zur Leistung frei, wenn eine der in § 9 Abs. 1 bis 4 genannten Obliegenheiten verletzt wird.

(2) Wird eine der in § 9 Abs. 5 und 6 genannten Obliegenheiten verletzt, so ist der Versicherer nach Maßgabe des § 6 Abs. 1 VVG (siehe Anhang) von der Verpflichtung zur Leistung frei, wenn er von seinem Kündigungsrecht innerhalb eines Monats nach dem Bekanntwerden Gebrauch macht.

§ 11 Anzeigepflicht bei Wegfall der Versicherungsfähigkeit. Der Wegfall einer im Tarif bestimmten Voraussetzung für die Versicherungsfähigkeit oder der Eintritt der Berufsunfähigkeit (vgl. § 15 Buchstabe b) einer versicherten Person ist dem Versicherer unverzüglich anzuzeigen. Erlangt der Versicherer von dem Eintritt dieses Ergebnisses erst später Kenntnis, so sind beide Teile verpflichtet, die für die Zeit nach Beendigung des Versicherungsverhältnisses empfangenen Leistungen einander zurückzugewähren.

§ 12 Aufrechnung. Der Versicherungsnehmer kann gegen Forderungen des Versicherers nur aufrechnen, soweit die Gegenforderung unbestritten oder rechtskräftig festgestellt ist. Gegen eine Forderung aus der Beitragspflicht kann jedoch ein Mitglied eines Versicherungsvereins nicht aufrechnen.

III. Ende der Versicherung

§ 13 Kündigung durch den Versicherungsnehmer. (1) Der Versicherungsnehmer kann das Versicherungsverhältnis zum Ende eines jeden Versicherungsjahres mit einer Frist von drei Monaten kündigen.

(2) Die Kündigung kann auf einzelne versicherte Personen oder Tarife beschränkt werden.

(3) Wird eine versicherte Person kraft Gesetzes krankenversicherungspflichtig, so kann der Versicherungsnehmer binnen zwei Monaten nach Eintritt der Versicherungspflicht insoweit das Versicherungsverhältnis rückwirkend zum Eintritt der Versicherungspflicht kündigen. Macht der Versicherungsnehmer von seinem Kündigungsrecht Gebrauch, steht dem Versicherer die Prämie nur bis zu diesem Zeitpunkt zu. Später kann der Versicherungsnehmer das Versicherungsverhältnis insoweit nur zum Ende des Monats kündigen, in dem er den Eintritt der Versicherungspflicht nachweist. Der Versicherungspflicht steht gleich der gesetzliche Anspruch auf Familienversicherung oder der nicht nur vorübergehende Anspruch auf Heilfürsorge aus einem beamtenrechtlichen oder ähnlichen Dienstverhältnis.

(4) Erhöht der Versicherer die Beiträge aufgrund der Beitragsanpassungsklausel oder vermindert er seine Leistungen gemäß § 18 Abs. 1 oder macht er von seinem Recht auf Herabsetzung gemäß § 4 Abs. 4 Gebrauch, so kann der Versicherungsnehmer das Versicherungsverhältnis hinsichtlich der betroffenen versicherten Person innerhalb eines Monats vom Zugang der Änderungsmitteilung an zum Zeitpunkt des Wirksamwer-

8 MB/KT § 14   KrankentagegeldVers

dens der Änderung kündigen. Bei einer Beitragserhöhung kann der Versicherungsnehmer das Versicherungsverhältnis auch bis und zum Zeitpunkt des Wirksamwerdens der Erhöhung kündigen.

(5) Der Versicherungsnehmer kann, sofern der Versicherer die Anfechtung, den Rücktritt oder die Kündigung nur für einzelne versicherte Personen oder Tarife erklärt, innerhalb von zwei Wochen nach Zugang dieser Erklärung die Aufhebung des übrigen Teils der Versicherung zum Schlusse des Monats verlangen, in dem ihm die Erklärung des Versicherers zugegangen ist, bei Kündigung zu dem Zeitpunkt, in dem diese wirksam wird.

(6) Kündigt der Versicherungsnehmer das Versicherungsverhältnis insgesamt oder für einzelne versicherte Personen, haben die versicherten Personen das Recht, das Versicherungsverhältnis unter Benennung des künftigen Versicherungsnehmers fortzusetzen. Die Erklärung ist innerhalb zweier Monate nach der Kündigung abzugeben. Die Kündigung ist nur wirksam, wenn der Versicherungsnehmer nachweist, daß die betroffenen versicherten Personen von der Kündigungserklärung Kenntnis erlangt haben.

§ 14 Kündigung durch den Versicherer. (1) Der Versicherer kann das Versicherungsverhältnis zum Ende eines jeden der ersten drei Versicherungsjahre mit einer Frist von drei Monaten kündigen, sofern kein gesetzlicher Anspruch auf einen Beitragszuschuß des Arbeitgebers besteht.

(2) Die gesetzlichen Bestimmungen über das außerordentliche Kündigungsrecht bleiben unberührt.

(3) Die Kündigung kann auf einzelne versicherte Personen, Tarife oder auf nachträgliche Erhöhungen des Krankentagegeldes beschränkt werden.

(4) Der Versicherer kann, sofern der Versicherungsnehmer die Kündigung nur für einzelne versicherte Personen oder Tarife erklärt, innerhalb von zwei Wochen nach Zugang der Kündigung die Aufhebung des übrigen Teils der Versicherung zu dem Zeitpunkt verlangen, in dem diese wirksam wird. Das gilt nicht für den Fall des § 13 Abs. 3.

§ 15 Sonstige Beendigungsgründe. Das Versicherungsverhältnis endet hinsichtlich der betroffenen versicherten Personen

a) bei Wegfall einer im Tarif bestimmten Voraussetzung für die Versicherungsfähigkeit zum Ende des Monats, in dem die Voraussetzung weggefallen ist. Besteht jedoch zu diesem Zeitpunkt in einem bereits eingetretenen Versicherungsfall Arbeitsunfähigkeit, so endet das Versicherungsverhältnis nicht vor dem Zeitpunkt, bis zu dem der Versicherer seine im Tarif aufgeführten Leistungen für diese Arbeitsunfähigkeit zu erbringen hat, spätestens aber drei Monate nach Wegfall der Voraussetzung;

b) mit Eintritt der Berufsunfähigkeit. Berufsunfähigkeit liegt vor, wenn die versicherte Person nach medizinischem Befund im bisher ausgeübten Beruf auf nicht absehbare Zeit mehr als 50% erwerbsunfähig ist. Besteht jedoch zu diesem Zeitpunkt in einem bereits eingetretenen Versicherungsfall Arbeitsunfähigkeit, so endet das Versicherungsverhältnis nicht vor dem Zeitpunkt, bis zu dem der Versicherer seine im Tarif aufgeführten Leistungen für diese Arbeitsunfähigkeit zu erbringen hat, spätestens aber drei Monate nach Eintritt der Berufsunfähigkeit;

c) mit dem Bezug von Altersrente, spätestens nach Vollendung des 65. Lebensjahres zum Ende des Monats, in dem die Altersgrenze erreicht wird;

d) mit dem Tod. Beim Tode des Versicherungsnehmers haben die versicherten Personen das Recht, das Versicherungsverhältnis unter Benennung des künftigen Versicherungsnehmers fortzusetzen. Die Erklärung ist innerhalb zweier Monate nach dem Tode des Versicherungsnehmers abzugeben;

e) mit dem Wegzug aus dem Tätigkeitsgebiet des Versicherers, es sei denn, daß eine anderweitige Vereinbarung getroffen wird.

IV. Sonstige Bestimmungen

§ 16 Willenserklärungen und Anzeigen. Willenserklärungen und Anzeigen gegenüber dem Versicherer bedürfen der Schriftform. Zu ihrer Entgegennahme sind Versicherungsvermittler nicht bevollmächtigt.

8 MB/KT §§ 17, 18 KrankentagegeldVers

§ 17 Klagefrist/Gerichtsstand. (1) Hat der Versicherer einen Anspruch auf Versicherungsleistungen dem Grunde oder der Höhe nach abgelehnt, so ist er insoweit von der Verpflichtung zur Leistung frei, wenn der Anspruch vom Versicherungsnehmer nicht innerhalb von sechs Monaten gerichtlich geltend gemacht wird. Die Frist beginnt erst, nachdem der Versicherer den Anspruch unter Angabe der mit dem Ablauf der Frist verbundenen Rechtsfolgen schriftlich abgelehnt hat.

(2) Klagen gegen den Versicherer können bei dem Gericht am Sitz des Versicherers oder bei dem Gericht des Ortes anhängig gemacht werden, wo der Vermittlungsagent zur Zeit der Vermittlung seine gewerbliche Niederlassung oder in Ermangelung einer solchen seinen Wohnsitz hatte.

(3) Für Klagen aus dem Versicherungsverhältnis gegen den Versicherungsnehmer ist das Gericht des Ortes zuständig, an dem der Versicherungsnehmer seinen Wohnsitz oder den Sitz oder die Niederlassung seines Geschäfts- oder Gewerbebetriebes hat.

§ 18 Änderungen der Allgemeinen Versicherungsbedingungen. (1) Die Allgemeinen Versicherungsbedingungen können unter hinreichender Wahrung der Belange der Versicherten vom Versicherer mit Zustimmung eines unabhängigen Treuhänders mit Wirkung für bestehende Versicherungsverhältnisse, auch für den noch nicht abgelaufenen Teil des Versicherungsjahres, geändert werden

a) bei einer nicht nur vorübergehenden Veränderung der Verhältnisse des Gesundheitswesens,
b) im Falle der Unwirksamkeit von Bedingungen,
c) bei Änderungen von Gesetzen, auf denen die Bestimmungen des Versicherungsvertrages beruhen,
d) bei unmittelbar den Versicherungsvertrag betreffenden Änderungen der höchstrichterlichen Rechtsprechung, der Verwaltungspraxis des Bundesaufsichtsamtes für das Versicherungswesen oder der Kartellbehörden.

In den Fällen der Buchstaben c und d ist eine Änderung nur zulässig, soweit sie Bestimmungen über Versicherungsschutz, Pflichten des Versicherungsnehmers, Sonstige Beendigungsgründe, Willenserklärungen und Anzeigen sowie Gerichtsstand betrifft.

(2) Die neuen Bedingungen sollen den ersetzten rechtlich und wirtschaftlich weitestgehend entsprechen. Sie dürfen die Versicherten auch unter Berücksichtigung der bisherigen Auslegung in rechtlicher und wirtschaftlicher Hinsicht nicht unzumutbar benachteiligen.

(3) Änderungen nach Abs. 1 werden zu Beginn des zweiten Monats wirksam, der auf die Benachrichtigung der Versicherungsnehmer folgt, sofern nicht mit Zustimmung des Treuhänders ein anderer Zeitpunkt bestimmt wird.

(4) Zur Beseitigung von Auslegungszweifeln kann der Versicherer mit Zustimmung des Treuhänders den Wortlaut von Bedingungen ändern, wenn diese Anpassung vom bisherigen Bedingungstext gedeckt ist und den objektiven Willen sowie die Interessen beider Parteien berücksichtigt. Abs. 2 gilt entsprechend.

9. Musterbedingungen 1994 für die Pflegekrankenversicherung (MB/PV 94)[1]

Übersicht[2]

	§§
I. Der Versicherungsschutz	1–7
Gegenstand, Umfang und Geltungsbereich des Versicherungsschutzes	1
Beginn des Versicherungsschutzes	2
Wartezeiten	3
Umfang der Leistungspflicht	4
Einschränkung der Leistungspflicht	5
Auszahlung der Versicherungsleistungen	6
Ende des Versicherungsschutzes	7
II. Pflichten des Versicherungsnehmers	8–12
Beitragszahlung	8
Beitragsberechnung	8a
Beitragsanpassung	8b
Obliegenheiten	9
Folgen von Obliegenheitsverletzungen	10
Ansprüche gegen Dritte	11
Aufrechnung	12
III. Ende der Versicherung	13–15
Kündigung durch den Versicherungsnehmer	13
Kündigung durch den Versicherer	14
Sonstige Beendigungsgründe	15
IV. Sonstige Bestimmungen	16–18
Willenserklärungen und Anzeigen	16
Klagefrist/Gerichtsstand	17
Änderungen der Allgemeinen Versicherungsbedingungen	18

I. Der Versicherungsschutz

§ 1 Gegenstand, Umfang und Geltungsbereich des Versicherungsschutzes. (1) Der Versicherer leistet im Versicherungsfall in vertraglichem Umfang Ersatz von Aufwendungen für Pflege oder ein Pflegetagegeld.

---

[1] Unverbindliche Empfehlung des Verbands der Krankenversicherer.
[2] Die Inhaltsübersicht wurde vom Herausgeber eingefügt.

Pflegekranken Vers § 1 MB/PV 9

(2) Versicherungsfall ist die Pflegebedürftigkeit einer versicherten Person. Pflegebedürftigkeit im Sinne dieser Bedingungen liegt vor, wenn die versicherte Person so hilflos ist, daß sie nach objektivem medizinischen Befund für die in Abs. 3 genannten Verrichtungen im Ablauf des täglichen Lebens in erheblichem Umfang täglich der Hilfe einer anderen Person bedarf. Der Versicherungsfall beginnt mit der ärztlichen Feststellung der Pflegebedürftigkeit. Er endet, wenn Pflegebedürftigkeit nicht mehr besteht.

(3) Als Verrichtungen im Ablauf des täglichen Lebens gelten Aufstehen und Zubettgehen, An- und Auskleiden, Waschen, Kämmen und Rasieren, Einnehmen von Mahlzeiten und Getränken, Stuhlgang und Wasserlassen.

(4) Der Umfang des Versicherungsschutzes ergibt sich aus dem Versicherungsschein, späteren schriftlichen Vereinbarungen, den Allgemeinen Versicherungsbedingungen (Musterbedingungen mit Anhang, Tarif mit Tarifbedingungen) sowie den gesetzlichen Vorschriften. Das Versicherungsverhältnis unterliegt deutschem Recht.

(5) Der Versicherungsschutz erstreckt sich auf Pflege in der Bundesrepublik Deutschland. Er kann durch Vereinbarung auf das Ausland ausgedehnt werden.

(6) Der Versicherungsnehmer kann die Umwandlung der Versicherung in einen gleichartigen Versicherungsschutz verlangen, sofern die versicherte Person die Voraussetzungen für die Versicherungsfähigkeit erfüllt. Der Versicherer ist zur Annahme eines solchen Antrags spätestens zu dem Zeitpunkt verpflichtet, zu dem der Versicherungsnehmer die Versicherung hätte kündigen können (§ 13).[1] Die erworbenen Rechte bleiben erhalten; die nach den technischen Berechnungsgrundlagen gebildete Rückstellung für das mit dem Alter der versicherten Person wachsende Wagnis (Alterungsrückstellung) wird nach Maßgabe dieser Berechnungsgrundlagen angerechnet. Soweit der neue Versicherungsschutz höher oder umfassender ist, kann insoweit ein Risikozuschlag (§ 8a Abs. 3 und 4) verlangt oder

---

[1] Das BAV vertritt die Auffassung, daß die vorgesehene Annahmefrist das Recht des VN nach § 178f VVG beschränke, den Tarif zu dem von ihm gewünschten Zeitpunkt zu wechseln, so daß ein Verstoß gegen § 178o VVG vorliege. Die Annahme des Antrags müsse entsprechend dem allgemeinen Vertragsrecht in einer angemessenen Frist erfolgen.

9 MB/PV §§ 2, 3

ein Leistungsausschluß vereinbart werden; ferner sind für den hinzukommenden Teil des Versicherungsschutzes Wartezeiten (§ 3 Abs. 6) einzuhalten. Der Umwandlungsanspruch besteht bei Anwartschafts- und Ruhensversicherungen nicht, solange der Anwartschaftsgrund bzw. der Ruhensgrund nicht entfallen ist, und nicht bei befristeten Versicherungsverhältnissen.[1]

§ 2 Beginn des Versicherungsschutzes. (1) Der Versicherungschutz beginnt mit dem im Versicherungsschein bezeichneten Zeitpunkt (Versicherungsbeginn), jedoch nicht vor Abschluß des Versicherungsvertrages (insbesondere Zugang des Versicherungsscheines oder einer schriftlichen Annahmeerklärung) und nicht vor Ablauf der Wartezeit. Für Versicherungsfälle, die vor Beginn des Versicherungsschutzes eingetreten sind, wird nicht geleistet. Nach Abschluß des Versicherungsvertrages eingetretene Versicherungsfälle sind nur für den Teil von der Leistungspflicht ausgeschlossen, der in die Zeit vor Versicherungsbeginn oder in die Wartezeit fällt. Bei Vertragsänderungen gelten die Sätze 1 bis 3 für den hinzukommenden Teil des Versicherungsschutzes.

(2) Bei Neugeborenen beginnt der Versicherungsschutz ohne Wartezeiten unmittelbar nach der Geburt, wenn am Tage der Geburt ein Elternteil mindestens drei Monate beim Versicherer versichert ist und die Anmeldung zur Versicherung spätestens zwei Monate nach dem Tage der Geburt rückwirkend zum Ersten des Geburtsmonats erfolgt. Der Versicherungsschutz darf nicht höher oder umfassender als der eines versicherten Elternteils sein.

(3) Der Geburt eines Kindes steht die Adoption gleich, sofern das Kind im Zeitpunkt der Adoption noch minderjährig ist. Mit Rücksicht auf ein erhöhtes Risiko ist die Vereinbarung eines Risikozuschlages bis zur einfachen Beitragshöhe zulässig.

§ 3 Wartezeiten. (1) Die Wartezeit rechnet vom Versicherungsbeginn an.

---

[1] Das BAV vertritt die Auffassung, daß der VN gemäß § 178f VVG einen Anspruch auf Umwandlung einer Anwartschafts- oder Ruhensversicherung bezüglich eines Tarifs in eine solche bezüglich eines anderen Tarifs mit gleichartigem Versicherungsschutz habe; die Regelung also gegen § 178o VVG verstoße.

(2) Die Wartezeit beträgt drei Jahre (läuft jedoch bis zur Vollendung des fünften Lebensjahres).[1)]

(3) Bei Vertragsänderungen gelten die Wartezeitregelungen für den hinzukommenden Teil des Versicherungsschutzes.

§ 4 Umfang der Leistungspflicht. (1) Art und Höhe der Versicherungsleistungen ergeben sich aus dem Tarif mit Tarifbedingungen. Die Leistungspflicht des Versicherers beginnt mit dem im Tarif festgelegten Zeitpunkt, frühestens ab dem 92. Tag nach ärztlicher Feststellung der Pflegebedürftigkeit und nach Ablauf der Wartezeit.

(2) Soweit der Tarif Ersatz von Aufwendungen für häusliche Pflege vorsieht, wird nur geleistet bei Inanspruchnahme von öffentlichen oder freigemeinnützigen Pflege- oder Sozialstationen oder staatlich anerkanntem Pflegepersonal.

(3) Bei stationärer Pflege wird nur geleistet bei Aufenthalt in konzessionierten oder öffentlichen Pflegeheimen, Pflegeabteilungen in Altenheimen oder in Krankenanstalten.

(4) Eintritt und Fortdauer der Pflegebedürftigkeit sind durch ärztliche Bescheinigungen nachzuweisen. Kosten je eines Nachweises innerhalb von drei Monaten hat der Versicherungsnehmer zu tragen. Kosten häufiger verlangter Nachweise gehen zu Lasten des Versicherers. Bescheinigungen von Ehegatten, Verwandten, Verschwägerten oder im Haushalt des Versicherten lebenden Personen reichen zum Nachweis nicht aus.

§ 5 Einschränkung der Leistungspflicht. (1) Keine Leistungspflicht besteht

a) für Versicherungsfälle, die durch Kriegsereignisse verursacht oder deren Ursachen als Wehrdienstbeschädigung anerkannt und nicht ausdrücklich in den Versicherungsschutz eingeschlossen sind;
b) für Versicherungsfälle, die auf Vorsatz oder Sucht beruhen;
c) für Aufwendungen aus Pflege durch Personen oder Einrichtungen, deren Rechnungen der Versicherer aus wichtigem Grunde von der Erstattung ausgeschlossen hat, wenn der Versicherungsfall nach der Benachrichtigung des Versiche-

---

[1)] Der eingeklammerte Halbsatz ist nur abzudrucken, wenn eine Versicherung ab Geburt vorgesehen ist.

rungsnehmers über den Leistungsausschluß eintritt. Sofern im Zeitpunkt der Benachrichtigung ein Versicherungsfall schwebt, besteht keine Leistungspflicht für die nach Ablauf von drei Monaten seit der Benachrichtigung entstandenen Aufwendungen;
d) für Aufwendungen aus Pflege durch Ehegatten, Verwandte, Verschwägerte oder im Haushalt des Versicherten lebende Personen. Soweit der Tarif es vorsieht, wird jedoch ein Pflegetagegeld gezahlt;
e) während stationärer Heilbehandlung im Krankenhaus, Rehabilitationsmaßnahmen, Kur- und Sanatoriumsbehandlung und während Unterbringung aufgrund richterlicher Anordnung.

(2) Übersteigt eine Pflegemaßnahme das notwendige Maß oder ist die geforderte Vergütung nicht angemessen, so kann der Versicherer seine Leistungen auf einen angemessenen Betrag herabsetzen.

(3) Besteht auch Anspruch auf Leistungen eines Sozialversicherungsträgers, auf eine gesetzliche Heilfürsorge oder Unfallfürsorge, so ist der Versicherer nur für die Aufwendungen leistungspflichtig, welche trotz der gesetzlichen Leistungen notwendig bleiben.

§ 6 Auszahlung der Versicherungsleistungen.

(1) Der Versicherer ist zur Leistung nur verpflichtet, wenn die von ihm geforderten Nachweise erbracht sind; diese werden Eigentum des Versicherers.

(2) Im übrigen ergeben sich die Voraussetzungen für die Fälligkeit der Leistungen des Versicherers aus § 11 Abs. 1 bis 3 VVG (siehe Anhang).

(3) Der Versicherer ist berechtigt, an den Überbringer oder Übersender von ordnungsmäßigen Nachweisen zu leisten.

(4) Kosten für die Überweisung der Versicherungsleistungen können von den Leistungen abgezogen werden.

(5) Ansprüche auf Versicherungsleistungen können weder abgetreten noch verpfändet werden.

§ 7 Ende des Versicherungsschutzes.

Der Versicherungsschutz endet – auch für schwebende Versicherungsfälle – mit der Beendigung des Versicherungsverhältnisses.

II. Pflichten des Versicherungsnehmers

§ 8 Beitragszahlung. (1) Der Beitrag ist ein Jahresbeitrag und wird vom Versicherungsbeginn an berechnet. Er ist zu Beginn eines jeden Versicherungsjahres zu entrichten, kann aber auch in gleichen monatlichen Beitragsraten gezahlt werden, die jeweils bis zur Fälligkeit der Beitragsrate als gestundet gelten. Die Beitragsraten sind am Ersten eines jeden Monats fällig. Wird der Jahresbeitrag während des Versicherungsjahres neu festgesetzt, so ist der Unterschiedsbetrag vom Änderungszeitpunkt an bis zum Beginn des nächsten Versicherungsjahres nachzuzahlen bzw. zurückzuzahlen.

(2) Wird der Vertrag für eine bestimmte Zeit mit der Maßgabe geschlossen, daß sich das Versicherungsverhältnis nach Ablauf dieser bestimmten Zeit stillschweigend um jeweils ein Jahr verlängert, sofern der Versicherungsnehmer nicht fristgemäß gekündigt hat, so kann der Tarif an Stelle von Jahresbeiträgen Monatsbeiträge vorsehen. Diese sind am Ersten eines jeden Monats fällig.

(3) Der erste Beitrag bzw. die erste Beitragsrate ist spätestens unverzüglich nach Aushändigung des Versicherungsscheines zu zahlen.

(4) Kommt der Versicherungsnehmer mit der Zahlung einer Beitragsrate in Verzug, so werden die gestundeten Beitragsraten des laufenden Versicherungsjahres fällig. Sie gelten jedoch erneut als gestundet, wenn der rückständige Beitragsteil einschließlich der Beitragsrate für den am Tage der Zahlung laufenden Monat und die Mahnkosten entrichtet sind.

(5) Nicht rechtzeitige Zahlung des Erstbeitrages oder eines Folgebeitrages kann unter den Voraussetzungen der §§ 38 Abs. 1, 39 VVG (siehe Anhang) zum Verlust des Versicherungsschutzes führen. Ist ein Beitrag bzw. eine Beitragsrate nicht rechtzeitig gezahlt und wird der Versicherungsnehmer schriftlich gemahnt, so ist er zur Zahlung der Mahnkosten verpflichtet, deren Höhe sich aus dem Tarif ergibt.

(6) Die Beiträge bzw. Beitragsraten sind bis zum Ablauf des Monats zu zahlen, in dem das Versicherungsverhältnis endet.

(7) Die Beiträge sind an die vom Versicherer zu bezeichnende Stelle zu entrichten.

§ 8a Beitragsberechnung. (1) Die Berechnung der Beiträge erfolgt nach Maßgabe der Vorschriften des Versicherungsaufsichtsgesetzes (VAG) und ist in den technischen Berechnungsgrundlagen des Versicherers festgelegt.

(2) Bei einer Änderung der Beiträge, auch durch Änderung des Versicherungsschutzes, wird das Geschlecht und das (die) bei Inkrafttreten der Änderung erreichte tarifliche Lebensalter (Lebensaltersgruppe) der versicherten Person berücksichtigt. Dabei wird dem Eintrittsalter der versicherten Person dadurch Rechnung getragen, daß eine Alterungsrückstellung gemäß den in den technischen Berechnungsgrundlagen festgelegten Grundsätzen angerechnet wird. Eine Erhöhung der Beiträge oder eine Minderung der Leistungen des Versicherers wegen des Älterwerdens der versicherten Person ist jedoch während der Dauer des Versicherungsverhältnisses ausgeschlossen, soweit eine Alterungsrückstellung zu bilden ist.

(3) Bei Beitragsänderungen kann der Versicherer auch besonders vereinbarte Beitragszuschläge entsprechend ändern.

(4) Liegt bei Vertragsänderungen ein erhöhtes Risiko vor, steht dem Versicherer für den hinzukommenden Teil des Versicherungsschutzes zusätzlich zum Beitrag ein angemessener Zuschlag zu. Dieser bemißt sich nach den für den Geschäftsbetrieb des Versicherers zum Ausgleich erhöhter Risiken maßgeblichen Grundsätzen.

§ 8b Beitragsanpassung. (1) Im Rahmen der vertraglichen Leistungszusage können sich die Leistungen des Versicherers z. B. aufgrund von Veränderungen der Pflegekosten, der Pflegedauer oder der Häufigkeit von Pflegefällen ändern. Dementsprechend vergleicht der Versicherer zumindest jährlich für jeden Tarif die erforderlichen mit den in den technischen Berechnungsgrundlagen kalkulierten Versicherungsleistungen. Ergibt diese Gegenüberstellung eine Abweichung von mehr als dem tariflich festgelegten Vomhundertsatz, werden alle Beiträge dieses Tarifs vom Versicherer überprüft und, soweit erforderlich, mit Zustimmung des Treuhänders angepaßt. Unter den gleichen Voraussetzungen kann auch eine betragsmäßig festgelegte Selbstbeteiligung angepaßt und ein vereinbarter Beitragszuschlag entsprechend geändert werden.

(2) Wenn die unternehmenseigenen Rechnungsgrundlagen

für die Beobachtung nicht ausreichen, wird dem Vergleich gemäß Abs. 1 Satz 2 die Gemeinschaftsstatistik des Verbandes der privaten Krankenversicherung e. V. zugrunde gelegt.

(3) Von einer Beitragsanpassung kann abgesehen werden, wenn nach übereinstimmender Beurteilung durch den Versicherer und den Treuhänder die Veränderung der Versicherungsleistungen als vorübergehend anzusehen ist.

(4) Anpassungen nach Abs. 1 werden zu Beginn des zweiten Monats wirksam, der auf die Benachrichtigung der Versicherungsnehmer folgt, sofern nicht mit Zustimmung des Treuhänders ein anderer Zeitpunkt bestimmt wird.

§ 9 Obliegenheiten. (1) Die ärztliche Feststellung der Pflegebedürftigkeit ist dem Versicherer unverzüglich – spätestens innerhalb der im Tarif festgesetzten Frist – durch Vorlage eines Nachweises (§ 4 Abs. 4) unter Angabe des Befundes und der Diagnose sowie der voraussichtlichen Dauer der Pflegebedürftigkeit anzuzeigen. Der Wegfall der Pflegebedürftigkeit ist dem Versicherer unverzüglich anzuzeigen.

(2) Der Versicherungsnehmer hat auf Verlangen des Versicherers jede Auskunft zu erteilen, die zur Feststellung des Versicherungsfalles oder der Leistungspflicht des Versicherers und ihres Umfanges erforderlich ist. Die Auskünfte sind auch einem Beauftragten des Versicherers zu erteilen.

(3) Auf Verlangen des Versicherers ist die versicherte Person verpflichtet, sich durch einen vom Versicherer beauftragten Arzt untersuchen zu lassen.

(4) Die versicherte Person hat nach Möglichkeit für die Minderung des Schadens zu sorgen und alle Handlungen zu unterlassen, die der Genesung hinderlich sind.

(5) Der Neuabschluß einer weiteren oder die Erhöhung einer anderweitig bestehenden Versicherung mit Anspruch auf Leistungen wegen Pflegebedürftigkeit darf nur mit Einwilligung des Versicherers vorgenommen werden.

§ 10 Folgen von Obliegenheitsverletzungen. (1) Der Versicherer ist mit der in § 6 Abs. 3 VVG (siehe Anhang) vorgeschriebenen Einschränkung von der Verpflichtung zur Leistung frei, wenn eine der in § 9 Abs. 1 bis 4 genannten Obliegenheiten verletzt wird. Bei verspätetem Zugang der Anzeige nach § 9 Abs. 1 Satz 1 wird ein vereinbartes Pflegetagegeld erst vom Zugangstage an gezahlt, jedoch nicht vor dem Beginn der Leistungspflicht und dem im Tarif vorgesehenen Zeitpunkt.

(2) Wird die in § 9 Abs. 5 genannte Obliegenheit verletzt, so ist der Versicherer nach Maßgabe des § 6 Abs. 1 VVG (siehe Anhang) von der Verpflichtung zur Leistung frei, wenn er von seinem Kündigungsrecht innerhalb eines Monats nach dem Bekanntwerden Gebrauch macht. Dieses Recht kann nur innerhalb der ersten zehn Versicherungsjahre ausgeübt werden.

(3) Die Kenntnis und das Verschulden der versicherten Person stehen der Kenntnis und dem Verschulden des Versicherungsnehmers gleich.

§ 11 Ansprüche gegen Dritte. Hat der Versicherungsnehmer oder eine versicherte Person Schadenersatzansprüche nichtversicherungsrechtlicher Art gegen Dritte, so besteht, unbeschadet des gesetzlichen Forderungsüberganges gemäß § 67 VVG (siehe Anhang), die Verpflichtung, diese Ansprüche bis zur Höhe, in der aus dem Versicherungsvertrag geleistet wird, an den Versicherer schriftlich abzutreten. Gibt der Versicherungsnehmer oder eine versicherte Person einen solchen Anspruch oder ein zur Sicherung des Anspruches dienendes Recht ohne Zustimmung des Versicherers auf, so wird dieser insoweit von der Verpflichtung zur Leistung frei, als er aus dem Anspruch oder dem Recht hätte Ersatz erlangen können.

§ 12 Aufrechnung. Der Versicherungsnehmer kann gegen Forderungen des Versicherers nur aufrechnen, soweit die Gegenforderung unbestritten oder rechtskräftig festgestellt ist. Gegen eine Forderung aus der Beitragspflicht kann jedoch ein Mitglied eines Versicherungsvereins nicht aufrechnen.

III. Ende der Versicherung

§ 13 Kündigung durch den Versicherungsnehmer. (1) Der Versicherungsnehmer kann das Versicherungsverhältnis zum Ende eines jeden Versicherungsjahres, frühestens aber zum

Ablauf einer vereinbarten Vertragsdauer, mit einer Frist von drei Monaten kündigen.

(2) Die Kündigung kann auf einzelne versicherte Personen oder Tarife beschränkt werden. *(Dieses Recht kann jedoch nicht so ausgeübt werden, daß ab Geburt mitversicherte Minderjährige ohne einen Elternteil versichert bleiben.)*[1]

(3) Wird eine versicherte Person kraft Gesetzes pflegeversicherungspflichtig, so kann der Versicherungsnehmer binnen zwei Monaten nach Eintritt der Versicherungspflicht insoweit eine Pflegekrankenversicherung rückwirkend zum Eintritt der Versicherungspflicht kündigen. Macht der Versicherungsnehmer von seinem Kündigungsrecht Gebrauch, steht dem Versicherer der Beitrag nur bis zu diesem Zeitpunkt zu. Später kann der Versicherungsnehmer das Versicherungsverhältnis insoweit nur zum Ende des Monats kündigen, in dem er den Eintritt der Versicherungspflicht nachweist. Der Versicherungspflicht steht gleich der gesetzliche Anspruch auf Familienversicherung oder der nicht nur vorübergehende Anspruch auf Heilfürsorge aus einem beamtenrechtlichen oder ähnlichen Dienstverhältnis.

(4) Hat eine Vereinbarung im Versicherungsvertrag zur Folge, daß bei Erreichen eines bestimmten Lebensalters oder bei Eintritt anderer dort genannter Voraussetzungen der Beitrag für ein anderes Lebensalter oder eine andere Altersgruppe gilt, oder der Beitrag unter Berücksichtigung einer Alterungsrückstellung berechnet wird, kann der Versicherungsnehmer das Versicherungsverhältnis hinsichtlich der betroffenen versicherten Person binnen zwei Monaten nach der Änderung zum Zeitpunkt deren Inkrafttretens kündigen, wenn sich der Beitrag durch die Änderung erhöht.

(5) Erhöht der Versicherer die Beiträge oder vermindert er seine Leistungen gemäß § 18 Abs. 1, so kann der Versicherungsnehmer das Versicherungsverhältnis hinsichtlich der betroffenen versicherten Person innerhalb eines Monats vom Zugang der Änderungsmitteilung an zum Zeitpunkt des Wirksamwerdens der Änderung kündigen. Bei einer Beitragserhöhung kann der Versicherungsnehmer das Versicherungsverhält-

---

[1] Der eingeklammerte Satz ist nur abzudrucken, wenn eine Versicherung ab Geburt vorgesehen ist.

nis auch bis und zum Zeitpunkt des Wirksamwerdens der Erhöhung kündigen.

(6) Der Versicherungsnehmer kann, sofern der Versicherer die Anfechtung, den Rücktritt oder die Kündigung nur für einzelne versicherte Personen oder Tarife erklärt, innerhalb von zwei Wochen nach Zugang dieser Erklärung die Aufhebung des übrigen Teils der Versicherung zum Schlusse des Monats verlangen, in dem ihm die Erklärung des Versicherers zugegangen ist, bei Kündigung zu dem Zeitpunkt, in dem diese wirksam wird.

(7) Kündigt der Versicherungsnehmer das Versicherungsverhältnis insgesamt oder für einzelne versicherte Personen, haben die versicherten Personen das Recht, das Versicherungsverhältnis unter Benennung des künftigen Versicherungsnehmers fortzusetzen. Die Erklärung ist innerhalb zweier Monate nach der Kündigung abzugeben. Die Kündigung ist nur wirksam, wenn der Versicherungsnehmer nachweist, daß die betroffenen versicherten Personen von der Kündigungserklärung Kenntnis erlangt haben.

§ 14 Kündigung durch den Versicherer. (1) Der Versicherer verzichtet auf das ordentliche Kündigungsrecht.

(2) Die gesetzlichen Bestimmungen über das außerordentliche Kündigungsrecht bleiben unberührt.

(3) Die Kündigung kann auf einzelne versicherte Personen oder Tarife beschränkt werden.

§ 15 Sonstige Beendigungsgründe. (1) Das Versicherungsverhältnis endet mit dem Tod des Versicherungsnehmers. Die versicherten Personen haben jedoch das Recht, das Versicherungsverhältnis unter Benennung des künftigen Versicherungsnehmers fortzusetzen. Die Erklärung ist innerhalb zweier Monate nach dem Tode des Versicherungsnehmers abzugeben.

(2) Beim Tod einer versicherten Person endet insoweit das Versicherungsverhältnis.

(3) Das Versicherungsverhältnis endet mit dem Wegzug des Versicherungsnehmers aus dem Tätigkeitsgebiet des Versicherers, es sei denn, daß eine anderweitige Vereinbarung getroffen wird. Bei Wegzug einer versicherten Person endet insoweit das Versicherungsverhältnis.

IV. Sonstige Bestimmungen

§ 16 Willenserklärungen und Anzeigen. Willenserklärungen und Anzeigen gegenüber dem Versicherer bedürfen der Schriftform. Zu ihrer Entgegennahme sind Versicherungsvermittler nicht bevollmächtigt.

§ 17 Klagefrist/Gerichtsstand. (1) Hat der Versicherer einen Anspruch auf Versicherungsleistungen dem Grunde oder der Höhe nach abgelehnt, so ist er insoweit von der Verpflichtung zur Leistung frei, wenn der Anspruch vom Versicherungsnehmer nicht innerhalb von sechs Monaten gerichtlich geltend gemacht wird. Die Frist beginnt erst, nachdem der Versicherer den Anspruch unter Angabe der mit dem Ablauf der Frist verbundenen Rechtsfolgen schriftlich abgelehnt hat.

(2) Klagen gegen den Versicherer können bei dem Gericht am Sitz des Versicherers oder bei dem Gericht des Ortes anhängig gemacht werden, wo der Vermittlungsagent zur Zeit der Vermittlung seine gewerbliche Niederlassung oder in Ermangelung einer solchen seinen Wohnsitz hat.

(3) Für Klagen aus dem Versicherungsverhältnis gegen den Versicherungsnehmer ist das Gericht des Ortes zuständig, an dem der Versicherungsnehmer seinen Wohnsitz oder den Sitz oder die Niederlassung seines Geschäfts- oder Gewerbebetriebes hat.

§ 18 Änderungen der Allgemeinen Versicherungsbedingungen. (1) Die Allgemeinen Versicherungsbedingungen können unter hinreichender Wahrung der Belange der Versicherten vom Versicherer mit Zustimmung eines unabhängigen Treuhänders mit Wirkung für bestehende Versicherungsverhältnisse, auch für den noch nicht abgelaufenen Teil des Versicherungsjahres, geändert werden

a) bei einer nicht nur vorübergehenden Veränderung der Verhältnisse des Gesundheitswesens,
b) im Falle der Unwirksamkeit von Bedingungen,
c) bei Änderungen von Gesetzen, auf denen die Bestimmungen des Versicherungsvertrages beruhen,
d) bei unmittelbar den Versicherungsvertrag betreffenden Än-

derungen der höchstrichterlichen Rechtsprechung, der Verwaltungspraxis des Bundesaufsichtsamtes für das Versicherungswesen oder der Kartellbehörden.

In den Fällen der Buchstaben c und d ist eine Änderung nur zulässig, soweit sie Bestimmungen über Versicherungsschutz, Pflichten des Versicherungsnehmers, Sonstige Beendigungsgründe, Willenserklärungen und Anzeigen sowie Gerichtsstand betrifft.

(2) Die neuen Bedingungen sollen den ersetzten rechtlich und wirtschaftlich weitestgehend entsprechen. Sie dürfen die Versicherten auch unter Berücksichtigung der bisherigen Auslegung in rechtlicher und wirtschaftlicher Hinsicht nicht unzumutbar benachteiligen.

(3) Änderungen nach Abs. 1 werden zu Beginn des zweiten Monats wirksam, der auf die Benachrichtigung der Versicherungsnehmer folgt, sofern nicht mit Zustimmung des Treuhänders ein anderer Zeitpunkt bestimmt wird.

(4) Zur Beseitigung von Auslegungszweifeln kann der Versicherer mit Zustimmung des Treuhänders den Wortlaut von Bedingungen ändern, wenn diese Anpassung vom bisherigen Bedingungstext gedeckt ist und den objektiven Willen sowie die Interessen beider Parteien berücksichtigt. Abs. 2 gilt entsprechend.

10. Allgemeine Versicherungsbedingungen für die private Pflegepflichtversicherung – Bedingungsteil – (MB/PPV 1995)

Dieser Bedingungsteil gilt in Verbindung mit Tarif PV für die private Pflegepflichtversicherung (§§ 1–19)[1]

Übersicht[2]

	§§
I. Der Versicherungsschutz	1–7
Gegenstand, Umfang und Geltungsbereich des Versicherungsschutzes	1
Beginn des Versicherungsschutzes	2
Wartezeit	3
Umfang der Leistungspflicht	4
Einschränkung der Leistungspflicht	5
Auszahlung der Versicherungsleistung	6
Ende des Versicherungsschutzes	7
II. Pflichten des Versicherungsnehmers	8–12
Beitragszahlung	8
Beitragsberechnung	8a
Beitragsanpassung	8b
Obliegenheiten	9
Folgen von Obliegenheitsverletzungen	10
Ansprüche gegen Dritte	11
Aufrechnung	12
III. Ende der Versicherung	13–15
Kündigung durch den Versicherungsnehmer	13
Kündigung durch den Versicherer	14
Sonstige Beendigungsgründe	15
IV. Sonstige Bestimmungen	16–19
Willenserklärungen und Anzeigen	16
Klagefrist/Gerichtsstand	17
Änderungen der Allgemeinen Versicherungsbedingungen	18
Beitragsrückerstattung	19

---

[1] Unverbindliche Empfehlung des Verbands der Krankenversicherer.
[2] Die Inhaltsübersicht wurde vom Herausgeber eingefügt.

I. Der Versicherungsschutz

§ 1 Gegenstand, Umfang und Geltungsbereich des Versicherungsschutzes. (1) Der Versicherer gewährt im Versicherungsfall in vertraglichem Umfang Ersatz von Aufwendungen für Pflege oder ein Pflegegeld sowie sonstige Leistungen. Aufwendungen für Unterkunft und Verpflegung einschließlich besonderer Komfortleistungen, für zusätzliche pflegerisch-betreuende Leistungen sowie für berechnungsfähige Investitions- und sonstige betriebsnotwendige Kosten sind nicht erstattungsfähig.

(2) Versicherungsfall ist die Pflegebedürftigkeit einer versicherten Person. Pflegebedürftig sind Personen, die wegen einer körperlichen, geistigen oder seelischen Krankheit oder Behinderung für die gewöhnlichen und regelmäßig wiederkehrenden Verrichtungen im Ablauf des täglichen Lebens auf Dauer, voraussichtlich für mindestens sechs Monate, nach Maßgabe des Absatzes 6 in erheblichem oder höherem Maße der Hilfe bedürfen.

(3) Die Hilfe im Sinne des Absatzes 2 Satz 2 besteht in der Unterstützung, in der teilweisen oder vollständigen Übernahme der Verrichtungen im Ablauf des täglichen Lebens oder in Beaufsichtigung oder Anleitung mit dem Ziel der eigenständigen Übernahme dieser Verrichtungen.

(4) Krankheiten oder Behinderungen im Sinne des Absatzes 2 Satz 2 sind

a) Verluste, Lähmungen oder andere Funktionsstörungen am Stütz- und Bewegungsapparat,
b) Funktionsstörungen der inneren Organe oder der Sinnesorgane,
c) Störungen des Zentralnervensystems wie Antriebs-, Gedächtnis- oder Orientierungsstörungen sowie endogene Psychosen, Neurosen oder geistige Behinderungen.

(5) Gewöhnliche und regelmäßig wiederkehrende Verrichtungen im Sinne des Absatzes 2 Satz 2 sind

a) im Bereich der Körperpflege das Waschen, Duschen, Baden, die Zahnpflege, das Kämmen, Rasieren, die Darm- oder Blasenentleerung,
b) im Bereich der Ernährung das mundgerechte Zubereiten oder die Aufnahme der Nahrung,

c) im Bereich der Mobilität das selbständige Aufstehen und Zu-Bett-Gehen, An- und Auskleiden, Gehen, Stehen, Treppensteigen oder das Verlassen und Wiederaufsuchen der Wohnung,
d) im Bereich der hauswirtschaftlichen Versorgung das Einkaufen, Kochen, Reinigen der Wohnung, Spülen, Wechseln und Waschen der Wäsche und Kleidung oder das Beheizen.

(6) Für die Gewährung von Leistungen sind versicherte Personen einer der folgenden drei Pflegestufen zuzuordnen:
a) Pflegebedürftige der Pflegestufe I (erheblich Pflegebedürftige) sind Personen, die bei der Körperpflege, der Ernährung oder der Mobilität für wenigstens zwei Verrichtungen aus einem oder mehreren Bereichen mindestens einmal täglich der Hilfe bedürfen und zusätzlich mehrfach in der Woche Hilfen bei der hauswirtschaftlichen Versorgung benötigen.
b) Pflegebedürftige der Pflegestufe II (Schwerpflegebedürftige) sind Personen, die bei der Körperpflege, der Ernährung oder der Mobilität mindestens dreimal täglich zu verschiedenen Tageszeiten der Hilfe bedürfen und zusätzlich mehrfach in der Woche Hilfen bei der hauswirtschaftlichen Versorgung benötigen.
c) Pflegebedürftige der Pflegestufe III (Schwerstpflegebedürftige) sind Personen, die bei der Körperpflege, der Ernährung oder der Mobilität täglich rund um die Uhr, auch nachts, der Hilfe bedürfen und zusätzlich mehrfach in der Woche Hilfen bei der hauswirtschaftlichen Versorgung benötigen.

(7) Bei Kindern ist für die Zuordnung zu einer Pflegestufe der zusätzliche Hilfebedarf gegenüber einem gesunden gleichaltrigen Kind maßgebend.

(8) Der Versicherungsfall beginnt mit der ärztlichen Feststellung der Pflegebedürftigkeit. Er endet, wenn Pflegebedürftigkeit nicht mehr besteht.

(9) Der Umfang des Versicherungsschutzes ergibt sich aus dem Versicherungsschein, ergänzenden schriftlichen Vereinbarungen, den Allgemeinen Versicherungsbedingungen (Bedingungsteil MB/PPV 1995, Tarif PV und Anhang) sowie den gesetzlichen Vorschriften, insbesondere dem Sozialgesetz-

10 MB/PPV § 2 PflegepflichtVers

buch (SGB) – Elftes Buch (XI) – Soziale Pflegeversicherung. Wenn und soweit sich die gesetzlichen Bestimmungen ändern, werden die dem SGB XI gleichwertigen Teile der ABV gemäß § 18 geändert.

(10) Entfällt bei versicherten Personen der Tarifstufe PVB der Beihilfeanspruch, werden sie nach Tarifstufe PVN weiterversichert. Stellt der Versicherungsnehmer innerhalb von zwei Monaten seit dem Wegfall des Beihilfeanspruchs einen entsprechenden Antrag, erfolgt die Erhöhung des Versicherungsschutzes ohne Risikoprüfung und Wartezeiten zum Ersten des Monats, in dem der Beihilfeanspruch entfallen ist.
Werden versicherte Personen der Tarifstufe PVN beihilfeberechtigt, wird die Versicherung nach Tarifstufe PVB weitergeführt. Der Versicherungsnehmer und die versicherte Person sind verpflichtet, dem Versicherer unverzüglich den Erwerb eines Beihilfeanspruchs anzuzeigen.

(11) Das Versicherungsverhältnis unterliegt deutschem Recht.

(12) Der Versicherungsschutz erstreckt sich auf Pflege in der Bundesrepublik Deutschland.

§ 2 Beginn des Versicherungsschutzes. (1) Der Versicherungsschutz beginnt mit dem im Versicherungsschein bezeichneten Zeitpunkt (technischer Versicherungsbeginn), jedoch nicht vor Abschluß des Versicherungsvertrages, nicht vor Zahlung des ersten Beitrags und nicht vor Ablauf der Wartezeit.

(2) Bei Neugeborenen beginnt der Versicherungsschutz ohne Wartezeit unmittelbar nach der Geburt, wenn am Tage der Geburt für ein Elternteil die Wartezeit gemäß § 3 erfüllt ist. Die Anmeldung zur Versicherung soll spätestens zwei Monate nach dem Tage der Geburt rückwirkend zum Ersten des Geburtsmonats erfolgen.

(3) Der Geburt eines Kindes steht die Adoption gleich, sofern das Kind im Zeitpunkt der Adoption noch minderjährig ist. Mit Rücksicht auf ein erhöhtes Risiko ist, sofern nicht Beitragsfreiheit gemäß § 8 Absätze 2 bis 4 besteht sowie vorbehaltlich der Höchstbeitragsgarantie des § 8 Absatz 5, die Vereinbarung eines Risikozuschlages bis zur einfachen Beitragshöhe zulässig.

§ 3 **Wartezeit.** (1) Die Wartezeit rechnet vom technischen Versicherungsbeginn (§ 2 Absatz 1) an.

(2) Sie beträgt bei erstmaliger Stellung eines Leistungsantrages
a) in der Zeit vom 1. Januar bis 31. Dezember 1996 ein Jahr,
b) in der Zeit vom 1. Januar bis 31. Dezember 1997 zwei Jahre,
c) in der Zeit vom 1. Januar bis 31. Dezember 1998 drei Jahre,
d) in der Zeit vom 1. Januar bis 31. Dezember 1999 vier Jahre,
e) in der Zeit ab dem 1. Januar 2000 fünf Jahre, wobei das Versicherungsverhältnis innerhalb der letzten 10 Jahre vor Stellung des Leistungsantrages mindestens fünf Jahre bestanden haben muß.

(3) Für versicherte Kinder gilt die Wartezeit als erfüllt, wenn ein Elternteil sie erfüllt.

(4) Personen, die aus der sozialen Pflegeversicherung ausscheiden oder von einer privaten Pflegepflichtversicherung zu einer anderen wechseln, wird die nachweislich dort ununterbrochen zurückgelegte Versicherungszeit auf die Wartezeit angerechnet.

§ 4 Umfang der Leistungspflicht

A. Leistungen bei häuslicher Pflege

(1) Versicherte Personen, die in ihrem Haushalt oder einem anderen Haushalt, in den sie aufgenommen sind, gepflegt werden, erhalten Ersatz von Aufwendungen für Grundpflege und hauswirtschaftliche Versorgung (häusliche Pflegehilfe) gemäß Nr. 1 des Tarifs PV. Grundpflege und hauswirtschaftliche Versorgung umfassen Hilfeleistungen bei den in § 1 Absatz 5 genannten Verrichtungen. Die häusliche Pflegehilfe muß durch geeignete Pflegekräfte erbracht werden, die entweder von einer Pflegekasse der sozialen Pflegeversicherung oder bei ambulanten Pflegeeinrichtungen, mit denen die Pflegekasse einen Versorgungsvertrag abgeschlossen hat, angestellt sind, oder mit denen die Pflegekasse einen Vertrag nach § 77 Abs. 1 SGB XI (siehe Anhang) abgeschlossen hat oder die von Trägern der privaten Pflegepflichtversicherung anerkannt worden sind.

(2) Anstelle von Aufwendungsersatz für häusliche Pflegehilfe gemäß Absatz 1 können versicherte Personen ein Pflegegeld gemäß Nr. 2 des Tarifs PV beantragen. Der Anspruch setzt vor-

aus, daß die versicherte Person mit dem Pflegegeld dessen Umfang entsprechend die erforderliche Grundpflege und hauswirtschaftliche Versorgung durch eine Pflegeperson (Familienangehörige, Freunde, Nachbarn und sonstige ehrenamtliche Helfer) in geeigneter Weise selbst sicherstellt.

(3) Bestehen die Voraussetzungen für die Zahlung des Pflegegeldes nach Absatz 2 nicht für den vollen Kalendermonat, wird der Geldbetrag entsprechend gekürzt; dabei wird der Kalendermonat mit 30 Tagen angesetzt.

(4) Versicherte Personen, die Pflegegeld nach Absatz 2 beziehen, sind verpflichtet,

a) bei Pflegestufe I und II mindestens einmal halbjährlich,
b) bei Pflegestufe III mindestens einmal vierteljährlich einen Pflegeeinsatz durch eine Pflegeeinrichtung in Anspruch zu nehmen, mit der ein Versorgungsvertrag nach dem SGB XI besteht oder die von Trägern der privaten Pflegepflichtversicherung anerkannt worden sind. Die Aufwendungen für diesen Pflegeeinsatz werden auf Nachweis unter Anrechnung auf das Pflegegeld erstattet.

(5) Nimmt die versicherte Person Aufwendungsersatz nach Absatz 1 nur teilweise in Anspruch, erhält sie unter den in Absatz 2 genannten Voraussetzungen daneben ein anteiliges Pflegegeld. Das Pflegegeld wird um den Vomhundertsatz vermindert, in dem die versicherte Person Aufwendungsersatz in Anspruch genommen hat. An die Entscheidung, in welchem Verhältnis sie Pflegegeld und Aufwendungsersatz in Anspruch nehmen will, ist die versicherte Person für die Dauer von sechs Monaten gebunden.

(6) Ist eine Pflegeperson im Sinne von Absatz 2 Satz 2 wegen Erholungsurlaubs, Krankheit oder aus anderen Gründen an der Pflege gehindert, werden Aufwendungen für eine Ersatzpflegekraft im Sinne von Absatz 1 Satz 3 für längstens vier Wochen je Kalenderjahr gemäß Nr. 3 des Tarifs PV erstattet. Voraussetzung ist, daß die Pflegeperson die versicherte Person vor der erstmaligen Verhinderung mindestens 12 Monate in ihrer häuslichen Umgebung gepflegt hat.

PflegepflichtVers § 4 MB/PPV **10**

B. Pflegehilfsmittel und technische Hilfen

(7) Versicherte Personen haben gemäß Nr. 4 des Tarifs PV Anspruch auf Ersatz von Aufwendungen für Pflegehilfsmittel und technische Hilfen oder deren leihweise Überlassung, wenn und soweit die Pflegehilfsmittel und technischen Hilfen zur Erleichterung der Pflege oder zur Linderung der Beschwerden der versicherten Person beitragen oder ihr eine selbständigere Lebensführung ermöglichen und die Versorgung notwendig ist.

Der Anspruch umfaßt auch den Ersatz von Aufwendungen für die notwendige Änderung, Instandsetzung und Ersatzbeschaffung von Hilfsmitteln sowie die Ausbildung in ihrem Gebrauch.

Die Auszahlung der Versicherungsleistungen für Pflegehilfsmittel und technische Hilfen oder deren leihweise Überlassung kann von dem Versicherer davon abhängig gemacht werden, daß die versicherte Person sich das Pflegehilfsmittel oder die technischen Hilfen anpassen oder sich selbst oder die Pflegeperson in deren Gebrauch ausbilden läßt.

Für Maßnahmen zur Verbesserung des individuellen Wohnumfeldes der versicherten Person, beispielsweise für technische Hilfen im Haushalt, können gemäß Nr. 4.3 des Tarifs PV subsidiär finanzielle Zuschüsse gezahlt werden, wenn dadurch im Einzelfall die häusliche Pflege ermöglicht oder erheblich erleichtert oder eine möglichst selbständige Lebensführung der versicherten Person wiederhergestellt wird.

C. Teilstationäre Pflege

(8) Versicherte Personen haben gemäß Nr. 5 des Tarifs PV Anspruch auf Ersatz von Aufwendungen für allgemeine Pflegeleistungen bei teilstationärer Pflege in Einrichtungen der Tages- oder Nachtpflege, wenn häusliche Pflege nicht in ausreichendem Umfang sichergestellt werden kann. Allgemeine Pflegeleistungen sind die pflegebedingten Aufwendungen für alle für die Versorgung der Pflegebedürftigen nach Art und Schwere der Pflegebedürftigkeit erforderlichen Pflegeleistungen der Pflegeeinrichtung. Der Anspruch setzt voraus, daß stationäre Pflegeeinrichtungen (Pflegeheime) in Anspruch genommen werden. Das sind selbständig wirtschaftende Einrichtungen, in denen Pflegebedürftige unter ständiger Verantwortung einer ausgebildeten Pflegefachkraft gepflegt werden und ganztägig (vollstationär) oder nur tagsüber oder nur nachts (teilstationär) unter-

gebracht und verpflegt werden können. Aufwendungen für Unterkunft und Verpflegung einschließlich besonderer Komfortleistungen, für zusätzliche pflegerisch-betreuende Leistungen sowie für betriebsnotwendige Investitions- und sonstige Kosten gemäß § 82 Absatz 2 SGB XI (siehe Anhang) sind nicht erstattungsfähig.

(9) Versicherte Personen erhalten unter den in Absatz 2 genannten Voraussetzungen zusätzlich zu den Leistungen nach Absatz 8 ein anteiliges Pflegegeld, wenn der im Tarif PV nach den Tarifstufen PVN und PVB für die jeweilige Pflegestufe vorgesehene monatliche Höchstbetrag der Aufwendungen für teilstationäre Pflege nicht voll ausgeschöpft wird. Das Pflegegeld wird um den Vomhundertsatz vermindert, in dem die versicherte Person Aufwendungsersatz in Anspruch genommen hat.

(10) Statt Pflegegeld kann neben den Leistungen nach Absatz 8 Aufwendungsersatz nach Absatz 1 für häusliche Pflegehilfe durch geeignete Pflegekräfte im Sinne von Absatz 1 Satz 3 in Anspruch genommen werden. Die Leistungen nach den Absätzen 1 und 8 dürfen jedoch insgesamt je Kalendermonat den in Nr. 1 des Tarifs PV nach den Tarifstufen PVN und PVB für die jeweilige Pflegestufe vorgesehenen Höchstbetrag nicht übersteigen.

D. Kurzzeitpflege

(11) Kann häusliche Pflege zeitweise nicht, noch nicht oder nicht im erforderlichen Umfang erbracht werden und reicht auch teilstationäre Pflege nicht aus, besteht gemäß Nr. 6 des Tarifs PV Anspruch auf Ersatz von Aufwendungen für allgemeine Pflegeleistungen in einer vollstationären Einrichtung. Absatz 8 Sätze 2 bis 5 gelten entsprechend. Die Leistungen werden

a) für eine Übergangszeit im Anschluß an eine stationäre Behandlung der versicherten Person oder
b) in sonstigen Krisensituationen, in denen vorübergehend häusliche oder teilstationäre Pflege nicht möglich oder nicht ausreichend ist, erbracht.

Der Anspruch auf Kurzzeitpflege ist auf vier Wochen pro Kalenderjahr beschränkt. Im Falle des Satzes 2 b) besteht der Anspruch nur dann, wenn die Pflegeperson die versicherte Person vorher mindestens 12 Monate in ihrer häuslichen Umgebung gepflegt hat.

E. Vollstationäre Pflege

(12) Versicherte Personen haben gemäß Nr. 7 des Tarifs PV Anspruch auf Ersatz von Aufwendungen für allgemeine Pflegeleistungen in vollstationären Einrichtungen, wenn häusliche oder teilstationäre Pflege nicht möglich ist oder wegen der Besonderheit des einzelnen Falles nicht in Betracht kommt. Absatz 8 Sätze 2 bis 5 gelten entsprechend.

(13) Wählen versicherte Personen vollstationäre Pflege, obwohl diese nicht erforderlich ist, erhalten sie zu den pflegebedingten Aufwendungen einen Zuschuß bis zur Höhe des im Tarif PV nach den Tarifstufen PVN und PVB für häusliche Pflegehilfe in der jeweiligen Pflegestufe vorgesehenen Höchstbetrages.

F. Leistungen zur sozialen Sicherung der Pflegepersonen

(14) Für Pflegepersonen gemäß Absatz 2 Satz 2, die regelmäßig nicht mehr als 30 Stunden wöchentlich erwerbstätig sind und die versicherte Person ehrenamtlich wenigstens 14 Stunden wöchentlich in ihrer häuslichen Umgebung pflegen, zahlt der Versicherer Beiträge an den zuständigen Träger der gesetzlichen Rentenversicherung gemäß Nr. 8 des Tarifs PV. Üben mehrere Pflegepersonen die Pflege gemeinsam aus, richtet sich die Höhe des vom Versicherer zu entrichtenden Beitrags nach dem Verhältnis des Umfanges der jeweiligen Pflegetätigkeit der Pflegeperson zum Umfang der Pflegetätigkeit insgesamt. Ferner meldet der Versicherer die Pflegepersonen zwecks Einbeziehung in den Versicherungsschutz der gesetzlichen Unfallversicherung an den zuständigen Unfallversicherungsträger.

G. Pflegekurse für Angehörige und ehrenamtliche Pflegepersonen

(15) Angehörige und sonstige an einer ehrenamtlichen Pflegetätigkeit interessierte Personen können Schulungskurse besuchen. Diese sollen Fertigkeiten für eine eigenständige Durchführung der Pflege vermitteln. Die Schulung kann auch in der häuslichen Umgebung der pflegebedürftigen Person stattfinden. Der Umfang der Leistungen des Versicherers ergibt sich aus Nr. 9 des Tarifs PV.

10 MB/PPV § 5 — PflegepflichtVers

§ 5 Einschränkung der Leistungspflicht. (1) Keine Leistungspflicht besteht:

a) solange sich versicherte Personen im Ausland aufhalten, und zwar auch dann, wenn sie dort während eines vorübergehenden Aufenthaltes pflegebedürftig werden;

b) soweit versicherte Personen Entschädigungsleistungen wegen Pflegebedürftigkeit unmittelbar nach § 35 des Bundesversorgungsgesetzes oder nach den Gesetzen, die eine entsprechende Anwendung des Bundesversorgungsgesetzes vorsehen, aus der gesetzlichen Unfallversicherung oder aus öffentlichen Kassen aufgrund gesetzlich geregelter Unfallversorgung oder Unfallfürsorge erhalten. Dies gilt auch, wenn vergleichbare Leistungen aus dem Ausland oder von einer zwischenstaatlichen oder überstaatlichen Einrichtung bezogen werden;

c) soweit ein Versicherter der gesetzlichen Krankenversicherung aufgrund eines Anspruchs auf häusliche Krankenpflege auch Anspruch auf Grundpflege und hauswirtschaftliche Versorgung hat. Leistungen zur sozialen Sicherung von Pflegepersonen werden jedoch im tariflichen Umfang erbracht;

d) während der Durchführung einer vollstationären Heilbehandlung im Krankenhaus sowie von stationären Rehabilitationsmaßnahmen, Kur- oder Sanatoriumsbehandlungen und während der Unterbringung aufgrund richterlicher Anordnung, es sei denn, daß diese ausschließlich auf Pflegebedürftigkeit beruht;

e) für Aufwendungen aus Pflege durch Pflegekräfte oder Einrichtungen, deren Rechnungen der Versicherer aus wichtigem Grunde von der Erstattung ausgeschlossen hat, wenn diese Aufwendungen nach der Benachrichtigung des Versicherungsnehmers über den Leistungsausschluß entstehen. Sofern im Zeitpunkt der Benachrichtigung ein Versicherungsfall schwebt, besteht keine Leistungspflicht für die nach Ablauf von drei Monaten seit der Benachrichtigung entstandenen Aufwendungen. Findet der Pflegebedürftige innerhalb dieser drei Monate keine andere geeignete Pflegekraft, benennt der Versicherer eine solche;

f) für Aufwendungen für Pflegehilfsmittel und technische Hilfen oder deren leihweise Überlassung, soweit die Krankenversicherung oder andere zuständige Leistungsträger wegen

Krankheit oder Behinderung für diese Hilfsmittel zu leisten haben;

(2) Übersteigt eine Pflegemaßnahme das notwendige Maß oder ist die geforderte Vergütung nicht angemessen, so kann der Versicherer seine Leistungen auf einen angemessenen Betrag herabsetzen

§ 6 Auszahlung der Versicherungsleistung. (1) Der Versicherungsnehmer erhält die Leistungen auf Antrag.

Die Leistungen werden ab Antragstellung erbracht, frühestens jedoch von dem Zeitpunkt an, in dem die Anspruchsvoraussetzungen vorliegen. Wird der Antrag nach Ablauf des Monats gestellt, in dem die Pflegebedürftigkeit eingetreten ist, werden die Leistungen vom Beginn des Monats der Antragstellung an erbracht. In allen Fällen ist Voraussetzung, daß eine vorgesehene Wartezeit (vgl. § 3) erfüllt ist.

(2) Eintritt, Stufe und Fortdauer der Pflegebedürftigkeit, die Eignung, Notwendigkeit und Zumutbarkeit von Maßnahmen zur Beseitigung, Minderung oder Verhütung einer Verschlimmerung der Pflegebedürftigkeit und die Notwendigkeit der Versorgung mit beantragten Pflegehilfsmitteln und technischen Hilfen sind durch einen von dem Versicherer beauftragten Arzt festzustellen. Die Feststellung wird in angemessenen Abständen wiederholt. Mit der Durchführung der Untersuchungen kann der medizinische Dienst der privaten Pflegepflichtversicherung beauftragt werden. Die Untersuchung erfolgt grundsätzlich im Wohnbereich der versicherten Person. Auf Verlangen des Versicherers ist die versicherte Person verpflichtet, sich auch außerhalb ihres Wohnbereichs durch einen vom Versicherer beauftragten Arzt untersuchen zu lassen, wenn die gemäß Satz 1 erforderlichen Feststellungen im Wohnbereich nicht möglich sind. Erteilt die versicherte Person zu den Untersuchungen nicht ihr Einverständnis, kann der Versicherer die beantragten Leistungen verweigern oder die Leistungsgewährung einstellen. Die Untersuchung im Wohnbereich kann ausnahmsweise unterbleiben, wenn aufgrund einer eindeutigen Aktenlage das Ergebnis der medizinischen Untersuchung bereits feststeht. Die Kosten der genannten Untersuchungen trägt der Versicherer, es sei denn, es wird innerhalb eines Zeitraumes von sechs Monaten erneut

der Eintritt eines Versicherungsfalles behauptet, ohne daß der Versicherer seine Leistungspflicht anerkennt.

(3) Der Versicherer ist zur Leistung nur verpflichtet, wenn die erforderlichen Nachweise erbracht sind; diese werden Eigentum des Versicherers.

(4) Der Versicherer ist berechtigt, an den Überbringer oder Übersender von ordnungsmäßigen Nachweisen zu leisten, es sei denn, er hat begründete Zweifel an der Legitimation des Überbringers oder Übersenders.

(5) Von den Leistungen können die Kosten abgezogen werden, die dadurch entstehen, daß der Versicherer auf Verlangen des Versicherungsnehmers besondere Überweisungsformen wählt.

(6) Ansprüche auf Versicherungsleistungen können weder abgetreten noch verpfändet werden.

§ 7 Ende des Versicherungsschutzes. Der Versicherungsschutz endet – auch für schwebende Versicherungsfälle – mit der Beendigung des Versicherungsverhältnisses.

II. Pflichten des Versicherungsnehmers

§ 8 Beitragszahlung. (1) Vorbehaltlich der Absätze 2 und 3 ist für jede versicherte Person ein Beitrag zu zahlen. Der Beitrag ist ein Monatsbeitrag und am Ersten eines jeden Monats fällig. Der Beitrag ist an die vom Versicherer bezeichnete Stelle zu entrichten.

(2) Kinder einer in der privaten Pflegeversicherung versicherten Person sind beitragsfrei versichert, wenn sie

a) nicht nach § 20 Absatz 1 Nr. 1 bis 8 oder 11 oder § 20 Absatz 3 SGB XI (siehe Anhang) versicherungspflichtig sind,
b) nicht nach § 22 SGB XI (siehe Anhang) von der Versicherungspflicht befreit sind,
c) keinen Anspruch auf Familienversicherung in der sozialen Pflegeversicherung nach § 25 SGB XI (siehe Anhang) haben,
d) nicht hauptberuflich selbständig erwerbstätig sind und
e) kein Gesamteinkommen haben, das regelmäßig im Monat ein Siebtel der monatlichen Bezugsgröße nach § 18 Sozialge-

Pflegepflicht Vers §8 **MB/PPV 10**

setzbuch (SGB) – Viertes Buch (IV) – (siehe Anhang) überschreitet; bei Renten wird der Zahlbetrag berücksichtigt; das Einkommen eines Kindes aus einem landwirtschaftlichen Unternehmen, in dem es Mitunternehmer ist, ohne als landwirtschaftlicher Unternehmer im Sinne des zweiten Gesetzes über die Krankenversicherung der Landwirte zu gelten, bleibt außer Betracht.

(3) Unter den Voraussetzungen des Absatzes 2 besteht Anspruch auf Beitragsfreiheit bei Kindern

a) bis zur Vollendung des 18. Lebensjahres,
b) bis zur Vollendung des 23. Lebensjahres, wenn sie nicht erwerbstätig sind,
c) bis zur Vollendung des 25. Lebensjahres, wenn sie sich in Schul- oder Berufsausbildung befinden oder ein freiwilliges soziales Jahr im Sinne des Gesetzes zur Förderung eines freiwilligen sozialen Jahres oder ein freiwilliges ökologisches Jahr im Sinne des Gesetzes zur Förderung eines freiwilligen ökologischen Jahres leisten; wird die Schul- oder Berufsausbildung durch Erfüllung einer gesetzlichen Dienstpflicht des Kindes unterbrochen oder verzögert, besteht die Beitragsfreiheit auch für einen der Dauer dieses Dienstes entsprechenden Zeitraum über das 25. Lebensjahr hinaus,
d) ohne Altersgrenze, wenn sie wegen körperlicher, geistiger oder seelischer Behinderung außerstande sind, sich selbst zu unterhalten; Voraussetzung ist, daß die Behinderung zu einem Zeitpunkt vorlag, in dem das Kind nach Buchstaben a), b) oder c) versichert war.

Als Kinder im Sinne der Allgemeinen Versicherungsbedingungen gelten auch Stiefkinder und Enkel, die die versicherte Person überwiegend unterhält, sowie Personen, die mit der versicherten Person durch ein auf längere Dauer angelegtes Pflegeverhältnis mit häuslicher Gemeinschaft wie Kinder mit Eltern verbunden sind (Pflegekinder). Kinder, die mit dem Ziel der Annahme als Kind in die Obhut des Annehmenden aufgenommen sind und für die die zur Annahme erforderliche Einwilligung der Eltern erteilt ist, gelten als Kinder des Annehmenden und nicht als Kinder der leiblichen Eltern.

Die Beitragsfreiheit nach Buchstaben a), b) und c) bleibt bei Personen, die aufgrund gesetzlicher Pflicht Wehrdienst oder Zivildienst leisten, für die Dauer des Dienstes bestehen.

10 MB/PPV § 8   PflegepflichtVers

(4) Die Beitragsfreiheit nach den Absätzen 2 und 3 besteht auch dann, wenn die Eltern und das Kind bei unterschiedlichen privaten Versicherern versichert sind. Die Beitragsfreiheit für Kinder endet zum Ersten des Monats, in dem sie eine Erwerbstätigkeit aufnehmen.

(5) Für versicherte Personen, die über eine ununterbrochene Vorversicherungszeit von mindestens fünf Jahren in der privaten Pflegepflichtversicherung oder in der privaten Krankenversicherung mit Anspruch auf allgemeine Krankenhausleistungen verfügen, wird der zu zahlende Beitrag auf den jeweiligen Höchstbeitrag der sozialen Pflegeversicherung begrenzt; dieser bemißt sich nach dem durch Gesetz festgesetzten bundeseinheitlichen Beitragssatz und der Beitragsbemessungsgrenze gemäß § 55 Absätze 1 und 2 SGB XI (siehe Anhang). Für Personen, die nach beamtenrechtlichen Vorschriften oder Grundsätzen bei Pflegebedürftigkeit Anspruch auf Beihilfe oder auf freie Heilfürsorge haben, wird der Beitrag unter den Voraussetzungen des Satzes 1 auf 50 v. H. des Höchstbetrages der sozialen Pflegeversicherung begrenzt.

(6) Der erste Beitrag ist unverzüglich nach Aushändigung des Versicherungsscheines, bei einem in der Zukunft liegenden Versicherungsbeginn spätestens zu dem im Versicherungsschein genannten Versicherungsbeginn, zu zahlen.

(7) Wird ein Beitrag nicht oder nicht rechtzeitig gezahlt, ist der Versicherungsnehmer zum Ausgleich der Kosten verpflichtet, die dem Versicherer im Rahmen der Beitreibung entstehen.

(8) Gerät der Versicherungsnehmer bei der privaten Pflegepflichtversicherung mit sechs oder mehr Monatsbeiträgen in Verzug, kann von der zuständigen Verwaltungsbehörde ein Bußgeld bis zu 5.000 DM verhängt werden. Gerät der Versicherungsnehmer bei einer aufgrund besonderer Vereinbarung gemäß § 15 Absatz 3 abgeschlossenen Auslandsversicherung in Verzug, kann der Versicherer das Versicherungsverhältnis unter den Voraussetzungen des § 39 VVG (siehe Anhang) kündigen.

(9) Der Beitrag ist bis zum Ablauf des Tages zu zahlen, an dem das Versicherungsverhältnis endet.

§ 8a Beitragsberechnung. (1) Die Berechnung der Beiträge erfolgt nach Maßgabe des § 110 SGB XI (siehe Anhang) und ist in den technischen Berechnungsgrundlagen des Versicherers festgelegt.

(2) Der erste Beitrag wird bei Abschluß des Versicherungsvertrages nach dem Eintrittsalter und dem Gesundheitszustand der versicherten Person festgesetzt. Als Eintrittsalter gilt der Unterschied zwischen dem Jahr der Geburt und dem Jahr des Versicherungsbeginns.

(3) Bei einer Änderung der Beiträge, auch durch Änderung des Versicherungsschutzes, wird das bei Inkrafttreten der Änderung erreichte tarifliche Lebensalter der versicherten Person berücksichtigt. Dabei wird dem Eintrittsalter der versicherten Person dadurch Rechnung getragen, daß eine Alterungsrückstellung gemäß den in den technischen Berechnungsgrundlagen festgelegten Grundsätzen angerechnet wird.
Eine Erhöhung der Beiträge oder eine Minderung der Leistungen des Versicherers wegen des Älterwerdens der versicherten Person ist jedoch während der Dauer des Versicherungsverhältnisses ausgeschlossen, soweit eine Alterungsrückstellung zu bilden ist.

(4) Bei Beitragsänderungen kann der Versicherer auch besonders vereinbarte Beitragszuschläge entsprechend dem erforderlichen Beitrag ändern.

§ 8b Beitragsanpassung. (1) Im Rahmen der vertraglichen Leistungszusage können sich die Leistungen des Versicherers z. B. aufgrund von Veränderungen der Pflegekosten, der Pflegedauern oder der Häufigkeit von Pflegefällen ändern. Dementsprechend werden anhand einer Gemeinschaftsstatistik der privaten Pflegepflichtversicherer jährlich die erforderlichen mit den in den technischen Berechnungsgrundlagen kalkulierten Versicherungsleistungen verglichen. Ergibt diese Gegenüberstellung eine Veränderung von mehr als 5 v. H., so werden die Beiträge überprüft und, soweit erforderlich sowie vorbehaltlich der Höchstbeitragsgarantie gemäß § 8 Absatz 5, mit Zustimmung eines unabhängigen Treuhänders angepaßt.

(2) Von einer Beitragsanpassung kann abgesehen werden, wenn nach übereinstimmender Beurteilung durch den Versicherer und den Treuhänder die Veränderung der Versicherungsleistungen als vorübergehend anzusehen ist.

10 MB/PPV § 9   PflegepflichtVers

(3) Sind die monatlichen Beiträge infolge der Höchstbeitragsgarantie gegenüber den nach den technischen Berechnungsgrundlagen notwendigen Beiträgen gekürzt, so können diese Beiträge abweichend von Absatz 1 bei einer Veränderung der Beitragsbemessungsgrenzen oder des Beitragssatzes in der sozialen Pflegeversicherung an den daraus sich ergebenden geänderten Höchstbeitrag angepaßt werden.

(4) Anpassungen nach den Absätzen 1 und 3 werden zu Beginn des zweiten Monats wirksam, der auf die Benachrichtigung der Versicherungsnehmer folgt, sofern nicht mit Zustimmung des Treuhänders ein anderer Zeitpunkt bestimmt wird.

§ 9 Obliegenheiten. (1) Eintritt, Wegfall und jede Minderung der Pflegebedürftigkeit sind dem Versicherer unverzüglich schriftlich anzuzeigen. Anzuzeigen sind auch Änderungen in der Person und im Umfang der Pflegetätigkeit einer Pflegeperson im Sinne von § 4 Absatz 2 Satz 2, für die der Versicherer Leistungen zur sozialen Sicherung gemäß § 4 Absatz 14 erbringt.

(2) Nach Eintritt des Versicherungsfalles gemäß § 1 Absatz 2 sind ferner anzuzeigen jede Krankenhausbehandlung, stationäre medizinische Rehabilitationsmaßnahme, Kur- oder Sanatoriumsbehandlung, jede Unterbringung aufgrund richterlicher Anordnung, das Bestehen eines Anspruchs auf häusliche Krankenpflege (Grund- und Behandlungspflege sowie hauswirtschaftliche Versorgung) aus der gesetzlichen Krankenversicherung nach § 37 SGB V (siehe Anhang) sowie der Bezug von Leistungen gemäß § 5 Absatz 1b).

(3) Der Versicherungsnehmer und die versicherten Personen haben auf Verlangen des Versicherers jede Auskunft zu erteilen, die zur Feststellung des Versicherungsfalles, der Leistungspflicht des Versicherers und ihres Umfanges sowie für die Beitragseinstufung der versicherten Personen erforderlich ist. Die Auskünfte sind auch einem Beauftragten des Versicherers zu erteilen.

(4) Der Versicherungsnehmer hat die Aufnahme einer Erwerbstätigkeit durch beitragsfrei mitversicherte Kinder unverzüglich schriftlich anzuzeigen.

(5) Der Abschluß einer weiteren privaten Pflegepflichtversi-

cherung bei einem anderen Versicherer ist nicht zulässig. Tritt für eine versicherte Person Versicherungspflicht in der sozialen Pflegeversicherung ein, ist der Versicherer unverzüglich schriftlich zu unterrichten.

§ 10 Folgen von Obliegenheitsverletzungen. (1) Der Versicherer ist mit der in § 6 Absatz 3 VVG (siehe Anhang) vorgeschriebenen Einschränkung von der Verpflichtung zur Leistung frei, wenn und solange eine der in § 9 Absatz 1 bis 5 genannten Obliegenheiten verletzt ist.

(2) Die Kenntnis und das Verschulden der versicherten Person stehen der Kenntnis und dem Verschulden des Versicherungsnehmers gleich.

(3) Entstehen dem Versicherer durch eine Verletzung der Pflichten nach § 9 Absätze 3 und 4 zusätzliche Aufwendungen, kann er vom Versicherungsnehmer oder der versicherten Person dafür Ersatz verlangen.

§ 11 Ansprüche gegen Dritte. Hat der Versicherungsnehmer oder eine versicherte Person Schadensersatzansprüche nichtversicherungsrechtlicher Art gegen Dritte, so besteht, unbeschadet des gesetzlichen Forderungsüberganges gemäß § 67 VVG (siehe Anhang), die Verpflichtung, diese Ansprüche bis zur Höhe, in der aus dem Versicherungsvertrag geleistet wird, an den Versicherer schriftlich abzutreten.

Gibt der Versicherungsnehmer oder eine versicherte Person einen solchen Anspruch oder ein zur Sicherung des Anspruches dienendes Recht ohne Zustimmung des Versicherers auf, so wird dieser insoweit von der Verpflichtung zur Leistung frei, als er aus dem Anspruch oder dem Recht hätte Ersatz erlangen können.

§ 12 Aufrechnung. Der Versicherungsnehmer kann gegen Forderungen des Versicherers nur aufrechnen, soweit die Gegenforderung unbestritten oder rechtskräftig festgestellt ist. Gegen eine Forderung aus der Beitragspflicht kann jedoch ein Mitglied eines Versicherungsvereins nicht aufrechnen.

III. Ende der Versicherung

§ 13 Kündigung durch den Versicherungsnehmer.
(1) Wird eine versicherte Person nach § 20 oder 21 SGB XI (siehe Anhang) versicherungspflichtig in der sozialen Pflegeversicherung, so kann der Versicherungsnehmer die private Pflegepflichtversicherung dieser Person binnen zwei Monaten seit Eintritt der Versicherungspflicht rückwirkend zu deren Beginn kündigen. Macht der Versicherungsnehmer von seinem Kündigungsrecht Gebrauch, steht dem Versicherer der Beitrag nur bis zu diesem Zeitpunkt zu. Später kann der Versicherungsnehmer die private Pflegepflichtversicherung der betroffenen Person nur zum Ende des Monats kündigen, in dem er den Eintritt der Versicherungspflicht nachweist. Der Versicherungspflicht steht der gesetzliche Anspruch auf Familienversicherung gleich.

(2) Endet die für eine versicherte Person bestehende private Krankenversicherung mit Anspruch auf Kostenerstattung für allgemeine Krankenhausleistungen, so kann der Versicherungsnehmer die private Pflegepflichtversicherung dieser Person zum Ende eines jeden Versicherungsjahres mit einer Frist von drei Monaten kündigen. Ein Kündigungsrecht besteht insoweit ferner auch unter den Voraussetzungen des § 178h Absätze 3 und 4 VVG (siehe Anhang). Weist der Versicherungsnehmer für diese versicherte Person nicht innerhalb von sechs Monaten den Abschluß einer privaten Pflegepflichtversicherung bei einem anderen Versicherungsunternehmen nach, erstattet der Versicherer insoweit Meldung an das Bundesversicherungsamt.

(3) Ein wegen Auslandsaufenthalts auf einer besonderen Vereinbarung gemäß § 15 Absatz 3 beruhendes Versicherungsverhältnis kann der Versicherungsnehmer zum Ende eines jeden Versicherungsjahres, frühestens aber zum Ablauf einer vereinbarten Vertragsdauer, mit einer Frist von drei Monaten kündigen. Der Versicherungsnehmer kann ein Versicherungsverhältnis gemäß Satz 1 ferner auch unter den Voraussetzungen des § 178h Absätze 3 und 4 VVG (siehe Anhang) kündigen. Die Kündigung kann auf einzelne versicherte Personen beschränkt werden.

(4) Das erste Versicherungsjahr beginnt mit dem im Versicherungsschein bezeichneten Zeitpunkt (technischer Versiche-

rungsbeginn); es endet am 31. Dezember des betreffenden Kalenderjahres. Die folgenden Versicherungsjahre fallen mit dem Kalenderjahr zusammen.

§ 14 Kündigung durch den Versicherer. (1) Eine Beendigung der privaten Pflegepflichtversicherung durch Kündigung oder Rücktritt seitens des Versicherers ist nicht möglich, solange der Kontrahierungszwang gemäß § 110 Absatz 1 Nr. 1, Absatz 3 Nr. 1 SGB XI (siehe Anhang) besteht. Bei einer Verletzung der dem Versicherungsnehmer bei Schließung des Vertrages obliegenden Anzeigepflicht kann der Versicherer jedoch, falls mit Rücksicht auf ein erhöhtes Risiko ein Beitragszuschlag erforderlich ist, vom Beginn des Versicherungsvertrages an den höheren Beitrag verlangen. § 8 Absatz 5 bleibt unberührt.

(2) Bei einem wegen Auslandsaufenthalts auf einer besonderen Vereinbarung gemäß § 15 Absatz 3 beruhenden Versicherungsverhältnis verzichtet der Versicherer auf das ordentliche Kündigungsrecht. Die gesetzlichen Bestimmungen über das außerordentliche Kündigungsrecht bleiben unberührt. Die Kündigung kann auf einzelne versicherte Personen beschränkt werden.

(3) Eine ordentliche Kündigung bedarf einer Frist von drei Monaten zum Ende des Versicherungsjahres (§ 13 Absatz 4).

§ 15 Sonstige Beendigungsgründe. (1) Das Versicherungsverhältnis endet mit dem Tod des Versicherungsnehmers. Die versicherten Personen haben jedoch die Pflicht, das Versicherungsverhältnis unter Benennung des künftigen Versicherungsnehmers fortzusetzen, wenn und solange für sie eine private Krankenversicherung mit Anspruch auf Kostenerstattung für allgemeine Krankenhausleistungen besteht. Die Erklärung ist innerhalb zweier Monate nach dem Tode des Versicherungsnehmers abzugeben.

(2) Bei Tod einer versicherten Person endet insoweit das Versicherungsverhältnis.

(3) Das Versicherungsverhältnis endet mit der Verlegung des Wohnsitzes oder gewöhnlichen Aufenthaltes des Versicherungsnehmers ins Ausland, es sei denn, daß insoweit eine besondere Vereinbarung getroffen wird. Ein diesbezüglicher Antrag ist spätestens innerhalb eines Monats nach Verlegung des

10 MB/PPV §§ 16, 17 PflegepflichtVers

Wohnsitzes oder des gewöhnlichen Aufenthaltes zu stellen. Der Versicherer verpflichtet sich, den Antrag anzunehmen, falls er innerhalb der vorgenannten Frist gestellt wurde.

Für die Dauer der besonderen Vereinbarung ist der für die private Pflegepflichtversicherung maßgebliche Beitrag zu zahlen; die Leistungspflicht des Versicherers ruht gemäß § 5 Absatz 1a).

Für versicherte Personen, die ihren Wohnsitz oder gewöhnlichen Aufenthalt in Deutschland beibehalten, gelten Absatz 1 Sätze 2 und 3 entsprechend.

(4) Bei Verlegung des Wohnsitzes oder gewöhnlichen Aufenthaltes einer versicherten Person ins Ausland endet insoweit das Versicherungsverhältnis, es sei denn, daß eine besondere Vereinbarung getroffen wird. Absatz 3 Sätze 2 bis 4 gelten entsprechend.

IV. Sonstige Bestimmungen

§ 16 Willenserklärungen und Anzeigen. Willenserklärungen und Anzeigen gegenüber dem Versicherer bedürfen der Schriftform. Zu ihrer Entgegennahme sind Versicherungsvermittler nicht bevollmächtigt.

§ 17 Klagefrist/Gerichtsstand. (1) Hat der Versicherer einen Anspruch auf Versicherungsleistungen dem Grunde oder der Höhe nach abgelehnt, so ist er insoweit von der Verpflichtung zur Leistung frei, wenn der Anspruch vom Versicherungsnehmer nicht innerhalb von sechs Monaten gerichtlich geltend gemacht wird. Die Frist beginnt erst, nachdem der Versicherer den Anspruch unter Angabe der mit dem Ablauf der Frist verbundenen Rechtsfolgen schriftlich abgelehnt hat.

(2) Klagen gegen den Versicherer können bei dem Gericht am Sitz des Versicherers oder bei dem Gericht des Ortes anhängig gemacht werden, wo der Vermittlungsagent zur Zeit der Vermittlung seine gewerbliche Niederlassung oder in Ermangelung einer solchen seinen Wohnsitz hatte.

(3) Für Klagen aus dem Versicherungsverhältnis gegen den Versicherungsnehmer ist das Gericht des Ortes zuständig, an dem der Versicherungsnehmer seinen Wohnsitz oder den Sitz

oder die Niederlassung seines Geschäfts- oder Gewerbebetriebes hat.

§ 18 Änderungen der Allgemeinen Versicherungsbedingungen. (1) Die Allgemeinen Versicherungsbedingungen können unter hinreichender Wahrung der Belange des Versicherten vom Versicherer mit Zustimmung eines unabhängigen Treuhänders mit Wirkung für bestehende Versicherungsverhältnisse, auch für den noch nicht abgelaufenen Teil des Versicherungsjahres, geändert werden

a) bei einer nicht nur vorübergehenden Veränderung der Verhältnisse des Gesundheitswesens,
b) im Falle der Unwirksamkeit von Bedingungen,
c) bei Änderungen von Gesetzen, auf denen die Bestimmungen des Versicherungsvertrages beruhen,
d) bei unmittelbar den Versicherungsvertrag betreffenden Änderungen der höchstrichterlichen Rechtsprechung, der Verwaltungspraxis des Bundesaufsichtsamtes für das Versicherungswesen oder der Kartellbehörden.

Im Falle der Buchstaben c) und d) ist eine Änderung nur zulässig, soweit sie Bestimmungen über Versicherungsschutz, Pflichten des Versicherungsnehmers, Sonstige Beendigungsgründe, Willenserklärungen und Anzeigen sowie Klagefrist und Gerichtsstand betrifft.

(2) Die neuen Bedingungen sollen den ersetzten rechtlich und wirtschaftlich weitestgehend entsprechen. Sie dürfen die Versicherten auch unter Berücksichtigung der bisherigen Auslegung in rechtlicher und wirtschaftlicher Hinsicht nicht unzumutbar benachteiligen.

(3) Änderungen nach Absatz 1 werden zu Beginn des zweiten Monats wirksam, der auf die Benachrichtigung der Versicherungsnehmer folgt, sofern nicht mit Zustimmung des Treuhänders ein anderer Zeitpunkt bestimmt wird.

(4) Zur Beseitigung von Auslegungszweifeln kann der Versicherer mit Zustimmung des Treuhänders den Wortlaut von Bedingungen ändern, wenn diese Anpassung vom bisherigen Bedingungstext gedeckt ist und den objektiven Willen sowie die Interessen beider Parteien berücksichtigt. Absatz 3 gilt entsprechend.

§ 19 Beitragsrückerstattung. Die aus dem Abrechnungsverband private Pflegepflichtversicherung der Rückstellung für Beitragsrückerstattung zugeführten Mittel werden insbesondere zur Limitierung der Beiträge der versicherten Personen und zur Finanzierung von Leistungsverbesserungen verwendet.

Zusatzvereinbarungen für Versicherungsverträge gemäß § 110 Absatz 2 SGB XI

Für Versicherungsverträge, die mit Personen abgeschlossen werden, die zum Zeitpunkt des Inkrafttretens des SGB XI am 1. Januar 1995 bei einem Unternehmen der privaten Krankenversicherung mit Anspruch auf allgemeine Krankenhausleistungen versichert sind, gilt folgendes:

In Abweichung von

1. § 3 MB/PPV 1995 entfällt die Wartezeit;
2. § 8 Absatz 1 MB/PPV 1995 besteht für versicherte Personen, die vor dem 30. Juni 1996 vollstationäre Pflege in einem Pflegeheim erhalten, auf Antrag Beitragsfreiheit bis zum Eintritt der Leistungspflicht des Versicherers für vollstationäre Pflege am 1. Juli 1996, sofern nicht Beitragsfreiheit für Kinder gemäß § 8 Absätze 2 bis 4 MB/PPV 1995 beansprucht wird.
3. § 8 Absatz 3 MB/PPV 1995 besteht Anspruch auf beitragsfreie Mitversicherung von Behinderten, die zum Zeitpunkt des Inkrafttretens des SGB XI die Voraussetzungen nach Buchstabe d) nicht erfüllen, diese aber erfüllt hätten, wenn die Pflegeversicherung zum Zeitpunkt des Eintritts der Behinderung bereits bestanden hätte;
4. § 8 Absatz 5 MB/PPV 1995
    a) wird die Höhe der Beiträge für Ehegatten auf 150 v. H., bei Personen, die nach beamtenrechtlichen Vorschriften oder Grundsätzen bei Pflegebedürftigkeit Anspruch auf Beihilfe haben, auf 75 v. H. des jeweiligen Höchstbeitrages der sozialen Pflegeversicherung begrenzt, wenn ein Ehegatte kein Gesamteinkommen hat, das regelmäßig im Monat ein Siebtel der monatlichen Bezugsgröße nach § 18 SGB IV (siehe Anhang) überschreitet; bei Renten wird der Zahlbetrag berücksichtigt. Die Voraussetzungen der Beitragsvergünstigung sind nachzuweisen; hierfür kann der Versicherer auch die Vorlage des Steuer- und des Rentenbescheides verlangen. Der Wegfall der Voraussetzungen

für die Beitragsvergünstigung ist dem Versicherer unverzüglich anzuzeigen; dieser ist berechtigt, ab dem Zeitpunkt des Wegfalls für jeden Ehegatten den vollen Beitrag zu erheben. Sind die Ehegatten nicht bei demselben Versicherer versichert, wird von jedem Ehegatten die Hälfte des maßgeblichen Gesamtbeitrages erhoben. Liegt der individuelle Beitrag eines Versicherten jedoch niedriger als die Hälfte des maßgeblichen Gesamtbeitrages, so wird der gesamte Kappungsbeitrag dem anderen Ehegatten zugerechnet;

b) wird ferner die Höchstbeitragsgarantie nicht von einer Vorversicherungszeit abhängig gemacht;

§ 8a Absatz 2 MB/PPV 1995 erfolgt keine Erhöhung der Beiträge nach dem Gesundheitszustand des Versicherten.

Die Zusatzvereinbarungen gelten auch für Personen, die sich gemäß Artikel 41 Pflege-Versicherungsgesetz (siehe Anhang) bis zum 30. Juni 1995 von der Versicherungspflicht in der sozialen Pflegeversicherung haben befreien lassen. Sie gelten ferner für Personen mit Anspruch auf Beihilfe nach beamtenrechtlichen Vorschriften oder Grundsätzen einschließlich der Mitglieder der Postbeamtenkrankenkasse und der Mitglieder der Krankenversorgung der Bundesbahnbeamten sowie für Personen mit Anspruch auf Heilfürsorge, die nicht bei einem Unternehmen der privaten Krankenversicherung mit Anspruch auf allgemeine Krankenhausleistungen versichert sind, sofern zum Zeitpunkt des Inkrafttretens des Pflege-Versicherungsgesetzes Versicherungspflicht in der privaten Pflegeversicherung besteht und ein Antrag auf Abschluß einer privaten Pflegepflichtversicherung bis zum 30. Juni 1995 bei einem Unternehmen der privaten Krankenversicherung vorliegt.

Musterbedingungen des Verbands der Haftpflichtversicherer, Unfallversicherer, Autoversicherer und Rechtsschutzversicherer (HUK-Verband) e. V.

11. Allgemeine Versicherungsbedingungen für die Haftpflichtversicherung (AHB 94)

(Unverbindliche Empfehlung des HUK-Verbandes. Abweichende Vereinbarungen sind möglich. – Stand: Oktober 1994)

Übersicht[1]

	§§
I. Der Versicherungsschutz	1–4
Gegenstand der Versicherung	1
Vorsorge-Versicherung	2
Beginn und Umfang des Versicherungsschutzes	3
Ausschlüsse	4
II. Der Versicherungsfall	5, 6
Obliegenheiten des Versicherungsnehmers, Verfahren	5
Rechtsverlust	6
III. Das Versicherungsverhältnis	7–14
Versicherung für fremde Rechnung, Abtretung des Versicherungsanspruchs	7
Prämienzahlung, Prämienregulierung, Prämienangleichung, Prämienrückerstattung	8
Vertragsdauer, Kündigung	9
Verjährung, Klagefrist	10
Vorvertragliche Anzeigepflichten des Versicherungsnehmers	11
Widerrufs- und Widerspruchsrecht des Versicherungsnehmers	12
Gerichtsstände	13
Anzeigen und Willenserklärungen	14

---

[1] Die Inhaltsübersicht wurde vom Herausgeber eingefügt.

I. Der Versicherungsschutz

§ 1 Gegenstand der Versicherung. 1. Der Versicherer gewährt dem Versicherungsnehmer Versicherungsschutz für den Fall, daß er wegen eines während der Wirksamkeit der Versicherung eingetretenen Schadenereignisses, das den Tod, die Verletzung oder Gesundheitsschädigung von Menschen (Personenschaden) oder die Beschädigung oder Vernichtung von Sachen (Sachschaden) zur Folge hatte, für diese Folgen auf Grund gesetzlicher Haftpflichtbestimmungen privatrechtlichen Inhalts von einem Dritten auf Schadenersatz in Anspruch genommen wird.

2. Der Versicherungsschutz erstreckt sich auf die gesetzliche Haftpflicht

a) aus den im Versicherungsschein und seinen Nachträgen angegebenen Eigenschaften, Rechtsverhältnissen oder Tätigkeiten des Versicherungsnehmers (versichertes „Risiko");
b) – *soweit nicht etwas anderes vereinbart wurde* –
aus Erhöhungen oder Erweiterungen des versicherten Risikos, soweit sie nicht in dem Halten oder Führen von Luft-, Kraft- oder Wasserfahrzeugen (abgesehen von Ruderbooten) bestehen.
Bei Erhöhungen des übernommenen Risikos, die durch Änderung bestehender oder durch Erlaß neuer Rechtsnormen eintreten, gilt folgendes:
Der Versicherer ist berechtigt, das Versicherungsverhältnis unter Einhaltung einer Kündigungsfrist von einem Monat zu kündigen. Das Kündigungsrecht erlischt, wenn es nicht innerhalb eines Monats von dem Zeitpunkt an ausgeübt wird, in welchem der Versicherer von der Erhöhung der Gefahr Kenntnis erlangt, oder wenn der Zustand wieder hergestellt ist, der vor der Erhöhung bestanden hat.
c) aus Risiken, die für den Versicherungsnehmer nach Abschluß der Versicherung neu entstehen, gemäß § 2 (Vorsorge-Versicherung).

3. Der Versicherungsschutz kann durch besondere Vereinbarung ausgedehnt werden auf die gesetzliche Haftpflicht wegen Vermögensschädigung, die weder durch Personenschaden noch durch Sachschaden entstanden ist, sowie wegen Abhan-

denkommens von Sachen. Auf die Versicherung wegen Abhandenkommens von Sachen finden die Bestimmungen über Sachschaden Anwendung.

§ 2 Vorsorge-Versicherung. Für die Vorsorge-Versicherung (§ 1 Ziff. 2c) gelten neben den sonstigen Vertragsbestimmungen folgende besondere Bedingungen:
1. Der Versicherungsschutz beginnt sofort mit dem Eintritt eines neuen Risikos, ohne daß es einer besonderen Anzeige bedarf.
Soweit nicht etwas anderes vereinbart wurde, gilt:
Der Versicherungsnehmer ist aber verpflichtet, auf Aufforderung des Versicherers, die auch durch einen der Prämienrechnung beigedruckten Hinweis erfolgen kann, binnen eines Monats nach Empfang dieser Aufforderung jedes neu eingetretene Risiko anzuzeigen. Unterläßt der Versicherungsnehmer die rechtzeitige Anzeige oder kommt innerhalb Monatsfrist nach Eingang der Anzeige bei dem Versicherer eine Vereinbarung über die Prämie für das neue Risiko nicht zustande, so fällt der Versicherungsschutz für dasselbe rückwirkend vom Gefahreneintritt ab fort. Tritt der Versicherungsfall ein, bevor die Anzeige des neuen Risikos erstattet ist, so hat der Versicherungsnehmer zu beweisen, daß das neue Risiko erst nach Abschluß der Versicherung und in einem Zeitpunkt eingetreten ist, in dem die Anzeigefrist nicht verstrichen war.
2. Der Versicherungsschutz wird auf den Betrag von DM ... für Personenschaden und DM ... für Sachschaden begrenzt, sofern nicht im Versicherungsschein geringere Deckungssummen festgesetzt sind.
3. *Soweit nicht etwas anderes vereinbart wurde, gilt:*
Der Versicherungsschutz erstreckt sich nicht auf die Gefahren, welche verbunden sind mit
   a) dem Besitz oder Betrieb von Bahnen, von Theatern, Kino- und Filmunternehmungen, Zirkussen und Tribünen, ferner von Luft- und Wasserfahrzeugen aller Art (abgesehen von Ruderbooten) und dem Lenken solcher Fahrzeuge sowie der Ausübung der Jagd;
   b) Herstellung, Bearbeitung, Lagerung, Beförderung, Verwendung von und Handel mit explosiven Stoffen, soweit

11 AHB § 3   HaftpflichtVers

hierzu eine besondere behördliche Genehmigung erforderlich ist;

c) dem Führen oder Halten von Kraftfahrzeugen.

§ 3 Beginn und Umfang des Versicherungsschutzes. *Soweit nicht etwas anderes vereinbart wurde, gilt:*

I. Der Versicherungsschutz beginnt, vorbehaltlich einer anderen Vereinbarung, mit der Einlösung des Versicherungsscheines durch Zahlung der Prämie, zu der auch die im Antrage angegebenen Kosten[1]) und etwaige öffentliche Abgaben[2]) gehören.

Die erste oder einmalige Prämie wird, wenn nichts anderes bestimmt ist, sofort nach Abschluß des Versicherungsvertrages fällig.

Wird die erste oder einmalige Prämie nicht rechtzeitig gezahlt, so ist der Versicherer, solange die Zahlung nicht bewirkt ist, berechtigt, vom Vertrage zurückzutreten. Es gilt als Rücktritt, wenn der Anspruch auf die Prämie nicht innerhalb von drei Monaten vom Fälligkeitstage an gerichtlich geltend gemacht wird.

Ist die Prämie zur Zeit des Eintritts des Versicherungsfalles noch nicht gezahlt, so ist der Versicherer von der Verpflichtung zur Leistung frei. Wird die erste Prämie erst nach dem als Beginn der Versicherung festgesetzten Zeitpunkt eingefordert, alsdann aber ohne Verzug gezahlt, so beginnt der Versicherungsschutz mit dem vereinbarten Zeitpunkt.

II. 1. Die Leistungspflicht des Versicherers umfaßt die Prüfung der Haftpflichtfrage, die Abwehr unberechtigter Ansprüche sowie den Ersatz der Entschädigung, welche der Versicherungsnehmer auf Grund eines von dem Versicherer abgegebenen oder genehmigten Anerkenntnisses, eines von ihm geschlossenen oder genehmigten Vergleichs oder einer richterlichen Entscheidung zu zahlen hat. Steht die Verpflichtung des Versicherers zur Zahlung fest, ist die Entschädigung binnen zwei Wochen zu leisten.

Wird in einem Strafverfahren wegen eines Schadensereignisses, das einen unter den Versicherungsschutz fal-

---

[1]) Ausfertigungsgebühr.
[2]) Versicherungssteuer.

HaftpflichtVers §3 **AHB 11**

lenden Haftpflichtanspruch zur Folge haben kann, die Bestellung eines Verteidigers für den Versicherungsnehmer von dem Versicherer gewünscht oder genehmigt, so trägt der Versicherer die gebührenordnungsmäßigen, gegebenenfalls die mit ihm besonders vereinbarten höheren Kosten des Verteidigers.
Hat der Versicherungsnehmer für eine aus einem Versicherungsfall geschuldete Rente kraft Gesetzes Sicherheit zu leisten oder ist ihm die Abwendung der Vollstreckung einer gerichtlichen Entscheidung durch Sicherheitsleistung oder Hinterlegung nachgelassen, so ist der Versicherer an seiner Stelle zur Sicherheitsleistung oder Hinterlegung verpflichtet.

2. Für den Umfang der Leistung des Versicherers bilden die im Versicherungsschein angegebenen Versicherungssummen die Höchstgrenze bei jedem Schadenereignis. Dies gilt auch dann, wenn sich der Versicherungsschutz auf mehrere entschädigungspflichtige Personen erstreckt. Mehrere zeitlich zusammenhängende Schäden aus derselben Ursache oder mehrere Schäden aus Lieferungen der gleichen mangelhaften Waren gelten als ein Schadenereignis.
Es kann vereinbart werden, daß sich der Versicherungsnehmer bei jedem Schadenereignis mit einem im Versicherungsschein festgelegten Betrag an einer Schadenersatzleistung selbst beteiligt.
Ferner kann vereinbart werden, daß der Versicherer seine Gesamtleistung für alle Schadenereignisse eines Versicherungsjahres auf ein Mehrfaches der vereinbarten Versicherungssumme begrenzt.

3. Kommt es in einem Versicherungsfall zu einem Rechtsstreit über den Anspruch zwischen dem Versicherungsnehmer und dem Geschädigten oder dessen Rechtsnachfolger, so führt der Versicherer den Rechtsstreit im Namen des Versicherungsnehmers auf seine Kosten.

4. Die Aufwendungen des Versicherers für Kosten werden nicht als Leistungen auf die Versicherungssumme angerechnet (vgl. aber Ziff. III 1).

III. 1. Übersteigen die Haftpflichtansprüche die Versicherungssumme, so hat der Versicherer die Prozeßkosten nur im

Verhältnis der Versicherungssumme zur Gesamthöhe der Ansprüche zu tragen, und zwar auch dann, wenn es sich um mehrere aus einem Schadenereignis entstehende Prozesse handelt. Der Versicherer ist in solchen Fällen berechtigt, durch Zahlung der Versicherungssumme und seines der Versicherungssumme entsprechenden Anteils an den bis dahin erwachsenen Kosten sich von weiteren Leistungen zu befreien.
2. Hat der Versicherungsnehmer an den Geschädigten Rentenzahlungen zu leisten und übersteigt der Kapitalwert der Rente die Versicherungssumme oder den nach Abzug etwaiger sonstiger Leistungen aus demselben Versicherungsfall noch verbleibenden Restbetrag der Versicherungssumme, so wird die zu leistende Rente nur im Verhältnis der Versicherungssumme bzw. ihres Restbetrages zum Kapitalwert der Rente erstattet. Der Kapitalwert der Rente wird zu diesem Zweck auf Grund der vom Statistischen Reichsamt aufgestellten Allgemeinen deutschen Sterbetafel für die Jahre 1924 bis 1926, männliches Geschlecht (Statistik des Deutschen Reiches, Band 401), und eines Zinsfußes von jährlich ... % ermittelt.
3. Falls die von dem Versicherer verlangte Erledigung eines Haftpflichtanspruchs durch Anerkenntnis, Befriedigung oder Vergleich an dem Widerstand des Versicherten scheitert, so hat der Versicherer für den von der Weigerung an entstehenden Mehraufwand an Hauptsache, Zinsen und Kosten nicht aufzukommen.

§ 4 Ausschlüsse.

I. Falls im Versicherungsschein oder seinen Nachträgen nicht ausdrücklich etwas anderes bestimmt ist, bezieht sich der Versicherungsschutz nicht auf:
1. Haftpflichtansprüche, soweit sie auf Grund Vertrags oder besonderer Zusagen über den Umfang der gesetzlichen Haftpflicht des Versicherungsnehmers hinausgehen.
2. Ansprüche auf Gehalt, Ruhegehalt, Lohn und sonstige festgesetzte Bezüge, Verpflegung, ärztliche Behandlung im Falle der Dienstbehinderung, Fürsorgeansprüche (vgl. z. B. die §§ 616, 617 BGB; 63 HGB; 39 und 42 Seemannsgesetz und die entsprechenden Bestimmungen der Gew.-

Haftpflicht Vers § 4 **AHB 11**

Ordn., R.-Vers.-Ordn. und des Bundessozialhilfegesetzes) sowie Ansprüche aus Tumultschadengesetzen.
3. Haftpflichtansprüche aus im Ausland vorkommenden Schadenereignissen; jedoch sind Ansprüche aus § 640 der R.-Vers.-Ordn. mitgedeckt.
4. Haftpflichtansprüche aus Schäden infolge Teilnahme an Pferde-, Rad- oder Kraftfahrzeug-Rennen, Box- oder Ringkämpfen sowie den Vorbereitungen hierzu (Training).
5. Haftpflichtansprüche aus Sachschaden, welcher entsteht durch allmähliche Einwirkung der Temperatur, von Gasen, Dämpfen oder Feuchtigkeit, von Niederschlägen (Rauch, Ruß, Staub u. dgl.), ferner durch Abwässer, Schwammbildung, Senkungen von Grundstücken (auch eines darauf errichteten Werkes oder eines Tcilcs eines solchen), durch Erdrutschungen, Erschütterungen infolge Rammarbeiten, durch Überschwemmungen stehender oder fließender Gewässer sowie aus Flurschaden durch Weidevieh und aus Wildschaden.
6. Haftpflichtansprüche wegen Schäden
    a) an fremden Sachen, die der Versicherungsnehmer gemietet, gepachtet, geliehen oder durch verbotene Eigenmacht erlangt hat oder die Gegenstand eines besonderen Verwahrungsvertrages sind;
    b) die an fremden Sachen durch eine gewerbliche oder berufliche Tätigkeit des Versicherungsnehmers an oder mit diesen Sachen (z. B. Bearbeitung, Reparatur, Beförderung, Prüfung u. dgl.) entstanden sind; bei Schäden an fremden unbeweglichen Sachen gilt dieser Ausschluß nur insoweit, als diese Sachen oder Teile von ihnen unmittelbar Gegenstand der Tätigkeit gewesen sind.
    Sind die Voraussetzungen der obigen Ausschlüsse in der Person von Angestellten, Arbeitern, Bediensteten, Bevollmächtigten oder Beauftragten des Versicherungsnehmers gegeben, so entfällt gleichfalls der Versicherungsschutz, und zwar sowohl für den Versicherungsnehmer wie für die durch den Versicherungsvertrag etwa mitversicherten Personen.
    Die Erfüllung von Verträgen und die an die Stelle der Erfüllungsleistung tretende Ersatzleistung ist nicht

Gegenstand der Haftpflichtversicherung, auch dann nicht, wenn es sich um gesetzliche Ansprüche handelt, desgleichen nicht der Anspruch aus der gesetzlichen Gefahrtragung (für zufälligen Untergang und zufällige Verschlechterung).
7. Haftpflichtansprüche wegen Schäden, die in unmittelbarem oder mittelbarem Zusammenhang stehen mit energiereichen ionisierenden Strahlen (z. B. von radioaktiven Substanzen emittierte Alpha-, Beta- und Gammastrahlen sowie Neutronen oder in Teilchenbeschleunigern erzeugte Strahlen) sowie mit Laser- und Maserstrahlen.[1]
8. Haftpflichtansprüche wegen Schäden durch Umwelteinwirkung auf Boden, Luft oder Wasser (einschließlich Gewässer) und alle sich daraus ergebenden weiteren Schäden.

Dies gilt nicht

a) im Rahmen der Versicherung privater Haftpflichtrisiken
oder

b) wenn gegen den Versicherungsnehmer Haftpflichtansprüche wegen Schäden durch Umwelteinwirkung erhoben werden, die durch vom Versicherungsnehmer hergestellte oder gelieferte Erzeugnisse (auch Abfälle), durch Arbeiten oder sonstige Leistungen nach Ausführung der Leistung oder nach Abschluß der Arbeiten entstehen (Produkthaftpflicht),
es sei denn,
sie resultieren aus der Planung, Herstellung, Lieferung, Montage, Demontage, Instandhaltung oder Wartung von
– Anlagen, die bestimmt sind, gewässerschädliche Stoffe herzustellen, zu verarbeiten, zu lagern, abzulagern, zu befördern oder wegzuleiten (WHG-Anlagen);
– Anlagen gem. Anhang 1 oder 2 zum Umwelthaftungsgesetz (UmweltHG-Anlagen);
– Anlagen, die nach dem Umweltschutz dienenden

---

[1] Der Ersatz von Schäden durch Kernenergie richtet sich nach dem Atomgesetz. Die Betreiber von Kernanlagen sind zur Deckungsvorsorge verpflichtet und schließen hierfür Haftpflichtversicherungen ab.

Haftpflicht Vers § 4 **AHB 11**

Bestimmungen einer Genehmigungs- oder Anzeigepflicht unterliegen, soweit es sich nicht um WHG- oder UmweltHG-Anlagen handelt;
– Abwasseranlagen
oder Teilen, die ersichtlich für solche Anlagen bestimmt sind.

II. *Soweit nicht etwas anderes vereinbart wurde, gilt:*
Ausgeschlossen von der Versicherung bleiben:
1. Versicherungsansprüche aller Personen, die den Schaden vorsätzlich herbeigeführt haben. Bei der Lieferung oder Herstellung von Waren, Erzeugnissen oder Arbeiten steht die Kenntnis von der Mangelhaftigkeit oder Schädlichkeit der Waren usw. dem Vorsatz gleich.
2. Haftpflichtansprüche
   a) aus Schadensfällen von Angehörigen des Versicherungsnehmers, die mit ihm in häuslicher Gemeinschaft leben oder die zu den im Versicherungsvertrag mitversicherten Personen gehören;
   b) zwischen mehreren Versicherungsnehmern desselben Versicherungsvertrages;
   c) von gesetzlichen Vertretern geschäftsunfähiger oder beschränkt geschäftsfähiger Personen;
   d) von unbeschränkt persönlich haftenden Gesellschaftern nicht rechtsfähiger Handelsgesellschaften;
   e) von gesetzlichen Vertretern juristischer Personen des privaten oder öffentlichen Rechts sowie nicht rechtsfähiger Vereine;
   f) von Liquidatoren.
   Als Angehörige gelten Ehegatten, Eltern und Kinder, Adoptiveltern und -kinder, Schwiegereltern und -kinder, Stiefeltern und -kinder, Großeltern und Enkel, Geschwister sowie Pflegeeltern und -kinder (Personen, die durch ein familienähnliches, auf längere Dauer angelegtes Verhältnis wie Eltern und Kinder miteinander verbunden sind).
   Die Ausschlüsse unter b) bis f) erstrecken sich auch auf Haftpflichtansprüche von Angehörigen der dort genannten Personen, wenn sie miteinander in häuslicher Gemeinschaft leben.
3. Haftpflichtansprüche, die darauf zurückzuführen sind,

daß der Versicherungsnehmer besonders gefahrdrohende Umstände, deren Beseitigung der Versicherer billigerweise verlangen konnte und verlangt hatte, nicht innerhalb einer angemessenen Frist beseitigte. Ein Umstand, welcher zu einem Schaden geführt hat, gilt ohne weiteres als besonders gefahrdrohend.

4. Haftpflichtansprüche wegen Personenschaden, der aus der Übertragung einer Krankheit des Versicherungsnehmers entsteht, sowie Sachschaden, der durch Krankheit der dem Versicherungsnehmer gehörenden, von ihm gehaltenen oder veräußerten Tiere entstanden ist, es sei denn, daß der Versicherungsnehmer weder vorsätzlich noch grobfahrlässig gehandelt hat.

5. Haftpflichtansprüche wegen Schäden, die an den vom Versicherungsnehmer (oder in seinem Auftrag oder für seine Rechnung von Dritten) hergestellten oder gelieferten Arbeiten oder Sachen infolge einer in der Herstellung oder Lieferung liegenden Ursache entstehen.

II. Der Versicherungsfall

§ 5 Obliegenheiten des Versicherungsnehmers, Verfahren. 1. Versicherungsfall im Sinne dieses Vertrages ist das Schadenereignis, das Haftpflichtansprüche gegen den Versicherungsnehmer zur Folge haben könnte.

2. Jeder Versicherungsfall ist dem Versicherer (§ 14) unverzüglich, spätestens innerhalb einer Woche, schriftlich anzuzeigen.

Wird ein Ermittlungsverfahren eingeleitet oder ein Strafbefehl oder ein Mahnbescheid erlassen, so hat der Versicherungsnehmer dem Versicherer unverzüglich Anzeige zu erstatten, auch wenn er den Versicherungsfall selbst bereits angezeigt hat.

Macht der Geschädigte seinen Anspruch gegenüber dem Versicherungsnehmer geltend, so ist dieser zur Anzeige innerhalb einer Woche nach der Erhebung des Anspruchs verpflichtet.

Wird gegen den Versicherungsnehmer ein Anspruch gerichtlich geltend gemacht, die Prozeßkostenhilfe beantragt oder wird ihm gerichtlich der Streit verkündet, so hat er außerdem unverzüglich Anzeige zu erstatten. Das gleiche gilt im Falle eines Arrestes, einer einstweiligen Verfügung oder eines Beweissicherungsverfahrens.

3. Der Versicherungsnehmer ist verpflichtet, unter Beachtung der Weisungen des Versicherers nach Möglichkeit für die Abwendung und Minderung des Schadens zu sorgen und alles zu tun, was zur Klarstellung des Schadenfalls dient, sofern ihm dabei nichts Unbilliges zugemutet wird. Er hat den Versicherer bei der Abwehr des Schadens sowie bei der Schadenermittlung und -regulierung zu unterstützen, ihm ausführliche und wahrheitsgemäße Schadenberichte zu erstatten, alle Tatumstände, welche auf den Schadenfall Bezug haben, mitzuteilen und alle nach Ansicht des Versicherers für die Beurteilung des Schadenfalls erheblichen Schriftstücke einzusenden.

4. Kommt es zum Prozeß über den Haftpflichtanspruch, so hat der Versicherungsnehmer die Prozeßführung dem Versicherer zu überlassen, dem von dem Versicherer bestellten oder bezeichneten Anwalt Vollmacht und alle von diesem oder dem Versicherer für nötig erachteten Aufklärungen zu geben. Gegen Mahnbescheide oder Verfügungen von Verwaltungsbehörden auf Schadenersatz hat er, ohne die Weisung des Versicherers abzuwarten, fristgemäß Widerspruch zu erheben oder die erforderlichen Rechtsbehelfe zu ergreifen.

5. Der Versicherungsnehmer ist nicht berechtigt, ohne vorherige Zustimmung des Versicherers einen Haftpflichtanspruch ganz oder zum Teil oder vergleichsweise anzuerkennen oder zu befriedigen.

Soweit nicht etwas anderes vereinbart wurde, gilt:
Bei Zuwiderhandlungen ist der Versicherer von der Leistungspflicht frei, es sei denn, daß der Versicherungsnehmer nach den Umständen die Befriedigung oder Anerkennung nicht ohne offenbare Unbilligkeit verweigern konnte.

6. Wenn der Versicherungsnehmer infolge veränderter Verhältnisse das Recht erlangt, die Aufhebung oder Minderung einer zu zahlenden Rente zu fordern, so ist er verpflichtet, dieses Recht auf seinen Namen von dem Versicherer ausüben zu lassen. Die Bestimmungen unter Ziff. 3 bis 5 finden entsprechende Anwendung.

7. Der Versicherer gilt als bevollmächtigt, alle zur Beilegung oder Abwehr des Anspruchs ihm zweckmäßig erschei-

nenden Erklärungen im Namen des Versicherungsnehmers abzugeben.

§ 6 Rechtsverlust. *Soweit nicht etwas anderes vereinbart wurde, gilt:* Wird eine Obliegenheit verletzt, die nach § 5 dem Versicherer gegenüber zu erfüllen ist, so ist der Versicherer von der Verpflichtung zur Leistung frei, es sei denn, daß die Verletzung weder auf Vorsatz noch auf grober Fahrlässigkeit beruht. Bei grobfahrlässiger Verletzung bleibt der Versicherer zur Leistung insoweit verpflichtet, als die Verletzung weder Einfluß auf die Feststellung des Versicherungsfalles noch auf die Feststellung oder den Umfang der dem Versicherer obliegenden Leistung gehabt hat. Handelt es sich hierbei um die Verletzung von Obliegenheiten zwecks Abwendung oder Minderung des Schadens, so bleibt der Versicherer bei grobfahrlässiger Verletzung zur Leistung insoweit verpflichtet, als der Umfang des Schadens auch bei gehöriger Erfüllung der Obliegenheiten nicht geringer gewesen wäre.

III. Das Versicherungsverhältnis

§ 7 Versicherung für fremde Rechnung, Abtretung des Versicherungsanspruchs. 1. Soweit sich die Versicherung auf Haftpflichtansprüche gegen andere Personen als den Versicherungsnehmer selbst erstreckt, finden alle in dem Versicherungsvertrag bezüglich des Versicherungsnehmers getroffenen Bestimmungen auch auf diese Personen sinngemäße Anwendung. Die Ausübung der Rechte aus dem Versicherungsvertrag steht ausschließlich dem Versicherungsnehmer zu; dieser bleibt neben dem Versicherten für die Erfüllung der Obliegenheiten verantwortlich.

2. *Soweit nicht etwas anderes vereinbart wurde, gilt:* Ansprüche des Versicherungsnehmers selbst oder der in § 4 Ziff. II 2 genannten Personen gegen die Versicherten sowie Ansprüche von Versicherten untereinander sind von der Versicherung ausgeschlossen.

3. Die Versicherungsansprüche können vor ihrer endgültigen Feststellung ohne ausdrückliche Zustimmung des Versicherers nicht übertragen werden.

HaftpflichtVers § 8 **AHB 11**

§ 8 Prämienzahlung, Prämienregulierung, Prämienangleichung, Prämienrückerstattung.

I. 1. Die nach Beginn des Versicherungsschutzes (§ 3 Ziff. I) zahlbaren regelmäßigen Folgeprämien sind, soweit nichts anderes vereinbart wurde, am Monatsersten des jeweiligen Prämienzeitraumes, sonstige Prämien bei Bekanntgabe an den Versicherungsnehmer einschließlich etwaiger öffentlicher Abgaben[1]) und einer Hebegebühr zu entrichten.
2. Unterbleibt die Zahlung, so ist der Versicherungsnehmer auf seine Kosten unter Hinweis auf die Folgen fortdauernden Verzugs schriftlich zur Zahlung innerhalb einer Frist von zwei Wochen aufzufordern.
3. Ist der Versicherungsnehmer nach Ablauf dieser Frist mit der Zahlung der Prämie oder der Kosten im Verzug, gilt – *soweit nicht etwas anderes vereinbart wurde* – folgendes:
Bei Versicherungsfällen, die nach Ablauf dieser Frist eintreten, ist der Versicherer von der Verpflichtung zur Leistung frei, wenn der Versicherungsnehmer in der Fristbestimmung auf diese Rechtsfolge hingewiesen wurde.
Der Versicherer ist berechtigt, das Vertragsverhältnis ohne Einhaltung einer Kündigungsfrist zu kündigen. Die Kündigung kann bereits bei der Bestimmung der Zahlungsfrist ausgesprochen werden. In diesem Fall wird die Kündigung zum Fristablauf wirksam, wenn in dem Kündigungsschreiben darauf hingewiesen wurde. Die Wirkungen der Kündigung fallen fort, wenn der Versicherungsnehmer innerhalb eines Monats nach der Kündigung oder, falls die Kündigung mit der Fristbestimmung verbunden worden ist, innerhalb eines Monats nach dem Ablauf der Zahlungsfrist die Zahlung nachholt, sofern nicht der Versicherungsfall bereits eingetreten ist.
Kündigt der Versicherer nicht, ist er für die gerichtliche Geltendmachung der rückständigen Prämien nebst Kosten an eine Ausschlußfrist von 6 Monaten seit Ablauf der zweiwöchigen Frist gebunden.
4. Bei Teilzahlung der Jahresprämie werden die noch ausstehenden Raten der Jahresprämie sofort fällig, wenn der Versicherungsnehmer mit der Zahlung einer Rate in Verzug gerät.

---
[1]) Versicherungssteuer.

11 AHB § 8   HaftpflichtVers

II. 1. Der Versicherungsnehmer ist verpflichtet, nach Erhalt einer Aufforderung des Versicherers, welche auch durch einen der Prämienrechnung aufgedruckten Hinweis erfolgen kann, Mitteilung darüber zu machen, ob und welche Änderung in dem versicherten Risiko gegenüber den zum Zwecke der Prämienbemessung gemachten Angaben eingetreten ist. Diese Anzeige ist innerhalb eines Monats nach Erhalt der Aufforderung zu machen. Auf Erfordern des Versicherers sind die Angaben durch die Geschäftsbücher oder sonstige Belege nachzuweisen. Unrichtige Angaben zum Nachteil des Versicherers berechtigen diesen, eine Vertragsstrafe in dreifacher Höhe des festgestellten Prämienunterschieds vom Versicherungsnehmer zu erheben, sofern letzterer nicht beweist, daß die unrichtigen Angaben ohne ein von ihm zu vertretendes Verschulden gemacht worden sind.
2. Auf Grund der Änderungsanzeige oder sonstiger Feststellungen wird die Prämie entsprechend dem Zeitpunkt der Veränderung richtiggestellt. Sie darf jedoch nicht geringer werden als die Mindestprämie, die nach dem Tarif des Versicherers z. Z. des Versicherungsabschlusses galt. Alle entsprechend § 8 Ziff. III nach dem Versicherungsabschluß eingetretenen Erhöhungen oder Ermäßigungen der Mindestprämie werden berücksichtigt. Beim Fortfall eines Risikos wird die etwaige Minderprämie vom Eingang der Anzeige ab berechnet.
3. Unterläßt es der Versicherungsnehmer, die obige Anzeige rechtzeitig zu erstatten, so kann der Versicherer für die Zeit, für welche die Angaben zu machen waren, an Stelle der Prämienregulierung (Ziff. II 1) als nachzuzahlende Prämie einen Betrag in Höhe der für diese Zeit bereits gezahlten Prämie verlangen. Werden die Angaben nachträglich, aber noch innerhalb zweier Monate nach Empfang der Aufforderung zur Nachzahlung gemacht, so ist der Versicherer verpflichtet, den etwa zuviel gezahlten Betrag der Prämie zurückzuerstatten.
4. Die vorstehenden Bestimmungen finden auch auf Versicherungen mit Prämienvorauszahlung für mehrere Jahre Anwendung.

III. 1. Ein unabhängiger Treuhänder ermittelt zum 1. Juli eines jeden Jahres, um welchen Prozentsatz sich der Durchschnitt der Schadenzahlungen, welche die zum Betrieb der Allgemeinen Haftpflichtversicherung zugelassenen Versicherer im vergangenen Kalenderjahr geleistet haben, gegenüber dem vorvergangenen Jahr erhöht oder vermindert hat. Den ermittelten Prozentsatz rundet er auf die nächstniedrigere, durch fünf teilbare ganze Zahl ab.

Als Schadenzahlungen gelten auch die speziell durch den einzelnen Schadenfall veranlaßten Ausgaben für die Schadenermittlung, die aufgewendet worden sind, um die Versicherungsleistungen dem Grunde und der Höhe nach festzustellen.

Als Durchschnitt der Schadenzahlungen eines Kalenderjahres gilt die Summe der in diesem Jahr geleisteten Schadenzahlungen geteilt durch die Anzahl der im gleichen Zeitraum neu angemeldeten Schadenfälle.

2. Im Falle einer Erhöhung ist der Versicherer berechtigt, im Falle einer Verminderung verpflichtet, die Folgejahresprämie um den sich aus Ziff. 1 Abs. 1 Satz 2 ergebenden Prozentsatz zu verändern (Prämienangleichung).

   Hat sich der Durchschnitt der Schadenzahlungen des Versicherers in jedem der letzten fünf Kalenderjahre um einen geringeren Prozentsatz als denjenigen erhöht, den der Treuhänder jeweils für diese Jahre nach Ziff. 1 Abs. 1 Satz 1 ermittelt hat, so darf der Versicherer die Folgejahresprämie nur um den Prozentsatz erhöhen, um den sich der Durchschnitt seiner Schadenzahlungen nach seinen unternehmenseigenen Zahlen im letzten Kalenderjahr erhöht hat; diese Erhöhung darf diejenige nicht überschreiten, die sich nach dem vorstehenden Absatz ergeben würde.

3. Liegt die Veränderung nach Ziff. 1 Abs. 1 oder Ziff. 2 Abs. 2 unter 5 Prozent, so entfällt eine Prämienangleichung. Diese Veränderung ist jedoch in den folgenden Jahren zu berücksichtigen.

4. Die Prämienangleichung gilt für die vom 1. Juli an fälligen Folgejahresprämien. Sie wird dem Versicherungsnehmer mit der Prämienrechnung bekanntgegeben.

5. Soweit die Folgejahresprämie nach Lohn-, Bau- oder Umsatzsumme berechnet wird, findet keine Prämienangleichung statt.

11 AHB § 9 HaftpflichtVers

IV. Endet das Versicherungsverhältnis vor Ablauf der Vertragszeit oder wird es nach Beginn der Versicherung rückwirkend aufgehoben oder ist es von Anfang an nichtig, so gebührt dem Versicherer Prämie oder Geschäftsgebühr nach Maßgabe der gesetzlichen Bestimmungen (z. B. §§ 40 und 68 VVG).
Kündigt nach Eintritt des Versicherungsfalles der Versicherungsnehmer, so gebührt dem Versicherer die Prämie für die laufende Versicherungsperiode. Kündigt der Versicherer, so gebührt ihm nur derjenige Teil der Prämie, welcher der abgelaufenen Versicherungszeit entspricht. Das gleiche gilt im Falle der Kündigung des Versicherungsnehmers wegen Angleichung der Folgeprämie (§ 9 Ziff. II 1).

§ 9 Vertragsdauer, Kündigung

I. Der Vertrag ist zunächst für die in dem Versicherungsschein festgesetzte Zeit abgeschlossen. Beträgt diese mindestens ein Jahr, so bewirkt die Unterlassung rechtswirksamer Kündigung eine Verlängerung des Vertrages jeweils um ein Jahr. Die Kündigung ist rechtswirksam, wenn sie spätestens drei Monate vor dem jeweiligen Ablauf des Vertrages schriftlich erklärt wird; sie soll durch eingeschriebenen Brief erfolgen.

II. 1. Erhöht der Versicherer auf Grund einer Prämienangleichung gemäß § 8 Ziff. III 2 die Prämie, ohne daß sich der Umfang des Versicherungsschutzes ändert, so kann der Versicherungsnehmer innerhalb eines Monats nach Eingang der Mitteilung des Versicherers mit sofortiger Wirkung, frühestens jedoch zum Zeitpunkt des Wirksamwerdens der Erhöhung, das Versicherungsverhältnis kündigen.

2. Das Versicherungsverhältnis kann ferner gekündigt werden, wenn von dem Versicherer aufgrund eines Versicherungsfalls eine Schadenersatzzahlung geleistet oder der Haftpflichtanspruch rechtshängig geworden ist oder der Versicherer die Leistung der fälligen Entschädigung verweigert hat.
Das Recht zur Kündigung, die seitens des Versicherers mit einer Frist von einem Monat, seitens des Versicherungsnehmers mit sofortiger Wirkung oder zum Schluß

HaftpflichtVers §§ 10, 11 **AHB 11**

der laufenden Versicherungsperiode zu erfolgen hat, erlischt, wenn es nicht spätestens einen Monat, nachdem die Zahlung geleistet, der Rechtsstreit durch Klagerücknahme, Anerkenntnis oder Vergleich beigelegt oder das Urteil rechtskräftig geworden ist, ausgeübt wird.
3. Ein Versicherungsverhältnis, das für eine Dauer von mehr als fünf Jahren eingegangen ist, kann zum Ende des fünften Jahres oder jedes darauf folgenden Jahres unter Einhaltung einer Frist von drei Monaten gekündigt werden.

III. Die Kündigung ist nur dann rechtzeitig erklärt, wenn sie dem Vertragspartner innerhalb der jeweils vorgeschriebenen Frist zugegangen ist.

IV. Wenn versicherte Risiken vollständig und dauernd in Wegfall kommen, so erlischt die Versicherung bezüglich dieser Risiken.

§ 10 Verjährung, Klagefrist. *Soweit nicht etwas anderes vereinbart wurde, gilt:*

1. Die Ansprüche aus diesem Versicherungsvertrag verjähren in zwei Jahren. Die Verjährung beginnt mit dem Schluß des Jahres, in welchem die Leistung verlangt werden kann.
Ist ein Anspruch des Versicherungsnehmers bei dem Versicherer angemeldet worden, so ist die Verjährung bis zum Eingang der schriftlichen Entscheidung des Versicherers gehemmt.
2. Hat der Versicherer den Versicherungsschutz abgelehnt, so ist der bestrittene Versicherungsanspruch bei Meidung des Verlustes durch Erhebung der Klage binnen einer Frist von sechs Monaten geltend zu machen. Die Frist beginnt mit dem Tage, an dem der Anspruchsberechtigte durch eingeschriebenen Brief unter Hinweis auf die Rechtsfolgen der Fristversäumung davon in Kenntnis gesetzt worden ist, inwieweit sein Anspruch auf Versicherungsschutz bestritten wird.

§ 11 Vorvertragliche Anzeigepflichten des Versicherungsnehmers. *Soweit nicht etwas anderes vereinbart wurde, gilt:*

I. 1. Der Versicherungsnehmer hat bei der Schließung des Vertrages alle ihm bekannten Umstände, die für die Übernahme der Gefahr erheblich sind, dem Versicherer

anzuzeigen. Erheblich sind die Gefahrumstände, die geeignet sind, auf den Entschluß des Versicherers, den Vertrag überhaupt oder zu dem vereinbarten Inhalt abzuschließen, einen Einfluß auszuüben. Ein Umstand, nach welchem der Versicherer ausdrücklich und schriftlich gefragt hat, gilt im Zweifel als erheblich.
2. Ist die Anzeige eines erheblichen Umstandes unterblieben, so kann der Versicherer von dem Vertrag zurücktreten. Das gleiche gilt, wenn die Anzeige eines erheblichen Umstandes deshalb unterblieben ist, weil sich der Versicherungsnehmer der Kenntnis des Umstandes arglistig entzogen hat.
3. Der Rücktritt ist ausgeschlossen, wenn der Versicherer den nicht angezeigten Umstand kannte oder wenn die Anzeige ohne Verschulden des Versicherungsnehmers unterblieben ist.

II. 1. Der Versicherer kann von dem Vertrag auch dann zurücktreten, wenn über einen erheblichen Umstand eine unrichtige Anzeige gemacht worden ist.
2. Der Rücktritt ist ausgeschlossen, wenn die Unrichtigkeit dem Versicherer bekannt war oder die Anzeige ohne Verschulden des Versicherungsnehmers unrichtig gemacht worden ist.

III. Hatte der Versicherungsnehmer die Gefahrumstände anhand schriftlicher, von dem Versicherer gestellter Fragen anzuzeigen, kann der Versicherer wegen unterbliebener Anzeige eines Umstandes, nach welchem nicht ausdrücklich gefragt worden ist, nur im Fall arglistiger Verschweigung zurücktreten.

IV. Wird der Vertrag von einem Bevollmächtigten oder von einem Vertreter ohne Vertretungsmacht geschlossen, so kommt für das Rücktrittsrecht des Versicherers nicht nur die Kenntnis und die Arglist des Vertreters, sondern auch die Kenntnis und die Arglist des Versicherungsnehmers in Betracht. Der Versicherungsnehmer kann sich darauf, daß die Anzeige eines erheblichen Umstandes ohne Verschulden unterblieben oder unrichtig gemacht ist, nur berufen, wenn weder dem Vertreter noch ihm selbst ein Verschulden zur Last fällt.

V. 1. Der Rücktritt kann nur innerhalb eines Monats erfolgen. Die Frist beginnt mit dem Zeitpunkt, in welchem der Versicherer von der Verletzung der Anzeigepflicht Kenntnis erlangt.
2. Der Rücktritt erfolgt durch Erklärung gegenüber dem Versicherungsnehmer. Im Fall des Rücktritts sind, soweit das Versicherungsvertragsgesetz nicht in Ansehung der Prämie ein anderes bestimmt, beide Teile verpflichtet, einander die empfangenen Leistungen zurückzugewähren; eine Geldsumme ist von dem Zeitpunkt des Empfangs an zu verzinsen.

VI. Tritt der Versicherer zurück, nachdem der Versicherungsfall eingetreten ist, so bleibt die Verpflichtung zur Leistung gleichwohl bestehen, wenn der Umstand, in Ansehung dessen die Anzeigepflicht verletzt ist, keinen Einfluß auf den Eintritt des Versicherungsfalls und auf den Umfang der Leistung des Versicherers gehabt hat.

VII. Das Recht des Versicherers, den Vertrag wegen arglistiger Täuschung über Gefahrumstände anzufechten, bleibt unberührt.

§ 12 Widerrufs- und Widerspruchsrecht des Versicherungsnehmers. (1) Der Versicherungsnehmer hat bei einem mehrjährigen Vertrag ein gesetzliches Widerrufsrecht, über das er belehrt werden muß. Das Widerrufsrecht besteht nicht, wenn und soweit der Versicherer auf Wunsch des Versicherungsnehmers sofortigen Versicherungsschutz gewährt oder wenn die Versicherung nach dem Inhalt des Antrages für die bereits ausgeübte gewerbliche oder selbständige berufliche Tätigkeit des Versicherungsnehmers bestimmt ist.

Unterbleibt die Belehrung, so erlischt das Widerrufsrecht einen Monat nach Zahlung der ersten Prämie.

(2) Werden die für den Vertrag geltenden Versicherungsbedingungen oder die weitere für den Vertragsinhalt maßgebliche Verbraucherinformation erst zusammen mit dem Versicherungsschein übersandt, hat der Versicherungsnehmer anstelle des Widerrufsrechts nach Absatz 1 ein gesetzliches Widerspruchsrecht, über das er belehrt werden muß.

Fehlt diese Belehrung oder liegen dem Versicherungsnehmer der Versicherungsschein, die Versicherungsbedingungen oder die Verbraucherinformation nicht vollständig vor, kann dieser noch innerhalb eines Jahres nach Zahlung der ersten Prämie widersprechen.

§ 13 Gerichtsstände. (1) Für Klagen, die aus dem Versicherungsvertrag gegen den Versicherer erhoben werden, bestimmt sich die gerichtliche Zuständigkeit nach dem Sitz des Versicherers oder seiner für den Versicherungsvertrag zuständigen Niederlassung. Hat ein Versicherungsagent am Zustandekommen des Vertrages mitgewirkt, ist auch das Gericht des Ortes zuständig, an dem der Versicherungsagent zur Zeit der Vermittlung oder des Abschlusses seine gewerbliche Niederlassung oder – bei Fehlen einer gewerblichen Niederlassung – seinen Wohnsitz hatte.

(2) Klagen des Versicherers gegen den Versicherungsnehmer können bei dem für den Wohnsitz des Versicherungsnehmers zuständigen Gericht erhoben werden. Soweit es sich bei dem Vertrag um eine betriebliche Versicherung handelt, kann der Versicherer seine Ansprüche auch bei dem für den Sitz oder die Niederlassung des Versicherungsnehmers zuständigen Gericht geltend machen.

§ 14 Anzeigen und Willenserklärungen. (1) Alle für den Versicherer bestimmten Anzeigen und Erklärungen sind schriftlich abzugeben und sollen an die Hauptverwaltung des Versicherers oder an die im Versicherungsschein oder in dessen Nachträgen als zuständig bezeichnete Geschäftsstelle gerichtet werden. Die Vertreter sind zu deren Entgegennahme nicht bevollmächtigt.

(2) Hat der Versicherungsnehmer seine Anschrift geändert, die Änderung aber dem Versicherer nicht mitgeteilt, so genügt für eine Willenserklärung, die dem Versicherungsnehmer gegenüber abzugeben ist, die Absendung eines eingeschriebenen Briefes nach der letzten dem Versicherer bekannten Anschrift. Die Erklärung wird in dem Zeitpunkt wirksam, in welchem sie ohne die Anschriftenänderung bei regelmäßiger Beförderung dem Versicherungsnehmer zugegangen sein würde.

12. Allgemeine Unfallversicherungsbedingungen (AUB 94)[1]

Unverbindlicher Textvorschlag des HUK-Verbandes für seine Mitgliedsunternehmen. Abweichende Vereinbarungen sind möglich.

Übersicht

	§§
Der Versicherungsfall	1
Ausschlüsse	2
Nicht versicherbare Personen	3
Vorvertragliche Anzeigepflichten des Versicherungsnehmers	3a
Widerrufs- und Widerspruchsrecht des Versicherungsnehmers	3b
Beginn und Ende des Versicherungsschutzes/Vertragliche Gestaltungsrechte	4
Beiträge, Fälligkeit und Verzug	5
Änderung der Berufstätigkeit oder Beschäftigung, Wehrdienst	6
Die Leistungsarten	7
Einschränkung der Leistungen	8
Die Obliegenheiten nach Eintritt eines Unfalles	9
Folgen von Obliegenheitsverletzungen	10
Fälligkeit der Leistungen	11
Rechtsverhältnisse am Vertrag beteiligter Personen	12
Anzeigen und Willenserklärungen	13
Rentenzahlung bei Invalidität	14
Verjährung und Klagefrist	15
Gerichtsstände	16
Schlußbestimmung	17

---

[1] Der HUK-Verband hat die hier als AUB 94 bezeichneten Bedingungen nicht vollständig neu bekannt gemacht, sondern in seinem Rundschreiben U 27/94 M v. 26. 10. 1994 eine Reihe von Änderungsempfehlungen zu den vorangehenden AUB 88 gegeben. Diese Änderungsempfehlungen wurden ebenso wie die Inhaltsübersicht vom Hrsg. in die hier abgedruckte Textfassung eingefügt.

12 AUB §§ 1, 2 UnfallVers

§ 1 Der Versicherungsfall. I. Der Versicherer bietet Versicherungsschutz bei Unfällen, die dem Versicherten während der Wirksamkeit des Vertrages zustoßen. Die Leistungsarten, die versichert werden können, ergeben sich aus § 7; aus Antrag und Versicherungsschein ist ersichtlich, welche Leistungsarten jeweils vertraglich vereinbart sind.

II. Der Versicherungsschutz umfaßt Unfälle in der ganzen Welt.

III. Ein Unfall liegt vor, wenn der Versicherte durch ein plötzlich von außen auf seinen Körper wirkendes Ereignis (Unfallereignis) unfreiwillig eine Gesundheitsschädigung erleidet.

IV. Als Unfall gilt auch, wenn durch eine erhöhte Kraftanstrengung an Gliedmaßen oder Wirbelsäule
(1) ein Gelenk verrenkt wird oder
(2) Muskeln, Sehnen, Bänder oder Kapseln gezerrt oder zerrissen werden.

§ 2 Ausschlüsse. *Soweit nicht etwas anderes vereinbart wurde, gilt:* Nicht unter den Versicherungsschutz fallen:
I. (1) Unfälle durch Geistes- oder Bewußtseinsstörungen, auch soweit diese auf Trunkenheit beruhen, sowie durch Schlaganfälle, epileptische Anfälle oder andere Krampfanfälle, die den ganzen Körper des Versicherten ergreifen. Versicherungsschutz besteht jedoch, wenn diese Störungen oder Anfälle durch ein unter diesen Vertrag fallendes Unfallereignis verursacht waren.
(2) Unfälle, die dem Versicherten dadurch zustoßen, daß er vorsätzlich eine Straftat ausführt oder versucht.
(3) Unfälle, die unmittelbar oder mittelbar durch Kriegs- oder Bürgerkriegsereignisse verursacht sind;
Unfälle durch innere Unruhen, wenn der Versicherte auf seiten der Unruhestifter teilgenommen hat.
(4) Unfälle des Versicherten
    a) als Luftfahrzeugführer (auch Luftsportgeräteführer), soweit er nach deutschem Recht dafür eine Erlaubnis benötigt, sowie als sonstiges Besatzungsmitglied eines Luftfahrzeuges;
    b) bei einer mit Hilfe eines Luftfahrzeuges auszuübenden beruflichen Tätigkeit;
    c) bei der Benutzung von Raumfahrzeugen.

UnfallVers §2 AUB 12

(5) Unfälle, die dem Versicherten dadurch zustoßen, daß er sich als Fahrer, Beifahrer oder Insasse eines Motorfahrzeuges an Fahrtveranstaltungen einschließlich der dazugehörigen Übungsfahrten beteiligt, bei denen es auf die Erzielung von Höchstgeschwindigkeiten ankommt.
(6) Unfälle, die unmittelbar oder mittelbar durch Kernenergie verursacht sind.

II. (1) Gesundheitsschädigungen durch Strahlen.
(2) Gesundheitsschädigungen durch Heilmaßnahmen oder Eingriffe, die der Versicherte an seinem Körper vornimmt oder vornehmen läßt.
Versicherungsschutz besteht jedoch, wenn die Eingriffe oder Heilmaßnahmen, auch strahlendiagnostische und -therapeutische, durch einen unter diesen Vertrag fallenden Unfall veranlaßt waren.
(3) Infektionen.
Versicherungsschutz besteht jedoch, wenn die Krankheitserreger durch eine unter diesen Vertrag fallende Unfallverletzung in den Körper gelangt sind.
Nicht als Unfallverletzungen gelten dabei Haut- oder Schleimhautverletzungen, die als solche geringfügig sind und durch die Krankheitserreger sofort oder später in den Körper gelangen; für Tollwut und Wundstarrkrampf entfällt diese Einschränkung. Für Infektionen, die durch Heilmaßnahmen verursacht sind, gilt (2) Satz 2 entsprechend.
(4) Vergiftungen infolge Einnahmen fester oder flüssiger Stoffe durch den Schlund.

III. (1) Bauch- oder Unterleibsbrüche.
Versicherungsschutz besteht jedoch, wenn sie durch eine unter diesen Vertrag fallende gewaltsame von außen kommende Einwirkung entstanden sind.
(2) Schädigungen an Bandscheiben sowie Blutungen aus inneren Organen und Gehirnblutungen.
Versicherungsschutz besteht jedoch, wenn ein unter diesen Vertrag fallendes Unfallereignis im Sinne des § 1 III. die überwiegende Ursache ist.

IV. Krankhafte Störungen infolge psychischer Reaktionen, gleichgültig, wodurch diese verursacht sind.

§ 3 Nicht versicherbare Personen.

I. Nicht versicherbar und trotz Beitragszahlung nicht versichert sind dauernd pflegebedürftige Personen sowie Geisteskranke.

Pflegebedürftig ist, wer für die Verrichtungen des täglichen Lebens überwiegend fremder Hilfe bedarf.

II. Der Versicherungsschutz erlischt, sobald der Versicherte im Sinne von I. nicht mehr versicherbar ist. Gleichzeitig endet die Versicherung.

III. Der für dauernd pflegebedürftige Personen sowie Geisteskranke seit Vertragsabschluß bzw. Eintritt der Versicherungsunfähigkeit entrichtete Beitrag ist zurückzuzahlen.

§ 3a Vorvertragliche Anzeigenpflichten des Versicherungsnehmers. *Soweit nicht etwas anderes vereinbart wurde, gilt:*

Der Versicherungsnehmer hat alle Antragsfragen wahrheitsgemäß zu beantworten. Bei schuldhafter Verletzung dieser Obliegenheit kann der Versicherer nach den Bestimmungen der §§ 16 bis 22 des Gesetzes über den Versicherungsvertrag (siehe im Anhang zu diesen Bedingungen) vom Vertrag zurücktreten oder diesen anfechten und leistungsfrei sein.

§ 3b Widerrufs- und Widerspruchsrecht des Versicherungsnehmers.

I. Der Versicherungsnehmer hat bei einem mehrjährigen Vertrag ein gesetzliches Widerrufsrecht, über das er belehrt werden muß. Das Widerrufsrecht besteht nicht, wenn und soweit der Versicherer auf Wunsch des Versicherungsnehmers sofortigen Versicherungsschutz gewährt oder wenn die Versicherung nach dem Inhalt des Antrages für die bereits ausgeübte gewerbliche oder selbständige Tätigkeit des Versicherungsnehmers bestimmt ist.

Unterbleibt die Belehrung, erlischt das Widerrufsrecht einen Monat nach Zahlung des ersten Beitrages.

II. Werden die für den Vertrag geltenden Versicherungsbedingungen oder die weitere für den Vertragsinhalt maßgebliche Verbraucherinformation erst zusammen mit dem Versicherungsschein übersandt, hat der Versicherungsnehmer anstelle des Widerrufsrechts nach I. ein gesetzliches Widerspruchsrecht, über das er belehrt werden muß.

Fehlt diese Belehrung oder liegen dem Versicherungsnehmer der Versicherungsschein, die Versicherungsbedingungen oder die Verbraucherinformation nicht vollständig vor, kann dieser noch innerhalb eines Jahres nach Zahlung des ersten Beitrages widersprechen.

§ 4 Beginn und Ende des Versicherungsschutzes/Vertragliche Gestaltungsrechte. I. Der Versicherungsschutz beginnt, sobald der erste Beitrag gezahlt ist, jedoch frühestens zu dem im Versicherungsschein angegebenen Zeitpunkt. Wird der erste Beitrag erst danach angefordert, dann aber innerhalb von 14 Tagen gezahlt, so beginnt der Versicherungsschutz zu dem im Versicherungsschein angegebenen Zeitpunkt.

II. Der Vertrag kann beendet werden durch schriftliche Kündigung eines der Vertragspartner

(1) zum Ablauf der vereinbarten Dauer.
 Die Kündigung muß spätestens drei Monate vor dem Ablauf zugegangen sein; andernfalls verlängert sich der Vertrag jeweils um ein Jahr;
(2) zum Ende des fünften oder jedes darauf folgenden Jahres, wenn ein Vertrag für eine Dauer von mehr als fünf Jahren vereinbart wurde.
 Die Kündigung muß spätestens drei Monate vor Ablauf des fünften oder des jeweiligen folgenden Jahres dem Vertragspartner zugegangen sein;
(3) wenn der Versicherer eine Leistung nach § 7 erbracht hat oder gegen ihn Klage auf eine solche Leistung erhoben worden ist.
 Die Kündigung muß spätestens einen Monat nach Leistung oder – im Falle eines Rechtsstreits – nach Klagerücknahme, Anerkenntnis, Vergleich oder Rechtskraft des Urteils zugegangen sein. Sie wird erst nach Ablauf eines Monats ab Zugang wirksam.

III. Der Vertrag endet ohne Kündigung, wenn die vereinbarte Dauer weniger als ein Jahr beträgt, zu dem im Versicherungsschein angegebenen Zeitpunkt.

IV. Der Versicherungsschutz tritt außer Kraft, sobald der Versicherte im Krieg oder kriegsmäßigen Einsatz Dienst in einer militärischen oder ähnlichen Formation leistet. Der Versicherungsschutz lebt wieder auf, sobald dem Versicherer die Anzeige des Versicherungsnehmers über die Beendigung des Dienstes zugegangen ist.

12 AUB §§ 5, 6   UnfallVers

§ 5 Beiträge, Fälligkeit und Verzug. *Soweit nicht etwas anderes vereinbart wurde, gilt:*

I. Die Beiträge enthalten die jeweilige Versicherungssteuer und die vereinbarten Nebenkosten.

Der erste oder einmalige Beitrag ist, wenn nichts anderes bestimmt ist, sofort nach Abschluß des Versicherungsvertrages fällig.

Folgebeiträge sind am Ersten des Fälligkeitsmonats zu zahlen, sofern nichts anderes vereinbart wurde.

II. Bei nicht rechtzeitiger Zahlung des Beitrages gelten die Bestimmungen der §§ 38 und 39 des Gesetzes über den Versicherungsvertrag (VVG).

Bei Teilzahlung des Jahresbeitrages werden die noch ausstehenden Raten des Jahresbeitrages sofort fällig, wenn der Versicherungsnehmer mit der Zahlung einer Rate in Verzug gerät. Rückständige Folgebeiträge können nur innerhalb eines Jahres seit Ablauf der nach § 39 Abs. 1 VVG gesetzten Zahlungsfristen gerichtlich geltend gemacht werden.

III. Bei vorzeitiger Beendigung des Vertrages hat der Versicherer nur Anspruch auf den Teil des Beitrages, der der abgelaufenen Versicherungszeit entspricht.

IV. Im Fall des § 4 IV. wird die Pflicht zur Beitragszahlung unterbrochen.

§ 6 Änderung der Berufstätigkeit oder Beschäftigung, Wehrdienst. I. Während der Vertragsdauer eintretende Änderungen der Berufstätigkeit oder Beschäftigung des Versicherten sind unverzüglich anzuzeigen.

Die Ableistung von Pflichtwehrdienst oder Zivildienst sowie die Teilnahme an militärischen Reserveübungen gelten nicht als Änderung der Berufstätigkeit oder Beschäftigung.

II. (1) Ergibt sich für eine neue Berufstätigkeit oder Beschäftigung des Versicherten nach dem zur Zeit der Änderung gültigen Tarif des Versicherers ein niedrigerer Beitrag, so ist nach Ablauf eines Monats vom Zugang der Anzeige an nur dieser zu zahlen.

(2) Ergibt sich ein höherer Beitrag, so wird noch für zwei Monate von dem Zeitpunkt der Änderung der Berufstätigkeit

UnfallVers §7 **AUB 12**

oder Beschäftigung an Versicherungsschutz nach den bisherigen Versicherungssummen geboten. Tritt nach Ablauf dieser Frist ein Unfall ein, ohne daß eine Änderungsanzeige erfolgt oder eine Einigung über den Beitrag erzielt worden ist, so vermindern sich die Versicherungssummen im Verhältnis des erforderlichen Beitrages zum bisherigen Beitrag.

(3) a) Bietet der Versicherer für die neue Berufstätigkeit oder Beschäftigung nach seinem Tarif keinen Versicherungsschutz, kann der Versicherer den Vertrag kündigen. Die Kündigung wird einen Monat nach Zugang wirksam.
Das Kündigungsrecht erlischt,
– wenn es nicht innerhalb eines Monats von dem Zeitpunkt an ausgeübt wird, zu dem der Versicherer von der Änderung Kenntnis erlangt hat, oder
– wenn der Versicherte seine vorherige Berufstätigkeit oder Beschäftigung wieder aufgenommen hat.

b) Hat der Versicherungsnehmer die Änderungsanzeige nicht unverzüglich gemacht, ist der Versicherer von der Verpflichtung zur Leistung frei, wenn der Unfall später als einen Monat nach dem Zeitpunkt eintritt, zu welchem die Anzeige dem Versicherer hätte zugehen müssen.
Die Verpflichtung des Versicherers bleibt bestehen, wenn ihm die neue Berufstätigkeit oder Beschäftigung zu dem Zeitpunkt bekannt war, zu dem ihm die Anzeige hätte zugehen müssen. Das gleiche gilt, wenn bei Eintritt des Unfalles
– die Frist für die Kündigung des Versicherers abgelaufen und eine Kündigung nicht erfolgt ist oder
– wenn die neue Berufstätigkeit oder Beschäftigung keinen Einfluß auf den Eintritt des Unfalles und auf den Umfang der Leistung des Versicherers gehabt hat.

§ 7 Die Leistungsarten. Die jeweils vereinbarten Leistungsarten und deren Höhe (Versicherungssummen) ergeben sich aus dem Vertrag. Für die Entstehung des Anspruchs und die Bemessung der Leistungen gelten die nachfolgenden Bestimmungen.

12 AUB § 7

I. Invaliditätsleistung

(1) Führt der Unfall zu einer dauernden Beeinträchtigung der körperlichen oder geistigen Leistungsfähigkeit (Invalidität) des Versicherten, so entsteht Anspruch auf Kapitalleistung aus der für den Invaliditätsfall versicherten Summe. Hat der Versicherte bei Eintritt des Unfalles das 65. Lebensjahr vollendet, so wird die Leistung als Rente gemäß § 14 erbracht.

Die Invalidität muß innerhalb eines Jahres nach dem Unfall eingetreten sowie spätestens vor Ablauf einer Frist von weiteren drei Monaten ärztlich festgestellt und geltend gemacht sein.

(2) Die Höhe der Leistung richtet sich nach dem Grad der Invalidität.

a) Als feste Invaliditätsgrade gelten – unter Ausschluß des Nachweises einer höheren oder geringeren Invalidität – bei Verlust oder Funktionsunfähigkeit

eines Armes im Schultergelenk	70 Prozent
eines Armes bis oberhalb des Ellenbogengelenks	65 Prozent
eines Armes unterhalb des Ellenbogengelenks	60 Prozent
einer Hand im Handgelenk	55 Prozent
eines Daumens	20 Prozent
eines Zeigefingers	10 Prozent
eines anderen Fingers	5 Prozent
eines Beines über der Mitte des Oberschenkels	70 Prozent
eines Beines bis zur Mitte des Oberschenkels	60 Prozent
eines Beines bis unterhalb des Knies	50 Prozent
eines Beines bis zur Mitte des Unterschenkels	45 Prozent
eines Fußes im Fußgelenk	40 Prozent
einer großen Zehe	5 Prozent
einer anderen Zehe	2 Prozent
eines Auges	50 Prozent
des Gehörs auf einem Ohr	30 Prozent
des Geruchs	10 Prozent
des Geschmacks	5 Prozent

b) Bei Teilverlust oder Funktionsbeeinträchtigung eines dieser Körperteile oder Sinnesorgane wird der entsprechende Teil des Prozentsatzes nach a) angenommen.

c) Werden durch den Unfall Körperteile oder Sinnesorgane betroffen, deren Verlust oder Funktionsunfähigkeit nicht nach a) oder b) geregelt sind, so ist für diese maßgebend, inwieweit die normale körperliche oder geistige Leistungsfähigkeit unter ausschließlicher Berücksichtigung medizinischer Gesichtspunkte beeinträchtigt ist.

d) Sind durch den Unfall mehrere körperliche oder geistige Funktionen beeinträchtigt, so werden die Invaliditätsgrade, die sich nach (2) ergeben, zusammengerechnet. Mehr als 100 Prozent werden jedoch nicht angenommen.

(3) Wird durch den Unfall eine körperliche oder geistige Funktion betroffen, die schon vorher dauernd beeinträchtigt war, so wird ein Abzug in Höhe dieser Vorinvalidität vorgenommen. Diese ist nach (2) zu bemessen.

(4) Tritt der Tod unfallbedingt innerhalb eines Jahres nach dem Unfall ein, so besteht kein Anspruch auf Invaliditätsleistung.

(5) Stirbt der Versicherte aus unfallfremder Ursache innerhalb eines Jahres nach dem Unfall oder – gleichgültig aus welcher Ursache – später als ein Jahr nach dem Unfall und war ein Anspruch auf Invaliditätsleistung nach (1) entstanden, so ist nach dem Invaliditätsgrad zu leisten, mit dem aufgrund der zuletzt erhobenen ärztlichen Befunde zu rechnen gewesen wäre.

II. Übergangsleistung

Besteht nach Ablauf von sechs Monaten seit Eintritt des Unfalles ohne Mitwirkung von Krankheiten oder Gebrechen noch eine unfallbedingte Beeinträchtigung der normalen körperlichen oder geistigen Leistungsfähigkeit im beruflichen oder außerberuflichen Bereich[1] von mehr als 50 Prozent und hat diese Beeinträchtigung bis dahin ununterbrochen bestanden, so wird die im Vertrag vereinbarte Übergangsleistung erbracht.

Zur Geltendmachung wird auf § 9 VI. verwiesen.

III. Tagegeld

(1) Führt der Unfall zu einer Beeinträchtigung der Arbeitsfähigkeit, so wird für die Dauer der ärztlichen Behandlung Tagegeld gezahlt. Das Tagegeld wird nach dem Grad der Beeinträchtigung abgestuft. Die Bemessung des Beeinträchtigungs-

---

[1] S. HUK-Verbandsrundschreiben Nr. U 15/92 vom 24. Juni 1992.

grades richtet sich nach der Berufstätigkeit oder Beschäftigung des Versicherten.

(2) Das Tagegeld wird längstens für ein Jahr, vom Unfalltage an gerechnet, gezahlt.

IV. Krankenhaustagegeld

(1) Krankenhaustagegeld wird für jeden Kalendertag gezahlt, an dem sich der Versicherte wegen des Unfalles in medizinisch notwendiger vollstationärer Heilbehandlung befindet, längstens jedoch für zwei Jahre, vom Unfalltage an gerechnet.

(2) Krankenhaustagegeld entfällt bei einem Aufenthalt in Sanatorien, Erholungsheimen und Kuranstalten.

V. Genesungsgeld

(1) Genesungsgeld wird für die gleiche Anzahl von Kalendertagen gezahlt, für die Krankenhaustagegeld geleistet wird, längstens jedoch für 100 Tage, und zwar
für den 1. bis 10. Tag 100 Prozent
für den 11. bis 20. Tag 50 Prozent
für den 21. bis 100. Tag 25 Prozent
des Krankenhaustagegeldes.

(2) Mehrere vollstationäre Krankenhausaufenthalte wegen desselben Unfalles gelten als ein ununterbrochener Krankenhausaufenthalt.

(3) Der Anspruch auf Genesungsgeld entsteht mit der Entlassung aus dem Krankenhaus.

VI. Todesfalleistung

Führt der Unfall innerhalb eines Jahres zum Tode, so entsteht Anspruch auf Leistung nach der für den Todesfall versicherten Summe.

Zur Geltendmachung wird auf § 9 VII. verwiesen.

§ 8 Einschränkung der Leistungen. Haben Krankheiten oder Gebrechen bei der durch ein Unfallereignis hervorgerufenen Gesundheitsschädigung oder deren Folgen mitgewirkt, so wird die Leistung entsprechend dem Anteil der Krankheit oder des Gebrechens gekürzt, wenn dieser Anteil mindestens 25 Prozent beträgt.

UnfallVers §§ 9, 10 AUB 12

§ 9 Die Obliegenheiten nach Eintritt eines Unfalles.

I. Nach einem Unfall, der voraussichtlich eine Leistungspflicht herbeiführt, ist unverzüglich ein Arzt hinzuzuziehen und der Versicherer zu unterrichten. Der Versicherte hat den ärztlichen Anordnungen nachzukommen und auch im übrigen die Unfallfolgen möglichst zu mindern.

II. Die vom Versicherer übersandte Unfallanzeige ist wahrheitsgemäß auszufüllen und umgehend an den Versicherer zurückzusenden. Darüber hinaus geforderte sachdienliche Auskünfte sind unverzüglich zu erteilen.

III. Der Versicherte hat darauf hinzuwirken, daß die vom Versicherer angeforderten Berichte und Gutachten alsbald erstattet werden.

IV. Der Versicherte hat sich von den vom Versicherer beauftragten Ärzten untersuchen zu lassen. Die notwendigen Kosten einschließlich eines dadurch entstandenen Verdienstausfalles trägt der Versicherer.

V. Die Ärzte, die den Versicherten – auch aus anderen Anlässen – behandelt oder untersucht haben, andere Versicherer, Versicherungsträger und Behörden sind zu ermächtigen, alle erforderlichen Auskünfte zu erteilen.

VI. Der Versicherungsnehmer hat einen Anspruch auf Zahlung der Übergangsleistung spätestens sieben Monate nach Eintritt des Unfalles geltend zu machen und unter Vorlage eines ärztlichen Attestes zu begründen.

VII. Hat der Unfall den Tod zur Folge, so ist dies innerhalb von 48 Stunden zu melden, auch wenn der Unfall schon angezeigt ist. Die Meldung soll telegrafisch erfolgen. Dem Versicherer ist das Recht zu verschaffen, eine Obduktion durch einen von ihm beauftragten Arzt vornehmen zu lassen.

§ 10 Folgen von Obliegenheitsverletzungen.

Wird eine nach Eintritt des Unfalles zu erfüllende Obliegenheit verletzt, so ist der Versicherer von der Leistungspflicht frei, es sei denn, daß die Verletzung weder auf Vorsatz noch auf grober Fahrlässigkeit beruht. Bei grobfahrlässiger Verletzung bleibt er zur Leistung verpflichtet, soweit die Verletzung weder Einfluß auf die Feststellung des Unfalles noch auf die Bemessung der Leistung gehabt hat.

213

12 AUB § 11

§ 11 Fälligkeit der Leistungen. I. Sobald dem Versicherer die Unterlagen zugegangen sind, die der Versicherungsnehmer zum Nachweis des Unfallhergangs und der Unfallfolgen sowie über den Abschluß des für die Bemessung der Invalidität notwendigen Heilverfahrens beizubringen hat, ist der Versicherer verpflichtet, innerhalb eines Monats – beim Invaliditätsanspruch innerhalb von drei Monaten – zu erklären, ob und in welcher Höhe er einen Anspruch anerkennt.

Die ärztlichen Gebühren, die dem Versicherungsnehmer zur Begründung des Leistungsanspruches entstehen, übernimmt der Versicherer
bei Invalidität bis zu 1 Promille der versicherten Summe,
bei Übergangsleistung bis zu 1 Prozent der versicherten Summe,
bei Tagegeld bis zu einem Tagegeldsatz,
bei Krankenhaustagegeld bis zu einem Krankenhaustagegeldsatz.

II. Erkennt der Versicherer den Anspruch an oder haben sich Versicherungsnehmer und Versicherer über Grund und Höhe geeinigt, so erbringt der Versicherer die Leistung innerhalb von zwei Wochen.

Vor Abschluß des Heilverfahrens kann eine Invaliditätsleistung innerhalb eines Jahres nach Eintritt des Unfalles nur beansprucht werden, wenn und soweit eine Todesfallsumme versichert ist.

III. Steht die Leistungspflicht zunächst nur dem Grunde nach fest, so zahlt der Versicherer auf Verlangen des Versicherungsnehmers angemessene Vorschüsse.

IV. Versicherungsnehmer und Versicherer sind berechtigt, den Grad der Invalidität jährlich, längstens bis zu drei Jahren nach Eintritt des Unfalles, erneut ärztlich bemessen zu lassen.

Dieses Recht muß seitens des Versicherers mit Abgabe seiner Erklärung entsprechend I., seitens des Versicherungsnehmers innerhalb eines Monats ab Zugang dieser Erklärung ausgeübt werden.

Ergibt die endgültige Bemessung eine höhere Invaliditätsleistung, als sie der Versicherer bereits erbracht hat, so ist der Mehrbetrag mit 5 Prozent jährlich zu verzinsen.

UnfallVers §§ 12–14 **AUB 12**

§ 12 Rechtsverhältnisse am Vertrag beteiligter Personen. I. Ist die Versicherung gegen Unfälle abgeschlossen, die einem anderen zustoßen (Fremdversicherung), so steht die Ausübung der Rechte aus dem Vertrag nicht dem Versicherten, sondern dem Versicherungsnehmer zu. Er ist neben dem Versicherten für die Erfüllung der Obliegenheiten verantwortlich.

II. Alle für den Versicherungsnehmer geltenden Bestimmungen sind auf dessen Rechtsnachfolger und sonstige Anspruchsteller entsprechend anzuwenden.

III. Die Versicherungsansprüche können vor Fälligkeit ohne Zustimmung des Versicherers weder übertragen noch verpfändet werden.

§ 13 Anzeigen und Willenserklärungen. I. Alle für den Versicherer bestimmten Anzeigen und Erklärungen sind schriftlich abzugeben und sollen an die Hauptverwaltung des Versicherers oder an die im Versicherungsschein oder in dessen Nachträgen als zuständig bezeichnete Geschäftsstelle gerichtet werden. Die Versicherungsagenten sind zu deren Entgegennahme nicht bevollmächtigt.

II. Hat der Versicherungsnehmer seine Anschrift geändert, die Änderung aber dem Versicherer nicht mitgeteilt, so genügt für eine Willenserklärung, die dem Versicherungsnehmer gegenüber abzugeben ist, die Absendung eines eingeschriebenen Briefes nach der letzten dem Versicherer bekannten Anschrift. Die Erklärung wird zu dem Zeitpunkt wirksam, zu welchem sie ohne die Anschriftenänderung bei regelmäßiger Beförderung dem Versicherungsnehmer zugegangen sein würde.

§ 14 Rentenzahlung bei Invalidität. *Soweit nicht etwas anderes vereinbart wurde, gilt:*

I. Soweit bei Invalidität Rentenzahlung vorgesehen ist (§ 7 I.(1)), ergeben sich für eine Kapitalleistung von 1000 DM die folgenden Jahresrentenbeiträge. Der Berechnung wird das am Unfalltag vollendete Lebensjahr zugrunde gelegt.

215

12 AUB § 15   UnfallVers

Alter	Betrag der Jahresrente in DM für	
	Männer	Frauen
65	....	....
66	....	....
67	....	....
68	....	....
69	....	....
70	....	....
71	....	....
72	....	....
73	....	....
74	....	....
75 und darüber	....	....

II. Die Rente wird vom Abschluß der ärztlichen Behandlung, spätestens vom Ablauf des auf den Unfall folgenden Jahres an, bis zum Ende des Vierteljahres entrichtet, in dem der Versicherte stirbt. Sie wird jeweils am Ersten eines Vierteljahres im voraus gezahlt.

Der Versicherer ist zur Überprüfung der Voraussetzungen für den Rentenbezug berechtigt, Lebensbescheinigungen anzufordern. Wird die Bescheinigung nicht unverzüglich übersandt, ruht die Rentenzahlung ab der nächsten Fälligkeit.

III. Versicherungsnehmer und Versicherer können innerhalb von drei Jahren nach erstmaliger Bemessung der Rente jährlich eine Neubemessung verlangen.

§ 15 Verjährung und Klagefrist. *Soweit nicht etwas anderes vereinbart wurde, gilt:*

I. Die Ansprüche aus diesem Versicherungsvertrag verjähren in zwei Jahren. Die Verjährung beginnt mit dem Schluß des Jahres, in dem die Leistung verlangt werden kann.

Ist ein Anspruch des Versicherungsnehmers bei dem Versicherer angemeldet worden, ist die Verjährung bis zum Eingang der schriftlichen Entscheidung des Versicherers gehemmt.

II. Vom Versicherer nicht anerkannte Ansprüche sind ausgeschlossen, wenn der Versicherungsnehmer ab Zugang der

Erklärung des Versicherers eine Frist von sechs Monaten verstreichen läßt, ohne die Ansprüche gerichtlich geltend zu machen.

Die Frist beginnt mit dem Zugang der abschließenden schriftlichen Erklärung des Versicherers. Die Rechtsfolgen der Fristversäumnis treten nur ein, wenn der Versicherer in seiner Erklärung auf die Notwendigkeit der gerichtlichen Geltendmachung hingewiesen hatte.

§ 16 Gerichtsstände. I. Für Klagen aus dem Versicherungsvertrag gegen den Versicherer bestimmt sich die gerichtliche Zuständigkeit nach dem Sitz des Versicherers oder seiner für den Versicherungsvertrag zuständigen Niederlassung. Hat ein Versicherungsagent am Zustandekommen des Vertrages mitgewirkt, ist auch das Gericht des Ortes zuständig, an dem der Versicherungsagent zur Zeit der Vermittlung oder des Abschlusses seine gewerbliche Niederlassung oder – bei Fehlen einer gewerblichen Niederlassung – seinen Wohnsitz hatte.

II. Klagen des Versicherers gegen den Versicherungsnehmer können bei dem für den Wohnsitz des Versicherungsnehmers zuständigen Gericht erhoben werden. Soweit es sich bei dem Vertrag um eine betriebliche Versicherung handelt, kann der Versicherer seine Ansprüche auch bei dem für den Sitz oder die Niederlassung des Gewerbebetriebes zuständigen Gericht geltend machen.

§ 17 Schlußbestimmung. Soweit nicht in den Versicherungsbedingungen Abweichendes bestimmt ist, gelten die gesetzlichen Vorschriften. Dies gilt insbesondere für die im Anhang aufgeführten Gesetzesbestimmungen, die nach Maßgabe der Versicherungsbedingungen Inhalt des Versicherungsvertrages sind.

13. Allgemeine Bedingungen für die Kraftfahrtversicherung (AKB 95)

(Unverbindliche Empfehlung des HUK-Verbandes an seine Mitgliedsunternehmen. Abweichende Vereinbarungen sind möglich. – Stand: 1. Januar 1995)

Übersicht[1]

	§§
I. Allgemeine Bestimmungen	1–9
Beginn des Versicherungsschutzes	1
Geltungsbereich	2a
Einschränkung des Versicherungsschutzes	2b
Rechtsverhältnisse am Vertrage beteiligter Personen	3
Vertragsdauer, Kündigung zum Ablauf	4a
Kündigung im Schadenfall	4b
Form und Zugang der Kündigung	4c
Vorübergehende Stillegung	5
Veräußerung	6
Wagniswegfall	6a
Obliegenheiten im Versicherungsfall	7
Klagefrist, Gerichtsstand	8
Anzeigen und Willenserklärungen	9
II. Kraftfahrzeug-Haftpflichtversicherung	10–11
Umfang der Versicherung	10
Versicherungsumfang bei Anhängern	10a
Ausschlüsse	11
III. Fahrzeugversicherung	12–15
Umfang der Versicherung	12
Ersatzleistung	13
Sachverständigenverfahren	14
Zahlung der Entschädigung	15
Anlage zu § 12 AKB	

Die Kraftfahrtversicherung umfaßt je nach dem Inhalt des Versicherungsvertrages folgende Versicherungsarten:

---

[1] Die Inhaltsübersicht wurde vom Herausgeber eingefügt.

I. die Kraftfahrzeug-Haftpflichtversicherung (B §§ 10 bis 11);
II. die Fahrzeugversicherung (C §§ 12 bis 15);
III. die Kraftfahrtunfallversicherung (D §§ 16 bis 23).[1]

I. Allgemeine Bestimmungen

§ 1 Beginn des Versicherungsschutzes. (1) Der Versicherungsschutz beginnt mit Einlösung des Versicherungsscheines durch Zahlung des Beitrages und der Versicherungssteuer, jedoch nicht vor dem vereinbarten Zeitpunkt.

(2) Soll der Versicherungsschutz schon vor Einlösung des Versicherungsscheines beginnen, bedarf es einer besonderen Zusage des Versicherers oder der hierzu bevollmächtigten Personen (vorläufige Deckung).

(3) *Soweit nicht etwas anderes vereinbart ist, gilt:* Die Aushändigung der zur behördlichen Zulassung notwendigen Versicherungsbestätigung gilt nur für die Kraftfahrzeug-Haftpflichtversicherung als Zusage einer vorläufigen Deckung.

(4) Die vorläufige Deckung endet mit der Einlösung des Versicherungsscheins. *Soweit nicht etwas anderes vereinbart ist, gilt:* Die vorläufige Deckung tritt rückwirkend außer Kraft, wenn der Antrag unverändert angenommen, der Versicherungsschein aber nicht innerhalb von zwei Wochen eingelöst wird und der Versicherungsnehmer die Verspätung zu vertreten hat.

(5) Der Versicherer ist berechtigt, die vorläufige Deckung mit Frist von einer Woche schriftlich zu kündigen. Dem Versicherer gebührt in diesem Falle der auf die Zeit des Versicherungsschutzes entfallende anteilige Beitrag.

(6) Widerspricht der Versicherungsnehmer gemäß § 5a Versicherungsvertragsgesetz oder lehnt er das Angebot des Versicherers gemäß § 5 Abs. 3 des Pflichtversicherungsgesetzes ab, wird der Versicherer die vorläufige Deckung mit Frist von einer Woche schriftlich kündigen.

§ 2a Geltungsbereich. (1) Die Kraftfahrtversicherung gilt für Europa und für die außereuropäischen Gebiete, die zum

---

[1] Für die Kraftfahrtunfallversicherung wurde keine Verbandsempfehlung ausgegeben.

Geltungsbereich des Vertrages über die Europäische Wirtschaftsgemeinschaft gehören. In der Kraftfahrzeug-Haftpflichtversicherung gilt die Deckungssumme, die in dem jeweiligen Land gesetzlich vorgeschrieben ist, mindestens jedoch in Höhe der vertraglich vereinbarten Deckungssummen.

(2) In der Kraftfahrzeug-Haftpflichtversicherung kann eine Erweiterung, in der Fahrzeug- und Kraftfahrtunfallversicherung können auch sonstige Änderungen des Geltungsbereichs vereinbart werden. Bei einer Erweiterung des Geltungsbereichs in der Kraftfahrzeug-Haftpflichtversicherung gilt Abs. 1 Satz 2 entsprechend.

§ 2 b Einschränkung des Versicherungsschutzes. (1) *Soweit nicht etwas anderes vereinbart ist, gilt:* Obliegenheiten vor Eintritt des Versicherungsfalles: Der Versicherer ist von der Verpflichtung zur Leistung frei,

a) wenn das Fahrzeug zu einem anderen als dem im Antrag angegebenen Zweck verwendet wird;
b) wenn ein unberechtigter Fahrer das Fahrzeug gebraucht;
c) wenn der Fahrer des Fahrzeugs bei Eintritt des Versicherungsfalles auf öffentlichen Wegen oder Plätzen nicht die vorgeschriebene Fahrerlaubnis hat;
d) in der Kraftfahrzeug-Haftpflichtversicherung, wenn das Fahrzeug zu behördlich nicht genehmigten Fahrtveranstaltungen, bei denen es auf Erzielung einer Höchstgeschwindigkeit ankommt, oder bei den dazugehörigen Übungsfahrten verwendet wird;
e) in der Kraftfahrzeug-Haftpflichtversicherung, wenn der Fahrer infolge Genusses alkoholischer Getränke oder anderer berauschender Mittel nicht in der Lage ist, das Fahrzeug sicher zu führen.

Gegenüber dem Versicherungsnehmer, dem Halter oder dem Eigentümer befreit eine Obliegenheitsverletzung gemäß Buchstabe b), c) oder e) den Versicherer nur dann von der Leistungspflicht, wenn der Versicherungsnehmer, der Halter oder der Eigentümer die Obliegenheitsverletzung selbst begangen oder schuldhaft ermöglicht hat.

(2) Bei Verletzung einer nach Abs. 1 vereinbarten Obliegenheit oder bei Gefahrerhöhung ist der Rückgriff des Versicherers – unbeschadet der Regelungen des § 158c Absätze 3 bis 5 VVG

KraftfahrtVers § 3 AKB 13

– gegen den Versicherungsnehmer und die mitversicherten Personen bei jedem einzelnen Rückgriffsschuldner auf DM ...[1]) beschränkt. In den Fällen von Absatz 1 Buchstabe e kann der Versicherer den Dritten nicht auf die Möglichkeit verweisen, Ersatz seines Schadens von einem anderen Schadenversicherer oder vom Sozialversicherungsträger zu erlangen. Die Sätze 1 und 2 gelten nicht gegenüber dem Fahrer, der das Fahrzeug durch eine strafbare Handlung erlangt hat.

(3) *Soweit nicht etwas anderes vereinbart ist, gilt:* Ausschlüsse: Versicherungsschutz wird nicht gewährt,

a) in der Fahrzeug- und Kraftfahrunfallversicherung für Schäden, die durch Aufruhr, innere Unruhen, Kriegsereignisse, Verfügungen von hoher Hand oder Erdbeben unmittelbar oder mittelbar verursacht werden;

b) für Schäden, die bei Beteiligung an Fahrtveranstaltungen, bei denen es auf Erzielung einer Höchstgeschwindigkeit ankommt, oder bei den dazugehörigen Übungsfahrten entstehen; in der Kraftfahrzeug-Haftpflichtversicherung gilt dies nur bei Beteiligung an behördlich genehmigten Fahrtveranstaltungen oder den dazugehörigen Übungsfahrten;

c) für Schäden durch Kernenergie.

§ 3 Rechtsverhältnisse am Vertrage beteiligter Personen.
(1) *Soweit nicht etwas anderes vereinbart ist, gilt:* Die in § 2b Abs. 1, §§ 5, 7, 8, 9, 10 Abs. 5 und 9, § 13 Abs. 3 und 7, § 14 Abs. 2 und 5, §§ 15 und 22 für den Versicherungsnehmer getroffenen Bestimmungen gelten sinngemäß für mitversicherte und sonstige Personen, die Ansprüche aus dem Versicherungsvertrag geltend machen.

(2) Die Ausübung der Rechte aus dem Versicherungsvertrag steht, wenn nichts anderes vereinbart ist (siehe insbesondere § 10 Abs. 4 und § 17 Abs. 3 Satz 2), ausschließlich dem Versicherungsnehmer zu; dieser ist neben dem Versicherten für die Erfüllung der Obliegenheiten verantwortlich. In der Kraftfahrunfallversicherung darf die Auszahlung der auf einen Versicherten entfallenden Versicherungsumme an den Versicherungsnehmer nur mit Zustimmung des Versicherten erfolgen.

---

[1]) Zulässiger Höchstbetrag ist § 5 der KfzPflVVO zu entnehmen.

(3) *Soweit nicht etwas anderes vereinbart ist, gilt:* Ist der Versicherer dem Versicherungsnehmer gegenüber von der Verpflichtung zur Leistung frei, so gilt dies auch gegenüber allen mitversicherten und sonstigen Personen, die Ansprüche aus dem Versicherungsvertrag geltend machen. Beruht die Leistungsfreiheit auf der Verletzung einer Obliegenheit, so kann der Versicherer wegen einer dem Dritten gewährten Leistung Rückgriff nur gegen diejenigen mitversicherten Personen nehmen, in deren Person die der Leistungsfreiheit zugrunde liegenden Umstände vorliegen.

(4) Die Versicherungsansprüche können vor ihrer endgültigen Feststellung ohne ausdrückliche Genehmigung des Versicherers weder abgetreten noch verpfändet werden.

§ 4a Vertragsdauer, Kündigung zum Ablauf. (1) Der Versicherungsvertrag kann für die Dauer eines Jahres oder für einen kürzeren Zeitraum abgeschlossen werden. Beträgt die vereinbarte Vertragsdauer ein Jahr, so verlängert sich der Vertrag jeweils um ein Jahr, wenn er nicht spätestens einen Monat vor Ablauf schriftlich gekündigt wird. Dies gilt auch, wenn die Vertragsdauer nur deshalb weniger als ein Jahr beträgt, weil als Beginn der nächsten Versicherungsperiode ein vom Vertragsbeginn abweichender Termin vereinbart worden ist. Bei anderen Verträgen mit einer Vertragsdauer von weniger als einem Jahr endet der Vertrag, ohne daß es einer Kündigung bedarf.

(2) Auf Verträge, die sich auf ein Fahrzeug beziehen, welches ein Versicherungskennzeichen führen muß, findet Absatz 1 Satz 2 keine Anwendung.

(3) Eine Kündigung kann sich sowohl auf den gesamten Vertrag als auch auf einzelne Versicherungsarten beziehen; sie kann ferner, wenn sich ein Vertrag auf mehrere Fahrzeuge bezieht, sowohl für alle als auch für einzelne Fahrzeuge erklärt werden. Ist der Versicherungsnehmer mit der Kündigung von Teilen des Vertrages nicht einverstanden, was er dem Versicherer innerhalb von zwei Wochen nach Empfang der Teilkündigung mitzuteilen hat, so gilt der gesamte Vertrag als gekündigt.

(4) Bleibt in der Kraftfahrzeug-Haftpflichtversicherung die Verpflichtung des Versicherers gegenüber dem Dritten bestehen, obgleich der Versicherungsvertrag beendet ist, so gebührt dem Versicherer der Beitrag für die Zeit dieser Verpflichtung.

Steht dem Versicherer eine Geschäftsgebühr gemäß § 40 Abs. 2 Satz 2 VVG zu, so gilt ein entsprechend der Dauer des Versicherungsverhältnisses nach Kurztarif berechneter Beitrag, jedoch nicht mehr als .... v. H. des Jahresbeitrages als angemessen.

§ 4b Kündigung im Schadenfall. (1) Hat nach dem Eintritt eines Versicherungsfalles der Versicherer die Verpflichtung zur Leistung der Entschädigung anerkannt oder die Leistung der fälligen Entschädigung verweigert, so ist jede Vertragspartei berechtigt, den Versicherungsvertrag zu kündigen. Das gleiche gilt, wenn der Versicherer dem Versicherungsnehmer die Weisung erteilt, es über den Anspruch des Dritten zum Rechtsstreite kommen zu lassen, oder wenn der Ausschuß (§ 14) angerufen wird.

(2) Die Kündigung im Versicherungsfall ist nur innerhalb eines Monats seit der Anerkennung der Entschädigungspflicht oder der Verweigerung der Entschädigung, seit der Rechtskraft des im Rechtsstreite mit dem Dritten ergangenen Urteils oder seit der Zustellung des Spruchs des Ausschusses zulässig. Für den Versicherungsnehmer beginnt die Kündigungsfrist erst von dem Zeitpunkt an zu laufen, in welchem er von dem Kündigungsgrund Kenntnis erlangt. Der Versicherer hat eine Kündigungsfrist von einem Monat einzuhalten. Der Versicherungsnehmer kann nicht für einen späteren Zeitpunkt als den Schluß des laufenden Versicherungsjahres (bzw. der vereinbarten kürzeren Vertragsdauer) kündigen.

(3) Kündigt der Versicherungsnehmer im Versicherungsfall, so gebührt dem Versicherer gleichwohl der Beitrag für das laufende Versicherungsjahr bzw. die vereinbarte kürzere Vertragsdauer. Kündigt der Versicherer, so gebührt ihm derjenige Teil des Beitrages, welcher der abgelaufenen Versicherungszeit entspricht.

(4) § 4a Absätze 3 und 4 gelten entsprechend.

§ 4c Form und Zugang der Kündigung. Alle Kündigungen müssen schriftlich erfolgen und sind nur wirksam, wenn sie innerhalb der Kündigungsfrist zugehen.

§ 5 Vorübergehende Stillegung. (1) Wird das Fahrzeug vorübergehend aus dem Verkehr gezogen (Stillegung im Sinne des Straßenverkehrsrechts), so wird dadurch der Versicherungsvertrag nicht berührt. Der Versicherungsnehmer kann jedoch Unterbrechung des Versicherungsschutzes verlangen, wenn er eine Abmeldebescheinigung der Zulassungsstelle vorlegt und die Stillegung mindestens zwei Wochen beträgt. Der Versicherungsschutz wird außerdem unterbrochen, wenn die Zulassungsstelle dem Versicherer gem. § 29a Abs. 3 StVZO die Stillegung mitteilt, es sei denn, der Versicherungsnehmer verlangt die uneingeschränkte Fortführung des Versicherungsschutzes. In diesen Fällen richten sich die beiderseitigen Verpflichtungen nach den Absätzen 2 bis 6.

(2) In der Kraftfahrzeug-Haftpflichtversicherung wird Versicherungsschutz nach den §§ 10 und 11, in der Fahrzeugversicherung nach § 12 Abs. 1 I u. Abs. 2 u. 3 gewährt. Das Fahrzeug darf jedoch außerhalb des Einstellraumes oder des umfriedeten Abstellplatzes nicht gebraucht oder nicht nur vorübergehend abgestellt werden. *Soweit nicht etwas anderes vereinbart ist, gilt:* Wird diese Obliegenheit verletzt, so ist der Versicherer von der Verpflichtung zur Leistung frei, es sei denn, daß die Verletzung ohne Wissen und Willen des Versicherungsnehmers erfolgt und von ihm nicht grobfahrlässig ermöglicht worden ist.

(3) *Soweit nicht etwas anderes vereinbart ist, gilt:* In der Kraftfahrtunfallversicherung, die sich auf ein bestimmtes Fahrzeug bezieht, wird kein Versicherungsschutz gewährt.

(4) Wird das Fahrzeug zum Verkehr wieder angemeldet (Ende der Stillegung im Sinne des Straßenverkehrsrechts), lebt der Versicherungsschutz uneingeschränkt wieder auf. Dies gilt bereits für Fahrten im Zusammenhang mit der Stempelung des Kennzeichens. Das Ende der Stillegung ist dem Versicherer unverzüglich anzuzeigen.

(5) Der Versicherungsvertrag verlängert sich um die Dauer der Stillegung.

(6) Wird nach Unterbrechung des Versicherungsschutzes das Ende der Stillegung vom Versicherer nicht innerhalb eines Jahres seit der behördlichen Abmeldung angezeigt und hat sich der Versicherer innerhalb dieser Frist dem Versicherungsnehmer oder einem anderen Versicherer gegenüber nicht auf das Fortbestehen des Vertrages berufen, endet der Vertrag mit Ablauf dieser Frist, ohne daß es einer Kündigung bedarf. Das gleiche

gilt, wenn das Fahrzeug nicht innerhalb eines Jahres seit der Stillegung wieder zum Verkehr angemeldet wird. Für die Beitragsabrechnung gilt § 6 Abs. 3 mit der Maßgabe, daß an die Stelle des Tages des Wagniswegfalls der Tag der Abmeldung des Fahrzeugs tritt.

(7) Die Bestimmungen des Absatzes 1 Satz 2, 3 und 4 der Absätze 2 bis 6 finden keine Anwendung auf Verträge für Fahrzeuge, die ein Versicherungskennzeichen führen müssen, auf Verträge für Wohnwagenanhänger sowie auf Verträge mit kürzerer Vertragsdauer als ein Jahr mit Ausnahme von Verträgen im Sinne des § 4a Abs. 1 Satz 3.

§ 6 Veräußerung. (1) Wird das Fahrzeug veräußert, so tritt der Erwerber in die Rechte und Pflichten des Versicherungsnehmers aus dem Versicherungsvertrag ein. Dies gilt nicht für Kraftfahrtunfallversicherungen. Für den Beitrag, welcher auf das zur Zeit der Veräußerung laufende Versicherungsjahr entfällt, haften Veräußerer und Erwerber als Gesamtschuldner. Die Veräußerung ist dem Versicherer unverzüglich anzuzeigen.

(2) Im Falle der Veräußerung sind Versicherer und Erwerber berechtigt, den Versicherungsvertrag zu kündigen. Das Kündigungsrecht des Versicherers erlischt, wenn es nicht innerhalb eines Monats, nachdem er von der Veräußerung Kenntnis erlangt, dasjenige des Erwerbers, wenn es nicht innerhalb eines Monats nach dem Erwerb bzw. nachdem er Kenntnis von dem Bestehen der Versicherung erlangt, ausgeübt wird. Der Erwerber kann nur mit sofortiger Wirkung, zum Ende des laufenden Versicherungsjahres oder der vereinbarten kürzeren Vertragsdauer, der Versicherer mit einer Frist von einem Monat kündigen. Legt der Erwerber bei der Zulassungsstelle eine Versicherungsbestätigung vor, so gilt dies als Kündigung des übergegangenen Vertrags zum Beginn der neuen Versicherung. § 4a Abs. 3 und 4 sowie § 4c finden Anwendung.

(3) Kündigt der Versicherer oder der Erwerber, gebührt dem Versicherer nur der auf die Zeit des Versicherungsschutzes entfallende anteilige Beitrag. Hat das Versicherungsverhältnis weniger als ein Jahr bestanden, so wird für die Zeit vom Beginn bis zur Veräußerung der Beitrag nach Kurztarif

oder, wenn innerhalb eines Jahres eine neue Kraftfahrtversicherung bei demselben Versicherer abgeschlossen wird, der Beitrag anteilig nach der Zeit des gewährten Versicherungsschutzes berechnet.

(4) Für Fahrzeuge, die ein Versicherungskennzeichen führen müssen, gilt abweichend von den Bestimmungen des Absatzes 3:

Dem Versicherer gebührt der Beitrag für das laufende Verkehrsjahr, wenn der Vertrag für das veräußerte Fahrzeug vom Versicherer oder dem Erwerber gekündigt wird. Dem Versicherer gebührt jedoch nur der Beitrag für die Zeit des Versicherungsschutzes nach Kurztarif, wenn der Versicherungsnehmer ihm den Versicherungsschein sowie das Versicherungskennzeichen des veräußerten Fahrzeugs aushändigt und die Kündigung des Erwerbers vorliegt. Schließt der Versicherungsnehmer gleichzeitig bei demselben Versicherer für ein Fahrzeug mit Versicherungskennzeichen eine neue Kraftfahrtversicherung ab, so gilt der nicht verbrauchte Beitrag als Beitrag für die neue Kraftfahrtversicherung.

(5) Wird nach Veräußerung bei demselben Versicherer, bei dem das veräußerte Fahrzeug versichert war, innerhalb von sechs Moanten ein Fahrzeug der gleichen Art und des gleichen Verwendungszwecks (Ersatzfahrzeug im Sinne der Tarifbestimmungen) versichert und die hierfür geschuldete erste oder einmalige Prämie nicht rechtzeitig gezahlt, so gilt § 39 VVG. § 1 Abs. 2 Satz 4 sowie § 38 VVG finden keine Anwendung. Wird das Versicherungsverhältnis in den Fällen des Satzes 1 gemäß § 39 Abs. 3 VVG gekündigt, so kann der Versicherer eine Geschäftsgebühr verlangen, deren Höhe nach § 4b Abs. 5 Satz 2 zu bemessen ist.

§ 6a Wagniswegfall. (1) Fällt in der Fahrzeugversicherung das Wagnis infolge eines zu ersetzenden Schadens weg, so gebührt dem Versicherer der Beitrag für das laufende Versicherungsjahr oder die vereinbarte kürzere Vertragsdauer.

(2) In allen sonstigen Fällen eines dauernden Wegfalls des versicherten Wagnisses wird der Beitrag gemäß § 6 Absatz 3 berechnet.

(3) Für Fahrzeuge, die ein Versicherungskennzeichen führen müssen, gilt abweichend von den Bestimmungen des Absatzes 2:

Dem Versicherer gebührt der Beitrag für das laufende Verkehrsjahr oder die vereinbarte kürzere Dauer, wenn das Wagnis dauernd weggefallen ist. Dem Versicherer gebührt jedoch nur der Beitrag für die Zeit des Versicherungsschutzes nach Kurztarif, wenn der Versicherungsnehmer ihm den Versicherungsschein und das Versicherungskennzeichen des versicherten Fahrzeugs aushändigt. Schließt der Versicherungsnehmer gleichzeitig bei demselben Versicherer für ein Fahrzeug mit Versicherungskennzeichen eine neue Kraftfahrtversicherung ab, so gilt der nicht verbrauchte Beitrag als Beitrag für die neue Kraftfahrtversicherung.

(4) § 6 Absatz 5 findet entsprechende Anwendung.

§ 7 Obliegenheiten im Versicherungsfall. I. (1) Versicherungsfall im Sinne dieses Vertrages ist das Ereignis, das einen unter die Versicherung fallenden Schaden verursacht oder – bei der Haftpflichtversicherung – Ansprüche gegen den Versicherungsnehmer zur Folge haben könnte.

(2) Jeder Versicherungsfall ist dem Versicherer vom Versicherungsnehmer innerhalb einer Woche schriftlich anzuzeigen. Einer Anzeige bedarf es nicht, wenn der Versicherungsnehmer einen Schadenfall nach Maßgabe des Abschnittes VI selbst regelt. Der Versicherungsnehmer ist verpflichtet, alles zu tun, was zur Aufklärung des Tatbestandes und zur Minderung des Schadens dienlich sein kann. Er hat hierbei die etwaigen Weisungen des Versicherers zu befolgen. Wird ein Ermittlungsverfahren eingeleitet oder wird ein Strafbefehl oder ein Bußgeldbescheid erlassen, so hat der Versicherungsnehmer dem Versicherer unverzüglich Anzeige zu erstatten, auch wenn er den Versicherungsfall selbst angezeigt hat.

II. (1) Bei Haftpflichtschäden ist der Versicherungsnehmer nicht berechtigt, ohne vorherige Zustimmung des Versicherers einen Anspruch ganz oder zum Teil anzuerkennen oder zu befriedigen. Das gilt nicht, falls der Versicherungsnehmer nach den Umständen die Anerkennung oder die Befriedigung nicht ohne offenbare Unbilligkeit verweigern konnte.

(2) Macht der Geschädigte seinen Anspruch gegenüber dem Versicherungsnehmer geltend, so ist dieser zur Anzeige innerhalb einer Woche nach der Erhebung des Anspruches verpflichtet.

(3) Wird gegen den Versicherungsnehmer ein Anspruch gerichtlich (Klage oder Mahnbescheid) geltend gemacht, Prozeßkostenhilfe beantragt oder wird ihm gerichtlich der Streit verkündet, so hat er außerdem unverzüglich Anzeige zu erstatten. Das gleiche gilt im Falle eines Arrestes, einer einstweiligen Verfügung oder eines Beweissicherungsverfahrens.

(4) Gegen Mahnbescheid, Arrest und einstweilige Verfügung hat der Versicherungsnehmer zur Wahrung der Fristen die erforderlichen Rechtsbehelfe zu ergreifen, wenn eine Weisung des Versicherers nicht bis spätestens zwei Tage vor Fristablauf vorliegt.

(5) Wenn es zu einem Rechtsstreit kommt, hat der Versicherungsnehmer die Führung des Rechtsstreites dem Versicherer zu überlassen, auch dem vom Versicherer bestellten Anwalt Vollmacht und jede verlangte Aufklärung zu geben.

III. Bei einem unter die Fahrzeugversicherung fallenden Schaden hat der Versicherungsnehmer vor Beginn der Verwertung oder der Wiederinstandsetzung des Fahrzeuges die Weisung des Versicherers einzuholen, soweit ihm dies billigerweise zugemutet werden kann. Übersteigt ein Entwendungs- oder Brandschaden sowie ein Wildschaden (§ 12 (1) I d) den Betrag von DM ...., so ist er auch der Polizeibehörde unverzüglich anzuzeigen.

IV. (1) Nach einem Unfall, der voraussichtlich eine Leistungspflicht in der Kraftfahrtunfallversicherung herbeiführt, ist unverzüglich ein Arzt hinzuzuziehen und der Versicherer zu unterrichten. Der Versicherte hat den ärztlichen Anordnungen nachzukommen und auch im übrigen die Unfallfolgen möglichst zu mindern.

(2) Der Versicherte hat darauf hinzuwirken, daß die vom Versicherer angeforderten Berichte und Gutachten alsbald erstattet werden.

(3) Der Versicherte hat sich von den vom Versicherer beauftragten Ärzten untersuchen zu lassen. Die notwendigen Kosten einschließlich eines dadurch entstandenen Verdienstausfalles trägt der Versicherer.

(4) Die Ärzte, die den Versicherten – auch aus anderen Anlässen – behandelt oder untersucht haben, andere Versicherer, Versicherungsträger und Behörden sind zu ermächtigen, alle erforderlichen Auskünfte zu erteilen.

KraftfahrtVers § 7 **AKB 13**

(5) Hat der Unfall den Tod zur Folge, so müssen die aus dem Versicherungsvertrag Begünstigten dies innerhalb von 48 Stunden nach Kenntnis melden, auch wenn der Unfall schon angezeigt ist. Die Meldung soll durch Telegramm oder Telefax erfolgen. Dem Versicherer ist das Recht zu verschaffen, eine Obduktion durch einen von ihm beauftragten Arzt vornehmen zu lassen.

V. *Soweit nicht etwas anderes vereinbart ist, gilt:*
(1) Wird in der Kraftfahrzeug-Haftpflichtversicherung eine dieser Obliegenheiten vorsätzlich oder grobfahrlässig verletzt, so ist der Versicherer dem Versicherungsnehmer gegenüber von der Verpflichtung zur Leistung in den in den Abs. 2 und 3 genannten Grenzen frei. Bei grobfahrlässiger Verletzung bleibt der Versicherer zur Leistung insoweit verpflichtet, als die Verletzung weder Einfluß auf die Feststellung des Versicherungsfalles noch auf die Feststellung oder den Umfang der dem Versicherer obliegenden Leistung gehabt hat.

(2) Die Leistungsfreiheit des Versicherers ist auf einen Betrag von maximal DM[1].... beschränkt. Bei vorsätzlicher begangener Verletzung der Aufklärungs- oder Schadenminderungspflicht (z. B. bei unerlaubtem Entfernen vom Unfallort, unterlassener Hilfeleistung, Abgabe wahrheitswidriger Angaben gegenüber dem Versicherer), wenn diese besonders schwerwiegend ist, erweitert sich die Leistungsfreiheit des Versicherers auf einen Betrag von maximal DM[2]...

(3) Wird eine Obliegenheitsverletzung in der Absicht begangen, sich oder einem Dritten dadurch einen rechtswidrigen Vermögensvorteil zu verschaffen, ist die Leistungsfreiheit des Versicherers hinsichtlich des erlangten rechtswidrigen Vermögensvorteils abweichend von Abs. 2 unbeschränkt. Gleiches gilt hinsichtlich des erlangten Mehrbetrages, wenn eine der in II. Abs. 1–3 und 5 genannten Obliegenheiten vorsätzlich oder grobfahrlässig verletzt und dadurch eine gerichtliche Entscheidung rechtskräftig wurde, die offenbar über den Umfang der nach Sach- und Rechtslage geschuldeten Haftpflichtentschädigung erheblich hinausgeht.

(4) Wird eine dieser Obliegenheiten in der Fahrzeug- oder Kraftfahrunfallversicherung verletzt, so besteht Leistungsfreiheit nach Maßgabe des § 6 Abs. 3 VVG.

---
[1] Zulässiger Höchstbetrag ist § 6 der KfzPflVVO zu entnehmen.

13 AKB § 8 KraftfahrtVers

VI. (1) Bei verspäteter Anzeige eines Versicherungsfalles, bei dem lediglich ein Sachschaden eingetreten ist, wird sich der Versicherer nicht auf die Leistungsfreiheit nach V. berufen, wenn der Versicherungsnehmer den Schaden geregelt hat oder regeln wollte, um dadurch eine Einstufung eines Vertrages in eine ungünstigere Schadensfreiheits- oder Schadenklasse zu vermeiden. Diese Vereinbarung gilt jedoch nur für solche Sachschäden, die Entschädigungsleistungen von voraussichtlich nicht mehr als .... DM erfordern.

(2) Gelingt es dem Versicherungsnehmer nicht, den Schaden im Rahmen von Abs. 1 selbst zu regulieren, oder ist dem Versicherer hinsichtlich des versicherten Fahrzeugs bzw. Ersatzfahrzeugs (Nr. 23 der Tarifbestimmungen) im gleichen Kalenderjahr ein weiterer Schaden zur Regulierung gemeldet worden, so kann der Versicherungsnehmer bis zum Endes des Kalenderjahres den nach Abs. 1 nicht gemeldeten Schaden dem Versicherer nachträglich anzeigen. Schäden, die sich im Dezember ereignen, können bis zum 31. Januar des folgenden Jahres nachgemeldet werden.

(3) Abweichend von Abs. 1 hat der Versicherungsnehmer jeden Sachschaden unverzüglich dem Versicherer anzuzeigen, wenn der Anspruch gerichtlich geltend gemacht, Prozeßkostenhilfe beantragt oder dem Versicherungsnehmer gerichtlich der Streit verkündet wird. Das gleiche gilt im Fall eines Arrests, einer einstweiligen Verfügung oder eines Beweissicherungsverfahrens.

§ 8 Klagefrist, Gerichtsstand. (1) *Soweit nicht etwas anderes vereinbart ist, gilt:* Hat der Versicherer einen Anspruch auf Versicherungsschutz dem Grunde nach abgelehnt, so ist der Anspruch vom Versicherungsnehmer zur Vermeidung des Verlustes innerhalb von sechs Monaten gerichtlich geltend zu machen. Die Frist beginnt erst, nachdem der Versicherer den Anspruch unter Angabe der mit dem Ablauf der Frist verbundenen Rechtsfolgen schriftlich abgelehnt hat. In der Kraftfahrtunfallversicherung gilt zusätzlich die Ausschlußfrist des § 22 Abs. 5.

(2) Für Klagen, die aus dem Versicherungsverhältnis gegen den Versicherer erhoben werden, bestimmt sich die gerichtliche Zuständigkeit nach dem Sitz des Versicherers oder seiner für das jeweilige Versicherungsverhältnis zuständigen Niederlas-

sung. Hat ein Versicherungsagent den Vertrag vermittelt oder abgeschlossen, ist auch das Gericht des Ortes zuständig, an dem der Agent zur Zeit der Vermittlung oder des Abschlusses seine gewerbliche Niederlassung oder – bei Fehlen einer gewerblichen Niederlassung – seinen Wohnsitz hatte.

(3) Klagen des Versicherers gegen den Versicherungsnehmer können bei dem für den Wohnsitz des Versicherungsnehmers zuständigen Gericht erhoben werden. Weitere gesetzliche Gerichtsstände können sich aus dem für den Sitz oder die Niederlassung des Geschäfts- oder Gewerbebetriebs des Versicherungsnehmers örtlich zuständigen Gericht ergeben.

§ 9 Anzeigen und Willenserklärungen. Alle Anzeigen und Erklärungen des Versicherungsnehmers sind schriftlich abzugeben und sollen an die im Versicherungsschein als zuständig bezeichnete Stelle gerichtet werden; andere als die im Versicherungsschein bezeichneten Vermittler sind zu deren Entgegennahme nicht bevollmächtigt. Für Anzeigen im Todesfall gilt § 7 IV Absatz 5.

II. Kraftfahrzeug-Haftpflichtversicherung

§ 10 Umfang der Versicherung. (1) Die Versicherung umfaßt die Befriedigung begründeter und die Abwehr unbegründeter Schadenersatzansprüche, die aufgrund gesetzlicher Haftpflichtbestimmungen privatrechtlichen Inhalts gegen den Versicherungsnehmer oder mitversicherte Personen erhoben werden, wenn durch den Gebrauch des im Vertrag bezeichneten Fahrzeugs

a) Personen verletzt oder getötet werden,
b) Sachen beschädigt oder zerstört werden oder abhanden kommen,
c) Vermögensschäden herbeigeführt werden, die weder mit einem Personen- noch mit einem Sachschaden mittelbar oder unmittelbar zusammenhängen.

(2) Mitversicherte Personen sind:
a) der Halter,
b) der Eigentümer,
c) der Fahrer,

d) Beifahrer, d. h. Personen, die im Rahmen ihres Arbeitsverhältnisses zum Versicherungsnehmer oder Halter den berechtigten Fahrer zu seiner Ablösung oder zur Vornahme von Lade- und Hilfsarbeiten nicht nur gelegentlich begleiten,

e) Omnibusschaffner, soweit sie im Rahmen ihres Arbeitsverhältnisses zum Versicherungsnehmer oder Halter tätig werden,

f) Arbeitgeber oder öffentlicher Dienstherr des Versicherungsnehmers, wenn das versicherte Fahrzeug mit Zustimmung des Versicherungsnehmers für dienstliche Zwecke gebraucht wird.

(3) entfällt

(4) Mitversicherte Personen können ihre Versicherungsansprüche selbständig geltend machen.

(5) Der Versicherer gilt als bevollmächtigt, im Namen der versicherten Personen Ansprüche nach Absatz 1 zu befriedigen und/oder abzuwehren und alle dafür zweckmäßig erscheinenden Erklärungen im Rahmen pflichtgemäßen Ermessens abzugeben.

(6) *Soweit nicht etwas anderes vereinbart ist, gilt:* Für die Leistung des Versicherers bilden die vereinbarten Versicherungssummen die Höchstgrenze bei jedem Schadenereignis. Aufwendungen des Versicherers für Kosten werden unbeschadet Satz 4 nicht als Leistungen auf die Versicherungssumme angerechnet. Mehrere zeitlich zusammenhängende Schäden aus derselben Ursache gelten als ein Schadenereignis. Übersteigen die Haftpflichtansprüche die Versicherungssummen, so hat der Versicherer Kosten eines Rechtsstreites nur im Verhältnis der Versicherungssumme zur Gesamthöhe der Ansprüche zu tragen. Der Versicherer ist berechtigt, sich durch Hinterlegung der Versicherungssumme und des hierauf entfallenden Anteils an den entstandenen Kosten eines Rechtsstreites von weiteren Leistungen zu befreien.

(7) Hat der Versicherte an den Geschädigten Rentenzahlungen zu leisten und übersteigt der Kapitalwert der Rente die Versicherungssumme oder den nach Abzug etwaiger sonstiger Leistungen aus dem Versicherungsfall noch verbleibenden Restbetrag der Versicherungssumme, so muß die zu leistende Rente nur im Verhältnis der Versicherungssumme bzw. ihres

Restbetrages zum Kapitalwert der Rente vom Versicherer erstattet werden. Der Rentenwert ist aufgrund der allgemeinen Sterbetafeln für Deutschland mit Erlebensfallcharakter 1987 R Männer und Frauen und unter Zugrundelegung des Rechnungszinses, der die tatsächlichen Kapitalmarktzinsen in Deutschland berücksichtigt, zu berechnen. Hierbei ist der arithmetische Mittelwert über die jeweils letzten 10 Jahre der Umlaufrenditen der öffentlichen Hand, wie sie von der Deutschen Bundesbank veröffentlicht werden, zugrundezulegen. Nachträgliche Erhöhungen oder Ermäßigungen der Rente sind zum Zeitpunkt des ursprünglichen Rentenbeginns mit dem Barwert einer aufgeschobenen Rente nach der genannten Rechnungsgrundlage zu berechnen. Für die Berechnung von Waisenrenten kann das ...[1] Lebensjahr als frühestes Endalter vereinbart werden.

Für die Berechnung von Geschädigtenrenten kann bei unselbständig Tätigen das vollendete ...[2] Lebensjahr als Endalter vereinbart werden, sofern nicht durch Urteil, Vergleich oder eine andere Festlegung etwas anderes bestimmt ist oder sich die der Festlegung zugrunde gelegten Umstände ändern.

(8) Bei der Berechnung des Betrages, mit dem sich der Versicherungsnehmer an laufenden Rentenzahlungen beteiligen muß, wenn der Kapitalwert der Rente die Versicherungssumme oder die nach Abzug sonstiger Leistungen verbleibende Restversicherungssumme übersteigt, können die sonstigen Leistungen mit ihrem vollen Betrag von der Versicherungssumme abgesetzt werden.

(9) Falls die von dem Versicherer verlangte Erledigung eines Haftpflichtanspruchs durch Anerkenntnis, Befriedigung oder Vergleich an dem Verhalten des Versicherungsnehmers scheitert, ist der Versicherer für den von der Weigerung an entstehenden Mehrschaden an Hauptsache, Zinsen und Kosten dem Versicherungsnehmer gegenüber von der Verpflichtung zur Leistung frei, sofern dieser vom Versicherer hierauf hingewiesen wurde.

§ 10a Versicherungsumfang bei Anhängern. (1) Die Versicherung des Kraftfahrzeuges umfaßt auch Schäden, die durch

---

[1] Die zulässige Altersgrenze ist der KfzPflVVO zu entnehmen.

einen Anhänger verursacht werden, der mit dem Kraftfahrzeug verbunden ist oder der sich während des Gebrauchs von diesem löst und sich noch in Bewegung befindet. Mitversichert sind auch der Halter, Eigentümer, Fahrer, Beifahrer und Omnibusschaffner des Anhängers. Schäden der Insassen des Anhängers sind bis zur Höhe der Grundversicherungssumme eingeschlossen.

(2) *Soweit nicht etwas anderes vereinbart ist, gilt:* Die Haftpflichtversicherung des Anhängers umfaßt nur Schäden, die durch den Anhänger verursacht werden, wenn er mit einem Kraftfahrzeug nicht verbunden ist oder sich von dem Kraftfahrzeug gelöst hat und sich nicht mehr in Bewegung befindet, sowie Schäden, die den Insassen des Anhängers zugefügt werden. Mitversichert sind auch der Halter, Eigentümer, Fahrer, Beifahrer und Omnibusschaffner des Kraftfahrzeuges.

(3) Als Anhänger im Sinne dieser Vorschrift gelten auch Auflieger sowie für die Anwendung des Absatzes 1 auch Fahrzeuge, die abgeschleppt oder geschleppt werden, wenn für diese kein Haftpflichtversicherungsschutz besteht.

§ 11 Ausschlüsse. *Soweit nicht etwas anderes vereinbart ist, gilt:* Ausgeschlossen von der Versicherung sind

1. Haftpflichtansprüche, soweit sie aufgrund Vertrags oder besonderer Zusage über den Umfang der gesetzlichen Haftpflicht hinausgehen;
2. Haftpflichtansprüche des Versicherungsnehmers, Halters oder Eigentümers gegen mitversicherte Personen wegen Sach- oder Vermögensschäden;
3. Haftpflichtansprüche wegen Beschädigung, Zerstörung oder Abhandenkommens des Fahrzeugs, auf das sich die Versicherung bezieht, mit Ausnahme der Beschädigung betriebsunfähiger Fahrzeuge beim nicht gewerbsmäßigen Abschleppen im Rahmen üblicher Hilfsleistungen;
4. Haftpflichtansprüche wegen Beschädigung, Zerstörung oder Abhandenkommen von mit dem versicherten Fahrzeug beförderten Sachen, mit Ausnahme jener Sachen, die die mit Willen des Halters beförderte Personen üblicherweise mit sich führen oder, sofern die Fahrt überwiegend der Personenbeförderung dient, als Gegenstände des persönlichen Bedarfs mit sich führen;

KraftfahrtVers § 12 **AKB 13**

5. Haftpflichtansprüche aus solchen reinen Vermögensschäden, die auf Nichteinhaltung von Liefer- und Beförderungsfristen zurückzuführen sind.

III. Fahrzeugversicherung

§ 12 Umfang der Versicherung. (1) Die Fahrzeugversicherung umfaßt die Beschädigung, die Zerstörung und den Verlust des Fahrzeugs und seiner unter Verschluß verwahrten oder an ihm befestigten Teile einschließlich der durch die beigefügte Liste als zusätzlich mitversichert ausgewiesenen Fahrzeug- und Zubehörteile

I. in der Teilversicherung
   a) durch Brand oder Explosion;
   b) durch Entwendung, insbesondere Diebstahl, unbefugten Gebrauch durch betriebsfremde Personen, Raub und Unterschlagung. *Soweit nicht etwas anderes vereinbart ist, gilt:* Die Unterschlagung durch denjenigen, an den der Versicherungsnehmer das Fahrzeug unter Vorbehalt seines Eigentums veräußert hat, oder durch denjenigen, dem es zum Gebrauch oder zur Veräußerung überlassen wurde, ist von der Versicherung ausgeschlossen;
   c) durch unmittelbare Einwirkung von Sturm, Hagel, Blitzschlag oder Überschwemmung auf das Fahrzeug. Als Sturm gilt eine wetterbedingte Luftbewegung von mindestens Windstärke 8. Eingeschlossen sind Schäden, die dadurch verursacht werden, daß durch diese Naturgewalten Gegenstände auf oder gegen das Fahrzeug geworfen werden. *Soweit nicht etwas anderes vereinbart ist, gilt:* Ausgeschlossen sind Schäden, die auf ein durch diese Naturgewalten veranlaßtes Verhalten des Fahrers zurückzuführen sind;
   d) durch einen Zusammenstoß des in Bewegung befindlichen Fahrzeugs mit Haarwild im Sinne von § 2 Abs. 1 Nr. 1 des Bundesjagdgesetzes;

II. in der Vollversicherung darüber hinaus
   e) durch Unfall, d. h. durch ein unmittelbar von außen her plötzlich mit mechanischer Gewalt einwirkendes Ereignis; *soweit nicht etwas anderes vereinbart ist, gilt:* Brems-,

Betriebs- und reine Bruchschäden sind keine Unfallschäden;

f) durch mut- oder böswillige Handlungen betriebsfremder Personen.

(2) Der Versicherungsschutz erstreckt sich in der Voll- und Teilversicherung auch auf Bruchschäden an der Verglasung des Fahrzeugs und Schäden der Verkabelung durch Kurzschluß.

(3) *Soweit nicht etwas anderes vereinbart ist, gilt:* Eine Beschädigung oder Zerstörung der Bereifung wird nur ersetzt, wenn sie durch ein Ereignis erfolgt, das gleichzeitig auch andere versicherungsschutzpflichtige Schäden an dem Fahrzeug verursacht hat.

§ 13 Ersatzleistung. *Soweit nicht etwas anderes vereinbart ist, gilt:*

(1) Der Versicherer ersetzt einen Schaden bis zur Höhe des Wiederbeschaffungswertes des Fahrzeugs oder seiner Teile am Tage des Schadens, soweit in den folgenden Absätzen nichts anderes bestimmt ist. Wiederbeschaffungswert ist der Kaufpreis, den der Versicherungsnehmer aufwenden muß, um ein gleichwertiges gebrauchtes Fahrzeug oder gleichwertige Teile zu erwerben.

(2) Leistungsgrenze ist in allen Fällen der vom Hersteller unverbindlich empfohlene Preis am Tage des Schadens.

(3) Rest- und Altteile verbleiben dem Versicherungsnehmer. Sie werden zum Veräußerungswert auf die Ersatzleistung angerechnet.

(4) Bei Zerstörung oder Verlust des Fahrzeugs gewährt der Versicherer die nach den Absätzen 1 bis 3 zu berechnende Höchstentschädigung. Bei Zerstörung oder Verlust des Fahrzeugs durch Diebstahl vermindert sich die Höchstentschädigung jedoch um einen vereinbarten prozentualen Abschlag. § 13 Abs. 9 bleibt hiervon unberührt.

(5) Bei Beschädigung des Fahrzeugs ersetzt der Versicherer bis zu dem nach den Absätzen 1 bis 3 sich ergebenden Betrag die erforderlichen Kosten der Wiederherstellung und die hierfür notwendigen einfachen Fracht- und sonstigen Transportkosten. Entsprechendes gilt bei Zerstörung, Verlust oder Beschädigung von Teilen des Fahrzeugs. Von den Kosten der Ersatzteile und

der Lackierung wird ein dem Alter und der Abnutzung entsprechender Abzug gemacht (neu für alt). Der Abzug beschränkt sich bei Krafträdern, Personenkraftwagen sowie Omnibussen bis zum Schluß des vierten, bei allen übrigen Fahrzeugen bis zum Schluß des dritten auf die Erstzulassung des Fahrzeugs folgenden Kalenderjahr auf Bereifung, Batterie und Lackierung.

(6) Veränderungen, Verbesserungen, Verschleißreparaturen, Minderung an Wert, äußerem Ansehen oder Leistungsfähigkeit, Überführungs- und Zulassungskosten, Nutzungsausfall oder Kosten eines Ersatzwagens und Treibstoff ersetzt der Versicherer nicht.

(7) Werden entwendete Gegenstände innerhalb eines Monats nach Eingang der Schadenanzeige wieder zur Stelle gebracht, so ist der Versicherungsnehmer verpflichtet, sie zurückzunehmen. Nach Ablauf dieser Frist werden sie Eigentum des Versicherers. Wird das entwendete Fahrzeug in einer Entfernung von in der Luftlinie gerechnet mehr als 50 km von seinem Standort (Ortsmittelpunkt) aufgefunden, so zahlt der Versicherer die Kosten einer Eisenbahnfahrkarte zweiter Klasse für Hin- und Rückfahrt bis zu einer Höchstentfernung von 1500 km (Eisenbahnkilometer) vom Standort zu dem dem Fundort nächstgelegenen Bahnhof.

(8) Eine Selbstbeteiligung gilt für jedes versicherte Fahrzeug *und für jeden Schadenfall* besonders.

(9) In der Teil- und Vollversicherung wird der Schaden abzüglich einer vereinbarten Selbstbeteiligung ersetzt.

§ 14 Sachverständigenverfahren. (1) Bei Meinungsverschiedenheit über die Höhe des Schadens einschließlich der Feststellung des Wiederbeschaffungswertes oder über den Umfang der erforderlichen Wiederherstellungsarbeiten entscheidet ein Sachverständigenausschuß.

(2) Der Ausschuß besteht aus zwei Mitgliedern, von denen der Versicherer und der Versicherungsnehmer je eines benennt. Wenn der eine Vertragsteil innerhalb zweier Wochen nach schriftlicher Aufforderung sein Ausschußmitglied nicht benennt, so wird auch dieses von dem anderen Vertragsteil benannt.

(3) Soweit sich die Ausschußmitglieder nicht einigen, entscheidet innerhalb der durch ihre Abschätzung gegebenen Grenzen ein Obmann, der vor Beginn des Verfahrens von ihnen gewählt werden soll. Einigen sie sich über die Person des Obmanns nicht, so wird er durch das zuständige Amtsgericht ernannt.

(4) Ausschußmitglieder und Obleute dürfen nur Sachverständige für Kraftfahrzeuge sein.

(5) Bewilligt der Sachverständigenausschuß die Forderung des Versicherungsnehmers, so hat der Versicherer die Kosten voll zu tragen. Kommt der Ausschuß zu einer Entscheidung, die über das Angebot des Versicherers nicht hinausgeht, so sind die Kosten des Verfahrens vom Versicherungsnehmer voll zu tragen. Liegt die Entscheidung zwischen Angebot und Forderung, so tritt eine verhältnismäßige Verteilung der Kosten ein.

§ 15 Zahlung der Entschädigung. (1) Die Entschädigung wird innerhalb zweier Wochen nach ihrer Feststellung gezahlt, im Falle der Entwendung jedoch nicht vor Ablauf der Frist von einem Monat (§ 13 Abs. 7). Ist die Höhe eines unter die Versicherung fallenden Schadens bis zum Ablauf eines Monats nicht festgestellt, werden auf Verlangen des Versicherungsnehmers angemessene Vorschüsse geleistet.

(2) Ersatzansprüche des Versicherungsnehmers, die nach § 67 VVG auf den Versicherer übergegangen sind, können gegen den berechtigten Fahrer und andere in der Haftpflichtversicherung mitversicherte Personen sowie gegen den Mieter oder Entleiher nur geltend gemacht werden, wenn von ihnen der Versicherungsfall vorsätzlich oder grobfahrlässig herbeigeführt worden ist.

Anlage zu § 12 AKB

Liste der mitversicherten Fahrzeug- und Zubehörteile

Präambel

Soweit nicht etwas anderes vereinbart ist, gilt: Die Liste der mitversicherten Fahrzeug- und Zubehörteile ist Vertragsinhalt ge-

KraftfahrtVers **Anlage AKB 13**

mäß § 12 Abs. 1 AKB. Sie erläutert die Begriffe „unter Verschluß verwahrte" und „am Fahrzeug befestigte" Fahrzeugteile und umschreibt gleichzeitig den Deckungsumfang der Fahrzeugversicherung bezüglich weiterer, in der Liste als mitversichert ausgewiesener Fahrzeug- und Zubehörteile. Die ohne Beitragszuschlag mitversicherten und die gegen Beitragszuschlag versicherbaren Zubehörteile sind in der Liste erschöpfend aufgezählt; für in der Liste nicht erwähnte Teile bleibt es bei der Grundregel des § 12 Abs. 1 AKB, soweit sie für das versicherte Fahrzeug zugelassen und unter Verschluß verwahrt oder an dem Fahrzeug befestigt sind.

1) *Soweit nicht etwas anderes vereinbart ist, gilt:* Ohne Beitragszuschlag mitversichert sind folgende Teile, soweit sie im Fahrzeug eingebaut oder unter Verschluß gehalten oder mit dem Fahrzeug durch entsprechende Halterungen fest verbunden sind:
Ablage-Vorrichtungen
Abschlepp-Vorrichtungen
Abschleppseil
Airbag-Gurtstrammer-Rückhaltesystem
Alarmanlage
Anhänger-Vorrichtung
Antiblockiersystem (ABS)
Auspuffblenden
Außenspiegel (auch mechanisch oder elektrisch einstellbar)
Außenthermometer
Autoapotheke
Automatischer Geschwindigkeitsregler (Tempomat)
Automatisches Getriebe
Batterien
Batterie-Starterkabel
Beinschilder für Mofa, Moped
Bootsträger (Dach)
Bordcomputer
Bremskraftverstärker
Cockpit-Persenning
Cockpit-Verkleidung für Krafträder
Dachträger für Fahrräder, Ski und Surfbretter
Diebstahlsicherung einschließlich Zentralverriegelung
Doppel- und Mehrfachvergaseranlage, soweit zulässig

239

13 AKB Anlage

Drehzahlmesser
Elektrische Betätigung für Schiebedach, Türfenster
Ersatzbirnenset
Fahrtschreiber
Feuerlöscher
Fotoapparat bis DM . . . .
Fußbodenbelag
Gas-Anlage
Gasflaschen für Wohnwagenanhänger und Wohnmobile
Gepäckabdeckung (Netz, Rollo oder dergl. zum Insassenschutz)
Gepäckträger (Dach)
Halogen-Lampen
Hardtop mit/ohne Haftlampen
Heizbare Heckscheibe
Heizung (auch nachträglich zusätzlich eingebaut)
Hydraulische Strömungsbremse oder elektrische Wirbelstrombremse
Jod-Lampen
Katalysatoren und andere schadstoffverringernde Anlagen
Kennzeichen (auch reflektierende)
Kennzeichen-Unterlage
Kindersitz
Klappspaten
Klima-Anlage
Kopf-/Nacken-Stützen
Kotflügel-Schmutzfänger
Kotflügelverbreiterung (soweit zulässig)
Kühlerabdeckschutz
Kühlerjalousie
Lederpolsterung
Leichtmetallfelgen
Leichtmetallräder
Leselampe
Liegesitze
Mehrklanghorn (soweit zulässig)
Nebellampen (vorne und hinten)
Niveauregulierung
Packtaschen an Zweirädern (verschweißt oder verschraubt) oder mit integriertem Sicherheitsschloß am Träger befestigt)
Panoramaspiegel

KraftfahrtVers **Anlage AKB 13**

Parkleuchten
Plane und Gestell für Güterfahrzeuge
Radzierkappen und -zierringe
Räder mit Winterbereifung (1 Satz)
Reifenwächteranlage
Reservekanister (einer)
Reserveräder (soweit serienmäßig)
Rückfahrscheinwerfer
Rück-Sonnenschutzjalousie
Rücken-Stützen
Scheibenwischer für Heckscheibe
Scheinwerferwasch- und -wischanlage
Schiebedach
Schlafkojen in Güterfahrzeugen
Schneeketten
Schonbezüge – auch mit Bändern oder Gurten befestigte Sitzfelle (keine losen Decken und keine Edelpelze)
Schutzhelme für Zweiradfahrer, wenn über Haltung mit Zweirad so verbunden, daß unbefugte Entfernung ohne Beschädigung des Helmes und/oder Fahrzeugs nicht möglich ist
Seitenschürze
Servolenkung
Signalhorn
Sitzheizung
Sitzhöhenverstellung
Skihalterung
Sondergetriebe (z. B. 5-Gang-Getriebe)
Sonnendach
Speichenblenden
Sperrdifferential
Spezial-Auspuffanlage
Spezialsitze
Spiegel
Spoiler
Sportlenkrad
Stoßdämpfer (verstärkte)
Stoßstangen (zusätzlich)
Sturzbügel für Krafträder
Suchscheinwerfer
Tankdeckel (auch abschließbar)
Taxameter

13 AKB Anlage

Taxibügel mit Taxischild
Trennscheibe bei Droschken und Mietwagen
Turbolader
Überrollbügel
Ventilator
Verbundglas
Vollverkleidung für Krafträder
Wagenheber (soweit serienmäßig)
Wärmedämmende Verglasung
Warndreieck
Warnfackel
Warnlampe
Werkzeug (soweit serienmäßig)
Windabweiser am Schiebedach
Windschutzscheiben für Krafträder und Beiwagen
Zusatzarmaturen (Öl-Temperatur- und Druckmesser, Amperemeter, Voltmeter, Verbrauchsmeßgerät)
Zusatzinstrumente; z. B. Copilot, Höhenmesser, Innenthermometer
Zusatztank (soweit serienmäßig)

2) *Soweit nicht etwas anderes vereinbart ist, gilt:* Ohne Beitragszuschlag mitversichert bis zu einem Neuwert von insgesamt DM .... sind folgende Teile, soweit sie im Fahrzeug eingebaut oder mit dem Fahrzeug durch entsprechende Halterungen fest verbunden sind. Übersteigt der Neuwert dieser Teile den nach Satz 1 versicherten Neuwert, so ist der entsprechende Mehrwert gegen Beitragszuschlag versicherbar. Wird der Mehrwert nicht versichert, so richtet sich die Entschädigung nach dem Verhältnis des nach Satz 1 versicherten Neuwertes zu dem gesamten Neuwert. Wird der Mehrwert nicht in voller Höhe versichert, so richtet sich die Entschädigung nach dem Verhältnis des versicherten Neuwertes (nach Satz 1 versicherten Neuwert zuzüglich versichertem Mehrwert) zu dem gesamten Neuwert.
CB-Funk-Gerät (nur Einzelgerät, Kombigeräte siehe unter Radio)
Fernseher mit Antenne
Funkanlage mit Antenne
Lautsprecher (auch mehrere)
Mikrofon und Lautsprecheranlage (außer in Omnibussen)
1 Radio, 1 Tonbandgerät, 1 Plattenspieler, 1 Cassetten-Rekor-

KraftfahrtVers **Anlage AKB 13**

der oder 1 CB-Funk-Gerät kombiniert mit Radio (auch Mehrzweckgeräte)
Radioantenne
Scheibenantenne
Schutzhelme mit Lautsprecher bzw. Funkanlage für Zweiradfahrer, wenn über Halterung mit Zweirad so verbunden, daß unbefugte Entfernung ohne Beschädigung des Helmes und/oder Fahrzeugs nicht möglich ist
Verkehrsrundfunk-Decoder.

3) *Soweit nicht etwas anderes vereinbart ist, gilt:* Gegen Beitragszuschlag versicherbar sind folgende Teile, soweit sie im Fahrzeug eingebaut oder mit dem Fahrzeug durch entsprechende Halterungen fest verbunden sind:
Bar
Beschläge (Monogramm usw.)
Beschriftung (Reklame)
Dachkoffer
Diktiergerät
Doppelpedalanlage
Hydraulische Ladebordwand für LKW
Kaffeemaschine
Kühlbox
Panzerglas
Postermotive unter Klarlack
Rundumlicht (Blaulicht etc.)
Spezialaufbau
Telefon mit Antenne (fest eingebaut)
Wohnwageninventar (fest eingebaut)
Zugelassene Veränderungen am Fahr- und/oder Triebwerk aller Art zur Leistungssteigerung und Verbesserung der Fahreigenschaften

4) *Soweit nicht etwas anderes vereinbart ist, gilt:* Nicht versicherbar – soweit nicht unter 1), 2) oder 3) genannt – sind beispielsweise:
Atlas
Autodecke oder Reiseplaid oder Edelpelz
Autokarten
Autokompaß
Campingausrüstung (soweit nicht fest eingebaut)
Cassetten

243

13 AKB Anlage

CD-Platte, Bildplatte
Ersatzteile
Fahrerkleidung
Faltgarage, Regenschutzplane
Fotoausrüstung
Funkrufempfänger
Fußsack
Garagentoröffner (Sendeteil)
Heizung (soweit nicht fest eingebaut)
Kühltasche
Magnetschilder
Maskottchen
Mobiltelefon
Plattenkasten und Platten
Rasierapparat
Staubsauger
Tonbänder
Vorzelt

14. Allgemeine Bedingungen für die Rechtsschutzversicherung (ARB 94)

(Unverbindliche Empfehlung des HUK-Verbandes an seine Mitgliedsunternehmen. Abweichende Vereinbarungen sind möglich. – Stand: 1. Januar 1995)

Übersicht[1]

	§§
I. Inhalt der Versicherung	1–6
Aufgaben der Rechtsschutzversicherung	1
Leistungsarten	2
Ausgeschlossene Rechtsangelegenheiten	3
Voraussetzungen für den Anspruch auf Rechtsschutz	4
Leistungsumfang	5
Örtlicher Geltungsbereich	6
II. Versicherungsverhältnis	7–16
Beginn des Versicherungsschutzes	7
Vertragsdauer	8
Versicherungsbeitrag	9
Bedingungs- und Beitragsanpassung	10
Änderung der für die Beitragsberechnung wesentlichen Umstände	11
Wegfall des Gegenstandes der Versicherung einschließlich Tod des Versicherungsnehmers	12
Außerordentliche Kündigung	13
Verjährung des Rechtsschutzanspruches	14
Rechtsstellung mitversicherter Personen	15
Schriftform von Erklärungen	16
III. Rechtsschutzfall	17–20
Verhalten nach Eintritt eines Rechtsschutzfalles	17
Schiedsgutachten bei Ablehnung des Rechtsschutzes durch den Versicherer	18
Klagefrist	19
Zuständiges Gericht	20

---

[1] Anm. des Hrsg.: Die vom Verband vorangestellte Inhaltsübersicht wurde durch eine neue ersetzt.

	§§
IV. Formen des Versicherungsschutzes	21–29
Verkehrs-Rechtsschutz	21
Fahrer-Rechtsschutz	22
Privat-Rechtsschutz für Selbständige	23
Berufs-Rechtsschutz für Selbständige, Rechtsschutz für Firmen und Vereine	24
Privat- und Berufs-Rechtsschutz für Nichtselbständige	25
Privat-, Berufs- und Verkehrs-Rechtsschutz für Nichtselbständige	26
Landwirtschafts- und Verkehrs-Rechtsschutz	27
Privat-, Berufs- und Verkehrs-Rechtsschutz für Selbständige	28
Rechtsschutz für Eigentümer und Mieter von Wohnungen und Grundstücken	29

I. Inhalt der Versicherung[1]

§ 1 Aufgaben der Rechtsschutzversicherung. Der Versicherer sorgt dafür, daß der Versicherungsnehmer seine rechtlichen Interessen wahrnehmen kann, und trägt die für die Interessenwahrnehmung erforderlichen Kosten (Rechtsschutz).

§ 2 Leistungsarten. Der Umfang des Versicherungsschutzes kann in den Formen des § 21 bis § 29 vereinbart werden. Je nach Vereinbarung umfaßt der Versicherungsschutz

a) Schadenersatz-Rechtsschutz
für die Geltendmachung von Schadenersatzansprüchen, soweit diese nicht auf einer Vertragsverletzung oder einer Verletzung eines dinglichen Rechtes an Grundstücken, Gebäuden oder Gebäudeteilen beruhen;

b) Arbeits-Rechtsschutz
für die Wahrnehmung rechtlicher Interessen aus Arbeitsverhältnissen sowie aus öffentlich-rechtlichen Dienstverhältnissen hinsichtlich dienst- und versorgungsrechtlicher Ansprüche;

---

[1] Hinweis: Alle mit *) gekennzeichneten Textpassagen sind in der Verbandsempfehlung aufgrund von Artikel 7 (1) lit. a bzw. b GVO-VW erforderlich. Das einzelne Versicherungsunternehmen kann diese Textpassagen auch entfallen lassen.

RechtsschutzVers § 2 **ARB 14**

c) Wohnungs- und Grundstücks-Rechtsschutz
für die Wahrnehmung rechtlicher Interessen aus Miet- und Pachtverhältnissen, sonstigen Nutzungsverhältnissen und dinglichen Rechten, die Grundstücke, Gebäude oder Gebäudeteile zum Gegenstand haben;
d) Rechtsschutz im Vertrags- und Sachenrecht
für die Wahrnehmung rechtlicher Interessen aus privatrechtlichen Schuldverhältnissen und dinglichen Rechten, soweit der Versicherungsschutz nicht in den Leistungsarten a), b) oder c) enthalten ist;
e) Steuer-Rechtsschutz vor Gerichten
für die Wahrnehmung rechtlicher Interessen in steuer- und abgaberechtlichen Angelegenheiten vor deutschen Finanz- und Verwaltungsgerichten;
f) Sozialgerichts-Rechtsschutz
für die Wahrnehmung rechtlicher Interessen vor deutschen Sozialgerichten;
g) Verwaltungs-Rechtsschutz in Verkehrssachen
für die Wahrnehmung rechtlicher Interessen in verkehrsrechtlichen Angelegenheiten vor Verwaltungsbehörden und vor Verwaltungsgerichten;
h) Disziplinar- und Standes-Rechtsschutz
für die Verteidigung in Disziplinar- und Standesrechtsverfahren;
i) Straf-Rechtsschutz
für die Verteidigung wegen des Vorwurfes
aa) eines verkehrsrechtlichen Vorgehens. Wird rechtskräftig festgestellt, daß der Versicherungsnehmer das Vergehen vorsätzlich begangen hat, ist er verpflichtet, dem Versicherer die Kosten zu erstatten, die dieser für die Verteidigung wegen des Vorwurfes eines vorsätzlichen Verhaltens getragen hat;
bb) eines sonstigen Vergehens, dessen vorsätzliche wie auch fahrlässige Begehung strafbar ist, solange dem Versicherungsnehmer ein fahrlässiges Verhalten vorgeworfen wird. Wird dem Versicherungsnehmer dagegen vorgeworfen, ein solches Vergehen vorsätzlich begangen zu haben, besteht rückwirkend Versicherungsschutz, wenn nicht rechtskräftig festgestellt wird, daß er vorsätzlich gehandelt hat;

j) Ordnungswidrigkeiten-Rechtsschutz
   für die Verteidigung wegen des Vorwurfes
   aa) einer verkehrsrechtlichen Ordnungswidrigkeit;
   bb) einer sonstigen Ordnungswidrigkeit. Wird bestandskräftig oder rechtskräftig festgestellt, daß der Versicherungsnehmer die Ordnungswidrigkeit vorsätzlich begangen hat, ist er verpflichtet, dem Versicherer die Kosten zu erstatten, die dieser für die Verteidigung wegen des Vorwurfes eines vorsätzlichen Verhaltens getragen hat;
k) Beratungs-Rechtsschutz im Familien- und Erbrecht
   für Rat oder Auskunft eines in Deutschland zugelassenen Rechtsanwaltes in familien- und erbrechtlichen Angelegenheiten, wenn diese nicht mit einer anderen gebührenpflichtigen Tätigkeit des Rechtsanwaltes zusammenhängen.

§ 3 Ausgeschlossene Rechtsangelegenheiten. *Soweit nicht etwas anderes vereinbart ist, gilt:*[*)] Rechtsschutz besteht nicht für die Wahrnehmung rechtlicher Interessen

(1) in ursächlichem Zusammenhang mit

a) Krieg, feindseligen Handlungen, Aufruhr, inneren Unruhen, Streik, Aussperrung oder Erdbeben;
b) Nuklear- und genetischen Schäden, soweit diese nicht auf eine medizinische Behandlung zurückzuführen sind;
c) Bergbauschäden an Grundstücken und Gebäuden;
d) aa) dem Erwerb oder der Veräußerung eines zu Bauzwecken bestimmten Grundstückes,
   bb) der Planung oder Errichtung eines Gebäudes oder Gebäudeteiles, das sich im Eigentum oder Besitz des Versicherungsnehmers befindet oder das dieser zu erwerben oder in Besitz zu nehmen beabsichtigt,
   cc) der genehmigungspflichtigen baulichen Veränderung eines Grundstückes, Gebäudes oder Gebäudeteiles, das sich im Eigentum oder Besitz des Versicherungsnehmers befindet oder das dieser zu erwerben oder in Besitz zu nehmen beabsichtigt,
   dd) der Finanzierung eines der unter aa) bis cc) genannten Vorhaben.

[*)] Siehe Hinweis in Fußnote [1].

(2) a) zur Abwehr von Schadenersatzansprüchen, es sei denn, daß diese auf einer Vertragsverletzung beruhen;
b) aus kollektivem Arbeits- oder Dienstrecht;
c) aus dem Recht der Handelsgesellschaften oder aus Anstellungsverhältnissen gesetzlicher Vertreter juristischer Personen;
d) in ursächlichem Zusammenhang mit Patent-, Urheber-, Warenzeichen-, Geschmacksmuster-, Gebrauchsmusterrechten oder sonstigen Rechten aus geistigem Eigentum;
e) aus dem Kartell- oder sonstigen Wettbewerbsrecht;
f) in ursächlichem Zusammenhang mit Spiel- oder Wettverträgen sowie Termin- oder vergleichbaren Spekulationsgeschäften;
g) aus dem Bereich des Familien- und Erbrechtes, soweit nicht Beratungs-Rechtsschutz gemäß § 2k besteht;
h) aus dem Rechtsschutzversicherungsvertrag gegen den Versicherer oder das für diesen tätige Schadenabwicklungsunternehmen;
i) wegen der steuerlichen Bewertung von Grundstücken, Gebäuden oder Gebäudeteilen sowie wegen Erschließungs- und sonstiger Anliegerabgaben, es sei denn, daß es sich um laufend erhobene Gebühren für die Grundstücksversorgung handelt;

(3) a) in Verfahren vor Verfassungsgerichten;
b) in Verfahren vor internationalen oder supranationalen Gerichtshöfen, soweit es sich nicht um die Wahrnehmung rechtlicher Interessen von Bediensteten internationaler oder supranationaler Organisationen aus Arbeitsverhältnissen oder öffentlich-rechtlichen Dienstverhältnissen handelt,
c) in ursächlichem Zusammenhang mit einem über das Vermögen des Versicherungsnehmers beantragten oder eröffneten Konkurs- oder Vergleichsverfahren;
d) in Enteignungs-, Planfeststellungs-, Flurbereinigungs- sowie im Baugesetzbuch geregelten Angelegenheiten;
e) in Ordnungswidrigkeiten- und Verwaltungsverfahren wegen des Vorwurfes eines Halt- und Parkverstoßes;

(4) a) mehrerer Versicherungsnehmer desselben Rechtsschutzversicherungsvertrages untereinander, mitversicherter Personen untereinander und mitversicherter Personen gegen den Versicherungsnehmer;

b) nichtehelicher Lebenspartner untereinander in ursächlichem Zusammenhang mit der nichtehelichen Lebensgemeinschaft, auch nach deren Beendigung;
c) aus Ansprüchen oder Verbindlichkeiten, die nach Eintritt des Rechtsschutzfalles auf den Versicherungsnehmer übertragen worden oder übergegangen sind;
d) aus vom Versicherungsnehmer in eigenem Namen geltend gemachten Ansprüchen anderer Personen oder aus einer Haftung für Verbindlichkeiten anderer Personen;

(5) Soweit die Wahrnehmung rechtlicher Interessen in den Fällen des § 2a bis h in ursächlichem Zusammenhang damit steht, daß der Versicherungsnehmer eine Straftat vorsätzlich begangen hat oder nach der Behauptung eines anderen begangen haben soll, es sei denn, daß der Vorwurf vorsätzlichen Verhaltens deutlich erkennbar unbegründet ist oder sich im Nachhinein als unbegründet erweist.

§ 4 Voraussetzungen für den Anspruch auf Rechtsschutz. *Soweit nicht etwas anderes vereinbart, gilt:**⁾ (1) Anspruch auf Rechtsschutz besteht nach Eintritt eines Rechtsschutzfalles

a) im Schadenersatz-Rechtsschutz gemäß § 2 a) von dem ersten Ereignis an, durch das der Schaden verursacht wurde oder verursacht worden sein soll;
b) im Beratungs-Rechtsschutz für Familien- und Erbrecht gemäß § 2k von dem Ereignis an, das die Änderung der Rechtslage des Versicherungsnehmers oder einer mitversicherten Person zur Folge hat;
c) in allen anderen Fällen von dem Zeitpunkt an, in dem der Versicherungsnehmer oder ein anderer einen Verstoß gegen Rechtspflichten oder Rechtsvorschriften begangen hat oder begangen haben soll.

Die Voraussetzungen nach a) bis c) müssen nach Beginn des Versicherungsschutzes gemäß § 7 und vor dessen Beendigung eingetreten sein. Für die Leistungsarten nach § 2 b) bis g) besteht Versicherungsschutz jedoch erst nach Ablauf von drei Monaten nach Versicherungsbeginn (Wartezeit), soweit es sich nicht um die Wahrnehmung rechtlicher Interessen aufgrund eines Kauf- oder Leasingvertrages über ein fabrikneues Kraftfahrzeug handelt.

*⁾ Siehe Hinweis in Fußnote [1].

RechtsschutzVers § 5 **ARB 14**

(2) Erstreckt sich der Rechtsschutzfall über einen Zeitraum, ist dessen Beginn maßgeblich. Sind für die Wahrnehmung rechtlicher Interessen mehrere Rechtsschutzfälle ursächlich, ist der erste entscheidend, wobei jedoch jeder Rechtsschutzfall außer Betracht bleibt, der länger als ein Jahr vor Beginn des Versicherungsschutzes für den betroffenen Gegenstand der Versicherung eingetreten oder, soweit sich der Rechtsschutzfall über einen Zeitraum erstreckt, beendet ist.

(3) Es beseht kein Rechtsschutz, wenn

a) eine Willenserklärung oder Rechtshandlung, die vor Beginn des Versicherungsschutzes vorgenommen wurde, den Verstoß nach Absatz 1c ausgelöst hat;
b) der Anspruch auf Rechtsschutz erstmals später als drei Jahre nach Beendigung des Versicherungsschutzes für den betroffenen Gegenstand der Versicherung geltend gemacht wird.

(4) Im Steuer-Rechtsschutz vor Gerichten (§ 2e) besteht kein Rechtsschutz, wenn die tatsächlichen oder behaupteten Voraussetzungen für die der Angelegenheit zugrundeliegende Steuer- und Abgabefestsetzung vor dem im Versicherungsschein bezeichneten Versicherungsbeginn eingetreten sind oder eingetreten sein sollen.

§ 5 Leistungsumfang. *Soweit nicht etwas anderes vereinbart ist, gilt:*[*)] (1) Der Versicherer trägt

a) bei Eintritt des Rechtsschutzfalles im Inland die Vergütung eines für den Versicherungsnehmer tätigen Rechtsanwaltes bis zur Höhe der gesetzlichen Vergütung eines am Ort des zuständigen Gerichtes ansässigen Rechtsanwaltes. Wohnt der Versicherungsnehmer mehr als 100 km Luftlinie vom zuständigen Gericht entfernt und erfolgt eine gerichtliche Wahrnehmung seiner Interessen, trägt der Versicherer bei den Leistungsarten gemäß § 2a bis g weitere Kosten für einen im Landgerichtsbezirk des Versicherungsnehmers ansässigen Rechtsanwalt bis zur Höhe der gesetzlichen Vergütung eines Rechtsanwaltes, der lediglich den Verkehr mit dem Prozeßbevollmächtigten führt;
b) bei Eintritt eines Rechtsschutzfalles im Ausland die Vergütung eines für den Versicherungsnehmer tätigen am Ort des

---

[*)] Siehe Hinweis in Fußnote [1)].

zuständigen Gerichtes ansässigen ausländischen oder eines im Inland zugelassenen Rechtsanwaltes. Im letzteren Fall trägt der Versicherer die Vergütung bis zur Höhe der gesetzlichen Vergütung, die entstanden wäre, wenn das Gericht, an dessen Ort der Rechtsanwalt ansässig ist, zuständig wäre. Wohnt der Versicherungsnehmer mehr als 100 km Luftlinie vom zuständigen Gericht entfernt und ist ein ausländischer Rechtsanwalt für den Versicherungsnehmer tätig, trägt der Versicherer weitere Kosten für einen im Landgerichtsbezirk des Versicherungsnehmers ansässigen Rechtsanwalt bis zur Höhe der gesetzlichen Vergütung eines Rechtsanwaltes, der lediglich den Verkehr mit dem ausländischen Rechtsanwalt führt;

c) die Gerichtskosten einschließlich der Entschädigung für Zeugen und Sachverständige, die vom Gericht herangezogen werden, sowie die Kosten des Gerichtsvollziehers;

d) die Gebühren eines Schieds- oder Schlichtungsverfahrens bis zur Höhe der Gebühren, die im Falle der Anrufung eines zuständigen staatlichen Gerichtes erster Instanz entstehen;

e) die Kosten in Verfahren vor Verwaltungsbehörden einschließlich der Entschädigung für Zeugen und Sachverständige, die von der Verwaltungsbehörde herangezogen werden, sowie die Kosten der Vollstreckung im Verwaltungswege;

f) die übliche Vergütung
   aa) eines öffentlich bestellten technischen Sachverständigen oder einer rechtsfähigen technischen Sachverständigenorganisation in Fällen der
      – Verteidigung in verkehrsrechtlichen Straf- und Ordnungswidrigkeitenverfahren;
      – Wahrnehmung der rechtlichen Interessen aus Kauf- und Reparaturverträgen von Motorfahrzeugen zu Lande sowie Anhängern;
   bb) eines im Ausland ansässigen Sachverständigen in Fällen der Geltendmachung von Ersatzansprüchen wegen der im Ausland eingetretenen Beschädigung eines Motorfahrzeuges zu Lande sowie Anhängers;

g) die Kosten der Reisen des Versicherungsnehmers zu einem ausländischen Gericht, wenn sein Erscheinen als Beschuldigter oder Partei vorgeschrieben und zur Vermeidung von Rechtsnachteilen erforderlich ist. Die Kosten werden bis zur Höhe der für Geschäftsreisen von deutschen Rechtsanwälten geltenden Sätze übernommen;

h) die dem Gegner durch die Wahrnehmung seiner rechtlichen Interessen entstandenen Kosten, soweit der Versicherungsnehmer zu deren Erstattung verpflichtet ist.

(2) a) Der Versicherungsnehmer kann die Übernahme der vom Versicherer zu tragenden Kosten verlangen, sobald er nachweist, daß er zu deren Zahlung verpflichtet ist oder diese Verpflichtung bereits erfüllt hat.
b) Vom Versicherungsnehmer in fremder Währung aufgewandte Kosten werden diesem in Deutscher Mark zum Wechselkurs des Tages erstattet, an dem diese Kosten vom Versicherungsnehmer gezahlt wurden.

(3) Der Versicherer trägt nicht
a) Kosten, die der Versicherungsnehmer ohne Rechtspflicht übernommen hat;
b) Kosten, die im Zusammenhang mit einer einverständlichen Erledigung entstanden sind, soweit sie nicht dem Verhältnis des vom Versicherungsnehmer angestrebten Ergebnisses zum erzielten Ergebnis entsprechen, es sei denn, daß eine hiervon abweichende Kostenverteilung gesetzlich vorgeschrieben ist;
c) die im Versicherungsschein vereinbarte Selbstbeteiligung je Leistungsart nach § 2;
d) Kosten, die aufgrund der vierten oder jeder weiteren Zwangsvollstreckungsmaßnahme je Vollstreckungstitel entstehen;
e) Kosten aufgrund von Zwangsvollstreckungsmaßnahmen, die später als fünf Jahre nach Rechtskraft des Vollstreckungstitels eingeleitet werden;
f) Kosten für Strafvollstreckungsverfahren jeder Art nach Rechtskraft einer Geldstrafe oder -buße unter 500,– DM;
g) Kosten, zu deren Übernahme ein anderer verpflichtet wäre, wenn der Rechtsschutzversicherungsvertrag nicht bestünde.

(4) Der Versicherer zahlt in jedem Rechtsschutzfall höchstens die vereinbarte Versicherungssumme. Zahlungen für den Versicherungsnehmer und mitversicherte Personen aufgrund desselben Rechtsschutzfalles werden hierbei zusammengerechnet. Dies gilt auch für Zahlungen aufgrund mehrerer Rechtsschutzfälle, die zeitlich und ursächlich zusammenhängen.

(5) Der Versicherer sorgt für
a) die Übersetzung der für die Wahrnehmung der rechtlichen Interessen des Versicherungsnehmers im Ausland notwendi-

gen schriftlichen Unterlagen und trägt die dabei anfallenden Kosten;
b) die Zahlung eines zinslosen Darlehens bis zu der vereinbarten Höhe für eine Kaution, die gestellt werden muß, um den Versicherungsnehmer einstweilen von Strafverfolgungsmaßnahmen zu verschonen.

(6) Alle Bestimmungen, die den Rechtsanwalt betreffen, gelten entsprechend.
a) in Angelegenheiten der freiwilligen Gerichtsbarkeit und im Beratungs-Rechtsschutz im Familien- und Erbrecht (§ 2k) für Notare;
b) im Steuer-Rechtsschutz vor Gerichten (§ 2e) für Angehörige der steuerberatenden Berufe;
c) bei Wahrnehmung rechtlicher Interessen im Ausland für dort ansässige rechts- und sachkundige Bevollmächtigte.

§ 6 Örtlicher Geltungsbereich. *Soweit nicht etwas anderes vereinbart, gilt:* *) Rechtsschutz besteht, soweit die Wahrnehmung rechtlicher Interessen in Europa, den Anliegerstaaten des Mittelmeeres, auf den Kanarischen Inseln oder auf Madeira erfolgt und ein Gericht oder eine Behörde in diesem Bereich gesetzlich zuständig ist oder zuständig wäre, wenn ein gerichtliches oder behördliches Verfahren eingeleitet werden würde.

II. Versicherungsverhältnis

§ 7 Beginn des Versicherungsschutzes. *Soweit nicht etwas anderes vereinbart ist, gilt:**) Der Versicherungsschutz beginnt zu dem im Versicherungsschein angegebenen Zeitpunkt, wenn der erste Beitrag spätestens zwei Wochen nach Anforderung gezahlt wird. Bei späterer Zahlung beginnt der Versicherungsschutz erst mit der Zahlung, jedoch nicht vor dem angegebenen Zeitpunkt.

§ 8 Vertragsdauer. (1) Der Vertrag wird für die im Versicherungsschein angegebene Zeit abgeschlossen. Ein Versicherungsverhältnis, das für die Dauer von mehr als fünf Jahren eingegangen worden ist, kann zum Ende des fünften Jahres

---

*) Siehe Hinweis in Fußnote [1].

oder jedes darauffolgenden Jahres unter Einhaltung einer Frist von drei Monaten gekündigt werden.

(2) Bei einer Vertragsdauer von mindestens einem Jahr verlängert sich der Vertrag stillschweigend jeweils um ein Jahr, wenn nicht dem Vertragspartner spätestens drei Monate vor Ablauf eine Kündigung zugegangen ist.

§ 9 Versicherungsbeitrag. *Soweit nicht etwas anderes vereinbart ist, gilt:**) (1) Die Beiträge sind, wenn keine kürzere Vertragsdauer vereinbart wurde, Jahresbeiträge und zuzüglich der jeweiligen Versicherungssteuer im voraus zu zahlen. Es kann Zahlung des Jahresbeitrages in vorauszuzahlenden Raten vereinbart werden; die nach dieser Vereinbarung zunächst nicht fälligen Teile des Beitrages sind gestundet. Gerät der Versicherungsnehmer mit einer Rate in Verzug, ist die Stundung aufgehoben.

(2) Der erste Beitrag wird fällig, sobald dem Versicherungsnehmer der Versicherungsschein und eine Zahlungsaufforderung zugehen. Bei Ratenvereinbarungen gilt nur die erste Rate als Erstbeitrag. Wird der erste Beitrag nicht spätestens zwei Wochen nach Zugang des Versicherungsscheins gezahlt, kann der Versicherer vom Vertrag zurücktreten, solange der Beitrag nicht gezahlt ist. Hat der Versicherer diesen Beitrag nicht innerhalb von drei Monaten ab Zugang des Versicherungsscheines gerichtlich geltend gemacht, gilt dies als Rücktritt. In diesem Fall kann der Versicherer eine angemessene Geschäftsgebühr von bis zu 30 Prozent des Jahresbeitrags, höchstens 100,– DM, verlangen.

(3) Alle nach dem ersten Beitrag zu zahlenden Beiträge sind Folgebeiträge; sie sind am Ersten des Fälligkeitsmonates zu zahlen, sofern nicht etwas anderes vereinbart wurde. Wird ein Folgebeitrag nicht spätestens am Fälligkeitstermin gezahlt, kann der Versicherer dem Versicherungsnehmer schriftlich auf dessen Kosten eine Zahlungsfrist von mindestens zwei Wochen setzen. Tritt nach Ablauf dieser Frist ein Rechtsschutzfall ein und ist der Versicherungsnehmer mit der Zahlung von Beitrag, geschuldeten Zinsen oder Kosten noch in Verzug, ist der Versicherer von der Verpflichtung zur Leistung frei. Hierauf ist der Versicherungsnehmer in der Fristbestimmung hinzuweisen.

---

*) Siehe Hinweis in Fußnote [1]).

§ 10 Bedingungs- und Beitragsanpassung

A. Bedingungsanpassung

[Die Musterbedingungen des HUK-Verbandes können keine Empfehlung bzgl. einer von den Unternehmen zu verwendenden Bedingungsanpassungsregelung vorsehen.]

B. Beitragsanpassung

(1) Ein unabhängiger Treuhänder ermittelt bis zum 1. Juli eines jeden Jahres, um welchen Vomhundertsatz sich für die Rechtsschutzversicherung das Produkt von Schadenhäufigkeit und Durchschnitt der Schadenzahlungen einer genügend großen Zahl der die Rechtsschutzversicherung betreibenden Versicherer im vergangenen Kalenderjahr erhöht oder vermindert hat. Als Schadenhäufigkeit eines Kalenderjahres gilt die Anzahl der in diesem Jahr gemeldeten Rechtsschutzfälle, geteilt durch die Anzahl der im Jahresmittel versicherten Risiken. Als Durchschnitt der Schadenzahlungen eines Kalenderjahres gilt die Summe der Zahlungen, die für alle in diesem Jahr erledigten Rechtsschutzfälle insgesamt geleistet wurden, geteilt durch die Anzahl dieser Rechtsschutzfälle. Veränderungen der Schadenhäufigkeit und des Durchschnittes der Schadenzahlungen, die aus Leistungsverbesserungen herrühren, werden bei den Feststellungen des Treuhänders nur bei denjenigen Verträgen berücksichtigt, in denen sie in beiden Vergleichsjahren bereits enthalten sind.

(2) Die Ermittlung des Treuhänders erfolgt für Versicherungsverträge
gemäß den §§ 21 und 22,
gemäß den §§ 23, 24, 25 und 29,
gemäß den §§ 26 und 27,
gemäß § 28
nebst den zusätzlich vereinbarten Klauseln gesondert, und zwar jeweils unterschieden nach Verträgen mit und ohne Selbstbeteiligung.

(3) Ergeben die Ermittlungen des Treuhänders einen Vomhundertsatz unter 5, unterbleibt eine Beitragsänderung. Der Vomhundertsatz ist jedoch in den folgenden Jahren mitzuberücksichtigen.

Ergeben die Ermittlungen des Treuhänders einen höheren Vomhundertsatz, ist dieser, wenn er nicht durch 2,5 teilbar ist, auf die nächstniedrige durch 2,5 teilbare Zahl abzurunden.

Rechtsschutz Vers § 11 ARB **14**

Im Falle einer Erhöhung ist der Versicherer berechtigt, im Falle einer Verminderung verpflichtet, den Folgejahresbeitrag um den abgerundeten Vomhundertsatz zu verändern. Der erhöhte Beitrag darf den zum Zeitpunkt der Erhöhung geltenden Tarifbeitrag nicht übersteigen.

(4) Hat sich der entsprechend Absatz 1 nach den unternehmenseigenen Zahlen des Versicherers zu ermittelnde Vomhundertsatz in den letzten drei Jahren, in denen eine Beitragsanpassung möglich war, geringer erhöht, als er vom Treuhänder für diese Jahre festgestellt wurde, so darf der Versicherer den Folgejahresbeitrag in der jeweiligen Anpassungsgruppe gemäß Absatz 2 nur um den im letzten Kalenderjahr nach seinen Zahlen ermittelten Vomhundertsatz erhöhen. Diese Erhöhung darf diejenige nicht übersteigen, die sich nach Absatz 3 ergibt.

(5) Die Beitragsanpassung gilt für alle Folgejahresbeiträge, die ab 1. Oktober des Jahres, in dem die Ermittlungen des Treuhänders erfolgten, fällig werden. Sie unterbleibt, wenn seit dem im Versicherungsschein bezeichneten Versicherungsbeginn für den Gegenstand der Versicherung noch nicht ein Jahr abgelaufen ist.

(6) Erhöht sich der Beitrag, ohne daß sich der Umfang der Versicherung ändert, kann der Versicherungsnehmer den Versicherungsvertrag innerhalb eines Monats nach Eingang der Mitteilung des Versicherers mit sofortiger Wirkung, frühestens jedoch zu dem Zeitpunkt kündigen, in dem die Beitragserhöhung wirksam werden sollte.

§ 11 Änderung der für die Beitragsberechnung wesentlichen Umstände. (1) Tritt nach Vertragsabschluß ein Umstand ein, der nach dem Tarif des Versicherers einen höheren als den vereinbarten Beitrag rechtfertigt, kann der Versicherer vom Eintritt dieses Umstandes an für die hierdurch entstandene höhere Gefahr den höheren Beitrag verlangen. Wird die höhere Gefahr nach dem Tarif des Versicherers auch gegen einen höheren Beitrag nicht übernommen, kann der Versicherer innerhalb eines Monats nach Kenntnis den Versicherungsvertrag mit einer Frist von einem Monat kündigen.

(2) Tritt nach Vertragsabschluß ein Umstand ein, der nach dem Tarif des Versicherers einen geringeren als den vereinbarten Beitrag rechtfertigt, kann der Versicherer vom Eintritt die-

ses Umstandes an nur noch den geringeren Beitrag verlangen. Zeigt der Versicherungsnehmer diesen Umstand dem Versicherer später als zwei Monate nach dessen Eintritt an, wird der Beitrag erst vom Eingang der Anzeige an herabgesetzt.

(3) *Soweit nicht etwas anderes vereinbart ist, gilt:*[1]) Der Versicherungsnehmer hat dem Versicherer innerhalb eines Monates nach Zugang einer Aufforderung die zur Beitragsberechnung erforderlichen Angaben zu machen. Macht der Versicherungsnehmer bis zum Fristablauf diese Angaben nicht oder unrichtig, ist der Versicherer berechtigt, für einen nach Eintritt der höheren Gefahr eingetretenen Rechtsschutzfall die Leistungen nur insoweit zu erbringen, als es dem Verhältnis des vereinbarten Beitrages zu dem Beitrag entspricht, der bei richtigen und vollständigen Angaben hätte gezahlt werden müssen. Unterläßt der Versicherungsnehmer jedoch die erforderliche Meldung eines zusätzlichen Gegenstandes der Versicherung, ist der Versicherungsschutz für diesen Gegenstand ausgeschlossen. In den Fällen der Sätze 2 und 3 bleibt der Versicherer zur Leistung verpflichtet, wenn der Versicherungsnehmer beweist, daß die Unrichtigkeit oder das Unterbleiben der Angaben nicht auf seinem Verschulden beruht.

§ 12 Wegfall des Gegenstandes der Versicherung einschließlich Tod des Versicherungsnehmers.

(1) Fällt der Gegenstand der Versicherung ganz oder teilweise weg, endet der Versicherungsschutz für den weggefallenen Gegenstand, soweit keine abweichende Regelung getroffen ist. Erlangt der Versicherer später als zwei Monate nach dem Wegfall des Gegenstandes der Versicherung hiervon Kenntnis, steht ihm der Beitrag bis zum Zeitpunkt der Kenntniserlangung zu.

(2) Im Falle des Todes des Versicherungsnehmers besteht der Versicherungsschutz bis zum Ende der laufenden Beitragsperiode fort, soweit der Beitrag am Todestag gezahlt war und nicht aus sonstigen Gründen ein Wegfall des Gegenstandes der Versicherung vorliegt. Wird der nach dem Todestag nächstfällige Beitrag bezahlt, bleibt der Versicherungsschutz in dem am Todestag bestehenden Umfang aufrechterhalten. Derjenige, der den Beitrag gezahlt hat oder für den

---

[1]) Siehe Hinweis in Fußnote [1]).

gezahlt wurde, wird an Stelle des Verstorbenen Versicherungsnehmer. Er kann innerhalb eines Jahres nach dem Todestag die Aufhebung des Versicherungsvertrages mit Wirkung ab Todestag verlangen.

(3) Bezieht der Versicherungsnehmer anstelle einer im Versicherungsschein bezeichneten Wohnung oder eines Einfamilienhauses eine andere Wohnung oder ein anderes Einfamilienhaus, geht der Versicherungsschutz mit dem Bezug auf das neue Objekt über. Eingeschlossen bleiben Rechtsschutzfälle, die erst nach dem Auszug aus dem bisherigen Objekt eintreten, soweit sie in Zusammenhang mit der Eigennutzung dieses Objektes durch den Versicherungsnehmer stehen. Das gleiche gilt für Rechtsschutzfälle, die sich auf das neue Objekt beziehen und vor dessen Bezug eintreten.

§ 13 Außerordentliche Kündigung. (1) Lehnt der Versicherer den Rechtsschutz ab, obwohl er zur Leistung verpflichtet ist, kann der Versicherungsnehmer den Vertrag fristlos oder zum Ende der laufenden Versicherungsperiode kündigen. Die Kündigung ist nur innerhalb eines Monates nach Zugang der Ablehnung zulässig.

(2) Bejaht der Versicherer seine Leistungspflicht für mindestens zwei innerhalb von zwölf Monaten eingetretene Rechtsschutzfälle, sind der Versicherungsnehmer und der Versicherer innerhalb eines Monates nach Anerkennung der Leistungspflicht für den zweiten oder jeden weiteren Rechtsschutzfall berechtigt, den Vertrag mit einer Frist von einem Monat zu kündigen.

§ 14 Verjährung des Rechtsschutzanspruches. (1) Der Anspruch auf Rechtsschutz nach Eintritt eines Rechtsschutzfalles verjährt in zwei Jahren. Die Verjährung beginnt am Schluß des Kalenderjahres, in dem erstmalig Maßnahmen zur Wahrnehmung der rechtlichen Interessen des Versicherungsnehmers eingeleitet werden, die Kosten auslösen können.

(2) Der Zeitraum von der Meldung des Rechtsschutzfalles beim Versicherer bis zu dessen schriftlicher Entscheidung über seine Leistungspflicht wird in die Verjährungsfrist nicht eingerechnet.

§ 15 Rechtsstellung mitversicherter Personen. (1) Versicherungsschutz besteht für den Versicherungsnehmer und im jeweils bestimmten Umfang für die in § 21 bis § 28 oder im Versicherungsschein genannten sonstigen Personen. Außerdem besteht Versicherungsschutz für Ansprüche, die natürlichen Personen aufgrund Verletzung oder Tötung des Versicherungsnehmers oder einer mitversicherten Person kraft Gesetzes zustehen.

(2) Für mitversicherte Personen gelten die den Versicherungsnehmer betreffenden Bestimmungen sinngemäß. Der Versicherungsnehmer kann jedoch widersprechen, wenn eine andere mitversicherte Person als sein ehelicher Lebenspartner Rechtsschutz verlangt.

§ 16 Schriftform von Erklärungen. Alle Erklärungen gegenüber dem Versicherer sind schriftlich abzugeben.

III. Rechtsschutzfall

§ 17 Verhalten nach Eintritt eines Rechtsschutzfalles. (1) Wird die Wahrnehmung rechtlicher Interessen für den Versicherungsnehmer nach Eintritt eines Rechtsschutzfalles erforderlich, kann er den zu beauftragenden Rechtsanwalt aus dem Kreis der Rechtsanwälte auswählen, deren Vergütung der Versicherer nach § 5 Absatz 1a und b trägt. Der Versicherer wählt den Rechtsanwalt aus,

a) wenn der Versicherungsnehmer dies verlangt;
b) wenn der Versicherungsnehmer keinen Rechtsanwalt benennt und dem Versicherer die alsbaldige Beauftragung eines Rechtsanwaltes notwendig erscheint.

(2) Wenn der Versicherungsnehmer den Rechtsanwalt nicht bereits selbst beauftragt hat, wird dieser vom Versicherer im Namen des Versicherungsnehmers beauftragt. Für die Tätigkeit des Rechtsanwaltes ist der Versicherer nicht verantwortlich.

(3) Macht der Versicherungsnehmer den Rechtsschutzanspruch geltend, hat er den Versicherer vollständig und wahrheitsgemäß über sämtliche Umstände des Rechtsschutzfalles zu unterrichten sowie Beweismittel anzugeben und Unterlagen auf Verlangen zur Verfügung zu stellen.

(4) Der Versicherer bestätigt den Umfang des für den Rechtsschutzfall bestehenden Versicherungsschutzes. Ergreift der Versicherungsnehmer Maßnahmen zur Wahrnehmung seiner rechtlichen Interessen, bevor der Versicherer den Umfang des Rechtsschutzes bestätigt und entstehen durch solche Maßnahmen Kosten, trägt der Versicherer nur die Kosten, die er bei einer Rechtsschutzbestätigung vor Einleitung dieser Maßnahmen zu tragen hätte.

(5) Der Versicherungsnehmer hat

a) den mit der Wahrnehmung seiner Interessen beauftragten Rechtsanwalt vollständig und wahrheitsgemäß über die Sachlage zu unterrichten, ihm die Beweismittel anzugeben, die möglichen Auskünfte zu erteilen und die notwendigen Unterlagen zu beschaffen;
b) dem Versicherer auf Verlangen Auskunft über den Stand der Angelegenheit zu geben;
c) soweit seine Interessen nicht unbillig beeinträchtigt werden,
 aa) vor Erhebung von Klagen und Einlegung von Rechtsmitteln die Zustimmung des Versicherers einzuholen;
 bb) vor Klageerhebung die Rechtskraft eines anderen gerichtlichen Verfahrens abzuwarten, das tatsächliche oder rechtliche Bedeutung für den beabsichtigten Rechtsstreit haben kann;
 cc) alles zu vermeiden, was eine unnötige Erhöhung der Kosten oder eine Erschwerung ihrer Erstattung durch die Gegenseite verursachen könnte.

(6) *Soweit nicht etwas anderes vereinbart ist, gilt:*[*)] Verletzt der Versicherungsnehmer eine der in Absatz 3 oder 5 genannten Pflichten, kann der Versicherer von der Verpflichtung zur Leistung frei werden, es sei denn, daß die Verletzung weder auf Vorsatz noch auf grober Fahrlässigkeit beruht. Bei vorsätzlicher oder grob fahrlässiger Verletzung bleibt der Versicherer insoweit verpflichtet, als die Verletzung Einfluß weder auf die Feststellung des Rechtsschutzfalles noch auf die Feststellung oder den Umfang der dem Versicherer obliegenden Leistung gehabt hat.

(7) Ansprüche auf Rechtsschutzleistungen können nur mit schriftlichem Einverständnis des Versicherers abgetreten werden.

[*)] Siehe Hinweis in Fußnote [1)].

(8) Ansprüche des Versicherungsnehmers gegen andere auf Erstattung von Kosten, die der Versicherer getragen hat, gehen mit ihrer Entstehung auf diesen über. Die für die Geltendmachung der Ansprüche notwendigen Unterlagen hat der Versicherungsnehmer dem Versicherer auszuhändigen und bei dessen Maßnahmen gegen die anderen auf Verlangen mitzuwirken. Dem Versicherungsnehmer bereits erstattete Kosten sind an den Versicherer zurückzuzahlen.

§ 18 Schiedsgutachten bei Ablehnung des Rechtsschutzes durch den Versicherer. (1) Lehnt der Versicherer den Rechtsschutz ab,

a) weil der durch die Wahrnehmung der rechtlichen Interessen voraussichtlich entstehende Kostenaufwand unter Berücksichtigung der berechtigten Belange der Versichertengemeinschaft in einem groben Mißverhältnis zum angestrebten Erfolg steht oder

b) weil in den Fällen des § 2 a) bis g) die Wahrnehmung der rechtlichen Interessen keine hinreichende Aussicht auf Erfolg hat,

ist dies dem Versicherungsnehmer unverzüglich unter Angabe der Gründe schriftlich mitzuteilen.

(2) Mit der Mitteilung über die Rechtsschutzablehnung ist der Versicherungsnehmer darauf hinzuweisen, daß er, soweit er der Auffassung des Versicherers nicht zustimmt und seinen Anspruch auf Rechtsschutz aufrechterhält, innerhalb eines Monates die Einleitung eines Schiedsgutachterverfahrens vom Versicherer verlangen kann. Mit diesem Hinweis ist der Versicherungsnehmer aufzufordern, alle nach seiner Auffassung für die Durchführung des Schiedsgutachterverfahrens wesentlichen Mitteilungen und Unterlagen innerhalb der Monatsfrist dem Versicherer zuzusenden. Außerdem ist er über die Kostenfolgen des Schiedsgutachterverfahrens gemäß Absatz 5 und über die voraussichtliche Höhe dieser Kosten zu unterrichten.

(3) Verlangt der Versicherungsnehmer die Durchführung eines Schiedsgutachterverfahrens, hat der Versicherer dieses Verfahren innerhalb eines Monates einzuleiten und den Versicherungsnehmer hierüber zu unterrichten. Sind zur Wahrnehmung der richterlichen Interessen des Versicherungsnehmers Fristen zu wahren und entstehen hierdurch Kosten, ist der Versicherer verpflichtet, diese Kosten in dem zur Fristwahrung notwendi-

gen Umfang bis zum Abschluß des Schiedsgutachterverfahrens unabhängig von dessen Ausgang zu tragen.

Leitet der Versicherer das Schiedsgutachterverfahren nicht fristgericht ein, gilt seine Leistungspflicht in dem Umfang, in dem der Versicherungsnehmer den Rechtsschutzanspruch geltend gemacht hat, als festgestellt.

(4) Schiedsgutachter ist ein seit mindestens fünf Jahren zur Rechtsanwaltschaft zugelassener Rechtsanwalt, der von dem Präsidenten der für den Wohnsitz des Versicherungsnehmers zuständigen Rechtsanwaltskammer benannt wird. Dem Schiedsgutachter sind vom Versicherer alle ihm vorliegenden Mitteilungen und Unterlagen, die für die Durchführung des Schiedsgutachterverfahrens wesentlich sind, zur Verfügung zu stellen. Er entscheidet im schriftlichen Verfahren; seine Entscheidung ist für den Versicherer bindend.

(5) Die Kosten des Schiedsgutachterverfahrens trägt der Versicherer, wenn der Schiedsgutachter feststellt, daß die Leistungsverweigerung des Versicherers ganz oder teilweise unberechtigt war. War die Leistungsverweigerung nach dem Schiedsspruch berechtigt, trägt der Versicherungsnehmer seine Kosten und die des Schiedsgutachters. Die dem Versicherer durch das Schiedsgutachterverfahren entstehenden Kosten trägt dieser in jedem Falle selbst.

§ 19 Klagefrist. *Soweit nicht etwas anderes vereinbart ist, gilt:*[*)] Lehnt der Versicherer den Rechtsschutz ab und wird kein Schiedsgutachterverfahren nach § 18 durchgeführt oder wird die nach § 18 ergangene Entscheidung des Schiedsgutachters nicht anerkannt, kann der Versicherungsnehmer den Anspruch auf Rechtsschutz nur innerhalb von sechs Monaten gerichtlich geltend machen. Diese Frist beginnt, nachdem die Ablehnung des Versicherers oder die Entscheidung des Schiedsgutachters dem Versicherungsnehmer schriftlich unter Angabe der mit dem Fristablauf verbundenen Rechtsfolge mitgeteilt wurde.

§ 20 Zuständiges Gericht. (1) Für Klagen, die aus dem Versicherungsverhältnis gegen den Versicherer erhoben werden, bestimmt sich die gerichtliche Zuständigkeit nach dem Sitz des

---

[*)] Siehe Hinweis in Fußnote [1].

Versicherers oder seiner für das jeweilige Versicherungsverhältnis zuständigen Niederlassung. Hat ein Versicherungsagent den Vertrag vermittelt oder abgeschlossen, ist auch das Gericht des Ortes zuständig, an dem der Agent zur Zeit der Vermittlung oder des Abschlusses seine gewerbliche Niederlassung oder bei Fehlen einer gewerblichen Niederlassung seinen Wohnsitz hatte.

(2) Klagen des Versicherers gegen den Versicherungsnehmer können bei dem für den Wohnsitz des Versicherungsnehmers zuständigen Gericht erhoben werden. Hat der Versicherungsnehmer die Versicherung für seinen Gewerbebetrieb genommen, kann der Versicherer seine Ansprüche auch bei dem für den Sitz oder die Niederlassung des Gewerbebetriebes zuständigen Gericht geltend machen.

IV. Formen des Versicherungsschutzes

§ 21 Verkehrs-Rechtsschutz. (1) Versicherungsschutz besteht für den Versicherungsnehmer in seiner Eigenschaft als Eigentümer oder Halter jedes bei Vertragsabschluß oder während der Vertragsdauer auf ihn zugelassenen oder auf seinen Namen mit einem Versicherungskennzeichen versehenen und als Mieter jedes von ihm als Selbstfahrer-Vermietfahrzeug zum vorübergehenden Gebrauch gemieteten Motorfahrzeuges zu Lande sowie Anhängers. Der Versicherungsschutz erstreckt sich auf alle Personen in ihrer Eigenschaft als berechtigte Fahrer oder berechtigte Insassen dieser Motorfahrzeuge.

(2) Der Versicherungsschutz kann auf gleichartige Motorfahrzeuge gemäß Absatz 1 beschränkt werden. Als gleichartig gelten jeweils Krafträder, Personenkraft- und Kombiwagen, Lastkraft- und sonstige Nutzfahrzeuge, Omnibusse sowie Anhänger.

(3) Abweichend von Absatz 1 kann vereinbart werden, daß der Versicherungsschutz für ein oder mehrere im Versicherungsschein bezeichnete Motorfahrzeuge zu Lande, zu Wasser oder in der Luft sowie Anhänger (Fahrzeug) besteht, auch wenn diesen nicht auf den Versicherungsnehmer zugelassen oder nicht auf seinen Namen mit einem Versicherungskennzeichen versehen sind.

RechtsschutzVers § 21 **ARB 14**

(4) Der Versicherungsschutz umfaßt:
Schadenersatz-Rechtsschutz (§ 2 a),
Rechtsschutz im Vertrags- und Sachenrecht (§ 2 d),
Steuer-Rechtsschutz vor Gerichten (§ 2 e),
Verwaltungs-Rechtsschutz in Verkehrssachen (§ 2 g),
Straf-Rechtsschutz (§ 2 i),
Ordnungswidrigkeiten-Rechtsschutz (§ 2 j),

(5) Der Rechtsschutz im Vertrags- und Sachenrecht kann ausgeschlossen werden.

(6) Der Rechtsschutz im Vertrags- und Sachenrecht besteht in den Fällen der Absätze 1 und 2 auch für Verträge, mit denen der Erwerb von Motorfahrzeugen zu Lande sowie Anhängern zum nicht nur vorübergehenden Eigengebrauch bezweckt wird, auch wenn diese Fahrzeuge nicht auf den Versicherungsnehmer zugelassen oder nicht auf seinen Namen mit einem Versicherungskennzeichen versehen werden.

(7) Versicherungsschutz besteht mit Ausnahme des Rechtsschutzes im Vertrags- und Sachenrecht für den Versicherungsnehmer auch bei der Teilnahme am öffentlichen Verkehr in seiner Eigenschaft als

a) Fahrer jedes Fahrzeuges, das weder ihm gehört noch auf ihn zugelassen oder auf seinen Namen mit einem Versicherungskennzeichen versehen ist,
b) Fahrgast,
c) Fußgänger und
d) Radfahrer.

(8) *Soweit nicht etwas anderes vereinbart ist, gilt:*[*)] Hatte der Fahrer bei Eintritt des Rechtsschutzfalles nicht die vorgeschriebene Fahrerlaubnis, war er zum Führen des Fahrzeuges nicht berechtigt, war das Fahrzeug nicht zugelassen oder nicht mit einem Versicherungskennzeichen versehen, besteht Rechtsschutz nur für diejenigen versicherten Personen, die von dem Fehlen der Fahrerlaubnis, von der Nichtberechtigung zum Führen des Fahrzeuges oder von dem Fehlen der Zulassung oder des Versicherungskennzeichens ohne Verschulden keine Kenntnis hatten.

(9) Ist in den Fällen der Absätze 1 und 2 seit mindestens sechs Monaten kein Fahrzeug mehr auf den Versicherungsnehmer

---

[*)] Siehe Hinweis in Fußnote [1)].

zugelassen und nicht mehr auf seinen Namen mit einem Versicherungskennzeichen versehen, kann der Versicherungsnehmer unbeschadet seines Rechtes auf Herabsetzung des Beitrages gemäß § 11 Absatz 2 die Aufhebung des Versicherungsvertrages mit sofortiger Wirkung verlangen.

(10) Wird ein nach Absatz 3 versichertes Fahrzeug veräußert oder fällt es auf sonstige Weise weg, besteht Versicherungsschutz für das Fahrzeug, das an die Stelle des bisher versicherten Fahrzeuges tritt (Folgefahrzeug). Der Rechtsschutz im Vertrags- und Sachenrecht erstreckt sich in diesen Fällen auf den Vertrag, der dem tatsächlichen und beabsichtigten Erwerb des Folgefahrzeuges zugrunde liegt.

Soweit nicht etwas anderes vereinbart ist, gilt:[*)] Die Veräußerung oder der sonstige Wegfall des Fahrzeuges ist dem Versicherer innerhalb von zwei Monaten anzuzeigen und das Folgefahrzeug zu bezeichnen. Unterläßt der Versicherungsnehmer die Anzeige oder die Bezeichnung des Folgefahrzeuges, besteht Versicherungsschutz nur, wenn die Unterlassung nicht auf einem Verschulden des Versicherungsnehmers beruht. Wird das Folgefahrzeug bereits vor Veräußerung des versicherten Fahrzeuges erworben, bleibt dieses bis zu seiner Veräußerung, längstens jedoch bis zu einem Monat nach dem Erwerb des Folgefahrzeuges ohne zusätzlichen Beitrag mitversichert. Bei Erwerb eines Fahrzeuges innerhalb eines Monates vor oder innerhalb eines Monates nach der Veräußerung des versicherten Fahrzeuges wird vermutet, daß es sich um ein Folgefahrzeug handelt.

§ 22 Fahrer-Rechtsschutz. (1) Versicherungsschutz besteht für die im Versicherungsschein genannte Person bei der Teilnahme am öffentlichen Verkehr in ihrer Eigenschaft als Fahrer jedes Motorfahrzeuges zu Lande, zu Wasser oder in der Luft sowie Anhängers (Fahrzeug), das weder ihr gehört noch auf sie zugelassen oder auf ihren Namen mit einem Versicherungskennzeichen versehen ist. Der Versicherungsschutz besteht auch bei der Teilnahme am öffentlichen Verkehr als Fahrgast, Fußgänger und Radfahrer.

(2) Unternehmen können den Versicherungsschutz nach Absatz 1 für alle Kraftfahrer in Ausübung ihrer beruflichen Tätigkeit für das Unternehmen vereinbaren. Diese Vereinbarung können

---

[*)] Siehe Hinweis in Fußnote [1].

Rechtsschutz Vers § 23 **ARB 14**

auch Betriebe des Kraftfahrzeughandels und -handwerks, Fahrschulen und Tankstellen für alle Betriebsangehörigen treffen.

(3) Der Versicherungsschutz umfaßt:
Schadenersatz-Rechtsschutz (§ 2 a),
Steuer-Rechtsschutz vor Gerichten (§ 2 e),
Verwaltungs-Rechtsschutz in Verkehrssachen (§ 2 g),
Straf-Rechtsschutz (§ 2 i),
Ordnungswidrigkeiten-Rechtsschutz (§ 2 j).

(4) Wird in den Fällen des Absatzes 1 ein Motorfahrzeug zu Lande auf die im Versicherungsschein genannte Person zugelassen oder auf ihren Namen mit einem Versicherungskennzeichen versehen, wandelt sich der Versicherungsschutz in einen solchen nach § 21 Absätze 3, 4, 7, 8 und 10 um. Die Wahrnehmung rechtlicher Interessen im Zusammenhang mit dem Erwerb dieses Motorfahrzeuges zu Lande ist eingeschlossen.

(5) *Soweit nicht etwas anderes vereinbart ist, gilt:*[1] Hatte der Fahrer bei Eintritt des Rechtsschutzfalles nicht die vorgeschriebene Fahrerlaubnis, war er zum Führen des Fahrzeuges nicht berechtigt, war das Fahrzeug nicht zugelassen oder nicht mit einem Versicherungskennzeichen versehen, besteht kein Rechtsschutz.

(6) Hat in den Fällen des Absatzes 1 die im Versicherungsschein genannte Person länger als sechs Monate keine Fahrerlaubnis mehr, endet der Versicherungsvertrag. Zeigt der Versicherungsnehmer das Fehlen der Fahrerlaubnis spätestens innerhalb von zwei Monaten nach Ablauf der Sechsmonatsfrist an, endet der Versicherungsvertrag mit Ablauf der Sechsmonatsfrist. Geht die Anzeige später beim Versicherer ein, endet der Versicherungsvertrag mit Eingang der Anzeige.

§ 23 Privat-Rechtsschutz für Selbständige. (1) Versicherungsschutz besteht für den Versicherungsnehmer und seinen ehelichen oder im Versicherungsschein genannten nichtehelichen Lebenspartner, wenn einer oder beide eine gewerbliche, freiberufliche oder sonstige selbständige Tätigkeit ausüben,
a) für den privaten Bereich,
b) für den beruflichen Bereich in Ausübung einer nichtselbständigen Tätigkeit.

---

[1] Siehe Hinweis in Fußnote [1].

(2) Mitversichert sind die minderjährigen und die unverheirateten, volljährigen Kinder bis zur Vollendung des 25. Lebensjahres, letztere jedoch längstens bis zu dem Zeitpunkt, in dem sie erstmalig eine auf Dauer angelegte berufliche Tätigkeit ausüben und hierfür ein leistungsbezogenes Entgelt erhalten.

(3) Der Versicherungsschutz umfaßt:

Schadenersatz-Rechtsschutz	(§ 2a),
Arbeits-Rechtsschutz	(§ 2b),
Rechtsschutz im Vertrags- und Sachenrecht	(§ 2d),
Steuer-Rechtsschutz vor Gerichten	(§ 2e),
Sozialgerichts-Rechtsschutz	(§ 2f),
Disziplinar- und Standes-Rechtsschutz	(§ 2h),
Straf-Rechtsschutz	(§ 2 i),
Ordnungswidrigkeiten-Rechtsschutz	(§ 2 j),
Beratungs-Rechtsschutz im Familien- und Erbrecht	(§ 2 k).

(4) Der Versicherungsschutz umfaßt nicht die Wahrnehmung rechtlicher Interessen als Eigentümer, Halter, Erwerber, Mieter, Leasingnehmer und Fahrer eines zulassungspflichtigen oder mit einem Versicherungskennzeichen zu versehenden Motorfahrzeuges zu Lande, zu Wasser oder in der Luft sowie Anhängers.

(5) Sind der Versicherungsnehmer und/oder der mitversicherte Lebenspartner nicht mehr gewerblich, freiberuflich oder sonstig selbständig tätig oder wird von diesen keine der vorgenannten Tätigkeiten mit einem Gesamtumsatz von mehr als 12000,– DM – bezogen auf das letzte Kalenderjahr – ausgeübt, wandelt sich der Versicherungsschutz ab Eintritt dieser Umstände in einen solchen nach § 25 um.

§ 24 Berufs-Rechtsschutz für Selbständige, Rechtsschutz für Firmen und Vereine. (1) Versicherungsschutz besteht

a) für die im Versicherungsschein bezeichnete gewerbliche, freiberufliche oder sonstige selbständige Tätigkeit des Versicherungsnehmers. Mitversichert sind die vom Versicherungsnehmer beschäftigten Personen in Ausübung ihrer beruflichen Tätigkeit für den Versicherungsnehmer;
b) für Vereine sowie deren gesetzliche Vertreter, Angestellte und Mitglieder, soweit diese im Rahmen der Aufgaben tätig sind, die ihnen gemäß der Satzung obliegen.

RechtsschutzVers §25 **ARB 14**

(2) Der Versicherungsschutz umfaßt:
Schadenersatz-Rechtsschutz (§ 2 a),
Arbeits-Rechtsschutz (§ 2b),
Sozialgerichts-Rechtsschutz (§ 2 f),
Disziplinar- und Standes-Rechtsschutz (§ 2h),
Straf-Rechtsschutz (§ 2 i),
Ordnungswidrigkeiten-Rechtsschutz (§ 2 j).

(3) Der Versicherungsschutz umfaßt nicht die Wahrnehmung rechtlicher Interessen als Eigentümer, Halter, Erwerber, Mieter, Leasingnehmer und Fahrer eines zulassungspflichtigen oder mit einem Versicherungskennzeichen zu versehenden Motorfahrzeuges zu Lande, zu Wasser oder in der Luft sowie Anhängers.

§ 25 Privat- und Berufs-Rechtsschutz für Nichtselbständige. (1) Versicherungsschutz besteht für den privaten und den beruflichen Bereich des Versicherungsnehmers und seines ehelichen oder im Versicherungsschein genannten nichtehelichen Lebenspartners, wenn diese keine gewerbliche, freiberufliche oder sonstige selbständige Tätigkeit mit einem Gesamtumsatz von mehr als 12000,– DM – bezogen auf das letzte Kalenderjahr – ausüben. Kein Versicherungsschutz besteht unabhängig von der Umsatzhöhe für die Wahrnehmung rechtlicher Interessen im Zusammenhang mit einer der vorgenannten selbständigen Tätigkeiten.

(2) Mitversichert sind die minderjährigen und die unverheirateten volljährigen Kinder bis zur Vollendung des 25. Lebensjahres, letztere jedoch längstens bis zu dem Zeitpunkt, in dem sie erstmalig eine auf Dauer angelegte berufliche Tätigkeit ausüben und hierfür ein leistungsbezogenes Entgelt erhalten.

(3) Der Versicherungsschutz umfaßt:
Schadenersatz-Rechtsschutz (§ 2a),
Arbeits-Rechtsschutz (§ 2b),
Rechtsschutz im Vertrags- und Sachenrecht (§ 2 d),
Steuer-Rechtsschutz vor Gerichten (§ 2 e),
Sozialgerichts-Rechtsschutz (§ 2 f),
Disziplinar- und Standes-Rechtsschutz (§ 2h),
Straf-Rechtsschutz (§ 2 i),
Ordnungswidrigkeiten-Rechtsschutz (§ 2j),
Beratungs-Rechtsschutz im Familien- und Erbrecht (§ 2 k).

(4) Der Versicherungsschutz umfaßt nicht die Wahrnehmung rechtlicher Interessen als Eigentümer, Halter, Erwerber, Mieter, Leasingnehmer und Fahrer eines zulassungspflichtigen oder mit einem Versicherungskennzeichen zu versehenden Motorfahrzeuges zu Lande, zu Wasser oder in der Luft sowie Anhängers.

(5) Haben der Versicherungsnehmer und/oder der mitversicherte Lebenspartner eine gewerbliche, freiberufliche oder sonstige selbständige Tätigkeit mit einem Gesamtumsatz von mehr als 12000,– DM im letzten Kalenderjahr aufgenommen oder übersteigt deren aus einer solchen Tätigkeit im letzten Kalenderjahr erzielter Gesamtumsatz den Betrag von 12000,– DM, wandelt sich der Versicherungsschutz ab Eintritt dieser Umstände in einen solchen nach § 23 um.

§ 26 Privat-, Berufs- und Verkehrs-Rechtsschutz für Nichtselbständige. (1) Versicherungsschutz besteht für den privaten und beruflichen Bereich des Versicherungsnehmers und seines ehelichen oder im Versicherungsschein genannten nichtehelichen Lebenspartners, wenn diese keine gewerbliche, freiberufliche oder sonstige selbständige Tätigkeit mit einem Gesamtumsatz von mehr als 12000,– DM – bezogen auf das letzte Kalenderjahr – ausüben. Kein Versicherungsschutz besteht unabhängig von der Umsatzhöhe für die Wahrnehmung rechtlicher Interessen im Zusammenhang mit einer der vorgenannten selbständigen Tätigkeiten.

(2) Mitversichert sind

a) die minderjährigen Kinder,
b) die unverheirateten, volljährigen Kinder bis zur Vollendung des 25. Lebensjahres, jedoch längstens bis zu dem Zeitpunkt, in dem sie erstmalig eine auf Dauer angelegte berufliche Tätigkeit ausüben und hierfür ein leistungsbezogenes Entgelt erhalten. Soweit sich nicht aus der nachfolgenden Bestimmung etwas anderes ergibt, besteht jedoch kein Rechtsschutz für die Wahrnehmung rechtlicher Interessen als Eigentümer, Halter, Erwerber, Mieter, Leasingnehmer und Fahrer von zulassungspflichtigen oder mit einem Versicherungskennzeichen zu versehenden Motorfahrzeugen zu Lande, zu Wasser oder in der Luft sowie Anhängern (Fahrzeug);

RechtsschutzVers § 26 **ARB 14**

c) alle Personen in ihrer Eigenschaft als berechtigte Fahrer und berechtigte Insassen jedes bei Vertragsabschluß oder während der Vertragsdauer auf den Versicherungsnehmer, seinen mitversicherten Lebenspartner oder die minderjährigen Kinder zugelassenen oder auf ihren Namen mit einem Versicherungskennzeichen versehenen oder von diesem Personenkreis als Selbstfahrer-Vermietfahrzeug zum vorübergehenden Gebrauch gemieteten Motorfahrzeuges zu Lande sowie Anhängers.

(3) Der Versicherungsschutz umfaßt:
Schadenersatz-Rechtsschutz (§ 2a),
Arbeits-Rechtsschutz (§ 2b),
Rechtsschutz im Vertrags- und Sachenrecht (§ 2d),
Steuer-Rechtsschutz vor Gerichten (§ 2e),
Sozialgerichts-Rechtsschutz (§ 2f),
Verwaltungs-Rechtsschutz in Verkehrssachen (§ 2g),
Disziplinar- und Standes-Rechtsschutz (§ 2h),
Straf-Rechtsschutz (§ 2i),
Ordnungswidrigkeiten-Rechtsschutz (§ 2j),
Beratungs-Rechtsschutz im Familien- und Erbrecht (§ 2k).

(4) Es besteht kein Rechtsschutz für die Wahrnehmung rechtlicher Interessen als Eigentümer, Halter, Erwerber, Mieter und Leasingnehmer eines zulassungspflichtigen Motorfahrzeuges zu Wasser oder in der Luft.

(5) *Soweit nicht etwas anderes vereinbart ist, gilt:*[*)] Hatte der Fahrer bei Eintritt des Rechtsschutzfalles nicht die vorgeschriebene Fahrerlaubnis, war er zum Führen des Fahrzeuges nicht berechtigt, war das Fahrzeug nicht zugelassen oder nicht mit einem Versicherungskennzeichen versehen, besteht Rechtsschutz nur für diejenigen versicherten Personen, die von dem Fehlen der Fahrerlaubnis, von der Nichtberechtigung zum Führen des Fahrzeuges oder von dem Fehlen der Zulassung oder des Versicherungskennzeichens ohne Verschulden keine Kenntnis hatten.

(6) Haben der Versicherungsnehmer und/oder der mitversicherte Lebenspartner eine gewerbliche, freiberufliche oder sonstige selbständige Tätigkeit mit einem Gesamtumsatz von mehr als 12000,– DM im letzten Kalenderjahr aufgenommen oder übersteigt deren aus einer der vorgenannten selbständigen Tätigkeiten im letzten Kalenderjahr erzielter Gesamtumsatz den

---

[*)] Siehe Hinweis in Fußnote [1].

Betrag von 12000,– DM, wandelt sich der Versicherungsschutz ab dem Eintritt dieser Umstände in einen solchen nach § 21 Absätze 1 und 4 bis 9 – für die auf den Versicherungsnehmer zugelassenen oder auf seinen Namen mit einem Versicherungskennzeichen versehen Fahrzeuge – und § 23 um. Der Versicherungsnehmer kann jedoch innerhalb von sechs Monaten nach der Umwandlung die Beendigung des Versicherungsschutzes nach § 21 verlangen. Verlangt er dies später als zwei Monate nach Eintritt der für die Umwandlung des Versicherungsschutzes ursächlichen Tatsachen, endet der Versicherungsschutz nach § 21 erst mit Eingang der entsprechenden Erklärung des Versicherungsnehmers.

(7) Ist seit mindestens sechs Monaten kein Motorfahrzeug zu Lande und kein Anhänger mehr auf den Versicherungsnehmer, seinen mitversicherten Lebenspartner oder die minderjährigen Kinder zugelassen oder auf deren Namen mit einem Versicherungskennzeichen versehen, kann der Versicherungsnehmer verlangen, daß der Versicherungsschutz in einen solchen nach § 25 umgewandelt wird. Eine solche Umwandlung tritt automatisch ein, wenn die gleichen Voraussetzungen vorliegen und der Versicherungsnehmer, dessen mitversicherter Lebenspartner und die minderjährigen Kinder zusätzlich keine Fahrerlaubnis mehr haben. Werden die für die Umwandlung des Versicherungsschutzes ursächlichen Tatsachen dem Versicherer später als zwei Monate nach ihrem Eintritt angezeigt, erfolgt die Umwandlung des Versicherungsschutzes erst ab Eingang der Anzeige.

§ 27 Landwirtschafts- und Verkehrs-Rechtsschutz.

(1) Versicherungsschutz besteht für den beruflichen Bereich des Versicherungsnehmers als Inhaber des im Versicherungsschein bezeichneten land- oder forstwirtschaftlichen Betriebes sowie für den privaten Bereich und die Ausübung nichtselbständiger Tätigkeiten.

(2) Mitversichert sind
a) der eheliche oder der im Versicherungsschein genannte nichteheliche Lebenspartner des Versicherungsnehmers,
b) die minderjährigen Kinder,
c) die unverheirateten, volljährigen Kinder bis zur Vollendung des 25. Lebensjahres, jedoch längstens bis zu dem Zeitpunkt, in dem sie erstmalig eine auf Dauer angelegte berufliche Tä-

tigkeit ausüben und hierfür ein leistungsbezogenes Entgelt erhalten. Soweit sich nicht aus der nachfolgenden Bestimmung etwas anderes ergibt, besteht jedoch kein Rechtsschutz für die Wahrnehmung rechtlicher Interessen als Eigentümer, Halter, Erwerber, Mieter, Leasingnehmer und Fahrer von zulassungspflichtigen oder mit einem Versicherungskennzeichen zu versehenden Motorfahrzeugen zu Lande, zu Wasser oder in der Luft sowie Anhängern (Fahrzeug);

d) alle Personen in ihrer Eigenschaft als berechtigte Fahrer und berechtigte Insassen jedes bei Vertragsabschluß oder während der Vertragsdauer auf den Versicherungsnehmer, seinen mitversicherten Lebenspartner oder die minderjährigen Kinder zugelassenen oder auf ihren Namen mit einem Versicherungskennzeichen versehenen oder von diesem Personenkreis als Selbstfahrer-Vermietfahrzeug zum vorübergehenden Gebrauch gemieteten Motorfahrzeuges zu Lande sowie Anhängers,

e) die im Versicherungsschein genannten, im Betrieb des Versicherungsnehmers tätigen und dort wohnhaften Mitinhaber sowie deren eheliche oder im Versicherungsschein genannte nichteheliche Lebenspartner und die minderjährigen Kinder dieser Personen,

f) die im Versicherungsschein genannten, im Betrieb des Versicherungsnehmers wohnhaften Altenteiler sowie deren eheliche oder im Versicherungsschein genannte nichteheliche Lebenspartner und die minderjährigen Kinder dieser Personen,

g) die im land- oder forstwirtschaftlichen Betrieb beschäftigten Personen in Ausübung ihrer Tätigkeit für den Betrieb.

(3) Der Versicherungsschutz umfaßt:

Schadenersatz-Rechtsschutz	(§ 2 a),
Arbeits-Rechtsschutz	(§ 2 b),
Wohnungs- und Grundstücks-Rechtsschutz für land- oder forstwirtschaftlich genutzte Grundstücke, Gebäude oder Gebäudeteile	(§ 2 c),
Rechtsschutz im Vertrags- und Sachenrecht	(§ 2 d),
Steuer-Rechtsschutz vor Gerichten	(§ 2 e),
Sozialgerichts-Rechtsschutz	(§ 2 f),
Verwaltungs-Rechtsschutz in Verkehrssachen	(§ 2 g),
Disziplinar- und Standes-Rechtsschutz	(§ 2 h),
Straf-Rechtsschutz	(§ 2 i),
Ordnungswidrigkeiten-Rechtsschutz	(§ 2 j),
Beratungs-Rechtsschutz im Familien- und Erbrecht	(§ 2 k).

(4) Soweit es sich nicht um Personenkraft- oder Kombiwagen, Krafträder oder land- oder forstwirtschaftlich genutzte Fahrzeuge handelt, besteht kein Rechtsschutz für die Wahrnehmung rechtlicher Interessen als Eigentümer, Halter, Erwerber, Mieter und Leasingnehmer von Fahrzeugen.

(5) *Soweit nicht etwas anderes vereinbart ist, gilt:*[*)] Hatte der Fahrer bei Eintritt des Rechtsschutzfalles nicht die vorgeschriebene Fahrerlaubnis, war er zum Führen des Fahrzeuges nicht berechtigt, war das Fahrzeug nicht zugelassen oder nicht mit einem Versicherungskennzeichen versehen, besteht Rechtsschutz nur für diejenigen versicherten Personen, die von dem Fehlen der Fahrerlaubnis, von der Nichtberechtigung zum Führen des Fahrzeuges oder von dem Fehlen der Zulassung oder des Versicherungskennzeichens ohne Verschulden keine Kenntnis hatten.

§ 28 Privat-, Berufs- und Verkehrs-Rechtsschutz für Selbständige.
(1) Versicherungsschutz besteht

a) für die im Versicherungsschein bezeichnete gewerbliche, freiberufliche oder sonstige selbständige Tätigkeit des Versicherungsnehmers;
b) für den Versicherungsnehmer oder eine im Versicherungsschein genannte Person auch im privaten Bereich und für die Ausübung nichtselbständiger Tätigkeiten.

(2) Mitversichert sind

a) der eheliche oder der im Versicherungsschein genannte nichteheliche Lebenspartner des Versicherungsnehmers oder der gemäß Absatz 1 b) genannten Person,
b) die minderjährigen Kidner,
c) die unverheirateten, volljährigen Kinder bis zur Vollendung des 25. Lebensjahres, jedoch längstens bis zu dem Zeitpunkt, in dem sie erstmalig eine auf Dauer angelegte berufliche Tätigkeit ausüben und hierfür ein leistungsbezogenes Entgelt erhalten. Soweit sich nicht aus der nachfolgenden Bestimmung etwas anderes ergibt, besteht jedoch kein Rechtsschutz für die Wahrnehmung rechtlicher Interessen als Eigentümer, Halter, Erwerber, Mieter, Leasingnehmer und Fahrer von zulassungspflichtigen oder mit einem Versicherungskennzei-

---

[*)] Siehe Hinweis in Fußnote [1)].

RechtsschutzVers § 28 **ARB 14**

chen zu versehenden Motorfahrzeugen zu Lande, zu Wasser oder in der Luft sowie Anhängern (Fahrzeug);
d) alle Personen in ihrer Eigenschaft als berechtigte Fahrer und berechtigte Insassen jedes bei Vertragsabschluß oder während der Vertragsdauer auf den Versicherungsnehmer, die in Absatz 1 genannte Person, deren mitversicherten Lebenspartner oder deren minderjährige Kinder zugelassenen oder auf ihren Namen mit einem Versicherungskennzeichen versehenen oder von diesem Personenkreis als Selbstfahrer-Vermietfahrzeug zum vorübergehenden Gebrauch gemieteten Motorfahrzeuges zu Lande sowie Anhängers,
e) die vom Versicherungsnehmer beschäftigten Personen in Ausübung ihrer beruflichen Tätigkeit für den Versicherungsnehmer.

(3) Der Versicherungsschutz umfaßt:

Schadenersatz-Rechtsschutz	(§ 2a),
Arbeits-Rechtsschutz	(§ 2b),
Wohnungs- und Grundstücks-Rechtsschutz für im Versicherungsschein bezeichnete selbst genutzte Grundstücke, Gebäude oder Gebäudeteile,	(§ 2 c),
Rechtsschutz im Vertrags- und Sachenrecht für den privaten Bereich, die Ausübung nichtselbständiger Tätigkeiten und im Zusammenhang mit der Eigenschaft als Eigentümer, Halter, Erwerber, Mieter und Leasingnehmer von Motorfahrzeugen zu Lande sowie Anhängern,	(§ 2d),
Steuer-Rechtsschutz vor Gerichten für den privaten Bereich, die Ausübung nichtselbständiger Tätigkeiten und im Zusammenhang mit der Eigenschaft als Eigentümer, Halter, Erwerber, Mieter und Leasingnehmer von Motorfahrzeugen zu Lande sowie Anhängern,	(§ 2e),
Sozialgerichts-Rechtsschutz	(§ 2 f),
Verwaltungs-Rechtsschutz in Verkehrssachen	(§ 2g),
Disziplinar- und Standes-Rechtsschutz	(§ 2h),
Straf-Rechtsschutz	(§ 2 i),
Ordnungswidrigkeiten-Rechtschutz	(§ 2 j),
Beratungs-Rechtsschutz im Familien- und Erbrecht	(§ 2k).

(4) Der Wohnungs- und Grundstücks-Rechtsschutz kann ausgeschlossen werden.

(5) Es besteht kein Rechtsschutz für die Wahrnehmung rechtlicher Interessen als Eigentümer, Halter, Erwerber, Mieter und Leasingnehmer eines zulassungspflichtigen Motorfahrzeuges zu Wasser oder in der Luft.

(6) *Soweit nicht etwas anderes vereinbart ist, gilt*[*)] Hatte der Fahrer bei Eintritt des Rechtsschutzfalles nicht die vorgeschriebene Fahrerlaubnis, war er zum Führen des Fahrzeuges nicht berechtigt, war das Fahrzeug nicht zugelassen oder nicht mit einem Versicherungskennzeichen versehen, besteht Rechtsschutz nur für diejenigen versicherten Personen, die von dem Fehlen der Fahrerlaubnis, von der Nichtberechtigung zum Führen des Fahrzeuges oder von dem Fehlen der Zulassung oder des Versicherungskennzeichens ohne Verschulden keine Kenntnis hatten.

§ 29 Rechtschutz für Eigentümer und Mieter von Wohnungen und Grundstücken. (1) Versicherungsschutz besteht für den Versicherungsnehmer in seiner im Versicherungsschein bezeichneten Eigenschaft als

a) Eigentümer,
b) Vermieter,
c) Verpächter,
d) Mieter,
e) Pächter,
f) Nutzungsberechtigter

von Grundstücken, Gebäuden oder Gebäudeteilen, die im Versicherungsschein bezeichnet sind. Einer Wohneinheit zuzurechnende Garagen oder Kraftfahrzeug-Abstellplätze sind eingeschlossen, soweit diese dem Eigentümer der Wohneinheit gehören.

(2) Der Versicherungsschutz umfaßt:
Wohnungs- und Grundstücks-Rechtsschutz (§ 2c),
Steuer-Rechtsschutz vor Gerichten (§ 2e).

[*)] Siehe Hinweis in Fußnote [1)].

Musterbedingungen des Verbandes der Sachversicherer e. V.

15. Allgemeine Hausratversicherungsbedingungen (VHB 92/Fassung 1994)

(Unverbindliche Empfehlung des Verbandes der Sachversicherer. Andere Vereinbarungen sind möglich.)

Übersicht

	§§
Versicherte Sachen	1
Versicherte Kosten	2
Versicherte Gefahren und Schäden	3
Brand; Blitzschlag; Explosion	4
Einbruchdiebstahl; Raub	5
Vandalismus nach einem Einbruch	6
Leitungswasser	7
Sturm; Hagel	8
Nicht versicherte Schäden	9
Versicherungsort	10
Wohnungswechsel; Prämienänderung	11
Außenversicherung	12
Gefahrumstände bei Vertragsabschluß und Gefahrerhöhung	13
Sicherheitsvorschriften	14
Prämie; Beginn und Ende der Haftung	15
Anpassung der Versicherungssumme und des Prämiensatzes	16
Versicherung für fremde Rechnung	17
Entschädigungsberechnung; Versicherungswert; Unterversicherung	18
Entschädigungsgrenzen für Wertsachen einschließlich Bargeld	19
Entschädigungsgrenze bei mehrfacher Versicherung	20
Obliegenheiten des Versicherungsnehmers im Versicherungsfall	21
Wegfall der Entschädigung	22
Sachverständigenverfahren	23

	§§
Zahlung der Entschädigung	24
Wiederherbeigeschaffte Sachen	23
Kündigung nach dem Versicherungsfall	26
Versicherungssumme nach dem Versicherungsfall	27
Schriftliche Form; Zurückweisung von Kündigungen	28
Schlußbestimmung	29

§ 1 Versicherte Sachen. 1. Versichert ist der gesamte Hausrat. Dazu gehören alle Sachen, die einem Haushalt zur Einrichtung oder zum Gebrauch oder zum Verbrauch dienen, außerdem Bargeld. Für Wertsachen einschließlich Bargeld gelten Entschädigungsgrenzen (§ 19), *soweit nicht etwas anderes vereinbart ist*.

2. Versichert sind auch

a) Rundfunk- und Fernsehantennenanlagen sowie Markisen, soweit diese Sachen nicht mehreren Wohnungen oder gewerblichen Zwecken dienen;

b) in das Gebäude eingefügte Sachen, die der Versicherungsnehmer als Mieter auf seine Kosten beschafft oder übernommen hat und für die er die Gefahr trägt, insbesondere sanitäre Anlagen und leitungswasserführende Installationen mit deren Zu- und Ableitungsrohren;

c) motorgetriebene Krankenfahrstühle, Rasenmäher, Go-Karts und Spielfahrzeuge.

d) Kanus, Ruder-, Falt- und Schlauchboote einschließlich ihrer Motoren sowie Surfgeräte und Flugdrachen.

e) Arbeitsgeräte und Einrichtungsgegenstände, die dem Beruf oder dem Gewerbe des Versicherungsnehmers oder einer mit ihm in häuslicher Gemeinschaft lebenden Person dienen. Die Einschränkung gemäß § 10 Nr. 3 bleibt unberührt, *soweit nicht etwas anderes vereinbart ist*.

3. Die in Nr. 1 und Nr. 2 genannten Sachen sind auch versichert, soweit sie fremdes Eigentum sind.

4. Nicht versichert sind, *soweit nicht etwas anderes vereinbart ist,*

a) Gebäudebestandteile, es sei denn, sie sind in Nr. 2a und 2b genannt;

b) Kraftfahrzeuge aller Art und deren Anhänger, es sei denn, sie sind in Nr. 2c genannt;

HausratVers §2 **VHB 15**

c) Wasserfahrzeuge, es sei denn, sie sind in Nr. 2d genannt;
d) Hausrat von Untermietern, soweit er diesen nicht durch den Versicherungsnehmer überlassen worden ist;
e) Sachen, die durch einen Versicherungsvertrag für Schmucksachen und Pelze im Privatbesitz versichert sind.

§ 2 Versicherte Kosten. 1. Versichert sind die infolge eines Versicherungsfalles notwendigen Kosten

a) für das Aufräumen versicherter Sachen sowie für das Wegräumen und den Abtransport von Resten versicherter Sachen (Aufräumungskosten);
b) die aufzuwenden sind, weil zur Wiederherstellung oder Wiederbeschaffung versicherter Sachen andere Sachen bewegt, verändert oder geschützt werden müssen (Bewegungs- und Schutzkosten);
c) für Transport und Lagerung des versicherten Hausrats, wenn die Wohnung unbenutzbar wurde und dem Versicherungsnehmer auch die Lagerung in einem etwa benutzbaren Teil nicht zumutbar ist. Die Kosten für die Lagerung werden bis zu dem Zeitpunkt ersetzt, in dem die Wohnung wieder benutzbar oder eine Lagerung in einem benutzbaren Teil der Wohnung wieder zumutbar ist, längstens für die Dauer von 100 Tagen (Transport- und Lagerkosten), *soweit nicht etwas anderes vereinbart ist,*
d) für Maßnahmen, auch erfolglose, die der Versicherungsnehmer zur Abwendung oder Minderung des Schadens für geboten halten durfte (Schadenabwendungs- oder Schadenminderungskosten);
e) für Schloßänderungen, wenn Schlüssel für Türen der Wohnung durch einen Versicherungsfall abhanden gekommen sind (Schloßänderungskosten);
f) für Reparaturen von Gebäudebeschädigungen, die im Bereich der Wohnung (§ 10) durch Einbruchdiebstahl, Raub oder den Versuch einer solchen Tat oder innerhalb der Wohnung durch Vandalismus nach einem Einbruch (§ 6) entstanden sind (Reparaturkosten für Gebäudebeschädigungen);
g) für Reparaturen in gemieteten Wohnungen, um Leitungswasserschäden an Bodenbelägen, Innenanstrichen oder Tapeten der Wohnung (§ 10) zu beseitigen (Reparaturkosten für gemietete Wohnungen);

h) für Hotel- oder ähnliche Unterbringung ohne Nebenkosten (z. B. Frühstück, Telefon), wenn die Wohnung unbewohnbar wurde und dem Versicherungsnehmer auch die Beschränkung auf einen etwa bewohnbaren Teil nicht zumutbar ist. Die Kosten werden bis zu dem Zeitpunkt ersetzt, in dem die Wohnung wieder bewohnbar ist, längstens für die Dauer von 100 Tagen *soweit nicht etwas anderes vereinbart ist.* Die Entschädigung ist pro Tag auf ____ Promille der Versicherungssumme begrenzt, soweit nicht etwas anderes vereinbart ist (Hotelkosten).

2. Nicht versichert sind Aufwendungen für Leistungen der Feuerwehren oder anderer im öffentlichen Interesse zur Hilfeleistung Verpflichteter, wenn diese Leistungen im öffentlichen Interesse erbracht werden – *soweit nicht etwas anderes vereinbart ist.*

§ 3 Versicherte Gefahren und Schäden. Entschädigt werden versicherte Sachen, die durch

1. Brand, Blitzschlag, Explosion, Anprall oder Absturz eines Luftfahrzeuges, seiner Teile oder seiner Ladung,
2. Einbruchdiebstahl, Raub oder den Versuch einer solchen Tat,
3. Vandalismus nach einem Einbruch,
4. Leitungswasser,
5. Sturm, Hagel

zerstört oder beschädigt werden oder infolge eines solchen Ereignisses abhanden kommen.

§ 4 Brand; Blitzschlag; Explosion. 1. Brand ist ein Feuer, das ohne einen bestimmungsgemäßen Herd entstanden ist oder ihn verlassen hat und das sich aus eigener Kraft auszubreiten vermag.

2. Blitzschlag ist der unmittelbare Übergang eines Blitzes auf Sachen.

3. Explosion ist eine auf dem Ausdehnungsbestreben von Gasen oder Dämpfen beruhende, plötzlich verlaufende Kraftäußerung.

§ 5 Einbruchdiebstahl; Raub. 1. Einbruchdiebstahl liegt vor, wenn der Dieb

a) in einen Raum eines Gebäudes einbricht, einsteigt oder mittels falscher Schlüssel oder anderer nicht zum ordnungsgemäßen Öffnen bestimmte Werkzeuge eindringt;
ein Schlüssel ist falsch, wenn seine Anfertigung für das Schloß nicht von einer dazu berechtigten Person veranlaßt oder gebilligt worden ist;
der Gebrauch falscher Schlüssel ist nicht schon dann bewiesen, wenn feststeht, daß versicherte Sachen abhanden gekommen sind;
b) in einem Raum eines Gebäudes ein Behältnis aufbricht oder falsche Schlüssel oder andere nicht zum ordnungsgemäßen Öffnen bestimmte Werkzeuge benutzt, um es zu öffnen;
c) aus der verschlossenen Wohnung Sachen entwendet, nachdem er sich dort eingeschlichen oder verborgen gehalten hatte;
d) in einem Raum eines Gebäudes bei einem Diebstahl angetroffen wird und eines der Mittel gemäß Nr. 2 anwendet, um sich den Besitz gestohlener Sachen zu erhalten;
e) in einem Raum eines Gebäudes ein Behältnis mittels richtiger Schlüssel öffnet, die er – auch außerhalb der Wohnung – durch Einbruchdiebstahl oder Raub an sich gebracht hat;
f) in einen Raum eines Gebäudes mittels richtiger Schlüssel eindringt, die er – auch außerhalb der Wohnung – durch Raub oder ohne fahrlässiges Verhalten des berechtigten Besitzers durch Diebstahl an sich gebracht hat.

2. Raub liegt vor, wenn

a) gegen den Versicherungsnehmer Gewalt angewendet wird, um dessen Widerstand gegen die Wegnahme versicherter Sachen auszuschalten;
b) der Versicherungsnehmer versicherte Sachen herausgibt oder sich wegnehmen läßt, weil eine Gewalttat mit Gefahr für Leib oder Leben angedroht wird, die innerhalb des Versicherungsortes verübt werden soll;
c) dem Versicherungsnehmer versicherte Sachen weggenommen werden, weil sein körperlicher Zustand infolge eines Unfalls oder infolge einer nicht verschuldeten sonstigen Ursache beeinträchtigt und dadurch seine Widerstandskraft ausgeschaltet ist.

Dem Versicherungsnehmer stehen Personen gleich, die mit seiner Zustimmung in der Wohnung anwesend sind.

§ 6 Vandalismus nach einem Einbruch. Vandalismus liegt vor, wenn der Täter auf eine der in § 5 Nr. 1a oder f bezeichneten Arten in die Wohnung eindringt und versicherte Sachen vorsätzlich zerstört oder beschädigt.

§ 7 Leitungswasser. 1. Leitungswasser ist Wasser, das aus
a) Zu- oder Ableitungsrohren der Wasserversorgung oder damit verbundenen Schläuchen,
b) mit dem Rohrsystem verbundenen Einrichtungen oder aus deren wasserführenden Teilen,
c) Anlagen der Warmwasser- oder Dampfheizung,
d) Einrichtungen von Klima-, Wärmepumpen- oder Solarheizungsanlagen

bestimmungswidrig ausgetreten ist.

2. Versichert sind auch Frostschäden an sanitären Anlagen und leitungswasserführenden Installationen sowie Frost und sonstige Bruchschäden an deren Zu- und Ableitungsrohren, soweit der Versicherungsnehmer als Mieter diese Anlagen oder Rohre auf seine Kosten beschafft oder übernommen hat und für sie die Gefahr trägt.

3. Dem Leitungswasser stehen gleich
a) Wasserdampf;
b) wärmetragende Flüssigkeiten, z.B. Sole, Öle, Kühlmittel, Kältemittel.

§ 8 Sturm, Hagel. 1. Sturm ist eine wetterbedingte Luftbewegung von mindestens Windstärke 8.

2. Ist die Windstärke für den Versicherungsort nicht feststellbar, so wird Sturm unterstellt, wenn der Versicherungsnehmer nachweist, daß

a) die Luftbewegung in der Umgebung des Versicherungsortes Schäden an Gebäuden in einwandfreiem Zustand oder an ebenso widerstandsfähigen anderen Sachen angerichtet hat oder
b) der Schaden wegen des einwandfreien Zustandes des Gebäudes, in dem sich die versicherten Sachen befunden haben, nur durch Sturm entstanden sein kann.

HausratVers § 9 **VHB 15**

3. Versichert sind nur Schäden, die entstehen

a) durch unmittelbare Einwirkung des Sturmes auf versicherte Sachen;
b) dadurch, daß der Sturm Gebäudeteile, Bäume oder andere Gegenstände auf versicherte Sachen wirft;
c) als Folge eines Sturmschadens gemäß a oder b oder an Gebäuden, in denen sich versicherte Sachen befinden.

(4) Für Schäden durch Hagel gilt Nr. 3 sinngemäß.

§ 9 Nicht versicherte Schäden. – *soweit nicht etwas anderes vereinbart ist*

1. Nicht versichert sind ohne Rücksicht auf mitwirkende Ursachen Schäden,

a) die der Versicherungsnehmer oder sein Repräsentant vorsätzlich oder grob fahrlässig herbeiführt; bei Schäden durch Raub steht die beraubte Person dem Versicherungsnehmer gleich; ist die Herbeiführung des Schadens gemäß Abs. 1 durch ein rechtskräftiges Strafurteil wegen vorsätzlicher Brandstiftung festgestellt, so gelten die Voraussetzungen von Abs. 1 als bewiesen;
b) die durch Kriegsereignisse jeder Art, innere Unruhen oder Erdbeben entstehen;
c) durch Kernenergie[1])

2. Der Versicherungsschutz gegen Brand, Blitzschlag und Explosion erstreckt sich ohne Rücksicht auf mitwirkende Ursachen nicht auf

a) Sengschäden, die nicht durch einen Brand entstanden sind;
b) Kurzschluß- und Überspannungsschäden, die an elektrischen Einrichtungen mit oder ohne Feuererscheinung entstanden sind, außer wenn sie die Folge eines Brandes oder einer Explosion sind.

3. Der Versicherungsschutz gegen Einbruchdiebstahl und Raub erstreckt sich ohne Rücksicht auf mitwirkende Ursachen nicht auf

---

[1]) Der Ersatz dieser Schäden richtet sich in der Bundesrepublik Deutschland nach dem Atomgesetz. Die Betreiber von Kernanlagen sind zur Deckungsvorsorge verpflichtet und schließen hierfür Haftpflichtversicherungen ab.

a) Einbruchdiebstahl- oder Raubschäden durch vorsätzliche Handlungen von Hausangestellten oder von Personen, die bei dem Versicherungsnehmer wohnen;
b) Schäden durch Raub gemäß § 5 Nr. 2 an Sachen, die an den Ort der Wegnahme oder Herausgabe erst auf Verlangen des Täters herangeschafft werden.

4. Der Versicherungsschutz gegen Leitungswasser erstreckt sich ohne Rücksicht auf mitwirkende Ursachen nicht auf Schäden durch

a) Plansch- oder Reinigungswasser;
b) Grundwasser, stehendes oder fließendes Gewässer, Hochwasser oder Witterungsniederschläge oder einen durch diese Ursachen hervorgerufenen Rückstau;
c) Erdsenkung oder Erdrutsch, es sei denn, daß Leitungswasser (§ 7) die Erdsenkung oder den Erdrutsch verursacht hat;
d) Schwamm.

5. Der Versicherungsschutz gegen Sturm und Hagel erstreckt sich ohne Rücksicht auf mitwirkende Ursachen nicht auf Schäden durch

a) Sturmflut;
b) Lawinen oder Schneedruck, soweit nicht etwas anderes vereinbart ist,
c) Eindringen von Regen, Hagel, Schnee oder Schmutz durch nicht ordnungsgemäß geschlossene Fenster, Außentüren oder andere Öffnungen, es sei denn, daß diese Öffnungen durch Sturm oder Hagel entstanden sind und einen Gebäudeschaden darstellen.

§ 10 Versicherungsort. 1. Versicherungsschutz besteht für versicherte Sachen innerhalb des Versicherungsortes.

Diese Beschränkung gilt nicht für Sachen, die infolge eines eingetretenen oder unmittelbar bevorstehenden Versicherungsfalles aus dem Versicherungsort entfernt und in zeitlichem und örtlichem Zusammenhang mit diesem Vorgang beschädigt oder zerstört werden oder abhandenkommen. Unberührt bleibt jedoch § 9 Nr. 1a.

2. Versicherungsort ist die im Versicherungsvertrag bezeichnete Wohnung des Versicherungsnehmers. Zur Wohnung gehören auch Räume in Nebengebäuden auf demselben Grundstück.

Versicherungsschutz besteht auch in Garagen in der Nähe des Versicherungsortes, soweit sie ausschließlich vom Versicherungsnehmer oder einer mit ihm in häuslicher Gemeinschaft lebenden Person zu privaten Zwecken genutzt werden.

Dem Versicherungsnehmer gehörende Waschmaschinen und Wäschetrockner sind auch in Räumen versichert, die der Versicherungsnehmer gemeinsam mit anderen Hausbewohnern nutzt.

Für Rundfunk- und Fernsehantennenanlagen sowie für Markisen gilt als Versicherungsort das gesamte Grundstück, auf dem die versicherte Wohnung liegt.

3. Nicht zur Wohnung gehören Räume, die ausschließlich beruflich oder gewerblich genutzt werden.

4. Bei Schäden durch Raub müssen alle Voraussetzungen gemäß § 5 Nr. 2 innerhalb des Versicherungsortes verwirklicht worden sein.

§ 11 Wohnungswechsel; Prämienänderung. 1. Im Falle eines Wechsels der in § 10 Nr. 2 genannten Wohnung des Versicherungsnehmers geht der Versicherungsschutz auf die neue Wohnung über. Behält der Versicherungsnehmer in diesem Falle die in § 10 Nr. 2 genannte Wohnung bei, so liegt ein Wohnungswechsel nur vor, wenn er die neue Wohnung in derselben Weise wie die bisherige nutzt.

Während des Wohnungswechsels besteht Versicherungsschutz in beiden Wohnungen. Der Versicherungsschutz in der bisherigen Wohnung erlischt jedoch spätestens zwei Monate nach Umzugsbeginn, *soweit nicht etwas anderes vereinbart ist.*

Liegt die neue Wohnung nicht innerhalb der Bundesrepublik Deutschland, so ist Abs. 1 nicht anzuwenden. Das Versicherungsverhältnis endet, sobald gemäß Abs. 2 der Versicherungsschutz für die bisherige Wohnung erlischt.

2. Ein Wohnungswechsel ist dem Versicherer spätestens bei Umzugsbeginn unter Angabe der neuen Wohnfläche in Quadratmetern schriftlich anzuzeigen.

3. Liegt nach einem Umzug die neue Wohnung an einem Ort, für den der Tarif des Versicherers einen anderen Prämiensatz vorsieht, so ändert sich ab Umzugsbeginn die Prämie entsprechend diesem Tarif.

4. Der Versicherungsnehmer kann den Vertrag kündigen, wenn sich die Prämie gemäß Nr. 3 erhöht. Die Kündigung hat spätestens einen Monat nach Zugang der Mitteilung über die erhöhte Prämie zu erfolgen. Sie wird einen Monat nach Zugang wirksam. Die Kündigung ist schriftlich zu erklären.

Der Versicherer kann in diesem Fall die Prämie nur zeitanteilig bis zur Wirksamkeit der Kündigung beanspruchen. Ist die Anzeige gemäß Nr. 2 erfolgt, so wird diese Prämie nur in der für die bisherige Wohnung maßgebenden Höhe geschuldet.

5. Zieht bei einer Trennung von Ehegatten der Versicherungsnehmer aus der Ehewohnung aus und bleibt der Ehegatte in der bisherigen Ehewohnung zurück, so gelten als Versicherungsort die neue Wohnung des Versicherungsnehmers und die bisherige Ehewohnung. Dies gilt bis zu einer Änderung des Versicherungsvertrages, längstens bis zum Ablauf von drei Monaten nach der nächsten, auf den Auszug des Versicherungsnehmers folgenden Prämienfälligkeit. Danach besteht Versicherungsschutz nur noch in der neuen Wohnung des Versicherungsnehmers.

§ 12 Außenversicherung.

1. Versicherte Sachen, die Eigentum des Versicherungsnehmers oder einer mit ihm in häuslicher Gemeinschaft lebenden Person sind oder die deren Gebrauch dienen, sind weltweit auch versichert, solange sie sich vorübergehend außerhalb der Wohnung befinden. Zeiträume von mehr als drei Monaten gelten nicht als vorübergehend, *soweit nicht etwas anderes vereinbart ist*.

2. Hält sich der Versicherungsnehmer oder eine mit ihm in häuslicher Gemeinschaft lebende Person zur Ausbildung, zur Erfüllung von Wehrpflicht oder Zivildienst außerhalb der Wohnung auf, so gilt dies so lange als vorübergehend, wie sie nicht dort einen eigenen Haushalt gegründet haben.

3. Für Sturm- und Hagelschäden besteht Außenversicherungsschutz nur, wenn sich die Sachen in Gebäuden befinden.

4. Für Schäden durch Einbruchdiebstahl besteht Außenversicherungsschutz nur, wenn auch die in § 5 Nr. 1 genannten Voraussetzungen entsprechend erfüllt sind.

5. Bei Raub besteht Außenversicherungsschutz

HausratVers §§ 13, 14 VHB 15

a) auch dann, wenn der Raub an einer Person begangen wird, die mit dem Versicherungsnehmer in häuslicher Gemeinschaft lebt;
b) in den Fällen des § 5 Nr. 2b nur dann, wenn die angedrohte Gewalttat an Ort und Stelle verübt werden soll.

6. Es gelten die Entschädigungsgrenzen gemäß § 19. Die Entschädigung für die Außenversicherung ist jedoch insgesamt auf ___ Prozent der Versicherungssumme, höchstens ___ DM, begrenzt.

§ 13 Gefahrumstände bei Vertragsabschluß und Gefahrerhöhung. – *Soweit nicht etwas anderes vereinbart ist, gilt:*

1. Der Versicherungsnehmer hat alle Antragsfragen wahrheitsgemäß zu beantworten. Bei schuldhafter Verletzung dieser Obliegenheit kann der Versicherer nach Maßgabe der §§ 16 bis 21 VVG vom Vertrag zurücktreten und leistungsfrei sein.

2. Eine Gefahrerhöhung ist dem Versicherer unverzüglich schriftlich anzuzeigen. Bei einer Gefahrerhöhung kann der Versicherer aufgrund der §§ 23 bis 30 VVG zur Kündigung berechtigt oder auch leistungsfrei sein.

3. Eine Gefahrerhöhung nach Antragstellung liegt insbesondere vor, wenn
a) sich anläßlich eines Wohnungswechsels oder aus sonstigen Gründen ein Umstand ändert, nach dem im Antrag gefragt worden ist,
b) die ansonsten ständig bewohnte Wohnung länger als 60 Tage oder über eine für den Einzelfall vereinbarte längere Frist hinaus unbewohnt bleibt und auch nicht beaufsichtigt wird; beaufsichtigt ist eine Wohnung nur dann, wenn sich während der Nacht eine dazu berechtigte volljährige Person darin aufhält;
c) vereinbarte Sicherungen beseitigt oder vermindert werden. Das gilt auch bei Wohnungswechsel.

§ 14 Sicherheitsvorschriften. – *Soweit nicht etwas anderes vereinbart ist, gilt:*

1. Der Versicherungsnehmer hat
a) *alle gesetzlichen oder behördlichen Sicherheitsvorschriften* zu beachten;

15 VHB § 15 HausratVers

b) in der kalten Jahreszeit entweder die Wohnung ausreichend zu beheizen oder alle wasserführenden Anlagen und Einrichtungen zu entleeren und entleert zu halten.

2. Verletzt der Versicherungsnehmer oder sein Repräsentant eine dieser Obliegenheiten, so ist der Versicherer nach Maßgabe des § 6 Abs. 1 und Abs. 2 VVG zur Kündigung berechtigt oder auch leistungsfrei. Eine Kündigung des Versicherers wird einen Monat nach Zugang wirksam. Leistungsfreiheit tritt nicht ein, wenn die Verletzung weder auf Vorsatz noch auf grober Fahrlässigkeit beruht.

Führt die Verletzung zu einer Gefahrerhöhung, so gelten die §§ 23 bis 30 VVG. Danach kann der Versicherer zur Kündigung berechtigt oder auch leistungsfrei sein.

§ 15 Prämie; Beginn und Ende der Haftung. 1. Der Versicherungsnehmer hat die erste Prämie (Beitrag) bei Aushändigung des Versicherungsscheines zu zahlen, Folgeprämien am Ersten des Monats, in dem ein neues Versicherungsjahr beginnt.

Die Folgen nicht rechtzeitiger Zahlung der ersten Prämie oder der ersten Rate der ersten Prämie ergeben sich aus § 38 VVG; im übrigen gilt § 39 VVG. Rückständige Folgeprämien dürfen nur innerhalb eines Jahres seit Ablauf der nach § 39 VVG für sie gesetzten Zahlungsfrist eingezogen werden.

2. Ist Ratenzahlung vereinbart, so gelten ausstehende Raten als gestundet. Sie werden sofort fällig, wenn der Versicherungsnehmer in Verzug gerät oder soweit eine Entschädigung fällig ist.

3. Die Haftung des Versicherers beginnt zum vereinbarten Zeitpunkt, und zwar auch dann, wenn zur Prämienzahlung erst später aufgefordert, die Prämie aber ohne Verzug gezahlt wird. Ist dem Versicherungsnehmer bei Antragstellung bekannt, daß ein Versicherungsfall bereits eingetreten ist, so entfällt dafür die Haftung.

4. Versicherungsverträge von mindestens einjähriger Dauer verlängern sich von Jahr zu Jahr, wenn sie nicht spätestens drei Monate vor Ablauf durch eine Partei schriftlich gekündigt werden.

HausratVers § 16 **VHB 15**

5. Endet das Versicherungsverhältnis vor Ablauf der Vertragszeit oder wird es rückwirkend aufgehoben oder ist es von Anfang an ungültig, so gebührt dem Versicherer die Prämie oder die Geschäftsgebühr gemäß dem Versicherungsvertragsgesetz (z. B. §§ 40, 68 VVG).

Kündigt nach Eintritt eines Versicherungsfalles (§ 26) der Versicherungsnehmer, so hat der Versicherer Anspruch auf die Prämie für das laufende Versicherungsjahr. Kündigt der Versicherer, so hat er die Prämie für das laufende Versicherungsjahr nach dem Verhältnis der noch nicht abgelaufenen zu der gesamten Zeit des Versicherungsjahres zurückzuzahlen.

6. Das Versicherungsverhältnis endet zwei Monate nach dem Tod des Versicherungsnehmers, wenn nicht spätestens zu dieser Zeit ein Erbe die Wohnung in derselben Weise wie der frühere Versicherungsnehmer nutzt.

§ 16 Anpassung der Versicherungssumme und des Prämiensatzes. 1. Anpassung der Versicherungssumme

a) Die Versicherungssumme erhöht oder vermindert sich mit Beginn eines jeden Versicherungsjahres entsprechend dem Prozentsatz, um den sich der Preisindex für „Andere Verbrauchs- und Gebrauchsgüter ohne Nahrungsmittel und ohne normalerweise nicht in der Wohnung gelagerte Güter" aus dem Preisindex der Lebenshaltungskosten aller privaten Haushalte im vergangenen Kalenderjahr gegenüber dem davorliegenden Kalenderjahr verändert hat. Der Veränderungsprozentsatz wird auf eine ganze Zahl abgerundet. Maßgebend ist der vom Statistischen Bundesamt jeweils für den Monat September veröffentlichte Index.
Die neue Versicherungssumme wird auf volle Tausend DM aufgerundet und dem Versicherungsnehmer bekanntgegeben.
Die Prämie wird aus der neuen Versicherungssumme berechnet.

b) Die vereinbarte oder nach a angepaßte Versicherungssumme erhöht sich um einen Vorsorgebetrag von ___ Prozent.

c) Innerhalb eines Monats nach Zugang der Mitteilung über die angepaßte Versicherungssumme kann der Versicherungsnehmer durch schriftliche Erklärung die Anpassung mit Wirkung für den Zeitpunkt aufheben, in dem die Anpassung wirksam werden sollte.

d) Das Recht auf Herabsetzung der Versicherungssumme wegen erheblicher Überversicherung (§ 51 Abs. 1 VVG) bleibt unberührt.

2. Anpassung des Prämiensatzes

§ 17 Versicherung für fremde Rechnung. 1. Soweit die Versicherung für fremde Rechnung genommen ist, kann der Versicherungsnehmer über die Rechte des Versicherten im eigenen Namen verfügen. Der Versicherungsnehmer ist ohne Zustimmung des Versicherten berechtigt, die Entschädigung entgegenzunehmen oder die Rechte des Versicherten zu übertragen, auch wenn er nicht im Besitz des Versicherungsscheines ist. Der Versicherer kann jedoch vor Auszahlung der Entschädigung den Nachweis verlangen, daß der Versicherte seine Zustimmung zu der Auszahlung der Entschädigung erteilt hat.

2. Der Versicherte kann über seine Rechte nicht verfügen, selbst wenn er im Besitz des Versicherungsscheines ist. Er kann die Zahlung der Entschädigung nur mit Zustimmung des Versicherungsnehmers verlangen.

3. Soweit Kenntnis oder Verhalten des Versicherungsnehmers von rechtlicher Bedeutung ist, kommt auch Kenntnis oder Verhalten des Versicherten in Betracht. Im übrigen gilt § 79 VVG.

§ 18 Entschädigungsberechnung; Versicherungswert; Unterversicherung. 1. Ersetzt werden

a) bei zerstörten oder abhanden gekommenen Sachen der Versicherungswert zum Zeitpunkt des Versicherungsfalles;
b) bei beschädigten Sachen die notwendigen Reparaturkosten zum Zeitpunkt des Versicherungsfalles zuzüglich einer etwa verbleibenden Wertminderung, höchstens jedoch der Versicherungswert.

Restwerte werden angerechnet.

2. Versicherungswert ist der Wiederbeschaffungspreis von Sachen gleicher Art und Güte in neuwertigem Zustand (Neuwert).

Falls Sachen für ihren Zweck im Haushalt des Versicherungsnehmers nicht mehr zu verwenden sind, ist Versicherungswert der für den Versicherungsnehmer erzielbare Verkaufspreis (gemeiner Wert).

3. Für Antiquitäten und Kunstgegenstände ist Versicherungswert der Wiederbeschaffungspreis von Sachen gleicher Art und Güte.

4. Ist die Versicherungssumme niedriger als der Versicherungswert der versicherten Sachen zum Zeitpunkt des Versicherungsfalles (Unterversicherung), so wird nur der Teil des gemäß Nr. 1 und Nr. 2 ermittelten Betrages ersetzt, der sich zu dem ganzen Betrag verhält wie die Versicherungssumme zu dem Versicherungswert.

5. Nr. 1 bis Nr. 4 gelten entsprechend für die Berechnung der Entschädigung versicherter Kosten gemäß § 2.

6. Ist die Entschädigung gemäß § 19 auf bestimmte Beträge begrenzt, so werden bei Ermittlung des Versicherungswertes der dort genannten Sachen höchstens diese Beträge berücksichtigt. Der bei Unterversicherung nur teilweise zu ersetzende Gesamtbetrag des Schadens wird ohne Rücksicht auf Entschädigungsgrenzen ermittelt; für die Höhe der Entschädigung gelten jedoch die Grenzen gemäß § 19.

7. Die Entschädigung für versicherte Sachen ist je Versicherungsfall auf die Versicherungssumme begrenzt.

Versicherte Kosten werden bis ___ Prozent über die Versicherungssumme hinaus ersetzt.

Schadenabwendungs- und Schadenminderungskosten, die auf Weisung des Versicherers verursacht werden, werden unbegrenzt ersetzt.

§ 19 Entschädigungsgrenzen für Wertsachen einschließlich Bargeld. 1. Wertsachen sind

a) Bargeld;
b) Urkunden einschließlich Sparbücher und sonstige Wertpapiere;
c) Schmucksachen, Edelsteine, Perlen, Briefmarken, Münzen und Medaillen sowie alle Sachen aus Gold oder Platin;
d) Pelze, handgeknüpfte Teppiche und Gobelins, Kunstgegenstände (z. B. Gemälde, Collagen, Zeichnungen, Graphiken und Plastiken) sowie nicht in c genannte Sachen aus Silber;

e) sonstige Sachen, die über 100 Jahre alt sind (Antiquitäten), jedoch mit Ausnahme von Möbelstücken.

(2) Die Entschädigung für Wertsachen ist je Versicherungsfall auf insgesamt ___ Prozent der Versicherungssumme begrenzt, soweit nicht etwas anderes vereinbart ist.

(3) Ferner ist, *soweit nicht etwas anderes vereinbart ist,* für Wertsachen, die sich außerhalb verschlossener mehrwandiger Stahlschränke mit einem Mindestgewicht von 200 kg und auch außerhalb eingemauerter Stahlwandschränke mit mehrwandiger Tür oder außerhalb besonders vereinbarter sonstiger verschlossener Behältnisse mit zusätzlichen Sicherheitsmerkmalen befinden, die Entschädigung je Versicherungsfall begrenzt auf

a) ___ DM für Bargeld, ausgenommen Münzen, deren Versicherungswert den Nennbetrag übersteigt;
b) insgesamt ___ DM für Wertsachen gemäß Nr. 1b;
c) insgesamt ___ DM für Wertsachen gemäß Nr. 1c.

§ 20 Entschädigungsgrenze bei mehrfacher Versicherung. Bestehen für versicherte Sachen mehrere Hausratversicherungsverträge desselben oder verschiedener Versicherungsnehmer, so ermäßigt sich der Anspruch gemäß §§ 12 oder 19 Nr. 3 aus diesem Vertrag in der Weise, daß aus allen Verträgen insgesamt keine höhere Entschädigung geleistet wird, als wenn der Gesamtbetrag der Versicherungssummen im vorliegenden Vertrag in Deckung gegeben worden wäre.

§ 21 Obliegenheiten des Versicherungsnehmers im Versicherungsfall. – *Soweit nicht etwas anderes vereinbart ist, gilt:*

1. Der Versicherungsnehmer hat bei Eintritt eines Versicherungsfalles unverzüglich

a) den Schaden dem Versicherer anzuzeigen;
b) einen Schaden durch Einbruchdiebstahl, Vandalismus oder Raub der zuständigen Polizeidienststelle anzuzeigen;
c) der zuständigen Polizeidienststelle ein Verzeichnis der abhandengekommenen Sachen einzureichen;
d) abhandengekommene Sparbücher und andere sperrfähige Urkunden sperren zu lassen sowie für abhandengekommene Wertpapiere das Aufgebotsverfahren einzuleiten;

e) ein von ihm unterschriebenes Verzeichnis der abhandengekommenen, zerstörten oder beschädigten Sachen dem Versicherer vorzulegen. Der Versicherungswert der Sachen oder der Anschaffungspreis und das Anschaffungsjahr sind dabei anzugeben.

2. Der Versicherungsnehmer hat

a) den Schaden nach Möglichkeit abzuwenden oder zu mindern und dabei die Weisungen des Versicherers zu befolgen, die der Versicherungsnehmer, soweit die Umstände es gestatten, einholen muß;

b) dem Versicherer jede zumutbare Untersuchung über Ursache und Höhe des Schadens und über den Umfang der Entschädigungspflicht zu gestatten, jede hierzu dienliche Auskunft – auf Verlangen schriftlich – zu erteilen und Belege beizubringen.

3. Verletzt der Versicherungsnehmer oder sein Repräsentant eine dieser Obliegenheiten, so ist der Versicherer nach Maßgabe des Versicherungsvertragsgesetzes (§§ 6 Abs. 3, 62 Abs. 2 VVG) von der Entschädigungspflicht frei.

Sind abhandengekommene Sachen der Polizeidienststelle nicht oder nicht unverzüglich angezeigt worden, so kann der Versicherer nur für diese Sachen von der Entschädigungspflicht frei sein.

Hatte eine vorsätzliche Obliegenheitsverletzung Einfluß weder auf die Feststellung des Versicherungsfalls noch auf die Feststellung oder den Umfang der Entschädigung, so entfällt die Leistungsfreiheit gemäß Nr. 3, wenn die Verletzung nicht geeignet war, die Interessen des Versicherers ernsthaft zu beeinträchtigen und wenn außerdem den Versicherungsnehmer kein erhebliches Verschulden trifft.

§ 22 Wegfall der Entschädigungspflicht. – *Soweit nicht etwas anderes vereinbart ist, gilt:*

1. Versucht der Versicherungsnehmer, den Versicherer arglistig über Tatsachen zu täuschen, die für den Grund oder für die Höhe der Entschädigung von Bedeutung sind, so ist der Versicherer von der Entschädigungspflicht frei. Dies gilt auch, wenn die arglistige Täuschung sich auf einen anderen zwischen den Parteien über dieselbe Gefahr abgeschlossenen Versicherungsvertrag bezieht.

Ist eine Täuschung gemäß Absatz 1 durch ein rechtskräftiges Strafurteil wegen Betruges oder Betrugsversuches festgestellt, so gelten die Voraussetzungen von Absatz 1 als bewiesen.

2. Wird ein Entschädigungsanspruch nicht innerhalb von sechs Monaten gerichtlich geltend gemacht, nachdem der Versicherer ihn unter Angabe der mit dem Ablauf der Frist verbundenen Rechtsfolge schriftlich abgelehnt hat, so ist der Versicherer von der Entschädigungspflicht frei. Wird ein Sachverständigenverfahren (§ 23) vereinbart, so wird der Ablauf der Frist für dessen Dauer gehemmt.

§ 23 Sachverständigenverfahren. 1. Versicherungsnehmer und Versicherer können nach Eintritt des Versicherungsfalles vereinbaren, daß die Höhe des Schadens durch Sachverständige festgestellt wird. Das Sachverständigenverfahren kann durch Vereinbarung auf sonstige tatsächliche Voraussetzungen des Entschädigungsanspruches sowie der Höhe der Entschädigung ausgedehnt werden. Der Versicherungsnehmer kann ein Sachverständigenverfahren auch durch einseitige Erklärung gegenüber dem Versicherer verlangen.

2. Für das Sachverständigenverfahren gilt:

a) Jede Partei benennt schriftlich einen Sachverständigen und kann dann die andere unter Angabe des von ihr benannten Sachverständigen schriftlich auffordern, den zweiten Sachverständigen zu benennen. Wird der zweite Sachverständige nicht binnen zwei Wochen nach Empfang der Aufforderung benannt, so kann ihn die auffordernde Partei durch das für den Schadenort zuständige Amtsgericht ernennen lassen. In der Aufforderung ist auf diese Folge hinzuweisen.

b) Beide Sachverständige benennen schriftlich vor Beginn des Feststellungsverfahrens einen dritten Sachverständigen als Obmann. Einigen sie sich nicht, so wird der Obmann auf Antrag einer Partei durch das für den Schadenort zuständige Amtsgericht ernannt.

c) Der Versicherer darf als Sachverständige keine Personen benennen, die Mitbewerber des Versicherungsnehmers sind oder mit ihm in dauernder Geschäftsverbindung stehen, ferner keine Personen, die bei Mitbewerbern oder Geschäftspartnern angestellt sind oder mit ihnen in einem ähnlichen Verhältnis stehen.

Dies gilt entsprechend für die Benennung eines Obmannes durch die Sachverständigen.

3. Die Feststellungen der Sachverständigen müssen enthalten
a) ein Verzeichnis der zerstörten, beschädigten oder abhandengekommenen Sachen sowie deren Versicherungswert zum Zeitpunkt des Versicherungsfalles;
b) bei beschädigten Sachen die Beträge gemäß § 18 Nr. 1b;
c) die Restwerte der von dem Schaden betroffenen Sachen;
d) entstandene Kosten, die gemäß § 2 versichert sind.

4. Die Sachverständigen übermitteln beiden Parteien gleichzeitig ihre Feststellungen. Weichen diese Feststellungen voneinander ab, so übergibt der Versicherer sie unverzüglich dem Obmann. Dieser entscheidet über die streitig gebliebenen Punkte innerhalb der durch die Feststellungen der Sachverständigen gezogenen Grenzen und übermittelt seine Entscheidung beiden Parteien gleichzeitig.

5. Jede Partei trägt die Kosten ihres Sachverständigen. Die Kosten des Obmannes tragen beide Parteien je zur Hälfte.

6. Die Feststellungen der Sachverständigen oder des Obmannes sind verbindlich, wenn nicht nachgewiesen wird, daß sie offenbar von der wirklichen Sachlage erheblich abweichen. Aufgrund dieser verbindlichen Feststellungen berechnet der Versicherer gemäß §§ 18 bis 20 die Entschädigung.

7. Durch das Sachverständigenverfahren werden die Obliegenheiten des Versicherungsnehmers gemäß § 21 nicht berührt.

§ 24 Zahlung der Entschädigung. 1. Ist die Leistungspflicht des Versicherers dem Grunde und der Höhe nach festgestellt, so hat die Auszahlung der Entschädigung binnen zwei Wochen zu erfolgen. Jedoch kann ein Monat nach Anzeige des Schadens als Abschlagszahlung der Betrag beansprucht werden, der nach Lage der Sache mindestens zu zahlen ist.

2. Die Entschädigung ist seit Anzeige des Schadens mit 1 Prozent unter dem Diskontsatz der Deutschen Bundesbank zu verzinsen, mindestens jedoch mit 4 Prozent und höchstens mit 6 Prozent pro Jahr, soweit nicht aus anderen Gründen ein höherer Zins zu entrichten ist *oder soweit nicht etwa etwas anderes vereinbart ist.*

Die Verzinsung entfällt, soweit die Entschädigung innerhalb eines Monats seit Anzeige des Schadens gezahlt wird. Zinsen werden erst fällig, wenn die Entschädigung fällig ist.

3. Die Entstehung des Anspruchs auf Abschlagszahlung und der Beginn der Verzinsung verschieben sich um den Zeitraum, um den die Feststellung der Leistungspflicht des Versicherers dem Grunde oder der Höhe nach durch Verschulden des Versicherungsnehmers verzögert wurde.

4. Der Versicherer kann die Zahlung aufschieben, solange

a) Zweifel an der Empfangsberechtigung des Versicherungsnehmers bestehen;
b) gegen den Versicherungsnehmer oder seinen Repräsentanten aus Anlaß des Versicherungsfalles ein behördliches oder strafrechtliches Verfahren läuft.

§ 25 Wiederherbeigeschaffte Sachen. 1. Wird der Verbleib abhanden gekommener Sachen ermittelt, so hat der Versicherungsnehmer dies dem Versicherer unverzüglich schriftlich anzuzeigen.

2. Hat der Versicherungsnehmer den Besitz einer abhanden gekommenen Sache zurückerlangt, nachdem für diese Sache eine Entschädigung gezahlt worden ist, so hat er die Entschädigung zurückzuzahlen oder die Sache dem Versicherer zur Verfügung zu stellen. Der Versicherungsnehmer hat dieses Wahlrecht innerhalb eines Monats nach Empfang einer schriftlichen Aufforderung des Versicherers auszuüben. Nach fruchtlosem Ablauf dieser Frist geht das Wahlrecht auf den Versicherer über.

§ 26 Kündigung nach dem Versicherungsfall. 1. Nach dem Eintritt eines Versicherungsfalles können sowohl der Versicherungsnehmer als auch der Versicherer den Versicherungsvertrag kündigen.

2. Die Kündigung ist schriftlich zu erklären. Sie muß spätestens einen Monat nach Auszahlung der Entschädigung zugehen.

3. Das Kündigungsrecht besteht auch, wenn die Entschädigung aus Gründen abgelehnt wird, die den Eintritt des Versicherungsfalles unberührt lassen.

4. Die Kündigung wird einen Monat nach ihrem Zugang wirksam. Der Versicherungsnehmer kann bestimmen, daß sei-

ne Kündigung sofort oder zu einem anderen Zeitpunkt wirksam wird, jedoch spätestens zum Schluß des laufenden Versicherungsjahres.

§ 27 Versicherungssumme nach dem Versicherungsfall. Die Versicherungssumme vermindert sich nicht dadurch, daß eine Entschädigung geleistet wird.

§ 28 Schriftliche Form; Zurückweisung von Kündigungen. 1. Anzeigen und Erklärungen bedürfen der Schriftform.

2. Ist eine Kündigung des Versicherungsnehmers unwirksam, so wird die Kündigung wirksam, falls der Versicherer sie nicht unverzüglich zurückweist.

§ 29 Schlußbestimmung. 1. Soweit nicht in den Versicherungsbedingungen Abweichendes bestimmt ist, gelten die gesetzlichen Vorschriften.

2. Ein Auszug aus dem Gesetz über den Versicherungsvertrag (VVG), der insbesondere die in diesen Versicherungsbedingungen erwähnten Bestimmungen enthält, ist dem Bedingungstext beigefügt.

16. Allgemeine Bedingungen für die Feuerversicherung (AFB 87/Fassung 1994)

(Unverbindliche Empfehlung des Verbandes der Sachversicherer. Abweichende Vereinbarungen sind möglich.)

Übersicht

	§§
Versicherte Gefahren und Schäden	1
Versicherte Sachen	2
Versicherte Kosten	3
Versicherungsort	4
Versicherungswert	5
Gefahrumstände bei Vertragsabschluß und Gefahrerhöhung	6
Sicherheitsvorschriften	7
Prämie; Beginn und Ende der Haftung	8
Mehrfache Versicherung; Überversicherung	9
Versicherung für fremde Rechnung	10
Entschädigungsberechnung; Unterversicherung	11
Entschädigungsgrenzen	12
Obliegenheiten des Versicherungsnehmers im Versicherungsfall	13
Besondere Verwirkungsgründe	14
Sachverständigenverfahren	15
Zahlung der Entschädigung	16
Repräsentanten	17
Wiederherbeigeschaffte Sachen	18
Rechtsverhältnis nach dem Versicherungsfall	19
Schriftliche Form; Zurückweisung von Kündigungen	20
Agentenvollmacht	21
Schlußbestimmung	22

§ 1 Versicherte Gefahren und Schäden. 1. Der Versicherer leistet Entschädigung für versicherte Sachen, die durch

a) Brand,
b) Blitzschlag,
c) Explosion,
d) Anprall oder Absturz eines bemannten Flugkörpers, seiner Teile oder seiner Ladung,

FeuerVers **§ 1 AFB 16**

e) Löschen, Niederreißen oder Ausräumen infolge eines dieser Ereignisse

zerstört oder beschädigt werden oder abhandenkommen.

2. Brand ist ein Feuer, das ohne einen bestimmungsgemäßen Herd entstanden

ist oder ihn verlassen hat und das sich aus eigener Kraft auszubreiten vermag.

3. Blitzschlag ist der unmittelbare Übergang eines Blitzes auf Sachen.

4. Explosion ist eine auf dem Ausdehnungsbestreben von Gasen oder Dämpfen beruhende, plötzlich verlaufende Kraftäußerung. Eine Explosion eines Behälters (Kessel, Rohrleitung usw.) liegt nur vor, wenn seine Wandung in einem solchen Umfang zerrissen wird, daß ein plötzlicher Ausgleich des Druckunterschiedes innerhalb und außerhalb des Behälters stattfindet. Wird im Innern eines Behälters eine Explosion durch chemische Umsetzung hervorgerufen, so ist ein dadurch an dem Behälter entstehender Schaden auch dann zu ersetzen, wenn seine Wandung nicht zerrissen ist. Schäden durch Unterdruck sind nicht versichert.

5. *Soweit nicht etwas anderes vereinbart ist,* erstreckt sich die Versicherung nicht auf

a) Brandschäden, die an versicherten Sachen dadurch entstehen, daß sie einem Nutzfeuer oder der Wärme zur Bearbeitung oder zu sonstigen Zwecken ausgesetzt werden; dies gilt auch für Sachen, in denen oder durch die Nutzfeuer oder Wärme erzeugt, vermittelt oder weitergeleitet wird;

b) Sengschäden, außer wenn diese dadurch verursacht wurden, daß sich eine versicherte Gefahr gemäß Nr. 1 verwirklicht hat;

c) Schäden, die an Verbrennungskraftmaschinen durch die im Verbrennungsraum auftretenden Explosionen, sowie Schäden, die an Schaltorganen von elektrischen Schaltern durch den in ihnen auftretenden Gasdruck entstehen;

d) Schäden, die durch die Wirkung des elektrischen Stromes an elektrischen Einrichtungen mit oder ohne Feuererscheinung entstehen (z. B. durch Überstrom, Überspannung, Isolationsfehler, wie Kurz-, Windungs-, Körper- oder Erdschluß, unzureichende Kontaktgabe, Versagen von Meß-, Regel- oder Sicherheitseinrichtungen);

e) Blitzschäden an elektrischen Einrichtungen, es sei denn, daß der Blitz unmittelbar auf diese Sachen übergegangen ist.

6. Folgeschäden sind durch Nr. 5a und 5c nicht ausgeschlossen.

Durch Nr. 5d und 5e sind Folgeschäden nicht ausgeschlossen, soweit sie Folgeschäden von Brand- und Explosionsschäden sind.

Die Ausschlüsse gemäß Nr. 5a bis 5d gelten nicht für Schäden, die dadurch verursacht wurden, daß sich an anderen Sachen eine versicherte Gefahr gemäß Nr. 1 verwirklicht hat.

7. *Soweit nicht etwas anderes vereinbart ist,* erstreckt sich die Versicherung ohne Rücksicht auf mitwirkende Ursachen außerdem nicht auf Schäden an versicherten Sachen und nicht auf versicherte Kosten, die durch Kriegsereignisse jeder Art, innere Unruhen, Erdbeben oder Kernenergie[1] verursacht werden.

§ 2 Versicherte Sachen. 1. Versichert sind die in dem Versicherungsvertrag bezeichneten

a) Gebäude und sonstigen Grundstücksbestandteile;
b) beweglichen Sachen.

2. Gebäude sind mit ihren Bestandteilen, aber ohne Zubehör versichert, soweit nicht etwas anderes vereinbart ist.

3. Bewegliche Sachen sind nur versichert, soweit der Versicherungsnehmer

a) Eigentümer ist;
b) sie unter Eigentumsvorbehalt erworben hat;
c) sie sicherungshalber übereignet hat und soweit für sie gemäß § 71 Abs. 1 Satz 2 VVG dem Erwerber ein Entschädigungsanspruch nicht zusteht.

4. Über Nr. 3 hinaus ist fremdes Eigentum versichert, soweit es seiner Art nach zu den versicherten Sachen gehört

---

[1] Der Ersatz von Schäden durch Kernenergie richtet sich in der Bundesrepublik Deutschland nach dem Atomgesetz. Die Betreiber von Kernanlagen sind zur Deckungsvorsorge verpflichtet und schließen hierfür Haftpflichtversicherungen ab.

FeuerVers § 2 AFB **16**

und dem Versicherungsnehmer zur Bearbeitung, Benutzung oder Verwahrung oder zum Verkauf in Obhut gegeben wurde und soweit nicht der Versicherungsnehmer nachweislich, insbesondere mit dem Eigentümer, vereinbart hat, daß die fremden Sachen durch den Versicherungsnehmer nicht versichert zu werden brauchen.

5. Die Versicherung gemäß Nr. 3b, Nr. 3c und Nr. 4 gilt für Rechnung des Eigentümers und des Versicherungsnehmers. In den Fällen der Nr. 4 ist jedoch für die Höhe des Versicherungswertes, soweit nicht etwas anderes vereinbart ist, nur das Interesse des Eigentümers maßgebend.

6. Ist Versicherung der Betriebseinrichtung vereinbart, so fallen hierunter nicht
a) Bargeld
b) Urkunden, wie z. B. Sparbücher und sonstige Wertpapiere;
c) Akten, Pläne, Geschäftsbücher, Karteien, Zeichnungen, Lochkarten, Magnetbänder, Magnetplatten und sonstige Datenträger;
d) Muster, Anschauungsmodelle, Prototypen und Ausstellungsstücke, ferner typengebundene, für die laufende Produktion nicht mehr benötigte Fertigungsvorrichtungen;
e) zulassungspflichtige Kraftfahrzeuge, Kraftfahrzeuganhänger und Zugmaschinen;
f) Automaten mit Geldeinwurf (einschließlich Geldwechsler) samt Inhalt sowie Geldausgabeautomaten.

7. Ist Versicherung von Gebrauchsgegenständen der Betriebsangehörigen vereinbart, so sind nur Sachen versichert, die sich üblicherweise oder auf Verlangen des Arbeitgebers innerhalb des Versicherungsortes befinden. Bargeld, Wertpapiere und Kraftfahrzeuge sind nicht versichert.

Entschädigung wird nur geleistet, soweit Entschädigung nicht aus einem anderen Versicherungsvertrag beansprucht werden kann – *soweit nicht etwas anderers vereinbart ist*. Ist danach die Entschädigung oder eine Abschlagszahlung gemäß § 16 Nr. 1 nur deshalb noch nicht fällig, weil ohne Verschulden des Versicherungsnehmers oder des versicherten Betriebsangehörigen die Entschädigungspflicht aus dem anderen Versicherungsvertrag ganz oder teilweise noch nicht geklärt ist, so wird der Versicherer unter Vorbehalt der Rückforderung mit Zinsen 1 Prozent unter dem jeweiligen Diskontsatz der Deutschen Bundesbank, mindestens jedoch 4 Prozent und höchstens 6 Prozent pro Jahr, eine vorläufige Zahlung leisten. – *soweit nicht etwas anderes vereinbart ist.*

§ 3 Versicherte Kosten. 1. Aufwendungen, auch erfolglose, die der Versicherungsnehmer zur Abwendung oder Minderung des Schadens (§ 13 Nr. 1c und 1d) für geboten halten durfte, hat der Versicherer zu ersetzen. Der Ersatz dieser Aufwendungen und die Entschädigung für versicherte Sachen betragen zusammen höchstens die Versicherungssumme je vereinbarter Position; dies gilt jedoch nicht, soweit Maßnahmen auf Weisung des Versicherers erfolgt sind. Besteht Unterversicherung, so sind die Aufwendungen ohne Rücksicht auf Weisungen des Versicherers nur in demselben Verhältnis zu ersetzen wie der Schaden.

Aufwendungen für Leistungen der Feuerwehren oder anderer im öffentlichen Interesse zur Hilfeleistung Verpflichteter werden nicht ersetzt.

2. Für die Kosten der Ermittlung und Feststellung des Schadens gilt § 66 VVG.

3. Soweit dies vereinbart ist, ersetzt der Versicherer auch die infolge eines Versicherungsfalles notwendigen Aufwendungen

a) für das Aufräumen der Schadenstätte einschließlich des Abbruchs stehengebliebener Teile, für das Abfahren von Schutt und sonstigen Resten zum nächsten Ablagerungsplatz und für das Ablagern oder Vernichten (Aufräumungs- und Abbruchkosten);

b) die der Versicherungsnehmer zur Brandbekämpfung für geboten halten durfte (Feuerlöschkosten) einschließlich Kosten im Sinn von Nr. 1, die nach jener Bestimmung nicht zu ersetzen sind;
freiwillige Zuwendungen des Versicherungsnehmers an Personen, die sich bei der Brandbekämpfung eingesetzt haben, sind nur zu ersetzen, wenn der Versicherer vorher zugestimmt hatte;

c) die dadurch entstehen, daß zum Zweck der Wiederherstellung oder Wiederbeschaffung von Sachen, die durch vorliegenden Vertrag versichert sind, andere Sachen bewegt, verändert oder geschützt werden müssen (Bewegungs- und Schutzkosten);

FeuerVers § 4 **AFB 16**

Bewegungs- und Schutzkosten sind insbesondere Aufwendungen für De- oder Remontage von Maschinen, für Durchbruch, Abriß oder Wiederaufbau von Gebäudeteilen oder für das Erweitern von Öffnungen;
d) für die Wiederherstellung von Akten, Plänen, Geschäftsbüchern, Karteien, Zeichnungen, Lochkarten, Magnetbändern, Magnetplatten und sonstigen Datenträgern einschließlich des Neuwertes (§ 5 Nr. 2a) der Datenträger;
soweit die Wiederherstellung nicht notwendig ist oder nicht innerhalb von zwei Jahren seit Eintritt des Versicherungsfalles sichergestellt wird, leistet der Versicherer Entschädigung nur in Höhe des gemäß § 5 Nr. 5 berechneten Wertes des Materials.

§ 4 Versicherungsort. 1. Versicherungsschutz für bewegliche Sachen besteht nur innerhalb des Versicherungsortes.

Diese Beschränkung gilt nicht für Sachen, die infolge eines eingetretenen oder unmittelbar bevorstehenden Versicherungsfalles aus dem Versicherungsort entfernt und in zeitlichem und örtlichem Zusammenhang mit diesem Vorgang beschädigt oder zerstört werden oder abhandenkommen. Unberührt bleibt jedoch § 14 Nr. 1.

2. Versicherungsort sind die in dem Versicherungsvertrag bezeichneten Gebäude oder Räume von Gebäuden oder die als Versicherungsort bezeichneten Grundstücke.

Gebrauchsgegenstände von Betriebsangehörigen sind in deren Wohnräumen nicht versichert.

3. Nur in verschlossenen Räumen oder Behältnissen der im Versicherungsvertrag bezeichneten Art sind versichert
a) Bargeld;
b) Urkunden, z. B. Sparbücher und sonstige Wertpapiere;
c) Briefmarken;
d) Münzen und Medaillen;
e) unbearbeitete Edelmetalle sowie Sachen aus Edelmetall, ausgenommen Sachen, die dem Raumschmuck dienen;
f) Schmucksachen, Perlen und Edelsteine;
g) Sachen, für die dies besonders vereinbart ist.
Dies gilt, soweit nicht etwas anderes vereinbart ist, bei Versicherung von Juwelier-, Uhrmacher- und Bijouteriegeschäften nicht für Schmucksachen und Sachen aus Edelmetallen.

4. Registrierkassen, Rückgeldgeber und Automaten mit Geldeinwurf (einschließlich Geldwechsler) gelten nicht als Behältnisse im Sinn von Nr. 3.

Jedoch ist im Rahmen einer für Bargeld in Behältnissen gemäß Nr. 3 vereinbarten Versicherungssumme Bargeld auch in Registrierkassen versichert. Die Entschädigung ist auf ＿＿ DM je Registrierkasse und außerdem auf ＿＿ DM je Versicherungsfall begrenzt, soweit nicht andere Beträge vereinbart sind.

5. Bis zu der vereinbarten besonderen Versicherungssumme oder einer vereinbarten Entschädigungsgrenze ist Bargeld während der Geschäftszeit oder während vereinbarter sonstiger Zeiträume auch ohne Verschluß gemäß Nr. 3 versichert.

§5 Versicherungswert.
1. Versicherungswert von Gebäuden ist

a) der Neuwert;
Neuwert ist der ortsübliche Neubauwert einschließlich Architektengebühren sowie sonstiger Konstruktions- und Planungskosten;

b) der Zeitwert, falls er weniger als ＿＿ Prozent, bei landwirtschaftlichen Gebäuden weniger als ＿＿ Prozent des Neuwertes beträgt oder falls Versicherung nur zum Zeitwert vereinbart ist;
der Zeitwert ergibt sich aus dem Neuwert des Gebäudes durch einen Abzug entsprechend seinem insbesondere durch den Abnutzungsgrad bestimmten Zustand;

c) der gemeine Wert, falls das Gebäude zum Abbruch bestimmt oder sonst dauernd entwertet oder falls Versicherung nur zum gemeinen Wert vereinbart ist; eine dauernde Entwertung liegt insbesondere vor, wenn das Gebäude für seinen Zweck allgemein oder im Betrieb des Versicherungsnehmers nicht mehr zu verwenden ist;
gemeiner Wert ist der für den Versicherungsnehmer erzielbare Verkaufspreis für das Gebäude oder für das Altmaterial.

2. Versicherungswert der technischen und kaufmännischen Betriebseinrichtung und der Gebrauchsgegenstände von Betriebsangehörigen ist

a) der Neuwert;
Neuwert ist der Betrag, der aufzuwenden ist, um Sachen gleicher Art und Güte in neuwertigem Zustand wiederzube-

FeuerVers § 5 **AFB 16**

schaffen oder sie neu herzustellen; maßgebend ist der niedrigere Betrag;
b) der Zeitwert, falls er weniger als ⎯⎯ Prozent des Neuwertes beträgt oder falls Versicherung nur zum Zeitwert vereinbart ist;
der Zeitwert ergibt sich aus dem Neuwert der Sache durch einen Abzug entsprechend ihrem insbesondere durch den Abnutzungsgrad bestimmten Zustand;
c) der gemeine Wert, soweit die Sache für ihren Zweck allgemein oder im Betrieb des Versicherungsnehmers nicht mehr zu verwenden ist;
gemeiner Wert ist der für den Versicherungsnehmer erzielbare Verkaufspreis für die Sache oder für das Altmaterial.

3. Versicherungswert

a) von Waren, die der Versicherungsnehmer herstellt, auch soweit sie noch nicht fertiggestellt sind,
b) von Waren, mit denen der Versicherungsnehmer handelt,
c) von Rohstoffen und
d) von Naturerzeugnissen

ist der Betrag, der aufzuwenden ist, um Sachen gleicher Art und Güte wiederzubeschaffen oder sie neu herzustellen; maßgebend ist der niedrigere Betrag.

Der Versicherungswert ist begrenzt durch den erzielbaren Verkaufspreis, bei nicht fertiggestellten eigenen Erzeugnissen durch den erzielbaren Verkaufspreis der fertigen Erzeugnisse. § 55 VVG (Bereicherungsverbot) bleibt unberührt.

4. Versicherungswert von Wertpapieren ist

a) bei Wertpapieren mit amtlichem Kurs der mittlere Einheitskurs am Tag der jeweils letzten Notierung aller amtlichen Börsen der Bundesrepublik Deutschland;
b) bei Sparbüchern der Betrag des Guthabens;
c) bei sonstigen Wertpapieren der Marktpreis.

5. Versicherungswert von Grundstücksbestandteilen, die nicht Gebäude sind, ist, soweit nicht etwas anderes vereinbart wurde, entweder der Zeitwert gemäß Nr. 2b oder unter den dort genannten Voraussetzungen der gemeine Wert gemäß Nr. 2c.

Dies gilt auch für Muster, Anschauungsmodelle, Prototypen und Ausstellungsstücke, ferner für typengebundene, für die laufende Produktion nicht mehr benötigte Fertigungsvorrichtungen sowie für alle sonstigen, in Nr. 2 bis 4 nicht genannten beweglichen Sachen.

§ 6 Gefahrumstände bei Vertragsabschluß und Gefahrerhöhung. *Soweit nicht etwas anderes vereinbart ist, gilt:*

1. Bei Abschluß des Vertrages hat der Versicherungsnehmer alle ihm bekannten Umstände, die für die Übernahme der Gefahr erheblich sind, dem Versicherer anzuzeigen. Bei schuldhafter Verletzung dieser Obliegenheit kann der Versicherer nach Maßgabe der §§ 16 bis 21 VVG vom Vertrag zurücktreten, wodurch die Entschädigungspflicht entfallen kann.

2. Nach Antragstellung darf der Versicherungsnehmer ohne Einwilligung des Versicherers keine Gefahrerhöhung vornehmen oder gestatten.
Der Versicherungsnehmer hat jede Gefahrerhöhung, die ihm bekannt wird, dem Versicherer unverzüglich anzuzeigen, und zwar auch dann, wenn sie ohne seinen Willen eintritt.
Im übrigen gelten die §§ 23 bis 30 VVG. Danach kann der Versicherer zur Kündigung berechtigt oder auch leistungsfrei sein.

3. Für vorschriftsmäßige Anlagen des Zivilschutzes und für Zivilschutzübungen gelten Nr. 2 und die §§ 23 bis 30 VVG nicht.

4. Die Aufnahme oder Veränderung eines Betriebes, gleich welcher Art und welchen Umfangs, ist dem Versicherer unverzüglich anzuzeigen.
Ist mit der Aufnahme oder Veränderung des Betriebes eine Gefahrerhöhung verbunden, so gelten die §§ 23 bis 30 VVG.
Der Versicherer hat von dem Tag der Aufnahme oder Veränderung des Betriebes an Anspruch auf die aus einem etwa erforderlichen höheren Prämiensatz errechnete Prämie. Dies gilt nicht, soweit der Versicherer in einem Versicherungsfall wegen Gefahrerhöhung leistungsfrei geworden ist.

5. Gefahrerhöhende Umstände werden durch Maßnahmen des Versicherungsnehmers oder durch sonstige gefahrmindernde Umstände ausgeglichen, insbesondere soweit diese mit dem Versicherer vereinbart wurden.

§ 7 Sicherheitsvorschriften. – *Soweit nicht etwas anderes vereinbart ist, gilt:*

1. Der Versicherungsnehmer hat
a) alle gesetzlichen oder behördlichen Sicherheitsvorschriften zu beachten;
b) über Wertpapiere und sonstige Urkunden, über Sammlungen und über sonstige Sachen, für die dies besonders vereinbart ist, Verzeichnisse zu führen und diese so aufzubewahren, daß sie im Versicherungsfall voraussichtlich nicht gleichzeitig mit den versicherten Sachen zerstört oder beschädigt werden oder abhandenkommen können;
Abs. 1 gilt nicht für Wertpapiere und sonstige Urkunden sowie für Sammlungen, wenn der Wert dieser Sachen insgesamt ___ DM nicht übersteigt; Abs. 1 gilt ferner nicht für Briefmarken;
Abs. 1 und Abs. 2 gelten nicht für Banken und Sparkassen.

2. Verletzt der Versicherungsnehmer eine der Obliegenheiten gemäß Nr. 1a, so ist der Versicherer nach Maßgabe des § 6 Abs. 1 und Abs. 2 VVG zur Kündigung berechtigt oder auch leistungsfrei. Eine Kündigung des Versicherers wird einen Monat nach Zugang wirksam. Leistungsfreiheit tritt nicht ein, wenn die Verletzung weder auf Vorsatz noch auf grober Fahrlässigkeit beruht.
Führt die Verletzung zu einer Gefahrerhöhung, so gelten die §§ 23 bis 30 VVG. Danach kann der Versicherer zur Kündigung berechtigt oder auch leistungsfrei sein.

3. Verletzt der Versicherungsnehmer die Bestimmung der Nr. 1b, so kann er Entschädigung für Sachen der dort genannten Art nur verlangen, soweit er das Vorhandensein, die Beschaffenheit und den Versicherungswert der Sachen auch ohne das Verzeichnis nachweisen kann.

§ 8 Prämie; Beginn und Ende der Haftung. (1) Der Versicherungsnehmer hat die erste Prämie (Beitrag) gegen Aushändigung des Versicherungsscheins, Folgeprämien am Ersten des Monats zu zahlen, in dem ein neues Versicherungsjahr beginnt. Die Folgen nicht rechtzeitiger Zahlung der ersten Prämie oder der ersten Rate der ersten Prämie ergeben sich aus § 38 VVG in Verbindung mit Nr. 3; im übrigen gelten §§ 39, 91 VVG. Rückständige Folgeprämien dürfen nur innerhalb eines Jahres seit Ablauf der nach § 39 VVG für sie gesetzten Zahlungsfrist eingezogen werden.

2. Ist Ratenzahlung vereinbart, so gelten die ausstehenden Raten bis zu den vereinbarten Zahlungsterminen als gestundet.

Die gestundeten Raten des laufenden Versicherungsjahres werden sofort fällig, wenn der Versicherungsnehmer mit einer Rate ganz oder teilweise in Verzug gerät oder soweit eine Entschädigung fällig wird.

3. Die Haftung des Versicherers beginnt mit dem vereinbarten Zeitpunkt und zwar auch dann, wenn zur Prämienzahlung erst später aufgefordert, die Prämie aber unverzüglich gezahlt wird. Ist dem Versicherungsnehmer bei Antragstellung bekannt, daß ein Versicherungsfall bereits eingetreten ist, so entfällt hierfür die Haftung.

4. Die Haftung endet mit dem vereinbarten Zeitpunkt. Versicherungsverträge von mindestens einjähriger Dauer verlängern sich jedoch von Jahr zu Jahr, wenn sie nicht spätestens drei Monate vor Ablauf schriftlich gekündigt werden.

5. Endet das Versicherungsverhältnis vor Ablauf der Vertragszeit oder wird es nach Beginn rückwirkend aufgehoben oder ist es von Anfang an nichtig, so gebührt dem Versicherer Prämie oder Geschäftsgebühr gemäß dem Versicherungsvertragsgesetz (z. B. §§ 40, 68).

Kündigt nach Eintritt eines Versicherungsfalles (§ 19 Nr. 2) der Versicherungsnehmer, so gebührt dem Versicherer die Prämie für das laufende Versicherungsjahr. Kündigt der Versicherer, so hat er die Prämie für das laufende Versicherungsjahr nach dem Verhältnis der noch nicht abgelaufenen zu der gesamten Zeit des Versicherungsjahres zurückzuzahlen.

§ 9 Mehrfache Versicherung; Überversicherung.

1. Nimmt der Versicherungsnehmer für versicherte Sachen eine weitere Versicherung gegen eine der versicherten Gefahren, so hat er den anderen

Versicherer und die Versicherungssumme dem Versicherer unverzüglich schriftlich mitzuteilen. Dies gilt nicht für Allgefahrenversicherungen.

Verletzt der Versicherungsnehmer die Obliegenheit gemäß Abs. 1, so ist der Versicherer nach Maßgabe des § 6 Abs. 1 VVG zur Kündigung berechtigt oder auch leistungsfrei. Eine

Kündigung des Versicherers wird einen Monat nach Zugang wirksam. Die Leistungsfreiheit tritt nicht ein, wenn die Verletzung weder auf Vorsatz noch auf grober Fahrlässigkeit beruht oder wenn der Versicherer vor dem Versicherungsfall Kenntnis von der anderen Versicherung erlangt hat.

2. Ist ein Selbstbehalt vereinbart und besteht mehrfache Versicherung, so kann abweichend von § 59 Abs. 1 VVG als Entschädigung aus den mehreren Verträgen nicht mehr als der Schaden abzüglich des Selbstbehaltes verlangt werden.

3. Erlangt der Versicherungsnehmer oder der Versicherte aus anderen Versicherungsverträgen Entschädigung für denselben Schaden, so ermäßigt sich der Anspruch aus vorliegendem Vertrag in der Weise, daß die Entschädigung aus allen Verträgen insgesamt nicht höher ist, als wenn der Gesamtbetrag der Versicherungssummen, aus denen [die] Prämie errechnet wurde, nur in dem vorliegenden Vertrag in Deckung gegeben worden wäre.

4. Wird wegen Überversicherung oder Doppelversicherung die Versicherungssumme vermindert, so ist von diesem Zeitpunkt an für die Höhe der Prämie der Betrag maßgebend, den der Versicherer berechnet haben würde, wenn der Vertrag von vornherein mit dem neuen Inhalt geschlossen worden wäre.

§ 10 Versicherung für fremde Rechnung. 1. Soweit die Versicherung für fremde Rechnung genommen ist, kann der Versicherungsnehmer, auch wenn er nicht im Besitz des Versicherungsscheins ist, über die Rechte des Versicherten ohne dessen Zustimmung im eigenen Namen verfügen, insbesondere die Zahlung der Entschädigung verlangen und die Rechte des Versicherten übertragen. Der Versicherer kann jedoch vor Zahlung der Entschädigung den Nachweis verlangen, daß der Versicherte seine Zustimmung dazu erteilt hat.

2. Der Versicherte kann über seine Rechte nicht verfügen, selbst wenn er im Besitz des Versicherungsscheins ist. Er kann die Zahlung der Entschädigung nur mit Zustimmung des Versicherungsnehmers verlangen.

3. Soweit Kenntnis oder Verhalten des Versicherungsnehmers von rechtlicher Bedeutung ist, kommt auch Kenntnis oder Verhalten des Versicherten in Betracht. Im übrigen gilt § 79 VVG.

§ 11 Entschädigungsberechnung; Unterversicherung.

1. Ersetzt werden

a) bei zerstörten oder infolge eines Versicherungsfalles abhandengekommenen Sachen der Versicherungswert (§ 5) unmittelbar vor Eintritt des Versicherungsfalles;

b) bei beschädigten Sachen die notwendigen Reparaturkosten zur Zeit des Eintritts des Versicherungsfalles zuzüglich einer durch den Versicherungsfall etwa entstandenen und durch die Reparatur nicht auszugleichenden Wertminderung, höchstens jedoch der Versicherungswert unmittelbar vor Eintritt des Versicherungsfalles; die Reparaturkosten werden gekürzt, soweit durch die Reparatur der Versicherungswert der Sache gegenüber dem Versicherungswert unmittelbar vor Eintritt des Versicherungsfalles erhöht wird.

Restwerte werden angerechnet.

Behördliche Wiederherstellungsbeschränkungen bleiben unberücksichtigt.

2. Für Kosten gemäß § 3 Nr. 3 oder für Betriebsunterbrechungsschäden leistet der Versicherer Entschädigung nur, soweit dies besonders vereinbart ist.

3. Ist die Versicherungssumme niedriger als der Versicherungswert unmittelbar vor Eintritt des Versicherungsfalles (Unterversicherung), so wird nur der Teil des gemäß Nr. 1 ermittelten Betrages ersetzt, der sich zu dem ganzen Betrag verhält wie die Versicherungssumme zu dem Versicherungswert.

Ist die Entschädigung für einen Teil der in einer Position versicherten Sachen auf bestimmte Beträge begrenzt (§ 12 Abs. 1 Nr. 2), so werden bei Ermittlung des Versicherungswertes der davon betroffenen Sachen höchstens diese Beträge berücksichtigt. Ergibt sich aus dem so ermittelten Versicherungswert eine Unterversicherung, so wird der Gesamtbetrag des Schadens entsprechend gekürzt; danach ist § 12 Abs. 1 Nr. 2 anzuwenden.

Ob Unterversicherung vorliegt, ist für jede vereinbarte Gruppe (Position) gesondert festzustellen.

4. Bei der Versicherung auf Erstes Risiko (Erste Gefahr) gelten § 56 VVG und die Bestimmungen über Unterversicherung (Nr. 3) nicht. Versicherung auf Erstes Risiko besteht

a) für Kosten gemäß § 3 Nr. 3;
b) soweit dies zu sonstigen Versicherungssummen besonders vereinbart ist.

5. Ist der Neuwert (§ 5 Nr. 1a und Nr. 2a) der Versicherungswert, so erwirbt der Versicherungsnehmer auf den Teil der Entschädigung, der den Zeitwertschaden (Abs. 2) übersteigt, einen Anspruch nur, soweit und sobald er innerhalb von drei Jahren nach Eintritt des Versicherungsfalles sichergestellt hat, daß er die Entschädigung verwenden wird, um

a) Gebäude in gleicher Art und Zweckbestimmung an der bisherigen Stelle wiederherzustellen; ist dies an der bisherigen Stelle rechtlich nicht möglich oder wirtschaftlich nicht zu vertreten, so genügt es, wenn das Gebäude an anderer Stelle innerhalb der Bundesrepublik Deutschland wiederhergestellt wird;
b) bewegliche Sachen oder Grundstücksbestandteile, die zerstört worden oder abhandengekommen sind, in gleicher Art und Güte und in neuwertigem Zustand wiederzubeschaffen; nach vorheriger Zustimmung des Versicherers genügt Wiederbeschaffung gebrauchter Sachen; anstelle von Kraft- oder Arbeitsmaschinen können Kraft- oder Arbeitsmaschinen beliebiger Art beschafft werden, wenn deren Betriebszweck derselbe ist;
c) bewegliche Sachen oder Grundstücksbestandteile, die beschädigt worden sind, wiederherzustellen.

Der Zeitwertschaden wird bei zerstörten oder abhandengekommenen Sachen gemäß § 5 Nr. 1b, Nr. 2b und Nr. 5 festgestellt. Bei beschädigten Sachen werden die Kosten einer Reparatur um den Betrag gekürzt, um den durch die Reparatur der Zeitwert der Sache gegenüber dem Zeitwert unmittelbar vor Eintritt des Versicherungsfalles erhöht würde.

6. Für Muster, Anschauungsmodelle, Prototypen und Ausstellungsstücke, ferner für typengebundene, für die laufende Produktion nicht mehr benötigte Fertigungsvorrichtungen (§ 5 Nr. 5 Abs. 2), erwirbt der Versicherungsnehmer auf den Teil der Entschädigung, der den gemeinen Wert (§ 5 Nr. 2c) übersteigt, einen Anspruch nur, soweit für die Verwendung der Entschädigung die Voraussetzungen gemäß Nr. 5b oder 5c erfüllt sind und die Wiederherstellung notwendig ist.

§ 12 Entschädigungsgrenzen. Der Versicherer leistet Entschädigung je Versicherungsfall höchstens

1. bis zu der je Position vereinbarten Versicherungssumme;

2. bis zu den Entschädigungsgrenzen, die in § 4 Abs. 2 Satz 2 vorgesehen oder zusätzlich vereinbart sind.

Maßgebend ist der niedrigere Betrag.

§ 13 Obliegenheiten des Versicherungsnehmers im Versicherungsfall. – *Soweit nichts anderes vereinbart ist, gilt:*

1. Der Versicherungsnehmer hat bei Eintritt eines Versicherungsfalles

a) den Schaden dem Versicherer unverzüglich anzuzeigen, das Abhandenkommen versicherter Sachen auch der zuständigen Polizeidienststelle; gegenüber dem Versicherer gilt diese Anzeige auch als unverzüglich, wenn sie innerhalb von drei Tagen abgesandt wird;
bei Schäden über ＿＿ DM sollte die Anzeige dem Versicherer gegenüber fernmündlich, fernschriftlich oder telegraphisch erfolgen;

b) der Polizeidienststelle unverzüglich ein Verzeichnis der abhandengekommenen Sachen einzureichen;

c) den Schaden nach Möglichkeit abzuwenden oder zu mindern und dabei die Weisungen des Versicherers zu befolgen; er hat, soweit die Umstände es gestatten, solche Weisungen einzuholen;

d) für zerstörte oder abhandengekommene Wertpapiere oder sonstige aufgebotsfähige Urkunden unverzüglich das Aufgebotsverfahren einzuleiten und etwaige sonstige Rechte zu wahren, insbesondere abhandengekommene Sparbücher und andere sperrfähige Urkunden unverzüglich sperren zu lassen;

e) dem Versicherer auf dessen Verlangen im Rahmen des Zumutbaren jede Untersuchung über Ursache und Höhe des Schadens und über den Umfang seiner Entschädigungspflicht zu gestatten, jede hierzu dienliche Auskunft auf Verlangen schriftlich zu erteilen und die erforderlichen Belege beizubringen, bei Gebäudeschäden auf Verlangen insbesondere einen beglaubigten Grundbuchauszug;

f) Veränderungen der Schadenstelle möglichst zu vermeiden, solange der Versicherer nicht zugestimmt hat;

FeuerVers §14 AFB 16

g) dem Versicherer auf dessen Verlangen innerhalb einer angemessenen Frist von mindestens zwei Wochen ein von ihm unterschriebenes Verzeichnis aller abhandengekommenen, zerstörten oder beschädigten Sachen vorzulegen; soweit nicht Versicherung auf Erstes Risiko vereinbart ist, kann der Versicherer auch ein Verzeichnis aller unmittelbar vor Eintritt des Versicherungsfalles vorhandenen Sachen verlangen; in den Verzeichnissen ist der Versicherungswert der Sachen unmittelbar vor Eintritt des Versicherungsfalles anzugeben.

2. Verletzt der Versicherungsnehmer eine der vorstehenden Obliegenheiten, so ist der Versicherer nach Maßgabe des Versicherungsvertragsgesetzes (§§ 6 Abs. 3, 62 Abs. 2 VVG) von der Entschädigungspflicht frei. Dies gilt nicht, wenn nur die fernmündliche, fernschriftliche oder telegraphische Anzeige gemäß Nr. 1a unterbleibt.

Sind abhandengekommene Sachen der Polizeidienststelle nicht oder nicht rechtzeitig angezeigt worden, so kann der Versicherer nur für diese Sachen von der Entschädigungspflicht frei sein.

3. Hatte eine vorsätzliche Obliegenheitsverletzung Einfluß weder auf die Feststellung des Versicherungsfalles noch auf die Feststellung oder den Umfang der Entschädigung, so entfällt die Leistungsfreiheit gemäß Nr. 2, wenn die Verletzung nicht geeignet war, die Interessen des Versicherers ernsthaft zu beeinträchtigen, und wenn außerdem den Versicherungsnehmer kein erhebliches Verschulden trifft.

§ 14 Besondere Verwirkungsgründe. – *Soweit nicht etwas anderes vereinbart ist –*

1. Führt der Versicherungsnehmer den Schaden vorsätzlich oder grob fahrlässig herbei, so ist der Versicherer von der Entschädigungspflicht frei.

Ist die Herbeiführung des Schadens gemäß Abs. 1 durch ein rechtskräftiges Strafurteil wegen vorsätzlicher Brandstiftung festgestellt, so gelten die Voraussetzungen von Abs. 1 als bewiesen.

2. Versucht der Versicherungsnehmer, den Versicherer arglistig über Tatsachen zu täuschen, die für den Grund oder für die Höhe der Entschädigung von Bedeutung sind, so ist der Versicherer von der Entschädigungspflicht frei.

Ist eine Täuschung gemäß Abs. 1 durch rechtskräftiges Strafurteil wegen Betruges oder Betrugsversuchs festgestellt, so gelten die Voraussetzungen von Abs. 1 als bewiesen.

3. Wird der Entschädigungsanspruch nicht innerhalb einer Frist von sechs Monaten gerichtlich geltend gemacht, nachdem der Versicherer ihn unter Angabe der mit dem Ablauf der Frist verbundenen Rechtsfolge schriftlich abgelehnt hat, so ist der Versicherer von der Entschädigungspflicht frei. Durch ein Sachverständigenverfahren (§ 15) wird der Ablauf der Frist für dessen Dauer gehemmt.

§ 15 Sachverständigenverfahren. 1. Versicherungsnehmer und Versicherer können nach Eintritt des Versicherungsfalles vereinbaren, daß die Höhe des Schadens durch Sachverständige festgestellt wird. Das Sachverständigenverfahren kann durch Vereinbarung auf sonstige tatsächliche Voraussetzungen des Entschädigungsanspruchs sowie der Höhe der Entschädigung ausgedehnt werden.

Der Versicherungsnehmer kann ein Sachverständigenverfahren auch durch einseitige Erklärung gegenüber dem Versicherer verlangen.

2. Für das Sachverständigenverfahren gilt:

a) Jede Partei benennt schriftlich einen Sachverständigen und kann dann die andere unter Angabe des von ihr benannten Sachverständigen schriftlich auffordern, den zweiten Sachverständigen zu benennen. Wird der zweite Sachverständige nicht binnen zwei Wochen nach Empfang der Aufforderung benannt, so kann ihn die auffordernde Partei durch das für den Schadenort zuständige Amtsgericht ernennen lassen. In der Aufforderung ist auf diese Folge hinzuweisen.

b) Beide Sachverständige benennen schriftlich vor Beginn des Feststellungsverfahrens einen dritten Sachverständigen als Obmann. Einigen sie sich nicht, so wird der Obmann auf Antrag einer Partei durch das für den Schadenort zuständige Amtsgericht ernannt.

c) Der Versicherer darf als Sachverständige keine Personen benennen, die Mitbewerber des Versicherungsnehmers sind oder mit diesem in Geschäftsverbindung stehen, ferner keine Personen, die bei Mitbewerbern oder Geschäftspartnern angestellt sind oder mit ihnen in einem ähnlichen Verhältnis stehen.

FeuerVers § 16 **AFB 16**

Dies gilt entsprechend für die Benennung eines Obmannes durch die Sachverständigen.

3. Die Feststellungen der Sachverständigen müssen enthalten

a) ein Verzeichnis der zerstörten, beschädigten und abhandengekommenen Sachen sowie deren Versicherungswert zum Zeitpunkt des Versicherungsfalles; in den Fällen von § 11 Nr. 5 ist auch der Zeitwert, in den Fällen von § 11 Nr. 6 auch der gemeine Wert anzugeben;
b) bei beschädigten Sachen die Beträge gemäß § 11 Nr. 1 b;
c) alle sonstigen gemäß § 11 Nr. 1 maßgebenden Tatsachen, insbesondere die Restwerte der von dem Schaden betroffenen Sachen;
d) entstandene Kosten, die gemäß § 3 versichert sind.

4. Die Sachverständigen übermitteln beiden Parteien gleichzeitig ihre Feststellungen. Weichen die Feststellungen voneinander ab, so übergibt der Versicherer sie unverzüglich dem Obmann. Dieser entscheidet über die streitig gebliebenen Punkte innerhalb der durch die Feststellungen der Sachverständigen gezogenen Grenzen und übermittelt seine Entscheidung beiden Parteien gleichzeitig.

5. Jede Partei trägt die Kosten ihres Sachverständigen. Die Kosten des Obmannes tragen beide Parteien je zur Hälfte.

6. Die Feststellungen der Sachverständigen oder des Obmannes sind verbindlich, wenn nicht nachgewiesen wird, daß sie offenbar von der wirklichen Sachlage erheblich abweichen. Aufgrund dieser verbindlichen Feststellungen berechnet der Versicherer gemäß den §§ 11, 12 die Entschädigung.

7. Durch das Sachverständigenverfahren werden die Obliegenheiten des Versicherungsnehmers gemäß § 13 Nr. 1 nicht berührt.

§ 16 Zahlung der Entschädigung. 1. Ist die Leistungspflicht des Versicherers dem Grunde und der Höhe nach festgestellt, so hat die Auszahlung der Entschädigung binnen zwei Wochen zu erfolgen. Jedoch kann einen Monat nach Anzeige des Schadens als Abschlagszahlung der Betrag beansprucht werden, der nach Lage der Sache mindestens zu zahlen ist.

16 AFB § 16

2. Die Entschädigung ist seit Anzeige des Schadens mit 1 Prozent unter dem Diskontsatz der Deutschen Bundesbank zu verzinsen, mindestens jedoch mit 4 Prozent und höchstens mit 6 Prozent pro Jahr, soweit nicht aus anderen Gründen ein höherer Zins zu entrichten ist *oder soweit nicht etwas anderes vereinbart ist*.

Die Verzinsung entfällt, soweit die Entschädigung innerhalb eines Monats seit Anzeige des Schadens gezahlt wird.

Zinsen werden erst fällig, wenn die Entschädigung fällig ist.

3. Der Lauf der Fristen gemäß Nr. 1 und Nr. 2 Abs. 1 ist gehemmt, solange infolge Verschuldens des Versicherungsnehmers die Entschädigung nicht ermittelt oder nicht gezahlt werden kann.

4. Bei Schäden an Gebäuden, an der technischen oder kaufmännischen Betriebseinrichtung oder an Gebrauchsgegenständen von Betriebsangehörigen ist für die Zahlung des über den Zeitwertschaden hinausgehenden Teils der Entschädigung der Zeitpunkt maßgebend, in dem der Versicherungsnehmer den Eintritt der Voraussetzungen von § 11 Nr. 5 dem Versicherer nachgewiesen hat.

Abs. 1 gilt entsprechend für die in § 11 Nr. 6 genannten Sachen, soweit die Entschädigung den gemeinen Wert übersteigt. Das gleiche gilt, soweit aufgrund einer sonstigen Vereinbarung ein Teil der Entschädigung von Voraussetzungen abhängt, die erst nach dem Versicherungsfall eintreten.

Zinsen für die Beträge gemäß Abs. 1 und Abs. 2 werden erst fällig, wenn die dort genannten zusätzlichen Voraussetzungen der Entschädigung festgestellt sind.

5. Der Versicherer kann die Zahlung aufschieben,

a) solange Zweifel an der Empfangsberechtigung des Versicherungsnehmers bestehen;
b) wenn gegen den Versicherungsnehmer oder einen seiner Repräsentanten aus Anlaß des Versicherungsfalles ein behördliches oder strafgerichtliches Verfahren aus Gründen eingeleitet worden ist, die auch für den Entschädigungsanspruch rechtserheblich sind, bis zum rechtskräftigen Abschluß dieses Verfahrens.

6. Die gesetzlichen Vorschriften über die Sicherung des Realkredits bleiben unberührt.

§ 17 **Repräsentanten.** Im Rahmen von §§ 6, 7, 9, 13 und 14 Nr. 1 und Nr. 2 stehen Repräsentanten dem Versicherungsnehmer gleich.

§ 18 **Wiederherbeigeschaffte Sachen.** 1. Wird der Verbleib abhandengekommener Sachen ermittelt, so hat der Versicherungsnehmer dies dem Versicherer unverzüglich schriftlich anzuzeigen.

2. Hat der Versicherungsnehmer den Besitz einer abhandengekommenen Sache zurückerlangt, bevor die volle bedingungsgemäße Entschädigung für diese Sache gezahlt worden ist, so behält er den Anspruch auf die Entschädigung, falls er die Sache innerhalb von zwei Wochen dem Versicherer zur Verfügung stellt. Andernfalls ist eine für diese Sache gewährte Abschlagszahlung oder eine gemäß § 11 Nr. 5 oder Nr. 6 vorläufig auf den Zeitwertschaden oder auf den gemeinen Wert beschränkte Entschädigung zurückzuzahlen.

3. Hat der Versicherungsnehmer den Besitz einer abhandengekommenen Sache zurückerlangt, nachdem für diese Sache eine Entschädigung in voller Höhe ihres Versicherungswertes gezahlt worden ist, so hat der Versicherungsnehmer die Entschädigung zurückzuzahlen oder die Sache dem Versicherer zur Verfügung zu stellen. Der Versicherungsnehmer hat dieses Wahlrecht innerhalb von zwei Wochen nach Empfang einer schriftlichen Aufforderung des Versicherers auszuüben; nach fruchtlosem Ablauf dieser Frist geht das Wahlrecht auf den Versicherer über.

4. Hat der Versicherungsnehmer den Besitz einer abhandengekommenen Sache zurückerlangt, nachdem für diese Sache eine Entschädigung gezahlt worden ist, die bedingungsgemäß weniger als den Versicherungswert betragen hat, so kann der Versicherungsnehmer die Sache behalten und muß sodann die Entschädigung zurückzahlen. Erklärt er sich hierzu innerhalb von zwei Wochen nach Empfang einer schriftlichen Aufforderung des Versicherers nicht bereit, so hat der Versicherungsnehmer die Sache im Einvernehmen mit dem Versicherer öffentlich meistbietend verkaufen zu lassen. Von dem Erlös abzüglich der Verkaufskosten erhält der Versicherer den Anteil, welcher der von ihm geleisteten bedingungsgemäßen Entschädigung entspricht.

5. Dem Besitz einer zurückerlangten Sache steht es gleich, wenn der Versicherungsnehmer die Möglichkeit hat, sich den Besitz wieder zu verschaffen.

Ist ein Wertpapier in einem Aufgebotsverfahren für kraftlos erklärt worden, so hat der Versicherungsnehmer die gleichen Rechte und Pflichten, wie wenn er das Wertpapier zurückerlangt hätte. Jedoch kann der Versicherungsnehmer die Entschädigung behalten, soweit ihm durch Verzögerung fälliger Leistungen aus den Wertpapieren ein Zinsverlust entstanden ist.

6. Hat der Versicherungsnehmer dem Versicherer zurückerlangte Sachen zur Verfügung zu stellen, so hat er dem Versicherer den Besitz, das Eigentum und alle sonstigen Rechte zu übertragen, die ihm mit Bezug auf diese Sachen zustehen.

7. Sind wiederherbeigeschaffte Sachen beschädigt worden, so kann der Versicherungsnehmer Entschädigung gemäß § 11 Nr. 1b auch dann verlangen oder behalten, wenn die Sachen gemäß Nr. 2 bis Nr. 4 bei ihm verbleiben.

§ 19 Rechtsverhältnis nach dem Versicherungsfall.

1. Die Versicherungssummen vermindern sich nicht dadurch, daß eine Entschädigung geleistet wird.

2. Nach dem Eintritt eines Versicherungsfalles kann der Versicherer oder der Versicherungsnehmer den Versicherungsvertrag kündigen.

Die Kündigung ist schriftlich zu erklären. Sie muß spätestens einen Monat nach Auszahlung der Entschädigung zugehen. Der Zahlung steht es gleich, wenn die Entschädigung aus Gründen abgelehnt wird, die den Eintritt des Versicherungsfalles unberührt lassen.

Die Kündigung wird einen Monat nach ihrem Zugang wirksam. Der Versicherungsnehmer kann bestimmen, daß seine Kündigung sofort oder zu einem anderen Zeitpunkt wirksam wird, jedoch spätestens zum Schluß des laufenden Versicherungsjahres.

§ 20 Schriftliche Form; Zurückweisung von Kündigungen.

1. Anzeigen und Erklärungen bedürfen der Schriftform. Dies gilt nicht für die Anzeige eines Schadens gemäß § 13 Nr. 1a.

2. Ist eine Kündigung des Versicherungsnehmers unwirksam, ohne daß dies auf Vorsatz oder grober Fahrlässigkeit beruht, so wird die Kündigung wirksam, falls der Versicherer sie nicht unverzüglich zurückweist.

§ 21 Agentenvollmacht. Ein Agent des Versicherers ist nur dann bevollmächtigt, Anzeigen und Erklärungen des Versicherungsnehmers entgegenzunehmen, wenn er den Versicherungsvertrag vermittelt hat oder laufend betreut.

§ 22 Schlußbestimmung. 1. Soweit nicht in den Versicherungsbedingungen Abweichendes bestimmt ist, gelten die gesetzlichen Vorschriften.

2. Ein Auszug aus dem Gesetz über den Versicherungsvertrag (VVG), der insbesondere die in den AFB 87 erwähnten Bestimmungen enthält, ist dem Bedingungstext beigefügt.

17. Allgemeine Bedingungen für die Einbruchdiebstahl- und Raubversicherung (AERB 87/Fassung 1994)

(Unverbindliche Empfehlung des Verbandes der Sachversicherer. Abweichende Vereinbarungen sind möglich.)

Übersicht

	§§
Versicherte Gefahren und Schäden	1
Versicherte Sachen	2
Versicherte Kosten	3
Versicherungsort	4
Versicherungswert	5
Gefahrumstände bei Vertragsabschluß und Gefahrerhöhung	6
Sicherheitsvorschriften	7
Prämie; Beginn und Ende der Haftung	8
Mehrfache Versicherung; Überversicherung	9
Versicherung für fremde Rechnung	10
Entschädigungsberechnung; Unterversicherung	11
Entschädigungsgrenzen	12
Obliegenheiten des Versicherungsnehmers im Versicherungsfall	13
Besondere Verwirkungsgründe	14
Sachverständigenverfahren	15
Zahlung der Entschädigung	16
Repräsentanten	17
Wiederherbeigeschaffte Sachen	18
Rechtsverhältnis nach dem Versicherungsfall	19
Schriftliche Form; Zurückweisung von Kündigungen	20
Agentenvollmacht	21
Schlußbestimmung	22

§ 1 Versicherte Gefahren und Schäden. 1. Der Versicherer leistet Entschädigung für versicherte Sachen, die durch

a) Einbruchdiebstahl,
b) Raub innerhalb eines Gebäudes oder Grundstücks,
c) Raub auf Transportwegen,
d) Vandalismus nach einem Einbruch

oder durch den Versuch einer solchen Tat abhandenkommen, zerstört oder beschädigt werden.

Jede der in a bis d genannten Gefahren ist nur versichert, wenn dies vereinbart ist, Vandalismus nach einem Einbruch jedoch nur in Verbindung mit Einbruchdiebstahl.

2. Einbruchdiebstahl liegt vor, wenn der Dieb

a) in einen Raum eines Gebäudes einbricht, einsteigt oder mittels falscher Schlüssel oder anderer Werkzeuge eindringt; ein Schlüssel ist falsch, wenn die Anfertigung desselben für das Schloß nicht von einer dazu berechtigten Person veranlaßt oder gebilligt worden ist: der Gebrauch eines falschen Schlüssels ist nicht schon dann bewiesen, wenn feststeht, daß versicherte Sachen abhandengekommen sind;
b) in einem Raum eines Gebäudes ein Behältnis aufbricht oder falsche Schlüssel oder andere Werkzeuge benutzt, um es zu öffnen;
c) aus einem verschlossenen Raum eines Gebäudes Sachen entwendet, nachdem er sich in das Gebäude eingeschlichen oder dort verborgen gehalten hatte;
d) in einem Raum eines Gebäudes bei einem Diebstahl auf frischer Tat angetroffen wird und eines der Mittel gemäß Nr. 3a oder 3b anwendet, um sich den Besitz des gestohlenen Gutes zu erhalten;
e) in einen Raum eines Gebäudes mittels richtiger Schlüssel eindringt oder dort ein Behältnis mittels richtiger Schlüssel öffnet, die er durch Einbruchdiebstahl oder außerhalb des Versicherungsortes durch Raub an sich gebracht hatte;
werden jedoch Sachen entwendet, die gegen Einbruchdiebstahl nur unter vereinbarten zusätzlichen Voraussetzungen gemäß § 4 Nr. 4 versichert sind, so gilt dies als Einbruchdiebstahl nur, wenn der Dieb die richtigen Schlüssel des Behältnisses erlangt hat durch

aa) Einbruchdiebstahl gemäß Nr. 2b aus einem Behältnis, das mindestens die gleiche Sicherheit wie die Behältnisse bietet, in denen die Sachen versichert sind;
bb) Einbruchdiebstahl, wenn die Behältnisse, in denen die Sachen versichert sind, zwei Schlösser besitzen und alle zugehörigen Schlüssel, Schlüssel zu verschiedenen Schlössern voneinander getrennt, außerhalb des Versicherungsortes verwahrt werden;

cc) Raub außerhalb des Versicherungsortes;
bei Türen von Behältnissen oder Tresorräumen gemäß § 4 Nr. 4 mit einem Schlüsselschloß und einem Kombinationsschloß steht es dem Raub des Schlüssels gleich, wenn der Täter gegenüber dem Versicherungsnehmer oder einem seiner Arbeitnehmer eines der Mittel gemäß Nr. 3a oder 3b anwendet, um sich die Öffnung des Kombinationsschlosses zu ermöglichen;

f) in einen Raum eines Gebäudes mittels richtiger Schlüssel eindringt, die er – auch außerhalb des Versicherungsortes – durch Diebstahl an sich gebracht hatte, vorausgesetzt, daß weder der Versicherungsnehmer noch der Gewahrsamsinhaber den Diebstahl der Schlüssel durch fahrlässiges Verhalten ermöglicht hatte.

3. Raub liegt vor, wenn

a) gegen den Versicherungsnehmer oder einen seiner Arbeitnehmer Gewalt angewendet wird, um dessen Widerstand gegen die Wegnahme versicherter Sachen auszuschalten;

b) der Versicherungsnehmer oder einer seiner Arbeitnehmer versicherte Sachen herausgibt oder sich wegnehmen läßt, weil eine Gewalttat mit Gefahr für Leib oder Leben angedroht wird, die innerhalb des Versicherungsortes – bei mehreren Versicherungsorten innerhalb desjenigen Versicherungsortes, an dem auch die Drohung ausgesprochen wird – verübt werden soll;

c) dem Versicherungsnehmer oder einem seiner Arbeitnehmer versicherte Sachen weggenommen werden, weil sein körperlicher Zustand infolge eines Unfalls oder infolge einer nicht verschuldeten sonstigen Ursache beeinträchtigt und dadurch seine Widerstandskraft ausgeschaltet ist.

Einem Arbeitnehmer stehen volljährige Familienangehörige des Versicherungsnehmers gleich, denen dieser die Obhut über die versicherten Sachen vorübergehend überlassen hat. Das gleiche gilt für Personen, die durch den Versicherungsnehmer mit der Bewachung der als Versicherungsort vereinbarten Räume beauftragt sind.

4. Für Raub auf Transportwegen gilt abweichend von Nr. 3:

a) Dem Versicherungsnehmer stehen sonstige Personen gleich, die in seinem Auftrag den Transport durchführen. Dies gilt

Einbruchdiebstahl- und RaubVers § 1 **AERB 17**

jedoch nicht, wenn der Transportauftrag durch ein Unternehmen durchgeführt wird, das sich gewerbsmäßig mit Geldtransporten befaßt.

b) Die den Transport durchführenden Personen, gegebenenfalls auch der Versicherungsnehmer selbst, müssen älter als 18 und jünger als 65 Jahre sowie im Vollbesitz körperlicher und geistiger Kräfte sein. Im übrigen gilt § 12 Nr. 3 und Nr. 4.

c) In den Fällen von Nr. 3b liegt Raub nur vor, wenn die angedrohte Gewalttat an Ort und Stelle verübt werden soll.

5. Sind Schäden durch Raub auf Transportwegen versichert, so leistet der Versicherer, wenn der Versicherungsnehmer bei der Durchführung des Transports nicht persönlich mitwirkt, Entschädigung bis zu ––– DM je Versicherungsfall auch für Schäden, die ohne Verschulden einer der den Transport ausführenden Personen entstehen

a) durch Erpressung gemäß § 253 StGB, begangen an diesen Personen;

b) durch Betrug gemäß § 263 StGB, begangen an diesen Personen;

c) durch Diebstahl von Sachen, die sich in unmittelbarer körperlicher Obhut dieser Person befinden;

d) dadurch, daß diese Personen nicht mehr in der Lage sind, die ihnen anvertrauten Sachen zu betreuen.

6. Vandalismus nach einem Einbruch liegt vor, wenn der Täter auf eine der in Nr. 2a, 2e oder 2f bezeichneten Arten in den Versicherungsort eindringt und versicherte Sachen vorsätzlich zerstört oder beschädigt.

7. Die Versicherung erstreckt sich ohne Rücksicht auf mitwirkende Ursachen nicht auf Schäden an versicherten Sachen und nicht auf versicherte Kosten, die verursacht werden – *soweit nicht etwas anderes vereinbart ist:*

a) durch vorsätzliche Handlungen von Personen, die mit dem Versicherungsnehmer in häuslicher Gemeinschaft leben oder bei ihm wohnen, es sei denn, daß dadurch die Tat weder ermöglicht noch erleichtert wurde;

b) durch vorsätzliche Handlungen von Arbeitnehmern des Versicherungsnehmers, es sei denn, daß die Tat nur außerhalb des Versicherungsortes oder nur zu einer Zeit vorbereitet und begangen worden ist, zu der die als Versicherungsort vereinbarten Räume für diese Arbeitnehmer geschlossen waren;

c) durch Raub auf Transportwegen, wenn und solange eine größere als die vereinbarte Zahl von Transporten gleichzeitig unterwegs ist oder wenn der Schaden durch vorsätzliche Handlung einer der mit dem Transport beauftragten Personen entstanden ist;

d) durch Brand, Explosion oder bestimmungswidrig austretendes Leitungswasser, auch wenn diese Schäden infolge eines Einbruchdiebstahls oder Raubes entstehen; für Schäden gemäß Nr. 5 d gilt dieser Ausschluß nicht;

e) durch Kriegsereignisse jeder Art, innere Unruhen, Erdbeben oder Kernenergie.[1]

§ 2 Versicherte Sachen. 1. Versichert sind die in dem Versicherungsvertrag bezeichneten Sachen.

2. Die Sachen sind nur versichert, soweit der Versicherungsnehmer

a) Eigentümer ist;
b) sie unter Eigentumsvorbehalt erworben hat;
c) sicherungshalber übereignet hat und soweit für sie gemäß § 71 Abs. 1 Satz 2 VVG dem Erwerber ein Entschädigungsanspruch nicht zusteht.

3. Über Nr. 2 hinaus ist fremdes Eigentum versichert, soweit es seiner Art nach zu den versicherten Sachen gehört und dem Versicherungsnehmer zur Bearbeitung, Benutzung oder Verwahrung oder zum Verkauf in Obhut gegeben wurde und soweit nicht der Versicherungsnehmer nachweislich, insbesondere mit dem Eigentümer, vereinbart hat, daß die fremden Sachen nicht versichert zu werden brauchen.

4. Die Versicherung gemäß Nr. 2b, Nr. 2c und Nr. 3 gilt für Rechnung des Eigentümers und des Versicherungsnehmers. In den Fällen der Nr. 3 ist jedoch für die Höhe des Versicherungswertes, soweit nicht etwas anderes vereinbart ist, nur das Interesse des Eigentümers maßgebend.

---

[1] Der Ersatz von Schäden durch Kernenergie richtet sich in der Bundesrepublik Deutschland nach dem Atomgesetz. Die Betreiber von Kernanlagen sind zur Deckungsvorsorge verpflichtet und schließen hierfür Haftpflichtversicherungen ab.

Einbruchdiebstahl- und RaubVers § 3 AERB 17

5. Ist Versicherung der Betriebseinrichtung vereinbart, so fallen hierunter nicht – *soweit nicht etwas anderes vereinbart ist:*
a) Bargeld;
b) Urkunden, wie z. B. Sparbücher und sonstige Wertpapiere;
c) Akten, Pläne, Geschäftsbücher, Karteien, Zeichnungen, Lochkarten, Magnetbänder, Magnetplatten und sonstige Datenträger;
d) Muster, Anschauungsmodelle, Prototypen und Ausstellungsstücke, ferner typengebundene, für die laufende Produktion nicht mehr benötigte Fertigungsvorrichtungen;
e) zulassungspflichtige Kraftfahrzeuge, Kraftfahrzeuganhänger und Zugmaschinen;
f) Automaten mit Geldeinwurf (einschließlich Geldwechsler) samt Inhalt sowie Geldausgabeautomaten, soweit nicht der Einschluß besonders vereinbart ist;
g) verschlossene Registrierkassen sowie Rückgeldgeber, solange der Geldbehälter nicht entnommen ist.

6. Ist Versicherung von Gebrauchsgegenständen der Betriebsangehörigen vereinbart, so sind nur Sachen versichert, die sich üblicherweise oder auf Verlangen des Arbeitgebers innerhalb des Versicherungsortes befinden. Bargeld, Wertpapiere und Kraftfahrzeuge sind nicht versichert – *soweit nicht etwas anderes vereinbart ist.*

Entschädigung wird nur geleistet, soweit Entschädigung nicht aus einem anderen Versicherungsvertrag beansprucht werden kann – *soweit nicht etwas anderes vereinbart ist.* Ist danach die Entschädigung oder eine Abschlagszahlung gemäß § 16 Nr. 1 nur deshalb noch nicht fällig, weil ohne Verschulden des Versicherungsnehmers oder des versicherten Betriebsangehörigen die Entschädigungspflicht aus dem anderen Versicherungsvertrag ganz oder teilweise noch nicht geklärt ist, so wird der Versicherer unter Vorbehalt der Rückforderung mit Zinsen 1 Prozent unter dem jeweiligen Diskontsatz der Deutschen Bundesbank, mindestens jedoch 4 Prozent und höchstens 6 Prozent pro Jahr, eine vorläufige Zahlung leisten.

§ 3 Versicherte Kosten. 1. Aufwendungen, auch erfolglose, die der Versicherungsnehmer zur Abwendung oder Minderung des Schadens (§ 13 Nr. 1c und 1d) für geboten halten durfte, hat der Versicherer zu ersetzen. Der Ersatz dieser Aufwendungen und die Entschädigung für versicherte Sachen betragen zusammen höchstens die Versicherungssumme je vereinbarter Position; dies gilt jedoch nicht, soweit Maßnahmen auf Weisung des Versicherers erfolgt sind. Besteht Unterversicherung, so sind die Aufwendungen ohne Rücksicht auf Weisungen des Versicherers nur in demselben Verhältnis zu ersetzen wie der Schaden.

2. Für die Kosten der Ermittlung und Feststellung des Schadens gilt § 66 VVG.

3. Soweit dies vereinbart ist, ersetzt der Versicherer auch die infolge eines Versicherungsfalles notwendigen Aufwendungen

a) für das Aufräumen der Schadenstätte, für das Abfahren von Schutt und sonstigen Resten zum nächsten Ablagerungsplatz und für das Ablagern oder Vernichten (Aufräumungskosten);

b) die dadurch entstehen, daß zum Zweck der Wiederherstellung oder Wiederbeschaffung von Sachen, die durch vorliegenden Vertrag versichert sind, andere Sachen bewegt, verändert oder geschützt werden müssen (Bewegungs- und Schutzkosten);

Bewegungs- und Schutzkosten sind insbesondere Aufwendungen für De- oder Remontage von Maschinen, für Durchbruch, Abriß oder Wiederaufbau von Gebäudeteilen oder für das Erweitern von Öffnungen;

c) für die Beseitigung von Schäden, die durch einen Versicherungsfall oder durch den Versuch einer Tat gemäß § 1 Nr. 1a, 1b oder 1d entstanden sind

aa) an Dächern, Decken, Wänden, Fußböden, Türen, Schlössern, Fenstern (ausgenommen Schaufensterverglasungen), Rolladen und Schutzgitter der als Versicherungsort vereinbarten Räume (Gebäudeschäden);

bb) an Schaukästen und Vitrinen (ausgenommen Verglasungen) außerhalb des Versicherungsortes, aber innerhalb des Grundstücks, auf dem der Versicherungsort liegt und in dessen unmittelbarer Umgebung;

d) für Schloßänderungen an den Türen der als Versicherungsort vereinbarten Räume, wenn Schlüssel zu diesen Türen durch einen Versicherungsfall oder durch eine außerhalb des Versicherungsortes begangene Tat gemäß § 1 Nr. 1a bis 1c

Einbruchdiebstahl- und RaubVers § 4 **AERB 17**

abhandengekommen sind; dies gilt nicht für Türen von Tresorräumen;
e) für die Wiederherstellung von Akten, Plänen, Geschäftsbüchern, Karteien, Zeichnungen, Lochkarten, Magnetbändern, Magnetplatten und sonstigen Datenträgern einschließlich des Neuwertes (§ 5 Nr. 1a) der Datenträger;
soweit die Wiederherstellung nicht notwendig ist oder nicht innerhalb von zwei Jahren seit Eintritt des Versicherungsfalles sichergestellt wird, leistet der Versicherer Entschädigung nur in Höhe des gemäß § 5 Nr. 4 berechneten Wertes des Materials.

§ 4 Versicherungsort. 1. Versicherungsschutz besteht nur, wenn versicherte Sachen abhandengekommen, beschädigt oder zerstört worden sind, solange sie sich innerhalb des Versicherungsortes befinden, und wenn alle Voraussetzungen eines Einbruchdiebstahls (§ 1 Nr. 2), eines Raubes (§ 1 Nr. 3 und 4) oder eines Vandalismus nach einem Einbruch (§ 1 Nr. 6) innerhalb des Versicherungsortes – bei mehreren Versicherungsorten innerhalb desselben Versicherungsortes – verwirklicht worden sind. Bei Raub auf Transportwegen ist der Ort maßgebend, an dem die transportierten Sachen sich bei Beginn der Tat befunden haben.

Nicht versichert sind Sachen, die an den Ort der Herausgabe oder Wegnahme erst auf Verlangen des Täters herangeschafft werden, es sei denn, das Heranschaffen erfolgt nur innerhalb des Versicherungsortes, an dem auch die Drohung ausgesprochen worden ist.

2. Versicherungsort für Schäden durch Einbruchdiebstahl (§ 1 Nr. 1a) oder Vandalismus nach einem Einbruch (§ 1 Nr. 1d) sind die in dem Versicherungsvertrag bezeichneten Räume eines Gebäudes.

Gebrauchsgegenstände von Betriebsangehörigen sind in denen Wohnräumen nicht versichert.

3. Nur in verschlossenen Behältnissen, die erhöhte Sicherheit auch gegen Wegnahme des Behältnisses gewähren, oder in Tresorräumen sind versichert

a) Bargeld;
b) Urkunden, z. B. Sparbücher und sonstige Wertpapiere;
c) Briefmarken;

d) Münzen und Medaillen;
e) unbearbeitete Edelmetalle sowie Sachen aus Edelmetall, ausgenommen Sachen, die dem Raumschmuck dienen;
f) Schmucksachen, Perlen und Edelsteine;
g) Sachen, für die dies besonders vereinbart ist.

Dies gilt, soweit nicht etwas anderes vereinbart ist, bei Versicherung von Juwelier-, Uhrmacher- und Bijouteriegeschäften nicht für Schmucksachen und Sachen aus Edelmetallen.

4. Wenn dies vereinbart ist, sind über Nr. 3 hinaus zusätzliche Sicherheitsmerkmale für das Behältnis oder den Tresorraum erforderlich.

5. Registrierkassen, Rückgeldgeber und Automaten mit Geldeinwurf (einschließlich Geldwechsler) gelten nicht als Behältnisse im Sinn von Nr. 3.
Jedoch ist im Rahmen einer für Bargeld in Behältnissen gemäß Nr. 3 vereinbarten Versicherungssumme Bargeld auch in Registrierkassen versichert, solange diese geöffnet sind. Die Entschädigung ist auf ___ DM je Registrierkasse und außerdem auf ___ DM je Versicherungsfall begrenzt, soweit nicht andere Beträge vereinbart sind.

6. Versicherungsort für Schäden durch Raub innerhalb eines Gebäudes oder Grundstücks (§ 1 Nr. 1b) ist über die in dem Versicherungsvertrag als Versicherungsort bezeichneten Räume hinaus das gesamte Grundstück, auf dem der Versicherungsort liegt, soweit es allseitig umfriedet ist.

7. Versicherungsort für Schäden durch Raub auf Transportwegen (§ 1 Nr. 1c) ist, soweit nicht etwas anderes vereinbart ist, die Bundesrepublik Deutschland. Der Transportweg beginnt mit der Übernahme versicherter Sachen für einen unmittelbar anschließenden Transport und endet an der Ablieferungsstelle mit der Übergabe.

§ 5 Versicherungswert. 1. Versicherungswert der technischen und kaufmännischen Betriebseinrichtung und der Gebrauchsgegenstände von Betriebsangehörigen ist

a) der Neuwert;
   Neuwert ist der Betrag, der aufzuwenden ist, um Sachen gleicher Art und Güte in neuwertigem Zustand wiederzube-

Einbruchdiebstahl- und RaubVers § 5 **AERB 17**

schaffen oder sie neu herzustellen; maßgebend ist der niedrigere Betrag;
b) der Zeitwert, falls er weniger als ___ Prozent des Neuwertes beträgt oder falls Versicherung nur zum Zeitwert vereinbart ist;
der Zeitwert ergibt sich aus dem Neuwert der Sache durch einen Abzug entsprechend ihrem insbesondere durch den Abnutzungsgrad bestimmten Zustand;
c) der gemeine Wert, soweit die Sache für ihren Zweck allgemein oder im Betrieb des Versicherungsnehmers nicht mehr zu verwenden ist;
gemeiner Wert ist der für den Versicherungsnehmer erzielbare Verkaufspreis für die Sache oder für das Altmaterial.

2. Versicherungswert

a) von Waren, die der Versicherungsnehmer herstellt, auch soweit sie noch nicht fertiggestellt sind,
b) von Waren, mit denen der Versicherungsnehmer handelt,
c) von Rohstoffen und
d) von Naturerzeugnissen

ist der Betrag, der aufzuwenden ist, um Sachen gleicher Art und Güte wiederzubeschaffen oder sie neu herzustellen; maßgebend ist der niedrigere Betrag.

Der Versicherungswert ist begrenzt durch den erzielbaren Verkaufspreis, bei nicht fertiggestellten eigenen Erzeugnissen durch den erzielbaren Verkaufspreis der fertigen Erzeugnisse. § 55 VVG (Bereicherungsverbot) bleibt unberührt.

3. Versicherungswert von Wertpapieren ist

a) bei Wertpapieren mit amtlichem Kurs der mittlere Einheitskurs am Tag der jeweils letzten Notierung aller amtlichen Börsen der Bundesrepublik Deutschland;
b) bei Sparbüchern der Betrag des Guthabens;
c) bei sonstigen Wertpapieren der Marktpreis.

4. Versicherungswert von Mustern, Anschauungsmodellen, Prototypen und Ausstellungsstücken, ferner von typengebundenen, für die laufende Produktion nicht mehr benötigten Fertigungsvorrichtungen sowie aller sonstigen Sachen ist, soweit nicht etwas anderes vereinbart wurde, entweder der Zeitwert gemäß Nr. 1b oder unter den dort genannten Voraussetzungen der gemeine Wert gemäß Nr. 1c.

§ 6 Gefahrumstände bei Vertragsabschluß und Gefahrerhöhung. *Soweit nicht etwas anderes vereinbart ist, gilt:*

1. Bei Abschluß des Vertrages hat der Versicherungsnehmer alle ihm bekannten Umstände, die für die Übernahme der Gefahr erheblich sind, dem Versicherer anzuzeigen. Bei schuldhafter Verletzung dieser Obliegenheit kann der Versicherer nach Maßgabe der §§ 16 bis 21 VVG vom Vertrag zurücktreten, wodurch die Entschädigungspflicht entfallen kann.

2. Nach Antragstellung darf der Versicherungsnehmer ohne Einwilligung des Versicherers keine Gefahrerhöhung vornehmen oder gestatten.

Der Versicherungsnehmer hat jede Gefahrerhöhung, die ihm bekannt wird, dem Versicherer unverzüglich anzuzeigen, und zwar auch dann, wenn sie ohne seinen Willen eintritt.

Im übrigen gelten die §§ 23 bis 30 VVG. Danach kann der Versicherer zur Kündigung berechtigt oder auch leistungsfrei sein.

3. Für vorschriftsmäßige Anlagen des Zivilschutzes und für Zivilschutzübungen gelten Nr. 2 und die §§ 23 bis 30 VVG nicht.

4. Für die Versicherung gegen Einbruchdiebstahl liegt eine Gefahrerhöhung insbesondere vor, wenn

a) bei Antragstellung vorhandene oder im Versicherungsvertrag zusätzlich vereinbarte Sicherungen beseitigt oder vermindert werden;
b) an dem Gebäude, in dem der Versicherungsort liegt, oder an einem angrenzenden Gebäude Bauarbeiten durchgeführt, Gerüste errichtet oder Seil- oder andere Aufzüge angebracht werden;
c) Räumlichkeiten, die oben, unten oder seitlich an den Versicherungsort angrenzen, dauernd oder vorübergehend nicht mehr benutzt werden;
d) der Betrieb dauernd oder vorübergehend, z. B. während der Betriebsferien stillgelegt wird;
e) nach Verlust eines Schlüssels für einen Zugang zum Versicherungsort oder für ein Behältnis gemäß § 4 Nr. 4 das Schloß nicht unverzüglich durch ein gleichwertiges ersetzt wird; im übrigen gilt § 1 Nr. 2e.

Einbruchdiebstahl- und RaubVers § 7 **AERB 17**

5. Die Aufnahme oder Veränderung eines Betriebes, gleich welcher Art und welchen Umfangs, ist dem Versicherer unverzüglich anzuzeigen.

Ist mit der Aufnahme oder Veränderung des Betriebes eine Gefahrerhöhung verbunden, so gelten die §§ 23 bis 30 VVG.

Der Versicherer hat von dem Tag der Aufnahme oder Veränderung des Betriebes an Anspruch auf die aus einem etwa erforderlichen höheren Prämiensatz errechnete Prämie. Dies gilt nicht, soweit der Versicherer in einem Versicherungsfall wegen Gefahrerhöhung leistungsfrei geworden ist.

6. Gefahrerhöhende Umstände werden durch Maßnahmen des Versicherungsnehmers oder durch sonstige gefahrmindernde Umstände ausgeglichen, insbesondere soweit diese mit dem Versicherer vereinbart wurden.

§ 7 Sicherheitsvorschriften. 1. Der Versicherungsnehmer hat – *soweit nicht etwas anderes vereinbart ist,*

a) die gesetzlichen, behördlichen oder in dem Versicherungsvertrag vereinbarten Sicherheitsvorschriften zu beachten;
b) solange die Arbeit – von Nebenarbeiten abgesehen – in dem Betrieb ruht,
   aa) die Türen und alle sonstigen Öffnungen des Versicherungsortes stets ordnungsgemäß verschlossen zu halten;
   bb) alle bei Antragstellung vorhandenen und alle zusätzlich vereinbarten Sicherungen voll gebrauchsfähig zu erhalten und zu betätigen;
   ruht die Arbeit nur in einem Teil des Versicherungsortes, so gelten diese Vorschriften nur für die Öffnungen und Sicherungen der davon betroffenen Räume;
   vertragliche Abweichungen bedürfen der Schriftform;
c) über Wertpapiere und sonstige Urkunden, über Sammlungen und über sonstige Sachen, für die dies besonders vereinbart ist, Verzeichnisse zu führen und diese so aufzubewahren, daß sie im Versicherungsfall voraussichtlich nicht gleichzeitig mit den versicherten Sachen zerstört oder beschädigt werden oder abhanden kommen können;
   Abs. 1 gilt nicht für Wertpapiere und sonstige Urkunden sowie für Sammlungen, wenn der Wert dieser Sachen insgesamt ___ DM nicht übersteigt; Abs. 1 gilt ferner nicht für Briefmarken;

Abs. 1 und Abs. 2 gelten nicht für Banken und Sparkassen.

2. Verletzt der Versicherungsnehmer eine der Obliegenheiten gemäß Nr. 1a oder 1b, so ist der Versicherer nach Maßgabe des § 6 Abs. 1 und Abs. 2 VVG zur Kündigung berechtigt oder auch leistungsfrei. Eine Kündigung des Versicherers wird einen Monat nach Zugang wirksam.

Führt die Verletzung zu einer Gefahrerhöhung, so gelten die §§ 23 bis 30 VVG. Danach kann der Versicherer zur Kündigung berechtigt oder auch leistungsfrei sein.

3. Verletzt der Versicherungsnehmer die Bestimmung der Nr. 1c, so kann er Entschädigung für Sachen der dort genannten Art nur verlangen, soweit er das Vorhandensein, die Beschaffenheit und den Versicherungswert der Sachen auch ohne das Verzeichnis nachweisen kann.

§ 8 Prämie; Beginn und Ende der Haftung. 1. Der Versicherungsnehmer hat die erste Prämie (Beitrag) gegen Aushändigung des Versicherungsscheins, Folgeprämien am Ersten des Monats zu zahlen, in dem ein neues Versicherungsjahr beginnt. Die Folgen nicht rechtzeitiger Zahlung der ersten Prämie oder der ersten Rate ergeben sich aus § 38 VVG in Verbindung mit Nr. 3; im übrigen gilt § 39 VVG. Rückständige Folgeprämien dürfen nur innerhalb eines Jahres seit Ablauf der nach § 39 VVG für sie gesetzten Zahlungsfrist eingezogen werden.

2. Ist Ratenzahlung vereinbart, so gelten die ausstehenden Raten bis zu den vereinbarten Zahlungsterminen als gestundet.

Die gestundeten Raten des laufenden Versicherungsjahres werden sofort fällig, wenn der Versicherungsnehmer mit einer Rate ganz oder teilweise in Verzug gerät oder soweit eine Entschädigung fällig wird.

3. Die Haftung des Versicherers beginnt mit dem vereinbarten Zeitpunkt, und zwar auch dann, wenn zur Prämienzahlung erst später aufgefordert, die Prämie aber unverzüglich gezahlt wird. Ist dem Versicherungsnehmer bei Antragstellung bekannt, daß ein Versicherungsfall bereits eingetreten ist, so entfällt hierfür die Haftung.

4. Die Haftung endet mit dem vereinbarten Zeitpunkt. Versicherungsverträge von mindestens einjähriger Dauer verlän-

Einbruchdiebstahl- und RaubVers §9 **AERB 17**

gern sich jedoch von Jahr zu Jahr, wenn sie nicht spätestens drei Monate vor Ablauf schriftlich gekündigt werden.

5. Endet das Versicherungsverhältnis vor Ablauf der Vertragszeit oder wird es nach Beginn rückwirkend aufgehoben oder ist es von Anfang an nichtig, so gebührt dem Versicherer Prämie oder Geschäftsgebühr gemäß dem Versicherungsvertragsgesetz (z. B. §§ 40, 68).

Kündigt nach Eintritt eines Versicherungsfalls (§ 19 Nr. 2) der Versicherungsnehmer, so gebührt dem Versicherer die Prämie für das laufende Versicherungsjahr. Kündigt der Versicherer, so hat er die Prämie für das laufende Versicherungsjahr nach dem Verhältnis der noch nicht abgelaufenen zu der gesamten Zeit des Versicherungsjahres zurückzuzahlen.

6. Wird die Versicherungssumme für Schäden durch Raub auf Transportwegen (§ 1 Nr. 1c) auf Antrag des Versicherungsnehmers geändert oder schließt der Versicherungsnehmer mit demselben oder einem anderen Versicherer einen zusätzlichen Versicherungsvertrag für denselben Transport, so wird von diesem Zeitpunkt an der niedrigere oder höhere Prämiensatz zugrunde gelegt, der dem versicherten Gesamtbetrag entspricht.

§ 9 Mehrfache Versicherung; Überversicherung. 1. Nimmt der Versicherungsnehmer für versicherte Sachen eine weitere Versicherung gegen eine der versicherten Gefahren, so hat er den anderen Versicherer und die Versicherungssumme dem Versicherer unverzüglich schriftlich mitzuteilen. Dies gilt nicht für Allgefahrenversicherungen.

Verletzt der Versicherungsnehmer die Obliegenheit gemäß Abs. 1, so ist der Versicherer nach Maßgabe des § 6 Abs. 1 VVG zur Kündigung berechtigt oder auch leistungsfrei. Eine Kündigung des Versicherers wird einen Monat nach Zugang wirksam. Die Leistungsfreiheit tritt nicht ein, wenn die Verletzung weder auf Vorsatz noch auf grober Fahrlässigkeit beruht oder wenn der Versicherer vor dem Versicherungsfall Kenntnis von der anderen Versicherung erlangt hat.

2. Ist ein Selbstbehalt vereinbart und besteht mehrfache Versicherung, so kann abweichend von § 59 Abs. 1 VVG die Entschädigung aus den mehreren Verträgen nicht mehr als der Schaden abzüglich des Selbstbehalts verlangt werden.

3. Erlangt der Versicherungsnehmer oder der Versicherte aus anderen Versicherungsverträgen Entschädigung für denselben Schaden, so ermäßigt sich der Anspruch aus vorliegendem Vertrag in der Weise, daß die Entschädigung aus allen Verträgen insgesamt nicht höher ist, als wenn der Gesamtbetrag der Versicherungssummen, aus denen [die] Prämie errechnet wurde, nur in dem vorliegenden Vertrag in Deckung gegeben worden wäre.

4. Wird wegen Überversicherung oder Doppelversicherung die Versicherungssumme vermindert, so ist von diesem Zeitpunkt an für die Höhe der Prämie der Betrag maßgebend, den der Versicherer berechnet haben würde, wenn der Vertrag von vornherein mit dem neuen Inhalt geschlossen worden wäre.

§ 10 Versicherung für fremde Rechnung. 1. Soweit die Versicherung für fremde Rechnung genommen ist, kann der Versicherungsnehmer, auch wenn er nicht im Besitz des Versicherungsscheins ist, über die Rechte des Versicherten ohne dessen Zustimmung im eigenen Namen verfügen, insbesondere die Zahlung der Entschädigung verlangen und die Rechte des Versicherten übertragen. Der Versicherer kann jedoch vor Zahlung der Entschädigung den Nachweis verlangen, daß der Versicherte seine Zustimmung dazu erteilt hat.

2. Der Versicherte kann über seine Rechte nicht verfügen, selbst wenn er im Besitz des Versicherungsscheins ist. Er kann die Zahlung der Entschädigung nur mit Zustimmung des Versicherungsnehmers verlangen.

3. Soweit Kenntnis oder Verhalten des Versicherungsnehmers von rechtlicher Bedeutung ist, kommt auch Kenntnis oder Verhalten des Versicherten in Betracht. Im übrigen gilt § 79 VVG.

§ 11 Entschädigungsberechnung; Unterversicherung.
1. Ersetzt werden
a) bei entwendeten oder infolge eines Versicherungsfalles sonst abhandengekommenen oder bei zerstörten Sachen der Versicherungswert (§ 5) unmittelbar vor Eintritt des Versicherungsfalles;
b) bei beschädigten Sachen und bei Aufwendungen gemäß § 3 Nr. 3c bis 3d die notwendigen Reparaturkosten zur Zeit des

Einbruchdiebstahl- und RaubVers § 11 AERB 17

Eintritts des Versicherungsfalles zuzüglich einer durch den Versicherungsfall etwa entstandenen und durch die Reparatur nicht auszugleichenden Wertminderung, höchstens jedoch der Versicherungswert unmittelbar vor Eintritt des Versicherungsfalles; die Reparaturkosten werden gekürzt, soweit durch die Reparatur der Versicherungswert der Sache gegenüber dem Versicherungswert unmittelbar vor Eintritt des Versicherungsfalles erhöht wird.

Restwerte werden angerechnet.

2. Für Kosten gemäß § 3 Nr. 3 oder für Betriebsunterbrechungsschäden leistet der Versicherer Entschädigung nur, soweit dies besonders vereinbart ist.

3. Ist die Versicherungssumme niedriger als der Versicherungswert unmittelbar vor Eintritt des Versicherungsfalles (Unterversicherung), so wird nur der Teil des gemäß Nr. 1 ermittelten Betrages ersetzt, der sich zu dem ganzen Betrag verhält wie die Versicherungssumme zu dem Versicherungswert.

Bei der Bruchteilversicherung tritt an die Stelle der Versicherungssumme der Betrag, aus dem der Bruchteil berechnet wurde.

Ist die Entschädigung für einen Teil der in einer Position versicherten Sachen auf bestimmte Beträge begrenzt (§ 12 Nr. 1b), so werden bei Ermittlung des Versicherungswertes der davon betroffenen Sachen höchstens diese Beträge berücksichtigt. Ergibt sich aus dem so ermittelten Versicherungswert eine Unterversicherung, so wird der Gesamtbetrag des Schadens entsprechend gekürzt; danach ist § 12 Nr. 1b anzuwenden.

Ob Unterversicherung vorliegt, ist für jede vereinbarte Gruppe (Position) gesondert festzustellen.

4. Bei der Versicherung auf Erstes Risiko (Erste Gefahr) gelten § 56 VVG und die Bestimmungen über Unterversicherung (Nr. 3) nicht. Versicherung auf Erstes Risiko besteht

a) für Schäden durch Raub (§ 1 Nr. 3 bis Nr. 5);
b) für Kosten gemäß § 3 Nr. 3;
c) soweit dies zu sonstigen Versicherungssummen besonders vereinbart ist.

5. Ist der Neuwert (§ 5 Nr. 1a) der Versicherungswert, so erwirbt der Versicherungsnehmer auf den Teil der Entschädi-

gung, der den Zeitwertschaden (Abs. 2) übersteigt, einen Anspruch nur, soweit und sobald er innerhalb von drei Jahren nach Eintritt des Versicherungsfalles sichergestellt hat, daß er die Entschädigung verwenden wird, um Sachen gleicher Art und Güte in neuwertigem Zustand wiederzubeschaffen oder um die beschädigten Sachen wiederherzustellen. Nach vorheriger Zustimmung des Versicherers genügt Wiederbeschaffung gebrauchter Sachen. Anstelle von Kraft- oder Arbeitsmaschinen können Kraft- oder Arbeitsmaschinen beliebiger Art beschafft werden, wenn deren Betriebszweck derselbe ist.

Der Zeitwertschaden wird bei abhandengekommenen oder zerstörten Sachen gemäß § 5 Nr. 1b und Nr. 4 festgestellt. Bei beschädigten Sachen werden die Kosten einer Reparatur um den Betrag gekürzt, um den durch die Reparatur der Zeitwert der Sache gegenüber dem Zeitwert unmittelbar vor Eintritt des Versicherungsfalles erhöht würde.

6. Für Muster, Anschauungsmodelle, Prototypen und Ausstellungsstücke, ferner für typengebundene, für die laufende Produktion nicht mehr benötigte Fertigungsvorrichtungen (§ 5 Nr. 4), erwirbt der Versicherungsnehmer auf den Teil der Entschädigung, der den gemeinen Wert (§ 5 Nr. 1c) übersteigt, einen Anspruch nur, soweit für die Verwendung der Entschädigung die Voraussetzungen gemäß Nr. 5 Abs. 1 erfüllt sind und die Wiederherstellung notwendig ist.

§ 12 Entschädigungsgrenzen. 1. Der Versicherer leistet Entschädigung je Versicherungsfall höchstens

a) bis zu der je Position vereinbarten Versicherungssumme;
b) bis zu den Entschädigungsgrenzen, die in §§ 1 Nr. 5, 4 Nr. 5 Abs. 2 Satz 2, 12 Nr. 3 und 4 vorgesehen oder zusätzlich vereinbart sind.

Maßgebend ist der niedrigere Betrag.

2. Für Schäden, die – insbesondere an Schaufensterinhalt – durch Einbruchdiebstahl verursacht werden, ohne daß der Täter das Gebäude betritt, ist die Entschädigung je Versicherungsfall auf den vereinbarten Betrag begrenzt.

3. Für Schäden durch Raub auf Transportwegen (§ 1 Nr. 1c) leistet, soweit nicht etwas anderes vereinbart ist, der Versicherer Entschädigung

Einbruchdiebstahl- und RaubVers §13 AERB 17

a) über ___ DM nur, wenn der Transport durch mindestens zwei Personen durchgeführt wurde;
b) über ___ DM nur, wenn der Transport durch mindestens zwei Personen und mit Kraftwagen durchgeführt wurde;
c) über ___ DM nur, wenn der Transport durch mindestens drei Personen und mit Kraftwagen durchgeführt wurde;
d) über ___ DM nur, wenn der Transport durch mindestens drei Personen mit Kraftwagen und außerdem unter polizeilichem Schutz oder unter besonderen, mit dem Versicherer vorher für den Einzelfall oder für mehrere Fälle schriftlich vereinbarten Sicherheitsvorkehrungen durchgeführt wurde.

4. Soweit Nr. 3 Transport durch mehrere Personen voraussetzt, muß gemeinschaftlicher Gewahrsam dieser Personen an den versicherten Sachen bestehen. Gewahrsam haben nur Personen, die sich unmittelbar bei den Sachen befinden.

Soweit Nr. 3 Transport mit Kraftwagen voraussetzt, zählt der Fahrer nicht als den Transport durchführende Person. Jedoch müssen in seiner Person die Voraussetzungen gemäß §1 Nr. 4b vorliegen.

Gewahrsam an Sachen in Kraftwagen haben nur die Personen, die sich in oder unmittelbar bei dem Kraftwagen befinden.

§13 Obliegenheiten des Versicherungsnehmers im Versicherungsfall. 1. Der Versicherungsnehmer hat bei Eintritt eines Versicherungsfalles – *soweit nicht etwas anderes vereinbart ist* –

a) den Schaden dem Versicherer und der zuständigen Polizeidienststelle unverzüglich anzuzeigen; gegenüber dem Versicherer gilt diese Anzeige noch als unverzüglich, wenn sie innerhalb von drei Tagen abgesandt wird;
bei Schäden über 10.000 DM sollte die Anzeige dem Versicherer gegenüber fernmündlich, fernschriftlich oder telegraphisch erfolgen;
b) der Polizeidienststelle unverzüglich ein Verzeichnis der abhandengekommenen Sachen einzureichen;
c) den Schaden nach Möglichkeit abzuwenden oder zu mindern und dabei die Weisungen des Versicherers zu befolgen; er hat, soweit die Umstände es gestatten, solche Weisungen einzuholen;

d) für abhandengekommene oder zerstörte Wertpapiere oder sonstige aufgebotsfähige Urkunden unverzüglich das Aufgebotsverfahren einzuleiten und etwaige sonstige Rechte zu wahren, insbesondere abhandengekommene Sparbücher und andere sperrfähige Urkunden unverzüglich sperren zu lassen;

e) dem Versicherer auf dessen Verlangen im Rahmen des Zumutbaren jede Untersuchung über Ursache und Höhe des Schadens und über den Umfang seiner Entschädigungspflicht zu gestatten, jede hierzu dienliche Auskunft – auf Verlangen schriftlich – zu erteilen und die erforderlichen Belege beizubringen;

f) dem Versicherer auf dessen Verlangen innerhalb einer angemessenen Frist von mindestens zwei Wochen ein von ihm unterschriebenes Verzeichnis aller abhandengekommenen, zerstörten oder beschädigten Sachen vorzulegen; soweit nicht Versicherung auf Erstes Risiko vereinbart ist, kann der Versicherer auch ein Verzeichnis aller unmittelbar vor Eintritt des Versicherungsfalles vorhandenen Sachen verlangen; in den Verzeichnissen ist der Versicherungswert der Sachen unmittelbar vor Eintritt des Versicherungsfalles anzugeben.

2. Verletzt der Versicherungsnehmer eine der vorstehenden Obliegenheiten, so ist der Versicherer nach Maßgabe des Versicherungsvertragsgesetzes (§§ 6 Abs. 3, 62 Abs. 2 VVG) von der Entschädigungspflicht frei. Dies gilt nicht, wenn nur die fernmündliche, fernschriftliche oder telegraphische Anzeige gemäß Nr. 1a unterbleibt. Sind abhandengekommene Sachen der Polizeidienststelle nicht oder nicht rechtzeitig angezeigt worden, so kann der Versicherer nur für diese Sachen von der Entschädigungspflicht frei sein.

3. Hatte eine vorsätzliche Obliegenheitsverletzung Einfluß weder auf die Feststellung des Versicherungsfalles noch auf die Feststellung oder den Umfang der Entschädigung, so entfällt die Leistungsfreiheit gemäß Nr. 2, wenn die Verletzung nicht geeignet war, die Interessen des Versicherers ernsthaft zu beeinträchtigen, und wenn außerdem den Versicherungsnehmer kein erhebliches Verschulden trifft.

§ 14 Besondere Verwirkungsgründe. 1. Führt der Versicherungsnehmer den Schaden vorsätzlich oder grob fahrlässig herbei, so ist der Versicherer von der Entschädigungspflicht frei.

2. Versucht der Versicherungsnehmer, den Versicherer arglistig über Tatsachen zu täuschen, die für den Grund oder für die Höhe der Entschädigung von Bedeutung sind, so ist der Versicherer von der Entschädigungspflicht frei.

Ist eine Täuschung gemäß Abs. 1 durch rechtskräftiges Strafurteil wegen Betruges oder Betrugsversuchs festgestellt, so gelten die Voraussetzungen von Abs. 1 als bewiesen.

3. Wird der Entschädigungsanspruch nicht innerhalb einer Frist von sechs Monaten gerichtlich geltend gemacht, nachdem der Versicherer ihn unter Angabe der mit dem Ablauf der Frist verbundenen Rechtsfolge schriftlich abgelehnt hat, so ist der Versicherer von der Entschädigungspflicht frei. Durch ein Sachverständigenverfahren (§ 15) wird der Ablauf der Frist für dessen Dauer gehemmt.

§ 15 Sachverständigenverfahren. 1. Versicherungsnehmer und Versicherer können nach Eintritt des Versicherungsfalles vereinbaren, daß die Höhe des Schadens durch Sachverständige festgestellt wird. Das Sachverständigenverfahren kann durch Vereinbarung auf sonstige tatsächliche Voraussetzungen des Entschädigungsanspruchs sowie der Höhe der Entschädigung ausgedehnt werden.

Der Versicherungsnehmer kann ein Sachverständigenverfahren auch durch einseitige Erklärung gegenüber dem Versicherer verlangen.

2. Für das Sachverständigenverfahren gilt:

a) Jede Partei benennt schriftlich einen Sachverständigen und kann dann die andere unter Angabe des von ihr benannten Sachverständigen schriftlich auffordern, den zweiten Sachverständigen zu benennen. Wird der zweite Sachverständige nicht binnen zwei Wochen nach Empfang der Aufforderung benannt, so kann ihn die auffordernde Partei durch das für den Schadenort zuständige Amtsgericht ernennen lassen. In der Aufforderung ist auf diese Folge hinzuweisen.

b) Beide Sachverständige benennen schriftlich vor Beginn des Feststellungsverfahrens einen dritten Sachverständigen als Obmann. Einigen sie sich nicht, so wird der Obmann auf Antrag einer Partei durch das für den Schadenort zuständige Amtsgericht ernannt.

c) Der Versicherer darf als Sachverständige keine Personen benennen, die Mitbewerber des Versicherungsnehmers sind oder mit diesem in Geschäftsverbindung stehen, ferner keine Personen, die bei Mitbewerbern oder Geschäftspartnern angestellt sind oder mit ihnen in einem ähnlichen Verhältnis stehen.
Dies gilt entsprechend für die Benennung eines Obmannes durch die Sachverständigen.

3. Die Feststellungen der Sachverständigen müssen enthalten

a) ein Verzeichnis der abhandengekommenen, zerstörten und beschädigten Sachen sowie deren Versicherungswert zum Zeitpunkt des Versicherungsfalles; in den Fällen von § 11 Nr. 5 ist auch der Zeitwert, den Fällen von § 11 Nr. 6 auch der gemeine Wert anzugeben;
b) bei beschädigten Sachen die Beträge gemäß § 11 Nr. 1b;
c) alle sonstigen gemäß § 11 Nr. 1 maßgebenden Tatsachen, insbesondere die Restwerte der von dem Schaden betroffenen Sachen;
d) entstandene Kosten, die gemäß § 3 versichert sind.

4. Die Sachverständigen übermitteln beiden Parteien gleichzeitig ihre Feststellungen. Weichen die Feststellungen voneinander ab, so übergibt der Versicherer sie unverzüglich dem Obmann. Dieser entscheidet über die streitig gebliebenen Punkte innerhalb der durch die Feststellungen der Sachverständigen gezogenen Grenzen und übermittelt seine Entscheidung beiden Parteien gleichzeitig.

5. Jede Partei trägt die Kosten ihres Sachverständigen. Die Kosten des Obmannes tragen beide Parteien je zur Hälfte.

6. Die Feststellungen der Sachverständigen oder des Obmannes sind verbindlich, wenn nicht nachgewiesen wird, daß sie offenbar von der wirklichen Sachlage erheblich abweichen. Aufgrund dieser verbindlichen Feststellungen berechnet der Versicherer gemäß §§ 11, 12 die Entschädigung.

7. Durch das Sachverständigenverfahren werden die Obliegenheiten des Versicherungsnehmers gemäß § 13 Nr. 1 nicht berührt.

§ 16 Zahlung der Entschädigung. 1. Ist die Leistungspflicht des Versicherers dem Grunde und der Höhe nach festgestellt, so hat die Auszahlung der Entschädigung binnen zwei Wochen zu erfolgen. Jedoch kann einen Monat nach Anzeige des Schadens als Abschlagszahlung der Betrag beansprucht werden, der nach Lage der Sache mindestens zu zahlen ist.

2. Die Entschädigung ist seit Anzeige des Schadens mit 1 Prozent unter dem Diskontsatz der Deutschen Bundesbank zu verzinsen, mindestens jedoch mit 4 Prozent und höchstens mit 6 Prozent pro Jahr, soweit nicht aus anderen Gründen ein höherer Zins zu entrichten ist *oder soweit nicht etwas anderes vereinbart ist*. Die Verzinsung entfällt, soweit die Entschädigung innerhalb eines Monats seit Anzeige des Schadens gezahlt wird.

Zinsen werden erst fällig, wenn die Entschädigung fällig ist.

3. Der Lauf der Fristen gemäß Nr. 1 und Nr. 2 Abs. 1 ist gehemmt, solange infolge Verschuldens des Versicherungsnehmers die Entschädigung nicht ermittelt oder nicht gezahlt werden kann.

4. Bei Schäden an der technischen oder kaufmännischen Betriebseinrichtung oder an Gebrauchsgegenständen von Betriebsangehörigen ist für die Zahlung des über den Zeitwertschaden hinausgehenden Teils der Entschädigung der Zeitpunkt maßgebend, in dem der Versicherungsnehmer den Eintritt der Voraussetzungen von § 11 Nr. 5 dem Versicherer nachgewiesen hat.

Abs. 1 gilt entsprechend für die in § 11 Nr. 6 genannten Sachen, soweit die Entschädigung den gemeinen Wert übersteigt. Das gleiche gilt, soweit aufgrund einer sonstigen Vereinbarung ein Teil der Entschädigung von Voraussetzungen abhängt, die erst nach dem Versicherungsfall eintreten.

Zinsen für die Beträge gemäß Abs. 1 und Abs. 2 werden erst fällig, wenn die dort genannten zusätzlichen Voraussetzungen der Entschädigung festgestellt sind.

5. Der Versicherer kann die Zahlung aufschieben,

a) solange Zweifel an der Empfangsberechtigung des Versicherungsnehmers bestehen;
b) wenn gegen den Versicherungsnehmer oder einen seiner Repräsentanten aus Anlaß des Versicherungsfalles ein behördliches oder strafgerichtliches Verfahren aus Gründen eingeleitet worden ist, die auch für den Entschädigungsanspruch rechtserheblich sind, bis zum rechtskräftigen Abschluß dieses Verfahrens.

§ 17 Repräsentanten.
Im Rahmen von §§ 6, 7, 9, 13 und 14 Nr. 1 und Nr. 2 stehen Repräsentanten dem Versicherungsnehmer gleich.

§ 18 Wiederherbeigeschaffte Sachen.
1. Wird der Verbleib abhandengekommener Sachen ermittelt, so hat der Versicherungsnehmer dies dem Versicherer unverzüglich schriftlich anzuzeigen.

2. Hat der Versicherungsnehmer den Besitz einer abhandengekommenen Sache zurückerlangt, bevor die volle bedingungsgemäße Entschädigung für diese Sache gezahlt worden ist, so behält er den Anspruch auf die Entschädigung, falls er die Sache innerhalb von zwei Wochen dem Versicherer zur Verfügung stellt. Andernfalls ist eine für diese Sache gewährte Abschlagszahlung oder eine gemäß § 11 Nr. 5 oder Nr. 6 vorläufig auf den Zeitwertschaden oder auf den gemeinen Wert beschränkte Entschädigung zurückzuzahlen.

3. Hat der Versicherungsnehmer den Besitz einer abhandengekommenen Sache zurückerlangt, nachdem für diese Sache eine Entschädigung in voller Höhe ihres Versicherungswertes gezahlt worden ist, so hat der Versicherungsnehmer die Entschädigung zurückzuzahlen oder die Sache dem Versicherer zur Verfügung zu stellen. Der Versicherungsnehmer hat dieses Wahlrecht innerhalb von zwei Wochen nach Empfang einer schriftlichen Aufforderung des Versicherers auszuüben; nach fruchtlosem Ablauf dieser Frist geht das Wahlrecht auf den Versicherer über.

4. Hat der Versicherungsnehmer den Besitz einer abhandengekommenen Sache zurückerlangt, nachdem für diese Sache eine Entschädigung gezahlt worden ist, die bedingungsgemäß weniger als den Versicherungswert betragen hat, so kann der Versicherungsnehmer die Sache behalten und muß sodann die Entschädigung zurückzahlen. Erklärt er sich hierzu innerhalb von zwei Wochen nach Empfang einer schriftlichen Aufforderung des Versicherers nicht bereit, so hat der Versicherungsnehmer die Sache im Einvernehmen mit dem Versicherer öffentlich meistbietend verkaufen zu lassen. Von dem Erlös abzüglich der Verkaufskosten erhält der Versicherer den Anteil, welcher der von ihm geleisteten bedingungsgemäßen Entschädigung entspricht.

Einbruchdiebstahl- und RaubVers §§ 19, 20 **AERB 17**

5. Dem Besitz einer zurückerlangten Sache steht es gleich, wenn der Versicherungsnehmer die Möglichkeit hat, sich den Besitz wieder zu verschaffen.

Ist ein Wertpapier in einem Aufgebotsverfahren für kraftlos erklärt worden, so hat der Versicherungsnehmer die gleichen Rechte und Pflichten, wie wenn er das Wertpapier zurückerlangt hätte. Jedoch kann der Versicherungsnehmer die Entschädigung behalten, soweit ihm durch Verzögerung fälliger Leistungen aus den Wertpapieren ein Zinsverlust entstanden ist.

6. Hat der Versicherungsnehmer dem Versicherer zurückerlangte Sachen zur Verfügung zu stellen, so hat er dem Versicherer den Besitz, das Eigentum und alle sonstigen Rechte zu übertragen, die ihm mit Bezug auf diese Sachen zustehen.

7. Sind wiederherbeigeschaffte Sachen beschädigt worden, so kann der Versicherungsnehmer Entschädigung gemäß § 11 Nr. 1b auch dann verlangen oder behalten, wenn die Sachen gemäß Nr. 2 bis Nr. 4 bei ihm verbleiben.

§ 19 Rechtsverhältnis nach dem Versicherungsfall.
1. Die Versicherungssummen vermindern sich nicht dadurch, daß eine Entschädigung geleistet wird.

2. Nach dem Eintritt eines Versicherungsfalles kann der Versicherer oder der Versicherungsnehmer den Versicherungsvertrag kündigen.

Die Kündigung ist schriftlich zu erklären. Sie muß spätestens einen Monat nach Auszahlung der Entschädigung zugehen. Der Zahlung steht es gleich, wenn die Entschädigung aus Gründen abgelehnt wird, die den Eintritt des Versicherungsfalles unberührt lassen.

Die Kündigung wird einen Monat nach ihrem Zugang wirksam. Der Versicherungsnehmer kann bestimmen, daß seine Kündigung sofort oder zu einem anderen Zeitpunkt wirksam wird, jedoch spätestens zum Schluß des laufenden Versicherungsjahres.

§ 20 Schriftliche Form; Zurückweisung von Kündigungen. 1. Anzeigen und Erklärungen bedürfen der Schriftform. Dies gilt nicht für die Anzeige eines Schadens gemäß § 13 Nr. 1a.

2. Ist eine Kündigung des Versicherungsnehmers unwirksam, ohne daß dies auf Vorsatz oder grober Fahrlässigkeit beruht, so wird die Kündigung wirksam, falls der Versicherer sie nicht unverzüglich zurückweist.

§ 21 Agentenvollmacht. Ein Agent des Versicherers ist nur dann bevollmächtigt, Anzeigen und Erklärungen des Versicherungsnehmers entgegenzunehmen, wenn er den Versicherungsvertrag vermittelt hat oder laufend betreut.

§ 22 Schlußbestimmung. 1. Soweit nicht in den Versicherungsbedingungen Abweichendes bestimmt ist, gelten die gesetzlichen Vorschriften.

2. Ein Auszug aus dem Gesetz über den Versicherungsvertrag (VVG), der insbesondere die in den AERB 87 erwähnten Bestimmungen enthält, ist dem Bedingungstext beigefügt.

18. Allgemeine Bedingungen für die Leitungswasserversicherung (AWB 87/Fassung 1994)

(Unverbindliche Empfehlung des Verbandes der Sachversicherer. Abweichende Vereinbarungen sind möglich.)

Übersicht

	§§
Versicherte Gefahren und Schäden	1
Versicherte Sachen	2
Versicherte Kosten	3
Versicherungsort	4
Versicherungswert	5
Gefahrumstände bei Vertragsabschluß und Gefahrerhöhung	6
Sicherheitsvorschriften	7
Prämie; Beginn und Ende der Haftung	8
Mehrfache Versicherung; Überversicherung	9
Versicherung für fremde Rechnung	10
Entschädigungsberechnung; Unterversicherung	11
Entschädigungsgrenzen	12
Obliegenheiten des Versicherungsnehmers im Versicherungsfall	13
Besondere Verwirkungsgründe	14
Sachverständigenverfahren	15
Zahlung der Entschädigung	16
Repräsentanten	17
Wiederherbeigeschaffte Sachen	18
Rechtsverhältnis nach dem Versicherungsfall	19
Schriftliche Form; Zurückweisung von Kündigungen	20
Agentenvollmacht	21
Schlußbestimmung	22

§ 1 Versicherte Gefahren und Schäden. 1. Der Versicherer leistet Entschädigung für versicherte Sachen, die durch Leitungswasser zerstört oder beschädigt werden.

2. Leitungswasser im Sinn dieser Bedingungen ist Wasser, das

a) aus den fest verlegten Zu- oder Ableitungsrohren der Wasserversorgung,

b) aus den sonstigen mit dem Rohrsystem fest verbundenen Einrichtungen der Wasserversorgung,
c) aus den Anlagen der Warmwasser- oder Dampfheizung bestimmungswidrig ausgetreten ist.

3. Die Versicherung von Gebäuden umfaßt auch

a) innerhalb des versicherten Gebäudes
   aa) Frost- und sonstige Bruchschäden an den Zu- oder Ableitungsrohren der Wasserversorgung oder an Rohren der Warmwasser- oder Dampfheizung;
   bb) Frostschäden an Badeeinrichtungen, Waschbecken, Spülklosetts, Wasserhähnen, Geruchsverschlüssen, Wassermessern, Heizkörpern, Heizkesseln oder Boilern oder an vergleichbaren Anlagen der Warmwasser- oder Dampfheizung oder an Sprinkler- oder Berieselungsanlagen;
b) außerhalb des versicherten Gebäudes Frost- und sonstige Bruchschäden an den Zuleitungsrohren der Wasserversorgung oder an Rohren der Warmwasser- oder Dampfheizung, soweit
   aa) die Rohre der Versorgung des versicherten Gebäudes dienen und
   bb) die Rohre sich innerhalb des Grundstücks befinden, auf dem das versicherte Gebäude steht, und außerdem
   cc) die Reparaturkosten nicht durch das Versorgungsunternehmen zu tragen sind.

4. Der Versicherer leistet ferner Entschädigung für versicherte Sachen, die infolge eines Versicherungsfalles nach Nr. 1 bis Nr. 3

a) abhandenkommen oder
b) durch Niederreißen oder Ausräumen zerstört oder beschädigt werden.

5. Von der Versicherung ausgeschlossen sind ohne Rücksicht auf mitwirkende Ursachen Schäden durch – *soweit nicht etwas anderes vereinbart ist* –

a) Wasserdampf;
b) Plansch- oder Reinigungswasser;
c) Wasser aus Sprinklern oder aus Düsen von Berieselungsanlagen;

LeitungswasserVers   § 2 **AWB 18**

d) Grundwasser, stehendes oder fließendes Gewässer, Hochwasser oder Witterungsniederschlag oder einen durch diese Ursachen hervorgerufenen Rückstau;
e) Schwamm;
f) Erdsenkung oder Erdrutsch, es sei denn, daß Leitungswasser (Nr. 2) die Erdsenkung oder den Erdrutsch verursacht hat;
g) Brand, Blitzschlag, Explosion, Anprall oder Absturz eines bemannten Flugkörpers, seiner Teile oder seiner Ladung, ferner durch Löschen, Niederreißen oder Ausräumen bei diesen Ereignissen.

Die Ausschlüsse gemäß a bis e gelten nicht für Schäden gemäß Nr. 3. Die Ausschlüsse gelten ferner nicht für Schäden gemäß Nr. 1, soweit sie Folgeschäden eines Schadens gemäß Nr. 3 sind.

6. Die Versicherung erstreckt sich ohne Rücksicht auf mitwirkende Ursachen außerdem nicht auf Schäden an versicherten Sachen und nicht auf versicherte Kosten, die durch Kriegsereignisse jeder Art, innere Unruhen, Erdbeben oder Kernenergie[1]) verursacht werden.

§ 2 Versicherte Sachen. 1. Versichert sind die in dem Versicherungsvertrag bezeichneten

a) Gebäude und sonstige Grundstücksbestandteile;
b) bewegliche Sachen.

2. Gebäude sind mit ihren Bestandteilen und mit den Sachen gemäß § 1 Nr. 3a, aber ohne sonstiges Zubehör versichert, soweit nicht etwas anderes vereinbart ist.

Nicht versichert sind Gebäude, die nicht bezugsfertig sind, und die in diesen Gebäuden befindlichen Sachen – *soweit nicht etwas anderes vereinbart ist.*

3. Bewegliche Sachen sind nur versichert, soweit der Versicherungsnehmer

a) Eigentümer ist;
b) sie unter Eigentumsvorbehalt erworben hat;

---

[1]) Der Ersatz von Schäden durch Kernenergie richtet sich in der Bundesrepublik Deutschland nach dem Atomgesetz. Die Betreiber von Kernanlagen sind zur Deckungsvorsorge verpflichtet und schließen hierfür Haftpflichtversicherungen ab.

c) sie sicherungshalber übereignet hat und soweit für sie gemäß § 71 Abs. 1 Satz 2 VVG dem Erwerber ein Entschädigungsanspruch nicht zusteht.

4. Über Nr. 3 hinaus ist fremdes Eigentum versichert, soweit es seiner Art nach zu den versicherten Sachen gehört und dem Versicherungsnehmer zur Bearbeitung, Benutzung oder Verwahrung oder zum Verkauf in Obhut gegeben wurde und soweit nicht der Versicherungsnehmer nachweislich, insbesondere mit dem Eigentümer, vereinbart hat, daß die fremden Sachen durch den Versicherungsnehmer nicht versichert zu werden brauchen.

5. Die Versicherung gemäß Nr. 3b, Nr. 3c und Nr. 4 gilt für Rechnung des Eigentümers und des Versicherungsnehmers. In den Fällen der Nr. 4 ist jedoch für die Höhe des Versicherungswertes, soweit nicht etwas anderes vereinbart ist, nur das Interesse des Eigentümers maßgebend.

6. Ist Versicherung der Betriebseinrichtung vereinbart, so fallen hierunter nicht – *soweit nicht etwas anderes vereinbart ist* –

a) Bargeld;
b) Urkunden, wie z. B. Sparbücher und sonstige Wertpapiere;
c) Akten, Pläne, Geschäftsbücher, Karteien, Zeichnungen, Lochkarten, Magnetbänder, Magnetplatten und sonstige Datenträger;
d) Muster, Anschauungsmodelle, Prototypen und Ausstellungsstücke, ferner typengebundene, für die laufende Produktion nicht mehr benötigte Fertigungsvorrichtungen;
e) zulassungspflichtige Kraftfahrzeuge, Kraftfahrzeuganhänger und Zugmaschinen;
f) Automaten mit Geldeinwurf (einschließlich Geldwechsler) samt Inhalt sowie Geldausgabeautomaten, soweit nicht der Einschluß besonders vereinbart ist.

7. Ist Versicherung von Gebrauchsgegenständen der Betriebsangehörigen vereinbart, so sind nur Sachen versichert, die sich üblicherweise oder auf Verlangen des Arbeitgebers innerhalb des Versicherungsortes befinden. Bargeld, Wertpapiere und Kraftfahrzeuge sind nicht versichert.

Entschädigung wird nur geleistet, soweit Entschädigung nicht aus einem anderen Versicherungsvertrag beansprucht werden kann. Ist danach die Entschädigung oder eine Abschlagszahlung gemäß § 16 Abs. 1 nur deshalb noch nicht fällig, weil ohne Verschulden des Versicherungsnehmers oder des versicherten Betriebsangehörigen die Entschädigungspflicht aus dem anderen Versicherungsvertrag ganz oder teilweise noch nicht geklärt ist, so wird der Versicherer unter Vorbehalt der Rückforderung mit Zinsen 1 Prozent unter dem jeweiligen Diskontsatz der Deutschen Bundesbank, mindestens jedoch 4 Prozent und höchstens 6 Prozent pro Jahr, eine vorläufige Zahlung leisten – *soweit nicht etwas anderes vereinbart ist.*

§ 3 Versicherte Kosten. 1. Der Versicherer ersetzt auch notwendige Aufwendungen für Nebenarbeiten nach Versicherungsfällen gemäß § 1 Nr. 3.

2. Aufwendungen, auch erfolglose, die der Versicherungsnehmer zur Abwendung oder Minderung des Schadens (§ 13 Nr. 1 c und 1 d) für geboten halten durfte, hat der Versicherer zu ersetzen. Der Ersatz dieser Aufwendungen und die Entschädigung für versicherte Sachen betragen zusammen höchstens die Versicherungssumme je vereinbarter Position; dies gilt jedoch nicht, soweit Maßnahmen auf Weisung des Versicherers erfolgt sind. Besteht Unterversicherung, so sind die Aufwendungen ohne Rücksicht auf Weisungen des Versicherers nur in demselben Verhältnis zu ersetzen wie der Schaden.

Aufwendungen für Leistungen der Feuerwehren oder anderer im öffentlichen Interesse zur Hilfeleistung Verpflichteter werden nicht ersetzt – *soweit nicht etwas anderes vereinbart ist.*

3. Für die Kosten der Ermittlung und Feststellung des Schadens gilt § 66 VVG.

4. Soweit dies vereinbart ist, ersetzt der Versicherer auch die infolge eines Versicherungsfalles notwendigen Aufwendungen

a) die aus dem Aufräumen der Schadenstätte einschließlich des Abbruchs stehengebliebener Teile, für das Abfahren von Schutt und sonstigen Resten zum nächsten Ablagerungsplatz und für das Ablagern oder Vernichten (Aufräumungs- und Abbruchkosten);

b) die dadurch entstehen, daß zum Zweck der Wiederherstellung oder Wiederbeschaffung von Sachen, die durch vorliegenden Vertrag versichert sind, andere Sachen bewegt, verändert oder geschützt werden müssen (Bewegungs- und Schutzkosten);

Bewegungs- und Schutzkosten sind insbesondere Aufwen-

dungen für De- oder Remontage von Maschinen, für Durchbruch, Abriß oder Wiederaufbau von Gebäudeteilen oder für das Erweitern von Öffnungen;
c) für die Wiederherstellung von Akten, Plänen, Geschäftsbüchern, Karteien, Zeichnungen, Lochkarten, Magnetbändern, Magnetplatten und sonstigen Datenträgern einschließlich des Neuwertes (§ 5 Nr. 2a) der Datenträger;
soweit die Wiederherstellung nicht notwendig ist oder nicht innerhalb von zwei Jahren seit Eintritt des Versicherungsfalles sichergestellt wird, leistet der Versicherer Entschädigung nur in Höhe des gemäß § 5 Nr. 5 berechneten Wertes des Materials.

§ 4 Versicherungsort. 1. Versicherungsschutz für bewegliche Sachen besteht nur innerhalb des Versicherungsortes.

Diese Beschränkung gilt nicht für Sachen, die infolge eines eingetretenen oder unmittelbar bevorstehenden Versicherungsfalles aus dem Versicherungsort entfernt und in zeitlichem und örtlichem Zusammenhang mit diesem Vorgang beschädigt oder zerstört werden oder abhandenkommen. Unberührt bleibt jedoch § 14 Nr. 1.

2. Versicherungsort sind die in dem Versicherungsvertrag bezeichneten Gebäude oder Räume von Gebäuden oder die als Versicherungsort bezeichneten Grundstücke.

Gebrauchsgegenstände von Betriebsangehörigen sind in deren Wohnräumen nicht versichert.

3. Nur in verschlossenen Räumen oder Behältnissen der im Versicherungsvertrag bezeichneten Art sind versichert

a) Bargeld;
b) Urkunden, z. B. Sparbücher und sonstige Wertpapiere;
c) Briefmarken;
d) Münzen und Medaillen;
e) unbearbeitete Edelmetalle sowie Sachen aus Edelmetall, ausgenommen Sachen, die dem Raumschmuck dienen;
f) Schmucksachen, Perlen und Edelsteine;
g) Sachen, für die dies besonders vereinbart ist.

Dies gilt, soweit nicht etwas anderes vereinbart ist, bei Versicherung von Juwelier-, Uhrmacher- und Bijouteriegeschäften nicht für Schmucksachen und Sachen aus Edelmetallen.

Leitungswasservers § 5 AWB 18

4. Registrierkassen, Rückgeldgeber und Automaten mit Geldeinwurf (einschließlich Geldwechsler) gelten nicht als Behältnisse im Sinn von Nr. 3.

Jedoch ist im Rahmen einer für Bargeld in Behältnissen gemäß Nr. 3 vereinbarten Versicherungssumme Bargeld auch in Registrierkassen versichert. Die Entschädigung ist auf ___ DM je Registrierkasse und außerdem auf ___ DM je Versicherungsfall begrenzt, soweit nicht andere Beträge vereinbart sind.

5. Bis zu der vereinbarten besonderen Versicherungssumme oder einer vereinbarten Entschädigungsgrenze ist Bargeld während der Geschäftszeit oder während vereinbarter sonstiger Zeiträume auch ohne Verschluß gemäß Nr. 3 versichert.

§ 5 Versicherungswert. 1. Versicherungswert von Gebäuden ist

a) der Neuwert;
  Neuwert ist der ortsübliche Neubauwert einschließlich Architektengebühren sowie sonstiger Konstruktions- und Planungskosten;

b) der Zeitwert, falls er weniger als ___ Prozent, bei landwirtschaftlichen Gebäuden weniger als ___ Prozent, des Neuwertes beträgt oder falls Versicherung nur zum Zeitwert vereinbart ist;
  der Zeitwert ergibt sich aus dem Neuwert des Gebäudes durch einen Abzug entsprechend seinem insbesondere durch den Abnutzungsgrad bestimmten Zustand;

c) der gemeine Wert, falls das Gebäude zum Abbruch bestimmt oder sonst dauernd entwertet oder falls Versicherung nur zum gemeinen Wert vereinbart ist; eine dauernde Entwertung liegt insbesondere vor, wenn das Gebäude für seinen Zweck allgemein oder im Betrieb des Versicherungsnehmers nicht mehr zu verwenden ist;
  gemeiner Wert ist der für den Versicherungsnehmer erzielbare Verkaufspreis für das Gebäude oder für das Altmaterial.

2. Versicherungswert der technischen und kaufmännischen Betriebseinrichtung und der Gebrauchsgegenstände von Betriebsangehörigen ist

a) der Neuwert;
  Neuwert ist der Betrag, der aufzuwenden ist, um Sachen gleicher Art und Güte in neuwertigem Zustand wiederzube-

schaffen oder sie neu herzustellen; maßgebend ist der niedrigere Betrag;
b) der Zeitwert, falls er weniger als ―― Prozent des Neuwertes beträgt oder falls Versicherung nur zum Zeitwert vereinbart ist;
der Zeitwert ergibt sich aus dem Neuwert der Sache durch einen Abzug entsprechend ihrem insbesondere durch den Abnutzungsgrad bestimmten Zustand;
c) der gemeine Wert, soweit die Sache für ihren Zweck allgemein oder im Betrieb des Versicherungsnehmers nicht mehr zu verwenden ist;
gemeiner Wert ist der für den Versicherungsnehmer erzielbare Verkaufspreis für die Sache oder für das Altmaterial.

3. Versicherungswert

a) von Waren, die der Versicherungsnehmer herstellt, auch soweit sie noch nicht fertiggestellt sind,
b) von Waren, mit denen der Versicherungsnehmer handelt,
c) von Rohstoffen und
d) von Naturerzeugnissen

ist der Betrag, der aufzuwenden ist, um Sachen gleicher Art und Güte wiederzubeschaffen oder sie neu herzustellen; maßgebend ist der niedrigere Betrag.

Der Versicherungswert ist begrenzt durch den erzielbaren Verkaufspreis, bei nicht fertiggestellten eigenen Erzeugnissen durch den erzielbaren Verkaufspreis der fertigen Erzeugnisse. § 55 VVG (Bereicherungsverbot) bleibt unberührt.

4. Versicherungswert von Wertpapieren ist

a) bei Wertpapieren mit amtlichem Kurs der mittlere Einheitskurs am Tag der jeweils letzten Notierung aller amtlichen Börsen der Bundesrepublik Deutschland;
b) bei Sparbüchern der Betrag des Guthabens;
c) bei sonstigen Wertpapieren der Marktpreis.

5. Versicherungswert von Grundstücksbestandteilen, die nicht Gebäude sind, ist, soweit nicht etwas anderes vereinbart wurde, entweder der Zeitwert gemäß Nr. 2b oder unter den dort genannten Voraussetzungen der gemeine Wert gemäß Nr. 2c.

Dies gilt auch für Muster, Anschauungsmodelle, Prototypen und Ausstellungsstücke, ferner für typengebundene, für die

LeitungswasserVers § 6 AWB 18

laufende Produktion nicht mehr benötigte Fertigungsvorrichtungen sowie für alle sonstigen, in Nr. 2 bis Nr. 4 nicht genannten beweglichen Sachen.

§ 6 Gefahrumstände bei Vertragsabschluß und Gefahrerhöhung. *Soweit nicht etwas anderes vereinbart ist, gilt:*

1. Bei Abschluß des Vertrages hat der Versicherungsnehmer alle ihm bekannten Umstände, die für die Übernahme der Gefahr erheblich sind, dem Versicherer anzuzeigen. Bei schuldhafter Verletzung dieser Obliegenheit kann der Versicherer nach Maßgabe der §§ 16 bis 21 VVG vom Vertrag zurücktreten, wodurch die Entschädigungspflicht entfallen kann.

2. Nach Antragstellung darf der Versicherungsnehmer ohne Einwilligung des Versicherers keine Gefahrerhöhung vornehmen oder gestatten.

Der Versicherungsnehmer hat jede Gefahrerhöhung, die ihm bekannt wird, dem Versicherer unverzüglich anzuzeigen, und zwar auch dann, wenn sie ohne seinen Willen eintritt.

Im übrigen gelten die §§ 23 bis 30 VVG. Danach kann der Versicherer zur Kündigung berechtigt oder auch leistungsfrei sein.

3. Für vorschriftsmäßige Anlagen des Zivilschutzes und für Zivilschutzübungen gelten Nr. 2 und die §§ 23 bis 30 VVG nicht.

4. Die Aufnahme oder Veränderung eines Betriebes, gleich welcher Art und welchen Umfangs, ist dem Versicherer unverzüglich anzuzeigen.

Ist mit der Aufnahme oder Veränderung des Betriebes eine Gefahrerhöhung verbunden, so gelten die §§ 23 bis 30 VVG.

Der Versicherer hat von dem Tag der Aufnahme oder Veränderung des Betriebes an Anspruch auf die aus einem etwa erforderlichen höheren Prämiensatz errechnete Prämie. Dies gilt nicht, soweit der Versicherer in einem Versicherungsfall wegen Gefahrerhöhung leistungsfrei geworden ist.

5. Gefahrerhöhende Umstände werden durch Maßnahmen des Versicherungsnehmers oder durch sonstige gefahrmindernde Umstände ausgeglichen, insbesondere soweit diese mit dem Versicherer vereinbart wurden.

§ 7 Sicherheitsvorschriften. 1. Der Versicherungsnehmer hat – *soweit nicht etwas anderes vereinbart ist* –

a) alle gesetzlichen, behördlichen oder in dem Versicherungsvertrag vereinbarten Sicherheitsvorschriften zu beachten;
b) alle wasserführenden Anlagen stets in ordnungsgemäßem Zustand zu erhalten, Störungen, Mängel oder Schäden an diesen Anlagen unverzüglich beseitigen zu lassen und notwendige Neubeschaffungen oder Änderungen dieser Anlagen oder Maßnahmen gegen Frost unverzüglich durchzuführen;
c) während der kalten Jahreszeit alle Gebäude und Gebäudeteile genügend zu beheizen und genügend häufig zu kontrollieren oder dort alle wasserführenden Anlagen und Einrichtungen abzusperren, zu entleeren und entleert zu halten;
d) nicht benutzte Gebäude oder Gebäudeteile genügend häufig zu kontrollieren oder dort alle wasserführenden Anlagen und Einrichtungen abzusperren, zu entleeren und entleert zu halten;
e) in Räumen unter Erdgleiche aufbewahrte Sachen mindestens 12 cm oder mindestens eine vereinbarte andere Höhe über dem Fußbode zu lagern;
f) über Wertpapiere und sonstige Urkunden, über Sammlungen und über sonstige Sachen, für die dies besonders vereinbart ist. Verzeichnisse zu führen und diese so aufzubewahren, daß sie im Versicherungsfall voraussichtlich nicht gleichzeitig mit den versicherten Sachen zerstört oder beschädigt werden oder abhandenkommen können;
Abs. 1 gilt nicht für Wertpapiere und sonstige Urkunden sowie für Sammlungen, wenn der Wert dieser Sachen insgesamt ____ DM nicht übersteigt; Abs. 1 gilt ferner nicht für Briefmarken;
Abs. 1 und Abs. 2 gelten nicht für Banken und Sparkassen.

2. Verletzt der Versicherungsnehmer eine der Obliegenheiten gemäß Nr. 1a bis 1e, so ist der Versicherer nach Maßgabe des § 6 Abs. 1 und Abs. 2 VVG zur Kündigung berechtigt oder auch leistungsfrei. Eine Kündigung des Versicherers wird einen Monat nach Zugang wirksam. Leistungsfreiheit tritt nicht ein, wenn die Verletzung weder auf Vorsatz noch auf grober Fahrlässigkeit beruht.

Führt die Verletzung zu einer Gefahrerhöhung, so gelten die

LeitungswasserVers § 8 **AWB 18**

§§ 23 bis 30 VVG. Danach kann der Versicherer zur Kündigung berechtigt oder auch leistungsfrei sein.

3. Verletzt der Versicherungsnehmer die Bestimmung der Nr. 1 f, so kann er Entschädigung für Sachen der dort genannten Art nur verlangen, soweit er das Vorhandensein, die Beschaffenheit und den Versicherungswert der Sachen auch ohne das Verzeichnis nachweisen kann.

§ 8 Prämie; Beginn und Ende der Haftung. 1. Der Versicherungsnehmer hat die erste Prämie (Beitrag) gegen Aushändigung des Versicherungsscheins, Folgeprämien am Ersten des Monats zu zahlen, in dem ein neues Versicherungsjahr beginnt. Die Folgen nicht rechtzeitiger Zahlung der ersten Prämie oder der ersten Rate der ersten Prämie ergeben sich aus § 38 VVG in Verbindung mit Nr. 3; im übrigen gelten §§ 39, 91 VVG. Rückständige Folgeprämien dürfen nur innerhalb eines Jahres seit Ablauf der nach § 39 VVG für sie gesetzten Zahlungsfrist eingezogen werden.

2. Ist Ratenzahlung vereinbart, so gelten die ausstehenden Raten bis zu den vereinbarten Zahlungsterminen als gestundet.

Die gestundeten Raten des laufenden Versicherungsjahres werden sofort fällig, wenn der Versicherungsnehmer mit einer Rate ganz oder teilweise in Verzug gerät oder soweit eine Entschädigung fällig wird.

3. Die Haftung des Versicherers beginnt mit dem vereinbarten Zeitpunkt und zwar auch dann, wenn zur Prämienzahlung erst später aufgefordert, die Prämie aber unverzüglich gezahlt wird. Ist dem Versicherungsnehmer bei Antragstellung bekannt, daß ein Versicherungsfall bereits eingetreten ist, so entfällt hierfür die Haftung.

4. Die Haftung endet mit dem vereinbarten Zeitpunkt. Versicherungsverträge von mindestens einjähriger Dauer verlängern sich jedoch von Jahr zu Jahr, wenn sie nicht spätestens drei Monate vor Ablauf schriftlich gekündigt werden.

5. Endet das Versicherungsverhältnis vor Ablauf der Vertragszeit oder wird es nach Beginn rückwirkend aufgehoben oder ist es von Anfang an nichtig, so gebührt dem Versicherer Prämie oder Geschäftsgebühr gemäß dem Versicherungsvertragsgesetz (z. B. §§ 40, 68).

Kündigt nach Eintritt eines Versicherungsfalles (§ 19 Nr. 2) der Versicherungsnehmer, so gebührt dem Versicherer die Prämie für das laufende Versicherungsjahr. Kündigt der Versicherer, so hat er die Prämie für das laufende Versicherungsjahr nach dem Verhältnis der noch nicht abgelaufenen zu der gesamten Zeit des Versicherungsjahres zurückzuzahlen.

§ 9 Mehrfache Versicherung; Überversicherung.

1. Nimmt der Versicherungsnehmer für versicherte Sachen eine weitere Versicherung gegen eine der versicherten Gefahren, so hat er den anderen Versicherer und die Versicherungssumme dem Versicherer unverzüglich schriftlich mitzuteilen. Dies gilt nicht für Allgefahrenversicherungen.

Verletzt der Versicherungsnehmer die Obliegenheit gemäß Abs. 1, so ist der Versicherer nach Maßgabe des § 6 Abs. 1 VVG zur Kündigung berechtigt oder auch leistungsfrei. Eine Kündigung des Versicherers wird einen Monat nach Zugang wirksam. Die Leistungsfreiheit tritt nicht ein, wenn die Verletzung weder auf Vorsatz noch auf grober Fahrlässigkeit beruht oder wenn der Versicherer vor dem Versicherungsfall Kenntnis von der anderen Versicherung erlangt hat.

2. Ist ein Selbstbehalt vereinbart und besteht mehrfache Versicherung, so kann abweichend von § 59 Abs. 1 VVG als Entschädigung aus den mehreren Verträgen nicht mehr als der Schaden abzüglich des Selbstbehaltes verlangt werden.

3. Erlangt der Versicherungsnehmer oder der Versicherte aus anderen Versicherungsverträgen Entschädigung für denselben Schaden, so ermäßigt sich der Anspruch aus vorliegendem Vertrag in der Weise, daß die Entschädigung aus allen Verträgen insgesamt nicht höher ist, als wenn der Gesamtbetrag der Versicherungssummen, aus denen Prämie errechnet wurde, nur in dem vorliegenden Vertrag in Deckung gegeben worden wäre.

4. Wird wegen Überversicherung oder Doppelversicherung die Versicherungssumme vermindert, so ist von diesem Zeitpunkt an für die Höhe der Prämie der Betrag maßgebend, den der Versicherer berechnet haben würde, wenn der Vertrag von vornherein mit dem neuen Inhalt geschlossen worden wäre.

§ 10 Versicherung für fremde Rechnung. 1. Soweit die Versicherung für fremde Rechnung genommen ist, kann der Versicherungsnehmer, auch wenn er nicht im Besitz des Versicherungsscheins ist, über die Rechte des Versicherten ohne dessen Zustimmung im eigenen Namen verfügen, insbesondere die Zahlung der Entschädigung verlangen und die Rechte des Versicherten übertragen. Der Versicherer kann jedoch vor Zahlung der Entschädigung den Nachweis verlangen, daß der Versicherte seine Zustimmung dazu erteilt hat.

2. Der Versicherte kann über seine Rechte nicht verfügen, selbst wenn er im Besitz des Versicherungsscheins ist. Er kann die Zahlung der Entschädigung nur mit Zustimmung des Versicherungsnehmers verlangen.

3. Soweit Kenntnis oder Verhalten des Versicherungsnehmers von rechtlicher Bedeutung ist, kommt auch Kenntnis oder Verhalten des Versicherten in Betracht. Im übrigen gilt § 79 VVG.

§ 11 Entschädigungsberechnung; Unterversicherung.

1. Ersetzt werden

a) bei zerstörten oder infolge eines Versicherungsfalles abhandengekommenen Sachen der Versicherungswert (§ 5) unmittelbar vor Eintritt des Versicherungsfalles;
b) bei beschädigten Sachen die notwendigen Reparaturkosten zur Zeit des Eintritts des Versicherungsfalles zuzüglich einer durch den Versicherungsfall etwa entstandenen und durch die Reparatur nicht auszugleichenden Wertminderung, höchstens jedoch der Versicherungswert unmittelbar vor Eintritt des Versicherungsfalles; die Reparaturkosten werden gekürzt, soweit durch die Reparatur der Versicherungswert der Sache gegenüber dem Versicherungswert unmittelbar vor Eintritt des Versicherungsfalles erhöht wird.

Restwerte werden angerechnet.
Behördliche Wiederherstellungsbeschränkungen bleiben unberücksichtigt.

2. Beträgt der Zeitwert eines gemäß § 5 Nr. 1a zum Neuwert versicherten landwirtschaftlichen Gebäudes weniger als 80 Prozent, aber noch mindestens 50 Prozent des Neuwerts, so wird, soweit nicht etwas anderes vereinbart ist, die gemäß

Nr. 1a oder 1b berechnete Entschädigung gekürzt. Sie beträgt bei einem Zeitwert

a) unter ___ Prozent bis ___ Prozent des Neuwerts ___ Prozent,
b) unter ___ Prozent bis ___ Prozent des Neuwerts ___ Prozent,
c) unter ___ Prozent bis ___ Prozent des Neuwerts ___ Prozent,
d) unter ___ Prozent bis ___ Prozent des Neuwerts ___ Prozent,
e) unter ___ Prozent bis ___ Prozent des Neuwerts ___ Prozent,
f) unter ___ Prozent bis ___ Prozent des Neuwerts ___ Prozent

des Betrages gemäß Nr. 1a oder 1b.

3. Für Kosten gemäß § 3 Nr. 4 oder für Betriebsunterbrechungsschäden leistet der Versicherer Entschädigung nur, soweit dies besonders vereinbart ist.

4. Ist die Versicherungssumme niedriger als der Versicherungswert unmittelbar vor Eintritt des Versicherungsfalles (Unterversicherung), so wird nur der Teil des gemäß Nr. 1 und Nr. 2 ermittelten Betrages ersetzt, der sich zu dem ganzen Betrag verhält wie die Versicherungssumme zu dem Versicherungswert.

Bei der Bruchteilversicherung tritt an die Stelle der Versicherungssumme der Betrag, aus dem der Bruchteil berechnet wurde.

Ist die Entschädigung für einen Teil der in einer Position versicherten Sachen auf bestimmte Beträge begrenzt (§ 12 Abs. 1 Nr. 2), so werden bei Ermittlung des Versicherungswertes der davon betroffenen Sachen höchstens diese Beträge berücksichtigt. Ergibt sich aus dem so ermittelten Versicherungswert eine Unterversicherung, so wird der Gesamtbetrag des Schadens entsprechend gekürzt; danach ist § 12 Abs. 1 Nr. 2 anzuwenden.

Ob Unterversicherung vorliegt, ist für jede vereinbarte Gruppe (Position) gesondert festzustellen.

5. Bei der Versicherung auf Erstes Risiko (Erste Gefahr) gelten § 56 VVG und die Bestimmungen über Unterversicherung (Nr. 4) nicht. Versicherung auf Erstes Risiko besteht

a) für Kosten gemäß § 3 Nr. 4;
b) soweit dies zu sonstigen Versicherungssummen besonders vereinbart ist.

6. Ist der Neuwert (§ 5 Nr. 1a und Nr. 2a) der Versicherungswert, so erwirbt der Versicherungsnehmer auf den Teil der Entschädigung, der den Zeitwertschaden (Abs. 2) übersteigt, einen Anspruch nur, soweit und sobald er innerhalb von drei Jahren

nach Eintritt des Versicherungsfalles sichergestellt hat, daß er die Entschädigung verwenden wird, um

a) Gebäude in gleicher Art und Zweckbestimmung an der bisherigen Stelle wiederherzustellen; ist dies an der bisherigen Stelle rechtlich nicht möglich oder wirtschaftlich nicht zu vertreten, so genügt es, wenn das Gebäude an anderer Stelle innerhalb der Bundesrepublik Deutschland wiederhergestellt wird;
b) bewegliche Sachen oder Grundstücksbestandteile, die zerstört worden oder abhandengekommen sind, in gleicher Art und Güte und in neuwertigem Zustand wiederzubeschaffen; nach vorheriger Zustimmung des Versicherers genügt Wiederbeschaffung gebrauchter Sachen; anstelle von Kraft- oder Arbeitsmaschinen können Kraft- oder Arbeitsmaschinen beliebiger Art beschafft werden, wenn deren Betriebszweck derselbe ist;
c) bewegliche Sachen oder Grundstücksbestandteile, die beschädigt worden sind, wiederherzustellen.

Der Zeitwertschaden wird bei zerstörten oder abhandengekommenen Sachen gemäß § 5 Nr. 1b, Nr. 2b und Nr. 5 festgestellt. Bei beschädigten Sachen werden die Kosten einer Reparatur um den Betrag gekürzt, um den durch die Reparatur der Zeitwert der Sache gegenüber dem Zeitwert unmittelbar vor Eintritt des Versicherungsfalles erhöht würde.

7. Für Muster, Anschauungsmodelle, Prototypen und Ausstellungsstücke, ferner für typengebundene, für die laufende Produktion nicht mehr benötigte Fertigungsvorrichtungen (§ 5 Nr. 5 Abs. 2), erwirbt der Versicherungsnehmer auf den Teil der Entschädigung, der den gemeinen Wert (§ 5 Nr. 2c) übersteigt, einen Anspruch nur, soweit für die Verwendung der Entschädigung die Voraussetzungen gemäß Nr. 6b oder 6c erfüllt sind und die Wiederherstellung notwendig ist.

§ 12 Entschädigungsgrenzen. Der Versicherer leistet Entschädigung je Versicherungsfall höchstens

1. bis zu der je Position vereinbarten Versicherungssumme;

2. bis zu den Entschädigungsgrenzen, die in § 4 Nr. 4 Abs. 2 Satz 2 vorgesehen oder zusätzlich vereinbart sind, z. B. für Schäden an Sachen in Räumen unter Erdgleiche.

Maßgebend ist der niedrigere Betrag.

§ 13 Obliegenheiten des Versicherungsnehmers im Versicherungsfall. 1. Der Versicherungsnehmer hat bei Eintritt eines Versicherungsfalles – *soweit nicht etwas anderes vereinbart ist* –

a) den Schaden dem Versicherer unverzüglich anzuzeigen, das Abhandenkommen versicherter Sachen auch der zuständigen Polizeidienststelle; gegenüber dem Versicherer gilt diese Anzeige noch als unverzüglich, wenn sie innerhalb von drei Tagen abgesandt wird;
bei Schäden über 10.000 DM sollte die Anzeige dem Versicherer gegenüber fernmündlich, fernschriftlich oder telegraphisch erfolgen;
b) der Polizeidienststelle unverzüglich ein Verzeichnis der abhandengekommenen Sachen einzureichen;
c) den Schaden nach Möglichkeit abzuwenden oder zu mindern und dabei die Weisungen des Versicherers zu befolgen; er hat, soweit die Umstände es gestatten, solche Weisungen einzuholen;
d) für zerstörte oder abhandengekommene Wertpapiere oder sonstige aufgebotsfähige Urkunden unverzüglich das Aufgebotsverfahren einzuleiten und etwaige sonstige Rechte zu wahren, insbesondere abhandengekommene Sparbücher und andere sperrfähige Urkunden unverzüglich sperren zu lassen;
e) dem Versicherer auf dessen Verlangen im Rahmen des Zumutbaren jede Untersuchung über Ursache und Höhe des Schadens und über den Umfang seiner Entschädigungspflicht zu gestatten, jede hierzu dienliche Auskunft – auf Verlangen schriftlich – zu erteilen und die erforderlichen Belege beizubringen, bei Gebäudeschäden auf Verlangen insbesondere einen beglaubigten Grundbuchauszug;
f) Veränderungen der Schadenstelle möglichst zu vermeiden, solange der Versicherer nicht zugestimmt hat;
g) dem Versicherer auf dessen Verlangen innerhalb einer angemessenen Frist von mindestens zwei Wochen ein von ihm unterschriebenes Verzeichnis aller abhandengekommenen, zerstörten oder beschädigten Sachen vorzulegen; soweit nicht Versicherung auf Erstes Risiko vereinbart ist, kann der Versicherer auch ein Verzeichnis aller unmittelbar vor Eintritt des Versicherungsfalles vorhandenen Sachen verlan-

gen; in den Verzeichnissen ist der Versicherungswert der Sachen unmittelbar vor Eintritt des Versicherungsfalles anzugeben.

2. Verletzt der Versicherungsnehmer eine der vorstehenden Obliegenheiten, so ist der Versicherer nach Maßgabe des Versicherungsvertragsgesetzes (§§ 6 Abs. 3, 62 Abs. 2 VVG) von der Entschädigungspflicht frei. Dies gilt nicht, wenn nur die fernmündliche, fernschriftliche oder telegraphische Anzeige gemäß Nr. 1a unterbleibt.

Sind abhandengekommene Sachen der Polizeidienststelle nicht oder nicht rechtzeitig angezeigt worden, so kann der Versicherer nur für diese Sachen von der Entschädigungspflicht frei sein.

3. Hatte eine vorsätzliche Obliegenheitsverletzung Einfluß weder auf die Feststellung des Versicherungsfalles noch auf die Feststellung oder den Umfang der Entschädigung, so entfällt die Leistungsfreiheit gemäß Nr. 2, wenn die Verletzung nicht geeignet war, die Interessen des Versicherers ernsthaft zu beeinträchtigen, und wenn außerdem den Versicherungsnehmer kein erhebliches Verschulden trifft.

§ 14 Besondere Verwirkungsgründe. *Soweit nicht etwas anderes vereinbart ist, gilt:*

1. Führt der Versicherungsnehmer den Schaden vorsätzlich oder grob fahrlässig herbei, so ist der Versicherer von der Entschädigungspflicht frei.

2. Versucht der Versicherungsnehmer, den Versicherer arglistig über Tatsachen zu täuschen, die für den Grund oder für die Höhe der Entschädigung von Bedeutung sind, so ist der Versicherer von der Entschädigungspflicht frei.

Ist eine Täuschung gemäß Abs. 1 durch rechtskräftiges Strafurteil wegen Betruges oder Betrugsversuchs festgestellt, so gelten die Voraussetzungen von Abs. 1 als bewiesen.

3. Wird der Entschädigungsanspruch nicht innerhalb einer Frist von sechs Monaten gerichtlich geltend gemacht, nachdem der Versicherer ihn unter Angabe der mit dem Ablauf der Frist verbundenen Rechtsfolge schriftlich abgelehnt hat, so ist der Versicherer von der Entschädigungspflicht frei.

Durch ein Sachverständigenverfahren (§ 15) wird der Ablauf der Frist für dessen Dauer gehemmt.

§ 15 Sachverständigenverfahren. 1. Versicherungsnehmer und Versicherer können nach Eintritt des Versicherungsfalles vereinbaren, daß die Höhe des Schadens durch Sachverständige festgestellt wird. Das Sachverständigenverfahren kann durch Vereinbarung auf sonstige tatsächliche Voraussetzungen des Entschädigungsanspruchs sowie der Höhe der Entschädigung ausgedehnt werden.

Der Versicherungsnehmer kann ein Sachverständigenverfahren auch durch einseitige Erklärung gegenüber dem Versicherer verlangen.

2. Für das Sachverständigenverfahren gilt:
a) Jede Partei benennt schriftlich einen Sachverständigen und kann dann die andere unter Angabe des von ihr benannten Sachverständigen schriftlich auffordern, den zweiten Sachverständigen zu benennen. Wird der zweite Sachverständige nicht binnen zwei Wochen nach Empfang der Aufforderung benannt, so kann ihn die auffordernde Partei durch das für den Schadenort zuständige Amtsgericht ernennen lassen. In der Aufforderung ist auf diese Folge hinzuweisen.
b) Beide Sachverständige benennen schriftlich vor Beginn des Feststellungsverfahrens einen dritten Sachverständigen als Obmann. Einigen sie sich nicht, so wird der Obmann auf Antrag einer Partei durch das für den Schadenort zuständige Amtsgericht ernannt.
c) Der Versicherer darf als Sachverständige keine Personen benennen, die Mitbewerber des Versicherungsnehmers sind oder mit diesem in Geschäftsverbindung stehen, ferner keine Personen, die bei Mitbewerbern oder Geschäftspartnern angestellt sind oder mit ihnen in einem ähnlichen Verhältnis stehen.

Dies gilt entsprechend für die Benennung eines Obmannes durch die Sachverständigen.

3. Die Feststellungen der Sachverständigen müssen enthalten
a) ein Verzeichnis der zerstörten, beschädigten und abhandengekommenen Sachen sowie deren Versicherungswert zum Zeitpunkt des Versicherungsfalles; in den Fällen von § 11 Nr. 6 ist

auch der Zeitwert, in den Fällen von § 11 Nr. 7 auch der gemeine Wert anzugeben;
b) bei beschädigten Sachen die Beträge gemäß § 11 Nr. 1b;
c) alle sonstigen gemäß § 11 Nr. 1 maßgebenden Tatsachen, insbesondere die Restwerte der von dem Schaden betroffenen Sachen;
d) entstandene Kosten, die gemäß § 3 versichert sind.

4. Die Sachverständigen übermitteln beiden Parteien gleichzeitig ihre Feststellungen. Weichen die Feststellungen voneinander ab, so übergibt der Versicherer sie unverzüglich dem Obmann. Dieser entscheidet über die streitig gebliebenen Punkte innerhalb der durch die Feststellungen der Sachverständigen gezogenen Grenzen und übermittelt seine Entscheidung beiden Parteien gleichzeitig.

5. Jede Partei trägt die Kosten ihres Sachverständigen. Die Kosten des Obmannes tragen beide Parteien je zur Hälfte.

6. Die Feststellungen der Sachverständigen oder des Obmannes sind verbindlich, wenn nicht nachgewiesen wird, daß sie offenbar von der wirklichen Sachlage erheblich abweichen. Aufgrund dieser verbindlichen Feststellungen berechnet der Versicherer gemäß den §§ 11, 12 die Entschädigung.

7. Durch das Sachverständigenverfahren werden die Obliegenheiten des Versicherungsnehmers gemäß § 13 Nr. 1 nicht berührt.

§ 16 Zahlung der Entschädigung. 1. Ist die Leistungspflicht des Versicherers dem Grunde und der Höhe nach festgestellt, so hat die Auszahlung der Entschädigung binnen zwei Wochen zu erfolgen. Jedoch kann einen Monat nach Anzeige des Schadens als Abschlagszahlung der Betrag beansprucht werden, der nach Lage der Sache mindestens zu zahlen ist *oder soweit nicht etwas anderes vereinbart ist.*

2. Die Entschädigung ist seit Anzeige des Schadens mit 1 Prozent unter dem Diskontsatz der Deutschen Bundesbank zu verzinsen, mindestens jedoch mit 4 Prozent und höchstens mit 6 Prozent pro Jahr, soweit nicht aus anderen Gründen ein höherer Zins zu entrichten ist.

Die Verzinsung entfällt, soweit die Entschädigung innerhalb eines Monats seit Anzeige des Schadens gezahlt wird.

Zinsen werden erst fällig, wenn die Entschädigung fällig ist.

3. Der Lauf der Fristen gemäß Nr. 1 und Nr. 2 Abs. 1 ist gehemmt, solange infolge Verschuldens des Versicherungsnehmers die Entschädigung nicht ermittelt oder nicht gezahlt werden kann.

4. Bei Schäden an Gebäuden, an der technischen oder kaufmännischen Betriebseinrichtung oder an Gebrauchsgegenständen von Betriebsangehörigen ist für die Zahlung des über den Zeitwertschaden hinausgehenden Teils der Entschädigung der Zeitpunkt maßgebend, in dem der Versicherungsnehmer den Eintritt der Voraussetzungen von § 11 Nr. 6 dem Versicherer nachgewiesen hat.

Abs. 1 gilt entsprechend für die in § 11 Nr. 7 genannten Sachen, soweit die Entschädigung den gemeinen Wert übersteigt. Das gleiche gilt, soweit aufgrund einer sonstigen Vereinbarung ein Teil der Entschädigung von Voraussetzungen abhängt, die erst nach dem Versicherungsfall eintreten.

Zinsen für die Beträge gemäß Abs. 1 und Abs. 2 werden erst fällig, wenn die dort genannten zusätzlichen Voraussetzungen der Entschädigung festgestellt sind.

5. Der Versicherer kann die Zahlung aufschieben,

a) solange Zweifel an der Empfangsberechtigung des Versicherungsnehmers bestehen;
b) wenn gegen den Versicherungsnehmer oder einen seiner Repräsentanten aus Anlaß des Versicherungsfalles ein behördliches oder strafgerichtliches Verfahren aus Gründen eingeleitet worden ist, die auch für den Entschädigungsanspruch rechtserheblich sind, bis zum rechtskräftigen Abschluß dieses Verfahrens.

6. Die gesetzlichen Vorschriften über die Sicherung des Realkredits bleiben unberührt.

§ 17 Repräsentanten. Im Rahmen von §§ 6, 7, 9, 13 und 14 Nr. 1 und Nr. 2 stehen Repräsentanten dem Versicherungsnehmer gleich.

§ 18 Wiederherbeigeschaffte Sachen. 1. Wird der Verbleib abhandengekommener Sachen ermittelt, so hat der Ver-

LeitungswasserVers § 18 **AWB 18**

sicherungsnehmer dies dem Versicherer unverzüglich schriftlich anzuzeigen.

2. Hat der Versicherungsnehmer den Besitz einer abhandengekommenen Sache zurückerlangt, bevor die volle bedingungsgemäße Entschädigung für diese Sache gezahlt worden ist, so behält er den Anspruch auf die Entschädigung, falls er die Sache innerhalb von zwei Wochen dem Versicherer zur Verfügung stellt. Andernfalls ist eine für diese Sache gewährte Abschlagszahlung oder eine gemäß § 11 Nr. 6 oder Nr. 7 vorläufig auf den Zeitwertschaden oder auf den gemeinen Wert beschränkte Entschädigung zurückzuzahlen.

3. Hat der Versicherungsnehmer den Besitz einer abhandengekommenen Sache zurückerlangt, nachdem für diese Sache eine Entschädigung in voller Höhe ihres Versicherungswertes gezahlt worden ist, so hat der Versicherungsnehmer die Entschädigung zurückzuzahlen oder die Sache dem Versicherer zur Verfügung zu stellen. Der Versicherungsnehmer hat dieses Wahlrecht innerhalb von zwei Wochen nach Empfang einer schriftlichen Aufforderung des Versicherers auszuüben; nach fruchtlosem Ablauf dieser Frist geht das Wahlrecht auf den Versicherer über.

4. Hat der Versicherungsnehmer den Besitz einer abhandengekommenen Sache zurückerlangt, nachdem für diese Sache eine Entschädigung gezahlt worden ist, die bedingungsgemäß weniger als den Versicherungswert betragen hat, so kann der Versicherungsnehmer die Sache behalten und muß sodann die Entschädigung zurückzahlen. Erklärt er sich hierzu innerhalb von zwei Wochen nach Empfang einer schriftlichen Aufforderung des Versicherers nicht bereit, so hat der Versicherungsnehmer die Sache im Einvernehmen mit dem Versicherer öffentlich meistbietend verkaufen zu lassen. Von dem Erlös abzüglich der Verkaufskosten erhält der Versicherer den Anteil, welcher der von ihm geleisteten bedingungsgemäßen Entschädigung entspricht.

5. Dem Besitz einer zurückerlangten Sache steht es gleich, wenn der Versicherungsnehmer die Möglichkeit hat, sich den Besitz wieder zu verschaffen.

Ist ein Wertpapier in einem Aufgebotsverfahren für kraftlos erklärt worden, so hat der Versicherungsnehmer die gleichen Rechte und Pflichten, wie wenn er das Wertpapier zurückerlangt hätte. Jedoch kann der Versicherungsnehmer die Entschädigung behalten, soweit ihm durch Verzögerung fälliger Leistungen aus den Wertpapieren ein Zinsverlust entstanden ist.

6. Hat der Versicherungsnehmer dem Versicherer zurückerlangte Sachen zur Verfügung zu stellen, so hat er dem Versicherer den Besitz, das Eigentum und alle sonstigen Rechte zu übertragen, die ihm mit Bezug auf diese Sachen zustehen.

7. Sind wiederherbeigeschaffte Sachen beschädigt worden, so kann der Versicherungsnehmer Entschädigung gemäß § 11 Nr. 1b auch dann verlangen oder behalten, wenn die Sachen gemäß Nr. 2 bis Nr. 4 bei ihm verbleiben.

§ 19 Rechtsverhältnis nach dem Versicherungsfall.

1. Die Versicherungssummen vermindern sich nicht dadurch, daß eine Entschädigung geleistet wird.

2. Nach dem Eintritt eines Versicherungsfalles kann der Versicherer oder der Versicherungsnehmer den Versicherungsvertrag kündigen.
Die Kündigung ist schriftlich zu erklären. Sie muß spätestens einen Monat nach Auszahlung der Entschädigung zugehen. Der Zahlung steht es gleich, wenn die Entschädigung aus Gründen abgelehnt wird, die den Eintritt des Versicherungsfalles unberührt lassen.
Die Kündigung wird einen Monat nach ihrem Zugang wirksam. Der Versicherungsnehmer kann bestimmen, daß seine Kündigung sofort oder zu einem anderen Zeitpunkt wirksam wird, jedoch spätestens zum Schluß des laufenden Versicherungsjahres.

§ 20 Schriftliche Form; Zurückweisung von Kündigungen.

1. Anzeigen und Erklärungen bedürfen der Schriftform. Dies gilt nicht für die Anzeige eines Schadens gemäß § 13 Nr. 1a.

2. Ist eine Kündigung des Versicherungsnehmers unwirksam, ohne daß dies auf Vorsatz oder grober Fahrlässigkeit beruht, so wird die Kündigung wirksam, falls der Versicherer sie nicht unverzüglich zurückweist.

§ 21 Agentenvollmacht.

Ein Agent des Versicherers ist nur dann bevollmächtigt, Anzeigen und Erklärungen des Versicherungsnehmers entgegenzunehmen, wenn er den Versicherungsvertrag vermittelt hat oder laufend betreut.

§ 22 Schlußbestimmung. 1. Soweit nicht in den Versicherungsbedingungen Abweichendes bestimmt ist, gelten die gesetzlichen Vorschriften.

2. Ein Auszug aus dem Gesetz über den Versicherungsvertrag (VVG), der insbesondere die in den AWB 87 erwähnten Bestimmungen enthält, ist dem Bedingungstext beigefügt.

19. Allgemeine Bedingungen für die Sturmversicherung (AStB 87/Fassung 1994)

(Unverbindliche Empfehlung des Verbandes der Sachversicherer. Abweichende Vereinbarungen sind möglich.)

Übersicht

	§§
Versicherte Gefahren und Schäden	1
Versicherte Sachen	2
Versicherte Kosten	3
Versicherungsort	4
Versicherungswert	5
Gefahrumstände bei Vertragsabschluß und Gefahrerhöhung	6
Sicherheitsvorschriften	7
Prämie; Beginn und Ende der Haftung	8
Mehrfache Versicherung; Überversicherung	9
Versicherung für fremde Rechnung	10
Entschädigungsberechnung; Unterversicherung	11
Entschädigungsgrenzen; Selbstbehalt	12
Obliegenheiten des Versicherungsnehmers im Versicherungsfall	13
Besondere Verwirkungsgründe	14
Sachverständigenverfahren	15
Zahlung der Entschädigung	16
Repräsentanten	17
Wiederherbeigeschaffte Sachen	18
Rechtsverhältnis nach dem Versicherungsfall	19
Schriftliche Form; Zurückweisung von Kündigungen	20
Agentenvollmacht	21
Schlußbestimmung	22

§ 1 Versicherte Gefahren und Schäden. 1. Der Versicherer leistet Entschädigung für versicherte Sachen, die durch Sturm zerstört oder beschädigt werden.

2. Sturm im Sinn dieser Bedingungen ist eine wetterbedingte Luftbewegung von mindestens Windstärke 8.

Ist die Windstärke für den Versicherungsort nicht feststellbar, so wird Windstärke 8 unterstellt, wenn der Versicherungsnehmer nachweist, daß

a) die Luftbewegung in der Umgebung des Versicherungsortes Schäden an Gebäuden in einwandfreiem Zustand oder an ebenso widerstandsfähigen anderen Sachen angerichtet hat oder daß
b) der Schaden wegen des einwandfreien Zustandes des versicherten Gebäudes oder des Gebäudes, in dem sich die versicherten Sachen befunden haben, nur durch Sturm entstanden sein kann.

3. Die Sturmversicherung erstreckt sich nur auf Schäden, die entstehen
a) durch unmittelbare Einwirkung des Sturmes auf die versicherten Sachen;
b) dadurch, daß der Sturm Gebäudeteile, Bäume oder andere Gegenstände auf die versicherten Sachen wirft;
c) als Folge eines Sturmschadens gemäß a oder b an versicherten Sachen oder an Gebäuden, in denen sich versicherte Sachen befinden;
d) durch Niederreißen oder Ausräumen infolge eines Ereignisses gemäß a bis c;
e) durch Abhandenkommen versicherter Sachen infolge eines Ereignisses gemäß a bis d.

4. Von der Versicherung ausgeschlossen sind ohne Rücksicht auf mitwirkende Ursachen Schäden durch – *soweit nicht etwas anderes vereinbart ist* –
a) Sturmflut;
b) Lawinen;
c) Eindringen von Regen, Hagel, Schnee oder Schmutz durch nicht ordnungsgemäß geschlossene Fenster, Außentüren oder andere Öffnungen, es sei denn, daß diese Öffnungen durch den Sturm entstanden sind und einen Gebäudeschaden darstellen;
d) Brand, Blitzschlag, Explosion, Anprall oder Absturz eines bemannten Flugkörpers, seiner Teile oder seiner Ladung, ferner durch Löschen, Niederreißen oder Ausräumen bei diesen Ereignissen.

5. Die Versicherung erstreckt sich ohne Rücksicht auf mitwirkende Ursachen außerdem nicht auf Schäden an versicherten Sachen und nicht auf versicherte Kosten, die durch Kriegs-

ereignisse jeder Art, innere Unruhen, Erdbeben oder Kernenergie[1] verursacht werden
– *soweit nicht etwas anderes vereinbart ist.*

§ 2 Versicherte Sachen. 1. Versichert sind die in dem Versicherungsvertrag bezeichneten

a) Gebäude und sonstigen Grundstücksbestandteile;
b) beweglichen Sachen.

2. Gebäude sind mit ihren Bestandteilen, aber ohne Zubehör versichert, soweit nicht etwas anderes vereinbart ist.

Nicht versichert sind Gebäude, die nicht bezugsfertig sind, und die in diesen Gebäuden befindlichen Sachen.

Nur aufgrund besonderer Vereinbarung sind versichert

a) Laden- und Schaufensterscheiben, künstlerisch bearbeitete Scheiben, Kirchenfenster, Mehrscheiben-Isolierverglasungen, Sicherheitsglasscheiben, Blei- und Messingverglasungen, Glasbausteine, Profilbaugläser, Dachverglasungen sowie alle Glas- und Kunststoffscheiben von mehr als vier Quadratmetern Einzelgröße, ferner die Rahmen und Profile aller genannten Verglasungen und der Kunststoffscheiben.
b) an der Außenseite des Gebäudes angebrachte Antennenanlagen, Markisen, Leuchtröhrenanlagen, Schilder, Transparente, Überdachungen, Schutz- und Trennwände; andere an der Außenseite des Gebäudes angebrachte Sachen sind mitversichert;
c) elektrische Freileitungen, Ständer, Masten und Einfriedungen.

3. Bewegliche Sachen sind nur versichert, soweit der Versicherungsnehmer

a) Eigentümer ist;
b) sie unter Eigentumsvorbehalt erworben hat;
c) sie sicherungshalber übereignet hat und soweit für sie gemäß § 71 Abs. 1 Satz 2 VVG dem Erwerber ein Entschädigungsanspruch nicht zusteht.

---

[1] Der Ersatz von Schäden durch Kernenergie richtet sich in der Bundesrepublik Deutschland nach dem Atomgesetz. Die Betreiber von Kernanlagen sind zur Deckungsvorsorge verpflichtet und schließen hierfür Haftpflichtversicherungen ab.

4. Über Nr. 3 hinaus ist fremdes Eigentum versichert, soweit es seiner Art nach zu den versicherten Sachen gehört und dem Versicherungsnehmer zur Bearbeitung, Benutzung oder Verwahrung oder zum Verkauf in Obhut gegeben wurde und soweit nicht der Versicherungsnehmer nachweislich, insbesondere mit dem Eigentümer, vereinbart hat, daß die fremden Sachen durch den Versicherungsnehmer nicht versichert zu werden brauchen.

5. Die Versicherung gemäß Nr. 3b, Nr. 3c und Nr. 4 gilt für Rechnung des Eigentümers und des Versicherungsnehmers. In den Fällen der Nr. 4 ist jedoch für die Höhe des Versicherungswertes, soweit nicht etwas anderes vereinbart ist, nur das Interesse des Eigentümers maßgebend.

6. Ist Versicherung der Betriebseinrichtung vereinbart, so fallen hierunter nicht – *soweit nicht etwas anderes vereinbart ist* –

a) Bargeld;
b) Urkunden, wie z. B. Sparbücher und sonstige Wertpapiere;
c) Akten, Pläne, Geschäftsbücher, Karteien, Zeichnungen, Lochkarten, Magnetbänder, Magnetplatten und sonstige Datenträger;
d) Muster, Anschauungsmodelle, Prototypen und Ausstellungsstücke, ferner typengebundene, für die laufende Produktion nicht mehr benötigte Fertigungsvorrichtungen;
e) zulassungspflichtige Kraftfahrzeuge, Kraftfahrzeuganhänger und Zugmaschinen;
f) Automaten mit Geldeinwurf (einschließlich Geldwechsler) samt Inhalt sowie Geldausgabeautomaten, soweit nicht der Einschluß besonders vereinbart ist.

7. Ist Versicherung von Gebrauchsgegenständen der Betriebsangehörigen vereinbart, so sind nur Sachen versichert, die sich üblicherweise oder auf Verlangen des Arbeitgebers innerhalb des Versicherungsortes befinden. Bargeld, Wertpapiere und Kraftfahrzeuge sind nicht versichert.

Entschädigung wird nur geleistet, soweit Entschädigung nicht aus einem anderen Versicherungsvertrag beansprucht werden kann. Ist danach die Entschädigung oder eine Abschlagszahlung gemäß § 16 Nr. 1 nur deshalb noch nicht fällig, weil ohne Verschulden des Versicherungsnehmers oder des versicherten Betriebsangehörigen die Entschädigungspflicht aus dem anderen Versicherungsvertrag ganz oder teilweise noch nicht geklärt ist, so wird der Versicherer unter Vorbehalt der Rückforderung mit Zinsen 1 Prozent unter dem jeweiligen Diskontsatz der Deutschen Bundesbank, mindestens jedoch 4 Prozent und höchstens 6 Prozent pro Jahr, eine vorläufige Zahlung leisten.

§ 3 Versicherte Kosten. 1. Aufwendungen, auch erfolglose, die der Versicherungsnehmer zur Abwendung oder Minderung des Schadens (§ 13 Nr. 1c und 1d) für geboten halten durfte, hat der Versicherer zu ersetzen. Der Ersatz dieser Aufwendungen und die Entschädigung für versicherte Sachen betragen zusammen höchstens die Versicherungssumme je vereinbarter Position; dies gilt jedoch nicht, soweit Maßnahmen auf Weisung des Versicherers erfolgt sind. Besteht Unterversicherung, so sind die Aufwendungen ohne Rücksicht auf Weisungen des Versicherers nur in demselben Verhältnis zu ersetzen wie der Schaden.

Aufwendungen für Leistungen der Feuerwehren oder anderer im öffentlichen Interesse zur Hilfeleistung Verpflichteter werden nicht ersetzt – *soweit nicht etwas anderes vereinbart ist.*

2. Für die Kosten der Ermittlung und Feststellung des Schadens gilt § 66 VVG.

3. Soweit dies vereinbart ist und soweit diese Kosten nicht durch eine Monopolanstalt entschädigt werden, ersetzt der Versicherer auch die infolge eines Versicherungsfalles notwendigen Aufwendungen

a) für das Aufräumen der Schadenstätte einschließlich des Abbruchs stehengebliebener Teile, für das Abfahren von Schutt und sonstigen Resten zum nächsten Ablagerungsplatz und für das Ablagern oder Vernichten (Aufräumungs- und Abbruchkosten);

b) die dadurch entstehen, daß zum Zweck der Wiederherstellung oder Wiederbeschaffung von Sachen, die durch vorliegenden Vertrag versichert sind, andere Sachen bewegt, verändert oder geschützt werden müssen (Bewegungs- und Schutzkosten);
Bewegungs- und Schutzkosten sind insbesondere Aufwendungen für De- oder Remontage von Maschinen, für Durchbruch, Abriß oder Wiederaufbau von Gebäudeteilen oder für das Erweitern von Öffnungen;

c) für die Wiederherstellung von Akten, Plänen, Geschäftsbüchern, Karteien, Zeichnungen, Lochkarten, Magnetbändern, Magnetplatten und sonstigen Datenträgern einschließlich des Neuwertes (§ 5 Nr. 2a) der Datenträger;
soweit die Wiederherstellung nicht notwendig ist oder nicht innerhalb von zwei Jahren seit Eintritt des Versicherungsfalles sichergestellt wird, leistet der Versicherer Entschädigung nur in Höhe des gemäß § 5 Nr. 5 berechneten Wertes des Materials.

§ 4 Versicherungsort. 1. Versicherungsschutz für bewegliche Sachen besteht nur innerhalb des Versicherungsortes.

Diese Beschränkung gilt nicht für Sachen, die infolge eines eingetretenen oder unmittelbar bevorstehenden Versicherungsfalles aus dem Versicherungsort entfernt und in zeitlichem und örtlichem Zusammenhang mit diesem Vorgang beschädigt oder zerstört werden oder abhandenkommen. Unberührt bleibt jedoch § 14 Nr. 1.

2. Versicherungsort sind die in dem Versicherungsvertrag bezeichneten Gebäude oder Räume von Gebäuden oder die als Versicherungsort bezeichneten Grundstücke.

Gebrauchsgegenstände von Betriebsangehörigen sind in deren Wohnräumen nicht versichert.

3. Nur in verschlossenen Räumen oder Behältnissen der im Versicherungsvertrag bezeichneten Art sind versichert
a) Bargeld;
b) Urkunden, z. B. Sparbücher und sonstige Wertpapiere;
c) Briefmarken;
d) Münzen und Medaillen;
e) unbearbeitete Edelmetalle sowie Sachen aus Edelmetall, ausgenommen Sachen, die dem Raumschmuck dienen;
f) Schmucksachen, Perlen und Edelsteine;
g) Sachen, für die dies besonders vereinbart ist.
Dies gilt, soweit nicht etwas anderes vereinbart ist, bei Versicherung von Juwelier-, Uhrmacher- und Bijouteriegeschäften nicht für Schmucksachen und Sachen aus Edelmetallen.

4. Registrierkassen, Rückgeldgeber und Automaten mit Geldeinwurf (einschließlich Geldwechsler) gelten nicht als Behältnisse im Sinn von Nr. 3.

Jedoch ist im Rahmen einer für Bargeld in Behältnissen gemäß Nr. 3 vereinbarten Versicherungssumme Bargeld auch in Registrierkassen versichert. Die Entschädigung ist auf ＿＿ DM je Registrierkasse und außerdem auf ＿＿ DM je Versicherungsfall begrenzt, soweit nicht andere Beträge vereinbart sind.

5. Bis zu der vereinbarten besonderen Versicherungssumme oder einer vereinbarten Entschädigungsgrenze ist Bargeld während der Geschäftszeit oder während vereinbarter sonstiger Zeiträume auch ohne Verschluß gemäß Nr. 3 versichert.

§ 5 Versicherungswert.

1. Versicherungswert von Gebäuden ist

a) der Neuwert;
Neuwert ist der ortsübliche Neubauwert einschließlich Architektengebühren sowie sonstiger Konstruktions- und Planungskosten;

b) der Zeitwert, falls er weniger als ＿＿ Prozent, bei landwirtschaftlichen Gebäuden weniger als ＿＿ Prozent, des Neuwertes beträgt oder falls Versicherung nur zum Zeitwert vereinbart ist;
der Zeitwert ergibt sich aus dem Neuwert des Gebäudes durch einen Abzug entsprechend seinem insbesondere durch den Abnutzungsgrad bestimmten Zustand;

c) der gemeine Wert, falls das Gebäude zum Abbruch bestimmt oder sonst dauernd entwertet oder falls Versicherung nur zum gemeinen Wert vereinbart ist; eine dauernde Entwertung liegt insbesondere vor, wenn das Gebäude für seinen Zweck allgemein oder im Betrieb des Versicherungsnehmers nicht mehr zu verwenden ist;
gemeiner Wert ist der für den Versicherungsnehmer erzielbare Verkaufspreis für das Gebäude oder für das Altmaterial.

2. Versicherungswert der technischen und kaufmännischen Betriebseinrichtung und der Gebrauchsgegenstände von Betriebsangehörigen ist

a) der Neuwert;
Neuwert ist der Betrag, der aufzuwenden ist, um Sachen gleicher Art und Güte in neuwertigem Zustand wiederzubeschaffen oder sie neu herzustellen; maßgebend ist der niedrigere Betrag;

b) der Zeitwert, falls er weniger als ___ Prozent des Neuwertes beträgt oder falls Versicherung nur zum Zeitwert vereinbart ist;
der Zeitwert ergibt sich aus dem Neuwert der Sache durch einen Abzug entsprechend ihrem insbesondere durch den Abnutzungsgrad bestimmten Zustand;
c) der gemeine Wert, soweit die Sache für ihren Zweck allgemein oder im Betrieb des Versicherungsnehmers nicht mehr zu verwenden ist;
gemeiner Wert ist der für den Versicherungsnehmer erzielbare Verkaufspreis für die Sache oder für das Altmaterial.

3. Versicherungswert

a) von Waren, die der Versicherungsnehmer herstellt, auch soweit sie noch nicht fertiggestellt sind,
b) von Waren, mit denen der Versicherungsnehmer handelt,
c) von Rohstoffen und
d) von Naturerzeugnissen

ist der Betrag, der aufzuwenden ist, um Sachen gleicher Art und Güte wiederzubeschaffen oder sie neu herzustellen; maßgebend ist der niedrigere Betrag.

Der Versicherungswert ist begrenzt durch den erzielbaren Verkaufspreis, bei nicht fertiggestellten eigenen Erzeugnissen durch den erzielbaren Verkaufspreis der fertigen Erzeugnisse. § 55 VVG (Bereicherungsverbot) bleibt unberührt.

4. Versicherungswert von Wertpapieren ist

a) bei Wertpapieren mit amtlichem Kurs der mittlere Einheitskurs am Tag der jeweils letzten Notierung aller amtlichen Börsen der Bundesrepublik Deutschland;
b) bei Sparbüchern der Betrag des Guthabens;
c) bei sonstigen Wertpapieren der Marktpreis.

5. Versicherungswert von Grundstücksbestandteilen, die nicht Gebäude sind, ist, soweit nicht etwas anderes vereinbart wurde, entweder der Zeitwert gemäß Nr. 2 b oder unter den dort genannten Voraussetzungen der gemeine Wert gemäß Nr. 2 c.

Dies gilt auch für Muster, Anschauungsmodelle, Prototypen und Ausstellungsstücke, ferner für typengebundene, für die laufende Produktion nicht mehr benötigte Fertigungsvorrichtungen sowie für alle sonstigen, in Nr. 2 bis Nr. 4 nicht genannten beweglichen Sachen.

§ 6 Gefahrumstände bei Vertragsabschluß und Gefahrerhöhung. *Soweit nicht etwas anderes vereinbart ist, gilt:*

1. Bei Abschluß des Vertrages hat der Versicherungsnehmer alle ihm bekannten Umstände, die für die Übernahme der Gefahr erheblich sind, dem Versicherer anzuzeigen. Bei schuldhafter Verletzung dieser Obliegenheit kann der Versicherer nach Maßgabe der §§ 16 bis 21 VVG vom Vertrag zurücktreten, wodurch die Entschädigungspflicht entfallen kann.

2. Nach Antragstellung darf der Versicherungsnehmer ohne Einwilligung des Versicherers keine Gefahrerhöhung vornehmen oder gestatten.

Der Versicherungsnehmer hat jede Gefahrerhöhung, die ihm bekannt wird, dem Versicherer unverzüglich anzuzeigen, und zwar auch dann, wenn sie ohne seinen Willen eintritt.

Im übrigen gelten die §§ 23 bis 30 VVG. Danach kann der Versicherer zur Kündigung berechtigt oder auch leistungsfrei sein.

3. Für vorschriftsmäßige Anlagen des Zivilschutzes und für Zivilschutzübungen gelten Nr. 2 und die §§ 23 bis 30 VVG nicht.

4. Die Aufnahme oder Veränderung eines Betriebes, gleich welcher Art und welchen Umfangs, ist dem Versicherer unverzüglich anzuzeigen.

Ist mit der Aufnahme oder Veränderung des Betriebes eine Gefahrerhöhung verbunden, so gelten die §§ 23 bis 30 VVG.

Der Versicherer hat von dem Tag der Aufnahme oder Veränderung des Betriebes an Anspruch auf die aus einem etwa erforderlichen höheren Prämiensatz errechnete Prämie. Dies gilt nicht, soweit der Versicherer in einem Versicherungsfall wegen Gefahrerhöhung leistungsfrei geworden ist.

5. Gefahrerhöhende Umstände werden durch Maßnahmen des Versicherungsnehmers oder durch sonstige gefahrmindernde Umstände ausgeglichen, insbesondere soweit diese mit dem Versicherer vereinbart wurden.

§ 7 Sicherheitsvorschriften.
1. Der Versicherungsnehmer hat – *soweit nicht etwas anderes vereinbart ist* –

a) alle gesetzlichen, behördlichen oder in dem Versicherungsvertrag vereinbarten Sicherheitsvorschriften zu beachten;

SturmVers §8 AStB 19

b) die versicherten Gebäude oder die Gebäude, in denen sich die gegen Sturm versicherten Sachen befinden, insbesondere die Dächer, sowie Sachen, die gemäß § 2 Nr. 2b und 2c versichert sind, stets in ordnungsgemäßem Zustand zu erhalten;
c) über Wertpapiere und sonstige Urkunden, über Sammlungen und über sonstige Sachen, für die dies besonders vereinbart ist, Verzeichnisse zu führen und diese so aufzubewahren, daß sie im Versicherungsfall voraussichtlich nicht gleichzeitig mit den versicherten Sachen zerstört oder beschädigt werden oder abhanden kommen können;
Abs. 1 gilt nicht für Wertpapiere und sonstige Urkunden sowie für Sammlungen, wenn der Wert dieser Sachen insgesamt ___ DM nicht übersteigt; Abs. 1 gilt ferner nicht für Briefmarken;
Abs. 1 und Abs. 2 gelten nicht für Banken und Sparkassen.

2. Verletzt der Versicherungsnehmer eine der Obliegenheiten gemäß Nr. 1a oder 1b, so ist der Versicherer nach Maßgabe des § 6 Abs. 1 und Abs. 2 VVG zur Kündigung berechtigt oder auch leistungsfrei. Eine Kündigung des Versicherers wird einen Monat nach Zugang wirksam. Leistungsfreiheit tritt nicht ein, wenn die Verletzung weder auf Vorsatz noch auf grober Fahrlässigkeit beruht.

Führt die Verletzung zu einer Gefahrerhöhung, so gelten die §§ 23 bis 30 VVG. Danach kann der Versicherer zur Kündigung berechtigt oder auch leistungsfrei sein.

3. Verletzt der Versicherungsnehmer die Bestimmung der Nr. 1c, so kann er Entschädigung für Sachen der dort genannten Art nur verlangen, soweit er das Vorhandensein, die Beschaffenheit und den Versicherungswert der Sachen auch ohne das Verzeichnis nachweisen kann.

§ 8 Prämie; Beginn und Ende der Haftung. 1. Der Versicherungsnehmer hat die erste Prämie (Beitrag) gegen Aushändigung des Versicherungsscheins, Folgeprämien am Ersten des Monats zu zahlen, in dem ein neues Versicherungsjahr beginnt. Die Folgen nicht rechtzeitiger Zahlung der ersten Prämie oder der ersten Rate der ersten Prämie ergeben sich aus § 38 VVG in Verbindung mit Nr. 3; im übrigen gelten §§ 39, 91 VVG. Rückständige Folgeprämien dürfen nur innerhalb eines Jahres seit Ablauf der nach § 39 VVG für sie gesetzten Zahlungsfrist eingezogen werden.

2. Ist Ratenzahlung vereinbart, so gelten die ausstehenden Raten bis zu den vereinbarten Zahlungsterminen als gestundet.

Die gestundeten Raten des laufenden Versicherungsjahres werden sofort fällig, wenn der Versicherungsnehmer mit einer Rate ganz oder teilweise in Verzug gerät oder soweit eine Entschädigung fällig wird.

3. Die Haftung des Versicherers beginnt mit dem vereinbarten Zeitpunkt und zwar auch dann, wenn zur Prämienzahlung erst später aufgefordert, die Prämie aber unverzüglich gezahlt wird. Ist dem Versicherungsnehmer bei Antragstellung bekannt, daß ein Versicherungsfall bereits eingetreten ist, so entfällt hierfür die Haftung.

4. Die Haftung endet mit dem vereinbarten Zeitpunkt. Versicherungsverträge von mindestens einjähriger Dauer verlängern sich jedoch von Jahr zu Jahr, wenn sie nicht spätestens drei Monate vor Ablauf schriftlich gekündigt werden.

5. Endet das Versicherungsverhältnis vor Ablauf der Vertragszeit oder wird es nach Beginn rückwirkend aufgehoben oder ist es von Anfang an nichtig, so gebührt dem Versicherer Prämie oder Geschäftsgebühr gemäß dem Versicherungsvertragsgesetz (z. B. §§ 40, 68).

Kündigt nach Eintritt eines Versicherungsfalles (§ 19 Nr. 2) der Versicherungsnehmer, so gebührt dem Versicherer die Prämie für das laufende Versicherungsjahr. Kündigt der Versicherer, so hat er die Prämie für das laufende Versicherungsjahr nach dem Verhältnis der noch nicht abgelaufenen zu der gesamten Zeit des Versicherungsjahres zurückzuzahlen.

§ 9 Mehrfache Versicherung; Überversicherung.

1. Nimmt der Versicherungsnehmer für versicherte Sachen eine weitere Versicherung gegen eine der versicherten Gefahren, so hat er den anderen Versicherer und die Versicherungssumme dem Versicherer unverzüglich schriftlich mitzuteilen. Dies gilt nicht für Allgefahrenversicherungen.

Verletzt der Versicherungsnehmer die Obliegenheit gemäß Abs. 1, so ist der Versicherer nach Maßgabe des § 6 Abs. 1 VVG zur Kündigung berechtigt oder auch leistungsfrei. Eine Kündigung des Versicherers wird einen Monat nach Zugang wirksam. Die Leistungsfreiheit tritt aber nicht ein, wenn die Verletzung weder auf Vorsatz noch auf grober Fahrlässigkeit beruht oder wenn der Versicherer vor dem Versicherungsfall Kenntnis von der anderen Versicherung erlangt hat.

2. Ist ein Selbstbehalt vereinbart und besteht mehrfache Versicherung, so kann abweichend von § 59 Abs. 1 VVG als Entschädigung aus den mehreren Verträgen nicht mehr als der Schaden abzüglich des Selbstbehaltes verlangt werden.

3. Erlangt der Versicherungsnehmer oder der Versicherte aus anderen Versicherungsverträgen Entschädigung für denselben Schaden, so ermäßigt sich der Anspruch aus vorliegendem Vertrag in der Weise, daß die Entschädigung aus allen Verträgen insgesamt nicht höher ist, als wenn der Gesamtbetrag der Versicherungssummen, aus denen Prämie errechnet wurde, nur in dem vorliegenden Vertrag in Deckung gegeben worden wäre.

4. Wird wegen Überversicherung oder Doppelversicherung die Versicherungssumme vermindert, so ist von diesem Zeitpunkt an für die Höhe der Prämie der Betrag maßgebend, den der Versicherer berechnet haben würde, wenn der Vertrag von vornherein mit dem neuen Inhalt geschlossen worden wäre.

§ 10 Versicherung für fremde Rechnung. 1. Soweit die Versicherung für fremde Rechnung genommen ist, kann der Versicherungsnehmer, auch wenn er nicht im Besitz des Versicherungsscheins ist, über die Rechte des Versicherten ohne dessen Zustimmung im eigenen Namen verfügen, insbesondere die Zahlung der Entschädigung verlangen und die Rechte des Versicherten übertragen. Der Versicherer kann jedoch vor Zahlung der Entschädigung den Nachweis verlangen, daß der Versicherte seine Zustimmung dazu erteilt hat.

2. Der Versicherte kann über seine Rechte nicht verfügen, selbst wenn er im Besitz des Versicherungsscheins ist. Er kann die Zahlung der Entschädigung nur mit Zustimmung des Versicherungsnehmers verlangen.

3. Soweit Kenntnis oder Verhalten des Versicherungsnehmers von rechtlicher Bedeutung ist, kommt auch Kenntnis oder Verhalten des Versicherten in Betracht. Im übrigen gilt § 79 VVG.

§ 11 Entschädigungsberechnung; Unterversicherung.

1. Ersetzt werden

a) bei zerstörten oder infolge eines Versicherungsfalles abhandengekommenen Sachen der Versicherungswert (§ 5) unmittelbar vor Eintritt des Versicherungsfalles;

b) bei beschädigten Sachen die notwendigen Reparaturkosten zur Zeit des Eintritts des Versicherungsfalles zuzüglich einer durch den Versicherungsfall etwa entstandenen und durch die Reparatur nicht auszugleichenden Wertminderung, höchstens jedoch der Versicherungswert unmittelbar vor Eintritt des Versicherungsfalles; die Reparaturkosten werden gekürzt, soweit durch die Reparatur der Versicherungswert der Sache gegenüber dem Versicherungswert unmittelbar vor Eintritt des Versicherungsfalles erhöht wird.

Restwerte werden angerechnet.

Behördliche Wiederherstellungsbeschränkungen bleiben unberücksichtigt.

2. Beträgt der Zeitwert eines gemäß § 5 Nr. 1a zum Neuwert versicherten landwirtschaftlichen Gebäudes weniger als 80 Prozent, aber noch mindestens 50 Prozent des Neuwerts, so wird, soweit nicht etwas anderes vereinbart ist, die gemäß Nr. 1a oder 1b berechnete Entschädigung gekürzt. Sie beträgt bei einem Zeitwert

a) unter ____ Prozent bis ____ Prozent des Neuwerts ____ Prozent,

b) unter ____ Prozent bis ____ Prozent des Neuwerts ____ Prozent,

c) unter ____ Prozent bis ____ Prozent des Neuwerts ____ Prozent,

d) unter ____ Prozent bis ____ Prozent des Neuwerts ____ Prozent,

e) unter ____ Prozent bis ____ Prozent des Neuwerts ____ Prozent,

f) unter ____ Prozent bis ____ Prozent des Neuwerts ____ Prozent

des Betrages gemäß Nr. 1a oder 1b.

3. Für Kosten gemäß § 3 Nr. 3 oder für Betriebsunterbrechungsschäden leistet der Versicherer Entschädigung nur, soweit dies besonders vereinbart ist.

4. Ist die Versicherungssumme niedriger als der Versicherungswert unmittelbar vor Eintritt des Versicherungsfalles (Unterversicherung), so wird nur der Teil des gemäß Nr. 1 und Nr. 2 ermittelten Betrages ersetzt, der sich zu dem ganzen Betrag verhält wie die Versicherungssumme zu dem Versicherungswert.

Bei der Bruchteilversicherung tritt an die Stelle der Versicherungssumme der Betrag, aus dem der Bruchteil berechnet wurde.

Ist die Entschädigung für einen Teil der in einer Position versicherten Sachen auf bestimmte Beträge begrenzt (§ 12 Nr. 1 b), so werden bei Ermittlung des Versicherungswertes der davon betroffenen Sachen höchstens diese Beträge berücksichtigt. Ergibt sich aus dem so ermittelten Versicherungswert eine Unterversicherung, so wird der Gesamtbetrag des Schadens entsprechend gekürzt; danach ist § 12 Nr. 1 b anzuwenden.

Ob Unterversicherung vorliegt, ist für jede vereinbarte Gruppe (Position) gesondert festzustellen.

5. Bei der Versicherung auf Erstes Risiko (Erste Gefahr) gelten § 56 VVG und die Bestimmungen über Unterversicherung (Nr. 4) nicht. Versicherung auf Erstes Risiko besteht

a) für Kosten gemäß § 3 Nr. 3;
b) soweit dies zu sonstigen Versicherungssummen besonders vereinbart ist.

6. Ist der Neuwert (§ 5 Nr. 1a und Nr. 2a) der Versicherungswert, so erwirbt der Versicherungsnehmer auf den Teil der Entschädigung, der den Zeitwertschaden (Abs. 2) übersteigt, einen Anspruch nur, soweit und sobald er innerhalb von drei Jahren nach Eintritt des Versicherungsfalles sichergestellt hat, daß er die Entschädigung verwenden wird, um

a) Gebäude in gleicher Art und Zweckbestimmung an der bisherigen Stelle wiederherzustellen; ist dies an der bisherigen Stelle rechtlich nicht möglich oder wirtschaftlich nicht zu vertreten, so genügt es, wenn das Gebäude an anderer Stelle innerhalb der Bundesrepublik Deutschland wiederhergestellt wird;
b) bewegliche Sachen oder Grundstücksbestandteile, die zerstört worden oder abhandengekommen sind, in gleicher Art und Güte und in neuwertigem Zustand wiederzubeschaffen;

nach vorheriger Zustimmung des Versicherers genügt Wiederbeschaffung gebrauchter Sachen; anstelle von Kraft- oder Arbeitsmaschinen können Kraft- und Arbeitsmaschinen beliebiger Art beschafft werden, wenn deren Betriebszweck derselbe ist;

c) bewegliche Sachen oder Grundstücksbestandteile, die beschädigt worden sind, wiederherzustellen.

Der Zeitwertschaden wird bei zerstörten oder abhandengekommenen Sachen gemäß § 5 Nr. 1 b, Nr. 2 b und Nr. 5 festgestellt. Bei beschädigten Sachen werden die Kosten einer Reparatur um den Betrag gekürzt, um den durch die Reparatur der Zeitwert der Sache gegenüber dem Zeitwert unmittelbar vor Eintritt des Versicherungsfalles erhöht würde.

7. Für Muster, Anschauungsmodelle, Prototypen und Ausstellungsstücke, ferner für typengebundene, für die laufende Produktion nicht mehr benötigte Fertigungsvorrichtungen (§ 5 Nr. 5 Abs. 2), erwirbt der Versicherungsnehmer auf den Teil der Entschädigung, der den gemeinen Wert (§ 5 Nr. 2 c) übersteigt, einen Anspruch nur, soweit für die Verwendung der Entschädigung die Voraussetzungen gemäß Nr. 6 b oder 6 c erfüllt sind und die Wiederherstellung notwendig ist.

§ 12 Entschädigungsgrenzen; Selbstbehalt. 1. Der Versicherer leistet Entschädigung je Versicherungsfall höchstens

a) bis zu der je Position vereinbarten Versicherungssumme;
b) bis zu den Entschädigungsgrenzen, die in § 4 Nr. 4 Abs. 2 Satz 2 vorgesehen oder zusätzlich vereinbart sind.

Maßgebend ist der niedrigere Betrag.

2. Bei Schäden an versicherten Gebäuden wird der nach §§ 11, 12 Nr. 1 ermittelte Betrag je Versicherungsfall um einen Selbstbehalt von ___ DM gekürzt, sofern nicht etwas anderes vereinbart ist.

§ 13 Obliegenheiten des Versicherungsnehmers im Versicherungsfall. 1. Der Versicherungsnehmer hat bei Eintritt eines Versicherungsfalles – *soweit nicht etwas anderes vereinbart ist* –

a) den Schaden dem Versicherer unverzüglich anzuzeigen, das Abhandenkommen versicherter Sachen auch der zuständigen

Polizeidienststelle; gegenüber dem Versicherer gilt diese Anzeige noch als unverzüglich, wenn sie innerhalb von drei Tagen abgesandt wird;
bei Schäden über 10000 DM sollte die Anzeige dem Versicherer gegenüber fernmündlich, fernschriftlich oder telegraphisch erfolgen;
b) der Polizeidienststelle unverzüglich ein Verzeichnis der abhandengekommenen Sachen einzureichen;
c) den Schaden nach Möglichkeit abzuwenden oder zu mindern und dabei die Weisungen des Versicherers zu befolgen; er hat, soweit die Umstände es gestatten, solche Weisungen einzuholen;
d) für zerstörte oder abhandengekommene Wertpapiere oder sonstige aufgebotsfähige Urkunden unverzüglich das Aufgebotsverfahren einzuleiten und etwaige sonstige Rechte zu wahren, insbesondere abhandengekommene Sparbücher und andere sperrfähige Urkunden unverzüglich sperren zu lassen;
e) dem Versicherer auf dessen Verlangen im Rahmen des Zumutbaren jede Untersuchung über Ursache und Höhe des Schadens und über den Umfang seiner Entschädigungspflicht zu gestatten, jede hierzu dienliche Auskunft – auf Verlangen schriftlich – zu erteilen und die erforderlichen Belege beizubringen, bei Gebäudeschäden auf Verlangen insbesondere einen beglaubigten Grundbuchauszug;
f) Veränderungen der Schadenstelle möglichst zu vermeiden, solange der Versicherer nicht zugestimmt hat;
g) dem Versicherer auf dessen Verlangen innerhalb einer angemessenen Frist von mindestens zwei Wochen ein von ihm unterschriebenes Verzeichnis aller abhandengekommenen, zerstörten oder beschädigten Sachen vorzulegen; soweit nicht Versicherung auf Erstes Risiko vereinbart ist, kann der Versicherer auch ein Verzeichnis aller unmittelbar vor Eintritt des Versicherungsfalles vorhandenen Sachen verlangen, in den Verzeichnissen ist der Versicherungswert der Sachen unmittelbar vor Eintritt des Versicherungsfalles anzugeben.

2. Verletzt der Versicherungsnehmer eine der vorstehenden Obliegenheiten, so ist der Versicherer nach Maßgabe des Versicherungsvertragsgesetzes (§§ 6 Abs. 3, 62 Abs. 2 VGG) von

der Entschädigungspflicht frei. Dies gilt nicht, wenn nur die fernmündliche, fernschriftliche oder telegraphische Anzeige gemäß Nr. 1a unterbleibt.

Sind abhandengekommene Sachen der Polizeidienststelle nicht oder nicht rechtzeitig angezeigt worden, so kann der Versicherer nur für diese Sachen von der Entschädigungspflicht frei sein.

3. Hatte eine vorsätzliche Obliegenheitsverletzung Einfluß weder auf die Feststellung des Versicherungsfalles noch auf die Feststellung oder den Umfang der Entschädigung, so entfällt die Leistungsfreiheit gemäß Nr. 2, wenn die Verletzung nicht geeignet war, die Interessen des Versicherers ernsthaft zu beeinträchtigen, und wenn außerdem den Versicherungsnehmer kein erhebliches Verschulden trifft.

§ 14 Besondere Verwirkungsgründe. *Soweit nicht etwas anderes vereinbart ist, gilt:*

1. Führt der Versicherungsnehmer den Schaden vorsätzlich oder grob fahrlässig herbei, so ist der Versicherer von der Entschädigungspflicht frei.

2. Versucht der Versicherungsnehmer, den Versicherer arglistig über Tatsachen zu täuschen, die für den Grund oder für die Höhe der Entschädigung von Bedeutung sind, so ist der Versicherer von der Entschädigungspflicht frei.

Ist eine Täuschung gemäß Abs. 1 durch rechtskräftiges Strafurteil wegen Betruges oder Betrugsversuchs festgestellt, so gelten die Voraussetzungen von Abs. 1 als bewiesen.

3. Wird der Entschädigungsanspruch nicht innerhalb einer Frist von sechs Monaten gerichtlich geltend gemacht, nachdem der Versicherer ihn unter Angabe der mit dem Ablauf der Frist verbundenen Rechtsfolge schriftlich abgelehnt hat, so ist der Versicherer von der Entschädigungspflicht frei. Durch ein Sachverständigenverfahren (§ 15) wird der Ablauf der Frist für dessen Dauer gehemmt.

§ 15 Sachverständigenverfahren. 1. Versicherungsnehmer und Versicherer können nach Eintritt des Versicherungsfalles vereinbaren, daß die Höhe des Schadens durch Sachverständige festgestellt wird. Das Sachverständigenverfahren kann durch

Vereinbarung auf sonstige tatsächliche Voraussetzungen des Entschädigungsanspruchs sowie der Höhe der Entschädigung ausgedehnt werden.

Der Versicherungsnehmer kann ein Sachverständigenverfahren auch durch einseitige Erklärung gegenüber dem Versicherer verlangen.

2. Für das Sachverständigenverfahren gilt:
a) Jede Partei benennt schriftlich einen Sachverständigen und kann dann die andere unter Angabe des von ihr genannten Sachverständigen schriftlich auffordern, den zweiten Sachverständigen zu benennen. Wird der zweite Sachverständige nicht binnen zwei Wochen nach Empfang der Aufforderung benannt, so kann ihn die auffordernde Partei durch das für den Schadenort zuständige Amtsgericht ernennen lassen. In der Aufforderung ist auf diese Folge hinzuweisen.
b) Beide Sachverständige benennen schriftlich vor Beginn des Feststellungsverfahrens einen dritten Sachverständigen als Obmann. Einigen sie sich nicht, so wird der Obmann auf Antrag einer Partei durch das für den Schadenort zuständige Amtsgericht ernannt.
c) Der Versicherer darf als Sachverständige keine Personen benennen, die Mitbewerber des Versicherungsnehmers sind oder mit diesem in Geschäftsverbindung stehen, ferner keine Personen, die bei Mitbewerbern oder Geschäftspartnern angestellt sind oder mit ihnen in einem ähnlichen Verhältnis stehen.

Dies gilt entsprechend für die Benennung eines Obmannes durch die Sachverständigen.

3. Die Feststellungen der Sachverständigen müssen enthalten
a) ein Verzeichnis der zerstörten, beschädigten und abhandengekommenen Sachen sowie deren Versicherungswert zum Zeitpunkt des Versicherungsfalles; in den Fällen von § 11 Nr. 6 ist auch der Zeitwert, in den Fällen von § 11 Nr. 7 auch der gemeine Wert anzugeben;
b) bei beschädigten Sachen die Beträge gemäß § 11 Nr. 1b;
c) alle sonstigen gemäß § 11 Nr. 1 maßgebenden Tatsachen, insbesondere die Restwerte der von dem Schaden betroffenen Sachen;
d) entstandene Kosten, die gemäß § 3 versichert sind.

4. Die Sachverständigen übermitteln beiden Parteien gleichzeitig ihre Feststellungen. Weichen die Feststellungen voneinander ab, so übergibt der Versicherer sie unverzüglich dem Obmann. Dieser entscheidet über die streitig gebliebenen Punkte innerhalb der durch die Feststellungen der Sachverständigen gezogenen Grenzen und übermittelt seine Entscheidung beiden Parteien gleichzeitig.

5. Jede Partei trägt die Kosten ihres Sachverständigen. Die Kosten des Obmannes tragen beide Parteien je zur Hälfte.

6. Die Feststellungen der Sachverständigen oder des Obmannes sind verbindlich, wenn nicht nachgewiesen wird, daß sie offenbar von der wirklichen Sachlage erheblich abweichen. Aufgrund dieser verbindlichen Feststellungen berechnet der Versicherer gemäß den §§ 11, 12 die Entschädigung.

7. Durch das Sachverständigenverfahren werden die Obliegenheiten des Versicherungsnehmers gemäß § 13 Nr. 1 nicht berührt.

§ 16 Zahlung der Entschädigung. 1. Ist die Leistungspflicht des Versicherers dem Grunde und der Höhe nach festgestellt, so hat die Auszahlung der Entschädigung binnen zwei Wochen zu erfolgen. Jedoch kann einen Monat nach Anzeige des Schadens als Abschlagszahlung der Betrag beansprucht werden, der nach Lage der Sache mindestens zu zahlen ist.

2. Die Entschädigung ist seit Anzeige des Schadens mit 1 Prozent unter dem Diskontsatz der Deutschen Bundesbank zu verzinsen, mindestens jedoch mit 4 Prozent und höchstens mit 6 Prozent pro Jahr, soweit nicht aus anderen Gründen ein höherer Zins zu entrichten ist *oder soweit nicht etwas anderes vereinbart ist*.

Die Verzinsung entfällt, soweit die Entschädigung innerhalb eines Monats seit Anzeige des Schadens gezahlt wird.

Zinsen werden erst fällig, wenn die Entschädigung fällig ist.

3. Der Lauf der Fristen gemäß Nr. 1 und Nr. 2 Abs. 1 ist gehemmt, solange infolge Verschuldens des Versicherungsnehmers die Entschädigung nicht ermittelt oder nicht gezahlt werden kann.

4. Bei Schäden an Gebäuden, an der technischen oder kaufmännischen Betriebseinrichtung oder an Gebrauchsgegen-

ständen von Betriebsangehörigen ist für die Zahlung des über den Zeitwertschaden hinausgehenden Teils der Entschädigung der Zeitpunkt maßgebend, in dem der Versicherungsnehmer den Eintritt der Voraussetzungen von § 11 Nr. 6 dem Versicherer nachgewiesen hat.

Abs. 1 gilt entsprechend für die in § 11 Nr. 7 genannten Sachen, soweit die Entschädigung den gemeinen Wert übersteigt. Das gleiche gilt, soweit aufgrund einer sonstigen Vereinbarung ein Teil der Entschädigung von Voraussetzungen abhängt, die erst nach dem Versicherungsfall eintreten.

Zinsen für die Beträge gemäß Abs. 1 und Abs. 2 werden erst fällig, wenn die dort genannten zusätzlichen Voraussetzungen der Entschädigung festgestellt sind.

5. Der Versicherer kann die Zahlung aufschieben,

a) solange Zweifel an der Empfangsberechtigung des Versicherungsnehmers bestehen;
b) wenn gegen den Versicherungsnehmer oder einen seiner Repräsentanten aus Anlaß des Versicherungsfalles ein behördliches oder strafgerichtliches Verfahren aus Gründen eingeleitet worden ist, die auch für den Entschädigungsanspruch rechtserheblich sind, bis zum rechtskräftigen Abschluß dieses Verfahrens.

6. Die gesetzlichen Vorschriften über die Sicherung des Realkredits bleiben unberührt.

§ 17 Repräsentanten. Im Rahmen von §§ 6, 7, 9, 13 und 14 Nr. 1 und Nr. 2 stehen Repräsentanten dem Versicherungsnehmer gleich.

§ 18 Wiederherbeigeschaffte Sachen. 1. Wird der Verbleib abhandengekommener Sachen ermittelt, so hat der Versicherungsnehmer dies dem Versicherer unverzüglich schriftlich anzuzeigen.

2. Hat der Versicherungsnehmer den Besitz einer abhandengekommenen Sache zurückerlangt, bevor die volle bedingungsgemäße Entschädigung für diese Sache gezahlt worden ist, so behält er den Anspruch auf die Entschädigung, falls er die Sache innerhalb von zwei Wochen dem Versicherer zur Verfügung stellt. Andernfalls ist eine für diese Sache gewährte Abschlags-

zahlung oder eine gemäß § 11 Nr. 6 oder Nr. 7 vorläufig auf den Zeitwertschaden oder auf den gemeinen Wert beschränkte Entschädigung zurückzuzahlen.

3. Hat der Versicherungsnehmer den Besitz einer abhandengekommenen Sache zurückerlangt, nachdem für diese Sache eine Entschädigung in voller Höhe ihres Versicherungswertes gezahlt worden ist, so hat der Versicherungsnehmer die Entschädigung zurückzuzahlen oder die Sache dem Versicherer zur Verfügung zu stellen. Der Versicherungsnehmer hat dieses Wahlrecht innerhalb von zwei Wochen nach Empfang einer schriftlichen Aufforderung des Versicherers auszuüben; nach fruchtlosem Ablauf dieser Frist geht das Wahlrecht auf den Versicherer über.

4. Hat der Versicherungsnehmer den Besitz einer abhandengekommenen Sache zurückerlangt, nachdem für diese Sache eine Entschädigung gezahlt worden ist, die bedingungsgemäß weniger als den Versicherungswert betragen hat, so kann der Versicherungsnehmer die Sache behalten und muß sodann die Entschädigung zurückzahlen. Erklärt er sich hierzu innerhalb von zwei Wochen nach Empfang einer schriftlichen Aufforderung des Versicherers nicht bereit, so hat der Versicherungsnehmer die Sache mit dem Versicherer im Einvernehmen öffentlich meistbietend verkaufen zu lassen. Von dem Erlös abzüglich der Verkaufskosten erhält der Versicherer den Anteil, welcher der von ihm geleisteten bedingungsgemäßen Entschädigung entspricht.

5. Dem Besitz einer zurückerlangten Sache steht es gleich, wenn der Versicherungsnehmer die Möglichkeit hat, sich den Besitz wieder zu verschaffen.

Ist ein Wertpapier in einem Aufgebotsverfahren für kraftlos erklärt worden, so hat der Versicherungsnehmer die gleichen Rechte und Pflichten, wie wenn er das Wertpapier zurückerlangt hätte. Jedoch kann der Versicherungsnehmer die Entschädigung behalten, soweit ihm durch Verzögerung fälliger Leistungen aus den Wertpapieren ein Zinsverlust entstanden ist.

6. Hat der Versicherungsnehmer dem Versicherer zurückerlangte Sachen zur Verfügung zu stellen, so hat er dem Versicherer den Besitz, das Eigentum und alle sonstigen Rechte zu übertragen, die ihm mit Bezug auf diese Sachen zustehen.

7. Sind wiederherbeigeschaffte Sachen beschädigt worden, so kann der Versicherungsnehmer Entschädigung gemäß § 11 Nr. 1b auch dann verlangen oder behalten, wenn die Sachen gemäß Nr. 2 bis Nr. 4 bei ihm verbleiben.

§ 19 Rechtsverhältnis nach dem Versicherungsfall.

1. Die Versicherungssummen vermindern sich nicht dadurch, daß eine Entschädigung geleistet wird.

2. Nach dem Eintritt eines Versicherungsfalles kann der Versicherer oder der Versicherungsnehmer den Versicherungsvertrag kündigen. Die Kündigung ist schriftlich zu erklären. Sie muß spätestens einen Monat nach Auszahlung der Entschädigung zugehen. Der Zahlung steht es gleich, wenn die Entschädigung aus Gründen abgelehnt wird, die den Eintritt des Versicherungsfalles unberührt lassen.

Die Kündigung wird einen Monat nach ihrem Zugang wirksam. Der Versicherungsnehmer kann bestimmen, daß seine Kündigung sofort oder zu einem anderen Zeitpunkt wirksam wird, jedoch spätestens zum Schluß des laufenden Versicherungsjahres.

§ 20 Schriftliche Form; Zurückweisung von Kündigungen.

1. Anzeigen und Erklärungen bedürfen der Schriftform. Dies gilt nicht für die Anzeige eines Schadens gemäß § 13 Nr. 1a.

2. Ist eine Kündigung des Versicherungsnehmers unwirksam, ohne daß dies auf Vorsatz oder grober Fahrlässigkeit beruht, so wird die Kündigung wirksam, falls der Versicherer sie nicht unverzüglich zurückweist.

§ 21 Agentenvollmacht.

Ein Agent des Versicherers ist nur dann bevollmächtigt, Anzeigen und Erklärungen des Versicherungsnehmers entgegenzunehmen, wenn er den Versicherungsvertrag vermittelt hat oder laufend betreut.

§ 22 Schlußbestimmung.

1. Soweit nicht in den Versicherungsbedingungen Abweichendes bestimmt ist, gelten die gesetzlichen Vorschriften.

2. Ein Auszug aus dem Gesetz über den Versicherungsvertrag (VVG), der insbesondere die in den AStB 87 erwähnten Bestimmungen enthält, ist dem Bedingungstext beigefügt.

20. Allgemeine Bedingungen für die Glasversicherung (AGlB 94)

(Unverbindliche Empfehlung des Verbandes der Sachversicherer. Abweichende Vereinbarungen sind möglich.)

Übersicht

	§§
Versicherte Gefahren und Schäden	1
Versicherte Sachen	2
Versicherte Kosten	3
Versicherungsort	4
Gefahrumstände bei Vertragsschluß und Gefahrerhöhung	5
Sicherheitsvorschriften	6
Prämie; Beginn und Ende der Haftung	7
Mehrfache Versicherung	8
Versicherung für fremde Rechnung	9
Anpassung der Versicherung	10
Naturalersatz; Entschädigung; Unterversicherung	11
Obliegenheiten des Versicherungsnehmers im Versicherungsfall	12
Besondere Verwirkungsgründe; Klagefrist	13
Reparaturauftrag; Zahlung der Entschädigung	14
Repräsentanten	15
Rechtsverhältnis nach dem Versicherungsfall	16
Schriftliche Form; Zurückweisung von Kündigungen	17
Agentenvollmacht	18
Schlußbestimmung	19

§ 1 Versicherte Gefahren und Schäden. – *Soweit nicht etwas anderes vereinbart ist.* – 1. Der Versicherer leistet Entschädigung für versicherte Sachen, die durch Bruch (Zerbrechen) zerstört oder beschädigt werden. Die Leistung erfolgt in Naturalersatz, sofern sich aus § 11 Nr. 2 nichts anderes ergibt.

2. Die Versicherung erstreckt sich nicht auf

a) Beschädigungen von Oberflächen oder Kanten (z. B. Schrammen, Muschelausbrüche);
b) Undichtwerden der Randverbindungen von Mehrscheiben-Isolierverglasungen;

c) Schäden durch Brand, Blitzschlag, Explosion, Anprall oder Absturz eines Luftfahrzeuges, seiner Teile oder seiner Ladung, ferner nicht auf Schäden durch Löschen, Niederreißen oder Ausräumen bei diesen Ereignissen.

3. Die Versicherung erstreckt sich außerdem nicht auf Schäden an versicherten Sachen und nicht auf versicherte Kosten, die durch Kriegsereignisse jeder Art, innere Unruhen, Erdbeben oder Kernenergie[1]) verursacht werden – *soweit nicht etwas anderes vereinbart ist.*

§ 2 Versicherte Sachen. 1. Versichert sind die im Versicherungsvertrag bezeichneten, fertig eingesetzten oder montierten

a) Scheiben, Platten und Spiegel aus Glas;
b) Scheiben und Platten aus Kunststoff;
c) Platten aus Glaskeramik;
d) Glasbausteine und Profilbaugläser;
e) Lichtkuppeln aus Glas oder Kunststoff;
f) sonstige Sachen.

2. Nicht versichert sind Sachen, die bereits bei Antragstellung beschädigt sind.

§ 3 Versicherte Kosten. 1. Der Versicherer ersetzt

a) Aufwendungen, auch erfolglose, die der Versicherungsnehmer zur Abwendung oder Minderung des Schadens (§ 12 Nr. 1 b) für geboten halten durfte;
b) Aufwendungen für das vorläufige Verschließen von Öffnungen (Notverschalungen, Notverglasungen);
c) Aufwendungen für das Abfahren von Glas- und sonstigen Resten zum nächsten Ablagerungsplatz und für das Ablagern oder Vernichten (Entsorgungskosten).

2. Soweit dies vereinbart ist, ersetzt der Versicherer nach Maßgabe des § 11 Nr. 3 bis 6 auch die infolge eines Versicherungsfalles notwendigen Aufwendungen für

---

[1]) Der Ersatz von Schäden durch Kernenergie richtet sich in der Bundesrepublik Deutschland nach dem Atomgesetz. Die Betreiber von Kernanlagen sind zur Deckungsvorsorge verpflichtet und schließen hierfür Haftpflichtversicherungen ab.

a) zusätzliche Leistungen, um die sich das Liefern und Montieren von versicherten Sachen durch deren Lage verteuert; (z. B. Kran- oder Gerüstkosten);
b) die Erneuerung von Anstrich, Malereien, Schriften, Verzierungen, Lichtfilterlacken und Folien auf den unter § 2 Nr. 1 genannten versicherten Sachen;
c) das Beseitigen und Wiederanbringen von Sachen, die das Einsetzen von Ersatzscheiben behindern (z. B. Schutzgitter, Schutzstangen, Markisen usw.);
d) die Beseitigung von Schäden an Umrahmungen, Beschlägen, Mauerwerk, Schutz- und Alarmeinrichtungen.

§ 4 Versicherungsort. 1. Versicherungsschutz besteht nur innerhalb des Versicherungsortes.

2. Versicherungsort sind die in dem Versicherungsvertrag bezeichneten Gebäude oder Räume von Gebäuden.

3. Gebäudeverglasungen sind nur an ihrem bestimmungsgemäßen Platz versichert.

§ 5 Gefahrumstände bei Vertragsschluß und Gefahrerhöhung. *Soweit nicht etwas anderes vereinbart ist, gilt:* 1. Bei Abschluß des Vertrages hat der Versicherungsnehmer alle ihm bekannten Umstände, die für die Übernahme der Gefahr erheblich sind, dem Versicherer anzuzeigen. Bei schuldhafter Verletzung dieser Obliegenheit kann der Versicherer nach Maßgabe der §§ 16 bis 21 VVG vom Vertrag zurücktreten, wodurch die Entschädigungspflicht entfallen kann.

2. Nach Antragstellung darf der Versicherungsnehmer ohne Einwilligung des Versicherers keine Gefahrerhöhung vornehmen oder gestatten.

Der Versicherungsnehmer hat jede Gefahrerhöhung, die ihm bekannt wird, dem Versicherer unverzüglich anzuzeigen, und zwar auch dann, wenn sie ohne seinen Willen eintritt.

Im übrigen gelten die §§ 23 bis 30 VVG. Danach kann der Versicherer zur Kündigung berechtigt oder auch leistungsfrei sein.

3. Für die Glasversicherung liegt eine Gefahrerhöhung insbesondere vor, wenn

a) handwerkliche Arbeiten (z. B. Umbauten, Auf- oder Abbau von Gerüsten) am Versicherungsort oder in dessen unmittelbarer Umgebung ausgeführt werden;

b) die Wohnung länger als 60 Tage unbewohnt ist;
c) der Betrieb dauernd oder vorübergehend stillgelegt wird;
d) das Gebäude dauernd oder vorübergehend leersteht.

4. Die Aufnahme oder Veränderung eines Betriebes, gleich welcher Art und welchen Umfanges, ist dem Versicherer unverzüglich anzuzeigen.

Ist mit der Aufnahme oder der Veränderung des Betriebes eine Gefahrerhöhung verbunden, so gelten die §§ 23 bis 30 VVG.

5. Gefahrerhöhende Umstände werden durch Maßnahmen des Versicherungsnehmers oder durch sonstige gefahrmindernde Umstände ausgeglichen, insbesondere soweit diese mit dem Versicherer vereinbart wurden.

§ 6 Sicherheitsvorschriften. 1. Der Versicherungsnehmer hat – *soweit nicht etwas anderes vereinbart ist* –
a) alle gesetzlichen, behördlichen oder in dem Versicherungsvertrag vereinbarten Sicherheitsvorschriften zu beachten;
b) dafür zu sorgen, daß die versicherten Sachen fachmännisch nach den anerkannten Regeln der Technik erstellt und eingebaut sind.

2. Verletzt der Versicherungsnehmer eine der Obliegenheiten gemäß Nr. 1a oder 1b, so ist der Versicherer nach Maßgabe des § 6 Abs. 1 und Abs. 2 VVG zur Kündigung berechtigt oder auch leistungsfrei. Eine Kündigung des Versicherers wird einen Monat nach ihrem Zugang wirksam. Leistungsfreiheit tritt nicht ein, wenn die Verletzung weder auf Vorsatz noch auf grober Fahrlässigkeit beruht.

Führt die Verletzung zu einer Gefahrerhöhung, so gelten die §§ 23 bis 30 VVG. Danach kann der Versicherer zur Kündigung berechtigt oder auch leistungsfrei sein.

§ 7 Prämie; Beginn und Ende der Haftung. 1. Der Versicherungsnehmer hat die erste Prämie (Beitrag) gegen Aushändigung des Versicherungsscheines, Folgeprämien am Ersten des Monats zu zahlen, in dem ein neues Versicherungsjahr beginnt. Die Folgen nicht rechtzeitiger Zahlung der ersten Prämie oder der ersten Rate der ersten Prämie ergeben sich aus § 38 VVG in Verbindung mit Nr. 3; im übrigen gilt § 39 VVG. Rückständige Folgeprämien dürfen nur innerhalb eines Jahres seit Ablauf der nach § 39 VVG für sie gesetzten Zahlungsfrist eingezogen werden.

2. Ist Ratenzahlung vereinbart, so gelten die ausstehenden Raten bis zu den vereinbarten Zahlungsterminen als gestundet.

Die gestundeten Raten des laufenden Versicherungsjahres werden sofort fällig, wenn der Versicherungsnehmer mit einer Rate ganz oder teilweise in Verzug gerät oder soweit eine Entschädigung fällig wird.

3. Die Haftung des Versicherers beginnt zum vereinbarten Zeitpunkt, und zwar auch dann, wenn zur Prämienzahlung erst später aufgefordert, die Prämie aber unverzüglich gezahlt wird. Ist dem Versicherungsnehmer bei Antragstellung bekannt, daß ein Versicherungsfall bereits eingetreten ist, so entfällt hierfür die Haftung.

4. Die Haftung endet mit dem vereinbarten Zeitpunkt. Versicherungsverträge von mindestens einjähriger Dauer verlängern sich jedoch von Jahr zu Jahr, wenn sie nicht spätestens drei Monate vor Ablauf durch eine Partei schriftlich gekündigt werden.

5. Endet das Versicherungsverhältnis vor Ablauf der Vertragszeit oder wird es nach Beginn rückwirkend aufgehoben oder ist es von Anfang an nichtig, so gebührt dem Versicherer Prämie oder Geschäftsgebühr gemäß dem Versicherungsvertragsgesetz (z. B. §§ 40, 68 VVG).

Kündigt nach Eintritt eines Versicherungsfalls (§ 16) der Versicherungsnehmer, so gebührt dem Versicherer die Prämie für das laufende Versicherungsjahr. Kündigt der Versicherer, so hat er die Prämie für das laufende Versicherungsjahr nach dem Verhältnis der noch nicht abgelaufenen zu der gesamten Zeit des Versicherungsjahres zurückzuzahlen.

§ 8 Mehrfache Versicherung. 1. Nimmt der Versicherungsnehmer für versicherte Sachen eine weitere Glasversicherung, so hat er dies dem Versicherer unverzüglich schriftlich mitzuteilen.

2. Verletzt der Versicherungsnehmer die Obliegenheit gemäß Nr. 1, so ist der Versicherer nach Maßgabe des § 6 Abs. 1 VVG zur Kündigung berechtigt oder auch leistungsfrei. Eine Kündigung des Versicherers wird einen Monat nach ihrem Zu-

gang wirksam. Die Leistungsfreiheit tritt nicht ein, wenn die Verletzung weder auf Vorsatz noch auf grober Fahrlässigkeit beruht oder wenn der Versicherer vor dem Versicherungsfall Kenntnis von der anderen Versicherung erlangt hat.

§ 9 Versicherung für fremde Rechnung. 1. Soweit die Versicherung für fremde Rechnung genommen ist, kann der Versicherungsnehmer, auch wenn er nicht im Besitz des Versicherungsscheins ist, über die Rechte des Versicherten ohne dessen Zustimmung im eigenen Namen verfügen, insbesondere die Rechte des Versicherten übertragen.

2. Der Versicherte kann über seine Rechte nicht verfügen, selbst wenn er im Besitz des Versicherungsscheins ist.

3. Soweit Kenntnis oder Verhalten des Versicherungsnehmers von rechtlicher Bedeutung ist, kommt auch Kenntnis oder Verhalten des Versicherten in Betracht. Im übrigen gilt § 79 VVG.

§ 10 Anpassung der Versicherung. 1. Die Haftung des Versicherers paßt sich der Preisentwicklung für Verglasungsarbeiten an; entsprechend verändert sich die Prämie.

2. Die Prämie erhöht oder vermindert sich jeweils zum 1. Januar eines jeden Jahres für die in diesem Jahr beginnende Versicherungsperiode entsprechend dem Prozentsatz, um den sich die vom Statistischen Bundesamt veröffentlichten Preisindizes für Verglasungsarbeiten verändert haben. Für gewerbliche Risiken gilt das Mittel aus den Indizes für gemischt genutzte Gebäude, Bürogebäude und gewerbliche Betriebsgebäude. Für Wohnungen, Einfamilien- und Mehrfamiliengebäude gilt das Mittel aus den Indizes für Einfamilien- und Mehrfamiliengebäude. Der Veränderungsprozentsatz wird auf eine Stelle hinter dem Komma gerundet. Maßgebend sind die für den Monat Mai veröffentlichten Indizes.

Ist eine Versicherungssumme vereinbart, verändert sie sich entsprechend. Das Recht auf Herabsetzung der Versicherungssumme wegen erheblicher Überversicherung (§ 51 Abs. 1 VVG) bleibt unberührt.

3. Innerhalb eines Monats nach Zugang der Mitteilung über die Erhöhung der Haftung des Versicherers und der damit verbundenen Anpassung der Prämie kann der Versicherungsneh-

mer durch schriftliche Erklärung der Erhöhung mit Wirkung für den Zeitpunkt widersprechen, in dem die Anpassung wirksam werden sollte. § 11 Nr. 2c findet Anwendung.

§ 11 Naturalersatz; Entschädigung; Unterversicherung.

1. Ersetzt werden, soweit nichts anderes vereinbart ist, zerstörte und beschädigte Sachen (§ 2) durch Liefern und Montieren von Sachen oder Sachteilen gleicher Art und Güte (Naturalersatz). Der Reparaturauftrag erfolgt durch den Versicherer, soweit nicht etwas anderes vereinbart ist. Notverglasungen und Notverschalungen nach § 3 Nr. 1b können vom Versicherungsnehmer in Auftrag gegeben werden.

2. Der Versicherer leistet Entschädigung in Geld, wenn

a) eine Ersatzbeschaffung zu den ortsüblichen Wiederherstellungskosten nicht möglich ist;
b) sich im Versicherungsfall ergibt, daß die Beantwortung von Antragsfragen nach Umständen, die für die Prämienberechnung maßgeblich sind (z. B. Versicherungssumme, Glasflächen) von den tatsächlichen Verhältnissen zum Zeitpunkt des Schadeneintritts abweicht und deshalb die Prämie zu niedrig berechnet wurde; in diesem Fall wird nur der Teil des Schadens ersetzt, der sich zu dem Schadenbetrag verhält wie die zuletzt berechnete Jahresprämie zu der Jahresprämie, die bei Kenntnis der tatsächlichen Umstände zu zahlen gewesen wäre (Unterversicherung);
c) der Versicherungsnehmer einer Anpassung gemäß § 10 Nr. 3 widersprochen hat, die vor Eintritt eines Schadens hätte wirksam werden sollen. In diesem Fall wird nur der Teil des Schadens ersetzt, der sich zu dem Schadenbetrag verhält wie die zuletzt berechnete Jahresprämie zu der Jahresprämie, die der Versicherungsnehmer ohne Widerspruch gegen jede seit Vertragsbeginn erfolgte Anpassung zu zahlen gehabt hätte.

Restwerte werden angerechnet.

3. Zum Naturalersatz gehören nicht Kosten – *soweit nicht etwas anderes vereinbart ist* –

a) gemäß § 3, insbesondere nicht die Kosten, um die sich das Liefern und Montieren von versicherten Sachen durch deren Lage verteuert (§ 3 Nr. 2a);

GlasVers § 12 AGlB 20

b) die für die Angleichung (z. B. in Farbe und Struktur) unbeschädigter Sachen aufzuwenden wären.

4. Ersetzt werden gemäß § 3 die notwendigen Kosten zur Zeit des Eintritts des Versicherungsfalles. Bei Kosten gemäß § 3 Nr. 2 höchstens der vereinbarte Betrag.

5. Für die Berechnung der Entschädigung versicherter Kosten gemäß § 3 gelten Nr. 2b und c entsprechend.

6. Bei Versicherung auf Erstes Risiko gelten die Bestimmungen über die Unterversicherung (§ 56 VVG) nicht.

§ 12 Obliegenheiten des Versicherungsnehmers im Versicherungsfall. 1. Der Versicherungsnehmer hat bei Eintritt eines Versicherungsfalles – *soweit nicht etwas anderes vereinbart ist* –
a) den Schaden dem Versicherer unverzüglich anzuzeigen, und zwar auch dann, wenn eine sofortige Ersatzleistung nicht beansprucht wird;
b) den Schaden nach Möglichkeit abzuwenden oder zu mindern und dabei die Weisungen des Versicherers zu befolgen; er hat, soweit die Umstände es gestatten, solche Weisungen einzuholen;
c) dem Versicherer auf dessen Verlangen im Rahmen des Zumutbaren jede Untersuchung über Ursache und Höhe des Schadens und über den Umfang seiner Entschädigungspflicht zu gestatten, jede hierzu dienliche Auskunft – auf Verlangen schriftlich – zu erteilen und die erforderlichen Belege beizubringen;
d) Veränderungen der Schadenstelle möglichst zu vermeiden, solange der Versicherer nicht zugestimmt hat.

2. Verletzt der Versicherungsnehmer eine der vorstehenden Obliegenheiten, so ist der Versicherer nach Maßgabe des Versicherungsvertragsgesetzes (§§ 6 Abs. 3, 62 Abs. 2 VVG) von der Entschädigungspflicht frei.

3. Hatte eine vorsätzliche Obliegenheitsverletzung Einfluß weder auf die Feststellung des Versicherungsfalles noch auf die Feststellung oder den Umfang der Entschädigung, so entfällt die Leistungsfreiheit gemäß Nr. 2, wenn die Verletzung nicht geeignet war, die Interessen des Versicherers ernsthaft zu beeinträchtigen, und wenn außerdem den Versicherungsnehmer kein erhebliches Verschulden trifft.

§ 13 Besondere Verwirkungsgründe; Klagefrist. *Soweit nicht etwas anderes vereinbart ist, gilt:* 1. Führt der Versicherungsnehmer den Schaden vorsätzlich oder grob fahrlässig herbei, so ist der Versicherer von der Entschädigungspflicht frei.

2. Versucht der Versicherungsnehmer, den Versicherer arglistig über Tatsachen zu täuschen, die für den Grund oder für die Höhe der Entschädigung von Bedeutung sind, so ist der Versicherer von der Entschädigungspflicht frei.

Ist eine Täuschung gemäß Abs. 1 durch rechtskräftiges Strafurteil wegen Betruges oder Betrugsversuches festgestellt, so gelten die Voraussetzungen von Abs. 1 als bewiesen.

3. Wird der Entschädigungsanspruch nicht innerhalb einer Frist von sechs Monaten gerichtlich geltend gemacht, nachdem der Versicherer ihn unter Angabe der mit dem Ablauf der Frist verbundenen Rechtsfolge schriftlich abgelehnt hat, so ist der Versicherer von der Entschädigungspflicht frei.

§ 14 Reparaturauftrag; Zahlung der Entschädigung.
1. Bei Naturalersatz (§ 11 Nr. 1) ist der Reparaturauftrag unverzüglich zu erteilen.

2. Ist Entschädigung in Geld zu leisten (§ 11 Nr. 2 und Nr. 3), gilt:

a) Die Auszahlung hat binnen zwei Wochen zu erfolgen, nachdem die Leistungspflicht des Versicherers dem Grunde und der Höhe nach festgestellt ist. Jedoch kann einen Monat nach Anzeige des Schadens als Abschlagszahlung der Betrag beansprucht werden, der nach Lage der Sache mindestens zu zahlen ist.

b) Die Entschädigung ist seit Anzeige des Schadens mit 1 Prozent unter dem Diskontsatz der Deutschen Bundesbank zu verzinsen, mindestens jedoch mit 4 Prozent und höchstens mit 6 Prozent pro Jahr, soweit nicht aus anderen Gründen ein höherer Zins zu entrichten ist *oder soweit nicht etwas anderes vereinbart ist.*

Die Verzinsung entfällt, soweit die Entschädigung innerhalb eines Monats seit Anzeige des Schadens gezahlt wird.

Zinsen werden erst fällig, wenn die Entschädigung fällig ist.

c) Der Versicherer kann die Zahlung aufschieben,
   – solange Zweifel an der Empfangsberechtigung des Versicherungsnehmers bestehen;

– wenn gegen den Versicherungsnehmer oder einen seiner Repräsentanten aus Anlaß des Versicherungsfalles ein behördliches oder strafgerichtliches Verfahren aus Gründen eingeleitet worden ist, die auch für den Entschädigungsanspruch rechtserheblich sind, bis zum rechtskräftigen Abschluß dieses Verfahrens.

3. Der Lauf der Fristen gemäß Nr. 1 und Nr. 2a und b ist gehemmt, solange infolge Verschuldens des Versicherungsnehmers der Reparaturauftrag nicht erteilt bzw. die Entschädigung nicht ermittelt oder nicht gezahlt werden kann.

§ 15 Repräsentanten. Im Rahmen von §§ 5, 6, 8, 12 und 13 Nr. 1 und 2 stehen Repräsentanten dem Versicherungsnehmer gleich.

§ 16 Rechtsverhältnis nach dem Versicherungsfall.
1. Für die in gleicher Art und Güte ersetzten Sachen besteht der Versicherungsvertrag unverändert fort. Werden Sachen nicht in gleicher Art und Güte ersetzt, besteht Versicherungsschutz nur, sofern dies vereinbart ist.

2. Nach dem Eintritt eines Versicherungsfalls ist der Versicherer oder der Versicherungsnehmer berechtigt, den Versicherungsvertrag zu kündigen.

Die Kündigung ist schriftlich zu erklären. Sie muß spätestens einen Monat nach dem Naturalersatz oder nach Auszahlung der Entschädigung zugehen. Der Entschädigungsleistung steht es gleich, wenn die Entschädigung aus Gründen abgelehnt wird, die den Eintritt des Versicherungsfalles unberührt lassen.

Die Kündigung wird einen Monat nach ihrem Zugang wirksam. Der Versicherungsnehmer kann bestimmen, daß seine Kündigung sofort oder zu einem späteren Zeitpunkt wirksam wird, jedoch spätestens zum Schluß des laufenden Versicherungsjahres.

§ 17 Schriftliche Form; Zurückweisung von Kündigungen. 1. Anzeigen und Erklärungen bedürfen der Schriftform. Dies gilt nicht für die Anzeige eines Schadens gemäß § 12 Nr. 1a.

2. Ist eine Kündigung des Versicherungsnehmers unwirksam, ohne daß dies auf Vorsatz oder grober Fahrlässigkeit be-

ruht, so wird die Kündigung wirksam, falls der Versicherer sie nicht unverzüglich zurückweist.

§ 18 Agentenvollmacht. Ein Agent des Versicherers ist nur dann bevollmächtigt, Anzeigen und Erklärungen des Versicherungsnehmers entgegenzunehmen, wenn er den Versicherungsvertrag vermittelt hat oder laufend betreut.

§ 19 Schlußbestimmung. 1. Soweit nicht in den Versicherungsbedingungen Abweichendes bestimmt ist, gelten die gesetzlichen Vorschriften.

2. Ein Auszug aus dem Gesetz über den Versicherungsvertrag (VVG), der insbesondere die in den AGlB 94 erwähnten Bestimmungen enthält, ist dem Bedingungstext beigefügt.

21. Allgemeine Wohngebäude-Versicherungsbedingungen (VGB 88/Fassung 1994)

(Unverbindliche Empfehlung des Verbandes der Sachversicherer. Abweichende Vereinbarungen sind möglich.)

Übersicht

	§§
Versicherte Sachen	1
Versicherte Kosten	2
Versicherter Mietausfall	3
Versicherte Gefahren und Schäden	4
Brand; Blitzschlag; Explosion	5
Leitungswasser	6
Rohrbruch; Frost	7
Sturm; Hagel	8
Nicht versicherte Sachen und Schäden	9
Gefahrumstände bei Vertragsabschluß und Gefahrerhöhung	10
Sicherheitsvorschriften	11
Versicherung für fremde Rechnung	12
Gleitende Neuwertversicherung; Versicherungswert 1914; Versicherungssumme 1914	13
Neuwert; Zeitwert; gemeiner Wert	14
Entschädigungsberechnung	15
Unterversicherung; Unterversicherungsverzicht	16
Entschädigungsgrenzen	17
Mehrfache Versicherung	18
Prämie; Beginn und Ende der Haftung	19
Obliegenheiten des Versicherungsnehmers im Versicherungsfall	20
Besondere Verwirkungsgründe	21
Sachverständigenverfahren	22
Zahlung der Entschädigung	23
Rechtsverhältnis nach dem Versicherungsfall	24
Zurechnung von Kenntnis und Verhalten	25
Schriftliche Form; Zurückweisung von Kündigungen	26
Agentenvollmacht	27
Schlußbestimmung	28

§ 1 Versicherte Sachen. 1. Versichert sind die in dem Versicherungsvertrag bezeichneten Gebäude.

21 VGB §§ 2, 3   WohngebäudeVers

2. Zubehör, das der Instandhaltung eines versicherten Gebäudes oder dessen Nutzung zu Wohnzwecken dient, ist mitversichert, soweit es sich in dem Gebäude befindet oder außen an dem Gebäude angebracht ist.

3. Weiteres Zubehör sowie sonstige Grundstücksbestandteile auf dem im Versicherungsvertrag bezeichneten Grundstück (Versicherungsgrundstück) sind nur aufgrund besonderer Vereinbarung versichert.

4. Nicht versichert sind in das Gebäude eingefügte Sachen, die ein Mieter auf seine Kosten beschafft oder übernommen hat und für die er die Gefahr trägt. Die Versicherung dieser Sachen kann vereinbart werden.

§ 2 Versicherte Kosten. 1. Versichert sind die infolge eines Versicherungsfalles notwendigen Kosten

a) für das Aufräumen und den Abbruch von Sachen, die durch vorliegenden Vertrag versichert sind, für das Abfahren von Schutt und sonstigen Resten dieser Sachen zum nächsten Ablagerungsplatz und für das Ablagern oder Vernichten (Aufräumungs- oder Abbruchkosten);

b) die dadurch entstehen, daß zum Zweck der Wiederherstellung oder Wiederbeschaffung von Sachen, die durch vorliegenden Vertrag versichert sind, andere Sachen bewegt, verändert oder geschützt werden müssen (Bewegungs- oder Schutzkosten);

c) für Maßnahmen, auch erfolglose, die der Versicherungsnehmer zur Abwendung oder Minderung des Schadens für geboten halten durfte (Schadenabwendungs- oder Schadenminderungskosten).

2. Für die Entschädigung versicherter Kosten gemäß Nr. 1 a und 1 b gilt die Entschädigungsgrenze gemäß § 17 Nr. 1.

3. Nicht versichert sind Aufwendungen für Leistungen der Feuerwehren oder anderer im öffentlichen Interesse zur Hilfeleistung Verpflichteter, wenn diese Leistungen im öffentlichen Interesse erbracht werden.

§ 3 Versicherter Mietausfall. 1. Der Versicherer ersetzt

a) den Mietausfall einschließlich etwaiger fortlaufender Mietnebenkosten, wenn Mieter von Wohnräumen infolge eines

Versicherungsfalles berechtigt sind, die Zahlung der Miete ganz oder teilweise zu verweigern;
b) den ortsüblichen Mietwert von Wohnräumen, die der Versicherungsnehmer selbst bewohnt und die infolge eines Versicherungsfalles unbenutzbar geworden sind, falls dem Versicherungsnehmer die Beschränkung auf einen etwa benutzbar gebliebenen Teil der Wohnung nicht zugemutet werden kann.

2. Die Versicherung des Mietausfalls oder des ortsüblichen Mietwerts für gewerblich genutzte Räume bedarf besonderer Vereinbarung.

3. Mietausfall oder Mietwert werden bis zu dem Zeitpunkt ersetzt, in dem die Wohnung wieder benutzbar ist, höchstens jedoch für 12 Monate seit dem Eintritt des Versicherungsfalles, *soweit nicht etwas anderes vereinbart ist*. Entschädigung wird nur geleistet, soweit der Versicherungsnehmer die Möglichkeit der Wiederbenutzung nicht schuldhaft verzögert.

§ 4 Versicherte Gefahren und Schäden. 1. Entschädigt werden versicherte Sachen, die durch

a) Brand, Blitzschlag, Explosion, Anprall oder Absturz eines bemannten Flugkörpers, seiner Teile oder seiner Ladung (§ 5)
b) Leitungswasser (§ 6)
c) Sturm, Hagel (§ 8)

zerstört oder beschädigt werden oder infolge eines solchen Ereignisses abhanden kommen.

2. Entschädigt werden auch Bruchschäden an Rohren der Wasserversorgung und Frostschäden an sonstigen Leitungswasser führenden Einrichtungen (§ 7).

3. Jede der Gefahrengruppen nach Nr. 1a, 1b und 2 oder 1c kann auch einzeln versichert werden.

§ 5 Brand; Blitzschlag; Explosion. 1. Brand ist ein Feuer, das ohne einen bestimmungsgemäßen Herd entstanden ist oder ihn verlassen hat und das sich aus eigener Kraft auszubreiten vermag.

2. Blitzschlag ist der unmittelbare Übergang eines Blitzes auf Sachen.

3. Explosion ist eine auf dem Ausdehnungsbestreben von Gasen oder Dämpfen beruhende, plötzlich verlaufende Kraftäußerung.

§ 6 Leitungswasser. 1. Leitungswasser ist Wasser, das aus

a) Zu- oder Ableitungsrohren der Wasserversorgung,
b) mit dem Rohrsystem verbundenen sonstigen Einrichtungen oder Schläuchen der Wasserversorgung,
c) Anlagen der Warmwasser- oder Dampfheizung,
d) Sprinkler- oder Berieselungsanlagen bestimmungswidrig ausgetreten ist.

2. Wasserdampf steht Wasser gleich.

§ 7 Rohrbruch; Frost. 1. Innerhalb versicherter Gebäude sind versichert Frost- und sonstige Bruchschäden an Rohren

a) der Wasserversorgung (Zu- oder Ableitungen);
b) der Warmwasser- oder Dampfheizung;
c) von Sprinkler- oder Berieselungsanlagen.

2. Darüber hinaus sind innerhalb versicherter Gebäude auch versichert Frostschäden an

a) Badeeinrichtungen, Waschbecken, Spülklosetts, Wasserhähnen, Geruchsverschlüssen, Wassermessern oder ähnlichen Installationen;
b) Heizkörpern, Heizkesseln, Boilern oder an vergleichbaren Teilen von Warmwasser- oder Dampfheizungsanlagen;
c) Sprinkler- oder Berieselungsanlagen.

3. Außerhalb versicherter Gebäude sind versichert Frost- und sonstige Bruchschäden an Zuleitungsrohren der Wasserversorgung und an den Rohren der Warmwasser- oder Dampfheizung, soweit diese Rohre der Versorgung versicherter Gebäude oder Anlagen dienen und sich auf dem Versicherungsgrundstück befinden.

§ 8 Sturm; Hagel. 1. Sturm ist eine wetterbedingte Luftbewegung von mindestens Windstärke 8.

Ist die Windstärke für das Versicherungsgrundstück nicht feststellbar, so wird Sturm unterstellt, wenn der Versicherungsnehmer nachweist, daß

a) die Luftbewegung in der Umgebung Schäden an Gebäuden in einwandfreiem Zustand oder an ebenso widerstandsfähigen anderen Sachen angerichtet hat oder
b) der Schaden wegen des einwandfreien Zustandes des versicherten Gebäudes nur durch Sturm entstanden sein kann.

2. Versichert sind nur Schäden, die entstehen

a) durch unmittelbare Einwirkung des Sturmes auf versicherte Sachen;
b) dadurch, daß der Sturm Gebäudeteile, Bäume oder andere Gegenstände auf versicherte Sachen wirft;
c) als Folge eines Sturmschadens gemäß a oder b an versicherten Sachen.

3. Für Schäden durch Hagel gilt Nr. 2 sinngemäß.

§ 9 Nicht versicherte Sachen und Schäden. – *Soweit nicht etwas anderes vereinbart ist.* – 1. Nicht versichert sind ohne Rücksicht auf mitwirkende Ursachen Schäden

a) die der Versicherungsnehmer vorsätzlich oder grob fahrlässig herbeiführt; die vorsätzliche Herbeiführung eines Brandschadens gilt als bewiesen, wenn sie durch ein rechtskräftiges Strafurteil wegen vorsätzlicher Brandstiftung festgestellt ist;
b) die durch Kriegsereignisse jeder Art, innere Unruhen, Erdbeben oder Kernenergie[1]) entstehen.

2. Der Versicherungsschutz gegen Brand, Blitzschlag und Explosion erstreckt sich ohne Rücksicht auf mitwirkende Ursachen nicht auf

a) Brandschäden, die an versicherten Sachen dadurch entstehen, daß sie einem Nutzfeuer oder der Wärme zur Bearbeitung oder zu sonstigen Zwecken ausgesetzt werden; dies gilt auch für Sachen, in denen oder durch die Nutzfeuer oder Wärme erzeugt, vermittelt oder weitergeleitet wird;
b) Sengschäden, außer wenn sie durch Brand, Blitzschlag oder Explosion entstanden sind;

---
[1]) Der Ersatz von Schäden durch Kernenergie richtet sich in der Bundesrepublik Deutschland nach dem Atomgesetz. Die Betreiber von Kernanlagen sind zur Deckungsvorsorge verpflichtet und schließen hierfür Haftpflichtversicherungen ab.

c) Kurzschluß- und Überspannungsschäden, die an elektrischen Einrichtungen entstanden sind, außer wenn sie die Folge eines Brandes oder einer Explosion sind.

3. Der Versicherungsschutz gegen Leitungswasser, Rohrbruch und Frost sowie gegen Sturm und Hagel erstreckt sich ohne Rücksicht auf mitwirkende Ursachen nicht auf Schäden

a) an versicherten Sachen, solange das versicherte Gebäude noch nicht bezugsfertig oder wegen Umbauarbeiten für seinen Zweck nicht mehr benutzbar ist;
b) durch Brand, Blitzschlag, Explosion, Anprall oder Absturz eines bemannten Flugkörpers, seiner Teile oder seiner Ladung;

4. Der Versicherungsschutz gegen Leitungswasser erstreckt sich ohne Rücksicht auf mitwirkende Ursachen nicht auf Schäden durch

a) Plansch- oder Reinigungswasser;
b) Grundwasser, stehendes oder fließendes Gewässer, Hochwasser oder Witterungsniederschläge oder einen durch diese Ursachen hervorgerufenen Rückstau;
c) Öffnen der Sprinkler oder Bedienen der Berieselungsdüsen wegen eines Brandes, durch Druckproben oder durch Umbauten oder Reparaturarbeiten an dem versicherten Gebäude oder an der Sprinkler- oder Berieselungsanlage;
d) Erdsenkung oder Erdrutsch, es sei denn, daß Leitungswasser (§ 6 Nr. 1) die Erdsenkung oder den Erdrutsch verursacht hat;
e) Schwamm.

Die Ausschlüsse gemäß a bis c gelten nicht für Leitungswasserschäden infolge eines Rohrbruchs gemäß § 7.

5. Der Versicherungsschutz gegen Rohrbruch erstreckt sich nicht auf Schäden durch Erdsenkung oder Erdrutsch, es sei denn, daß Leitungswasser (§ 6 Nr. 1) die Erdsenkung oder den Erdrutsch verursacht hat.

6. Der Versicherungsschutz gegen Sturm und Hagel erstreckt sich ohne Rücksicht auf mitwirkende Ursachen nicht auf Schäden

a) durch Sturmflut;
b) durch Lawinen;
c) durch Eindringen von Regen, Hagel, Schnee oder Schmutz durch nicht ordnungsgemäß geschlossene Fenster, Außentü-

ren oder andere Öffnungen, es sei denn, daß diese Öffnungen durch Sturm oder Hagel entstanden sind und einen Gebäudeschaden darstellen;
d) an Laden- und Schaufensterscheiben;
e) durch Leitungswasser (§ 6) oder Rohrbruch (§ 7).

§ 10 Gefahrumstände bei Vertragsabschluß und Gefahrerhöhung. *Soweit nicht etwas anderes vereinbart ist, gilt:* 1. Der Versicherungsnehmer hat alle Antragsfragen, die für die Übernahme der Gefahr erheblich sind, wahrheitsgemäß zu beantworten. Bei schuldhafter Verletzung dieser Obliegenheit kann der Versicherer nach Maßgabe der §§ 16 bis 21 VVG vom Vertrag zurücktreten und leistungsfrei sein.

2. Eine Gefahrerhöhung ist dem Versicherer unverzüglich schriftlich anzuzeigen. Bei einer Gefahrerhöhung kann der Versicherer aufgrund der §§ 23 bis 30 VVG zur Kündigung berechtigt oder auch leistungsfrei sein.

3. Eine Gefahrerhöhung kann insbesondere vorliegen, wenn
a) sich ein Umstand ändert, nach dem im Antrag gefragt worden ist;
b) ein Gebäude oder der überwiegende Teil eines Gebäudes nicht genutzt wird;
c) in dem versicherten Gebäude ein Gewerbebetrieb aufgenommen oder verändert wird.

Der Versicherer hat von dem Tag der Aufnahme des Betriebes an Anspruch auf die aus einem etwa erforderlichen höheren Prämiensatz errechnete Prämie; dies gilt nicht, soweit der Versicherer in einem Versicherungsfall wegen Gefahrerhöhung leistungsfrei geworden ist.

4. Für vorschriftsmäßige Anlagen des Zivilschutzes und für Zivilschutzübungen gelten Nr. 2 und die §§ 23 bis 30 VVG nicht.

§ 11 Sicherheitsvorschriften. – *Soweit nicht etwas anderes vereinbart ist, gilt:* 1. Der Versicherungsnehmer hat
a) alle gesetzlichen oder behördlichen Sicherheitsvorschriften zu beachten;
b) die versicherten Sachen, insbesondere wasserführende Anlagen und Einrichtungen, Dächer und außen angebrachte Sa-

chen stets in ordnungsgemäßem Zustand zu erhalten und Mängel oder Schäden unverzüglich beseitigen zu lassen;
c) nicht genutzte Gebäude oder Gebäudeteile genügend häufig zu kontrollieren und dort alle wasserführenden Anlagen und Einrichtungen abzusperren, zu entleeren und entleert zu halten;
d) in der kalten Jahreszeit alle Gebäude und Gebäudeteile zu beheizen und dies genügend häufig zu kontrollieren oder dort alle wasserführenden Anlagen und Einrichtungen abzusperren, zu entleeren und entleert zu halten.

2. Verletzt der Versicherungsnehmer eine dieser Obliegenheiten, so ist der Versicherer nach Maßgabe von § 6 VVG zur Kündigung berechtigt oder auch leistungsfrei. Eine Kündigung des Versicherers wird einen Monat nach Zugang wirksam.

Leistungsfreiheit tritt nicht ein, wenn die Verletzung weder auf Vorsatz noch auf grober Fahrlässigkeit beruht.

Führt die Verletzung zu einer Gefahrerhöhung, so gelten die §§ 23 bis 30 VVG. Danach kann der Versicherer zur Kündigung berechtigt oder auch leistungsfrei sein.

§ 12 Versicherung für fremde Rechnung. 1. Soweit die Versicherung für fremde Rechnung genommen ist, kann der Versicherungsnehmer, auch wenn er nicht im Besitz des Versicherungsscheins ist, über die Rechte des Versicherten ohne dessen Zustimmung im eigenen Namen verfügen, insbesondere die Zahlung der Entschädigung verlangen und die Rechte des Versicherten übertragen. Der Versicherer kann jedoch vor Zahlung der Entschädigung den Nachweis verlangen, daß der Versicherte seine Zustimmung dazu erteilt hat.

2. Der Versicherte kann über seine Rechte nicht verfügen, selbst wenn er im Besitz des Versicherungsscheins ist. Er kann die Zahlung der Entschädigung nur mit Zustimmung des Versicherungsnehmers verlangen.

3. Soweit Kenntnis oder Verhalten des Versicherungsnehmers von rechtlicher Bedeutung ist, kommt auch Kenntnis oder Verhalten des Versicherten in Betracht. Im übrigen gilt § 79 VVG.

§ 13 Gleitende Neuwertversicherung; Versicherungswert 1914; Versicherungssumme 1914. 1. Grundlage der

Gleitenden Neuwertversicherung ist der Versicherungswert 1914.

2. Versicherungswert 1914 ist der ortsübliche Neubauwert des Gebäudes entsprechend seiner Größe und Ausstattung sowie seines Ausbaues nach Preisen des Jahres 1914. Hierzu gehören auch Architektengebühren sowie sonstige Konstruktions- und Planungskosten.

3. Die vereinbarte Versicherungssumme 1914 soll dem Versicherungswert 1914 entsprechen.

4. Die Haftung des Versicherers (§ 15 Nr. 1 bis 3) wird an die Baupreisentwicklung angepaßt. Entsprechend verändert sich die Prämie durch Erhöhung oder Verminderung des gleitenden Neuwertfaktors.

5. Der gleitende Neuwertfaktor erhöht oder vermindert sich jeweils zum 1. Januar eines jeden Jahres für die in diesem Jahr beginnende Versicherungsperiode entsprechend dem Prozentsatz, um den sich der jeweils für den Monat Mai des Vorjahres vom Statistischen Bundesamt veröffentlichte Baupreisindex für Wohngebäude und der für den Monat April des Vorjahres veröffentlichte Tariflohnindex für das Baugewerbe geändert haben. Die Änderung des Baupreisindexes für Wohngebäude wird zu 80 Prozent und die des Tariflohnindexes für das Baugewerbe zu 20 Prozent berücksichtigt; bei dieser Berechnung wird jeweils auf zwei Stellen hinter dem Komma gerundet.

Der gleitende Neuwertfaktor wird auf eine Stelle hinter dem Komma gerundet.[1]

6. Innerhalb eines Monats nach Zugang der Mitteilung über die Erhöhung des gleitenden Neuwertfaktors kann der Versicherungsnehmer durch schriftliche Erklärung die Erhöhung mit Wirkung für den Zeitpunkt aufheben, in dem sie wirksam werden sollte. Die Versicherung bleibt als Neuwertversicherung (§ 14 Nr. 1a) in Kraft, und zwar zur bisherigen Prämie und mit einer Versicherungssumme, die sich aus der Versicherungssumme 1914, multipliziert mit 1/100 des bei Wirksamwerden des Widerspruchs zugrundegelegten Baupreisindexes für Wohngebäude, ergibt.

Das Recht auf Herabsetzung der Versicherungssumme we-

---

[1] Für 1994 lautet der gleitende Neuwertfaktor 24.1.

gen erheblicher Überversicherung (§ 51 Nr. 1 VVG) bleibt unberührt.

§ 14 Neuwert; Zeitwert; gemeiner Wert. 1. Abweichend von § 13 Nr. 2 kann jeweils als Versicherungswert vereinbart werden

a) der Neuwert;
Neuwert ist der ortsübliche Neubauwert. Hierzu gehören auch Architektengebühren sowie sonstige Konstruktions- und Planungskosten;
b) der Zeitwert;
der Zeitwert errechnet sich aus dem Neuwert abzüglich der Wertminderung, die sich aus Alter und Abnutzung ergibt;
c) der gemeine Wert;
gemeiner Wert ist der für den Versicherungsnehmer erzielbare Verkaufspreis.

2. Der gemeine Wert ist auch ohne besondere Vereinbarung Versicherungswert, falls das Gebäude zum Abbruch bestimmt oder sonst dauernd entwertet ist. Eine dauernde Entwertung liegt insbesondere vor, wenn das Gebäude für seinen Zweck nicht mehr zu verwenden ist.

§ 15 Entschädigungsberechnung. 1. Ersetzt werden

a) bei zerstörten Gebäuden sowie bei zerstörten oder
abhandengekommenen sonstigen Sachen der Neuwert unmittelbar vor Eintritt des Versicherungsfalles; in den Fällen des § 14 Nr. 1b der Zeitwert; in den Fällen des § 14 Nr. 1c und Nr. 2 der gemeine Wert.
b) bei beschädigten Sachen die notwendigen Reparaturkosten zur Zeit des Eintritts des Versicherungsfalles zuzüglich einer Wertminderung, die durch Reparatur nicht auszugleichen ist, höchstens jedoch der Versicherungswert unmittelbar vor Eintritt des Versicherungsfalles; die Reparaturkosten werden gekürzt, soweit durch die Reparatur der Versicherungswert der Sache gegenüber dem Versicherungswert unmittelbar vor Eintritt des Versicherungsfalles erhöht wird.

Restwerte werden angerechnet.

WohngebäudeVers § 15 VGB **21**

2. Ersetzt werden auch die notwendigen Mehrkosten infolge Preissteigerungen zwischen dem Eintritt des Versicherungsfalles und der Wiederherstellung.

Wenn der Versicherungsnehmer die Wiederherstellung nicht unverzüglich veranlaßt, werden die Mehrkosten nur in dem Umfang ersetzt, in dem sie auch bei unverzüglicher Wiederherstellung entstanden wären.

Mehrkosten infolge von außergewöhnlichen Ereignissen, Betriebsbeschränkungen oder Kapitalmangel werden nicht ersetzt.

3. Ersetzt werden auch die notwendigen Mehrkosten infolge behördlicher Auflagen auf der Grundlage bereits vor Eintritt des Versicherungsfalles erlassener Gesetze und Verordnungen. Soweit behördliche Auflagen mit Fristsetzung vor Eintritt des Versicherungsfalles erteilt wurden, sind die dadurch entstehenden Mehrkosten nicht versichert.

Mehrkosten, die dadurch entstehen, daß wiederverwertbare Reste der versicherten und vom Schaden betroffenen Sachen infolge behördlicher Wiederherstellungsbeschränkungen nicht mehr verwertet werden dürfen, sind nicht versichert.

Wenn die Wiederherstellung der versicherten und vom Schaden betroffenen Sache aufgrund behördlicher Wiederherstellungsbeschränkungen nur an anderer Stelle erfolgen darf, werden die Mehrkosten nur in dem Umfang ersetzt, in dem sie auch bei Wiederherstellung an bisheriger Stelle entstanden wären.

Für die Entschädigung versicherter Mehrkosten gilt die Entschädigungsgrenze gemäß § 17 Nr. 2.

4. Der Versicherungsnehmer erwirbt den Anspruch auf Zahlung des Teils der Entschädigung, der den Zeitwertschaden übersteigt, nur, soweit und sobald er innerhalb von drei Jahren nach Eintritt des Versicherungsfalles sichergestellt hat, daß er die Entschädigung verwenden wird, um versicherte Sachen in gleicher Art und Zweckbestimmung an der bisherigen Stelle wiederherzustellen oder wiederzubeschaffen. Ist dies an der bisherigen Stelle rechtlich nicht möglich oder wirtschaftlich nicht zu vertreten, so genügt es, wenn das Gebäude an anderer Stelle innerhalb der Bundesrepublik Deutschland wiederhergestellt wird.

Der Zeitwertschaden wird bei zerstörten oder abhandengekommenen Gegenständen gemäß § 14 Nr. 1b festgestellt.

5. In den Fällen des § 14 ist die Gesamtentschädigung für versicherte Sachen, versicherte Kosten und versicherten Miet-

ausfall je Versicherungsfall auf die Versicherungssumme begrenzt. Dies gilt nicht für Schadenabwendungs- und Schadenminderungskosten, soweit diese auf Weisung des Versicherers entstanden sind.

§ 16 Unterversicherung; Unterversicherungsverzicht.
1. Ist die Versicherungssumme niedriger als der Versicherungswert unmittelbar vor Eintritt des Versicherungsfalles (Unterversicherung), so wird nur der Teil des nach § 15 Nr. 1 bis 3 ermittelten Betrages ersetzt, der sich zu dem ganzen Betrag verhält wie die Versicherungssumme zu dem Versicherungswert.

2. Nr. 1 gilt entsprechend für die Berechnung der Entschädigung versicherter Kosten gemäß § 2 und versicherten Mietausfalles gemäß § 3.

3. In der Gleitenden Neuwertversicherung gilt die Versicherungssumme 1914 als richtig ermittelt, wenn
a) sie aufgrund einer vom Versicherer anerkannten Schätzung eines Bausachverständigen festgesetzt wird;
b) der Versicherungsnehmer im Antrag den Neuwert in Preisen eines anderen Jahres zutreffend angibt und der Versicherer diesen Betrag auf seine Verantwortung umrechnet;
c) der Versicherungsnehmer Antragsfragen nach Größe, Ausbau und Ausstattung des Gebäudes zutreffend beantwortet und der Versicherer hiernach die Versicherungssumme 1914 auf seine Verantwortung berechnet.

4. Wird die nach Nr. 3 ermittelte Versicherungssumme 1914 vereinbart, nimmt der Versicherer abweichend von Nr. 1 und Nr. 2 sowie von § 56 VVG keinen Abzug wegen Unterversicherung vor (Unterversicherungsverzicht).

5. Ergibt sich im Schadenfall, daß die Beschreibung des Gebäudes und seiner Ausstattung gemäß Nr. 3c) von den tatsächlichen Verhältnissen abweicht und ist dadurch die Versicherungssumme 1914 zu niedrig bemessen, so gilt Nr. 4 nicht, soweit die Abweichung auf Vorsatz oder grober Fahrlässigkeit beruht.

6. Ferner gilt Nr. 4 nicht, wenn
a) der der Versicherungssummenermittlung zugrunde liegende Bauzustand nachträglich, insbesondere durch wertsteigernde

WohngebäudeVers §§ 17–19 VGB 21

Um-, An- oder Ausbauten, verändert wurde und die Veränderung dem Versicherer nicht unverzüglich angezeigt wurde;
b) ein weiterer Gebäudeversicherungsvertrag für das Gebäude gegen dieselbe Gefahr besteht, soweit nicht etwas anderes vereinbart wurde.

§ 17 Entschädigungsgrenzen. 1. Soweit nichts anderes vereinbart ist, ist die Entschädigung für versicherte Kosten gemäß § 2 Nr. 1a und 1b je Versicherungsfall begrenzt
a) in der Gleitenden Neuwertversicherung auf ___ Prozent der Versicherungssumme 1914, multipliziert mit dem im Zeitpunkt des Versicherungsfalles für den Vertrag geltenden gleitenden Neuwertfaktor (§ 13 Nr. 5);
b) in den Fällen des § 14 auf ___ Prozent der Versicherungssumme.

2. Das gleiche gilt für die Entschädigung versicherter Mehrkosten gemäß § 15 Nr. 3.

§ 18 Mehrfache Versicherung. Erlangt der Versicherungsnehmer oder der Versicherte aus anderen Versicherungsverträgen Entschädigung für denselben Schaden, so ermäßigt sich der Anspruch aus vorliegendem Vertrag in der Weise, daß die Entschädigung aus allen Verträgen insgesamt nicht höher ist, als wenn der Gesamtbetrag der Versicherungssummen, aus denen Prämie errechnet wurde, nur in dem vorliegenden Vertrag in Deckung gegeben worden wäre.

§ 19 Prämie; Beginn und Ende der Haftung. 1. Der Versicherungsnehmer hat die erste Prämie (Beitrag) bei Aushändigung des Versicherungsscheins zu zahlen, Folgeprämien am Ersten des Monats, in dem ein neues Versicherungsjahr beginnt. Die Folgen nicht rechtzeitiger Zahlung der ersten Prämie oder der ersten Rate der ersten Prämie ergeben sich aus § 38 VVG in Verbindung mit Nr. 3; im übrigen gelten §§ 39, 91 VVG. Rückständige Folgeprämien dürfen nur innerhalb eines Jahres seit Ablauf der nach § 39 VVG für sie gesetzten Zahlungsfrist eingezogen werden.

2. Ist Ratenzahlung vereinbart, so gelten die ausstehenden Raten bis zu den vereinbarten Zahlungsterminen als gestun-

det. Die gestundeten Raten des laufenden Versicherungsjahres werden sofort fällig, wenn der Versicherungsnehmer mit einer Rate ganz oder teilweise in Verzug gerät oder soweit eine Entschädigung fällig wird.

3. Die Haftung des Versicherers beginnt mit dem vereinbarten Zeitpunkt, und zwar auch dann, wenn zur Prämienzahlung erst später aufgefordert, die Prämie aber unverzüglich gezahlt wird. Ist dem Versicherungsnehmer bei Antragstellung bekannt, daß ein Versicherungsfall bereits eingetreten ist, so entfällt hierfür die Haftung.

4. Die Haftung endet mit dem vereinbarten Zeitpunkt. Versicherungsverträge von mindestens einjähriger Dauer verlängern sich jedoch von Jahr zu Jahr, wenn sie nicht spätestens drei Monate vor Ablauf schriftlich gekündigt werden.

5. Endet das Versicherungsverhältnis vor Ablauf der Vertragszeit oder wird es nach Beginn rückwirkend aufgehoben oder ist es von Anfang an nichtig, so gebührt dem Versicherer Prämie oder Geschäftsgebühr gemäß dem Versicherungsvertragsgesetz (z. B. §§ 40, 68).

Kündigt nach Eintritt eines Versicherungsfalles (§ 24 Nr. 2) der Versicherungsnehmer, so gebührt dem Versicherer die Prämie für das laufende Versicherungsjahr. Kündigt der Versicherer, so hat er die Prämie für das laufende Versicherungsjahr nach dem Verhältnis der noch nicht abgelaufenen zu der gesamten Zeit des Versicherungsjahres zurückzuzahlen.

§ 20 Obliegenheiten des Versicherungsnehmers im Versicherungsfall. – *Soweit nicht etwas anderes vereinbart ist, gilt:*

1. Der Versicherungsnehmer hat bei Eintritt eines Versicherungsfalles
a) den Schaden dem Versicherer unverzüglich anzuzeigen, das Abhandenkommen versicherter Gebäudebestandteile und sonstiger Gegenstände auch der zuständigen Polizeidienststelle;
b) der Polizeidienststelle unverzüglich ein Verzeichnis der abhandengekommenen Gegenstände einzureichen;
c) den Schaden nach Möglichkeit abzuwenden oder zu mindern und dabei die Weisungen des Versicherers zu befolgen; er hat, soweit die Umstände es gestatten, solche Weisungen einzuholen;

WohngebäudeVers § 21 VGB 21

d) dem Versicherer auf dessen Verlangen im Rahmen des Zumutbaren jede Untersuchung über Ursache und Höhe des Schadens und über den Umfang seiner Entschädigungspflicht zu gestatten, jede hierzu dienliche Auskunft – auf Verlangen schriftlich – zu erteilen und die erforderlichen Belege beizubringen, auf Verlangen insbesondere einen beglaubigten Grundbuchauszug;
e) Veränderungen der Schadenstelle möglichst zu vermeiden, solange der Versicherer nicht zugestimmt hat;
f) dem Versicherer auf dessen Verlangen innerhalb einer angemessenen Frist von mindestens zwei Wochen ein von ihm unterschriebenes Verzeichnis aller abhandengekommenen Gegenstände vorzulegen; in dem Verzeichnis ist der Versicherungswert dieser Gegenstände unmittelbar vor Eintritt des Versicherungsfalles anzugeben.

2. Verletzt der Versicherungsnehmer eine der vorstehenden Obliegenheiten, so ist der Versicherer nach Maßgabe des Versicherungsvertragsgesetzes (§§ 6 Abs. 3, 62 Abs. 2 VVG) von der Entschädigungspflicht frei.
Sind abhandengekommene Gegenstände der Polizeidienststelle nicht oder nicht rechtzeitig angezeigt worden, so kann der Versicherer nur für diese Gegenstände von der Entschädigungspflicht frei sein.

3. Hatte eine vorsätzliche Obliegenheitsverletzung Einfluß weder auf die Feststellung des Versicherungsfalles noch auf die Feststellung oder den Umfang der Entschädigung, so entfällt die Leistungsfreiheit gemäß Nr. 2, wenn die Verletzung nicht geeignet war, die Interessen des Versicherers ernsthaft zu beeinträchtigen, und wenn außerdem den Versicherungsnehmer kein erhebliches Verschulden trifft.

§ 21 Besondere Verwirkungsgründe. 1. Versucht der Versicherungsnehmer, den Versicherer arglistig über Tatsachen zu täuschen, die für den Grund oder für die Höhe der Entschädigung von Bedeutung sind, so ist der Versicherer von der Entschädigungspflicht frei.
Ist die Täuschung gemäß Abs. 1 durch rechtskräftiges Strafurteil wegen Betruges oder Betrugsversuches festgestellt, so gelten die Voraussetzungen von Abs. 1 als bewiesen.

21 VGB § 22 Wohngebäude Vers

2. Wird der Entschädigungsanspruch nicht innerhalb einer Frist von sechs Monaten gerichtlich geltend gemacht, nachdem der Versicherer ihn unter Angabe der mit dem Ablauf der Frist verbundenen Rechtsfolge schriftlich abgelehnt hat, so ist der Versicherer von der Entschädigungspflicht frei. Durch ein Sachverständigenverfahren (§ 22) wird der Ablauf der Frist für dessen Dauer gehemmt.

§ 22 Sachverständigenverfahren. 1. Versicherungsnehmer und Versicherer können nach Eintritt des Versicherungsfalles vereinbaren, daß die Höhe des Schadens durch Sachverständige festgestellt wird. Das Sachverständigenverfahren kann durch Vereinbarung auf sonstige tatsächliche Voraussetzungen des Entschädigungsanspruchs sowie der Höhe der Entschädigung ausgedehnt werden.

Der Versicherungsnehmer kann ein Sachverständigenverfahren auch durch einseitige Erklärung gegenüber dem Versicherer verlangen.

2. Für das Sachverständigenverfahren gilt:

a) Jede Partei benennt schriftlich einen Sachverständigen und kann dann die andere unter Angabe des von ihr benannten Sachverständigen schriftlich auffordern, den zweiten Sachverständigen zu benennen. Wird der zweite Sachverständige nicht binnen zwei Wochen nach Empfang der Aufforderung benannt, so kann ihn die auffordernde Partei durch das für den Schadenort zuständige Amtsgericht ernennen lassen. In der Aufforderung ist auf diese Folge hinzuweisen.

b) Beide Sachverständige benennen schriftlich vor Beginn des Feststellungsverfahrens einen dritten Sachverständigen als Obmann. Einigen sie sich nicht, so wird der Obmann auf Antrag einer Partei durch das für den Schadenort zuständige Amtsgericht ernannt.

c) Der Versicherer darf als Sachverständige keine Personen benennen, die Mitbewerber des Versicherungsnehmers sind oder mit ihm in dauernder Geschäftsverbindung stehen, ferner keine Personen, die bei Mitbewerbern oder Geschäftspartnern angestellt sind oder mit ihnen in einem ähnlichen Verhältnis stehen.

Dies gilt entsprechend für die Benennung eines Obmannes durch die Sachverständigen.

WohngebäudeVers § 23 **VGB 21**

3. Die Feststellungen der Sachverständigen müssen enthalten:

a) ein Verzeichnis der zerstörten, beschädigten und abhandengekommenen Gegenstände sowie deren Versicherungswert (§ 14 Nr. 1) zum Zeitpunkt des Versicherungsfalles; in den Fällen von § 15 Nr. 4 ist auch der Zeitwert anzugeben;
b) bei beschädigten Gegenständen die Beträge gemäß § 15 Nr. 1b;
c) alle sonstigen gemäß § 15 Nr. 1 maßgebenden Tatsachen, insbesondere die Restwerte der von dem Schaden betroffenen Gegenstände;
d) notwendige Kosten, die gemäß § 2 versichert sind.

4. Die Sachverständigen übermitteln beiden Parteien gleichzeitig ihre Feststellungen. Weichen die Feststellungen voneinander ab, so übergibt der Versicherer sie unverzüglich dem Obmann. Dieser entscheidet über die streitig gebliebenen Punkte innerhalb der durch die Feststellungen der Sachverständigen gezogenen Grenzen und übermittelt seine Entscheidung beiden Parteien gleichzeitig.

5. Jede Partei trägt die Kosten ihres Sachverständigen. Die Kosten des Obmannes tragen beide Parteien je zur Hälfte.

6. Die Feststellungen der Sachverständigen oder des Obmannes sind verbindlich, wenn nicht nachgewiesen wird, daß sie offenbar von der wirklichen Sachlage erheblich abweichen. Aufgrund dieser verbindlichen Feststellungen berechnet der Versicherer gemäß §§ 15 bis 17 die Entschädigung.

7. Durch das Sachverständigenverfahren werden die Obliegenheiten des Versicherungsnehmers gemäß § 20 Nr. 1 nicht berührt.

§ 23 Zahlung der Entschädigung. 1. Ist die Leistungspflicht des Versicherers dem Grunde und der Höhe nach festgestellt, so hat die Auszahlung der Entschädigung binnen zwei Wochen zu erfolgen. Jedoch kann einen Monat nach Anzeige des Schadens als Abschlagszahlung der Betrag beansprucht werden, der nach Lage der Sache mindestens zu zahlen ist.

2. Die Entschädigung ist seit Anzeige des Schadens mit 1 Prozent unter dem Diskontsatz der Deutschen Bundesbank zu verzinsen, mindestens jedoch mit 4 Prozent und höchstens mit

6 Prozent pro Jahr, soweit nicht aus anderen Gründen ein höherer Zins zu entrichten ist *oder soweit nicht etwas anderes vereinbart ist.*

Die Verzinsung entfällt, soweit die Entschädigung innerhalb eines Monats seit Anzeige des Schadens gezahlt wird.

Zinsen werden erst fällig, wenn die Entschädigung fällig ist.

3. Der Lauf der Fristen gemäß Nr. 1 und Nr. 2 Satz 1 ist gehemmt, solange infolge Verschuldens des Versicherungsnehmers die Entschädigung nicht ermittelt oder nicht gezahlt werden kann.

4. Für die Zahlung des über den Zeitwertschaden hinausgehenden Teiles der Entschädigung ist der Zeitpunkt maßgebend, in dem der Versicherungsnehmer den Eintritt der Voraussetzung von § 15 Nr. 4 dem Versicherer nachgewiesen hat.

Zinsen für die Beträge gemäß Abs. 1 werden erst fällig, wenn die dort genannten zusätzlichen Voraussetzungen der Entschädigung festgestellt sind.

5. Der Versicherer kann die Zahlung aufschieben,

a) solange Zweifel an der Empfangsberechtigung des Versicherungsnehmers bestehen;
b) wenn gegen den Versicherungsnehmer oder einen seiner Repräsentanten aus Anlaß des Versicherungsfalles ein behördliches oder strafgerichtliches Verfahren aus Gründen eingeleitet worden ist, die auch für den Entschädigungsanspruch rechtserheblich sind, bis zum rechtskräftigen Abschluß dieses Verfahrens.

6. Die gesetzlichen Vorschriften über die Sicherung des Realkredits bleiben unberührt.

§ 24 Rechtsverhältnis nach dem Versicherungsfall. 1. Die Versicherungssumme vermindert sich nicht dadurch, daß eine Entschädigung geleistet wird.

2. Nach dem Eintritt eines Versicherungsfalles kann der Versicherer oder der Versicherungsnehmer den Versicherungsvertrag kündigen.

Die Kündigung ist schriftlich zu erklären. Sie muß spätestens einen Monat nach Auszahlung der Entschädigung zugehen. Der Zahlung steht es gleich, wenn die Entschädigung aus Gründen abgelehnt wird, die den Eintritt des Versicherungsfalles unberührt lassen.

Die Kündigung wird einen Monat nach ihrem Zugang wirksam. Der Versicherungsnehmer kann bestimmen, daß seine Kündigung sofort oder zu einem anderen Zeitpunkt wirksam wird, jedoch spätestens zum Schluß des laufenden Versicherungsjahres.

§ 25 Zurechnung von Kenntnis und Verhalten. 1. Besteht der Vertrag mit mehreren Versicherungsnehmern, so muß sich jeder Versicherungsnehmer Kenntnis und Verhalten der übrigen Versicherungsnehmer zurechnen lassen.

2. Ferner muß sich der Versicherungsnehmer Kenntnis und Verhalten seiner Repräsentanten im Rahmen von §§ 9 Nr. 1a, 10, 11, 12, 20, 21 zurechnen lassen.

3. Bei Verträgen mit einer Gemeinschaft von Wohnungseigentümern gilt:

a) Ist der Versicherer nach §§ 9 Nr. 1a, 10, 11, 12, 20, 21 wegen des Verhaltens einzelner Wohnungseigentümer leistungsfrei, so kann er sich hierauf gegenüber den übrigen Wohnungseigentümern wegen deren Sondereigentums und wegen deren Miteigentumsanteilen (§ 1 Abs. 2 des Wohnungseigentumsgesetzes) nicht berufen.
b) Die übrigen Wohnungseigentümer können verlangen, daß der Versicherer ihnen auch hinsichtlich des Miteigentumsanteils des Wohnungseigentümers, der den Entschädigungsanspruch verwirkt hat, Entschädigung leistet, jedoch nur, soweit diese zusätzliche Entschädigung

zur Wiederherstellung des gemeinschaftlichen Eigentums (§ 1 Abs. 5 des Wohnungseigentumsgesetzes) verwendet wird.

Der Wohnungseigentümer, in dessen Person der Verwirkungsgrund vorliegt, ist verpflichtet, dem Versicherer diese Mehraufwendungen zu erstatten.

c) Kann im Falle der Feuerversicherung ein Realgläubiger hinsichtlich des Miteigentumsanteils des Wohnungseigentümers, der den Entschädigungsanspruch verwirkt hat, Leistung aus der Feuerversicherung an sich selbst gemäß § 102 VVG verlangen, so entfällt die Verpflichtung des Versicherers nach b Satz 1. Der Versicherer verpflichtet sich, auf eine

nach § 104 VVG auf ihn übergegangene Gesamthypothek (Gesamtgrundschuld) gemäß § 1168 BGB zu verzichten und dabei mitzuwirken, daß der Verzicht auf Kosten der Wohnungseigentümer in das Grundbuch eingetragen wird. Der Wohnungseigentümer, in dessen Person der Verwirkungsgrund vorliegt, ist im Falle von Satz 2 verpflichtet, dem Versicherer die für seinen Miteigentumsanteil und sein Sondereigentum an den Realgläubiger erbrachten Leistungen zu erstatten.
d) Für die Gebäudeversicherung bei Teileigentum (§ 1 Abs. 3 des Wohnungseigentumsgesetzes) gelten a bis c entsprechend.

§ 26 Schriftliche Form; Zurückweisung von Kündigungen. 1. Anzeigen und Erklärungen bedürfen der Schriftform. Dies gilt nicht für die Anzeige eines Schadens gemäß § 20 Nr. 1 a.

2. Ist eine Kündigung des Versicherungsnehmers unwirksam, ohne daß dies auf Vorsatz oder grober Fahrlässigkeit beruht, so wird die Kündigung wirksam, falls der Versicherer sie nicht unverzüglich zurückweist.

§ 27 Agentenvollmacht. Ein Agent des Versicherers ist nur dann bevollmächtigt, Anzeigen und Erklärungen des Versicherungsnehmers entgegenzunehmen, wenn er den Versicherungsvertrag vermittelt hat oder laufend betreut.

§ 28 Schlußbestimmung. 1. Soweit nicht in den Versicherungsbedingungen Abweichendes bestimmt ist, gelten die gesetzlichen Vorschriften.

2. Ein Auszug aus dem Gesetz über den Versicherungsvertrag (VVG), der insbesondere die in den VGB 88 erwähnten Bestimmungen enthält, ist dem Bedingungstext beigefügt.

22. Allgemeine Hagelversicherungs-Bedingungen (AHagB 94)

(Unverbindliche Empfehlung des Verbandes der Sachversicherer. Abweichende Vereinbarungen sind möglich.)

Übersicht

	§§
I. Umfang des Versicherungsschutzes	1–3
Versicherte Schäden	1
Beginn und Ende der Haftung des Versicherers	2
Versicherungsgegenstände	3
II. Beginn und Verlauf des Versicherungsvertrages	4–12
Abschluß des Versicherungsvertrages und Beginn der Versicherung	4
Schaden vor Versicherungsbeginn	5
Mehrfache Versicherung	6
Besitzwechsel – Übergang des Versicherungsverhältnisses	7
Vertragsdauer	8
Anbauverzeichnis	9
Nachversicherung	10
Versicherungssumme	11
Vorausdeckung	12
III. Beitrag	13, 14
Beitrag und Nebenleistungen	13
Beitragszahlung	14
IV. Schadenfall	15–19
Obliegenheiten des Versicherungsnehmers	15
Abschätzungsverfahren	16
Schadenermittlung	17
Kosten der Abschätzung	18
Zahlung der Entschädigung	19
V. Sonstige Bestimmungen	20–24
Vertragspflichten	20
Rechtsfolgen bei Obliegenheitsverletzungen	21
Anzeigen und Erklärungen	22
Einschränkung der Agentenvollmacht	23
Schlußbestimmung	24

I. Umfang des Versicherungsschutzes

§ 1 Versicherte Schäden. 1.) Der Versicherer leistet Entschädigung für den Schaden, der mengenmäßig an den versicherten Bodenerzeugnissen nachweislich durch Hagelschlag entsteht. Sollen darüber hinaus besondere Verwertungsinteressen versichert werden, ist dies besonders zu vereinbaren.

2. Schäden, die den bei Vertragsschluß vereinbarten Prozentsatz des zu erwartenden mengenmäßigen Ernteertrages des betroffenen Feldstückes oder Feldstückteiles, getrennt nach Versicherungsgegenständen (§ 3), nicht erreichen, trägt der Versicherungsnehmer selbst.

§ 2 Beginn und Ende der Haftung des Versicherers.
1. Die Haftung beginnt mit dem Aufgehen der Aussaat oder dem Auspflanzen der Setzlinge, jedoch

- für Rüben und Gurken   nach Bildung des 4. Laubblattes (ohne Keimblätter) oder durch besondere Vereinbarung mit dem Auflaufen,
- für Wein   mit Beginn des Austriebs,
- für Obst   mit Beendigung der Blüte,
- für Erdbeeren   mit Beginn der Blüte,

frühestens aber am 1. Januar des Erntejahres.

2. Die Haftung endet, sobald die Bodenerzeugnisse geerntet oder umgeackert sind, spätestens am 15. November des Erntejahres, jedoch bei Obst mit Beginn der Pflücke des einzelnen Baumes bzw. Strauches.

§ 3 Versicherungsgegenstände. Versichert sind die im Versicherungsvertrag genannten Gegenstände.

II. Beginn und Verlauf des Versicherungsvertrages

§ 4 Abschluß des Versicherungsvertrages und Beginn der Versicherung. 1. Die Versicherung ist schriftlich zu beantragen. Der Antragsteller ist an den Antrag gebunden.

Der Antrag gilt als angenommen, wenn er nicht innerhalb von zwei Wochen nach seinem Zugang bei dem Versicherer

(§ 22) von diesem abgelehnt worden ist. Wird der Antrag angenommen, beginnt die Versicherung am Mittag des auf den Tag des Zugangs des Antrages folgenden Tages.

2. Der Antrag muß sämtliche Fruchtgattungen, die alljährlich versichert werden sollen, mit den nach dem zu erwartenden Erntewert bemessenen Versicherungssummen enthalten. Fruchtgattungen in diesem Sinne sind:
a) Getreide
b) Mais
c) Rüben
d) Hülsenfrüchte
e) Ölfrüchte.

Alle anderen Bodenerzeugnisse gelten jeweils als eigene Fruchtgattung.

§ 5 Schaden vor Versicherungsbeginn. Bodenerzeugnisse, die vor Beginn der Versicherung (§ 4) vom Hagelschlag betroffen worden sind, können aufgrund besonderer Vereinbarung versichert werden.

§ 6 Mehrfache Versicherung. Nimmt der Versicherungsnehmer für Bodenerzeugnisse der versicherten Fruchtgattungen ohne Einwilligung des Versicherers vorsätzlich oder grobfahrlässig eine weitere Hagelversicherung, ist der Versicherer nach Maßgabe des § 21 Nr. 1 von der Verpflichtung zur Leistung für die betreffenden Fruchtgattungen frei.

§ 7 Besitzwechsel – Übergang des Versicherungsverhältnisses. 1. Erwirbt jemand aufgrund einer Veräußerung, eines Nießbrauchs, eines Pachtvertrages oder eines ähnlichen Verhältnisses das Fruchtziehungsrecht an den versicherten Bodenerzeugnissen (Besitzwechsel), tritt der Rechtsnachfolger in die sich aus dem bestehenden Versicherungsverhältnis ergebenden Rechte und Pflichten des Versicherungsnehmers ein. Dies gilt auch bei einer Pachtrückgabe oder bei Beendigung eines ähnlichen Verhältnisses.

Das Versicherungsverhältnis geht in dem Zeitpunkt auf den Rechtsnachfolger über, in dem er aufgrund gesetzlicher Bestimmungen oder vertraglicher Vereinbarungen nachweislich zur Fruchtziehung berechtigt ist, es sei denn, daß er bereits vor diesem Zeitpunkt die Bewirtschaftung ausübt; in diesem Fall gilt diese Bestimmung entsprechend.

2. Für den Beitrag, welcher auf das zur Zeit des Eintritts laufende Versicherungsjahr entfällt, haften der bisherige Versicherungsnehmer und der Rechtsnachfolger als Gesamtschuldner.

3. Der Versicherer hat in Ansehung der durch das Versicherungsverhältnis gegen ihn begründeten Forderungen den Besitzwechsel erst dann gegen sich gelten zu lassen, wenn er davon Kenntnis erlangt; die Vorschriften der §§ 406–408 des Bürgerlichen Gesetzbuches finden entsprechende Anwendung.

4. Der Besitzwechsel ist dem Versicherer unverzüglich schriftlich anzuzeigen und auf Verlangen nachzuweisen. Wird diese Anzeige weder vom Versicherungsnehmer noch vom Rechtsnachfolger unverzüglich gemacht, ist der Versicherer für alle Schäden, die nach dem Schluß des Versicherungsjahres eintreten, in welchem ihm die Anzeige hätte zugehen müssen, von der Verpflichtung zur Leistung frei. Diese Rechtsfolge tritt nicht ein, wenn der Versicherer von dem Besitzwechsel so früh Kenntnis erlangt hat, daß er zum Schluß des Versicherungsjahres kündigen konnte.

5. In Fällen der Nr. 1 kann der Versicherer dem Rechtsnachfolger das Versicherungsverhältnis für den Schluß des Versicherungsjahres kündigen, in welchem er vom Besitzwechsel Kenntnis erlangt hat.

6. Der Rechtsnachfolger ist berechtigt, das Versicherungsverhältnis zu kündigen. Die Kündigung kann nur mit sofortiger Wirkung oder auf den Schluß des laufenden Versicherungsjahres erfolgen. Das Kündigungsrecht erlischt, wenn es nicht innerhalb eines Monats nach dem Übergang des Versicherungsverhältnisses ausgeübt wird; hatte der Rechtsnachfolger von der Versicherung keine Kenntnis, bleibt das Kündigungsrecht bis zum Ablauf eines Monats von dem Zeitpunkt an bestehen, in welchem der Rechtsnachfolger von der Versicherung Kenntnis erlangt.

7. Wird das Versicherungsverhältnis durch den Rechtsnachfolger mit sofortiger Wirkung gekündigt, hat der bisherige Versicherungsnehmer dem Versicherer den Beitrag für das zur Zeit der Beendigung des Versicherungsverhältnisses laufende

Versicherungsjahr zu zahlen; in diesem Falle haftet der Rechtsnachfolger nicht gemäß Nr. 2.

8. Bei einer Zwangsversteigerung der versicherten Bodenerzeugnisse gelten Nr. 1 bis Nr. 7 entsprechend.

9. Wenn über das Vermögen des Versicherungsnehmers der Konkurs oder das Vergleichsverfahren eröffnet oder die Zwangsverwaltung der versicherten Flächen angeordnet wird, kann der Versicherer das Versicherungsverhältnis mit einer Frist von einem Monat kündigen.

10. In Erbfällen und sonstigen Fällen der Gesamtrechtsnachfolge gehen alle aus dem Versicherungsverhältnis sich ergebenden Rechte und Pflichten ohne Kündigungsrecht auf die Rechtsnachfolger über.

§ 8 **Vertragsdauer.** 1. Der Versicherungsvertrag kann auf ein Jahr oder auf mehrere, längstens jedoch auf zehn Jahre abgeschlossen werden.

2. Versicherungsjahr ist das Kalenderjahr.

3. Der Vertrag verlängert sich jeweils um ein Jahr, wenn er nicht zum Ablauf gekündigt wird. Die Kündigung muß spätestens am 30. September des letzten Vertragsjahres dem anderen Teil zugegangen sein. Eine Kündigung des Versicherungsnehmers muß von ihm oder von einem Beauftragten mit gleichzeitig nachgewiesener Vollmacht unterzeichnet sein. Der Agent ist zur Entgegennahme der Kündigung nicht bevollmächtigt. Unwirksam sind gemeinsame Kündigungen mehrerer Versicherungsnehmer durch ein Schriftstück.

4. Schadenfälle berechtigen nicht zur Kündigung.

§ 9 **Anbauverzeichnis.** *Soweit nicht etwas anderes vereinbart ist, gilt:* 1. Der Versicherungsnehmer ist verpflichtet, für jedes Versicherungsjahr nach Maßgabe des Vertrages unter Berücksichtigung des Anbaues und des Saatenstandes ein Anbauverzeichnis einzureichen. Im Anbauverzeichnis ist jedes Feldstück anzugeben, das mit Bodenerzeugnissen einer versicherten Fruchtgattung bestellt worden ist. Dies gilt auch für Feldstücke, deren Bewirtschaftung der Versicherungsnehmer nach Vertragsschluß übernommen hat.

Für Bodenerzeugnisse, die während des Jahres mehrfach

nacheinander angebaut werden können, z. B. Salat, Spinat, ist die Versicherungssumme für jede Ernte gesondert anzugeben; andernfalls ist nur die Ernte bis 15. Juni versichert.

2. Enthält das Anbauverzeichnis eine bisher nicht versicherte Fruchtgattung, findet auf diese Fruchtgattung die Bestimmung des § 4 Nr. 1 entsprechende Anwendung. Nimmt der Versicherer den Antrag an, steht diese Fruchtgattung für die folgenden Versicherungsjahre den ursprünglich versicherten Fruchtgattungen gleich.

3. Das Anbauverzeichnis ist bis spätestens 31. Mai, für Tabak, Wein und Obst – ausgenommen Beerenobst – bis spätestens 20. Juni einzureichen. Wird das Anbauverzeichnis nicht oder nicht fristgerecht eingereicht, ist der Versicherer berechtigt, alljährlich für die Dauer des Vertrages den Jahresbeitrag nach Maßgabe der Versicherungssumme des Vorjahres oder des ersten Jahres der zuletzt vereinbarten Vertragsdauer zu erheben.

Wird für das erste Versicherungsjahr das Anbauverzeichnis nicht eingereicht, so ist für den Jahresbeitrag die Versicherungssumme des Antrages gemäß § 4 maßgebend.

4. Durch die Einreichung des Anbauverzeichnisses wird die Haftung des Versicherers nach Maßgabe des Anbauverzeichnisses begründet. Bei nicht fristgerechter Einreichung des Anbauverzeichnisses beginnt die Haftung nach Maßgabe des Anbauverzeichnisses am Mittag des auf den Tag des Zuganges des Anbauverzeichnisses beim Versicherer folgenden Tages.

§ 10 Nachversicherung. *Soweit nicht etwas anderes vereinbart ist, gilt:* 1. Wird ein Feldstück nach Einreichung des Anbauverzeichnisses mit Bodenerzeugnissen einer bisher schon versicherten Fruchtgattung (§ 4 Nr. 2) neu bestellt, hat der Versicherungsnehmer die Nachversicherung dieses Feldstückes spätestens eine Woche nach dem Aufgehen der Aussaat oder dem Auspflanzen der Setzlinge zu beantragen.

Für die Haftung des Versicherers gilt § 9 Nr. 4 entsprechend.

2. Wird ein Feldstück mit anderen als den ursprünglich versicherten Fruchtgattungen neu bestellt und soll sich die Versicherung darauf erstrecken, hat der Versicherungsnehmer dafür eine Nachversicherung zu beantragen.

3. Bei Neubestellung eines Feldstücks, das vom Hagelschlag betroffen wurde, gelten Nr. 1 und Nr. 2 entsprechend.

§ 11 Versicherungssumme. 1. Der Versicherungsnehmer hat im Anbauverzeichnis die Versicherungssumme eines jeden Feldstücks nach dem zu erwartenden Erntewert je Hektar zu bemessen.

2. Der Versicherer kann für die einzelnen Bodenerzeugnisse jährlich Mindest- und Höchstwerte je Hektar festsetzen und Hektarwerte unter den Mindestwerten auf diese erhöhen, Hektarwerte über den Höchstwerten auf diese herabsetzen. Der Beitrag wird von der berichtigten Versicherungssumme berechnet.

3. Bleibt die Versicherungssumme um ____% oder mehr hinter der des Vorjahres oder des ersten Jahres der zuletzt vereinbarten Vertragsdauer oder – im ersten Versicherungsjahr – des Antrages zurück und erbringt der Versicherungsnehmer auf Anfrage nicht innerhalb einer Frist von zwei Wochen den Nachweis, daß diese Abweichung gerechtfertigt ist, ist der Versicherer berechtigt, die Versicherung gemäß § 9 Nr. 3 Satz 2 zu behandeln – *soweit nicht etwas anderes vereinbart ist*.

4. Für Überversicherungen wird kein Ersatz geleistet. Eine Überversicherung besteht, wenn die Versicherungssumme eines Feldstücks den zu erwartenden Erntewert um mehr als ____% übersteigt – *soweit nicht etwas anderes vereinbart ist*.

5. Der Versicherungsnehmer kann auch nach Einreichen des Anbauverzeichnisses die Erhöhung der Versicherungssumme beantragen, jedoch nicht rückwirkend für einen bereits eingetretenen Schaden. § 9 Nr. 4 gilt entsprechend.

6. Der Versicherungsnehmer kann die Herabsetzung der Versicherungssumme verlangen, soweit sich nach Einreichen des Anbauverzeichnisses herausstellt, daß der zu erwartende Erntewert wesentlich niedriger als die Versicherungssumme ist. Vom Beitragsunterschied werden zwei Drittel erstattet. Die Herabsetzung der Versicherungssumme ist zulässig – *soweit nicht etwas anderes vereinbart ist* –
a) für Frühkartoffeln, Erdbeeren und Kirschen bis zum 20. Mai,
b) für Tabak, Wein und Kernobst bis zum 15. Juli,

c) für alle übrigen Bodenerzeugnisse bis zum 15. Juni.

Der Antrag ist nicht zulässig für Bodenerzeugnisse, die durch Folienabdeckung oder ähnliches verfrüht sind, sowie für Salat und Spinat.

§ 12 Vorausdeckung. *Soweit nicht etwas anderes vereinbart ist, gilt:* 1. Vom Beginn der Haftung an (§ 2 Nr. 1) wird vorläufiger Versicherungsschutz (Vorausdeckung) gewährt, und zwar

– im ersten Vertragsjahr auch ohne vorherige Beitragszahlung;
– in den Folgejahren nur, wenn der Versicherungsnehmer alle früheren Beiträge und Kosten gezahlt hat; die §§ 39 ff. VVG bleiben unberührt.

2. Die Vorausdeckung richtet sich im ersten Vertragsjahr nach dem Antrag (§ 4), in den folgenden Jahren nach der Versicherung des Vorjahres, jedoch mit der Maßgabe, daß für den Hektar die gleiche Versicherungssumme zugrunde gelegt wird, mit der das betreffende Bodenerzeugnis im Vorjahr durchschnittlich versichert war, höchstens jedoch die Versicherungssumme, die dafür im Anbauverzeichnis des laufenden Jahres beantragt wird. Soweit das betreffende Bodenerzeugnis im Vorjahr nicht versichert war, ist die betreffende Fruchtgattung maßgebend.

Hat sich die Gesamtfläche einer auch im Vorjahr versicherten Fruchtgattung im laufenden Jahr vergrößert, wird die Vorausdeckung für jedes einzelne Feldstück dieser Fruchtgattung nur im entsprechenden Verhältnis gewährt. Auf Fruchtgattungen, die im Vorjahr nicht versichert waren, erstreckt sich die Vorausdeckung nicht.

3. Die Vorausdeckung endet mit dem Beginn der Haftung durch die Einreichung des Anbauverzeichnisses nach § 9 Nr. 4.

III. Beitrag

§ 13 Beitrag und Nebenleistungen. *Soweit nicht etwas anderes vereinbart ist, gilt:* 1. Der Jahresbeitrag ist fest.

Der Beitragssatz bestimmt sich nach der örtlichen Hagelgefahr (Grundbeitragssatz) und nach der Hagelempfindlichkeit der einzelnen Bodenerzeugnisse (Gefahrenklasse). Der Beitragssatz wird für 100 DM der Versicherungssumme berechnet. Alle Beitragssätze werden auf volle 0,05 DM aufgerundet.

Wird ein mehrjähriger Vertrag vorzeitig aufgehoben, so kann der Versicherer den Gegenwert der nach Nr. 2 vom Beginn der zuletzt vereinbarten Vertragsdauer an gewährten Dauerrabatte zurückverlangen.

2. Auf den Beitrag erhält der Versicherungsnehmer Rabatte nach Maßgabe der Rabattbestimmungen.

Nach Zahlung einer Entschädigung wird der Grundbeitragssatz vom folgenden Jahr an um den bei Vertragsschluß vereinbarten Prozentsatz, aufgerundet auf volle 0,05 DM, mindestens um 0,10 DM, erhöht. Die Sätze der übrigen Gefahrenklassen erhöhen sich entsprechend. Diese Erhöhung gibt dem Versicherungsnehmer kein Kündigungsrecht.

Erweist sich eine darüber hinausgehende Erhöhung als erforderlich, ist sie dem Versicherungsnehmer vor dem 1. April mitzuteilen. Er kann die Versicherung innerhalb von zwei Wochen nach Zugang der Mitteilung mit sofortiger Wirkung kündigen (§ 8 Nr. 3). Die Versicherung erlischt mit Zugang der Kündigung.

3. Ist das versicherte Interesse nach Beginn der Versicherung weggefallen und teilt der Versicherungsnehmer dies dem Versicherer bis zum 15. Juni mit, mindert sich der entsprechende Jahresbeitrag um die Hälfte. Dies gilt nicht, wenn der Versicherungsfall bereits eingetreten ist.

4. Neben dem Beitrag und den gesetzlichen Abgaben hat der Versicherungsnehmer die vereinbarten Gebühren für jedes Anbauverzeichnis entsprechend der vereinbarten Gebührenstaffel zu entrichten.

§ 14 Beitragszahlung. 1. Alle Beitrags- und Nebenleistungen sowie gesetzliche Abgaben sind zwei Wochen nach Zahlungsaufforderung (Beitragsrechnung bzw. Versicherungsschein) fällig, frühestens jedoch zu Beginn des Versicherungsjahres.

2. Für die Folgen einer nicht rechtzeitigen Zahlung des Beitrags im ersten oder in einem späteren Versicherungsjahr gelten §§ 38, 39 VVG.

IV. Schadenfall

§ 15 Obliegenheiten des Versicherungsnehmers. *Soweit nicht etwas anderes vereinbart ist, gilt:* 1. Der Schadenfall ist unverzüglich, spätestens jedoch innerhalb von vier Tagen, dem Versicherer schriftlich anzuzeigen. Durch die Absendung der Anzeige wird die Frist gewahrt. In der Anzeige sind Datum des Hagelschlages und sämtliche Feldstücke anzugeben, für die eine Entschädigung beansprucht wird.

2. War bei Eintritt des Schadens das Anbauverzeichnis noch nicht eingereicht, ist es der Schadenanzeige beizufügen.

3. Bis zur Feststellung des Schadens darf der Versicherungsnehmer an den von dem Hagelschlag betroffenen Bodenerzeugnissen ohne Einwilligung des Versicherers, vorbehaltlich Nr. 4, nur solche Änderungen vornehmen, welche nach den Regeln einer ordnungsgemäßen Wirtschaft nicht aufgeschoben werden können.

Müssen danach erntereife Bodenerzeugnisse vor der Abschätzung des Schadens geerntet werden, sind an den Enden und in der Mitte des Feldstückes Probestücke von mindestens 20 m^2 stehenzulassen, soweit nichts anderes vereinbart ist.

Bei Hagelschäden an Obst und Wein müssen bis zur Abschätzung des Schadens mindestens 5% der Bestände der verschiedenen Sorten und Lagen ungepflückt stehen bleiben.

4. Für Feldstücke, die vorzeitig abgeräumt oder umgeackert werden sollen, ist die Freigabe mit der Schadenanzeige zu beantragen.

5. Der Versicherungsnehmer hat jede Auskunft zu geben, die zur Feststellung des Schadens und des Umfanges der Ersatzpflicht verlangt wird, insbesondere die als beschädigt gemeldeten Feldstücke zu zeigen oder auf seine Kosten zeigen zu lassen.

6. Der Versicherungsnehmer ist verpflichtet, auf seine Kosten alle für die Pflege und Fortentwicklung der beschädigten Bodenerzeugnisse erforderlichen Arbeiten und Aufwendungen vorzunehmen. § 63 VVG bleibt unberührt.

7. Verletzt der Versicherungsnehmer eine dieser Obliegenheiten, ist der Versicherer nach Maßgabe des § 21 Nr. 2 von der Verpflichtung zur Leistung frei.

§ 16 Abschätzungsverfahren

A. Allgemeine Vorschriften

1. Die Höhe des Schadens wird durch Abschätzung ermittelt, und zwar entweder

a) durch einfache Abschätzung,
b) durch förmliche Abschätzung oder
c) durch Obmannsabschätzung.

Der Versicherer bestimmt den Zeitpunkt der Abschätzung und ist berechtigt, einen für die technische Durchführung verantwortlichen Beauftragten zu stellen.

Ist der Versicherungsnehmer bei der Abschätzung nicht anwesend, hat er einen Bevollmächtigten zu bestellen. Versäumt er dies, wird in seiner Abwesenheit verfahren.

2. Der Versicherer kann den Schaden vorbesichtigen, die einfache Abschätzung an Ort und Stelle nachprüfen und, wenn erforderlich, aufheben und eine neue einfache Abschätzung oder die förmliche Abschätzung anordnen.

3. Bei förmlicher Abschätzung und Obmannsabschätzung haben weder der Versicherer noch der Versicherungsnehmer ein Einspruchsrecht. Die Abschätzung ist für beide Teile verbindlich, wenn sie nicht offenbar von der wirklichen Sachlage erheblich abweicht.

4. Die Abschätzung des Schadens bedeutet nicht die Anerkennung des Ersatzanspruches.

B. Einfache Abschätzung

Einfache Abschätzung findet statt, wenn nicht einer der Vertragsteile die förmliche Abschätzung verlangt. Die Abschätzung erfolgt durch einen oder mehrere Schätzer, die der Versicherer bestellt.

C. Förmliche Abschätzung

1. Förmliche Abschätzung findet außer in den Fällen des Abschnittes A Nr. 2 und des Abschnittes B statt, wenn die einfache Abschätzung nicht zu einer Einigung führt. Es gilt als Einigung, wenn der Versicherungsnehmer nicht innerhalb von 24 Stunden nach Scheitern der einfachen Abschätzung die förmliche Abschätzung beantragt. Durch die Absendung des Antrages wird die Frist gewahrt.

2. Jeder Teil ernennt einen Sachverständigen als Schätzer. Der Versicherungsnehmer hat seinen Schätzer binnen 24 Stunden nach Aufforderung zu benennen; wird der Schätzer nicht benannt oder fehlt er bei der Abschätzung, geht das Recht zur Ernennung auf den Versicherer über.

3. Vor Beginn der Abschätzung haben beide Schätzer aus der Liste der dazu bestimmten Sachverständigen einen Obmann zu wählen, der in Tätigkeit treten soll, wenn die förmliche Abschätzung zu keiner Übereinstimmung führt. Einigen sie sich nicht über die Person des Obmanns, haben sie die Abschätzung gleichwohl vorzunehmen.

D. Obmannsabschätzung

1. Obmannsabschätzung findet statt, soweit sich bei der förmlichen Abschätzung die Schätzer über die Höhe des Schadens nicht geeinigt haben.

2. Haben sie sich auch über die Person des Obmanns nicht geeinigt, bestimmt nunmehr der Versicherungsnehmer aus drei von dem Versicherer zur Auswahl gestellten Sachverständigen den Obmann. Trifft er diese Wahl nicht innerhalb von 24 Stunden, geht das Wahlrecht auf den Versicherer über.

3. Der Obmann entscheidet vorbehaltlich Abschnitt A Nr. 3 Satz 2 über die strittigen Punkte endgültig.

4. Erkennt der Versicherer das Ergebnis der Obmannsabschätzung für sich nicht als verbindlich an, weil es nach seiner Auffassung offenbar von der wirklichen Sachlage erheblich abweicht (A Nr. 3), ist der Versicherungsnehmer berechtigt, den Vertrag abweichend von § 8 Nr. 4 innerhalb von zwei Wochen mit sofortiger Wirkung zu kündigen.

§ 17 Schadenermittlung. 1. Die Schätzer haben zu ermitteln, ob sämtliche Feldstücke der versicherten Fruchtgattungen, für die ein Ersatzanspruch geltend gemacht wird, versichert sind. Für jedes beschädigte Feldstück ist festzustellen:

a) ob die Anbaufläche richtig angegeben ist:
b) welcher Teil der Fläche vom Hagelschlag betroffen ist;
c) welcher Ertrag mengenmäßig ohne Hagelschlag zu erwarten gewesen wäre und ob eine Überversicherung gemäß § 11 Nr. 4 besteht;
d) wie viele Prozente dieses Ertrages der Schaden beträgt, und zwar getrennt nach Versicherungsgegenständen (§ 3).

2. Wird ein Feldstück vorzeitig zur Abräumung oder Umackerung freigegeben, sind die wirtschaftlichen Vorteile, die dem Versicherungsnehmer durch die Freigabe erwachsen, durch einen angemessenen Abzug von der Entschädigung zu berücksichtigen. Als wirtschaftliche Vorteile gelten auch die ersparten Kosten für weitere Pflege, Ernte und Verkauf.

Das Feldstück scheidet mit der Abräumung oder Umackerung aus der Versicherung aus. Unterbleibt die Abräumung oder Umackerung, kann der Versicherer eine erneute Abschätzung vornehmen.

Entsprechendes gilt auch in anderen Fällen, in denen der Versicherungsnehmer durch den Schadenfall Aufwendungen erspart. Soweit nichts anderes vereinbart ist, werden bei Tabak nicht mehr als 85% der Versicherungssumme, getrennt nach Versicherungsgegenständen (§ 3), ersetzt.

3. Werden dieselben Bodenerzeugnisse wiederholt vom Hagel beschädigt, wird grundsätzlich der Gesamtschaden festgestellt. Wird jedoch eine gesonderte Abschätzung notwendig, ist für die nach Nr. 1 zu ermittelnden Prozente die nach Abzug der bereits festgestellten Schäden verbliebene Versicherungssumme maßgebend.

§ 18 Kosten der Abschätzung. 1. Die Kosten der Abschätzung trägt der Versicherer.

2. Der Versicherer kann Ersatz seiner Kosten verlangen, wenn

a) der Schaden als nicht ersatzfähig festgestellt wird (§ 1 Nr. 2) und die Schadenmeldung sich als mißbräuchlich erweist;

b) der Versicherungsnehmer nach der einfachen Abschätzung eine förmliche Abschätzung beantragt hat bzw. eine Obmannsabschätzung erforderlich wurde und das Abschätzungsergebnis bei wenigstens einem Feldstück nicht mindestens zehn Prozentpunkte höher ist als das Ergebnis der einfachen Abschätzung.

3. Der Versicherer kann Ersatz zusätzlicher Kosten verlangen, die dadurch entstehen, daß der Versicherungsnehmer den Schadenfall nicht binnen vier Tagen (§ 15 Nr. 1) angezeigt hat.

4. Dem Versicherungsnehmer durch die Schadenfeststellung etwa entstehende Kosten werden vom Versicherer nicht erstattet.

§ 19 Zahlung der Entschädigung. 1. Ist die Leistungspflicht des Versicherers nach Beendigung der nötigen Erhebungen dem Grunde und der Höhe nach festgestellt, so hat die Auszahlung der Entschädigung innerhalb von zwei Wochen zu erfolgen, jedoch nicht vor dem Zeitpunkt, an dem die beschädigten Bodenerzeugnisse ohne Eintritt des Schadens frühestens hätten verwertet werden können.

2. Als nötige Erhebungen im Sinne dieser Bestimmungen gelten insbesondere die Abschätzung des Schadens, die Prüfung der Ersatzpflicht und der Empfangsberechtigung sowie die Berechnung der Gesamtentschädigung aus dem Vertrag.

3. Die Entschädigung ist spätestens am 31. Oktober des Erntejahres fällig, jedoch nicht vor dem Zeitpunkt, in dem die Entschädigung nach Nr. 1 gezahlt werden muß.

4. Geldforderungen des Versicherers können gegen die Entschädigung aufgerechnet werden, auch dann, wenn sie gestundet sind.

5. Der Entschädigungsanspruch kann nur mit Zustimmung des Versicherers abgetreten werden.

6. Wird der Entschädigungsanspruch nicht innerhalb einer Frist von sechs Monaten gerichtlich geltend gemacht, nachdem der Versicherer ihn unter Angabe der mit dem Ablauf der Frist verbundenen Rechtsfolgen schriftlich abgelehnt hat, so ist der Versicherer von der Entschädigungspflicht frei.

V. Sonstige Bestimmungen

§ 20 Vertragspflichten. *Soweit nicht etwas anderes vereinbart ist, gilt:* Die Verpflichtung des Versicherungsnehmers zur Einreichung des Anbauverzeichnisses (§ 9) und zur Einreichung des Nachversicherungsantrages (§ 10 Nr. 1) sind Vertragspflichten und keine Obliegenheiten im Sinne des § 21.

§ 21 Rechtsfolgen bei Obliegenheitsverletzungen. *Soweit nicht etwas anderes vereinbart ist, gilt:* 1. Ist im Vertrag bestimmt, daß bei Verletzung einer Obliegenheit, die vor dem Eintritt des Schadenfalls zu erfüllen ist, der Versicherer von der Verpflichtung zur Leistung frei sein soll, tritt die vereinbarte Rechtsfolge nicht ein, wenn die Verletzung als eine unverschuldete anzusehen ist.

Der Versicherer kann den Vertrag innerhalb eines Monats, nachdem er von der Verletzung Kenntnis erlangt hat, ohne Einhaltung einer Kündigungsfrist kündigen, es sei denn, daß die Verletzung als eine unverschuldete anzusehen ist. Kündigt der Versicherer innerhalb eines Monats nicht, kann er sich auf die vereinbarte Leistungsfreiheit nicht berufen.

2. Falls die Obliegenheit nach Eintritt des Schadenfalls zu erfüllen war, tritt die vereinbarte Rechtsfolge nicht ein, wenn die Verletzung weder auf Vorsatz noch auf grober Fahrlässigkeit beruht. Bei grobfahrlässiger Verletzung bleibt der Versicherer zur Leistung insoweit verpflichtet, als die Verletzung Einfluß weder auf die Feststellung des Schadenfalls noch auf die Feststellung oder den Umfang der dem Versicherer obliegenden Leistung gehabt hat.

§ 22 Anzeigen und Erklärungen. Sämtliche Anzeigen und Erklärungen bedürfen der schriftlichen Form.

§ 23 Einschränkungen der Agentenvollmacht. Die Agenten sind nicht bevollmächtigt, Anzeigen und Erklärungen des Versicherungsnehmers entgegenzunehmen. Sie sind auch nicht berechtigt, den Versicherungsnehmer von den in diesen Versicherungsbedingungen enthaltenen Verpflichtungen zu entbinden oder vom Vertrag abweichende Vereinbarungen zu treffen.

§ 24 Schlußbestimmung. 1. Soweit nicht in den Versicherungsbedingungen Abweichendes bestimmt ist, gelten die gesetzlichen Vorschriften.

2. Ein Auszug aus dem Gesetz über den Versicherungsvertrag (VVG), der insbesondere die in diesen Versicherungsbedingungen erwähnten Bestimmungen enthält, ist dem Bedingungstext beigefügt.

23. Allgemeine Maschinen-Versicherungsbedingungen (AMB 91/Fassung 1994)

(Unverbindliche Empfehlung des Verbandes der Sachversicherer. Abweichende Vereinbarungen sind möglich.)

Übersicht

	§§
Versicherte Sachen	1
Versicherte Schäden und Gefahren	2
Versicherungsort	3
Versicherungssumme; Versicherungswert	4
Gefahrumstände bei Vertragsabschluß und Gefahrerhöhung	5
Prämie; Beginn und Ende der Haftung	6
Versicherte Interessen; Versicherung für fremde Rechnung	7
Wechsel der versicherten Sachen	8
Umfang der Entschädigung; Unterversicherung	9
Entschädigungsberechnung	10
Obliegenheiten des Versicherungsnehmers im Versicherungsfall	11
Besondere Verwirkungsgründe	12
Sachverständigenverfahren	13
Zahlung der Entschädigung	14
Rechtsverhältnis nach dem Versicherungsfall	15
Schriftliche Form; Zurückweisung von Kündigungen	16
Agentenvollmacht	17
Schlußbestimmung	18

§ 1 Versicherte Sachen. 1. Versichert sind die im Versicherungsvertrag bezeichneten

a) Maschinen;
b) maschinellen Einrichtungen;
c) sonstigen technischen Anlagen.

2. Mitversichert sind

a) Öl- oder Gasfüllungen von versicherten Transformatoren, Kondensatoren, elektrischen Wandlern oder Schaltern; die Ölfüllung von versicherten Turbinen jedoch nur, wenn dies besonders vereinbart ist. Nr. 6 gilt entsprechend;

b) Röhren von versicherten Sachen, z.B. Bildröhren, Hochfrequenzleistungsröhren, Röntgenröhren und Laserröhren;
c) Datenträger (Datenspeicher für maschinenlesbare Informationen), wenn sie vom Benutzer nicht auswechselbar sind (z.B. Festplatten jeder Art) sowie Daten (maschinenlesbare Informationen), wenn sie für die Grundfunktion der versicherten Sache notwendig sind (System-Programmdaten aus Betriebssystemen oder damit gleichzusetzende Daten); andere Datenträger und Daten jedoch nur, wenn dies besonders vereinbart ist.

3. Zusatzgeräte, Reserveteile und Fundamente versicherter Sachen sind nur versichert, soweit sie im Versicherungsvertrag besonders bezeichnet sind.

4. Soweit nicht etwas anderes vereinbart ist, sind nicht versichert Ausmauerungen, Auskleidungen und Beschichtungen, die während der Lebensdauer der versicherten Sachen erfahrungsgemäß mehrfach ausgewechselt werden müssen, von Öfen, Feuerungs- und sonstigen Erhitzungsanlagen, Dampferzeugern und Behältern.

5. *Soweit nicht etwas anderes vereinbart ist,* sind ferner nicht versichert

a) Hilfs- und Betriebsstoffe, z.B. Brennstoffe, Chemikalien, Filtermassen und -einsätze, Kontaktmassen, Katalysatoren, Kühl-, Reinigungs- und Schmiermittel sowie Öle (außer im Fall von Nr. 2a);
b) Werkzeuge aller Art, z.B. Bohrer, Messer, Sägeblätter, Zähne, Schneiden und Schleifscheiben;
c) sonstige Teile, die während der Lebensdauer der versicherten Sachen erfahrungsgemäß mehrfach ausgewechselt werden müssen, z.B. Roststäbe und Brennerdüsen von Feuerungsanlagen, Formen, Matrizen, Stempel, Muster- und Riffelwalzen, Siebe, Schläuche, Filtertücher, Gummi-, Textil- und Kunststoffbeläge sowie Kugeln, Panzerungen, Schlaghämmer und Schlagplatten von Zerkleinerungsmaschinen.

6. Nur gegen Schäden, die sie infolge eines dem Grunde nach versicherten Schadens an anderen Teilen der versicherten Sache erleiden, sind, *soweit nicht etwas anderes vereinbart ist,* versichert Transportbänder, Raupen, Kabel, Stein- und Be-

tonkübel, Ketten, Seile, Gurte, Riemen, Bürsten, Kardenbeläge und Bereifungen.

§ 2 Versicherte Schäden und Gefahren. 1. Der Versicherer leistet Entschädigung für unvorhergesehen eintretende Schäden an versicherten Sachen. Unvorhergesehen sind Schäden, die der Versicherungsnehmer oder seine Repräsentanten weder rechtzeitig vorgesehen haben noch mit dem für die im Betrieb ausgeübte Tätigkeit erforderlichen Fachwissen hätten vorsehen können, wobei nur grobe Fahrlässigkeit schadet. Insbesondere wird Entschädigung geleistet für Sachschäden durch

a) Bedienungsfehler, Ungeschicklichkeit, Fahrlässigkeit oder Böswilligkeit;
b) Konstruktions-, Material- oder Ausführungsfehler;
c) Wassermangel in Dampferzeugern;
d) Versagen von Meß-, Regel- oder Sicherheitseinrichtungen;
e) Zerreißen infolge Fliehkraft;
f) Überdruck (außer in den Fällen von Nr. 4h oder 4i) oder Unterdruck;
g) Kurzschluß, Überstrom oder Überspannung mit oder ohne Feuererscheinung an elektrischen Einrichtungen (außer in den Fällen von Nr. 4h oder 4i);
h) Sturm, Frost oder Eisgang.

2. Entschädigung für versicherte Daten gemäß § 1 Nr. 2c wird, *soweit nicht etwas anderes vereinbart ist,* nur geleistet, wenn der Verlust oder die Veränderung der Daten infolge eines dem Grunde nach versicherten Schadens an dem Datenträger eingetreten ist, auf dem diese Daten gespeichert waren.

3. Entschädigung für elektronische Bauelemente (Bauteile) der versicherten Sache wird, *soweit nicht etwas anderes vereinbart ist,* nur geleistet, wenn eine versicherte Gefahr nachweislich von außen auf eine Austauscheinheit (im Reparaturfall üblicherweise auszutauschende Einheit) oder auf die versicherte Sache insgesamt eingewirkt hat. Ist dieser Beweis nicht zu erbringen, so genügt die überwiegende Wahrscheinlichkeit, daß der Schaden auf die Einwirkung einer versicherten Gefahr von außen zurückzuführen ist.

Für Folgeschäden an weiteren Austauscheinheiten wird jedoch Entschädigung geleistet.

4. Der Versicherer leistet, *soweit nicht etwas anderes vereinbart ist,* ohne Rücksicht auf mitwirkende Ursachen keine Entschädigung für Schäden

a) durch Kriegsereignisse jeder Art oder innere Unruhen;
b) durch Kernenergie;[1]
c) die während der Dauer von Erdbeben, Überschwemmungen stehender oder fließender Gewässer sowie von Hochwasser als deren Folge entstehen;
d) durch Mängel, die bei Abschluß der Versicherung bereits vorhanden waren und dem Versicherungsnehmer oder seinen Repräsentanten bekannt sein mußten;
e) durch
  aa) betriebsbedingte normale Abnutzung;
  bb) betriebsbedingte vorzeitige Abnutzung;
  cc) korrosive Angriffe oder Abzehrungen;
  dd) übermäßigen Ansatz von Kesselstein, Schlamm oder sonstigen Ablagerungen;
  diese Ausschlüsse gelten nicht für benachbarte Maschinenteile, die infolge eines solchen Schadens beschädigt werden und nicht auch ihrerseits aus Gründen gemäß aa bis dd bereits erneuerungsbedürftig waren;
  die Ausschlüsse gemäß bb bis dd gelten ferner nicht in den Fällen von Nr. 1a bis d; ob ein Konstruktionsfehler vorliegt, wird nach dem Stand der Technik zur Zeit der Konstruktion beurteilt, bei Bedienungs-, Material- oder Ausführungsfehlern nach dem Stand der Technik zur Zeit der Herstellung;
f) durch Einsatz einer Sache, deren Reparaturbedürftigkeit dem Versicherungsnehmer oder seinen Repräsentanten bekannt sein mußte; der Versicherer leistet jedoch Entschädigung, wenn der Schaden nicht durch die Reparaturbedürftigkeit verursacht wurde oder wenn die Sache zur Zeit des Schadens mit Zustimmung des Versicherers wenigstens behelfsmäßig repariert war;
g) durch Diebstahl; der Versicherer leistet jedoch Entschädigung für Schäden an nicht gestohlenen Sachen, wenn sie als Folge des Diebstahls eintreten;

---

[1] Der Ersatz von Schäden durch Kernenergie richtet sich in der Bundesrepublik Deutschland nach dem Atomgesetz. Die Betreiber von Kernanlagen sind zur Deckungsvorsorge verpflichtet und schließen hierfür Haftpflichtversicherungen ab.

h) durch Brand, Blitzschlag, Explosion, Anprall oder Absturz eines Flugkörpers, seiner Teile oder seiner Ladung, durch Löschen oder Niederreißen bei diesen Ereignissen, soweit diese Gefahren durch eine Feuerversicherung gedeckt werden können;
i) die durch Kurzschluß, Überstrom oder Überspannung an elektrischen Einrichtungen als Folge von Brand, Blitzschlag oder Explosion entstehen und durch eine Feuerversicherung gedeckt werden können;
k) soweit für sie ein Dritter als Lieferant (Hersteller oder Händler), Werkunternehmer oder aus Reparaturauftrag einzutreten hat.
Bestreitet der Dritte seine Eintrittspflicht, so leistet der Versicherer zunächst Entschädigung. Ergibt sich nach Zahlung der Entschädigung, daß ein Dritter für den Schaden eintreten muß und bestreitet der Dritte dies, so behält der Versicherungsnehmer zunächst die bereits gezahlte Entschädigung.
§ 67 VVG gilt für diese Fälle nicht. Der Versicherungsnehmer hat seinen Anspruch auf Kosten und nach den Weisungen des Versicherers außergerichtlich und erforderlichenfalls gerichtlich geltend zu machen.
Die Entschädigung ist zurückzuzahlen, wenn der Versicherungsnehmer einer Weisung des Versicherers nicht folgt oder soweit der Dritte dem Versicherungsnehmer Schadenersatz leistet.

5. Ist der Beweis für das Vorliegen einer der Ursachen gemäß Nr. 4a bis 4c nicht zu erbringen, so genügt die überwiegende Wahrscheinlichkeit, daß der Schaden auf eine dieser Ursachen zurückzuführen ist.

§ 3 Versicherungsort. Versicherungsschutz besteht nur innerhalb des Versicherungsortes. Versicherungsort sind die in dem Versicherungsvertrag bezeichneten Betriebsgrundstücke.

§ 4 Versicherungssumme; Versicherungswert. 1. Die im Versicherungsvertrag für jede versicherte Sache genannte Versicherungssumme soll dem Versicherungswert entsprechen.

a) Versicherungswert ist der jeweils gültige Listenpreis der versicherten Sache im Neuzustand (Neuwert) zuzüglich der

Bezugskosten (z. B. Kosten für Verpackung, Fracht, Zölle, Montage).
b) Wird die versicherte Sache nicht mehr in Preislisten geführt, so ist der letzte Listenpreis der Sache im Neuzustand zuzüglich der Bezugskosten maßgebend; dieser Betrag ist entsprechend der Preisentwicklung für vergleichbare Sachen zu vermindern oder zu erhöhen.
c) Hatte die versicherte Sache keinen Listenpreis, so tritt an dessen Stelle der Kauf- oder Lieferpreis der Sache im Neuzustand zuzüglich der Bezugskosten; dieser Betrag ist entsprechend der Preisentwicklung für vergleichbare Sachen zu vermindern oder zu erhöhen.
d) Kann weder ein Listenpreis noch ein Kauf- oder Lieferpreis ermittelt werden, so ist die Summe der Kosten maßgebend, die jeweils notwendig wären, um die Sache in der vorliegenden Konstruktion und Abmessung herzustellen.
e) Rabatte und Preiszugeständnisse bleiben für den Versicherungswert unberücksichtigt.
f) Ist der Versicherungsnehmer zum Vorsteuerabzug nicht berechtigt, so ist die Umsatzsteuer einzubeziehen.

2. Der Versicherungsnehmer soll die Versicherungssumme für die versicherte Sache während der Dauer des Versicherungsverhältnisses dem jeweils gültigen Versicherungswert gemäß Nr. 1 anpassen; ferner, wenn während der Dauer des Versicherungsverhältnisses werterhöhende Änderungen vorgenommen werden.

Ist die Versicherungssumme niedriger als der Versicherungswert, so gilt bei Eintritt des Versicherungsfalles § 9 Nr. 4 (Unterversicherung).

3. Auf Erstes Risiko können durch besondere Vereinbarung versichert werden

a) Aufräumungs- und Entsorgungskosten (§ 10 Nr. 3 und 8), soweit diese Kosten nicht Wiederherstellungskosten sind gemäß § 10 Nr. 2f;
b) Dekontaminations- und Entsorgungskosten für Erdreich (§ 10 Nr. 3 und 8);
c) Bewegungs- und Schutzkosten (§ 10 Nr. 3 und 8);
d) Luftfrachtkosten (§ 10 Nr. 3).

23 AMB §§ 5, 6   MaschinenVers

§ 5 Gefahrumstände bei Vertragsabschluß und Gefahrerhöhung. – *Soweit nicht etwas anderes vereinbart ist, gilt:* 1. Bei Abschluß des Vertrages hat der Versicherungsnehmer alle ihm bekannten Umstände, die für die Übernahme der Gefahr erheblich sind, dem Versicherer anzuzeigen.

Bei schuldhafter Verletzung dieser Obliegenheit kann der Versicherer nach Maßgabe der §§ 16 bis 21 VVG vom Vertrag zurücktreten, wodurch die Entschädigungspflicht entfallen kann.

2. Nach Antragstellung darf der Versicherungsnehmer ohne Einwilligung des Versicherers keine Gefahrerhöhung vornehmen oder gestatten.

Der Versicherungsnehmer hat jede Gefahrerhöhung, die ihm bekannt wird, dem Versicherer unverzüglich anzuzeigen, und zwar auch dann, wenn sie ohne seinen Willen eintritt.

Im übrigen gelten die §§ 23 bis 30 VVG. Danach kann der Versicherer zur Kündigung berechtigt oder auch leistungsfrei sein.

§ 6 Prämie; Beginn und Ende der Haftung. 1. Der Versicherungsnehmer hat die erste Prämie (Beitrag) gegen Aushändigung des Versicherungsscheins, Folgeprämien am Ersten des Monats zu zahlen, in dem ein neues Versicherungsjahr beginnt. Die Folgen nicht rechtzeitiger Zahlung der ersten Prämie oder der ersten Rate der ersten Prämie ergeben sich aus § 38 VVG in Verbindung mit Nr. 3; im übrigen gilt § 39 VVG. Rückständige Folgeprämien dürfen nur innerhalb eines Jahres seit Ablauf der nach § 39 VVG für sie gesetzten Zahlungsfrist eingezogen werden.

2. Ist Ratenzahlung vereinbart, so gelten die ausstehenden Raten bis zu den vereinbarten Zahlungsterminen als gestundet.

Die gestundeten Raten des laufenden Versicherungsjahres werden sofort fällig, wenn der Versicherungsnehmer mit einer Rate ganz oder teilweise in Verzug gerät oder soweit eine Entschädigung fällig wird.

3. Die Haftung des Versicherers beginnt mit dem vereinbarten Zeitpunkt, frühestens jedoch mit Betriebsfertigkeit der Sache, und zwar auch dann, wenn zur Prämienzahlung erst später aufgefordert, die Prämie aber unverzüglich gezahlt wird. Soll die Haftung des Versicherers vor Betriebsfertigkeit der Sache begin-

nen, bedarf es einer besonderen Vereinbarung. Ist dem Versicherungsnehmer bei Antragstellung bekannt, daß ein Versicherungsfall bereits eingetreten ist, so entfällt hierfür die Haftung.

Betriebsfertig ist eine Sache, sobald sie nach beendeter Erprobung und, soweit vorgesehen, nach beendetem Probebetrieb entweder zur Arbeitsaufnahme bereit ist oder sich in Betrieb befindet. Eine spätere Unterbrechung der Betriebsfertigkeit unterbricht den Versicherungsschutz nicht. Dies gilt auch während einer De- oder Remontage sowie während eines Transportes der Sache innerhalb des Versicherungsortes.

4. Die Haftung des Versicherers endet mit dem vereinbarten Zeitpunkt. Versicherungsverträge von mindestens einjähriger Dauer verlängern sich jedoch von Jahr zu Jahr, wenn sie nicht spätestens drei Monate vor Ablauf schriftlich gekündigt werden. Für das Kündigungsrecht des Versicherungsnehmers bei Versicherungsverträgen mit einer Dauer von mehr als drei Jahren gilt § 8 Abs. 3 VVG.

5. Endet das Versicherungsverhältnis vor Ablauf der Vertragszeit oder wird es nach Beginn rückwirkend aufgehoben oder ist es von Anfang an nichtig, so gebührt dem Versicherer Prämie oder Geschäftsgebühr nach Maßgabe der gesetzlichen Bestimmungen (z. B. §§ 40, 68 VVG).

Kündigt nach Eintritt eines Versicherungsfalles (§ 15 Nr. 2) der Versicherungsnehmer, so gebührt dem Versicherer die Prämie für das laufende Versicherungsjahr. Kündigt der Versicherer, so hat er die Prämie für das laufende Versicherungsjahr nach dem Verhältnis der noch nicht abgelaufenen zu der gesamten Zahl des Versicherungsjahres zurückzuzahlen.

§ 7 Versicherte Interessen; Versicherung für fremde Rechnung. 1. Versichert ist das Interesse des Versicherungsnehmers.

2. Ist der Versicherungsnehmer nicht Eigentümer, so ist auch das Interesse des Eigentümers versichert. § 2 Nr. 4k bleibt unberührt.

Bei Sicherungsübereignung gilt dies auch dann, wenn der Versicherungsnehmer das Eigentum nach Abschluß der Versicherung überträgt. Im übrigen gelten jedoch §§ 69 ff. VVG, wenn der Versicherungsnehmer eine versicherte Sache veräußert.

3. Hat der Versicherungsnehmer die Sache unter Eigentumsvorbehalt verkauft, so ist auch das Interesse des Käufers versichert. Der Versicherer leistet jedoch keine Entschädigung für Schäden, für die der Versicherungsnehmer als Lieferant (Hersteller oder Händler) gegenüber dem Käufer einzutreten hat oder ohne auf den Einzelfall bezogene Sonderabreden einzutreten hätte.

4. Hat der Versicherungsnehmer die Sache einem Dritten als Mieter, Pächter, Entleiher oder Verwahrer übergeben, so ist auch das Interesse dieses Dritten versichert.

5. Hat der Versicherungsnehmer die versicherte Sache, die er in seinem Betrieb verwendet oder Dritten überläßt (Nr. 4), selbst hergestellt, so leistet der Versicherer keine Entschädigung für Schäden, für die bei Fremdbezug üblicherweise der Lieferant (Hersteller oder Händler) einzutreten hätte.

6. Soweit nach Nr. 2 bis 4 Versicherung für fremde Rechnung besteht, kann der Versicherungsnehmer, auch wenn er nicht im Besitz des Versicherungsscheins ist, über die Rechte des Versicherten ohne dessen Zustimmung im eigenen Namen verfügen, insbesondere die Zahlung der Entschädigung verlangen und die Rechte des Versicherten übertragen. Der Versicherer kann jedoch vor Zahlung der Entschädigung den Nachweis verlangen, daß der Versicherte seine Zustimmung dazu erteilt hat.

Der Versicherte kann über seine Rechte nicht verfügen, selbst wenn er im Besitz des Versicherungsscheins ist. Er kann die Zahlung der Entschädigung nur mit Zustimmung des Versicherungsnehmers verlangen.

Soweit nach den Versicherungsbedingungen Kenntnis oder Verhalten des Versicherungsnehmers von rechtlicher Bedeutung ist, kommt auch Kenntnis oder Verhalten des Versicherten in Betracht. Im übrigen gilt § 79 VVG.

§ 8 Wechsel der versicherten Sachen. Erhält der Versicherungsnehmer anstelle der im Versicherungsvertrag bezeichneten Sache eine andere, jedoch technisch vergleichbare Sache, so besteht nach entsprechender Anzeige des Versicherungsnehmers hierfür vorläufige Deckung bis zum Abschluß des neuen Versicherungsvertrages bzw. bis zur Beendigung der Vertragsverhandlungen, längstens jedoch, *soweit nicht etwas anderes ver-*

einbart ist, für die Dauer von drei Monaten. Die vorläufige Deckung entfällt rückwirkend ab Beginn, wenn die Prämie nach Aufforderung nicht in der vom Versicherer festgesetzten Frist gezahlt wird.

§ 9 Umfang der Entschädigung; Unterversicherung.
1. Die Entschädigung wird für Teilschäden nach Maßgabe des § 10 Nr. 1, 2, 4 bis 7 und 9, für einen Totalschaden nach Maßgabe des § 10 Nr. 8 Abs. 1 und 9 geleistet.

2. Ein Teilschaden liegt vor, wenn die Wiederherstellungskosten (§ 10 Nr. 2) zuzüglich des Wertes des Altmaterials nicht höher sind als der Zeitwert der versicherten Sache unmittelbar vor Eintritt des Versicherungsfalles. Sind die Wiederherstellungskosten höher, so liegt ein Totalschaden vor.

Der Zeitwert ergibt sich aus dem Versicherungswert (§ 4 Nr. 1) der versicherten Sache, durch einen Abzug entsprechend ihrem insbesondere durch den Abnutzungsgrad bestimmten Zustand.

3. Sachen, die in verschiedenen Positionen versichert sind, gelten auch dann nicht als einheitliche Sache, wenn sie wirtschaftlich zusammengehören.

4. Ist bei Eintritt des Versicherungsfalles die Versicherungssumme für die versicherte Sache niedriger als der für diesen Zeitpunkt zu ermittelnde Versicherungswert (Unterversicherung), so wird nur der Teil des gemäß § 10 ermittelten Betrages ersetzt, der sich zu dem ganzen Betrag verhält, wie die Versicherungssumme zu dem Versicherungswert.

5. *Soweit nicht etwas anderes vereinbart ist,* leistet der Versicherer keine Entschädigung für Vermögensschäden, insbesondere nicht für Vertragsstrafen, Schadenersatzleistungen an Dritte, Kosten für Ersatzgeräte und Nutzungsausfall.

§ 10 Entschädigungsberechnung. 1. Im Fall eines Teilschadens sind für die Entschädigung die Wiederherstellungskosten abzüglich des Wertes des Altmaterials maßgebend.

2. Wiederherstellungskosten sind die Kosten, die zur Wiederherstellung des früheren betriebsfertigen Zustandes notwendig sind, nämlich

a) die Kosten für Ersatzteile und Reparaturstoffe, für Teile gemäß § 1 Nr. 5 a bis c jedoch unter Abzug einer Wertverbesserung und nur, wenn diese zur Wiederherstellung der Sache beschädigt oder zerstört und deshalb erneuert werden müssen;
b) die Lohnkosten und lohnabhängigen Kosten, auch übertarifliche Lohnanteile und Zulagen, ferner Mehrkosten durch tarifliche Zuschläge für Überstunden sowie für Sonntags-, Feiertags- und Nachtarbeiten;
c) die De- und Remontagekosten;
d) die Transportkosten einschließlich etwaiger notwendiger Mehrkosten für Expreßfrachten;
e) die notwendigen Kosten für die Wiederbeschaffung von Daten gemäß § 1 Nr. 2 c;
f) die Kosten für das Aufräumen und nötigenfalls für das Dekontaminieren der versicherten Sache oder deren Teile sowie Kosten für das Vernichten von Teilen der Sache, ferner Kosten für den Abtransport von Teilen in die nächstgelegene geeignete Deponie und Kosten für das Ablagern, jedoch nicht Kosten aufgrund der Einliefererhaftung;
g) die sonstigen für die Wiederherstellung notwendigen Kosten, jedoch nicht Kosten gemäß Nr. 3 und 4.

3. Soweit gemäß § 4 Nr. 3 a bis d Versicherungssummen auf Erstes Risiko für Aufräumungs- und Entsorgungskosten, Dekontaminations- und Entsorgungskosten für Erdreich, Bewegungs- und Schutzkosten sowie Luftfrachtkosten vereinbart sind, leistet der Versicherer Entschädigung auch über den Betrag gemäß Nr. 2 hinaus.

4. Wiederherstellungskosten sind nicht

a) Kosten einer Überholung oder sonstiger Maßnahmen, die auch unabhängig von dem Versicherungsfall notwendig gewesen wären;
b) Mehrkosten durch Änderungen oder Verbesserungen, die über die Wiederherstellung hinausgehen;
c) Kosten einer Wiederherstellung in eigener Regie, soweit die Kosten nicht auch durch Arbeiten in fremder Regie entstanden wären;
d) entgangener Gewinn infolge von Arbeiten in eigener Regie;
e) Mehrkosten durch behelfsmäßige oder vorläufige Wiederherstellung;

MaschinenVers § 10 **AMB 23**

f) Kosten für Arbeiten, die zwar für die Wiederherstellung erforderlich sind, aber nicht an der versicherten Sache selbst ausgeführt werden.

5. Bei Schäden an Teilen gemäß § 1 Nr. 6 sowie an Verbrennungsmotoren, Akkumulatorenbatterien und Röhren wird von den Wiederherstellungskosten ein Abzug vorgenommen.

Die Höhe des Abzugs wird nach dem Wert dieser Teile unmittelbar vor dem Eintritt des Versicherungsfalles berechnet. Bei Schäden an Zylinderköpfen, Zylinderbuchsen, einteiligen Kolben, Kolbenböden und Kolbenringen von Kolbenmaschinen beträgt der Abzug ＿＿ Prozent pro Jahr, höchstens jedoch ＿＿ Prozent, bei Transportbändern ＿＿ Prozent pro Jahr, vom 6. Jahr an jedoch nur noch ＿＿ Prozent pro Jahr.

6. Werden beschädigte Teile erneuert, obgleich eine Reparatur ohne Gefährdung der Betriebssicherheit möglich ist, so ersetzt der Versicherer die Kosten, die für eine Reparatur der beschädigten Teile notwendig gewesen wären, jedoch nicht mehr als die für die Erneuerung aufgewendeten Kosten.

7. Wird eine Konstruktionseinheit, z. B. ein Motor, ein Getriebe oder ein Baustein, ausgewechselt, obgleich sie neben beschädigten Teilen mit überwiegender Wahrscheinlichkeit auch unbeschädigte umfaßt, so wird die Entschädigung hierfür angemessen gekürzt. Dies gilt jedoch nicht, wenn die Kosten, die für eine Reparatur der beschädigten Teile notwendig gewesen wären, die Kosten für die Auswechselung der Konstruktionseinheit übersteigen würden.

8. Im Falle eines Totalschadens ist für die Entschädigung die Höhe des Zeitwerts (§ 9 Nr. 2 Abs. 2) abzüglich des Wertes der Reste maßgebend.

Soweit gemäß § 4 Nr. 3a bis c Versicherungssummen auf Erstes Risiko für Aufräumungs- und Entsorgungskosten sowie Dekontaminations- und Entsorgungskosten für Erdreich sowie Bewegungs- und Schutzkosten vereinbart sind, leistet der Versicherer Entschädigung auch über den Betrag gemäß Absatz 1 hinaus.

9. Der nach Nr. 1, 2 und 4 bis 8 Abs. 1 ermittelte Betrag wird je Versicherungsfall um den vereinbarten Selbstbehalt gekürzt.

Entstehen mehrere Schäden, so wird der Selbstbehalt jeweils einzeln abgezogen. Entstehen die mehreren Schäden jedoch an derselben Sache und besteht außerdem ein Ursachenzusammenhang zwischen diesen Schäden, so wird der Selbstbehalt nur einmal abgezogen.

§ 11 Obliegenheiten des Versicherungsnehmers im Versicherungsfall. – *Soweit nicht etwas anderes vereinbart ist, gilt:*

1. Der Versicherungsnehmer hat bei Eintritt eines Versicherungsfalles

a) den Schaden dem Versicherer unverzüglich schriftlich, darüber hinaus nach Möglichkeit auch fernmündlich oder fernschriftlich anzuzeigen;

b) den Schaden nach Möglichkeit abzuwenden oder zu mindern und dabei die Weisungen des Versicherers zu befolgen; er hat, soweit die Umstände es gestatten, solche Weisungen einzuholen;

c) dem Versicherer auf dessen Verlangen im Rahmen des Zumutbaren jede Untersuchung über Ursache und Höhe des Schadens und über den Umfang seiner Entschädigungspflicht zu gestatten, jede hierzu dienliche Auskunft – auf Verlangen schriftlich – zu erteilen und die erforderlichen Belege beizubringen;

d) das Schadenbild bis zu einer Besichtigung durch den Versicherer unverändert zu lassen, es sei denn

 aa) die Aufrechterhaltung des Betriebes oder Sicherheitsgründe erfordern einen Eingriff oder

 bb) die Eingriffe mindern voraussichtlich den Schaden oder

 cc) der Versicherer hat zugestimmt oder

 dd) die Besichtigung hat nicht unverzüglich, spätestens jedoch innerhalb von drei Arbeitstagen seit Eingang der ersten Schadenanzeige, stattgefunden;

der Versicherungsnehmer hat jedoch die beschädigten Teile bis zu einer Besichtigung durch den Versicherer aufzubewahren, wenn er aus Gründen gemäß aa bis dd das Schadenbild nicht unverändert läßt.

2. Verletzt der Versicherungsnehmer eine der vorstehenden Obliegenheiten, so ist der Versicherer nach Maßgabe der §§ 6 und 62 VVG von der Entschädigungspflicht frei. Dies gilt nicht, wenn nur die fernmündliche oder fernschriftliche Anzeige gemäß Nr. 1a unterbleibt.

3. Hatte eine vorsätzliche Obliegenheitsverletzung Einfluß weder auf die Feststellung des Versicherungsfalles noch auf die Feststellung oder den Umfang der Entschädigung, so entfällt die Leistungsfreiheit gemäß Nr. 2, wenn die Verletzung nicht geeignet war, die Interessen des Versicherers ernsthaft zu beeinträchtigen, und wenn außerdem den Versicherungsnehmer kein erhebliches Verschulden trifft.

§ 12 Besondere Verwirkungsgründe. – *Soweit nicht etwas anderes vereinbart ist.* – 1. Versucht der Versicherungsnehmer den Versicherer arglistig über Tatsachen zu täuschen, die für den Grund oder für die Höhe der Entschädigung von Bedeutung sind, so ist der Versicherer von der Entschädigungspflicht frei.

Ist eine Täuschung gemäß Abs. 1 durch rechtskräftiges Strafurteil wegen Betruges oder Betrugsversuchs festgestellt, so gelten die Voraussetzungen von Abs. 1 als bewiesen.

2. Wird der Anspruch auf die Entschädigung nicht innerhalb einer Frist von sechs Monaten gerichtlich geltend gemacht, nachdem ihn der Versicherer unter Angabe der mit dem Ablauf der Frist verbundenen Rechtsfolge schriftlich abgelehnt hat, so ist der Versicherer von der Entschädigungspflicht frei. Durch ein Sachverständigenverfahren (§ 13) wird der Ablauf der Frist für dessen Dauer gehemmt.

§ 13 Sachverständigenverfahren. 1. Versicherungsnehmer und Versicherer können nach Eintritt des Versicherungsfalles vereinbaren, daß die Höhe des Schadens durch Sachverständige festgestellt wird. Das Sachverständigenverfahren kann durch Vereinbarung auf sonstige tatsächliche Voraussetzungen des Entschädigungsanspruchs sowie der Höhe der Entschädigung ausgedehnt werden.

Der Versicherungsnehmer kann ein Sachverständigenverfahren auch durch einseitige Erklärung gegenüber dem Versicherer verlangen.

2. Für das Sachverständigenverfahren gilt:
a) Jede Partei benennt schriftlich einen Sachverständigen und kann dann die andere unter Angabe des von ihr benannten Sachverständigen schriftlich auffordern, den zweiten Sachverständigen zu benennen. Wird der zweite Sachverständige nicht binnen zwei Wochen nach Empfang der Aufforderung

benannt, so kann ihn die auffordernde Partei durch das für den Schadenort zuständige Amtsgericht ernennen lassen. In der Aufforderung ist auf diese Folge hinzuweisen.

b) Beide Sachverständige benennen schriftlich vor Beginn des Feststellungsverfahrens einen dritten Sachverständigen als Obmann. Einigen sie sich nicht, so wird der Obmann auf Antrag einer Partei durch das für den Schadenort zuständige Amtsgericht ernannt.

c) Der Versicherer darf als Sachverständige keine Personen benennen, die Mitbewerber des Versicherungsnehmers sind oder mit ihm in dauernder Geschäftsverbindung stehen, ferner keine Personen, die bei Mitbewerbern oder Geschäftspartnern angestellt sind oder mit ihnen in einem ähnlichen Verhältnis stehen.

Dies gilt entsprechend für die Benennung eines Obmanns durch die Sachverständigen.

3. Die Feststellungen der Sachverständigen müssen enthalten

a) den Umfang der Beschädigungen und Zerstörungen;
b) die Wiederherstellungskosten (§ 10 Nr. 2);
c) den Zeitwert (§ 9 Nr. 2 Abs. 2);
d) den Wert von Altmaterial (§ 10 Nr. 1) oder Resten (§ 10 Nr. 8);
e) Kosten und Mehrkosten (§ 10 Nr. 4, 6 und 7);
f) entstandene Kosten, die gemäß § 4 Nr. 3 versichert sind.

4. Die Sachverständigen übermitteln beiden Parteien gleichzeitig ihre Feststellungen. Weichen diese Feststellungen voneinander ab, so übergibt der Versicherer sie unverzüglich dem Obmann. Dieser entscheidet über die streitig gebliebenen Punkte innerhalb der durch die Feststellungen der Sachverständigen gezogenen Grenzen und übermittelt seine Entscheidung beiden Parteien gleichzeitig.

5. Jede Partei trägt die Kosten ihres Sachverständigen. Die Kosten des Obmanns tragen beide Parteien je zur Hälfte.

6. Die Feststellungen der Sachverständigen oder des Obmanns sind verbindlich, wenn nicht nachgewiesen wird, daß sie offenbar von der wirklichen Sachlage erheblich abweichen. Aufgrund dieser verbindlichen Feststellungen berechnet der Versicherer gemäß den §§ 9 und 10 die Entschädigung.

MaschinenVers §§ 14, 15 **AMB 23**

7. Durch das Sachverständigenverfahren werden die Obliegenheiten des Versicherungsnehmers gemäß § 11 Nr. 1 nicht berührt.

§ 14 Zahlung der Entschädigung. 1. Ist die Leistungspflicht des Versicherers dem Grunde und der Höhe nach festgestellt, so hat die Auszahlung der Entschädigung binnen zwei Wochen zu erfolgen. Jedoch kann einen Monat nach Anzeige des Schadens als Abschlagszahlung der Betrag beansprucht werden, der nach Lage der Sache mindestens zu zahlen ist.

2. Die Entschädigung ist ab Fälligkeit mit 1 Prozent unter dem Diskontsatz der Deutschen Bundesbank zu verzinsen, mindestens jedoch mit 4 Prozent und höchstens mit 6 Prozent pro Jahr, soweit nicht aus anderen Gründen ein höherer Zins zu entrichten ist *oder soweit nicht etwas anderes vereinbart ist.*

3. Der Lauf der Fristen gemäß Nr. 1 ist gehemmt, solange infolge Verschuldens des Versicherungsnehmers die Entschädigung nicht ermittelt oder nicht gezahlt werden kann.

4. Der Versicherer kann die Zahlung aufschieben,
a) solange Zweifel an der Empfangsberechtigung des Versicherungsnehmers bestehen;
b) wenn gegen den Versicherungsnehmer oder einen seiner Repräsentanten aus Anlaß des Versicherungsfalles ein behördliches oder strafgerichtliches Verfahren aus Gründen eingeleitet worden ist, die auch für den Entschädigungsanspruch rechtserheblich sind, bis zum rechtskräftigen Abschluß dieses Verfahrens.

5. Der Entschädigungsanspruch kann vor Fälligkeit nur mit Zustimmung des Versicherers abgetreten werden. Die Zustimmung muß erteilt werden, wenn der Versicherungsnehmer sie aus wichtigem Grund verlangt.

§ 15 Rechtsverhältnis nach dem Versicherungsfall.
1. Die Versicherungssummen vermindern sich nicht dadurch, daß eine Entschädigung geleistet wird.

2. Nach dem Eintritt eines Versicherungsfalles kann der Versicherer oder der Versicherungsnehmer den Versicherungsvertrag kündigen.

Die Kündigung ist schriftlich zu erklären. Sie muß spätestens einen Monat nach Auszahlung der Entschädigung zugehen. Der Zahlung steht es gleich, wenn die Entschädigung aus Gründen abgelehnt wird, die den Eintritt des Versicherungsfalles unberührt lassen.

Die Kündigung wird einen Monat nach ihrem Zugang wirksam. Der Versicherungsnehmer kann bestimmen, daß seine Kündigung sofort oder zu einem anderen Zeitpunkt wirksam wird, jedoch spätestens zum Schluß des laufenden Versicherungsjahres.

§ 16 Schriftliche Form; Zurückweisung von Kündigungen. 1. Anzeigen und Erklärungen bedürfen der Schriftform.

2. Ist eine Kündigung des Versicherungsnehmers unwirksam, ohne daß dies auf Vorsatz oder grober Fahrlässigkeit beruht, so wird die Kündigung wirksam, falls der Versicherer sie nicht unverzüglich zurückweist.

§ 17 Agentenvollmacht. Ein Agent des Versicherers ist nur dann bevollmächtigt, Anzeigen und Erklärungen des Versicherungsnehmers entgegenzunehmen, wenn er den Versicherungsvertrag vermittelt hat oder laufend betreut.

§ 18 Schlußbestimmung. 1. Soweit nicht in den Versicherungsbedingungen Abweichendes bestimmt ist, gelten die gesetzlichen Vorschriften.

2. Ein Auszug aus dem Gesetz über den Versicherungsvertrag (VVG), der insbesondere die in den AMB 91 erwähnten Bestimmungen enthält, ist dem Bedingungstext beigefügt.

24. Allgemeine Bedingungen für die Elektronik-Versicherung (ABE)

(Unverbindliche Empfehlung des Verbandes der Sachversicherer. Abweichende Vereinbarungen sind möglich.)

Übersicht

	§§
Versicherte Sachen	1
Versicherte Schäden und Gefahren	2
Versicherungsort	3
Versicherungssumme; Versicherungswert	4
Angleichung der Versicherungssummen	5
Gefahrumstände bei Vertragsabschluß und Gefahrerhöhung	6
Prämie; Beginn und Ende der Haftung	7
Wechsel der versicherten Sachen	8
Entschädigungsberechnung; Unterversicherung	9
Obliegenheiten des Versicherungsnehmers im Versicherungsfall	10
Besondere Verwirkungsgründe	11
Sachverständigenverfahren	12
Zahlung der Entschädigung	13
Wiederherbeigeschaffte Sachen	14
Rechtsverhältnis nach dem Versicherungsfall	15
Schriftliche Form; Zurückweisung von Kündigungen	16
Agentenvollmacht	17
Schlußbestimmung	18

§ 1 Versicherte Sachen. 1. Versichert sind die im Versicherungsvertrag bezeichneten

a) Anlagen und Geräte der Informations-, Kommunikations-, Medizintechnik;
b) sonstigen elektrotechnischen oder elektronischen Anlagen und Geräte.

2. Soweit nicht etwas anderes vereinbart ist, sind

a) Datenträger (Datenspeicher für maschinenlesbare Informationen) nur versichert, wenn sie vom Benutzer nicht auswechselbar sind (z. B. Festplatten jeder Art);

b) Daten (maschinenlesbare Informationen) nur versichert, wenn sie für die Grundfunktion der versicherten Sache notwendig sind (System-Programmdaten aus Betriebssystemen oder damit gleichzusetzende Daten).

3. *Soweit nicht etwas anderes vereinbart ist,* sind nicht versichert

a) Hilfs- und Betriebsstoffe, Verbrauchsmaterialien und Arbeitsmittel, z. B. Entwicklerflüssigkeiten, Reagenzien, Toner, Kühl- und Löschmittel, Farbbänder, Filme, Bild- und Tonträger, Folienkombinationen, präparierte Papiere, Schriftbildträger, Rasterscheiben, Pipetten, Wechselküvetten, Reagenzgefäße;
b) Werkzeuge aller Art, z. B. Bohrer, Fräser;
c) sonstige Teile, die während der Lebensdauer der versicherten Sachen erfahrungsgemäß mehrfach ausgewechselt werden müssen, z. B. Sicherungen, Lichtquellen, nicht wieder aufladbare Batterien, Filtermassen und -einsätze.

§ 2 Versicherte Schäden und Gefahren. 1. Der Versicherer leistet Entschädigung für Sachschäden an versicherten Sachen durch vom Versicherungsnehmer oder dessen Repräsentanten nicht rechtzeitig vorhergesehene Ereignisse und bei Abhandenkommen versicherter Sachen durch Diebstahl, Einbruchdiebstahl, Raub oder Plünderung.

Entschädigung wird geleistet für Beschädigungen oder Zerstörungen (Sachschäden), insbesondere durch

a) Bedienungsfehler, Ungeschicklichkeit, Fahrlässigkeit;
b) Überspannung, Induktion, Kurzschluß;
c) Brand, Blitzschlag, Explosion oder Implosion (einschließlich der Schäden durch Löschen, Niederreißen, Ausräumen oder Abhandenkommen bei diesen Ereignissen);
d) Wasser, Feuchtigkeit, Überschwemmung;
e) Vorsatz Dritter, Sabotage, Vandalismus;
f) höhere Gewalt;
g) Konstruktions-, Material- oder Ausführungsfehler.

2. Entschädigung für elektronische Bauelemente (Bauteile) der versicherten Sache wird, *soweit nicht etwas anderes vereinbart ist,* nur geleistet, wenn eine versicherte Gefahr nachweislich von außen auf eine Austauscheinheit (im Reparaturfall üblicherweise auszutauschende Einheit) oder auf die versicherte Sache insgesamt eingewirkt hat. Ist dieser Beweis nicht zu erbringen, so

ElektronikVers § 2 **ABE 24**

genügt die überwiegende Wahrscheinlichkeit, daß der Schaden auf die Einwirkung einer versicherten Gefahr von außen zurückzuführen ist.

Für Folgeschäden an weiteren Austauscheinheiten wird jedoch Entschädigung geleistet.

3. Entschädigung für versicherte Daten (§ 1 Nr. 2b) wird, soweit nicht etwas anderes vereinbart ist, nur geleistet, wenn der Verlust oder die Veränderung der Daten infolge eines dem Grunde nach versicherten Schadens an dem Datenträger eingetreten ist, auf dem diese Daten gespeichert waren.

4. Soweit nicht etwas anderes vereinbart ist, leistet der Versicherer Entschädigung für Röhren (z. B. Bildröhren, Hochfrequenzleistungsröhren, Röntgenröhren, Laserröhren) und Zwischenbildträger (z. B. Selentrommeln) nur bei Schäden durch

a) Brand, Blitzschlag, Explosion und nur, soweit diese Gefahren durch eine Feuerversicherung gedeckt werden können;
b) Einbruchdiebstahl, Raub, Vandalismus und nur, soweit diese Gefahren durch eine Einbruchdiebstahlversicherung gedeckt werden können;
c) Leitungswasser und nur, soweit diese Gefahr durch eine Leitungswasserversicherung gedeckt werden kann.

Nrn. 5 bis 7 bleiben unberührt.

5. Der Versicherer leistet, *soweit nicht etwas anderes vereinbart ist,* ohne Rücksicht auf mitwirkende Ursachen keine Entschädigung für Schäden

a) durch Vorsatz des Versicherungsnehmers oder dessen Repräsentanten;
b) durch Kriegsereignisse jeder Art oder innere Unruhen;
c) durch Kernenergie;[1]
d) die während der Dauer von Erdbeben als deren Folge entstehen;
e) durch betriebsbedingte normale oder betriebsbedingte vorzeitige Abnutzung oder Alterung; für Folgeschäden an weiteren Austauscheinheiten wird jedoch Entschädigung geleistet. Nr. 2 bleibt unberührt.

---

[1] Der Ersatz von Schäden durch Kernenergie richtet sich in der Bundesrepublik Deutschland nach dem Atomgesetz. Die Betreiber von Kernanlagen sind zur Deckungsvorsorge verpflichtet und schließen hierfür Haftpflichtversicherungen ab.

6. Ist der Beweis für das Vorliegen einer der Ursachen gemäß Nr. 5b bis d nicht zu erbringen, so genügt die überwiegende Wahrscheinlichkeit, daß der Schaden auf eine dieser Ursachen zurückzuführen ist.

7. Der Versicherer leistet, *soweit nicht etwas anderes vereinbart ist*, ohne Rücksicht auf mitwirkende Ursachen außerdem keine Entschädigung für Schäden, für die ein Dritter als Lieferant (Hersteller oder Händler), Werkunternehmer oder aus Reparaturauftrag einzutreten hat.

Bestreitet der Dritte seine Eintrittspflicht, so leistet der Versicherer zunächst Entschädigung. Ergibt sich nach Zahlung der Entschädigung, daß ein Dritter für den Schaden einzutreten hat und bestreitet der Dritte dies, so behält der Versicherungsnehmer zunächst die bereits gezahlte Entschädigung.

§ 67 VVG gilt für diese Fälle nicht. Der Versicherungsnehmer hat seinen Anspruch auf Kosten und nach den Weisungen des Versicherers außergerichtlich und erforderlichenfalls gerichtlich geltend zu machen.

Die Entschädigung ist zurückzuzahlen, wenn der Versicherungsnehmer einer Weisung des Versicherers nicht folgt oder soweit der Dritte dem Versicherungsnehmer Schadenersatz leistet.

§ 3 Versicherungsort. 1. Versicherungsschutz besteht nur innerhalb des Versicherungsortes. Versicherungsort sind die im Versicherungsvertrag bezeichneten Betriebsgrundstücke.

2. Versicherungsschutz besteht auch, während die versicherten Sachen innerhalb des Versicherungsortes transportiert oder bewegt werden.

§ 4 Versicherungssumme; Versicherungswert. 1. Die im Versicherungsvertrag für jede versicherte Sache genannte Versicherungssumme soll dem Versicherungswert entsprechen.

a) Versicherungswert ist der jeweils gültige Listenpreis der versicherten Sache im Neuzustand (Neuwert) zuzüglich der Bezugskosten (z. B. Kosten für Verpackung, Fracht, Zölle und Montage).

b) Wird die versicherte Sache nicht mehr in Preislisten geführt, so ist der letzte Listenpreis der Sache im Neuzustand zuzüglich der Bezugskosten maßgebend; dieser Betrag ist entsprechend der Preisentwicklung zu vermindern oder zu erhöhen.
c) Hatte die versicherte Sache keinen Listenpreis, so tritt an dessen Stelle der Kauf- oder Lieferpreis der Sache im Neuzustand zuzüglich der Bezugskosten; dieser Betrag ist entsprechend der Preisentwicklung zu vermindern oder zu erhöhen.
d) Kann weder ein Listenpreis noch ein Kauf- oder Lieferpreis ermittelt werden, so ist die Summe der Kosten maßgebend, die notwendig waren, um die Sache herzustellen, zuzüglich der Handelsspanne und der Bezugskosten; dieser Betrag ist entsprechend der Preisentwicklung zu vermindern oder zu erhöhen.
e) Rabatte und Preiszugeständnisse bleiben für den Versicherungswert unberücksichtigt.
f) Sofern dies im Versicherungsvertrag vereinbart ist, kann als Versicherungswert auch der jeweils gültige Listenbetrag für einen Miet- oder Wartungsvertrag gelten.

2. Ist die Versicherungssumme niedriger als der Versicherungswert, so gilt bei Eintritt des Versicherungsfalles § 9 Nr. 12 (Unterversicherung).

§ 5 Angleichung der Versicherungssummen. 1. Der Versicherungsnehmer soll die Versicherungssumme für die versicherte Sache während der Dauer des Versicherungsvertrages dem jeweils gültigen Versicherungswert gemäß § 4 Nr. 1 anpassen.

2. Unbeschadet der Regelung von Nr. 1 kann der Versicherer die Versicherungssumme für die versicherte Sache entsprechend vermindern oder erhöhen, wenn sich der Versicherungswert gegenüber der letzten Festsetzung der Versicherungssumme um mehr als 5 Prozent geändert hat. Die Änderung wird zu Beginn des nächsten Versicherungsjahres wirksam.

Der Versicherungsnehmer kann die ihm mitgeteilte Veränderung innerhalb eines Monats nach Zugang der Mitteilung über die geänderte Versicherungssumme durch schriftliche Erklärung mit Wirkung für den Zeitpunkt aufheben, in dem sie wirksam werden sollte.

3. Ändert sich der Versicherungswert der versicherten Sache durch Verminderung oder Erweiterung ihres Anlagenumfangs, so kann sowohl der Versicherer als auch der Versicherungsnehmer die Versicherungssumme entsprechend vermindern oder erhöhen.

4. § 4 Nr. 2 (Unterversicherung) und § 51 Abs. 1 VVG (Überversicherung) bleiben unberührt.

§ 6 Gefahrumstände bei Vertragsabschluß und Gefahrerhöhung. *Soweit nicht etwas anderes vereinbart ist, gilt:* 1. Bei Abschluß des Vertrages hat der Versicherungsnehmer alle ihm bekannten Umstände, die für die Übernahme der Gefahr erheblich sind, dem Versicherer anzuzeigen.

Bei schuldhafter Verletzung dieser Obliegenheit kann der Versicherer nach Maßgabe der §§ 16 bis 21 VVG vom Vertrag zurücktreten, wodurch die Entschädigungspflicht entfallen kann.

2. Nach Antragstellung darf der Versicherungsnehmer ohne Einwilligung des Versicherers keine Gefahrerhöhung vornehmen oder gestatten.

Der Versicherungsnehmer hat jede Gefahrerhöhung, die ihm bekannt wird, dem Versicherer unverzüglich anzuzeigen, und zwar auch dann, wenn sie ohne seinen Willen eintritt.

Im übrigen gelten die §§ 23 bis 30 VVG. Danach kann der Versicherer zur Kündigung berechtigt oder auch leistungsfrei sein.

§ 7 Prämie; Beginn und Ende der Haftung. 1. Der Versicherungsnehmer hat die erste Prämie (Beitrag) gegen Aushändigung des Versicherungsscheins, Folgeprämien am Ersten des Monats zu zahlen, in dem ein neues Versicherungsjahr beginnt. Die Folgen nicht rechtzeitiger Zahlung der ersten Prämie oder der ersten Rate der ersten Prämie ergeben sich aus § 38 VVG in Verbindung mit Nr. 3; im übrigen gilt § 39 VVG. Rückständige Folgeprämien dürfen nur innerhalb eines Jahres seit Ablauf der nach § 39 VVG für sie gesetzten Zahlungsfrist eingezogen werden.

2. Ist Ratenzahlung vereinbart, so gelten die ausstehenden Raten bis zu den vereinbarten Zahlungsterminen als gestundet.

Die gestundeten Raten des laufenden Versicherungsjahres werden sofort fällig, wenn der Versicherungsnehmer mit einer

Rate ganz oder teilweise in Verzug gerät oder soweit eine Entschädigung fällig wird.

3. Die Haftung des Versicherers beginnt mit dem vereinbarten Zeitpunkt, frühestens jedoch mit Betriebsfertigkeit der Sache, und zwar auch dann, wenn zur Prämienzahlung erst später aufgefordert, die Prämie aber unverzüglich gezahlt wird. Soll die Haftung des Versicherers vor Betriebsfertigkeit beginnen, bedarf es einer besonderen Vereinbarung. Ist dem Versicherungsnehmer bei Antragstellung bekannt, daß ein Versicherungsfall bereits eingetreten ist, so entfällt hierfür die Haftung.

Betriebsfertig ist eine Sache, sobald sie nach beendeter Erprobung und – soweit vorgesehen – nach beendetem Probebetrieb entweder am Versicherungsort zur Arbeitsaufnahme bereit ist oder sich dort bereits in Betrieb befindet. Eine spätere Unterbrechung der Betriebsfertigkeit unterbricht den Versicherungsschutz nicht; dies gilt auch während eines Transportes der Sache innerhalb des Versicherungsortes.

4. Die Haftung des Versicherers endet mit dem vereinbarten Zeitpunkt. Versicherungsverträge von mindestens einjähriger Dauer verlängern sich jedoch von Jahr zu Jahr, wenn sie nicht spätestens drei Monate vor dem jeweiligen Ablauf schriftlich gekündigt werden.

Für das Kündigungsrecht des Versicherungsnehmers bei Versicherungsverträgen mit einer Dauer von mehr als drei Jahren gilt § 8 Abs. 3 VVG.

5. Endet das Versicherungsverhältnis vor Ablauf der Vertragszeit oder wird es nach Beginn rückwirkend aufgehoben oder ist es von Anfang an nichtig, so gebührt dem Versicherer Prämie oder Geschäftsgebühr auf Maßgabe der gesetzlichen Bestimmungen (z. B. §§ 40, 68 VVG).

Kündigt nach Eintritt eines Versicherungsfalles (§ 15 Nr. 2) der Versicherungsnehmer, so gebührt dem Versicherer die Prämie für das laufende Versicherungsjahr. Kündigt der Versicherer, so hat er die Prämie für das laufende Versicherungsjahr nach dem Verhältnis der noch nicht abgelaufenen zu der gesamten Zeit des Versicherungsjahres zurückzuzahlen.

§ 8 Wechsel der versicherten Sachen. Erhält der Versicherungsnehmer anstelle der im Versicherungsvertrag bezeichneten Sache eine andere, jedoch technisch vergleichbare Sache, so besteht nach entsprechender Anzeige des Versicherungsnehmers hierfür vorläufige Deckung bis zum Abschluß des neuen Versicherungsvertrages bzw. bis zur Beendigung der Vertragsverhandlungen, längstens jedoch, *soweit nicht etwas anderes vereinbart ist,* für die Dauer von drei Monaten. Die vorläufige Deckung entfällt rückwirkend ab Beginn, wenn die Prämie nach Aufforderung nicht in der vom Versicherer festgesetzten Frist gezahlt wird.

§ 9 Entschädigungsberechnung; Unterversicherung.

1. Der Versicherer leistet Entschädigung nach seiner Wahl entweder durch Naturalersatz (Nr. 2) oder durch Geldersatz (Nrn. 3 und 4).

Lehnt der Versicherungsnehmer Entschädigung durch Naturalersatz (Nr. 2) ab, so leistet der Versicherer Geldersatz (Nrn. 3 und 4).

2. Naturalersatz bedeutet

a) bei beschädigten Sachen deren Wiederherstellung im Auftrag des Versicherers;
b) bei zerstörten oder abhanden gekommenen (§ 2 Nr. 1) Sachen die Wiederbeschaffung neuer Sachen gleicher Art und Güte durch den Versicherer.

Ausgewechselte Teile oder Sachen (Altmaterial) gehen in das Eigentum des Versicherers über.

3. Geldersatz bedeutet

a) im Falle eines Teilschadens die Zahlung der für die Wiederherstellung der beschädigten Sache am Schadentag notwendigen Kosten;
b) im Falle eines Totalschadens die Zahlung des Betrages gemäß § 4 Nr. 1.

Der Wert des Altmaterials (Teilschaden) bzw. der Reste (Totalschaden) wird angerechnet.

4. Abweichend von Nr. 3 ist die Entschädigungsleistung durch Geldersatz auf den Zeitwert (Nr. 6) begrenzt, wenn

a) die Wiederherstellung (Teilschaden) oder Wiederbeschaffung (Totalschaden) unterbleibt
b) oder für die versicherte Sache serienmäßig hergestellte Ersatzteile nicht mehr zu beziehen sind.

5. Ein Teilschaden liegt vor, wenn die Kosten zur Wiederherstellung des früheren betriebsfähigen Zustands der versicherten Sache (zuzüglich des Wertes des Altmaterials) niedriger sind als der Versicherungswert gemäß § 4 Nr. 1.
Andernfalls liegt ein Totalschaden vor.

6. Zeitwert ist der Versicherungswert gemäß § 4 Nr. 1 unter Berücksichtigung eines Abzugs entsprechend dem technischen Zustand der Sache unmittelbar vor Eintritt des Versicherungsfalles, insbesondere für Alter und Abnutzung.

7. Der Versicherungsnehmer erwirbt einen Anspruch auf den Teil der Entschädigung, der den Zeitwert (Nr. 6) übersteigt, nur, soweit und sobald er innerhalb von zwei Jahren nach Eintritt des Versicherungsfalles sichergestellt hat, daß er die Entschädigung zur Wiederherstellung der beschädigten oder Wiederbeschaffung der zerstörten oder abhanden gekommenen (§ 2 Nr. 1) Sachen verwenden wird.

8. Ersetzt werden auch notwendige zusätzliche Kosten für

a) Teile gemäß § 1 Nr. 3, jedoch unter Abzug einer Wertverbesserung und nur, wenn diese zur Wiederherstellung der Sache beschädigt oder zerstört und deshalb erneuert werden müssen;
b) Eil- und Expreßfracht;
c) Überstunden sowie Sonntags-, Feiertags- und Nachtarbeiten.

9. Soweit dies vereinbart ist, werden auch notwendige

a) Aufräumungs-, Dekontaminations- und Entsorgungskosten (soweit diese Kosten nicht Wiederherstellungskosten sind);
b) Dekontaminations- und Entsorgungskosten für Erdreich;
c) Bewegungs- und Schutzkosten;
d) Kosten für Erd-, Pflaster-, Maurer- und Stemmarbeiten;
e) Kosten für Gerüstgestellung, Bergungsarbeiten oder Bereitstellung eines Provisoriums;
f) Kosten für Luftfracht

ersetzt.

10. Für versicherte Daten (§ 1 Nr. 2b) leistet der Versicherer Entschädigung in Höhe der notwendigen Kosten für deren Wiederbeschaffung; Nrn. 1 bis 9 und 11 bis 13 bleiben unberührt.

11. *Soweit nicht etwas anderes vereinbart ist,* leistet der Versicherer keine Entschädigung für

a) Kosten, die auch dann entstanden wären, wenn der Schaden nicht eingetreten wäre (z. B. für Wartung);
b) zusätzliche Kosten, die dadurch entstehen, daß anläßlich eines Versicherungsfalles Änderungen oder Verbesserungen vorgenommen werden;
c) Kosten, die nach Art oder Höhe in der Versicherungssumme nicht enthalten sind;
d) Mehrkosten durch behelfsmäßige oder vorläufige Wiederherstellung;
e) Vermögensschäden, insbesondere nicht für Vertragsstrafen, Schadenersatzleistungen an Dritte und Nutzungsausfall versicherter Sachen.

12. Ist bei Eintritt des Versicherungsfalles die Versicherungssumme für die versicherte Sache niedriger als der für diesen Zeitpunkt zu ermittelnde Versicherungswert (Unterversicherung), so wird nur der Teil des gemäß Nrn. 3 bis 8, 10 und 11 ermittelten Betrages ersetzt, der sich zu dem ganzen Betrag verhält wie die Versicherungssumme zum Versicherungswert.

13. Ist ein Versicherungswert gemäß § 4 Nr. 1a bis e vereinbart, so ist Grenze der Entschädigung die Versicherungssumme. Ist ein Versicherungswert gemäß § 4 Nr. 1f vereinbart, so ist Grenze der Entschädigung der Betrag, der sich zu dem Betrag gemäß § 4 Nr. 1a bis e verhält wie die Versicherungssumme zum Versicherungswert (§ 4 Nr. 1f).

§ 10 Obliegenheiten des Versicherungsnehmers im Versicherungsfall. – *Soweit nicht etwas anderes vereinbart ist, gilt:*
1. Der Versicherungsnehmer hat bei Eintritt eines Versicherungsfalles

a) den Schaden dem Versicherer unverzüglich schriftlich – darüber hinaus nach Möglichkeit auch fernmündlich oder fernschriftlich – anzuzeigen;

Schäden durch Diebstahl, Einbruchdiebstahl, Raub oder Plünderung hat er darüber hinaus unverzüglich der zuständigen Polizeidienststelle anzuzeigen und dort unverzüglich ein Verzeichnis der abhanden gekommenen Sachen einzureichen;

b) den Schaden nach Möglichkeit abzuwenden oder zu mindern und dabei die Weisungen des Versicherers zu befolgen; er hat, soweit die Umstände es gestatten, solche Weisungen einzuholen;

c) dem Versicherer auf dessen Verlangen im Rahmen des Zumutbaren jede Untersuchung über Ursache und Höhe des Schadens und über den Umfang seiner Entschädigungspflicht zu gestatten, jede hierzu dienliche Auskunft – auf Verlangen schriftlich – zu erteilen und die erforderlichen Belege beizubringen;

d) das Schadenbild bis zu einer Besichtigung durch den Versicherer unverändert zu lassen, es sei denn,
   aa) die Aufrechterhaltung des Betriebes oder Sicherheitsgründe erfordern einen Eingriff oder
   bb) die Eingriffe mindern voraussichtlich den Schaden oder
   cc) der Versicherer hat zugestimmt oder
   dd) die Besichtigung hat nicht unverzüglich, spätestens jedoch innerhalb von drei Arbeitstagen seit Eingang der ersten Schadenanzeige, stattgefunden;

der Versicherungsnehmer hat jedoch die beschädigten Teile bis zu einer Besichtigung durch den Versicherer aufzubewahren, wenn er aus Gründen gemäß aa) bis dd) das Schadenbild nicht unverändert läßt.

2. Verletzt der Versicherungsnehmer eine der vorstehenden Obliegenheiten, so ist der Versicherer nach Maßgabe der §§ 6 und 62 VVG von der Entschädigungspflicht frei. Dies gilt nicht, wenn nur die fernmündliche oder fernschriftliche Anzeige gemäß Nr. 1 a unterbleibt.

3. Hatte eine vorsätzliche Obliegenheitsverletzung Einfluß weder auf die Feststellung des Versicherungsfalls noch auf die Feststellung oder den Umfang der Entschädigung, so entfällt die Leistungsfreiheit gemäß Nr. 2, wenn die Verletzung nicht geeignet war, die Interessen des Versicherers ernsthaft zu beeinträchtigen, und wenn außerdem den Versicherungsnehmer kein erhebliches Verschulden trifft.

§ 11 Besondere Verwirkungsgründe. – *Soweit nicht etwas anderes vereinbart ist.* – 1. Versucht der Versicherungsnehmer, den Versicherer arglistig über Tatsachen zu täuschen, die für den Grund oder für die Höhe der Entschädigung von Bedeutung sind, so ist der Versicherer von der Entschädigungspflicht frei.

Ist eine Täuschung gemäß Abs. 1 durch rechtskräftiges Strafurteil wegen Betruges oder Betrugsversuchs festgestellt, so gelten die Voraussetzungen von Abs. 1 als bewiesen.

2. Wird der Anspruch auf die Entschädigung nicht innerhalb einer Frist von sechs Monaten gerichtlich geltend gemacht, nachdem ihn der Versicherer unter Angabe der mit dem Ablauf der Frist verbundenen Rechtsfolge schriftlich abgelehnt hat, so ist der Versicherer von der Entschädigungspflicht frei. Durch ein Sachverständigenverfahren (§ 12) wird der Ablauf der Frist für dessen Dauer gehemmt.

§ 12 Sachverständigenverfahren. 1. Versicherungsnehmer und Versicherer können nach Eintritt des Versicherungsfalles vereinbaren, daß die Höhe des Schadens durch Sachverständige festgestellt wird. Das Sachverständigenverfahren kann durch Vereinbarung auf sonstige tatsächliche Voraussetzungen des Entschädigungsanspruchs sowie der Höhe der Entschädigung ausgedehnt werden. Der Versicherungsnehmer kann ein Sachverständigenverfahren auch durch einseitige Erklärung gegenüber dem Versicherer verlangen.

2. Für das Sachverständigenverfahren gilt:

a) Jede Partei benennt schriftlich einen Sachverständigen und kann dann die andere unter Angabe des von ihr benannten Sachverständigen schriftlich auffordern, den zweiten Sachverständigen zu benennen. Wird der zweite Sachverständige nicht binnen zwei Wochen nach Empfang der Aufforderung benannt, so kann ihn die auffordernde Partei durch das für den Schadenort zuständige Amtsgericht ernennen lassen. In der Aufforderung ist auf diese Folge hinzuweisen.
b) Beide Sachverständige benennen schriftlich vor Beginn des Feststellungsverfahrens einen dritten Sachverständigen als Obmann. Einigen sie sich nicht, so wird der Obmann auf Antrag einer Partei durch das für den Schadenort zuständige Amtsgericht ernannt.
c) Der Versicherer darf als Sachverständige keine Personen benennen, die Mitbewerber des Versicherungsnehmers sind oder mit ihm in dauernder Geschäftsverbindung stehen, ferner keine Personen, die bei Mitbewerbern oder Geschäftspartnern angestellt sind oder mit ihnen in einem ähnlichen Verhältnis stehen.

Dies gilt entsprechend für die Benennung eines Obmannes durch die Sachverständigen.

3. Die Feststellungen der Sachverständigen müssen enthalten:
a) den Umfang der Beschädigungen und Zerstörungen;
b) die Kosten der Wiederherstellung oder Wiederbeschaffung (§ 9 Nr. 3);
c) den Versicherungswert (§ 4 Nr. 1) der beschädigten, zerstörten oder abhanden gekommenen Sachen;
d) den Zeitwert (§ 9 Nr. 6) in den Fällen gemäß § 9 Nr. 4;
e) den Wert des Altmaterials bzw. der Reste (§ 9 Nr. 3);
f) Kosten und Mehrkosten gemäß § 9 Nrn. 8, 10, 11;
g) Kosten, die gemäß § 9 Nr. 9 versichert sind.

4. Die Sachverständigen übermitteln beiden Parteien gleichzeitig ihre Feststellungen. Weichen die Feststellungen voneinander ab, so übergibt der Versicherer sie unverzüglich dem Obmann. Dieser entscheidet über die streitig gebliebenen Punkte innerhalb der durch die Feststellungen der Sachverständigen gezogenen Grenzen und übermittelt seine Entscheidung beiden Parteien gleichzeitig.

5. Jede Partei trägt die Kosten ihres Sachverständigen. Die Kosten des Obmannes tragen beide Parteien je zur Hälfte.

6. Die Feststellungen der Sachverständigen oder des Obmannes sind verbindlich, wenn nicht nachgewiesen wird, daß sie offenbar von der wirklichen Sachlage erheblich abweichen. Aufgrund dieser verbindlichen Feststellungen berechnet der Versicherer gemäß § 9 die Entschädigung.

7. Durch das Sachverständigenverfahren werden die Obliegenheiten des Versicherungsnehmers gemäß § 10 Nr. 1 nicht berührt.

§ 13 Zahlung der Entschädigung. 1. Ist die Leistungspflicht des Versicherers dem Grunde und der Höhe nach festgestellt, so hat die Auszahlung der Entschädigung binnen zwei Wochen zu erfolgen. Jedoch kann einen Monat nach Anzeige des Schadens als Abschlagszahlung der Betrag beansprucht werden, der nach Lage der Sache mindestens zu zahlen ist.

2. Die Entschädigung ist ab Fälligkeit mit 1 Prozent unter dem Diskontsatz der Deutschen Bundesbank zu verzinsen,

mindestens jedoch mit 4 Prozent und höchstens mit 6 Prozent pro Jahr, soweit nicht aus anderen Gründen ein höherer Zins zu entrichten ist *oder soweit nicht etwas anderes vereinbart* ist. Zinsen werden erst fällig, wenn die Entschädigung fällig ist.

3. Der Lauf der Fristen gemäß Nr. 1 ist gehemmt, solange infolge Verschuldens des Versicherungsnehmers die Entschädigung nicht ermittelt oder nicht gezahlt werden kann.

4. Für die Zahlung des über den Zeitwert (§ 9 Nr. 6) hinausgehenden Teils der Entschädigung ist der Zeitpunkt maßgebend, in dem der Versicherungsnehmer den Eintritt der Voraussetzungen von § 9 Nr. 7 dem Versicherer nachgewiesen hat.

Zinsen für den Betrag gemäß Abs. 1 werden erst fällig, wenn die dort genannten Voraussetzungen der Entschädigung festgestellt sind.

5. Der Versicherer kann die Zahlung aufschieben,

a) solange Zweifel an der Empfangsberechtigung des Versicherungsnehmers bestehen;
b) wenn gegen den Versicherungsnehmer oder einen seiner Repräsentanten aus Anlaß des Versicherungsfalles ein behördliches oder strafgerichtliches Verfahren aus Gründen eingeleitet worden ist, die auch für den Entschädigungsanspruch rechtserheblich sind, bis zum rechtskräftigen Abschluß dieses Verfahrens.

6. Der Entschädigungsanspruch kann vor Fälligkeit nur mit Zustimmung des Versicherers abgetreten werden. Die Zustimmung muß erteilt werden, wenn der Versicherungsnehmer sie aus wichtigem Grund verlangt.

§ 14 Wiederherbeigeschaffte Sachen. 1. Wird der Verbleib abhanden gekommener Sachen (§ 2 Nr. 1) ermittelt, so hat der Versicherungsnehmer dies dem Versicherer unverzüglich schriftlich anzuzeigen.

2. Hat der Versicherungsnehmer den Besitz einer abhanden gekommenen Sache (§ 2 Nr. 1) zurückerlangt, nachdem für diese Sache eine Entschädigung gezahlt worden ist, so hat der Versicherungsnehmer die Entschädigung zurückzuzahlen oder die Sache dem Versicherer zur Verfügung zu stellen. Der Versicherungsnehmer hat dieses Wahlrecht innerhalb von zwei Wochen nach Empfang einer schriftlichen Aufforderung des Versi-

cherers auszuüben; nach fruchtlosem Ablauf dieser Frist geht das Wahlrecht auf den Versicherer über.

Dem Besitz einer zurückerlangten Sache steht es gleich, wenn der Versicherungsnehmer die Möglichkeit hat, sich den Besitz wieder zu verschaffen.

§ 15 Rechtsverhältnis nach dem Versicherungsfall. 1. Die Versicherungssummen vermindern sich nicht dadurch, daß eine Entschädigung geleistet wird.

2. Nach dem Eintritt eines Versicherungsfalles kann der Versicherer oder der Versicherungsnehmer den Versicherungsvertrag kündigen.

Die Kündigung ist schriftlich zu erklären. Sie muß spätestens einen Monat nach Auszahlung der Entschädigung zugehen. Der Zahlung steht es gleich, wenn die Entschädigung aus Gründen abgelehnt wird, die den Eintritt des Versicherungsfalles unberührt lassen.

Die Kündigung wird einen Monat nach ihrem Zugang wirksam. Der Versicherungsnehmer kann bestimmen, daß seine Kündigung sofort oder zu einem anderen Zeitpunkt wirksam wird, jedoch spätestens zum Schluß des laufenden Versicherungsjahres.

§ 16 Schriftliche Form; Zurückweisung von Kündigungen. 1. Anzeigen und Erklärungen bedürfen der Schriftform.

2. Ist eine Kündigung des Versicherungsnehmers unwirksam, ohne daß dies auf Vorsatz oder grober Fahrlässigkeit beruht, so wird die Kündigung wirksam, falls der Versicherer sie nicht unverzüglich zurückweist.

§ 17 Agentenvollmacht. Ein Agent des Versicherers ist nur dann bevollmächtigt, Anzeigen und Erklärungen des Versicherungsnehmers entgegenzunehmen, wenn er den Versicherungsvertrag vermittelt hat oder laufend betreut.

§ 18 Schlußbestimmung. 1. Soweit nicht in den Versicherungsbedingungen Abweichendes bestimmt ist, gelten die gesetzlichen Vorschriften.

2. Ein Auszug aus dem Gesetz über den Versicherungsvertrag (VVG), der insbesondere die in den ABE erwähnten Bestimmungen enthält, ist dem Bedingungstext beigefügt.

Musterbedingungen des Deutschen Transport-Versicherungsverbandes e. V.

25. Allgemeine Bedingungen für die Reise-Rücktrittskosten-Versicherung (ABRV 1994)

(Unverbindliche Verbandsempfehlung. Andere Bedingungen können vereinbart werden. – Fassung: Dezember 1994)

Übersicht[1]

	§§
Versicherungsumfang	1
Ausschlüsse	2
Gefahrumstände bei Vertragsabschluß und Gefahrerhöhung	2 A
Prämie, Beginn und Ende der Haftung	2 B
Versicherungswert, Versicherungssumme, Selbstbehalt	3
Überversicherung, Doppelversicherung	3 A
Obliegenheiten des Versicherungsnehmers/Versicherten im Versicherungsfall	4
Zahlung der Entschädigung	5
Gerichtsstand	6
Schlußbestimmung	7
Sonderbedingungen zu den ABRV für gemietete Ferienwohnungen	

§ 1 Versicherungsumfang. 1. Der Versicherer leistet Entschädigung:
a) bei Nichtantritt der Reise für die dem Reiseunternehmen oder einem anderen vom Versicherten vertraglich geschuldeten Rücktrittskosten;
b) bei Abbruch der Reise für die nachweislich entstandenen zusätzlichen Rückreisekosten und die hierdurch unmittelbar verursachten sonstigen Mehrkosten des Versicherten, vorausgesetzt, daß An- und Abreise in dem versicherten Arran-

---
[1] Die Inhaltsübersicht wurde vom Herausgeber eingefügt.

gement enthalten sind; dies gilt auch im Falle nachträglicher Rückkehr.

Bei Erstattung dieser Kosten wird in bezug auf Art und Klasse des Transportmittels, der Unterkunft und Verpflegung auf die durch die Reise gebuchte Qualität abgestellt. Wenn abweichend von der gebuchten Reise die Rückreise mit Flugzeug erforderlich wird, werden nur die Kosten für einen Sitzplatz in der einfachsten Flugzeugklasse ersetzt.

Soweit nicht etwas anderes vereinbart ist, sind nicht gedeckt Heilkosten, Kosten für Begleitpersonen sowie Kosten für die Überführung eines verstorbenen Versicherten.

2. Der Versicherer ist im Umfang von Ziffer 1 leistungspflichtig, wenn infolge eines der nachstehend genannten wichtigen Gründe entweder die Reiseunfähigkeit des Versicherten nach allgemeiner Lebenserfahrung zu erwarten ist oder ihm der Antritt der Reise oder deren planmäßige Beendigung nicht zugemutet werden kann:

a) Tod, schwerer Unfall oder unerwartete schwere Erkrankung des Versicherten, seines Ehegatten, seiner Kinder, Eltern, Geschwister, Großeltern, Enkel, Schwiegereltern, Schwiegerkinder oder, wenn die Reise für 2 Personen gemeinsam gebucht wurde, der zweiten Person, vorausgesetzt, daß diese gleichfalls versichert ist;
b) Impfunverträglichkeit des Versicherten oder, im Falle gemeinsamer Reise, seines Ehegatten, der minderjährigen Kinder oder Geschwister des Versicherten oder der Eltern eines minderjährigen Versicherten, sofern der Angehörige ebenfalls versichert ist;
c) Schwangerschaft einer Versicherten oder, im Falle gemeinsamer Reise, des versicherten Ehegatten oder der versicherten Mutter eines minderjährigen Versicherten;
d) Schaden am Eigentum des Versicherten oder, im Falle gemeinsamer Reise, eines des in Ziffer 2b) genannten versicherten Angehörigen der Versicherten infolge von Feuer, Elementarereignis oder vorsätzlicher Straftat eines Dritten, sofern der Schaden im Verhältnis zu der wirtschaftlichen Lage und dem Vermögen des Geschädigten erheblich oder sofern zur Schadenfeststellung seine Anwesenheit notwendig ist.

Reise-RücktrittskostenVers §§ 2–2 B **ABRV 25**

§ 2 Ausschlüsse. 1. Der Versicherer haftet, *soweit nicht etwas anderes vereinbart ist,* nicht:

a) bei Tod, Unfall oder Krankheit von Angehörigen, die das ... Lebensjahr vollendet haben;
b) für die Gefahren des Krieges, Bürgerkrieges oder kriegsähnlicher Ereignisse und solche, die sich unabhängig vom Kriegszustand aus der feindlichen Verwendung von Kriegswerkzeugen sowie aus dem Vorhandensein von Kriegswerkzeugen als Folge einer dieser Gefahren ergeben, politische Gewalthandlungen, Aufruhr, sonstige bürgerliche Unruhen und Kernenergie.

2. Der Versicherer ist von der Verpflichtung zur Leistung frei, *soweit nicht etwas anderes bestimmt ist,* wenn für den Versicherungsnehmer/Versicherten der Versicherungsfall bei Abschluß der Versicherung voraussehbar war oder der Versicherungsnehmer/Versicherte ihn vorsätzlich oder grobfahrlässig herbeigeführt hat.

§ 2 A Gefahrumstände bei Vertragsabschluß und Gefahrerhöhung. *Soweit nicht etwas anderes vereinbart ist,* gilt: 1. Der Versicherungsnehmer hat alle Antragsfragen wahrheitsgemäß zu beantworten. Bei schuldhafter Verletzung dieser Obliegenheit kann der Versicherer nach Maßgabe der §§ 16 bis 21 VVG vom Vertrag zurücktreten und leistungsfrei sein oder den Versicherungsvertrag § 22 VVG anfechten.

2. Eine Gefahrerhöhung ist dem Versicherer unverzüglich schriftlich anzuzeigen. Bei einer Gefahrerhöhung kann der Versicherer aufgrund der §§ 23 bis 30 VVG zur Kündigung berechtigt oder auch leistungsfrei sein.

3. Eine Gefahrerhöhung nach Antragstellung liegt insbesondere vor, wenn sich ein Umstand ändert, nach dem im Antrag gefragt worden ist.

§ 2 B Prämie, Beginn und Ende der Haftung. 1. Der Versicherungsnehmer hat die erste Prämie (Beitrag) bei Aushändigung des Versicherungsscheines oder im Fall des Vertragsschlusses gemäß §§ 5 oder 5a VVG nach Ablauf der Widerspruchsfrist zu zahlen, Folgeprämien am Ersten des Monats, in dem ein neues Versicherungsjahr beginnt.

Die Folgen nicht rechtzeitiger Zahlung der ersten Prämie

oder der ersten Rate der ersten Prämie ergeben sich aus § 38 VVG; im übrigen gilt § 39 VVG. Der Versicherer ist bei Verzug berechtigt, Ersatz des Verzugsschadens nach § 286 BGB sowie Verzugszinsen nach § 288 BGB oder § 352 HGB zu fordern. Rückständige Folgeprämien dürfen nur innerhalb eines Jahres seit Ablauf der nach § 39 VVG für sie gesetzten Zahlungsfrist eingezogen werden.

2. Ist Ratenzahlung vereinbart, so gelten ausstehende Raten als gestundet. Sie werden sofort fällig, wenn der Versicherungsnehmer in Verzug gerät oder soweit eine Entschädigung fällig ist.

3. Die Haftung des Versicherers beginnt zum vereinbarten Zeitpunkt, und zwar auch dann, wenn zur Prämienzahlung erst später aufgefordert, die Prämie aber ohne Verzug gezahlt wird. Ist dem Versicherungsnehmer bei Antragstellung bekannt, daß ein Versicherungsfall bereits eingetreten ist, so entfällt dafür die Haftung.

4. Versicherungsverträge von mindestens einjähriger Dauer verlängern sich von Jahr zu Jahr, wenn sie nicht spätestens drei Monate vor Ablauf durch eine Partei schriftlich gekündigt werden. Ein Versicherungsverhältnis, das für eine Dauer von mehr als fünf Jahren eingegangen ist, kann zum Ende des fünften oder jedes darauffolgenden Jahres unter Einhaltung einer Frist von drei Monaten gekündigt werden.

5. Endet das Versicherungsverhältnis vor Ablauf der Vertragszeit oder wird es rückwirkend aufgehoben oder ist es von Anfang an ungültig, so gebührt dem Versicherer die Prämie oder die Geschäftsgebühr gemäß dem Versicherungsvertragsgesetz (z. B. §§ 40, 68 VVG).

Kündigt nach Eintritt eines Versicherungsfalles (§ 13) der Versicherungsnehmer, so hat der Versicherer Anspruch auf die Prämie für das laufende Versicherungsjahr. Kündigt der Versicherer, so hat er die Prämie für das laufende Versicherungsjahr nach dem Verhältnis der noch nicht abgelaufenen zu der gesamten Zeit des Versicherungsjahres zurückzuzahlen.

§ 3 Versicherungswert, Versicherungssumme, Selbstbehalt.

1. Die Versicherungssumme soll dem vollen ausgeschriebenen Reisepreis (Versicherungswert) entsprechen. Kosten für darin nicht enthaltene Leistungen (z. B. für Zusatzprogramme)

sind mitversichert, wenn sie bei der Höhe der Versicherungssumme berücksichtigt wurden.

Der Versicherer haftet bis zur Höhe der Versicherungssumme abzüglich Selbstbehalt: Sollten die nachweislich entstandenen zusätzlichen Rückreisekosten den Versicherungswert übersteigen, so ersetzt der Versicherer auch den über den Versicherungswert hinausgehenden Betrag abzüglich Selbstbehalt.

2. Bei jedem Versicherungsfall trägt der Versicherte den im Versicherungsvertrag je Person vereinbarten Selbstbehalt.

Wird der Versicherungsfall durch Krankheit ausgelöst, so trägt der Versicherte den im Versicherungsschein je Person hierfür vereinbarten Selbstbehalt.

§ 3 A Überversicherung, Doppelversicherung. 1. Übersteigt die Versicherungssumme den Wert der versicherten Sachen erheblich, so kann der Versicherungsnehmer als auch der Versicherer nach Maßgabe des § 51 VVG die Herabsetzung der Versicherungssumme und der Prämie verlangen.

2. Im Falle einer Doppelversicherung gelten §§ 59 und 60 VVG.

§ 4 Obliegenheiten des Versicherungsnehmers/Versicherten im Versicherungsfall. 1. Der Versicherungsnehmer/Versicherte ist verpflichtet:
a) dem Versicherer den Eintritt des Versicherungsfalles unverzüglich mitzuteilen und gleichzeitig die Reise bei der Buchungsstelle oder im Falle der schon angetretenen Reise beim Reiseveranstalter zu stornieren;
b) dem Versicherer jede gewünschte sachdienliche Auskunft zu erteilen und ihm alle erforderlichen Beweismittel von sich aus zur Verfügung zu stellen, insbesondere ärztliche Atteste über Krankheiten, Unfälle, Impfunverträglichkeit bzw. Schwangerschaft im Sinne von § 1 Ziffer 2 unter Beifügung der Buchungsunterlagen einzureichen;
c) auf Verlangen des Versicherers die Ärzte von der Schweigepflicht in bezug auf den Versicherungsfall zu entbinden, soweit diesem Verlangen rechtswirksam nachgekommen werden kann.

2. Verletzt der Versicherungsnehmer/Versicherte eine der vorstehenden Obliegenheiten, so ist der Versicherer, *soweit nicht*

etwas anderes vereinbart ist, von der Verpflichtung zur Leistung frei, es sei denn, daß die Verletzung weder auf Vorsatz noch auf grober Fahrlässigkeit beruht. Bei grobfahrlässiger Verletzung bleibt der Versicherer insoweit verpflichtet, als die Verletzung weder Einfluß auf die Feststellung des Versicherungsfalles noch auf die Feststellung oder den Umfang der dem Versicherer obliegenden Leistung gehabt hat.

§ 5 Zahlung der Entschädigung. 1. Ist die Leistungspflicht des Versicherers dem Grunde und der Höhe nach festgestellt, so hat die Auszahlung der Entschädigung binnen zwei Wochen zu erfolgen.

2. Der Versicherer ist von der Verpflichtung zur Leistung frei, wenn der Anspruch auf die Leistung nicht innerhalb von sechs Monaten gerichtlich geltend gemacht wird. Die Frist beginnt erst, nachdem der Versicherer dem Versicherungsnehmer gegenüber den erhobenen Anspruch unter Angabe der mit dem Ablauf der Frist verbundenen Rechtsfolge schriftlich abgelehnt hat.

3. Die Bestimmung des § 12 Abs. 1 und 2 VVG bleibt unberührt.

§ 6 Gerichtsstand. Für Klagen aus dem Versicherungsverhältnis gelten die inländischen Gerichtsstände gemäß §§ 17, 21, 29 ZPO und § 48 VVG.

§ 7 Schlußbestimmung. Soweit nicht in den Versicherungsbedingungen etwas anderes bestimmt ist, gelten die gesetzlichen Vorschriften. Dies gilt insbesondere für die im Anhang aufgeführten Gesetzesbestimmungen, die nach Maßgabe der Versicherungsbedingungen Inhalt des Versicherungsvertrages sind.

Sonderbedingungen zu den ABRV, für gemietete Ferienwohnungen

Sofern die Versicherung bei Abschluß von Mietverträgen für Ferienwohnungen, Ferienhäuser oder Ferienappartements in Hotels genommen wird, erhält § 1 Ziffer 1 der Allgemeinen Bedingungen für die Reise-Rücktrittskosten-Versicherung (ABRV) folgende Fassung:

Reise-Rücktrittskosten-Vers § 7 **ABRV 25**

Der Versicherer leistet Entschädigung:
a) Bei Nichtbenutzung der Ferienwohnung, des Ferienhauses oder Ferienappartements im Hotel aus einem der in § 1 Ziffer 2 ABRV genannten wichtigen Gründe für die dem Vermieter oder einem anderen vom Versicherten vertraglich geschuldeten Rücktrittskosten:
b) Bei vorzeitiger Aufgabe der Ferienwohnung, des Ferienhauses oder des Ferienappartements im Hotel aus einem der in § 1 Ziffer 2 ABRV genannten wichtigen Grunde für den nicht abgewohnten Teil der Mietkosten, falls eine Weitervermietung nicht gelungen ist:

Die übrigen Bestimmungen der ABRV gelten sinngemäß.

26. Allgemeine Bedingungen für die Versicherung von Reisegepäck (AVB Reisegepäck 1992/Fassung 1995)

(Unverbindliche Verbandsempfehlung. Andere Bedingungen können vereinbart werden. – Fassung: April 1995)

Übersicht[1]

	§§
Versicherte Sachen und Personen	1
Versicherte Gefahren und Schäden	2
Ausschlüsse	3
Begrenzt ersatzpflichtige Schäden	4
Versicherungsschutz in Kraftfahrzeugen und Wassersportfahrzeugen	5
Gefahrumstände bei Vertragsabschluß und Gefahrerhöhung	5A
Beginn und Ende des Versicherungsschutzes, Geltungsbereich	6
Versicherungswert, Versicherungssumme	7
Prämie, Beginn und Ende der Haftung	8
Entschädigung, Unterversicherung	9
Überversicherung, Doppelversicherung	9A
Obliegenheiten	10
Besondere Verwirkungsgründe	11
Zahlung der Entschädigung	12
Kündigung im Schadenfall	13
Gerichtsstand	14
Schlußbestimmung	15

§ 1 Versicherte Sachen und Personen. 1. Versichert ist das gesamte Reisegepäck des Versicherungsnehmers, seiner mitreisenden Familienangehörigen sowie seines namentlich im Versicherungsschein aufgeführten Lebensgefährten und dessen Kinder, soweit diese Personen mit dem Versicherungsnehmer in häuslicher Gemeinschaft leben.

Für Reisen, die mit dem Versicherungsnehmer in häuslicher Gemeinschaft lebende Personen gem. Satz 1 getrennt oder allein

---
[1] Die Inhaltsübersicht wurde vom Herausgeber eingefügt.

unternehmen, besteht Versicherungsschutz nur, wenn dies besonders vereinbart ist.

2. Als Reisegepäck gelten sämtliche Sachen des persönlichen Reisebedarfs, die während einer Reise mitgeführt, am Körper oder an der Kleidung getragen oder durch ein übliches Transportmittel befördert werden. Als Reisegepäck gelten auch Geschenke und Reiseandenken, die auf der Reise erworben werden. Gegenstände, die üblicherweise nur zu beruflichen Zwekken mitgeführt werden, sind nur gemäß besonderer Vereinbarung versichert.

Sachen, die dauernd außerhalb des Hauptwohnsitzes der Versicherten aufbewahrt werden (z. B. in Zweitwohnungen, Booten, Campingwagen), gelten nur als Reisegepäck, solange sie von dort aus zu Fahrten, Gängen oder Reisen mitgenommen werden.

3. *Soweit nicht etwas anderes vereinbart ist,* sind

- Falt- und Schlauchboote sowie andere Sportgeräte, jeweils mit Zubehör, nur versichert, solange sie sich nicht in bestimmungsgemäßem Gebrauch befinden;
- Außenbordmotore stets ausgeschlossen.

4. Pelze, Schmucksachen, Gegenstände aus Edelmetall sowie Foto-, Filmapparate und tragbare Videosysteme, jeweils mit Zubehör, sind – unbeschadet der Entschädigungsgrenze in § 4 Nr. 1 – *soweit nicht etwas anderes vereinbart ist,* nur versichert, solange sie

a) bestimmungsgemäß getragen bzw. benutzt werden oder
b) in persönlichem Gewahrsam sicher verwahrt mitgeführt werden
oder
c) einem Beherbergungsbetrieb zur Aufbewahrung übergeben sind
oder
d) sich in einem ordnungsgemäß verschlossenen Raum eines Gebäudes, eines Passagierschiffes oder in einer bewachten Garderobe befinden; Schmucksachen und Gegenstände aus Edelmetall jedoch nur, solange sie außerdem in einem verschlossenem Behältnis untergebracht sind, das erhöhte Sicherheit auch gegen die Wegnahme des Behältnisses selbst bietet.

Pelze, Foto-, Filmapparate und tragbare Videosysteme jeweils mit Zubehör sind auch dann versichert, wenn sie in ordnungsgemäß verschlossenen, nicht einsehbaren Behältnissen einem Beförderungsunternehmen oder einer Gepäckaufbewahrung übergeben sind.

5. *Soweit nicht etwas anderes vereinbart ist,* sind nicht versichert:

Geld, Wertpapiere, Fahrkarten, Urkunden und Dokumente aller Art, Gegenstände mit überwiegendem Kunst- oder Liebhaberwert, Kontaktlinsen, Prothesen jeder Art, sowie Land-, Luft- und Wasserfahrzeuge jeweils mit Zubehör, einschließlich Fahrräder, Hängegleiter und Segelsurfgeräte (Falt- und Schlauchboote s. aber Nr. 3). Ausweispapiere (§ 9 Nr. 1 d) sind jedoch versichert.

§ 2 Versicherte Gefahren und Schäden. Versicherungsschutz besteht

1. wenn versicherte Sachen abhandenkommen, zerstört oder beschädigt werden, während sich das Reisegepäck im Gewahrsam eines Beförderungsunternehmens, Beherbergungsbetriebs, Gepäckträgers oder einer Gepäckaufbewahrung befindet.

2. während der übrigen Reisezeit für die in Nr. 1 genannten Schäden durch

a) Diebstahl, Einbruchdiebstahl, Raub, räuberische Erpressung, Mut- oder Böswilligkeit Dritter (vorsätzliche Sachbeschädigung);

b) Verlieren – hierzu zählen, *soweit nicht etwas anderes vereinbart ist,* Liegen-, Stehen- oder Hängenlassen – bis zur Entschädigungsgrenze in § 4 Nr. 2;

c) Transportmittelunfall oder Unfall eines Versicherten;

d) bestimmungswidrig einwirkendes Wasser, einschließlich Regen und Schnee;

e) Sturm, Brand, Blitzschlag oder Explosion;

f) höhere Gewalt.

3. wenn Reisegepäck nicht fristgerecht ausgeliefert wird (den Bestimmungsort nicht am selben Tage wie der Versicherte erreicht).

Ersetzt werden die nachgewiesenen Aufwendungen für Ersatzkäufe bis zu dem vereinbarten Prozentsatz der Versicherungssumme maximal mit dem vereinbarten Höchstbetrag je Versicherungsfall.

§ 3 Ausschlüsse. *Soweit nicht etwas anderes vereinbart ist,*

1. sind ausgeschlossen folgende Gefahren:
a) des Krieges, Bürgerkrieges, kriegsähnlicher Ereignisse oder innerer Unruhen;
b) der Kernenergie;
c) der Beschlagnahme, Entziehung oder sonstiger Eingriffe von hoher Hand.

2. leistet der Versicherer keinen Ersatz für Schäden, die
a) verursacht werden durch die natürliche oder mangelhafte Beschaffenheit der versicherten Sachen, Abnutzung oder Verschleiß;
b) während des Zeltens oder Campings innerhalb des hierfür benutzten Geländes eintreten, es sei denn, daß hierüber eine besondere Vereinbarung besteht.

§ 4 Begrenzt ersatzpflichtige Schäden. 1. Schäden an Pelzen, Schmucksachen und Gegenständen aus Edelmetall sowie an Foto-, Filmapparaten und tragbaren Videosystemen jeweils mit Zubehör (§ 1 Nr. 4) werden je Versicherungsfall insgesamt maximal mit dem vereinbarten Prozentsatz der Versicherungssumme ersetzt. § 5 Nr. 1d) und Nr. 2 Satz 2 bleiben unberührt.

2. Schäden
a) durch Verlieren (§ 2 Nr. 2b),
b) an Geschenken und Reiseandenken, die auf der Reise erworben wurden,

werden jeweils insgesamt mit dem im Versicherungsvertrag vereinbarten Prozentsatz der Versicherungssumme, maximal mit dem vereinbarten Höchstbetrag je Versicherungsfall ersetzt.

§ 5 Versicherungsschutz in Kraftfahrzeugen und Wassersportfahrzeugen

1. a) *Sofern nicht etwas anderes vereinbart ist,* besteht Versicherungsschutz gegen Diebstahl oder Einbruchdiebstahl aus unbeaufsichtigt abgestellten Kraftfahrzeugen oder Anhängern

nur, soweit sich das Reisegepäck in einem fest umschlossenen und durch Verschluß gesicherten Innen- oder Kofferraum befindet.
b) Der Versicherer haftet – *soweit nicht etwas anderes vereinbart ist* – im Rahmen der Versicherungssumme in voller Höhe nur, wenn nachweislich
  aa) der Schaden tagsüber eingetreten ist. Als Tageszeit gilt allgemein die Zeit zwischen 6.00 Uhr und 22.00 Uhr.
  bb) das Kraftfahrzeug oder der Anhänger in einer abgeschlossenen Garage – Parkhäuser oder Tiefgaragen, die zur allgemeinen Benutzung offen stehen, genügen nicht – abgestellt war oder
  cc) der Schaden während einer Fahrtunterbrechung von nicht länger als der im Versicherungsvertrag vereinbarten Dauer eingetreten ist.
c) Kann der Versicherungsnehmer keine der unter b) genannten Voraussetzungen nachweisen, so ist die Entschädigung je Versicherungsfall mit dem im Versicherungsvertrag vereinbarten Höchstbetrag begrenzt.
d) *Soweit nicht etwas anderes vereinbart ist,* sind in unbeaufsichtigt abgestellten Kraftfahrzeugen oder Anhängern Pelze, Schmucksachen und Gegenstände aus Edelmetall sowie Foto-, Filmapparate und tragbare Videosysteme jeweils mit Zubehör nicht versichert.

2. *Sofern nicht etwas anderes vereinbart ist,* besteht Versicherungsschutz im unbeaufsichtigten Wassersportfahrzeug gegen Diebstahl, Einbruchdiebstahl sowie Mut- und Böswilligkeit Dritter (vorsätzliche Sachbeschädigung) nur, solange sich die Sachen in einem fest umschlossenen und durch Sicherheitsschloß gesicherten Innenraum (Kajüte, Backkiste o. ä.) des Wassersportfahrzeuges befinden. Pelze, Schmucksachen, Gegenstände aus Edelmetall sowie Foto-, Filmapparate und tragbare Videosysteme jeweils mit Zubehör, sind – *soweit nicht etwas anderes vereinbart ist* – im unbeaufsichtigten Wassersportfahrzeug nicht versichert.

3. Als Beaufsichtigung gilt nur die ständige Anwesenheit eines Versicherten oder einer von ihm beauftragten Vertrauensperson beim zu sichernden Objekt, nicht jedoch z. B. die Bewachung eines zur allgemeinen Benutzung offenstehenden Platzes o. ä.

ReisegepäckVers §§ 5 A, 6 **AVBR 26**

4. Verletzt der Versicherungsnehmer oder Versicherte eine der vorstehenden Obliegenheiten, so ist der Versicherer, *soweit nicht etwas anderes vereinbart ist,* nach Maßgabe des § 6 Abs. 1 und Abs. 2 WG zur Kündigung berechtigt oder auch leistungsfrei.

§ 5 A Gefahrumstände bei Vertragsabschluß und Gefahrerhöhung. *Soweit nicht etwas anderes vereinbart ist,* gilt: 1. Der Versicherungsnehmer hat alle Antragsfragen wahrheitsgemäß zu beantworten. Bei schuldhafter Verletzung dieser Obliegenheit kann der Versicherer nach Maßgabe der §§ 16 bis 21 VVG vom Vertrag zurücktreten und leistungsfrei sein oder den Versicherungsvertrag nach § 22 VVG anfechten.

2. Eine Gefahrerhöhung ist dem Versicherer unverzüglich schriftlich anzuzeigen. Bei einer Gefahrerhöhung kann der Versicherer aufgrund der §§ 23 bis 30 VVG zur Kündigung berechtigt oder auch leistungsfrei sein.

3. Eine Gefahrerhöhung nach Antragstellung liegt insbesondere vor, wenn sich ein Umstand ändert, nach dem im Antrag gefragt worden ist.

§ 6 Beginn und Ende des Versicherungsschutzes, Geltungsbereich. 1. Innerhalb der vereinbarten Laufzeit des Vertrages beginnt der Versicherungsschutz mit dem Zeitpunkt, an dem zum Zwecke des unverzüglichen Antritts der Reise versicherte Sachen aus der ständigen Wohnung des Versicherten entfernt werden, und endet, sobald die versicherten Sachen dort wieder eintreffen. Wird bei Reisen im Kraftfahrzeug das Reisegepäck nicht unverzüglich nach der Ankunft vor der ständigen Wohnung entladen, so endet der Versicherungsschutz bereits mit dieser Ankunft.

2. Bei Versicherungsverträgen von weniger als einjähriger Dauer verlängert sich der Versicherungsschutz über die vereinbarte Laufzeit hinaus bis zum Ende der Reise, wenn sich diese aus vom Versicherten nicht zu vertretenden Gründen verzögert und der Versicherte nicht in der Lage ist, eine Verlängerung zu beantragen.

3. Die Versicherung gilt für den vereinbarten Bereich.

4. Fahrten, Gänge und Aufenthalte innerhalb des ständigen Wohnorts des Versicherten gelten nicht als Reisen.

§ 7 Versicherungswert, Versicherungssumme. 1. Die Versicherungssumme soll dem Versicherungswert des gesamten versicherten Reisegepäcks gemäß § 1 entsprechen. Auf der Reise erworbene Geschenke und Reiseandenken bleiben unberücksichtigt.

2. Als Versicherungswert gilt derjenige Betrag, der allgemein erforderlich ist, um neue Sachen gleicher Art und Güte am ständigen Wohnort des Versicherten anzuschaffen, abzüglich eines dem Zustand der versicherten Sachen (Alter, Abnutzung, Gebrauch etc.) entsprechenden Betrages (Zeitwert).

§ 8 Prämie, Beginn und Ende der Haftung. 1. Der Versicherungsnehmer hat die erste Prämie (Beitrag) bei Aushändigung des Versicherungsscheines oder im Fall des Vertragsschlusses gemäß §§ 5 oder 5a VVG nach Ablauf der Widerspruchsfrist zu zahlen, Folgeprämien am Ersten des Monats, in dem ein neues Versicherungsjahr beginnt.

Die Folgen nicht rechtzeitiger Zahlung der ersten Prämie oder der ersten Rate der ersten Prämie ergeben sich aus § 38 VVG; im übrigen gilt § 39 VVG. Der Versicherer ist bezug berechtigt, Ersatz des Verzugsschadens nach § 286 BGB sowie Verzugszinsen nach § 288 BGB oder § 352 HGB zu fordern. Rückständige Folgeprämien dürfen nur innerhalb eines Jahres seit Ablauf der nach § 39 VVG für sie gesetzten Zahlungsfrist eingezogen werden.

2. Ist Ratenzahlung vereinbart, so gelten ausstehende Raten als gestundet. Sie werden sofort fällig, wenn der Versicherungsnehmer in Verzug gerät oder soweit eine Entschädigung fällig ist.

3. Die Haftung des Versicherers beginnt zum vereinbarten Zeitpunkt, und zwar auch dann, wenn zur Prämienzahlung erst später aufgefordert, die Prämie aber ohne Verzug gezahlt wird. Ist dem Versicherungsnehmer bei Antragstellung bekannt, daß ein Versicherungsfall bereits eingetreten ist, so entfällt dafür die Haftung.

4. Versicherungsverträge von mindestens einjähriger Dauer verlängern sich von Jahr zu Jahr, wenn sie nicht spätestens drei Monate vor Ablauf durch eine Partei schriftlich gekündigt werden. Ein Versicherungsverhältnis, das für eine Dauer von mehr als fünf Jahren eingegangen ist, kann zum Ende des fünften oder

jedes darauffolgenden Jahres unter Einhaltung einer Frist von drei Monaten gekündigt werden.

5. Endet das Versicherungsverhältnis vor Ablauf der Vertragszeit oder wird es rückwirkend aufgehoben oder ist es von Anfang an ungültig, so gebührt dem Versicherer die Prämie oder die Geschäftsgebühr gemäß dem Versicherungsvertragsgesetz (z. B. §§ 40, 68 VVG).

Kündigt nach Eintritt eines Versicherungsfalles (§ 13) der Versicherungsnehmer, so hat der Versicherer Anspruch auf die Prämie für das laufende Versicherungsjahr. Kündigt der Versicherer, so hat er die Prämie für das laufende Versicherungsjahr nach dem Verhältnis der noch nicht abgelaufenen zu der gesamten Zeit des Versicherungsjahres zurückzuzahlen.

§ 9 Entschädigung, Unterversicherung. 1. *Sofern nichts anderes vereinbart ist,* ersetzt der Versicherer

a) für zerstörte oder abhandengekommene Sachen ihren Versicherungswert zur Zeit des Schadenseintritts;
b) für beschädigte reparaturfähige Sachen die notwendigen Reparaturkosten und gegebenenfalls eine bleibende Wertminderung, höchstens jedoch den Versicherungswert;
c) für Filme, Bild-, Ton- und Datenträger nur den Materialwert;
d) für die Wiederbeschaffung von Personal-Ausweisen, Reisepässen, Kraftfahrzeug-Papieren und sonstigen Ausweispapieren die amtlichen Gebühren.

2. *Sofern nichts anderes vereinbart ist,* werden Vermögensfolgeschäden nicht ersetzt.

3. Ist die Versicherungssumme gemäß § 7 bei Eintritt des Versicherungsfalles niedriger als der Versicherungswert (Unterversicherung), so haftet der Versicherer, sofern nichts anderes vereinbart ist, nur nach dem Verhältnis der Versicherungssumme zum Versicherungswert.

§ 9 A Überversicherung, Doppelversicherung. 1. Übersteigt die Versicherungssumme den Wert der versicherten Sachen erheblich, so kann der Versicherungsnehmer als auch der Versicherer nach Maßgabe des § 51 VVG die Herabsetzung der Versicherungssumme und der Prämie verlangen.

2. Im Falle einer Doppelversicherung gelten §§ 59 und 60 VVG.

§ 10 Obliegenheiten. 1. Der Versicherungsnehmer oder Versicherte hat

a) jeden Schadenfall unverzüglich dem Versicherer anzuzeigen;
b) Schäden nach Möglichkeit abzuwenden und zu mindern, insbesondere Ersatzansprüche gegen Dritte (z. B. Bahn, Post, Reederei, Fluggesellschaft, Gastwirt) form- und fristgerecht geltend zu machen oder auf andere Weise sicherzustellen und Weisungen des Versicherers zu beachten;
c) alles zu tun, was zur Aufklärung des Tatbestandes dienlich sein kann. Er hat alle Belege, die den Entschädigungsanspruch nach Grund und Höhe beweisen, einzureichen, soweit ihre Beschaffung ihm billigerweise zugemutet werden kann, und auf Verlangen ein Verzeichnis über alle bei Eintritt des Schadens gemäß § 1 versicherten Sachen vorzulegen.

2. Schäden, die im Gewahrsam eines Beförderungsunternehmens (einschließlich Schäden durch nicht fristgerechte Auslieferung gem. § 2 Nr. 3) oder Beherbergungsbetriebes eingetreten sind, müssen diesen unverzüglich gemeldet werden. Dem Versicherer ist hierüber eine Bescheinigung einzureichen. Bei äußerlich nicht erkennbaren Schäden ist das Beförderungsunternehmen unverzüglich nach der Entdeckung aufzufordern, den Schaden zu besichtigen und zu bescheinigen. Hierbei sind die jeweiligen Reklamationsfristen zu berücksichtigen.

3. Schäden durch strafbare Handlungen (z. B. Diebstahl, Raub, vorsätzliche Sachbeschädigung) sind außerdem unverzüglich der zuständigen Polizeidienststelle unter Einreichung einer Liste aller in Verlust geratenen Sachen anzuzeigen. Der Versicherte hat sich dies polizeilich bescheinigen zu lassen. Bei Schäden durch Verlieren (§ 2 Nr. 2b) hat der Versicherte Nachforschungen beim Fundbüro anzustellen.

4. Verletzt der Versicherungsnehmer oder Versicherte eine der vorstehenden Obliegenheiten, so ist der Versicherer, *soweit nicht etwas anderes vereinbart ist,* von der Verpflichtung zur Leistung frei, es sei denn, daß die Verletzung weder auf Vorsatz noch auf grober Fahrlässigkeit beruht. Bei grobfahrlässiger Verletzung der unter den Nrn. 1a), c), 2 und 3 bestimmten Obliegenheiten bleibt der Versicherer zur Leistung insoweit

verpflichtet, als die Verletzung keinen Einfluß auf die Feststellung oder den Umfang der Entschädigungsleistung gehabt hat. Bei grobfahrlässiger Verletzung einer der unter Nr. 1b) bestimmten Obliegenheiten bleibt der Versicherer insoweit verpflichtet, als der Umfang des Schadens auch bei gehöriger Erfüllung der Obliegenheit nicht geringer gewesen wäre. § 6 VVG bleibt unberührt.

5. Hatte eine vorsätzliche Obliegenheitsverletzung Einfluß weder auf die Feststellung des Versicherungsfalles noch auf die Feststellung oder den Umfang der Entschädigung, so entfällt die Leistungsfreiheit gemäß Nr. 4, wenn die Verletzung nicht geeignet war, die Interessen des Versicherers ernsthaft zu beeinträchtigen und wenn außerdem den Versicherungsnehmer oder Versicherten kein erhebliches Verschulden trifft.

§ 11 Besondere Verwirkungsgründe. 1. *Soweit nicht etwas anderes vereinbart ist,* ist der Versicherer von der Verpflichtung zur Leistung frei, wenn der Versicherungsnehmer oder Versicherte den Versicherungsfall durch Vorsatz oder grobe Fahrlässigkeit herbeigeführt hat oder aus Anlaß des Versicherungsfalls, insbesondere in der Schadenanzeige, vorsätzlich unwahre Angaben macht, auch wenn hierdurch dem Versicherer ein Nachteil nicht entsteht.

2. Wird der Anspruch auf die Entschädigung nicht spätestens sechs Monate nach schriftlicher, mit Angabe der Rechtsfolgen verbundener Ablehnung durch den Versicherer gerichtlich geltend gemacht, so ist der Versicherer von der Verpflichtung zur Leistung frei.

3. Die Bestimmung des § 12 Abs. 1 und 2 VVG bleibt unberührt.

§ 12 Zahlung der Entschädigung. 1. Ist die Leistungspflicht des Versicherers dem Grunde und der Höhe nach festgestellt, so hat die Auszahlung der Entschädigung binnen zwei Wochen zu erfolgen. Jedoch kann ein Monat nach Anzeige des Schadens als Abschlagszahlung der Betrag beansprucht werden, der nach Lage der Sache mindestens zu zahlen ist.

2. Die Entschädigung ist seit Anzeige des Schadens mit 1 Prozent unter dem Diskontsatz der Deutschen Bundesbank zu verzinsen, mindestens jedoch mit 4 Prozent und höchstens mit 6 Prozent pro Jahr.

Die Verzinsung entfällt, soweit die Entschädigung innerhalb eines Monats seit Anzeige des Schadens gezahlt wird. Zinsen werden erst fällig, wenn die Entschädigung fällig ist.

3. Die Entstehung des Anspruchs auf Abschlagszahlung und der Beginn der Verzinsung verschieben sich um den Zeitraum, um den die Feststellung der Leistungspflicht des Versicherers dem Grunde oder der Höhe nach durch Verschulden des Versicherungsnehmers verzögert wurde.

4. Sind im Zusammenhang mit dem Versicherungsfall behördliche Erhebungen oder ein strafgerichtliches Verfahren gegen den Versicherten eingeleitet worden, so kann der Versicherer bis zum rechtskräftigen Abschluß dieser Verfahren die Zahlung aufschieben.

§ 13 Kündigung im Schadenfall. 1. Nach Eintritt eines Versicherungsfalles können beide Parteien den Versicherungsvertrag kündigen. Die Kündigung ist schriftlich zu erklären. Sie muß spätestens einen Monat nach dem Abschluß der Verhandlungen über die Entschädigung zugehen. Der Versicherer hat eine Kündigungsfrist von einem Monat einzuhalten; seine Kündigung wird in keinem Falle vor Beendigung der laufenden Reise wirksam. Kündigt der Versicherungsnehmer, so kann er bestimmen, daß seine Kündigung sofort oder zu einem späteren Zeitpunkt wirksam wird, jedoch spätestens zum Schluß der laufenden Versicherungsperiode.

§ 14 Gerichtsstand. Für Klagen aus dem Versicherungsverhältnis gelten die inländischen Gerichtsstände gemäß §§ 17, 21, 29 ZPO und § 48 VVG.

§ 15 Schlußbestimmung. Soweit nicht in den Versicherungsbedingungen etwas anderes bestimmt ist, gelten die gesetzlichen Vorschriften. Dies gilt insbesondere für die im Anhang aufgeführten Gesetzesbestimmungen, die nach Maßgabe der Versicherungsbedingungen Inhalt des Versicherungsvertrages sind.

27. Allgemeine Bedingungen für die Versicherung von Juwelen, Schmuck- und Pelzsachen im Privatbesitz (AVB Schmuck und Pelze 1985/Fassung 1994)

(Unverbindliche Verbandsempfehlung. Andere Bedingungen können vereinbart werden. – Fassung: Dezember 1994)

Übersicht[1)]

	§§
Versicherte Sachen	1
Versicherte Gefahren und Schäden	2
Ausschlüsse	3
Geltungsbereich	4
Umfang des Versicherungsschutzes	5
Entschädigungsgrenzen, Selbstbehalt	6
Gefahrumstände bei Vertragsabschluß und Gefahrerhöhung	6 A
Prämie, Beginn und Ende der Haftung	6 B
Obliegenheiten	7
Versicherungswert	8
Entschädigungsberechnung, Naturalersatz, Unterversicherung	9
Überversicherung, Doppelversicherung	9 A
Fälligkeit, Zahlung und Verwirkung der Entschädigung	10
Wiederherbeigeschaffte Sachen	11
Dauer der Versicherung	12
Rechtsverhältnis nach dem Versicherungsfall	13
Gerichtsstand	14
Schlußbestimmung	15

§ 1 Versicherte Sachen. Versichert sind die im Versicherungsvertrag bezeichneten Juwelen, Schmuck- und Pelzsachen.

§ 2 Versicherte Gefahren und Schäden. 1. Der Versicherer trägt mit Ausnahme der in § 3 genannten Gefahren alle Gefahren, denen die versicherten Sachen während der Dauer der Versicherung ausgesetzt sind.

[1)] Die Inhaltsübersicht wurde vom Herausgeber eingefügt.

2. Versicherungsschutz besteht gegen Abhandenkommen, Zerstörung oder Beschädigung versicherter Sachen als Folge einer versicherten Gefahr.

§ 3 Ausschlüsse. 1. *Soweit nicht etwas anderes vereinbart ist,* sind ausgeschlossen die Gefahren

a) des Krieges, Bürgerkrieges oder kriegsähnlicher Ereignisse sowie Gefahren aus dem Vorhandensein oder der Verwendung von Kriegswerkzeugen;
b) von Streik, Aussperrung oder inneren Unruhen;
c) der Kernenergie;
d) der Beschlagnahme oder sonstiger Eingriffe von hoher Hand.

2. *Soweit nicht etwas anderes vereinbart ist,* sind ausgeschlossen Schäden durch

a) Abnutzung oder Selbstverderb;
b) Be- oder Verarbeitung;
c) Überdrehen oder Ausbrechen von Zähnchen oder sonstige innere Beschädigung von Uhren;
d) Ungezieferfraß an Pelzen.

3. Ist der Beweis für das Vorliegen einer dieser Gefahren oder Schäden nicht zu erbringen, so genügt für den Ausschluß der Haftung des Versicherers die überwiegende Wahrscheinlichkeit, daß der Schaden auf eine dieser Gefahren zurückzuführen ist.

§ 4 Geltungsbereich. *Soweit nicht etwas anderes vereinbart ist,* gilt die Versicherung für Versicherungsnehmer mit ständigem Wohnsitz in der Bundesrepublik Deutschland und erstreckt sich auf Reisen und Aufenthalte in der ganzen Welt.

§ 5 Umfang des Versicherungsschutzes. 1. *Soweit nicht etwas anderes vereinbart ist,* besteht Versicherungsschutz, solange die versicherten Sachen durch den Versicherungsnehmer oder einen mit ihm in häuslicher Gemeinschaft lebenden Familienangehörigen

a) in einer ihrer Bestimmung entsprechenden Weise getragen werden;

b) in persönlichem Gewahrsam – Juwelen und Schmucksachen in hierfür geeigneten Behältnissen – sicher verwahrt mitgeführt werden;
c) während einer Fahrtunterbrechung unbeaufsichtigt im verschlossenen Kofferraum eines allseitig verschlossenen Personenkraftwagens zurückgelassen werden, wenn der Kofferraum vom Innenraum her nicht zugänglich ist (Entschädigungsgrenze: § 6 Nr. 7); Versicherungsschutz besteht – *soweit nicht etwas anderes vereinbart ist* – jedoch nur, wenn der Schaden während des Tages eintritt und die Fahrtunterbrechung nicht länger als die im Versicherungsvertrag vereinbarte Zeit dauert. Als Tageszeit gilt allgemein die Zeit zwischen 6.00 Uhr und 22.00 Uhr;
d) in einem festen Gebäude aufbewahrt werden (Entschädigungsgrenzen § 5 Nr. 5 und § 6). Versicherungsschutz gegen Abhandenkommen (§ 2 Nr. 2) besteht – *soweit nicht etwas anderes vereinbart ist* – jedoch nur bei Einbruchdiebstahl und Raub.

2. Pelzsachen sind auch versichert
a) in Garderobenablagen von Theatern, Lokalen und dergleichen;
b) wenn sie sich als Reisegepäck im Gewahrsam eines Beförderungsunternehmens befinden oder wenn sie als Postpaket mit einer Wertangabe von ... DM verschickt werden.

3. Für Sachen, die einem Juwelier oder Kürschner zur Schätzung, Reparatur, Umarbeitung, Aufbewahrung oder zu ähnlichen Zwecken übergeben wurden, besteht ebenfalls Versicherungsschutz.

4. *Soweit nicht etwas anderes vereinbart ist,* besteht für Sachen in Zweitwohnungen Versicherungsschutz gemäß § 5 Nr. 1 d) und § 6 nur, solange die Zweitwohnung bewohnt ist.

5. *Soweit nicht etwas anderes vereinbart ist,* besteht für Juwelen und Schmucksachen in Hotels und anderen Beherbergungsbetrieben, sowie gemieteten Ferienwohnungen und -häusern, während der Versicherungsnehmer oder eine Person gemäß § 5 Nr. 1 dort vorübergehend wohnt, auch Versicherungsschutz, solange diese Sachen
a) in Depot-Aufbewahrung gegeben sind;
b) in Zimmersafes oder ähnlichen Behältnissen aufbewahrt

werden, und zwar bis zur Entschädigungsgrenze gemäß § 6 Nr. 1 a);

6. Die Bestimmungen gemäß § 5 Nr. 5 gelten für Reisen mit Passagierschiffen entsprechend.

§ 6 Entschädigungsgrenzen, Selbstbehalt. 1. Für Schäden gemäß § 5 Nr. 1 d) (Versicherungsschutz in einem festen Gebäude) an Juwelen und Schmucksachen – ausgenommen bei Raub – ist, soweit nicht etwas anderes schriftlich vereinbart ist, die Entschädigung je Versicherungsfall begrenzt auf

a) ―― DM für Sachen, die gemäß b)–e) aufbewahrt werden;

b) ―― DM für Sachen in einem mehrwandigen Stahlschrank (Mindestgewicht 200 kg) oder im mehrwandigen Möbeleinsatzschrank mit fester Verankerung im Mauerwerk, oder in einem eingemauerten Stahlwandschrank (mindestens 10 cm dicker Betonmantel) mit mehrwandiger Tür.
Die Schränke müssen leichten Schutz gegen Angriffe mit einfachen Einbruchwerkzeugen, jedoch keinen Schutz gegen Schneidbrenner, aber Schutz gegen leichte Brände bieten (Sicherheitsstufe B des VDMA-Einheitsblattes 24990);

c) ―― DM für Sachen in einem mehrwandigen Stahlschrank der Sicherheitsstufe C 1 F nach RAL-RG 626/2;

d) ―― DM für Sachen in einem mehrwandigen Stahlschrank der Sicherheitsstufe C 2 F nach RAL-RG 626/2;

e) ―― DM für Sachen in einem Panzergeldschrank der Sicherheitsstufe D 1 nach RAL-RG 626/1 oder D 10 nach RAL-RG 626/10.

2. Sind mehrere gleichartige Behältnisse gemäß § 6 Nr. 1b) bis e) vorhanden, so erhöht sich die Entschädigungsgrenze maximal auf das Doppelte des Betrages, der für das einzelne Behältnis als Entschädigungsgrenze genannt ist.

3. Die Beträge gemäß § 6 Nr. 1 b) bis e) und Nr. 2 verdoppeln sich, soweit die Behältnisse durch eine vom Verband der Sachversicherer (VdS) anerkannte Einbruchmeldeanlage mit automatischem Polizeinotruf oder mit Anschluß über posteigene Stromwege (Postmietleitung) an ein vom VdS anerkanntes Wach- und Sicherheitsunternehmen überwacht werden.

4. Behältnisse, die nicht alle gemäß § 6 Nr. 1 genannten Voraussetzungen aufweisen, stehen demjenigen Behältnis gleich, dessen Sicherheitsmerkmalen sie entsprechen.

5. Bei Aufbewahrung von versicherten Sachen im Tresor eines Kreditinstituts gelten die Entschädigungsgrenzen der Nr. 1 bis 3 nicht.

6. Für Schäden gemäß § 5 Nr. 1d) an Pelzsachen ist die Entschädigung mit ___ DM begrenzt, soweit die Räumlichkeiten, in denen sich die Pelzsachen befinden, nicht durch eine Einbruchmeldeanlage gemäß § 6 Nr. 3 überwacht werden.

7. Für Schäden gemäß § 5 Nr. 1c) (verschlossener Kofferraum) an Juwelen, Schmuck und Pelzsachen durch Abhandenkommen ist die Entschädigung je Versicherungsfall auf ___ DM begrenzt.

8. Bei Schäden durch Verlieren trägt der Versicherungsnehmer einen im Versicherungsvertrag vereinbarten Selbstbehalt.

§ 6 A Gefahrumstände bei Vertragsabschluß und Gefahrerhöhung.
Soweit nicht etwas anderes vereinbart ist, gilt:
1. Der Versicherungsnehmer hat alle Antragsfragen wahrheitsgemäß zu beantworten. Bei schuldhafter Verletzung dieser Obliegenheit kann der Versicherer nach Maßgabe der §§ 16 bis 21 VVG vom Vertrag zurücktreten und leistungsfrei sein oder den Versicherungsvertrag nach § 22 VVG anfechten.

2. Eine Gefahrerhöhung ist dem Versicherer unverzüglich schriftlich anzuzeigen. Bei einer Gefahrerhöhung kann der Versicherer aufgrund der §§ 23 bis 30 VVG zur Kündigung berechtigt oder auch leistungsfrei sein.

3. Eine Gefahrerhöhung nach Antragstellung liegt insbesondere vor, wenn sich ein Umstand ändert, nach dem im Antrag gefragt worden ist.

§ 6 B Prämie, Beginn und Ende der Haftung.
1. Der Versicherungsnehmer hat die erste Prämie (Beitrag) bei Aushändigung des Versicherungsscheines oder im Fall des Vertragsschlusses gemäß §§ 5 oder 5a VVG nach Ablauf der Widerspruchsfrist zu zahlen, Folgeprämien am Ersten des Monats, in dem ein neues Versicherungsjahr beginnt.

Die Folgen nicht rechtzeitiger Zahlung der ersten Prämie oder der ersten Rate der ersten Prämie ergeben sich aus § 38 VVG; im übrigen gilt § 39 VVG. Der Versicherer ist bei Verzug berechtigt, Ersatz des Verzugsschadens nach § 286 BGB sowie Verzugszinsen nach § 288 BGB oder § 352 HGB zu fordern. Rückständige Folgeprämien dürfen nur innerhalb eines Jahres seit Ablauf der nach § 39 VVG für sie gesetzten Zahlungsfrist eingezogen werden.

2. Ist Ratenzahlung vereinbart, so gelten ausstehende Raten als gestundet. Sie werden sofort fällig, wenn der Versicherungsnehmer in Verzug gerät oder soweit eine Entschädigung fällig ist.

3. Die Haftung des Versicherers beginnt zum vereinbarten Zeitpunkt, und zwar auch dann, wenn zur Prämienzahlung erst später aufgefordert, die Prämie aber ohne Verzug gezahlt wird. Ist dem Versicherungsnehmer bei Antragstellung bekannt, daß ein Versicherungsfall bereits eingetreten ist, so entfällt dafür die Haftung.

4. Versicherungsverträge von mindestens einjähriger Dauer verlängern sich von Jahr zu Jahr, wenn sie nicht spätestens drei Monate vor Ablauf durch eine Partei schriftlich gekündigt werden. Ein Versicherungsverhältnis, das für eine Dauer von mehr als fünf Jahren eingegangen ist, kann zum Ende des fünften oder jedes darauffolgenden Jahres unter Einhaltung einer Frist von drei Monaten gekündigt werden.

5. Endet das Versicherungsverhältnis vor Ablauf der Vertragszeit oder wird es rückwirkend aufgehoben oder ist es von Anfang an ungültig, so gebührt dem Versicherer die Prämie oder die Geschäftsgebühr gemäß dem Versicherungsvertragsgesetz (z. B. §§ 40, 68 VGG).

Kündigt nach Eintritt eines Versicherungsfalles (§ 13) der Versicherungsnehmer, so hat der Versicherer Anspruch auf die Prämie für das laufende Versicherungsjahr. Kündigt der Versicherer, so hat er die Prämie für das laufende Versicherungsjahr nach dem Verhältnis der noch nicht abgelaufenen zu der gesamten Zeit des Versicherungsjahres zurückzuzahlen.

§ 7 Obliegenheiten. 1. Der Versicherungsnehmer hat die versicherten Sachen sorgfältig zu behandeln und in einem Zustand zu erhalten, der einem Verlust der Sachen oder von Teilen

der Sachen vorbeugt. Insbesondere hat der Versicherungsnehmer
a) Schmucksachen mindestens alle 24 Monate durch einen Juwelier auf die Haltbarkeit der Schnüre, Fassungen, Verschlüsse und Sicherungen hin prüfen und nötigenfalls reparieren zu lassen;
b) Schmucksachen während des Tragens zu sichern;
c) Pelzsachen an unbewachten Garderobenablagen gemäß § 5 Nr. 2a) ständig zu beobachten;
d) Hotelzimmer, Wohnungen, Einfamilienhäuser etc. stets verschlossen zu halten.

2. Der Versicherungsnehmer hat jeden Versicherungsfall unverzüglich dem Versicherer anzuzeigen. Bei einem Schaden durch Brand, Einbruchdiebstahl, Diebstahl oder Raub hat der Versicherungsnehmer außerdem unverzüglich Anzeige bei der für den Schaden zuständigen Polizeidienststelle zu erstatten und dieser ein Verzeichnis aller vom Schaden betroffenen Sachen einzureichen. Bei einem Schaden durch Verlieren hat er Nachforschungen beim Fundbüro anzustellen.

3. Auch im übrigen hat der Versicherungsnehmer den Schaden nach Möglichkeit abzuwenden oder zu mindern und sich insbesondere zu bemühen, abhandengekommene Sachen wieder herbeizuschaffen.

4. Verletzt der Versicherungsnehmer oder ein mit ihm in häuslicher Gemeinschaft lebender volljähriger Familienangehöriger eine Obliegenheit gemäß Nr. 1, so kann der Versicherer, *soweit nicht etwas anderes vereinbart ist,* gemäß § 6 VVG zur Kündigung berechtigt oder auch leistungsfrei sein.

5. Verletzt der Versicherungsnehmer oder ein mit ihm in häuslicher Gemeinschaft lebender volljähriger Familienangehöriger eine Obliegenheit gemäß Nr. 2 oder 3, so kann der Versicherer, *soweit nicht etwas anderes vereinbart ist,* gemäß §§ 6 Abs. 3, 62 Abs. 2 VVG leistungsfrei sein.

6. Hatte eine vorsätzliche Obliegenheitsverletzung Einfluß weder auf die Feststellung des Versicherungsfalles noch auf die Feststellung oder den Umfang der Entschädigung, so entfällt die Leistungsfreiheit gemäß Nr. 5, wenn die Verletzung nicht geeignet war, die Interessen des Versicherers ernsthaft zu beeinträchtigen und wenn außerdem den Versicherungsnehmer kein erhebliches Verschulden trifft.

§ 8 Versicherungswert. 1. Versicherungswert ist der Wiederbeschaffungspreis (Neuwert).

2. Ist der sich insbesondere aus Alter, Abnutzung und Gebrauch ergebende Zeitwert einer Sache niedriger als ... v.H. des Wiederbeschaffungspreises (Neuwert), so ist der Versicherungswert nur der Zeitwert.

§ 9 Entschädigungsberechnung, Naturalersatz, Unterversicherung. 1. Vorbehaltlich der Entschädigungsgrenzen gemäß § 6 werden – unter Anrechnung etwaiger Restwerte – ersetzt

a) für abhandengekommene oder zerstörte Sachen der Versicherungswert zur Zeit des Eintritts des Versicherungsfalls; der Versicherer ist berechtigt, statt einer Entschädigung in Geld Naturalersatz zu leisten;
b) bei beschädigten Sachen die notwendigen Kosten einer fachmännischen Reparatur zuzüglich einer etwa durch den Versicherungsfall entstandenen und durch die Reparatur nicht auszugleichenden Wertminderung; ist Versicherungswert der Zeitwert, so werden die Reparaturkosten gekürzt, soweit durch die Reparatur der Versicherungswert gegenüber der Zeit des Eintritts des Versicherungsfalls erhöht wird.

2. Bei paarweise zu tragenden Schmucksachen sind die Kosten der Wiederherstellung des Paares oder eines Paares gleicher Art und Güte maßgebend. Bei sonstigen zusammengehörigen Schmucksachen bleibt dagegen der durch Schäden an Einzelstücken verursachte Minderwert anderer Stücke unberücksichtigt.

3. Ist die Versicherungssumme für die einzelne versicherte Sache niedriger als der Versicherungswert zur Zeit des Eintritts des Versicherungsfalls (Unterversicherung), so wird der gemäß § 9 Nr. 1 und § 9 Nr. 2 ermittelte Betrag entsprechend dem Verhältnis zwischen dem Versicherungswert und der Versicherungssumme gekürzt.

§ 9 A Überversicherung, Doppelversicherung. 1. Übersteigt die Versicherungssumme den Wert der versicherten Sachen erheblich, so kann der Versicherungsnehmer als auch der Versicherer nach Maßgabe des § 51 VVG die Herabsetzung der Versicherungssumme und der Prämie verlangen.

ValorenVers §§ 10, 11 **AVBSP 27**

2. Im Falle einer Doppelversicherung gelten §§ 59 und 60 VVG.

§ 10 Fälligkeit, Zahlung und Verwirkung der Entschädigung. 1. Die Entschädigung wird spätestens zwei Wochen nach ihrer endgültigen Feststellung gezahlt.

2. Sind im Zusammenhang mit dem Versicherungsfall behördliche Erhebungen oder ein strafgerichtliches Verfahren gegen den Versicherten eingeleitet worden, so kann der Versicherer bis zum rechtskräftigen Abschluß dieser Verfahren die Zahlung aufschieben.

3. Wenn der Anspruch auf die Entschädigung nicht innerhalb einer Frist von sechs Monaten gerichtlich geltend gemacht wird, nachdem ihn der Versicherer unter Angabe der mit dem Ablauf der Frist verbundenen Rechtsfolge schriftlich abgelehnt hat, ist der Versicherer von der Entschädigungspflicht schon allein aufgrund dieses Fristablaufs frei.

Die Bestimmung des § 12 Abs. 1 und 2 VVG bleibt unberührt.

4. Der Versicherer ist von der Entschädigungspflicht auch dann frei,
a) wenn der Versicherungsnehmer oder ein mit ihm in häuslicher Gemeinschaft lebender volljähriger Familienangehöriger den Versicherungsfall durch Vorsatz oder grobe Fahrlässigkeit verursacht hat;
b) wenn er aus Anlaß des Versicherungsfalles in arglistiger Absicht versucht hat, den Versicherer zu täuschen.

§ 11 Wiederherbeigeschaffte Sachen. 1. Wird der Verbleib abhandengekommener Sachen ermittelt, so hat der Versicherungsnehmer dies dem Versicherer unverzüglich schriftlich anzuzeigen.

2. Sind wiederherbeigeschaffte Sachen mit ihrem vollen Wert entschädigt worden, so hat der Versicherungsnehmer die Entschädigung zurückzuzahlen oder die Sachen dem Versicherer zur Verfügung zu stellen. Der Versicherungsnehmer hat hierüber auf Verlangen des Versicherers innerhalb von zwei Wochen nach Aufforderung zu entscheiden; nach Ablauf dieser Frist geht das Wahlrecht auf den Versicherer über.

3. Sind die wiederherbeigeschafften Sachen nur mit einem Teil ihres Wertes entschädigt worden, so kann der Versicherungsnehmer die Sachen behalten und muß dann die Entschädigung zurückzahlen. Erklärt er sich hierzu innerhalb zweier Wochen nach Aufforderung durch den Versicherer nicht bereit, so sind die Sachen im Einvernehmen mit dem Versicherer öffentlich meistbietend zu verkaufen. Von dem Erlös abzüglich der Verkaufskosten erhält der Versicherer den Anteil, welcher der von ihm geleisteten Entschädigung entspricht.

§ 12 Dauer der Versicherung. 1. Die Versicherung besteht für die vereinbarte Dauer. Beträgt diese mindestens ein Jahr, so verlängert sie sich um ein Jahr und weiter von Jahr zu Jahr, wenn die Versicherung nicht drei Monate vor Ablauf durch eine Partei schriftlich gekündigt wird.

2. Das Versicherungsverhältnis erlischt, sobald der Versicherungsnehmer seinen ständigen Wohnsitz in der Bundesrepublik Deutschland einschließlich des Landes Berlin aufgegeben hat.

Dem Versicherer gebührt die Prämie bis zu diesem Zeitpunkt. Erlangt der Versicherer erst nach Aufgabe des Wohnsitzes hiervon Kenntnis, gebührt ihm die Prämie bis zum Zeitpunkt der Kenntnis.

§ 13 Rechtsverhältnis nach dem Versicherungsfall.
1. Nach Eintritt eines Versicherungsfalls können beide Parteien den Versicherungsvertrag kündigen. Die Kündigung ist schriftlich zu erklären. Sie muß spätestens einen Monat nach dem Abschluß der Verhandlungen über die Entschädigung zugehen. Der Versicherer hat eine Kündigungsfrist von einem Monat einzuhalten. Kündigt der Versicherungsnehmer, so kann er bestimmen, daß seine Kündigung sofort oder zu einem späteren Zeitpunkt wirksam wird, jedoch spätestens zum Schluß der laufenden Versicherungsperiode.

§ 14 Gerichtsstand. Für Klagen aus dem Versicherungsverhältnis gelten die inländischen Gerichtsstände gemäß §§ 17, 21, 29 ZPO und § 48 VVG.

§ 15 Schlußbestimmung. Soweit nicht in den Versicherungsbedingungen Abweichendes bestimmt ist, gelten die gesetzlichen Vorschriften. Dies gilt insbesondere für die im Anhang aufgeführten Gesetzesbestimmungen, die nach Maßgabe der Versicherungsbedingungen Inhalt des Versicherungsvertrages sind.

Sachregister

Fette Zahlen bezeichnen die Nummern der AVB in dieser Ausgabe; magere Zahlen bezeichnen die Paragraphen.

Abbruch der Reise **25** 1
Abhandenkommen von Sachen **11** 1
Ablehnung des Rechtsschutzes **14** 18, 19
Abschätzungsverfahren 22 16
Abschlagszahlung 15 24; **16** 16; **17** 16; **18** 16; **19** 16; **20** 14; **21** 23; **23** 14; **24** 13; **26** 12
Abschlußkosten 1 15; **2** 16; **3** 19; **4** 15; **5** 19
Abtretung 1 14; **2** 15; **4** 14; **7** 6, 11; **8** 6; **9** 6, 11; **10** 6, 11; **11** 7; **12** 12; **13** 3; **14** 17; **22** 19; **23** 14; **24** 13
Abwehr unberechtigter Ansprüche **11** 3
Adoption 7 2
Agentenvollmacht 16 21; **17** 21; **18** 21; **19** 21; **20** 18; **21** 27; **22** 23; **23** 17; **24** 17
Aktuar 1 17; **2** 18; **3** 21; **4** 17; **5** 21
Alkoholgenuß 8 5
alkoholische Getränke 13 2b
Altersrente 5 1
Alterungsrückstellung 7 1, 8a; **8** 8a; **9** 1, 8a; **10** 8a
Anbauverzeichnis 22 9
Änderung der beruflichen Tätigkeit **3** 13; **12** 6
Anerkennung der Leistungspflicht **3** 11, 13; **5** 11, 13; **6** 6
Anfechtung 1 7; **2** 8; **3** 9; **4** 7; **5** 9; **7** 13; **8** 13; **9** 13; **11** 11; **12** 3a; **25** 2A; **26** 5A; **27** 6A
Anhänger 13 10a
Anpassungsklausel 15 16; **20** 10; **24** 5

Anschrift, Änderung **1** 13; **2** 14; **3** 17; **4** 13; **5** 17; **11** 14; **12** 13
Ansprüche gegen Dritte **10** 11
Anspruchsvoraussetzungen 14 4
anwendbares Recht **1** 18; **2** 19; **3** 22; **4** 18; **5** 22
Anzeige 7 16; **8** 16; **9** 16; **10** 16; **11** 2, 14; **12** 6, 13; **13** 9; **14** 11, 21, 22; **22** 7, 22
Anzeigepflicht 1 7; **2** 8; **3** 9; **4** 7; **5** 9; **11** 5, 8, 11; **12** 3a; **13** 7; **15** 11, 21; **16** 13; **17** 13; **18** 13; **19** 13; **20** 12; **21** 20; **22** 15; **23** 11; **24** 10; **25** 4; **26** 10; **27** 7; vorvertragliche **1** 7; **2** 8; **3** 9; **4** 7; **5** 9; **11** 11
Arbeitsfähigkeit 12 7
Arbeits-Rechtsschutz 14 2
Arbeitsunfähigkeit 8 1, 4, 9
ärztliche Anordnungen 3 10
ärztliche Untersuchung 3 10; **5** 10
Arztwahl 7 4, **8** 4
Aufenthalt im Ausland **8** 1
Aufgabe des Wohnsitzes **27** 12
Aufhebung des Versicherungsvertrages **14** 21
Aufrechnung 7 12; **8** 12; **9** 12; **10** 12; **22** 19
Aufwendungen 16 3; **17** 3, 11; **18** 3; **19** 3; **20** 3
Auskunftserteilung 3 10; **5** 10; **7** 9; **8** 9; **9** 9; **10** 9; **12** 9
Ausschlüsse 3 3; **5** 3; **6** 3; **11** 2, 4; **12** 2; **13** 2b, 11; **14** 3, 4, 5; **15** 1, 9; **16** 1; **17** 1; **18** 1; **19** 1; **20** 1; **21** 9; **23** 1, 2; **24** 1, 2, 9; **25** 2; **26** 1, 3; **27** 3

499

Register

fette Zahlen = Nr. in der Textausgabe

Außenversicherung 15 12
Aussteuerversicherung 1 1
Ausweispapiere 26 1, 9
Auszahlung 10 6; 13 3
AVB, Änderung 7 18; 8 18; 9 18; 10 18

Bargeld 15 1, 19; 16 4; 17 2; 18 4; 19 2, 4
Baupreisindex für Wohngebäude 21 13
Bedingungsanpassung 14 10
Beendigungsgründe 7 15; 8 15; 9 15; 10 15
Befreiung von Beitragszahlungspflicht 3 1
Beginn des Versicherungsschutzes 12 4; 26 6
begrenzt ersatzpflichtige Schäden 26 4
Begrenzung der Gesamtleistung 11 3
Beifahrer 13 10
Beitrag 1 5; 2 5; 3 7; 4 5; 5 7; 12 5; 13 6; 22 13
Beitragsanpassung 7 8b; 8 8b; 9 8b; 10 8b; 14 10
Beitragsanpassungsklausel 7 13; 8 13
Beitragsberechnung 7 8a; 8 8a; 9 8a; 10 8a
Beitragserhöhung 7 8a, 13; 8 8a; 9 8a; 10 8a
Beitragsfreiheit 10 8
Beitragsfreistellung 1 6; 2 6; 3 8; 4 6; 5 8
beitragsfreie Leistung 6 8
beitragsfreie Versicherung 1 6; 2 6; 4 6; 5 8
Beitragsrückzahlung 1 6; 4 6; 5 8; 10 19; 12 3
Beitragszahlung 1 4; 2 4; 3 6; 4 4; 5 6; 7 8; 8 8; 9 8; 10 8; 22 14
Beratungs-Rechtsschutz (im Familien- und Erbrecht) 14 2
Berufs-Rechtsschutz Selbständige 14 24

Berufsunfähigkeit 3 1, 2, 13; 8 15
Berufsunfähigkeitsrente 3 1
Berufsunfähigkeits-Versicherung 3; Abschlußkosten 3 19; anwendbares Recht 3 22; Anzeigepflicht, vorvertragliche 3 9; Ausschlüsse 3 3; Beitrag 3 7; Beitragsfreistellung 3 8; Beitragszahlung 3 6; Berufsunfähigkeit 3 2; Erfüllung der vertraglichen Verpflichtungen 3 15; Erklärung über die Leistungspflicht 3 11; Gerichtsstand 3 23; Kosten 3 20; Kündigung 3 8; Meinungsverschiedenheiten 3 12; Mitteilungen 3 17; Mitwirkungspflichten 3 10; Nachprüfung der Berufsunfähigkeit 3 13; Rücktritt 3 5; Überschuß 3 21; Verletzung der Mitwirkungspflichten 3 14; Versicherungsbeginn 3 4; Versicherungsfall 3 1; Versicherungsleistung 3 18; Versicherungsschein 3 16
Berufswechsel 8 9
Besitzwechsel 22 7
Betriebsfertigkeit 24 7
Bezugsberechtigter 1 14; 2 15; 3 18; 4 14; 5 18
Blitzschlag 13 12; 15 3, 4, 9; 16 1; 20 1; 21 4, 5, 9
Brand 13 12; 15 3, 4, 9; 16 1; 20 1; 21 4, 5, 9
Briefmarken 16 4; 18 4; 19 4
Bruch 20 1
Bruchschäden 18 1

Daten 23 1, 2; 24 1, 2
Datenträger 23 1, 2; 24 1, 2
Dauer der Versicherung 27 12
Deckungsrückstellung 1 15; 2 16; 3 19; 4 15; 5 19
Diebstahl 13 12; 23 2; 26 2, 5
Disziplinar-Rechtsschutz 14 2

magere Zahlen = §§ oder Nrn.

Register

Doppelversicherung 15 20; 16 9; 17 9; 18 9; 19 9; 20 8; 21 18; 22 6; 25 3A; 26 9A; 27 9A

Edelmetalle 16 4; 18 4; 19 4
Eigentümer-Rechtsschutz 14 29
Eigentumsvorbehalt 23 7
Einbruchdiebstahl 15 3, 5, 12; 17 1
Einbruchdiebstahlschaden 15 9
Einbruchdiebstahl- und Raubversicherung (AERB 87/Fassung 1994) 17; Agentenvollmacht 17 21; Beginn der Haftung 17 8; Ende der Haftung 17 8; Entschädigungsberechnung 17 11; Entschädigungsgrenzen 17 12; Gefahrerhöhung 17 6; Gefahrumstände bei Vertragsabschluß 17 6; mehrfache Versicherung 17 9; Obliegenheiten 17 13; Prämie 17 8; Rechtsverhältnis nach dem Versicherungsfall 17 19; Repräsentanten 17 17; Sachverständigenverfahren 17 15; Schlußbestimmung 17 22; Schriftform 17 20; Sicherheitsvorschriften 17 7; Überversicherung 17 9; Unterversicherung 17 11; versicherte Gefahren 17 1; versicherte Sachen 17 2; versicherte Kosten 17 3; versicherte Schäden 17 1; Versicherung für fremde Rechnung 17 10; Versicherungsort 17 4; Versicherungswert 17 5; Verwirkungsgründe, besondere 17 14; wiederherbeigeschaffte Sachen 17 18; Zahlung der Entschädigung 17 16; Zurückweisung von Kündigungen 17 20
Einbruchdiebstahlversicherung 24 2
Einlösungsbeitrag 1 2, 4, 5; 2 2, 4, 5; 3 4, 6, 7; 4 2, 4, 5; 5 4, 6, 7

Einmalbeitrag 1 4; 2 4; 4 4; 5 6
Einschränkung der Leistungen 12 8
Einschränkung der Leistungspflicht 7 5; 8 5; 9 5; 10 5
Einschränkung des Versicherungsschutzes 13 2b
Eintrittsalter 10 8a
Eintrittspflicht eines Dritten 23 2
Elektronik-Versicherung (ABE) 24; Agentenvollmacht 24 17; Angleichung der Versicherungssummen 24 5; Beginn der Haftung 24 7; Ende der Haftung 24 7; Entschädigungsberechnung 24 9; Gefahrerhöhung 24 6; Gefahrumstände bei Vertragsabschluß 24 6; Obliegenheiten 24 10; Prämie 24 7; Rechtsverhältnis nach dem Versicherungsfall 24 15; Sachverständigenverfahren 24 12; Schlußbestimmung 24 18; Schriftform 24 16; Unterversicherung 24 9; versicherte Sachen 24 1; versicherte Schäden 24 2; versicherte Gefahren 24 2; Versicherungsort 24 3; Versicherungssumme 24 4; Versicherungswert 24 4; Verwirkungsgründe, besondere 24 11; Wechsel der versicherten Sachen 24 8; wiederherbeigeschaffte Sachen 24 14; Zahlung der Entschädigung 24 13; Zurückweisung von Kündigungen 24 16
Ende der Haftung 22 2; 24 7
Ende der Versicherung 7 13 ff.; 8 13 ff.; 9 13 ff.; 10 13 ff.
Ende des Versicherungsschutzes 7 7; 8 7; 9 7; 10 7; 12 4; 26 6
Entbindung 7 1; 8 5
Entschädigung 13 15; 15 18, 24; 16 3, 11, 16; 17 3, 11, 16; 18 3, 11, 16; 19 3, 11, 16; 20 11, 14;

Register

fette Zahlen = Nr. in der Textausgabe

21 23; **22** 19; **23** 14; **24** 13; **25** 5; **26** 9, 12; **27** 10
Entschädigungsberechnung 15 18; **16** 11; **17** 11; **18** 11; **19** 11; **21** 15; **23** 10; **24** 9; **27** 9
Entschädigungsgrenzen 15 19; **16** 12; **17** 12; **18** 12; **19** 12; **21** 17; **27** 6
Erben 1 14; **2** 15; **3** 18; **4** 14; **5** 18
Erfolgsaussicht 14 18
Ermittlungskosten 16 3; **17** 3
Ermittlungsverfahren 11 5
Ersatzleistung 13 13
Erstprämie 14 7
Explosion 13 12; **15** 3, 4, 9; **16** 1; **20** 1; **21** 4, 5, 9

Fahrer 13 10
Fahrer, unberechtigter **13** 2b
Fahrerlaubnis 13 2b; **14** 21, 22, 26, 27, 28
Fahrer-Rechtsschutz 14 22
Fahrzeug 14 21, 22
Fahrzeug- und Zubehörteile 1 Anlage zu § 12 AKB
Fahrzeugversicherung 13 12ff.; s. a. Kraftfahrtversicherung
Fälligkeit 7 8; **8** 8; **9** 8; **10** 8; **11** 3; **12** 5, 11; **14** 9; **27** 10
Fälligkeit der Versicherungsleistung 1 10; **2** 11
Familienversorgungstarif 1 1
Feuerversicherung 21 25; **24** 2
Feuerversicherung (AFB 87/ Fassung 1994) 16; Agentenvollmacht **16** 21; Beginn der Haftung **16** 8; Ende der Haftung **16** 8; Entschädigungsberechnung **16** 11; Entschädigungsgrenzen **16** 12; Gefahrerhöhung **16** 6; Gefahrumstände bei Vertragsabschluß **16** 6; mehrfache Versicherung **16** 9; Obliegenheiten **16** 13; Prämie **16** 8; Rechtsverhältnis nach dem Versicherungsfall **16** 19; Repräsentanten **16** 17; Sachverständigenverfahren **16** 15; Schlußbestimmung **16** 22; Schriftform **16** 20; Sicherheitsvorschriften **16** 7; Überversicherung **16** 9; Unterversicherung **16** 11; versicherte Gefahren **16** 1; versicherte Sachen **16** 2; versicherte Kosten **16** 3; versicherte Schäden **16** 1; Versicherung für fremde Rechnung **16** 10; Versicherungsort **16** 4; Versicherungswert **16** 5; Verwirkungsgründe, besondere **16** 14; wiederherbeigeschaffte Sachen **16** 18; Zahlung der Entschädigung **16** 16; Zurückweisung von Kündigungen **16** 20
Filmapparate 26 1, 4, 5
Folgebeitrag 1 4, 5; **2** 4, 5; **3** 6, 7; **4** 4, 5; **5** 7; **12** 5; **14** 9
Folgeprämie 11 8; **15** 15; **16** 8; **17** 8; **18** 8; **19** 8; **20** 7; **21** 19; **23** 6; **24** 7; **25** 2; B; **26** 8; **27** 6 B
Folgeschäden 16 1; **18** 1; **23** 2; **24** 2
Forderungsübergang 7 11; **9** 11; **10** 11; **14** 17
Fotoapparate 26 1, 4, 5
Frostschäden 18 1; **21** 7, 9
Fremdversicherung 12 12
Früherkennung von Krankheiten **7** 1

Gebäudeverglasung 20 4
Gebühren, amtliche **26** 9
Geburt 7 2; **9** 2
Gefahrenklasse 22 13
gefahrerhebliche Umstände 11 11
Gefahr, versicherte **15** 3; **16** 1; **17** 1; **18** 1; **19** 1; **20** 1; **21** 4; **23** 2; **24** 2; **26** 2; **27** 2
Gefahrerhöhung 11 1; **13** 2b; **14** 11; **15** 13; **16** 6; **17** 6; **18** 6; **19** 6; **20** 5; **21** 10; **23** 5; **24** 6; **25** 2 A; **26** 5 A; **27** 6 A
Gefahrminderung 14 11

magere Zahlen = §§ oder Nrn.

Register

Gefahrtragung 1 11; **2** 12; **3** 15; **4** 11; **5** 15
Gefahrumstände 15 13; **16** 6; **17** 6; **18** 6; **19** 6; **20** 5; **21** 10; **23** 5; **24** 6; **25** 2A; **26** 5A; **27** 6A
Geldersatz 24 9
Geltungsbereich AKB **13** 2a
gemeiner Wert 16 5; **17** 5; **18** 5; **19** 5; **21** 14f.
Gemeinschaft von Wohnungseigentümern **21** 25
Genesungsgeld 12 7
Gerichtskosten 14 5
Gerichtsstand 1 19; **2** 20; **3** 23; **4** 19; **5** 23; **7** 17; **8** 17; **9** 17; **10** 17; **11** 13; **12** 16; **13** 8; **14** 20; **25** 6; **26** 14; **27** 14
Geschäftsgebühr 11 8
Gesetzesänderung 7 18; **8** 18
gesetzliche Haftpflicht 11 1
Gesundheitsbeschädigung 6 2
Gesundheitsschädigung 11 1
gewerblich genutzte Räume 21 3
Glasversicherung (AGlB 94) 20; Agentenvollmacht **20** 18; Anpassung der Versicherung **20** 10; Beginn der Haftung **20** 7; Ende der Haftung **20** 7; Entschädigung **20** 11; Gefahrerhöhung **20** 5; Gefahrumstände bei Vertragsschluß **20** 5; Klagefrist **20** 13; mehrfache Versicherung **20** 8; Naturalersatz **20** 11; Obliegenheiten **20** 12; Prämie **20** 7; Rechtsverhältnis nach dem Versicherungsfall **20** 16; Reparaturauftrag **20** 14; Repräsentanten **20** 15; Schlußbestimmung **20** 19; Schriftform **20** 17; Sicherheitsvorschriften **20** 6; Untervericherung **20** 11; versicherte Sachen **20** 2; versicherte Schäden **20** 1; versicherte Kosten **20** 3; versicherte Gefahren **20** 1; Versicherung für fremde Rechnung **20** 9; Versicherungsort **20** 4; Verwirkungsgründe, besondere **20** 13; Zahlung der Entschädigung **20** 14; Zurückweisung von Kündigungen **20** 17
Gleitende Neuwertversicherung 21 13, 16, 17
Grundbeitragssatz 22 13

Haftpflichtanspruch 11 3, 4, 5; **13** 11
Haftpflichtversicherung (AHB 94) 11; Abtretung des Versicherungsanspruchs **11** 7; Anzeigen **11** 14; Anzeigepflichten, vorvertragliche **11** 11; Ausschlüsse **11** 4; Beginn des Versicherungsschutzes **11** 3; Gegenstand der Versicherung **11** 1; Gerichtsstände **11** 13; Klagefrist **11** 10; Kündigung **11** 9; Obliegenheiten des Versicherungsnehmers **11** 5; Prämie **11** 8; Rechtsverlust **11** 6; Umfang des Versicherungsschutzes **11** 3; Verfahren **11** 5; Verjährung **11** 10; Versicherung für fremde Rechnung **11** 5; Versicherungsfall **11** 5f.; Versicherungsschutz **11** 1ff.; Versicherungsverhältnis **11** 7ff.; Vertragsdauer **11** 9; Vorsorge-Versicherung **11** 2; Widerrufs-/Widerspruchsrecht **11** 12; Willenserklärungen **11** 14
Haftung 15 15; **16** 8; **17** 8; **18** 8; **19** 8; **20** 7; **21** 19; **22** 2, 10; **23** 6; **24** 7; **25** 2B; **26** 8; **27** 6B
Haftung vor Betriebsfertigkeit 23 6
Hagel 13 12; **15** 3, 8, 9, 12; **21** 4, 8, 9
Hagelschlag 22 1
Hagelversicherung (AHagB 94) 22; Abschätzungsverfahren **22** 16; Abschluß des Versicherungsvertrages **22** 4; Anbauverzeichnis **22** 9; Anzeigen **22** 2;

Register fette Zahlen = Nr. in der Textausgabe

Beginn der Versicherung **22** 4; Beginn der Haftung **22** 2; Beginn/Verlauf des Versicherungsvertrages **22** 4ff.; Beitrag **22** 13f.; Beitrag **22** 13; Beitragszahlung **22** 14; Besitzwechsel **22** 7; Einschränkung der Agentenvollmacht **22** 23; Ende der Haftung **22** 2; Erklärungen **22** 22; Kosten der Abschätzung **22** 18; mehrfache Versicherung **22** 6; Nachversicherung **22** 10; Nebenleistungen **22** 13; Obliegenheitsverletzungen **22** 21; Obliegenheiten **22** 15; Schaden vor Versicherungsbeginn **22** 5; Schadensermittlung **22** 17; Schadensfall **22** 15ff.; Schlußbestimmung **22** 24; Übergang des Versicherungsverhältnisses **22** 7; Umfang des Versicherungsschutzes **22** 1ff.; versicherte Schäden **22** 1; Versicherungsgegenstand **22** 3; Versicherungssumme **22** 11; Vertragsdauer **22** 8; Vertragspflichten **22** 20; Vorausdeckung **22** 12; Zahlung der Entschädigung **22** 19
Halter 13 10
Hauptversicherung 6 8
häusliche Pflegehilfe 10 4
Hausrat 15 1
Hausratversicherung (VHB 92/ Fassung 1994) 15; Anpassung des Prämiensatzes **15** 16; Anpassung der Versicherungssumme **15** 16; Außenversicherung **15** 12; Beginn der Haftung **15** 15; Blitzschlag **15** 4; Brand **15** 4; Einbruchdiebstahl **15** 5; Ende der Haftung **15** 15; Entschädigungsberechnung **15** 18; Entschädigungsgrenzen für Wertsachen **15** 19; Entschädigungsgrenze bei mehrfacher Versicherung **15** 20; Explosion **15** 4; Gefahrerhöhung **15** 13; Gefahrumstände bei Vertragsabschluß **15** 13; Hagel **15** 8; Kündigung **15** 27; Leitungswasser **15** 7; nicht versicherte Sachen **15** 9; Obliegenheiten **15** 21; Prämie **15** 15; Prämienänderung **15** 11; Raub **15** 5; Sachverständigenverfahren **15** 23; Schlußbestimmung **15** 29; Schriftform **15** 28; Sicherheitsvorschriften **15** 14; Sturm **15** 8; Unterversicherung **15** 18; Vandalismus nach Einbruch **15** 6; versicherte Sachen **15** 1; versicherte Schäden **15** 3; versicherte Gefahren **15** 3; versicherte Kosten **15** 2; Versicherung für fremde Rechnung **15** 17; Versicherungsort **15** 10; Versicherungssumme **15** 27; Versicherungswert **15** 18; Wegfall der Entschädigung **15** 22; wiederherbeigeschaffte Sachen **15** 25; Wohnungswechsel **15** 11; Zahlung der Entschädigung **15** 24; Zurückweisung von Kündigungen **15** 28
Heilbehandlung 7 1, 4; **8** 1, 4
Heilpraktiker 7 4
Herabsetzung der Versicherungssumme **21** 13
Herbeiführung des Versicherungsfalls **7** 5; **8** 5; **9** 5; **11** 4; **21** 9
höhere Gewalt 26 2

Informationstechnik 24 1
Interessen, versicherte **23** 7
Invalidität 12 11, 14
Invaliditätsgrad 12 7, 11
Invaliditätsleistung 12 7, 11

Jahresbeitrag 1 4; **2** 4; **3** 6; **4** 4; **5** 6; **7** 8; **8** 8; **9** 8; **14** 9
Jahresrentenbetrag 12 14
Jahresprämie 11 8
Juwelier 27 5

504

magere Zahlen = §§ oder Nrn.

Register

Kapitalversicherung auf den Heiratsfall **1** 1; auf den Todesfall **1** 1; auf den Todes- und Erlebensfall mit Teilauszahlung **1** 1; auf den Todes- und Erlebensfall von zwei Personen **1** 1; mit festem Auszahlungszeitpunkt **1** 1

Kaution 14 5

Kenntnis eines Vermittlers **1** 7; **2** 8; **3** 9; **4** 7; **5** 9

Kernenergie 13 2b; **24** 2

Kfz-Eigentümer 13 10

Klage 3 12; **5** 12; **6** 7; **7** 17; **8** 17; **9** 17; **10** 17; **13** 8

Klagefrist 3 12; **5** 12; **6** 7; **7** 17; **8** 17; **9** 17; **10** 17; **11** 10; **12** 15; **13** 8; **14** 19; **20** 13

Kommunikationstechnik 24 1

Kosten der Abschätzung **22** 18; versicherte **15** 2; **16** 3; **17** 3; **18** 3; **19** 3; **20** 3; **21** 2

Kraftfahrtunfallversicherung 13 16 ff.; *s. a. Kraftfahrtversicherung*

Kraftfahrtversicherung (AKB 95) 13; Anzeigen **13** 9; Ausschlüsse **13** 11; Beginn des Versicherungsschutzes **13** 1; Einschränkung des Versicherungsschutzes **13** 2b; Ersatzleistung **13** 13; Fahrzeug- und Zubehörteile **13** Anlage zu § 12 AKB; Fahrzeugversicherung **13** 12 ff.; Geltungsbereich **13** 2a; Gerichtsstand **13** 8; Klagefrist **13** 8; Kraftfahrtunfallversicherung **13** 16 ff.; Kraftfahrzeug-Haftpflichtversicherung **13** 10 f.; Kündigung **13** 4a ff.; Obliegenheiten **13** 7; Rechtsverhältnisse am Vertrage beteiligter Personen **13** 3; Sachverständigenverfahren **13** 14; Umfang der Versicherung **13** 10, 12; Veräußerung **13** 6; Versicherungsumfang bei Anhängern **13** 10a; Vertragsdauer **13** 4a; vorübergehende Stillegung **13** 5; Wagniswegfall **13** 6a; Willenserklärungen **13** 9; Zahlung der Entschädigung **13** 15

Kraftfahrzeug-Haftpflichtversicherung 13 10 f.; Ausschlüsse **13** 11; Umfang der Versicherung **13** 10; Versicherungsumfang bei Anhängern **13** 10a; *s. a. Kraftfahrtversicherung;*

Krankenhaustagegeld 7 1; **12** 7, 11

Krankentagegeld 8 1, 4

Krankentagegeldversicherung (MB/KT 94) 8; Änderungen der AVB **8** 18; Anzeigen **8** 16; Anzeigepflicht bei Wegfall der Versicherungsfähigkeit **8** 11; Aufrechnung **8** 12; Auszahlung der Versicherungsleistungen **8** 6; Beendigungsgründe **8** 15; Beginn des Versicherungsschutzes **8** 2; Beitragsanpassung **8** 8b; Beitragsberechnung **8** 8a; Beitragszahlung **8** 8; Einschränkung der Leistungspflicht **8** 5; Ende des Versicherungsschutzes **8** 7; Ende der Versicherung **8** 13 ff.; Gegenstand des Versicherungsschutzes **8** 1; Geltungsbereich des Versicherungsschutzes **8** 1; Gerichtsstand **8** 17; Klagefrist **8** 17; Kündigung durch Versicherer **8** 14; Kündigung durch Versicherungsnehmer **8** 13; Obliegenheiten **8** 9; Obliegenheitsverletzungen **8** 10; Pflichten des Versicherungsnehmers **8** 8 ff.; Umfang der Leistungspflicht **8** 4; Umfang des Versicherungsschutzes **8** 1; Versicherungsschutz **8** 1 ff.; Wartezeiten **8** 3; Willenserklärungen **8** 16

krankhafte Störung der Geistestätigkeit **3** 3; **5** 3

505

Register fette Zahlen = Nr. in der Textausgabe

Krankheit 7 1; **25** 3
Krankheitskosten- und Krankenhaustagegeldversicherung (MB/KK 94) 7; Änderungen der AVB **7** 18; Ansprüche gegen Dritte **7** 11; Anzeigen **7** 16; Aufrechnung **7** 12; Auszahlung der Versicherungsleistungen **7** 6; Beendigungsgründe **7** 15; Beginn des Versicherungsschutzes **7** 2; Beitragsanpassung **7** 8b; Beitragsberechnung **7** 8a; Beitragszahlung **7** 8; Einschränkung der Leistungspflicht **7** 5; Ende des Versicherungsschutzes **7** 7; Ende der Versicherung **7** 13ff.; Gegenstand des Versicherungsschutzes **7** 1; Geltungsbereich des Versicherungsschutzes **7** 1; Gerichtsstand **7** 17; Klagefrist **7** 17; Kündigung durch Versicherungsnehmer **7** 13; Kündigung durch Versicherer **7** 14; Obliegenheiten **7** 9; Obliegenheitsverletzungen **7** 10; Pflichten des Versicherungsnehmers **7** 8ff.; Umfang der Leistungspflicht **7** 4; Umfang des Versicherungsschutzes **7** 1; Versicherungsschutz **7** 1ff.; Wartezeiten **7** 3; Wechsel in den Standardtarif **7** 19; Willenserklärungen **7** 16
Krieg 1 8; **2** 9; **3** 3; **4** 8; **5** 3; **7** 5; **8** 5; **9** 5; **12** 2; **13** 2b; **20** 1; **25** 2
Kündigung 1 6; **2** 6; **3** 8; **4** 6; **5** 8; **6** 8; **7** 8, 10, 13, 14; **8** 7, 8, 10; **9** 8; **10** 8; **11** 1, 8, 9; **12** 4, 6; **13** 4aff., 6; **14** 8, 10f., 13; **15** 13ff., 26, 28; **16** 6ff., 19f.; **17** 6ff., 19f.,; **18** 6ff., 19f.,; **19** 6ff., 19f.; **20** 5ff., 16f., 21; **21** 10f., 19, 24, 26; **22** 7f., 21; **23** 5f., 15f.; **24** 6f., 15f.; **25** 2Af.; **26** 5f., 8, 13; **27** 6Af., 7, 12f.; durch den Versicherer **8** 14; **9** 14; **10** 14; durch den Versicherungsnehmer **8** 13; **9** 13; **10** 13
Kur 7 4, 5; **8** 4f.; **9** 5
Kürschner 27 5
Kurzschlußschäden 15 9; **21** 9
Kurzzeitpflege 10 4

Landwirtschafts- und Verkehrs-Rechtsschutz 14 27
Lawinen 19 1
Lebensaltersgruppe 7 8a; **8** 8a; **9** 8a
Lebensversicherung (kapitalbildende) 1; Abschlußkosten **1** 15; anwendbares Recht **1** 18; Anzeigepflicht, vorvertragliche **1** 7; Beitrag **1** 5; Beitragsfreistellung **1** 6; Beitragszahlung **1** 4; Erfüllung der vertraglichen Verpflichtungen **1** 11; Fälligkeit der Versicherungsleistung **1** 10; Gerichtsstand **1** 19; Kosten **1** 16; Krieg **1** 8; Kündigung **1** 6; Mitteilungen **1** 13; Rücktritt **1** 3; Selbsttötung **1** 9; Tod des Versicherungsnehmers **1** 1; Überschuß **1** 17; Unruhen **1** 8; Versicherungsbeginn **1** 2; Versicherungsfall **1** 1; Versicherungsleistung **1** 14; Versicherungsschein **1** 12; Wehrdienst **1** 8
Lebensversicherung (Risiko) 2; Abschlußkosten **2** 16; anwendbares Recht **2** 19; Anzeigepflicht, vorvertragliche **2** 8; Beitrag **2** 5; Beitragsfreistellung **2** 6; Beitragszahlung **2** 4; Erfüllung der vertraglichen Verpflichtungen **2** 12; Fälligkeit der Versicherungsleistung **2** 11; Gerichtsstand **2** 20; Kosten **2** 17; Krieg **2** 9; Kündigung **2** 6; Mitteilungen **2** 14; Rücktritt **2** 3; Selbsttötung **2** 10; Überschuß **2** 18; Umtausch in kapitalbildende Versicherung **2** 7;

magere Zahlen = §§ oder Nrn.

Register

Unruhen **2** 9; Versicherungsbeginn **2** 2; Versicherungsfall **2** 1; Versicherungsleistung **2** 15; Versicherungsschein **2** 13; Wehrdienst **2** 9
Leistungsarten 12 7
Leistungsausschluß 7 1
Leistungsfreiheit 12 3a, 6, 10; **13** 3, 7; **14** 17; **15** 13f., 21; **16** 6, 7, 13f.; **17** 6f., 13f.; **18** 6, 13f.; **19** 6f., 13f.; **20** 5f., 12f.; **21** 10f., 20f.; **22** 15, 21; **23** 5, 11f.; **24** 6, 10f.; **25** 2, 2A, 4f.; **26** 5f., 11; **27** 6A, 7
Leistungspflicht 8 4; **9** 4; **10** 4
Leistungsumfang 14 5
Leitungswasser 15 3, 7, 9; **18** 1; **21** 4, 6, 9
Leitungswasserversicherung 24
Leitungswasserversicherung (AWB 87/Fassung 1994) 18; Agentenvollmacht **18** 21; Beginn der Haftung **18** 8; Ende der Haftung **18** 8; Entschädigungsberechnung **18** 11; Entschädigungsgrenzen **18** 12; Gefahrerhöhung **18** 6; Gefahrumstände bei Vertragsabschluß **18** 6; mehrfache Versicherung **18** 9; Obliegenheiten **18** 13; Prämie **18** 8; Rechtsverhältnis nach dem Versicherungsfall **18** 19; Repräsentanten **18** 17; Sachverständigenverfahren **18** 15; Schlußbestimmung **18** 22; Schriftform **18** 20; Sicherheitsvorschriften **18** 7; Überversicherung **18** 9; Unterversicherung **18** 11; versicherte Gefahren **18** 1; versicherte Sachen **18** 2; versicherte Kosten **18** 3; versicherte Schäden **18** 1; Versicherung für fremde Rechnung **18** 10; Versicherungsort **18** 4; Versicherungswert **18** 5; Verwirkungsgründe, besondere **18** 14; wiederherbeigeschaffte Sachen **18** 18; Zahlung der Entschädigung **18** 16; Zurückweisung von Kündigungen **18** 20
Löschen 20 1

Maschinen 23 1
Maschinenversicherung (AMB 91/Fassung 1994) 23; Agentenvollmacht **23** 17; Beginn der Haftung **23** 6; Ende der Haftung **23** 6; Entschädigungsberechnung **23** 10; Gefahrerhöhung **23** 5; Gefahrumstände bei Vertragsabschluß **23** 5; Obliegenheiten **23** 11; Prämie **23** 6; Rechtsverhältnis nach dem Versicherungsfall **23** 15; Sachverständigenverfahren **23** 13; Schlußbestimmung **23** 18; Schriftform **23** 16; Umfang der Entschädigung **23** 9; Unterversicherung **23** 9; versicherte Sachen **23** 1; versicherte Schäden **23** 2; versicherte Interessen **23** 7; versicherte Gefahren **23** 2; Versicherung für fremde Rechnung **23** 7; Versicherungsort **23** 3; Versicherungssumme **23** 4; Versicherungswert **23** 4; Verwirkungsgründe, besondere **23** 12; Wechsel der versicherten Sachen **23** 8; Zahlung der Entschädigung **23** 14; Zurückweisung von Kündigungen **23** 16
Materialwert 26 9
mehrfache Versicherung 15 20; **16** 9; **17** 9; **18** 9; **19** 9; **20** 8; **21** 18; **22** 6
Medizintechnik 24 1
Mehrkosten 21 17
Mietausfall 21 3, 16
Mieter-Rechtsschutz 14 29
Mitteilungen an den Versicherer **1** 13; **2** 14; **3** 17; **4** 13; **5** 17
Mitteilungspflicht 6 5

Register

fette Zahlen = Nr. in der Textausgabe

mitversicherte Personen 13 3, 10; **14** 15
Mitwirkungspflichten 3 10, 14; **5** 10, 14
Monatsbeitrag 7 8; **8** 8; **9** 8; **10** 8
Münzen 16 4; **18** 4; **19** 4
Mutterschutz 8 5

Nachprüfung der Berufsunfähigkeit 3 13; des Pflegefalls **5** 13
Nachversicherung 22 10
Nachweis des Versicherungsfalls 3 10
Naturalersatz 20 1, 11; **24** 9; **27** 9
Nebenleistungen 22 13
neu für alt 13 13
Neubemessung der Rente 12 14
Neuwert 16 5; **17** 5; **18** 5; **19** 5; **21** 14, 15, 16; **23** 4; **24** 4; **27** 8
Nichtantritt der Reise 25 1
Nichtselbständige 14 25f.
nicht versicherbare Personen 12 3

Obduktion 12 9
Obliegenheiten 1 7, 13; **2** 8, 14; **3** 9, 17; **4** 7, 13; **5** 9, 17; **7** 9; **8** 9, 11; **9** 9; **10** 9; **11** 5, 8; **12** 3a, 6, 9, 12; **13** 2b, 7; **14** 17; **15** 13, 21; **16** 6, 13; **17** 6, 13; **18** 6, 13; **19** 6, 13; **20** 5, 12; **21** 20; **22** 15; **23** 5, 11; **24** 6, 10; **25** 4; **26** 10; **27** 7
Obliegenheitsverletzung 7 10; **8** 10; **9** 10; **10** 10; **11** 6; **12** 10; **13** 3, 7; **14** 17; **15** 14, 21; **16** 7, 9, 13; **17** 7, 9, 13; **18** 7, 9, 13; **19** 7, 9, 13; **20** 6, 8, 12; **21** 11, 20; **22** 15, 21; **23** 11; **24** 10; **25** 4; **26** 5, 10; **27** 7
Obmann 16 15; **17** 15; **18** 15; **19** 15; **21** 22; **22** 16; **23** 13; **24** 12
Ordnungswidrigkeiten-Rechtsschutz 14 2
ortsüblicher Mietwert 21 3

Pelze 26 1, 4f.
Pelzsachen 27 1, 5

Personenschaden 11 1
Pflege 9 1; **10** 1
Pflegebedürftigkeit 3 2, 13; **5** 2; **9** 1, 4, 9; **10** 1; **12** 3
Pflegegeld 10 1, 4
Pflegefall 3 2; **5** 1
Pflegeheime 10 4
Pflegehilfsmittel 10 4
Pflegekrankenversicherung (MB/PV 94) 9; Änderungen der AVB 9 18; Ansprüche gegen Dritte 9 11; Anzeigen 9 16; Aufrechnung 9 12; Auszahlung der Versicherungsleistungen 9 6; Beendigungsgründe 9 15; Beginn des Versicherungsschutzes 9 2; Beitragsanpassung 9 8b; Beitragsberechnung 9 8a; Beitragszahlung 9 8; Einschränkung der Leistungspflicht 9 5; Ende des Versicherungsschutzes 9 7; Ende der Versicherung 9 13ff.; Gegenstand des Versicherungsschutzes 9 1; Geltungsbereich des Versicherungsschutzes 9 3; Gerichtsstand 9 17; Klagefrist 9 17; Kündigung durch den Versicherer 9 14; Kündigung durch Versicherungsnehmer 9 15; Obliegenheiten 9 9; Obliegenheitsverletzungen 9 10; Pflichten des Versicherungsnehmers 9 8ff.; Umfang der Leistungspflicht 9 4; Umfang des Versicherungsschutzes 9 1; Versicherungsschutz 9 1ff.; Wartezeiten 9 3; Willenserklärungen 9 16
Pflegekurse 10 4
Pflegerente 5 1
Pflegerentenversicherung 5; Abschlußkosten 5 19; anwendbares Recht 5 22; Anzeigepflicht, vorvertragliche 5 9; Ausschlüsse 5 3; Beitrag 5 7; Beitragsfreistellung 5 8; Beitragszahlung 5 6; Erfüllung der

508

magere Zahlen = §§ oder Nrn.

Register

vertraglichen Verpflichtungen **5** 15; Erklärung über die Leistungspflicht **5** 11; Gerichtsstand **5** 23; Kosten **5** 20; Kündigung **5** 8; Meinungsverschiedenheiten **5** 12; Mitwirkungspflichten **5** 10; Mitteilungen **5** 17; Nachprüfung des Pflegefalles **5** 13; Pflegebedürftigkeit **5** 2; Rücktritt **5** 5; Überschuß **5** 21; Verletzung der Mitwirkungspflichten **5** 14; Versicherungsbeginn **5** 4; Versicherungsfall **5** 1; Versicherungsleistung **5** 18; Versicherungsschein **5** 16

Pflegestufe 15 1
Pflegetagegeld 9 1, 5
Pflichten des Versicherungsnehmers **7** 8ff.; **8** 8ff.; **9** 8ff.; **10** 8ff.
Prämie 1 4f.; 2 4f.; 3 6f.; 4 4f.; 5 6f.; **11** 3, 8; **12** 5; **13** 1; **14** 9; **15** 11, 15; **16** 8; **17** 8; **18** 8; **19** 8; **20** 7; **21** 13, 19; **22** 13f.; **23** 6; **24** 7; **25** 2 B; **26** 8; **27** 6 B, 12
Prämienänderung 15 11
Prämienangleichung 11 8
Prämienregulierung 11 8
Prämienrückerstattung 11 8
Prämiensatz 15 16
Prämienzahlung 11 8
Privat-, Berufs- und Verkehrs-Rechtsschutz Nichtselbständige 14 26
Privat-, Berufs- und Verkehrs-Rechtsschutz Selbständige 14 28
Private Pflegepflichtversicherung (MB/PPV 95) 10; Änderungen der AVB **10** 18; Ansprüche gegen Dritte **10** 11; Anzeigen **10** 16; Aufrechnung **10** 12; Auszahlung der Versicherungsleistung **10** 6; Beendigungsgründe **10** 15; Beginn des Versicherungsschutzes **10** 2; Beitragsanpassung **10** 8b; Beitragsberechnung **10** 8a; Beitragsrückerstattung **10** 19; Beitragszahlung **10** 8; Einschränkung der Leistungspflicht **10** 5; Ende der Versicherung **10** 13 ff.; Ende des Versicherungsschutzes **10** 7; Gegenstand des Versicherungsschutzes **10** 1; Geltungsbereich des Versicherungsschutzes **10** 4; Gerichtsstand **10** 17; Klagefrist **10** 17; Kündigung durch Versicherungsnehmer **10** 13; Kündigung durch Versicherer **10** 14; Obliegenheiten **10** 9; Obliegenheitsverletzungen **10** 10; Pflichten des Versicherungsnehmers **10** 8ff.; Umfang des Versicherungsschutzes **10** 1; Umfang der Leistungspflicht **10** 4; Versicherungsschutz **10** 1 ff.; Wartezeit **10** 3; Willenserklärungen **10** 16

Privat-Rechtsschutz für Selbständige 14 23
Privat- und Berufs-Rechtsschutz für Nichtselbständige 14 25
Produkthaftpflicht 11 4
Prüfung der Haftpflichtfrage **11** 3

Rabatte 22 13
Ratenzahlung 14 9; **15** 15; **16** 8; **17** 8; **18** 8; **19** 8; **20** 7; **21** 19; **23** 6; **24** 7; **25** 2 B; **26** 8; **27** 6 B
Raub 13 12; **15** 3, 5, 12; **17** 1
Raubschäden 15 9
Rechtsanwalt, Auswahl **14** 17
Rechtsanwaltskosten 14 5
Rechtsnachfolger 12 12; **22** 7
Rechtsschutz 1 f., 4 ff.; für Firmen und Vereine **14** 24
Rechtsschutzanspruch 14 17
Rechtsschutzfall 14 17 ff.
Rechtsschutzversicherung (ARB 94) 14; Änderung der für Beitragsberechnung we-

Register
fette Zahlen = Nr. in der Textausgabe

sentlichen Umstände **14** 11; Aufgaben der Rechtsschutzversicherung **14** 1; ausgeschlossene Rechtsangelegenheiten **14** 3; Bedingungs-/Beitragsanpassung **14** 10; Beginn des Versicherungsschutzes **14** 7; Berufs-Rechtsschutz für Selbständige **14** 24; Fahrer-Rechtsschutz **14** 22; Formen des Versicherungsschutzes **14** 21 ff.; Gerichtsstand **14** 20; Inhalt der Versicherung **14** 1 ff.; Klagefrist **14** 19; Kündigung, außerordentliche **14** 13; Landwirtschafts-/Verkehrs-Rechtsschutz **14** 27; Leistungsarten **14** 2; Leistungsumfang **14** 5; örtlicher Geltungsbereich **14** 6; Privat-/Berufs-Rechtsschutz für Nichtselbständige **14** 25; Privat-/Berufs-/Verkehrs-Rechtsschutz für Nichtselbständige **14** 26; Privat-/Berufs-/Verkehrs-Rechtsschutz für Selbständige **14** 28; Privat-Rechtsschutz für Selbständige **14** 23; Rechtsschutzfall **14** 17 ff.; Rechtsschutz für Eigentümer und Mieter von Wohnungen und Grundstücken **14** 29; Rechtsschutz für Firmen und Vereine **14** 24; Rechtsstellung mitversicherter Personen **14** 15; Schiedsgutachten **14** 18; Schriftform von Erklärungen **14** 16; Tod des Versicherungsnehmers **14** 12; Verhalten nach Eintritt eines Rechtsschutzfalles **14** 17; Verjährung **14** 14; Verkehrs-Rechtsschutz **14** 21; Versicherungsbeitrag **14** 9; Versicherungsverhältnis **14** 7 ff.; Vertragsdauer **14** 8; Voraussetzungen für Anspruch auf Rechtsschutz **14** 4; Wegfall des Gegenstandes der Versicherung **14** 12

Rechtsverhältnisse 12 12; nach Versicherungsfall **16** 19; **17** 19; **18** 19; **19** 19; **20** 16; **21** 24; **23** 15; **24** 15; **27** 13

Reise 26 6
Reiseandenken 26 1, 4, 7
Reisegepäck 26 1, 7
Reisegepäckversicherung (AVBR 1992/Fassung 1995) 26; Ausschlüsse **26** 3; Beginn des Versicherungsschutzes **26** 6; Beginn der Haftung **26** 8; begrenzt ersatzpflichtige Schäden **26** 4; Doppelversicherung **26** 9 A; Ende des Versicherungsschutzes **26** 6; Ende der Haftung **26** 8; Entschädigung **26** 9; Gefahrerhöhung **26** 5 A; Gefahrumstände bei Vertragsabschluß **26** 5 A; Geltungsbereich **26** 6; Gerichtsstand **26** 14; Kündigung **26** 13; Obliegenheiten **26** 10; Prämie **26** 8; Schlußbestimmung **26** 15; Überversicherung **26** 9 A; Unterversicherung **26** 9; versicherte Sachen **26** 1; versicherte Gefahren **26** 2; versicherte Personen **26** 1; versicherte Schäden **26** 2; Versicherungsschutz in Kraft-/Wassersportfahrzeugen **26** 5; Versicherungssumme **26** 7; Versicherungswert **26** 7; Verwirkungsgründe, besondere **26** 11; Zahlung der Entschädigung **26** 12

Reise-Rücktrittskosten-Versicherung (ABRV 1994) 25; Ausschlüsse **25** 2; Beginn der Haftung **25** 2 B; Doppelversicherung **25** 3 A; Ende der Haftung **25** 2 B; Gefahrerhöhung **25** 2 A; Gefahrumstände bei Vertragsabschluß **25** 2 A; Gerichtsstand **25** 6; Obliegenheiten **25** 4; Prämie **25** 2 B; Schlußbestimmung **25** 7; Selbstbehalt **25** 3; Sonderbedingungen zu

magere Zahlen = §§ oder Nrn.

Register

ABRV für gemietete Ferienwohnungen; Überversicherung **25** 3A; Versicherungssumme **25** 3; Versicherungsumfang **25** 1; Versicherungswert **25** 3; Zahlung der Entschädigung **25** 5
Reiseunfähigkeit 25 1
Rente 4 1
Rentenversicherung 4; Abschlußkosten **4** 15; anwendbares Recht **4** 18; Anzeigepflicht, vorvertragliche **4** 7; Beitrag **4** 5; Beitragsfreistellung **4** 6; Beitragszahlung **4** 4; Erfüllung der vertraglichen Verpflichtungen **4** 11; Gerichtsstand **4** 19; Kosten **4** 16; Krieg **4** 8; Kündigung **4** 6; Mitteilungen **4** 13; Rücktritt **4** 3; Selbsttötung **4** 9; Überschuß **4** 17; Unruhen **4** 8; Versicherungsbeginn **4** 2; Versicherungsfall **4** 1; Versicherungsleistung **4** 10, 14; Versicherungsschein **4** 12; Wehrdienst **4** 8
Rentenzahlung 12 14
Reparaturauftrag 20 14
Reparaturkosten 26 9; **27** 9
Repräsentant 15 9; **16** 17; **17** 17; **18** 17; **19** 17; **20** 15
Risikozuschlag 7 1
Rohrbruch 21 7, 9
Rückgriff 13 2b
Rückkaufswert 1 6f.; **2** 6, 8; **3** 9; **4** 6, 7; **5** 8f.; **6** 8
Rückreisekosten 25 1, 3
Rückstellung 1 17; **3** 21; **4** 17; **5** 21; **7** 1
Rücktritt 1 3, 5; **2** 3, 5, 8; **3** 5, 7, 9; **4** 3, 5, 7; **5** 5, 7, 9; **7** 13; **8** 13; **9** 13; **11** 3, 11; **12** 3a; **14** 9; **15** 13; **16** 6; **17** 6; **18** 6; **19** 6; **20** 5; **21** 10; **23** 5; **24** 6; **25** 2A; **26** 5A; **27** 6A
Rücktrittskosten 25 1
Rückzahlung der Entschädigung **15** 25; **16** 18; **17** 18; **18** 18; **19** 18; **24** 14; **27** 11

Sachschäden 11 1; **24** 2
Sachverständigengebühren 14 5
Sachverständigenverfahren 13 14; **15** 23; **16** 15; **17** 15; **18** 15; **19** 15; **21** 22; **23** 13; **24** 12
Schaden vor Versicherungsbeginn **22** 5
Schadenermittlung 22 17
Schadenersatz 11 1
Schadenersatz-Rechtsschutz 14 2
Schiedsgutachter 14 18
Schmucksachen 16 4; **18** 4; **19** 4; **26** 1, 4, 5; **27** 1
Schriftform 7 16; **8** 16; **9** 16; **10** 16; **14** 16; **15** 28; **16** 20; **17** 20; **18** 20; **19** 20; **20** 17; **21** 26; **22** 22; **23** 16; **24** 16
Schwangerschaft 7 1; **8** 5
Selbständige 14 23, 24, 28
Selbstbehalt 11 3; **16** 9; **17** 9; **18** 9; **19** 12; **23** 10; **25** 3; **27** 6
Selbstbeteiligung 13 13
Selbsttötung 1 9; **2** 10; **3** 3; **4** 9; **5** 3
Selbstverletzung 3 3; **5** 3
Sengschäden 15 9; **21** 9
Sicherheitsvorschriften 15 14; **16** 7; **17** 7; **18** 7; **19** 7; **20** 6; **21** 11
Sicherungsübereignung 23 7
soziale Sicherung der Pflegepersonen **10** 4
Sozialgerichts-Rechtsschutz 14 2
Sportgeräte 26 1
Standes-Rechtsschutz 14 2
stationäre Heilbehandlung 9 5
Steuer-Rechtsschutz 14 2
Stillegung, vorübergehende **13** 5
Straf-Rechtsschutz 14 2
Straftat 12 2
Stundung 1 4; **2** 4; **3** 6; **4** 4; **5** 6; **7** 8; **8** 8; **9** 8; **14** 9; **15** 15; **16** 8; **17** 8; **18** 8; **19** 8; **20** 7; **23** 6; **24** 7; **25** 2B; **26** 8; **27** 6B
Sturm 13 12; **15** 3, 8f., 12; **19** 1; **21** 4, 8f.

511

Register

fette Zahlen = Nr. in der Textausgabe

Sturmflut 19 1
Sturmversicherung (AStB 87/Fassung 1994) 19; Agentenvollmacht **19** 21; Beginn der Haftung **19** 8; Ende der Haftung **19** 8; Entschädigungsberechnung **19** 11; Entschädigungsgrenzen **19** 12; Gefahrerhöhung **19** 6; Gefahrumstände bei Vertragsabschluß **19** 6; mehrfache Versicherung **19** 9; Obliegenheiten **19** 13; Prämie **19** 8; Rechtsverhältnis nach dem Versicherungsfall **19** 19; Repräsentanten **19** 17; Sachverständigenverfahren **19** 15; Schlußbestimmung **19** 22; Schriftform **19** 20; Selbstbehalt **19** 12; Sicherheitsvorschriften **19** 7; Überversicherung **19** 9; Unterversicherung **19** 11; versicherte Gefahren **19** 1; versicherte Sachen **19** 2; versicherte Kosten **19** 3; versicherte Schäden **19** 1; Versicherung für fremde Rechnung **19** 10; Versicherungsort **19** 4; Versicherungswert **19** 5; Verwirkungsgründe, besondere **19** 14; wiederherbeigeschaffte Sachen **19** 18; Zahlung der Entschädigung **19** 16; Zurückweisung von Kündigungen **19** 20

Tagegeld 12 7, 11
Tariflohnindex für das Baugewerbe **21** 13
technische Hilfen 10 4
Teilauszahlung 1 1
Teileigentum, Gebäudeversicherung **21** 25
Teilschaden 23 9, 10; **24** 9
teilstationäre Pflege 10 4
Teilversicherung 13 12
Termfixversicherung 1 1
Tod 11 1

Tod des Versicherten **1** 10; **2** 1, 11; **4** 1, 10; **7** 1; **12** 7, 9
Tod des Versicherungsnehmers **1** 1; **5** 1, 3; **6** 1; **7** 15; **8** 15; **9** 15; **10** 15; **14** 12; **15** 15
Todesfalleistung 12 7
Todesfallsumme 12 11
Totalschaden 23 9, 10; **24** 9
Transportwege 17 1, 4
Treuhänder 7 8b, 18; **8** 8b, 18; **9** 8b, 18; **10** 8b, 18; **11** 8; **14** 10

Übergang des Versicherungsverhältnisses **22** 7
Übergangsleistung 12 7, 9
Überschuß 1 17; **2** 18; **3** 21; **4** 17; **5** 21
Überschußberechtigung 6 8
Überschußbeteiligung 1 17; **2** 18; **3** 21; **4** 17; **5** 21
Überschußermittlung 1 17; **2** 18; **3** 21; **4** 17; **5** 21
Überschwemmung 13 12
Überspannungsschäden 15 9; **21** 9
Überversicherung 16 9; **17** 9; **18** 9; **19** 9; **22** 11; **22** 5; **24** 5; **25** 3 A; **26** 9 A; **27** 9 A
Umfang der Entschädigung **23** 9; der Leistungspflicht **7** 4
Umwandlung 7 1; **8** 1
Unfall 6 ff.; **7** 1; **12** 1
Unfallanzeige 12 9
Unfallversicherung (AUB 94) 12; Änderung der Berufstätigkeit/Beschäftigung **12** 6; Anzeigen **12** 13; Anzeigepflichten, vorvertragliche **12** 3 a; Ausschlüsse **12** 2; Beginn des Versicherungsschutzes **12** 4; Beiträge **12** 5; Einschränkung der Leistungen **12** 8; Ende des Versicherungsschutzes **12** 4; Fälligkeit der Leistungen **12** 11; Fälligkeit **12** 5; Gerichtsstände **12** 16; Klagefrist **12** 15; Leistungsarten **12** 7; nicht versicherbare

magere Zahlen = §§ oder Nrn. **Register**

Personen **12** 3; Obliegenheiten **12** 9; Obliegenheitsverletzungen **12** 10; Rechtsverhältnisse am Vertrag beteiligter Personen **12** 12; Rentenzahlung bei Invalidität **12** 14; Schlußbestimmung **12** 17; Verjährung **12** 15; Versicherungsfall **12** 1; vertragliche Gestaltungsrechte **12** 4; Verzug **12** 5; Wehrdienst **12** 6; Widerrufs-/Widerspruchsrecht **12** 3b; Willenserklärungen **12** 13

Unfall–Zusatzversicherung 6; Ausschlüsse **6** 3; Erklärung über die Leistungspflicht **6** 6; Erkrankungen **6** 4; Gebrechen **6** 4; Hauptversicherung **6** 8; Meinungsverschiedenheiten **6** 7; Unfall **6** 2; Vermeidung von Rechtsnachteilen **6** 5; Versicherungsfall **6** 1

Unruhen 1 8; **2** 9; **3** 3; **4** 8; **5** 3

Unterbrechung des Versicherungsschutzes **6** 8; **13** 5

Unterschlagung 13 12

Unterversicherung 15 18; **16** 3, 11; **17** 3, 11; **18** 3, 11; **19** 3, 11; **20** 11; **21** 16; **23** 4, 9; **24** 4, 5, 9; **26** 9; **27** 9

Unterversicherungsverzicht 21 16

Urkunden 16 4; **17** 2; **18** 4; **19** 2, 4

Valorenversicherung (AVB Schmuck und Pelze 1985/ Fassung 1994) 27; Ausschlüsse **27** 3; Beginn der Haftung **27** 6B; Dauer der Versicherung **27** 12; Doppelversicherung **27** 9A; Ende der Haftung **27** 6B; Entschädigungsberechnung **27** 9; Entschädigungsgrenzen **27** 6; Fälligkeit **27** 10; Gefahrerhöhung **27** 6A; Gefahrumstände bei Vertragsabschluß **27** 6A; Geltungsbereich **27** 4; Gerichtsstand **27** 14; Naturalersatz **27** 9;

Obliegenheiten **27** 7; Prämie **27** 6B; Rechtsverhältnis nach dem Versicherungsfall **27** 13; Schlußbestimmung **27** 15; Selbstbehalt **27** 6; Überversicherung **27** 9A; Umfang des Versicherungsschutzes **27** 5; Unterversicherung **27** 9; versicherte Schäden **27** 2; versicherte Gefahren **27** 2; versicherte Sachen **27** 1; Versicherungswert **27** 8; Verwirkung der Entschädigung **27** 10; wiederherbeigeschaffte Sachen **27** 11; Zahlung der Entschädigung **27** 10

Vandalismus 15 3, 6; **17** 1, 4
verantwortlicher Aktuar 1 17; **2** 18; **3** 21; **4** 17; **5** 21
Veräußerung des Kfz **13** 6
Verbrechen 3 3; **5** 3
Verdienstausfall 12 9
Verfahren 11 5
Vergehen 3 3; **5** 3
Verjährung 11 10; **12** 15; **14** 14
Verkehrs-Rechtsschutz 14 21
Verkehrssachen 14 2
Verletzung 11 1
Vermögensfolgeschäden 26 9
Vermögensschaden 11 1; **23** 9
Verpfändung 1 2, **15** 4; **14** 7 6; **8** 6; **9** 6; **10** 6; **12** 12; **13** 3
versicherte Personen 26 1
versicherte Sachen 15 1; **16** 2; **17** 2; **18** 2; **19** 2; **20** 2; **21** 1; **23** 1; **24** 1; **26** 1; **27** 1
versicherte Schäden 15 3; **16** 1; **17** 1; **18** 1; **19** 1; **20** 1; **21** 4; **22** 1; **23** 2; **24** 2; **26** 2; **27** 2
versichertes Risiko 11 1
Versicherung auf Erstes Risiko **16** 11; **17** 11; **18** 11; **19** 11; **20** 11; **23** 4, 10; für fremde Rechnung **11** 7; **15** 17; **16** 10; **17** 10; **18** 10; **19** 10; **20** 9; **21** 12; **23** 7
Versicherungsbeginn 1 2; **2** 2; **3** 4; **4** 2; **5** 4; **7** 2; **8** 2; **9** 2; **10** 2; **11** 2, 3; **12** 4; **13** 1; **14** 7; **21** 12; **22** 4

513

Register fette Zahlen = Nr. in der Textausgabe

Versicherungsbeitrag **14** 9
Versicherungsbestätigung **13** 1
Versicherungsfall **1** 1; **2** 1; **3** 1; **4** 1; **5** 1; **6** 1; **7** 1; **8** 1; **9** 1; **10** 1; **11** 1, 5f., 5; **12** 1; **13** 4b, 7; **14** 17
Versicherungsfähigkeit **8** 11, 15
Versicherungsgrundstück **21** 1
Versicherungsleistung **1** 10, 14; **2** 11, 15; **3** 15, 18; **4** 10, 14; **5** 10, 15, 18; **7** 6; **8** 6; **9** 6; **10** 6
Versicherungsort **15** 10; **16** 4; **17** 4; **18** 4; **19** 4; **20** 4; **23** 3; **24** 3
Versicherungsschein **1** 10, 12; **2** 11, 13; **3** 10, 16; **4** 10, 12; **5** 10, 16; **7** 1, 2; **8** 1, 2; **9** 1, 2; **10** 1, 2, 8; **11** 1; **13** 1; **15** 17; **16** 10; **17** 10; **18** 10; **19** 10; **20** 9; **21** 12; **23** 7
Versicherungsschutz **1** 5; **2** 2, 5; **3** 7; **4** 5; **5** 7; **7** 1 ff.; **8** 1 ff., **9** 1 ff.; **11** 1 ff.; 3; **27** 5; in Kraftfahrzeugen und Wassersportfahrzeugen **26** 5
Versicherungssumme **11** 3; **14** 5; **15** 16, 27; **22** 11; **23** 4, 9; **24** 4, 5; **25** 3; **26** 7, 9; **27** 9
Versicherungssumme 1914 **21** 13
Versicherungsumfang **25** 1
Versicherungsverhältnis **11** 7 ff.
Versicherungswert **15** 18; **16** 5; **17** 5; **18** 5; **19** 5; **23** 4, 9; **24** 4, 5; **25** 3; **26** 7, 9
Versicherungswert 1914 **21** 13
Verteidigerkosten **11** 3
Vertragsdauer **11** 9; **13** 4a; **14** 8; **22** 8
Vertragspflichten **22** 20
Vertrags- und Sachenrechts-Rechtsschutz **14** 2
Vertragsschluß **22** 4
Verwaltungskosten **1** 16; **2** 17; **3** 20; **4** 16; **5** 20
Verwaltungs-Rechtsschutz **14** 2
Verwirkung der Entschädigung **27** 10

Verwirkungsgründe **16** 14; **17** 14; **18** 14; **19** 14; **20** 13; **21** 21; **23** 12; **24** 11; **26** 11
Verzinsung **12** 11; **15** 24; **16** 16; **17** 16; **18** 16; **19** 16; **20** 14; **21** 23; **23** 14; **24** 13; **26** 12
Verzug **12** 5
vollstationäre Pflege **10** 4
Vollversicherung **13** 12
Vorausdeckung **22** 12
Vorinvalidität **12** 7
vorläufige Deckung **13** 1; **23** 8
Vorsorgeuntersuchung **7** 1
Vorsorge-Versicherung **11** 1, 2

Wagniswegfall **13** 6a
Wartezeiten **7** 2f.; **8** 2f.; **9** 2f.; **10** 2f., 6; **14** 4
Wasserdampf **21** 6
Wechsel der versicherten Sachen **23** 8; **24** 8; in den Standardtarif **7** 19
Wegfall der Berufsunfähigkeit **3** 13; der Entschädigungspflicht **15** 22; des Versicherungsgegenstandes **14** 12
Wehrdienst **1** 8; **2** 9; **4** 8; **12** 6
Wertminderung **27** 9
Wertsachen **15** 1, 19
Widerrufsrecht **11** 12; **12** 3b
Widerspruchsrecht **11** 12; **12** 3b
Wiederaufnahme der beruflichen Tätigkeit **3** 13
Wiederbeschaffungswert **13** 13
wiederherbeigeschaffte Sachen **15** 25; **16** 18; **17** 18; **18** 18; **19** 18; **24** 14; **27** 11
Wiederherstellung des Gebäudes **21** 15; des gemeinschaftlichen Eigentums **21** 25
Wiederherstellungskosten **23** 10, 13
Wildschaden **13** 12
Wohngebäude-Versicherung (VGB 88/Fassung 1994) **21**; Agentenvollmacht **21** 27; Be-

magere Zahlen = §§ oder Nrn.

Register

ginn der Haftung **21** 19; Blitzschlag **21** 5; Brand **21** 5; Ende der Haftung **21** 19; Entschädigungsberechnung **21** 15; Entschädigungsgrenzen **21** 17; Explosion **21** 5; Frost **21** 7; Gefahrerhöhung **21** 10; Gefahrumstände bei Vertragsabschluß **21** 10; gemeiner Wert **21** 14; gleitende Neuwertversicherung **21** 13; Hagel **21** 8; Leitungswasser **21** 6; mehrfache Versicherung **21** 18; Neuwert **21** 14; nicht versicherte Schäden **21** 9; nicht versicherte Sachen **21** 9; Obliegenheiten **21** 20; Prämie **21** 19; Rechtsverhältnis nach dem Versicherungsfall **21** 24; Rohrbruch **21** 7; Sachverständigenverfahren **21** 22; Schlußbestimmung **21** 28; Schriftform **21** 26; Sicherheitsvorschriften **21** 11; Sturm **21** 8; Unterversicherung **21** 16; Unterversicherungsverzicht **21** 16; versicherte Sachen **21** 1; versicherte Schäden **21** 4; versicherte Gefahren **21** 4; versicherte Kosten **21** 2; versicherter Mietausfall **21** 3; Versicherung für fremde Rechnung **21** 12; Versicherungssumme 1914 **21** 13; Versicherungswert 1914 **21** 13; Verwirkungsgründe, besondere **21** 21; Zahlung der Entschädigung **21** 23; Zeitwert **21** 14; Zurechnung von Kenntnis und Verhalten **21** 25; Zurückweisung von Kündigungen **21** 26

Wohnungs- und Grundstücks-Rechtsschutz 14 2

Wohnungswechsel 15 11

Zeitwert 16 5; **17** 5; **18** 5; **19** 5; **21** 14 f.; **23** 9 f., 13; **24** 9, 12; **26** 7; **27** 8

Zeitwertschaden 21 15, 23

Zubehör 21 1

Zurechnung von Kenntnis **21** 25

Zusatzversicherung gegen Einmalbeitrag **6** 8

Zwangsvollstreckung 14 5